アブドゥルカリームの恐怖

リーフ戦争とスペイン政治・社会の動揺

El horror de
Abd el-Krim
La Guerra del Rif y
la reacción politico-social en España

深澤 安博
Yasuhiro FUKASAWA

論創社

アブドゥルカリームの恐怖　リーフ戦争とスペイン政治・社会の動揺
目　次

序　1

第Ⅰ章　アブドゥルカリームの恐怖
　　　　──リーフ戦争とスペイン政治・社会の動揺（1921〜1926年）──　7

1. アンワールの衝撃──スペイン政治の反応──　8
　1.1. 衝撃に翻弄されるスペイン政治（1921年7月〜1922年12月）　8
　　1.1.1. 直後の反応　8
　　1.1.2. マウラ「国民結集」政府（1921年8月〜1922年3月）　14
　　1.1.3. サンチェス・ゲーラ保守党政府（1922年3月〜12月）　26
　1.2. 自由派連合政府とプロヌンシアミエントの成功
　　　　（1922年12月〜1923年9月）　38
　　1.2.1. 自由派連合政府　38
　　1.2.2. リーフ戦争とプロヌンシアミエントの成功　45
　1.3. スペインのモロッコでの「無能力」
　　　　──対外関係への衝撃──　52

2. アブドゥルカリームの恐怖──スペイン社会の反応──　57
　2.1. アブドゥルカリームを懲罰せよ
　　　　──スペイン・アフリカ連盟──　57
　2.2. 戦争拡大に利益なし──経済界・金融界の反応──　64
　2.3. 「現地」の恐怖　68
　2.4. 体制批判勢力の反応　74
　　2.4.1. 労働運動諸党派　75
　　2.4.2. 民族主義勢力　79
　　2.4.3. 共和主義派の一論調　81

3．プリモ・デ・リベーラ体制のモロッコ戦争政策
　　── 撤退から「勝利」へ ──　82
　3.1．プリモ・デ・リベーラ体制のモロッコ戦争政策
　　　　（1923年9月～1926年7月）　82
　　　3.1.1．「半ば放棄」政策　83
　　　3.1.2．植民地国家の共同「勝利」　93
　　　3.1.3．「タンヘルはスペインのものだ！」　105
　3.2．撤退の危険と経済への危険 ── アフリカ連盟と経済界 ──　109
　3.3．「現地」の歓迎　119
　3.4．軍アフリカ派のマニフェスト　123
小括　129

第Ⅱ章　リーフ戦争におけるスペイン軍の空爆と毒ガス戦
　　── 「空からの化学戦」による生存破壊戦略の初の展開か ──　133
はじめに ── 問題状況 ──　134
　1．毒ガス戦の本格的開始と政府危機　135
　2．空爆と毒ガス戦による「勝利」
　　　　── プリモ・デ・リベーラ体制 ──　147
　3．生存破壊戦略の目標と「効果」　159
小括　167

第Ⅲ章　「リーフ共和国」── 抵抗と新政治・社会への挑戦 ──　171
はじめに　172
　1．リーフ政府 ── 新政体の形成 ──　173
　　1.1．ハルカの形成　173
　　1.2．政治体の形成　181
　　1.3．軍事組織の形成　184

2. リーフ政府と部族・住民　189
    2.1. リーフ政府の統治と諸部族・住民　189
        2.1.1. バヌワリャガールまたリーフと諸部族　190
        2.1.2. カーイドの任命　195
        2.1.3. ハルカ人員の徴募　197
        2.1.4. 徴税　199
        2.1.5. 部族自治、名士、住民　200
        2.1.6. 部族代表会議　204
        2.1.7. 通信と交通　206
    2.2. 経済状況と社会改革　208
    2.3.「リーフ共和国」か「聖戦」のための国家か　217
3. リーフ勢力反対派との抗争と独立のための交渉　228
    3.1. スペイン軍の分裂工作とリーフ勢力反対派　228
    3.2. 独立のための交渉　234
        3.2.1. 保護国家との交渉　234
        3.2.2. 国際的認知のための活動　244

小括　251

第Ⅳ章　スペイン領モロッコにおける「原住民」兵の徴募と動員　255

はじめに　256
1. 植民地軍と「原住民」兵——スペイン人の血と金銭の節約——　257
2.「原住民」兵の徴募　266
3.「原住民」兵の動員と逃亡、再包摂　286
小括　296
補説　外人部隊　297

第Ⅴ章　20世紀スペインの植民地戦争と徴兵制
　　　──貧者には血税、富者には金の税── 301
　はじめに　302
　1．誰が「モーロ人」と闘うのか
　　　──植民地戦争で動揺する兵役制度── 303
　2．血税をどのように免れるか　312
　3．特権兵士の帰還要求──納付金兵士父母の会── 337
　小括　345

結　347

　注　350
　史料と参考文献　438
　あとがき　461
　索引　464
　　人名索引　464
　　事項索引　467
　　研究者名索引　474
　スペイン語文レジュメ　475

略称一覧

本文内では以下の略称を用いている。

CCHM	Centros Comerciales Hispano-Marroquíes.	スペイン・モロッコ交易センター
CGM	Comandancia General de Melilla.	在モロッコ軍メリーリャ軍管区
CNT	Confederación Nacional del Trabajo.	全国労働連合
FRI	Fuerzas Regulares Indígenas.	正規原住民兵部隊（レグラーレス）
PCE	Partido Comunista de España.	スペイン共産党
PI	Policías Indígenas.	原住民警察隊
PNV	Partido Nacionalista Vasco.	バスク民族主義党
PSOE	Partido Socialista Obrero Español.	スペイン社会労働党
RGC	*Resumen General de Confidencias*.	「諜報員報告概要」。在モロッコ・スペイン軍が各地に大量に配置した「原住民」諜報員からの情報をまとめた文書。日報。
UGT	Unión General de Trabajadores.	労働者総同盟

序

　1927年7月10日、スペイン保護領モロッコ（以下、スペイン領）の高等弁務官サンフルホは次の声明を出した——「18年間［スペインの］諸政府を悩ましてきたモロッコでの戦闘が終わった」。メトロポリ（植民地本国）のスペイン政府が公式の戦闘終了宣言を出したのは同年10月12日だった。この日にはサラゴーサで「平定記念祝典」が開催された。翌11月、「モロッコ平定勲章」授与の勅令が出された。勲章の表には'PAZ 1909-1927 MARRUECOS'（「平定 1909年〜1927年 モロッコ」）の語が刻まれた。受勲対象者は、「戦争が開始された1909年7月9日から平定記念祝典日の1927年10月12日まで」のいずれかの時期にモロッコでの戦闘に参加したスペイン陸海軍の将兵本人とその子、スペイン軍「原住民」兵諸部隊の将兵本人とその子など広範囲にわたった。

　本書の主題と対象は1909年〜1927年のスペインのモロッコでの植民地戦争＝20世紀スペインの「18年戦争」の決定的局面となったリーフ戦争（1921年〜1927年）である。

　リーフ戦争を理解するには1898年から始めなければならない。本書の著者は、コロンブス（クリストーバル・コロン）以来の海外植民地を失った1898年の「破局」以後のスペイン政治・社会では、いかにしてスペインの社会と国家を「再生」させるかについて、社会の改革、体制の部分的改革、失われた帝国の復活の3つの方向性が提起されていたのではないかとの見方を提示してきた。最初の2つの提起が結局ほとんど実現しなかった中で、実際に有力となったのは第3の方向性だった。政界、軍部、王室、一部の商工業経営者層が中心となってアフリカで新たな植民地獲得に乗り出したのである。

　国際的協調の中で、とくに1904年の英仏声明（協商）を受けた同年のフラ

ンス・スペイン協定で、スペイン国家はモロッコ「分割」の道に決定的に入り込むことになった。北部モロッコをスペイン領とする国際的合意を得たのである。このことは、モロッコ「分割」の過程の中でスペイン国家の国際的枠がはめられたことをも意味した。つまり、この頃からスペインのヨーロッパ諸国との対外関係は主にジブラルタル海峡とモロッコ植民地をめぐって形状化されることになった。

アフリカとくにジブラルタル海峡の向こう側のモロッコの地にスペインの植民地を獲得・拡大し、この地の住民をスペイン国家の支配下に置こうとする路線は当時アフリカニスモと自称あるいは他称された。それはスペイン社会・国家・経済の「再生」における意識的なイニシアティブであり、「弱体国家」あるいは「内向的国家」に甘んじないとして「国権」拡大によってスペイン政治・経済・社会の危機を乗り切ろうとするものだった。しかし（あるいはそれ故に）、アフリカニスタたちはスペイン社会・政治・経済の改革にはそれほど手をつけようとはしなかった。他方、それほど有力にはならなかったが、アフリカニスモ批判派は「国内再建」を主張した（とはいえ、実際にはほとんど上からの部分的改革）。

1898年後のスペイン社会に見られた潜在的な戦争忌避と経済・財政状況の悪化によって当初のアフリカニスモはアフリカへの「平和的侵入」を掲げた。しかし、1909年に始まった北部モロッコのリーフ地域での抵抗によって「平和的侵入」路線は無力化することになった。かわって軍の主導によるモロッコの植民地化、つまり軍事行動路線が有力となった。しかし、モロッコ人（スペイン人は「モーロ人」と呼んだ）の抵抗は根強く、それ故にモロッコでの戦争は長期化することになった。

1912年にスペイン国家は外交交渉でモロッコ北部を「保護領」とし、翌1913年から保護領統治に乗り出した。中・南部のフランス保護領（以下、フランス領）ではスルターン、スペイン領ではスルターンの被委任者のハリーファがそれぞれ形式上の統治者となったが、実質的にはフランス、スペイン国家の代表者（スペイン領では高等弁務官）がそれぞれの地域の最高権力者だった。タンジャは「特別の体制」とされ、後の1923年に「国際管理地区」とされた。

1914年に始まった第1次世界大戦中にはスペイン軍は積極的な軍事行動を展開できなかった。フランス軍が（そのモロッコ人部隊も）メトロポリで展開したので、スペイン軍だけで現地のモロッコ人の抵抗を引き受けることの危険を知っていたからである。第1次世界大戦後の1920年初頭からスペイン軍はモロッコで攻勢に出た。しかし、1921年7月の「アンワールの破局」でスペイン軍は壊滅的な打撃をこうむった。侵入スペイン軍に大打撃を与えたうえ、バヌワリャガール部族を中心としたリーフ地域さらにはスペイン領の独立を主張し、そのためのリーフ政治体とその軍事力を創成したリーフ部族連合の指導者がアブドゥルカリームだった。これがスペイン人がリーフ戦争と呼んだ新たな局面の始まりである[1]。

　本書は以下の諸相から切り込んで、メトロポリの政治・社会さらにはスペイン領モロッコの政治・社会においてリーフ戦争が持った衝撃あるいは意義を解明しようとする。

　第I章「アブドゥルカリームの恐怖──リーフ戦争とスペイン政治・社会の動揺──（1921〜1926年）」では、「アンワールの破局」にあらわれたスペイン国家・軍による植民地支配と征服戦争への抵抗はメトロポリ＝スペインの政治をどのように動揺させたのか、結局スペイン国家はどのようにモロッコ人とくにリーフ人の抵抗に対応したのか、さらに、このようなメトロポリの政治の動揺をつくり出したリーフ戦争へのスペイン社会諸層および諸社会・政治勢力の反応はいかなるものであったのか、以上のことを検討する。

　第II章「リーフ戦争におけるスペイン軍の空爆と毒ガス戦──「空からの化学戦」による生存破壊戦略の初の展開か──」では、リーフ戦争におけるスペイン軍の空爆と毒ガス戦の実態とその意義を明らかにし、リーフ戦争における大規模な空爆と毒ガス戦がなぜ長きにわたって明らかにされず告発されずにいたのかも考察する。

　第III章「「リーフ共和国」──抵抗と新政治・社会への挑戦──」では、リーフ人たちはスペイン軍（またフランス軍）に抵抗するためにどのような軍事的・政治的組織をつくりあげようとしたのか、いかなる新政治体・社会の創成に挑戦したのか、さらに、果敢な抵抗と新政治・社会への挑戦にもかかわらず、なぜそれらは実らなかったのか、以上のことを検討する。

第Ⅳ章「スペイン領モロッコにおける「原住民」兵の徴募と動員」では、スペイン国家・軍・植民地派がモロッコ戦争・リーフ戦争で「原住民」兵を大量に動員・使用したのはどのような意図によるのか、「原住民」はなぜどのように徴募に応じたのか、さらに、「原住民」兵はスペインのモロッコでの植民地戦争でどのような役割を果たしたのか、以上のことを検討する。

　第Ⅴ章「20世紀スペインの植民地戦争と徴兵制——貧者には血税、富者には金の税——」では、激しい植民地戦争に直面してメトロポリ＝スペインの兵役のあり方はどのように揺さぶられたのか、貧者たちはどのように血税を免れようとしたのか、金の税を払っていた富者たちはどのように血税を免れようとしたのか、以上のことを検討する。第Ⅳ章と第Ⅴ章では、誰がどのようにリーフの地に動員され、この地で闘うことになったのかを考察することになる。

　本書は20世紀スペインの3つの「破局」（1898年、1921年、1936年。1898年の「破局」への諸反応・対応は主に20世紀に現れる。1936年の「破局」とは、言うまでもなくメトロポリ＝スペインの内戦）の1つを様々な要素・様相から解明して、他の2つの「破局」を解く鍵にも迫ろうとする。そこから、本書は、20世紀前半のスペイン政治の相克は帝国の復活・拡大か国内再建かではなかったかとの問題提起をすることになろう。また、メトロポリのスペイン人がジブラルタル海峡の向こう側の人々をどう見ていたか（「モーロ人」の征服か、「モーロ人」との友好か）も問題の俎上に載せることになろう。

　リーフ戦争についての本格的な学問的な検討は1970年代に始まると言ってよい。スペインでのそれは1990年代からである。近年になって注目すべき研究が連続的に現れている。これらの研究はそれぞれリーフ側あるいはメトロポリ側の動向を主に考察しているが、既に多くの研究者にあっては双方をともに絡めた考察が展望されていると言ってよい。しかし、それらを全般的に考察した研究はまだないようである。本書はジブラルタル海峡の北側の地（メトロポリ）の動向（動揺）だけでなく、可能なかぎり南側の地（モロッコ）の動向（挑戦）にも迫り、リーフ戦争の全般的考察を目標とする。とはいえ、本書ではリーフ側あるいはモロッコ側の動向についての検討はやや弱い。それは研究状況と本書の著者の資史料理解能力の限界によるものであ

る[2]。

　本書ではリーフ戦争の軍事史的側面については行論で必要なかぎりの言及に留めることにする[3]。

　本書が大量かつ広汎に用いた第1次史料はマドリード陸軍文書館Archivo General Militar de Madrid（AGMM）所蔵の諸文書である。モロッコ戦争・リーフ戦争においてスペイン陸軍とくに在モロッコ軍が果たした役割は以下の諸章の中でただちに理解されるであろう[4]。

　本書で多用する「原住民」、「平定」、「モーロ人」の語がメトロポリ側からの一方的な認識枠組みを表していることは論をまたない。しかし、以下の本書では、煩雑の理由のみによって、これらの語への括弧を外すことにする。

第Ⅰ章　アブドゥルカリームの恐怖
―― リーフ戦争とスペイン政治・社会の動揺（1921〜1926年）――

1．アンワールの衝撃 ── スペイン政治の反応 ──

1.1. 衝撃に翻弄されるスペイン政治（1921年7月〜1922年12月）

1.1.1. 直後の反応

　侵入スペイン軍に対するリーフでの組織的反撃は21年6月初旬のダール・ウバラン（アバラン）に始まっていたが、その後それは一時中断した。それ故、とくにイベリア半島に衝撃をもたらしたのはやはり同年7月中旬からのイゲリーベン-アンワールでのリーフ側の反撃と、同月21日から8月中旬までのスペイン軍の壊滅的敗走である[1]。

　7月23日、「アンワールの破局」に関する最初の政府（保守党アジェンデサラサール首相）声明が陸相エサ子爵によってなされた ── 「以下の事態が発生した。モーロ人がイゲリーベンの陣地を大軍勢で攻撃して来たので、我々は陣地を放棄せざるを得なくなった。その後イゲリーベンから撤退した部隊とシルベストレ将軍［CGM司令官］が他の陣地から集め得た部隊がアンワールの陣地に再集結した。アンワールの陣地も大勢の［敵の］部隊によって激しく攻撃され、スペイン軍部隊は包囲されて陣地から撤退する必要に迫られた。スペイン軍部隊はダール・ドゥリウスに撤退したが、撤退中に多くの死傷者が出た。死傷者については具体的な数字を述べることができず、我々が知っていることはそれがただ非常に多いということだけである」。こ

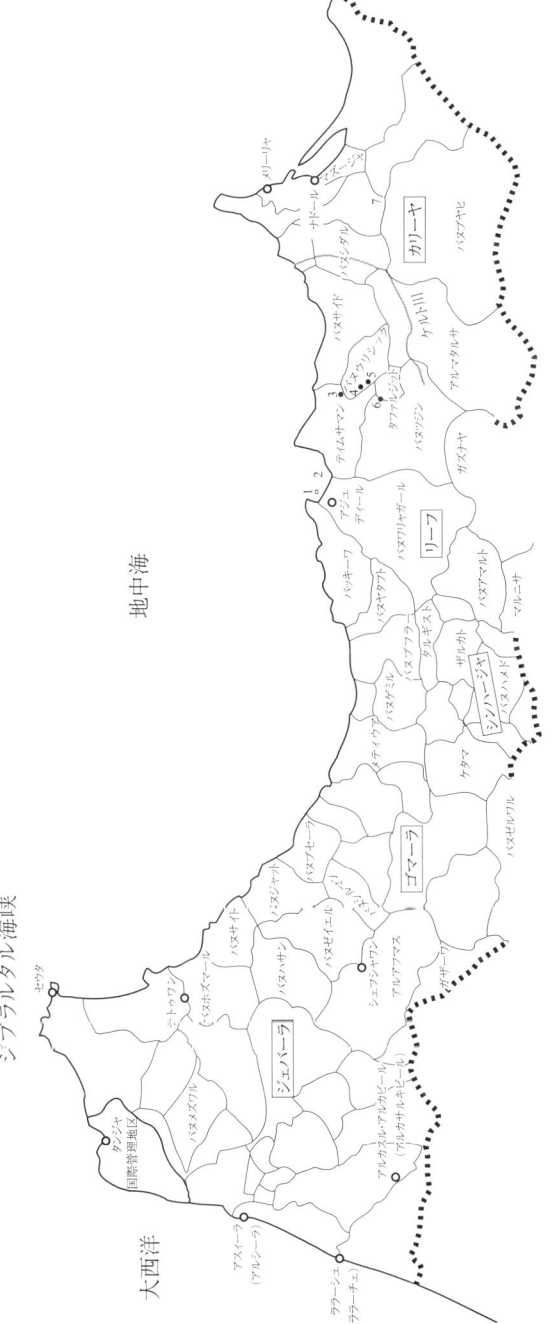

の政府声明は、イゲリーベンの事態に至ってもなお「新たな前進」を伝えていた前日までの新聞報道と比べると、モロッコの事態を冷静に伝えるものだった[2]。24日に、新聞は初めて「破局」を報道した。しかし、直後にモロッコ報道については検閲が布かれ、政府・軍による公的情報の掲載のみが許可された。検閲は8月下旬〜9月中旬には一部緩和されたが、マウラ次期政府が国会を召集した同年10月中旬まで続いた。報道統制の故もあり、国会内野党や他の政治勢力による「破局」をもたらしたモロッコ戦争政策への批判はきわめて弱かった。後述の10月開会の国会で、マウラ政府の陸相シエルバ（保守党シエルバ派領袖。保守党では、サンチェス・ゲーラ党首の派のほかにシエルバ派とマウラ派が分立していた）が「スペイン民衆は、多くの人がそんなことができるとは思ってもいなかった模範を実際に示しましたし、今も示しております」と発言し、またセウタ選出の保守党議員が「破局に際しての国の品位ある尊敬すべき態度」と言ったのは、戦争批判の弱さにまさに感謝したものだった[3]。

　最初の政府声明発表の7月23日にイベリア半島からモロッコへの援軍兵士派遣が開始され、それは25日、26日と続いた。この間、派兵に抗議する目に見えた動きはなかった。29〜30日に兵員が出発したバルセローナでは、CNTがストライキを提起したが、それは兵士乗船に支障を与えるものにはならなかった。援軍派兵に対する抗議行動でほぼ唯一目に見えるものとなったのは、30日にビルバオで前年創立の共産主義者グループ（21年11月に他のグループとPCEを結成）が提起した24時間抗議ストライキである。政府はこの行動を見て、ビルバオからの兵員出発をしばらくの間とりやめた[4]。

　「アンワールの破局」と援軍派兵がスペイン人に1909年7月の時のような大きな抗議の動きを生じさせなかった理由としては以下を挙げうる。第1に、既述のように、政府が報道統制を布いて事態をよく知らせなかったこと。第2に、その間に素早く派兵を実行したこと。第3に、第1とも関連して、モロッコ人に包囲されているスペイン人将兵を救え（結局、スペイン軍のほぼ全面的敗走後にアラウィッツ（モンテ・アルイッツ）で大量殺戮があった）とのキャンペーンが張られたこと。最後に、労働者勢力が弾圧（CNTとPCEに対して）と分裂（PSOEから分離したグループがPCEを結成する直前だった。また

PCE内とCNT内の分裂。本章2.4.参照）によって抗議運動を組織できなかったこと[5]。上記の第1～第3は政府や軍が09年の教訓から学んだことをよく示している。陸相エサはスペイン領高等弁務官ベレンゲール宛電報で、援軍のための兵の召集にあたっては「［イベリア］半島でのどのような反響も避ける」ように留意していること、また「半島での政治的反響」を勘案していることを伝えた（それぞれ7月24、29日）。さらに付加すべきことは、09年には予備役が召集されたことへの不満と免除金を払ってアフリカの戦闘への動員を免れた富裕層への批判や不満が激しくあらわれたが、今回は予備役の召集はなく、また1912年に免除金制度が廃止されたので、12年前のような批判・不満によって抗議運動が組織されることがなかった（しかし代人制は存続していた。第Ⅴ章で後述）。さらに、免除金廃止後につくられた兵役一部免除制（納付金を支払うと、一般徴募兵の兵役期間の3年ではなく、5か月ないし10か月（納付金支払額がより多いと前者）の兵役をつとめればよかった）による兵士（納付金兵士。やはり第Ⅴ章で後述）も動員された。後述の21年10月開会の国会で、1保守党下院議員が納付金兵士を素早く動員したことでこのアジェンデサラサール政府時の陸相エサを称賛した。やはり後述の22年11月の国会で、他の保守党下院議員は、09年の時のようなことが起こらないようにこの時に「富者も貧者も平等に」動員されたのだ、と述べた。つまり21年7月から、モロッコ戦争は、動員された富裕層の子弟も含んだより広汎なスペイン社会層にとっての戦争＝スペイン国民の戦争になって行った[6]。

　スペイン領西部（在モロッコ軍セウタ軍管区）での戦闘を指揮していたベレンゲール（高等弁務官であるとともに在アフリカ軍総司令官）は東部（CGM）でのスペイン軍崩壊の報を受けて、7月23日にメリーリャに着いた。ベレンゲールは陸相宛電報で、当地には兵員も物資も何もない、「このようなわけで、敵が数でも条件でも資源でも我々よりずっと優勢という状況の中で全く新しくやり直さなければなりません」と報告した（7月24日, 27日）。ベレンゲールは陸相とも協議してメリーリャ自体が包囲され攻撃される危機にあると判断、メリーリャ南方で包囲されているスペイン軍（アラウィッツのナバーロ将軍部隊など）の救出作戦を断念した（8月6日のメリーリャでの将軍会議決定――「ナバーロ将軍の部隊を救出するために何らかの軍事的行動をおこな

う良い手段を、その行動が成果を得るのに必要な非常に短い期間で見出すことはできない……」)。ベレンゲールは後の弁明の書で、アラウィッツの犠牲は無駄ではなかった、というのは、この犠牲は無防備だったメリーリャを救い、また「国民的反応」を引き起こして「再征服」を可能とさせたのだと述べた[7]。

　メリーリャのスペイン人住民の多くは自らが置かれた状態に恐怖を感じていた。7月22日にはメリーリャと境を接して住むモロッコ人たちの蜂起の噂が市中に広まった。蜂起は起こらなかったが、ベレンゲールはメリーリャ到着直後にメリーリャ周辺の有力な「友好モーロ人」たち（アブドゥルカーディルなど）を集めて、スペイン軍への協力を要請しなければならなかった（友好モーロ人たちも自らの部族の反乱を抑えるためにスペイン軍の支援を要請した。このためにスペイン軍の1部隊が動員された）。スペイン領から避難・逃亡して来た兵士・入植者などのスペイン人がメリーリャに殺到した。また、スペイン領と接する市域のスペイン人住民は居住地から避難し始めた。これらのスペイン人はメリーリャからの脱出をこころみて港に向かったが、出入港する船はなかった。ベレンゲールや軍の指導部はこれらの住民をなだめるため、教会での説教を利用したり市中で軍の音楽を流させた。7月26日に高等弁務官名で次の布告が出された――「皆さん方がスペイン人であることを忘れないでいただきたい。また皆さん方に安全を保障する私に信を置いていただきたい。不当な恐怖を引き起こそうとする者に対しては法が非常に厳格に適用されるであろうことを承知されたい」。セウタからまたイベリア半島から援軍が徐々に到着したので以上の恐怖の状態は緩和されたようだ。ただ、モーロ人の恐怖に加え、新たに前線となったことや軍の存在が圧倒的となりその支配が強化されることへの不安も明確に見られた。7月24日に外人部隊を率いてセウタからメリーリャ港に到着したミリャン・アストライ（陸軍大佐）の演説はそれをよく意識したものである――「メリーリャ市民よ、皆さん方に挨拶をする。これは皆さん方を救いに来た外人部隊である。何も怖がることはない。外人部隊は我々の生命を保障する。この外人部隊の派遣軍はスペイン軍の最も勇敢で英雄的な将軍であるサンフルホが指揮している。……メリーリャ市民よ、外人部隊と我々すべては皆さん方のために死んでも

よいと思っている。もう危険はない。スペイン万歳！　国王万歳！　メリーリャ万歳！」。8月初旬にCGM新司令官カバルカンティ将軍が「この軍を、この海軍を、我が兄弟たち［イベリア半島にいるスペイン人］を信頼してほしい」と声明したのも同様の意味を持つ。他方でこの8月初旬にスペイン軍は、アブドゥルカリームの以前からの友人だった友好モーロ人のイドリース・ベン・サイードを密使としてアブドゥルカリームのもとに派遣した。スペイン軍への抵抗をやめるようアブドゥルカリームらを説得させるためだった[8]。

マドリードでは、元陸相のルケ将軍が必要な武器・軍需物資を調達しなかったとして陸相エサの無能を批難し、エサもこれに反論した新聞紙上での論争があった（8月2〜6日）。注目すべきことは、既にこの時期に、ルケ将軍が「たいへん愛国的な事業」［＝モロッコ戦争での勝利］のために、「徹底的に愛国的な」新聞、「統領」'Un caudillo'、「復讐のための組織者」の3つが必要だと主張していたことである。ルケはこの論争で事実上「破局」の責任を問題としたのだが、同時期に他の政治勢力からも「責任」を明らかにせよとの要求が出始めた。カタルーニャのリーガ（地域主義連盟）の新聞は「責任の明確化」を要求し（8月2日）、PSOE機関紙『エル・ソシァリスタ』*El Socialista*は「人民の声は要求する。責任者の懲罰を，軍の引き揚げを、モロッコの地からの全面的撤退を」と言い始めた（8月4日）。カタルーニャ共和主義派のドミンゴはカタルーニャ共和主義派の代表組織宛書簡（公開された）で、捕虜解放、「あらゆる軍事行動の中止」、それに「政体をとりかえること」を主張した（8月14日）。ほぼ同時期に政府と軍も「敵の攻撃に遭ったこの地［メリーリャ地域］の陣地を放棄することになった背景と状況を明らかにする」ための調査に乗り出した。8月4日、陸海軍最高会議のメンバーのピカソ将軍に現地での調査が委任された[9]。

ところで、この時期に「再征服」のために毒ガス使用が検討され始めた。8月12日、ベレンゲールは陸相宛電報で述べた――「私は常にこれらの原住民に対する窒息ガス使用に反対してまいりましたが、彼らがやったこととその裏切りや欺瞞行為の後では窒息ガスを実際に効果が出るように使用せざるを得ません」。エサも同意見だった。政府・軍だけでなく新聞も毒ガス使用

の主張に加わった。実際にこの後スペイン軍によって毒ガスが使用され、それはとくにプリモ・デ・リベーラ政府の「撤退」作戦の不可欠の部分を成した（第Ⅱ章で検討）[10]。

「アンワールの破局」は、アジェンデサラサール保守党政権に政権を手放させ、アラウィッツのスペイン軍降伏直後の8月13日にマウラ政府を成立させた決定的理由だった。野党の自由党諸派（自由党内でもいくつかの派が分立していた）は政府を批難し、そのため既に外相は辞任していた。陸相エサも辞任を決意した。「再征服」を始動させ国民的戦争を遂行するためには、保守党の大物政治家マウラと野党を含めた政権が必要とされた。後の同年10月の国会開会に際してのマウラの所信表明演説はそれを的確に表している——前政権が崩壊したときの「危機」は他の場合のように政党間の争いによって生じたのではない、前政権は「メリーリャの破局後の事態を察知して退却したのであります」。マウラ政府は自由党諸派の3閣僚（党人ではなかった外相のゴンサーレス・オントリアを含む）、財務相にリーガのカンボを含んだ「国民結集」政府としてあらわれた[11]。

1.1.2. マウラ「国民結集」政府（1921年8月〜1922年3月）

マウラ政府成立以後のスペイン政治のリーフ戦争への反応を理解するために、予め以下の8つの政治的争点を示しておこう。①スペイン領の軍事・支配政策（a.戦線拡大か軍事作戦縮小ないし中止か、あるいはモロッコ植民地放棄まで行くか、b.兵士帰還、c.軍人統治か文民統治か）、②軍事費の財政への圧迫、③「破局」の「責任」、④捕虜解放、⑤軍内のアフリカ派と防衛評議会派の分立と対抗（戦功による昇進法案などを含む）、⑥誰がアフリカで闘うのか——兵役一部免除のための納付金を支払った「特権」兵士か、一般徴募兵か、志願兵か、原住民兵か、外人部隊か、⑦専制的権力要求、⑧国際的関係（タンジャの統治形態など）。以下の行論を先取りして言えば、23年9月のプロヌンシアミエント成功＝プリモ・デ・リベーラ政府－体制成立が決着をつけたものは、①－c、③、⑦である。④は同体制成立以前にほぼ決着していた。

マウラ政府成立の2日後、ベレンゲール（高等弁務官を継続）は「再征

服」プランを提出、新政府はそれを了承した。「再征服」作戦は３万５千人以上の兵員によって９月初旬から始まった。しかし、モロッコ人の抵抗は激しく、ようやく10月中旬にメリーリャへの砲撃地点だったグルグ山が「奪回」された。政府は「再征服」のこの実質上の開始を受けて、「我が保護領の問題に決定的な解決を与えるとの断固たる決意をもって、軍事的行動と政治的行動［部族・住民間の分断と対立の醸成、また有力者の懐柔策など。しばしば資金供与を含む］を組み合わせて行く」と述べた（10月14日の非公式覚書）[12]。

　リーフ戦争についての諸政治勢力の対応と争点を一挙に明確にしたのは10月20日に始まった国会討議だった（12月16日に閉会。国会開会直後に検閲が撤回された）[13]。首相マウラは下院の所信表明演説の大半をメリーリャの「破局」とモロッコで続いている戦闘に関することにあてた[14]。前陸相のエサは自らの責任を全面的に否定した――ダール・ウバラン後の事態について自分が得ていた情報からは政府が対応しなければならなかったものはなかった、警戒すべき事態という情報はなかった、それ故、自分にもアジェンデサラサール政府にも責任はない。保守党諸派では「責任」を問う発言も出たものの、それはあまり強力ではなく、全体としてはリーフを制圧するまで戦争を継続せよとの主張が圧倒的だった。「責任」に触れた１保守党議員（元軍人）は「２つの基本的なこと」として、「破局の責任者の法的責任」と、「裏切り者の懲罰」つまり「攻撃した原住民の懲罰」を挙げた。外相のゴンサーレス・オントリアはこれに対して、「まず懲罰であります」と答弁した。自由党諸派は、財政を破綻させない戦争政策を求めることと、「破局」の「責任」の明確化要求で一致していた。それは自由党諸派と改革党が共同で提出した次の決議案に表れている――「国の経済的可能性を考慮し、また財政を緊急に再建して国内の文化と富の問題にも立ち向かうという喫緊の優先課題」に沿ってモロッコで行動する、議会委員会を設立して「責任」を調査する（保守党諸派は反対、PSOEや他の野党の棄権で否決）[15]。

　少数勢力ながら戦争政策についても「責任」についても全般的な批判を展開したのはPSOEである。戦争政策について――「国の全体がおぞましい教訓に思い知らされて、はっきりとモロッコ戦争に反対しております。モロッ

コの征服に反対しております」、「あちら［モロッコ］で我々は保護権を行使できません。我が国の経済力と我が国の軍事力ではそれはできません……」（プリエート）。モロッコの問題は「生きるか死ぬかの問題」なので、それに「国の未来のすべて」がかかっている、「我々はいつもモロッコ放棄を要求してきました」、何のためにモロッコに行くのか首相マウラは満足すべき説明をしていない、「このような状況では戦争する意味はありません。スペインの息子のただ一滴の血の価値もスペインの母親のただ一粒の涙の価値もありません」（ベステイロ）。「責任」について ── 政府はまだ「破局」の死者について発表していない、我々の計算だとスペイン軍の死者は13,192人で、そのうち「ヨーロッパ人」［「原住民」と対置された場合にしばしば用いられた呼称法あるいは認識枠組み。この場合にはほとんどスペイン人のこと。しかしこの用語意識にも注目できる］は8,668人である、ベレンゲールには「怠慢と決断力の欠如」の責任がある、閣僚よりも「もっと上級の位［＝国王］の責任」も隠せないだろう（プリエート）。ベレンゲールに加えて前陸相など政治家たちの「厳密な責任」を要求する、「モロッコに行ったのはスペインではありません。モロッコに行ったのはスペイン王室であり国王であります。我々ではありません」（ベステイロ）。プロヌンシアミエントに至る政治的帰結とも絡んでとくに注目すべきことは、憲法によって無答責とされた国王の責任への言及があったことである[16]。

　やはりモロッコ植民地放棄を要求し、「責任」を追及したのはカタルーニャの共和主義的民族主義派だった。彼らは独自の民族たるカタルーニャ人はスペイン国家が遂行する戦争とは関係を持たないとの立場から、戦争を批判し、モロッコ放棄を主張した。カタルーニャ共和主義民族主義派のクンパニースは、PSOEと同じようにアジェンデサラサール政府とベレンゲールのほかにスペイン国家の長たる国王の責任にも言及した。他の共和主義派の立場は自由党の立場に近かった。改革党のアルバレスはときにモロッコ放棄にも言及したが、既述のように自由党の決議案に加わったし、急進党のレルーはモロッコ植民地を放棄するとスペイン国家の「無能力」を示すことになると主張し、またマウラ政府支持をも言明した[17]。

　首相マウラは以上の批判や要求に対して次のように答えた（［　］内は著者

のコメント）──「かの地［モロッコ］での軍の名誉、スペインの威信、スペインの利益の保全を回復すること」が求められている、責任追及は必要である、しかし、「「責任」［追及］の言葉のもとに不正な行為がなされるなら、……我々は損害をもっと大きくしてしまうのであります」［＝責任追及を過度にせずに慎重にせよ］[18]。

　保守党諸派が圧倒的に多数でかつ軍人議員も多かった上院ではより強硬な戦争政策を求める主張がなされた。軍人議員たちの多くは「破局」は軍の責任によるのではなく、必要な武器・資金を軍に与えなかった政府の責任によるのだと述べた（09年7月時の在メリーリャ軍司令官・元高等弁務官・元陸相のマリーナ将軍──メリーリャの事態は「世界の良く組織されたすべての軍隊でも起きたことであります」）。陸海軍最高会議議長のアギレーラ将軍はベレンゲールなどの作戦に過誤があったと主張した（占領地域の住民の武器解除をしなかった）。マドリード軍管区司令官プリモ・デ・リベーラ将軍が「海峡の向こう側に兵を維持することは戦略的に見てスペインにとって弱点であります」、モロッコ植民地を放棄し、そのかわりにジブラルタルを回復するべきだと発言したのもこの議会である（陸相はこの発言を重く見て、翌日プリモ・デ・リベーラを軍管区司令官から解任。また、プリモ・デ・リベーラは保守党会派から除名され、議員も辞職）。保守党マウラ派領袖でスペイン・アフリカ連盟（アフリカ連盟については、本章2.1.で詳述）副理事長のゴイコエチェーアは連盟を代表してプリモ・デ・リベーラの放棄論を強く論難した。首相マウラは以上の主張に対して、下院でと同様の慎重さをもって答えた──「……私は我々が我が保護領地域を諦めなければならないなどという見当外れなことを言ったことはけっしてありません……」、しかし自分は軍事的占領政策には常に反対して来た、「懲罰をやめなければなりません。というのは懲罰は忘れ去られることがなく、しかしかの岩山の地［リーフ］にスペインの勢力を扶植することにはならないからであります……」。結局、保守党諸派議員5人の提議に基づいて、上院では全会一致で次の決議がなされた──①仏・英との良好な関係を続けながら（以上の部分は自由党諸派議員の修正提案によって付加された）、モロッコ植民地を維持する、②「諸部族によって我々に加えられた犯罪に対して正当な懲罰をし、反乱を鎮圧する……」、③スペ

インの経済状況に合わせたモロッコ保護領政策を採る、④軍隊の効率化のために必要な方策を採る（つまり、「破局」の「責任」については議決せず）[19]。

　ところで、上述の国会討議の中にもとくに「破局」への反応を契機としたスペイン人の対モーロ人観が明瞭に表れた。これは「懲罰」の語の多用にも既に見て取れる。まず表れたのは、スペイン軍を構成していた（スペイン国家に服したはずの）正規原住民兵部隊（FRI）や原住民警察隊（PI）の兵士や隊員が逃亡して「反乱」に回ったことへの驚きと狼狽である。軍人議員のほかに改革党議員さえこれを「裏切り」と叫んだ。アンワールではFRIとPIの多数のモロッコ人兵（5千人近くか）が逃亡してリーフ側（この時期にはまだリーフ部族連合の意。後のリーフ政治体またリーフ勢力については、とくに第Ⅲ章第1節を参照）に加わり、その後、各地の駐屯地でもFRIとPIのモロッコ人兵がリーフ側に加わった。これはスペイン軍の「破局」の一大要因だった（それ故、在モロッコ兵力の援軍派遣では外人部隊に多く依拠するしかなかった。1.1.1.で既述）。彼らの逃亡を理解するためには、彼らの原住民兵諸部隊への入隊の主な理由が生活苦にあったこと（給与収入を得るため）、また彼らがスペイン軍の肉弾として使用されたことを知らなければならない。ピカソ将軍の尋問に対してFRIの1司令官は次のように答えた──「軍の他の兵力が前線から距離を保ち、ほんのわずかの場合しか戦闘に加わらなかったのに対し、彼ら［FRIの原住民兵］は最前線の兵力だった……」（原住民兵力については第Ⅳ章で検討）[20]。

　次に、支配されるべき原住民が「文明化した」ヨーロッパ人・スペイン人に反抗し、あまつさえスペイン軍を敗走させた衝撃と恐怖（リーフの兵員だけでなく、リーフの女性・子ども・老人たちも敗走するスペイン人を襲った）。改革党のアルバレスの演説はそれをよく示す──「彼ら［原住民］が無能であることを彼らにはっきりと示すことなく、我々の力を明白に示すことなく、我々がやろうとしている政策を達成できるとお考えでしょうか。……私は、破局の後では、メリーリャで起きたことの後では、それは達成できないと考えております」。威信が崩されようとしていることへの恐れはリーフ人が野蛮であることをさらに強調することで救われなければならなかった。陸相シエルバ──「我々は野蛮な野獣たち［リーフ人のこと］の真似をすることは

できません。我々は文明化した国民であります。こんな残虐な彼らに対してさえも我々は文明化した国民がやるようにしなければならないのでありますし、彼らを人間として扱わなければならないのであります」。これはPSOEのプリエートへの答弁の一部だが、プリエート演説でも「敵の野蛮さ」が語られた。さらに、プリエートが独自の計算で「破局」でのスペイン軍の死者数を示したとき、「ヨーロッパ人」8,668人のみが取り上げられ（前出）、原住民兵4,524人（この数字の根拠はかならずしも明確ではない）はほとんど捨て去られてしまった[21]。

　しかし、以下の本章（また第Ⅳ章）が示すように、スペイン国家・軍はこの後、結果はどうあれメトロポリの兵員よりもむしろ原住民兵への依拠政策を打ち出さざるをえなくなる。スペイン人の犠牲と戦費負担を少なくし、かくして戦争批判をかわしながら戦争を遂行するためだった。首相マウラは下院での答弁演説の中で述べた ── 「原住民をもっと動員すればするほど軍の補充や我々の労は少なくて済むでしょう。もっと政治的行動をおこなえばおこなうほど我々が導いて平和と正義のもとに保たねばならぬ人々［＝原住民］の社会的かつ政治的な力を利用できるでしょう。……これが我々のやり方です。つまり政府が考えていることです」。しかし、スペイン国家・軍が植民地戦争で原住民兵を動員する際に直面した問題は、原住民を動員できる植民地をほかにあまり持たなかったので、抵抗するモロッコ人（リーフ人）に対してモロッコ人兵（多くはリーフ人兵。しかも同部族か近隣部族の兵員）を動員しなければならなかったことである。メリーリャの「破局」はこのことを如実に示した。当面の「再征服」作戦では外人部隊とリーフ以外の地域からの原住民兵が前面に配置された（「破局」によって、リーフ人を多く擁していたFRIメリーリャ部隊が壊滅状態となったという事情もある）[22]。

　21年10〜12月の国会は「破局」が軍内のアフリカ派と防衛評議会派の対抗と相互反発を顕在化させたことも明確にした。既に８月初旬のルケ将軍によるエサ陸相批難において防衛評議会の存在が問題とされていた（「軍隊の力が強力であるというのは……鉄の規律に基づいた軍人精神のことを言うのである」）。下院の１保守党議員（元軍人）は、メリーリャの防衛評議会指導部のメンバーで「破局」の際に死傷者となった者は誰もいない（＝戦闘ではなく「敗

北」に貢献した。これは事実のようだ。また評議会と結びついていた砲兵隊の被害も少なかった）、つまり「破壊的」な事業を軍にもたらしたのだとして防衛評議会を批難し、軍指導部が命令を実行させるための強権を持つべきことを主張した。防衛評議会が「破局」の責任の一端を有するが故にこれを解散せよとの主張においては、保守党諸派、自由党諸派、それに改革党も一致していた（上院でも）。PSOE（以前から防衛評議会に批判的だった）は防衛評議会攻撃が政府と国王の責任逃れになることを恐れて、慎重な対応を示した。しかし、陸相シエルバは当面は評議会の解散命令を出さないと答弁した。当の軍の指導部内でも評議会派とアフリカ派のそれぞれが相手側こそ「破局」の責任を有するとして反発し合った。評議会派はアフリカ派の作戦指導を懲戒に価するものと主張し、アフリカ派は評議会派こそ植民地軍の形成を妨害したと批難した。モロッコの戦場ではCGM司令官カバルカンティがメリーリャ歩兵隊の評議会代表の大佐が補給作戦に失敗した（1,500人の死傷者を出した）ことを公然と批難する事態が起き、陸相もこれを認めて、この大佐ほか2名の評議会派将校を指導部から更迭した（9月下旬〜10月下旬）。その後、CGM騎兵隊司令官カバネーリャス将軍が全国紙に評議会諸代表宛の公開書簡を発表した――「私はあなた方に第1の責任があると思います。些細なことのみを騒ぎ立て、指導部を汚し、軍予算においても我々がまだ持たない兵器や軍の能力の向上に関心を寄せるのではなく人員のみを得ようとしているからです。あなた方は軍のある階級の臆病さによって生き長らえてきたのです。私はそれにけっして同調しませんでした。歴史とこれらの［モロッコでのスペイン兵の］殉教者の家族とがあなた方が受けるべき裁きを与えんことを」。これに対して評議会派はカバネーリャスが軍法を犯したとして批難、陸相は今度はカバネーリャスを指導部から更迭した（10月下旬〜11月中旬）。さらに両派の対抗を浮かび上がらせたのは10月下旬に陸相が国会に提出した軍人昇進法案だった（18年の法によって軍人の昇進は国会承認事項となっていた）。法案は戦功によってベレンゲールを含む55軍人（ほとんどアフリカ派）の昇進を規定していた。しかし戦功による昇進制の廃止は防衛評議会がその設立（16年）以来要求していたものだったので、評議会派はこの法案に強く反対した。国会では自由党諸派とPSOEが「責任」問題が出ているときに報

奨的昇進を承認することはできないと主張、結局、同法案は継続審議とされた。モロッコの戦場では12月中旬、カバルカンティが政府の無能を公然と批難した。政府は今度はカバルカンティを更迭した（後任はサンフルホ将軍）[23]。

21年10〜12月の国会（下院）ではリーフ側にいまだ囚われているスペイン人捕虜の解放・救出要求が出された。「破局」後から9月上旬までに、スペイン側にあったモロッコ人捕虜と交換して、あるいは仲介者に金銭（総額9,838ペセータ）を支払って350人のスペイン人捕虜が解放されていた。しかし「再征服」の軍事行動が始まると捕虜交換・解放は困難となっていた。ナバーロ将軍をはじめ500人を超えるとみなされた捕虜の境遇とその解放は直接の関係者のみならずスペイン人世論一般が敏感に反応した政治的争点だった。既に8月下旬にリーフ側はスペイン人捕虜解放の条件として、身代金300万ペセータ（その後、リーフ人に与えた損害を加えて400万ペセータに増額）とスペイン側に囚われていたモロッコ人200名の解放を要求していた。またリーフ側はその本拠であるアルホセイマ湾沿岸地域にスペイン人捕虜を集めて、予期されたスペイン軍のこの地点からの攻撃を防ごうとした。国会では共和主義派とPSOEが早急に捕虜解放のための交渉を始めるよう要求した。とくにPSOEのプリエートは捕虜解放に動こうとしない「公権力の臆病さ」を追及し、国王も捕虜を見捨てていると批難した。しかしアフリカ派軍人の多くは軍事的手段による救出を主張して、身代金支払いによる解放に反対した。陸相は下院での答弁で、対スペインのリーフの軍事力を高めることになるので400万ペセータを引き渡すことはできないと言明した[24]。

しかし、国会会期末の21年12月頃になるとモロッコでの戦闘が短期では終わらないことが明白となり、それ故、捕虜解放の見通しもつかなくなった。このことは議会外でのいくつかの動きを生じさせた。既に8月に結成されていた捕虜救出委員会は12月初旬にマドリードで捕虜解放要求の大示威行動をおこなった。同委員会は政府が解放交渉に乗り出さなければ、自分たちが身代金のための寄金を集めると宣言した（翌22年1月初旬の同委員会の集会でもこれを宣言）。マドリードと同時にメリーリャでおこなわれた示威行動には捕虜の母親や妻たちが多数参加し、身代金支払いによる捕虜解放を要求した。この示威行動の一部は暴動と化し、モーロ人商店街が襲撃された。ベレン

ゲールはこの「民衆の興奮状態」（ベレンゲール）を抑えるため、テトゥワン（高等弁務官庁所在地）からメリーリャに行かなければならなかった。このような要求を前にマウラ政府は身代金支払い拒否の政策を転換した。国会閉会後の21年末、マウラ首相はリーフ側との交渉に臨む際のスペイン政府の４条件を発表した──①400万ペセータの身代金はスペイン軍がモロッコ人に与えた損害の賠償に使用される、②スペイン軍はバヌワリャガール（アルホセイマ湾に面したリーフ側の本拠地）に対する軍事行動をしない、③リーフ側はリーフでのスペインによる保護領設立を妨害しない、④中部リーフ（バヌワリャガールを中心とする地域）には一定の自治権が付与される。交渉のために陸相シエルバがモロッコに向かった。しかし、この頃までにリーフ側はリーフ（少なくとも中部リーフ）の独立承認をスペイン側に要求し始めていたので（第Ⅲ章で後述）、上記③,④を認めるはずがなく、交渉は失敗した[25]。

　本章1.1.1.で見たように、「破局」直後に戦争反対の大きな動きは起こらなかった。マウラ政府の成立後と「再征服」の開始以後も政府主導の愛国キャンペーンが奏効した。理由はやはり「破局」直後とほぼ同じである（報道統制（「破局」の惨状の写真も統制された）、包囲されているスペイン人を救え、CNTと弱小PCE以外に戦争反対の動きなし、貧者も富者も徴募されてともに闘う、「国民結集」政府）。軍需物資と各県出身兵士の装具購入のための拠金活動が７県議会の提起でおこなわれた（８月から）。飛行機購入のための県・市の単位での寄金活動によって８〜10月に10機が購入され（６県・市分）、他に20機の引渡しが準備され（19県分）、また個人の寄金によって６機の飛行機引渡しが準備中であった。ほかにも、早くも８月から負傷兵のための寄金（１県）、戦車購入のための寄金（１県）、県職員による給与１か月分の拠金（３県）の活動がなされた。以上の活動には各地域の教会が積極的に協力し、また新聞社が寄金活動の音頭をとった地域もあった（３県）。セビーリャではUGTの港湾労働者組合さえ拠金活動に加わった[26]。

　愛国キャンペーンの展開中にも戦争批判の声が表面に出なかったわけではない。早くも８月上旬（アジェンデサラサール政権時）、ジローナ県議会は政府に意見書を提出した──「モロッコで起きた悲惨な事態」とその犠牲からして、「国に新たな犠牲を強いることのないように、国に大出血をさせ国を

経済的な破滅に導いているモロッコでの悲劇的な冒険を早急に終わらせること」。8月12日から26日には次の逮捕者が記録されている（括弧内は理由等）――ビルバオで1聖職者（戦争反対の示威行動）、ログローニョで3労組員（派兵阻止を計画。恐らく全員PCE員）、サラゴーサで1労組員（反戦ビラ配布。CNT員）、アストゥリアスで5労組員（同、全員PCE員）。新聞に関しては、労働者組織や民族主義組織の新聞（本章2.4.参照）を除けばこの後もリーフ側の状況や主張を最も詳しく伝えることになる『自由』*La Libertad*（マドリード）が、8月に1週間にわたってモロッコ保護領支配とモロッコ戦争に関する意見聴取欄を設けた。意見を寄せた336人（意見数としては158）のうち全面的放棄が263人、モロッコ支配継続が32人、条件付き継続が25人、分類不能が16人だった（政府の命令で8月下旬にこの欄は中止）。注目すべきことは、モロッコの植民地化はモロッコを「文明化」するためだと言われているが、それよりもスペイン自身を「文明化」しなければならない、モロッコの植民地化や戦争よりもスペインの「国内再建」をしなければならない、との意見が目立ったことである。先述のように捕虜解放問題が政治的争点となった12月になると、『自由』はスペイン人捕虜の家族がほかならぬアブドゥルカリームに宛てた手紙へのアブドゥルカリームのスペイン語文返信を掲載した。アブドゥルカリームは既述の捕虜解放条件を挙げ、またスペイン人が捕虜に会いに来るのを拒まないと述べた後、手紙を次のように結んだ――「私は現在の状況が変わり、正義と平等の支配が確立して、私たちが良き友人のように手を握ることができるようになることを望んでいます」。モロッコの「完全で即時の放棄」（『エル・ソシャリスタ』、21年10月）を主張しながらも戦争批判行動を控えていたPSOEがいくつかの具体的行動をおこなうようになるのは、戦争の長期化が明らかとなった21年11月頃からである。同月中旬、社会主義青年連盟全国委員会は「全面的かつ完全にモロッコを放棄すること」を主張し、戦争反対を呼びかけた。22年1月中旬にはPSOEの主催になる初のモロッコ戦争反対集会が開かれ、同月下旬には上の社会主義青年連盟全国委員会が兵士の帰還と兵士の新規召集中止を求める声明を出した[27]。

　22年1月上～中旬にはリーフ戦争と絡む一時的な政府危機が起きた。陸相シエルバは21年10～12月の国会で批難の的となった防衛評議会を陸軍省の1

組織（情報委員会）として改編する＝防衛評議会の自立性をなくす政令を準備した。しかし軍アフリカ派への傾斜を躊躇した国王は政令への署名を拒否した。これを見てマウラ政府の全閣僚は辞任を表明した。政府の外では当然ながら防衛評議会派が政令案に抗議し、陸相の辞任を要求した。決定的だったのは「現地」メリーリャの軍人の動向だった。メリーリャではアフリカ派のCGM司令官サンフルホの支持派と、歩兵隊の防衛評議会代表でメリーリャ中央原住民局長（原住民局については、第Ⅳ章第2節で後述）のリケルメの支持派が公然と論難し合った。結局CGMの全部隊が陸相と政府を支持するとの発表がなされた。国王はこれを見て政令に署名したので、マウラ政府は維持された[28]。

　戦争の長期化の様相がスペイン政治を動揺させたことを明瞭に示したのは22年1～2月のマウラ政府閣僚間での戦争政策についての意見の相違の表面化である。まず1月初旬に保守党の準機関紙の新聞が政府に警告した――「まず、アフリカで早急に作戦を展開する可能性はあるのか？ 次に、［21年］7月以来スペインが士気の点でも経済の点でも続けてきた努力をさらに何か月も続けるべきなのか？」、早急に作戦の展開が可能ならそうするべきだが、そうでないなら「モロッコ問題が我々の生活を何か月にもわたって全面的に中断することがないような」「縮小」の作戦を考えなければならない、我々はどちらの選択がよいのかわからない、しかし「16万の人間［兵］をずっとアフリカに置き続けるのは危険なことだ」。次に1月中旬、2閣僚を出していた自由党ロマノーネス派の領袖で元首相のロマノーネス伯爵が自派の集会で次のように述べた――「……こんなに激しい軍事行動をこれ以上続けるのは不可能であります。……スペインの全生活がモロッコでの出来事に左右されるのは不可能です。……至高の国民的大望［モロッコの植民地支配］を汚すことなく、スペインが自らに可能な手段や資源にその行動を合わせるようにすることを……主張するものです」。つまり両者ともにこれ以上このような軍事行動は続けられないと主張したのである。1月下旬、国防評議会（07年創設。国王が主宰し、現および元の首相・陸相・海相、陸軍・海軍の各中央参謀本部議長で構成）が開催された。審議事項はモロッコ問題だった。ロマノーネスが提起した、モロッコからの兵員の段階的撤収と、原住民兵と

外人部隊を基礎にした植民地軍を早急に組織することについて議論がなされた（内容など不詳）[29]。

　1月末と2月初頭の閣議では今後の軍事作戦に関して閣僚レベルでの意見の相違が明確となった。陸相シエルバは地中海岸のアルホセイマ（アルホセイマ湾に面した地域）から上陸してリーフ中心部に攻撃を加え、リーフと西部（リーフ中心のアブドゥルカリーム派とは別のライスーニー派が拠点としていた）をともに攻撃することを主張した（多数の兵員が上陸可能でリーフ中心部のバヌワリャガールを攻撃できる地点はアルホセイマしかなかった。アルホセイマ上陸作戦は「破局」以前にも何回か立案されたが、実行に移されなかった）。首相マウラは上陸作戦には支持を与えたが、地中海沿岸地域の制圧を当面の目標と見なした。外相ゴンサーレス・オントリアは「金銭と血の犠牲が少なくて済むならば」上陸作戦を支持するとしたが、占領地の縮小と兵士帰還を主張した。財務相カンボは上陸作戦に懐疑的姿勢を示し、しかも占領を沿岸地域に限定すべきであるとして、作戦拡大に反対した。既に見たように（前年8月のジローナ県議会の意見書、前年10〜12月の国会でのカタルーニャ民族主義派によるモロッコ放棄の主張など）カタルーニャではモロッコでの植民地戦争への批判が他地域より強く表明されており、リーガ指導者のカンボは苦しい立場に置かれていた。戦争長期化の様相がカンボを決断させたのである。2月初旬、閣僚間の意見の調整と軍指導部との協議のための会議がピサーラ（マラガ県の小村）で開催された（出席―首相、陸相、海相、外相、高等弁務官、陸海軍参謀部軍人。カンボは欠席。カンボは首相マウラに辞意を伝えていた）。マウラはピサーラ会議の結論を次のように発表した――①西部ではライスーニーを帰順させる、東部では「前進線」を設定する、②「バヌワリャガールの征服は絶対に必要であり、作戦の主要部分である」ので、将来アルホセイマ上陸作戦をおこなう、③多くのスペイン兵の帰還と「真の」保護領の確立。しかし容易に理解されるように、①および②と③を同時におこなうことは困難であり、しかもこの戦争政策はリーフ側がほぼ全面的に屈服したときにのみ可能となるものだった[30]。

　実際にその後、政府はピサーラ会議で決めた軍事政策の遂行をベレンゲールに命令できなかったので、東部でのスペイン軍の「前進」はなかった[31]。

予期されたようにカンボはピサーラ会議決定への支持を留保し、さらにゴンサーレス・オントリアもピサーラ会議直後に辞意を表明した。1月末からの以上の経緯からしてモロッコ戦争についてのマウラ政府内の不統一と政策手詰まりは明らかだった。3月初旬、国会が開会した。ロマノーネスが憲法上の権利保障の復活を要求（バルセロナを中心とした治安を理由に19年3月以降これは停止されていた）、政府がこれを拒否したことを契機に自由党の2閣僚が辞任を表明した。カンボと自由党の支持撤回により「国民結集」政府が維持できなくなったので、数日後にマウラも辞任した。マウラ政府の崩壊の要因は、バルセロナを中心としたテロ・襲撃合戦への対応（政府・国会では憲法上の権利保障復活問題として表れた。しかし本書ではこれについては論じられない）と、スペイン政治が植民地戦争と原住民の抵抗によって動揺したことにあった[32]。

1.1.3. サンチェス・ゲーラ保守党政府（1922年3月〜12月）

22年3月上旬、保守党党首サンチェス・ゲーラを首班とする政府が成立した。新政府は軍人の陸相と1名のリーガ閣僚を除いてすべて保守党各派の閣僚から成っていた。注目すべきこと（これは当時も同）は既述のようにモロッコでの攻勢を主張していたシエルバが陸相に留まらなかったことである。しかし新政府は早速の困難に見舞われた。3月下旬に新政府が憲法上の権利保障を復活させると、リーガ閣僚を含めた2閣僚がこれに抗議して辞任してしまった。かくしてサンチェス・ゲーラ政府はほぼ保守党のみの政府となった[33]。

新政府が留任させた高等弁務官ベレンゲールは、3月、スペイン領の「政治・軍事情勢」について政府に次のように報告した。メリーリャ地域――スペイン軍の「政治的行動」は効果を挙げなかった、諸部族は「頑強な反乱状態」にあってスペイン軍は「受け身の状態」にある、スペイン軍の前進に対してリーフ諸部族は「頑強な抵抗」をしている、とくにバヌワリャガールでは「意気高々」の状態がある、アルホセイマ地域では海軍の活動が必要である、アルホセイマ上陸作戦については陸軍と海軍の中央参謀本部が協力して

検討すること／セウタ・テトゥワン地域——状況は「明らかに正常」、他方で「政治的行動」は敵の活動を「中立化」させてはいるが大きな効果を挙げていない。この報告は（より攻勢的な方針を政府から引き出そうとのベレンゲールの意図も窺わせるとしても）リーフ諸部族の「頑強な抵抗」に遭って困難な状況に置かれているスペイン軍をよく示している。新政府の戦争政策はこのベレンゲールの報告を検討した後に政府がベレンゲールに与えた次の指示に見ることができる（4月上旬。非公開。全11項目から成るが、以下要旨）——①「モロッコ問題の迅速な解決に至るための時間の要素が最初に認識されなければならない」、「戦闘をただちに終わらせるために考え得るあらゆる努力をすることが緊要である」、その際には「国の経済・財政状況」と「大衆の志気の疲弊と消沈をもたらすような重大な損害を何としてでも避ける必要性」とを考慮しなければならない、②沿岸地域の封鎖、地上攻撃の継続（諸部族への「精神的効果」も獲得する）、バヌワリャガール部族に対しては「反徒たちを断固として懲罰するような空襲」をおこなう、アルホセイマ上陸作戦の遂行は現在は不可能、③以上の意図が達成されたなら、22年6月1日までに2万人以上の兵士を帰還させる、④また以上の目的が達成されたなら、「政治的行動」を強化して東部地域の「完全な平定」に行く、⑤西部地域ではライスーニーと新たな協定を結ばない。容易に理解されるように、サンチェス・ゲーラ政府の当初の戦争政策はメトロポリの犠牲の不満に対して譲歩し（上記①、③）、空と海からの攻撃を付加しつつも、攻勢の前進よりも「政治的行動」を重視しようとするもの（同②、④）だった。ここに22年1月から表れた軍事政策をめぐる政府危機への一つの回答と旋回を見ることができる[34]。

　4月下旬、ピカソ将軍の調査報告（以下、ピカソ調書）が政府に提出された。調書はまず、CGM司令官（シルベストレ）は「行動手段の可能性の合理的範囲を越え、政治的状況および地域の状況を正確に把握せずに……」司令部の計画にはなかった「危険な侵入を無謀にもこころみ」た、「[ダール・ウバラン占領を]切迫しておこなうことに司令部の完全な承諾があった」とは思えない、とシルベストレの責任を問うた（「序文」）。調書の大半は79人の証言の記録から成った。調書の「結論」は述べた——「破局」の主要な要因として「軍の命令と戦法とにおいて変えてはならない原則を破る」ことが

あった、つまり「不可解な降伏、占領地の放棄、無防備な陣地、またどうしようもない恐怖にとらわれ意気阻喪しての逃亡」が起きた／全体的に「破局を生じさせた要因」として「多くの戦線のとてつもない広さ」と、このような状況の中で「適当な手段と政治的準備もなく非征服地と反乱の中心部に軽率にも入り込もうとしたこと」があった／さらに、「国の世論を気にかけて、半島人［スペイン人］の損失を何としてでも節約しようとの考え方」から、FRI、PI、ハルカ（ḥarka. 補助的な小戦闘集団。第Ⅳ章で詳述）などの「武装した原住民」を大量に使用した［「破局」の一要因としての原住民の反抗］／「アブドゥルカリームの家族の存在とその威信の重要性をかえりみなかったという残念な過ち」もある。ピカソ調書は植民地戦争を仕掛けた側からの「破局」の詳細な要因究明の書となった。「結論」で述べられた軍の「原則」からの逸脱や幾多の証言で述べられた将校たちの士気の低さはその後の研究でも指摘されていることである。また調書はメトロポリの犠牲を避けるための「武装した原住民」兵の多用の「危険」やアブドゥルカリームの指導性にも言及せざるをえなかった[35]。

　開会中の4〜5月の国会では、PSOE、自由党、リーガの各議員（下院）、さらに保守党議員（上院、軍人）もピカソ調書を国会に提出するよう要求した（既に3月の国会でこの要求が出されていた）。しかし政府は国会には提出せず、陸海軍最高会議にピカソ調書を送付した。そればかりでなく、政府は上述のモロッコでの新政策を明らかにすることも、それについて国会で討議することも拒否した。サンチェス・ゲーラ政府はそのような対応をしなければ新たな政治危機や社会不安が生じるかもしれないことを予期し恐れたと見ることができる。ただ、新税制法案（本章2.2.で後述）提出の際の財政状況についての財務相の国会演説（4月）がメトロポリにのしかかるモロッコ戦争の重圧を否応なく示していた——09年［モロッコ戦争開始の年］から毎年相続く赤字財政となった、この状態が早急に改善されないと「我が国の経済にとって修復不可能な損害となることを大変に恐れるものであります」、税制改革は必要だがこれでは全く不足する、モロッコでの戦争のための支出、「これが我が国の財政にのしかかっている最も重大な悪であります」、モロッコ戦争関係の支出がなければ財政赤字はかなり解消されるだろう。実際に

「破局」後に軍事費は急増した。20-21会計年度（20年10月～21年9月）の軍事費は7億4,100万ペセータだったが、21-22会計年度の軍事費は11億9,500万ペセータ（うち42%はモロッコでの軍事費）に跳ね上がったのである（歳出の32～33%。以上、本章3.1.2.にある図1-1参照）[36]。

　サンチェス・ゲーラ政府はモロッコ戦争政策についての政治的攻防を避けたが、戦争政策に有利になるように軍の掌握とその統一を図ろうとした。前年の国会で継続審議とされた軍人昇進法案を国会審議にかけたのである。この背景には22年1月以降の軍内の防衛評議会派（中心は歩兵隊）とアフリカ派の対抗の新たな展開があった。既述の同年1月の政令によってマドリードに歩兵隊の情報委員会が創設された。しかし以前からの歩兵隊の防衛評議会も存続し、1月政令を批難していた。3月になって新陸相の指導のもとにようやく両者が合同した。合同会議では戦功による昇進に反対する決議がなされた。「現地」モロッコのアフリカ派軍人はこれに対抗して、4月に歩兵隊の評議会から脱退した。今回、公然と評議会を批難したのはフランコ（外人部隊司令官、陸軍中佐）、ミリャン・アストライ（同、陸軍大佐）、それに他の1名のFRI司令官である。4月末に政府が提出した昇進法案はマウラ政府の案と異なり、高等弁務官ベレンゲールほか1名を除いていた。「責任」問題と関連した批判を避けるためだった。PSOEのプリエートは法案に反対して演説した――「責任」問題が消えかかっている、ピカソ［の調書］も消えかかっている、「今日スペイン軍のすべては下級の兵も上級の兵もあの戦争が終わることを望んでいるのであります」、しかし本法案は将校たちにインセンティブを与えるためにベレンゲールが再び持ち出してきたものだ、今日モロッコ放棄は「極左」の立場ではなく「真なるスペインの願望」だ、経済面から見ても戦争を続けることはできない。しかし今回、法案に反対したのはPSOEと改革党だけだったので、昇進法案は国会で承認された。政府はこれに弾みを得て、その後の6～7月に軍人の昇進を内閣専決事項に戻す法も成立させた[37]。

　戦争の長期化の中でサンチェス・ゲーラ政府成立前後から現われたのは兵士帰還要求の運動である。この運動は最初は納付金兵士の動員解除・帰還要求となってあらわれた。しかし政府は納付金兵士の動員解除も早期帰還も認

めなかった。大多数の「貧しい」兵士たちの反発が目に見えていたからである。大規模な植民地戦争は戦争動員において階層を越えた「相応な平等」（22年3月の国会での陸相答弁）を実現してしまったのである。とはいえ、納付金兵士の動員解除・帰還要求運動は一般兵士も含めた帰還要求とモロッコ戦争批判・反対の動きの誘因となった（以上については第Ⅴ章で詳述）。この年のメーデー集会ではどの県でもモロッコ戦争反対と兵士帰還が主要な要求となった。兵士帰還要求はメトロポリの不満に対して譲歩するというサンチェス・ゲーラ政府の戦争政策と交じり合うものだった。5月初旬のCGMからの1万2千の兵士帰還に始まり、6月初旬までに約2万の兵士のモロッコからの帰還が実現した。これは既述した4月上旬の政府の高等弁務官への指示のうちほぼ唯一達成されたものである（指示の③）[38]。

　この頃、完全野党となった自由党各派はサンチェス・ゲーラ保守党政権に対抗するため、独自のモロッコ戦争政策を提起し始めた。まず4月上旬、元首相ガルシーア・プリエートの主導により、自由党ガルシーア・プリエート派と同アルバ派に改革党も加わった上下両院議員の連合である自由派連合が結成された。自由派連合は次のようなモロッコ戦争政策を打ち出した――戦闘をただちに終結させる、フランスとの協力を強化する、志願兵から成る軍隊を組織する、文民の高等弁務官を任命する。4月下旬、自由派連合から排除されたロマノーネス派の領袖ロマノーネスは公開講演で述べた――「モロッコはスペインにとって生きるか死ぬかの問題だ」、モロッコを放棄したらスペインは「地中海国家」ではなくなってしまう、モロッコを放棄すべきでないとしたら、財政を逼迫させている軍事費の上昇を抑え、また原住民の不満を生じさせている方策をただちに変えなければならない、つまり次のようにするべきである、在モロッコの兵力を現在の3分の2に減らす、在モロッコ軍を志願兵と原住民兵とで組織する、フランスとの緊密な協力、高等弁務官を文民にする、軍事行動は「征服戦争」を目的とするのではなく「政治的行動」を助けるものとする。見られるように、両者の提起は多くの重複部分を持っていた。以上のうち、高等弁務官を文民とするとの提起に対しては、ベレンゲールが「時期尚早」だとして反発した[39]。

　6月中下旬以降、モロッコ戦争政策がまた国会討議の焦点となった。契機

は財務相がモロッコでの戦費激増による財政逼迫状況を閣議であらためて報告したことだった。閣議はこれを受けて軍事行動の一時中断を決定し、また財務相提案の22-23会計年度のモロッコ統治関連予算案（21-22会計年度予算の37％減。予算案のうち85％は軍事費。関連して図1-1参照）を承認した。6月末に国会で始まったこの予算案の審議では、予期されたように前年10〜12月の国会討議以来の各派の主張が現れた。スペイン・アフリカ連盟の議員や保守党議員の一部は政府の決定を批難した――モロッコの放棄は「国の死刑判決」を意味する、軍事政策の修正より「懲罰」を先行させるべきである。前首相マウラはスペイン人が戦争で疲弊していることを認めたが、「［モロッコでの］方針を根本的に変える理由はないのであります」と述べた。前陸相のシエルバはリーフ人のような敵を前にして保護領を確立するには軍事行動が必要だと主張した。ロマノーネスもモロッコからあまりに多くの兵を引き揚げるのは危険だと述べた。しかし自由党ガルシーア・プリエート派のビリャヌエバの演説はモロッコ放棄も示唆するものだった。PSOEのプリエートは今回もモロッコ放棄を主張した。リーガのカンボもこの年1月以来の持論を展開した――スペイン人の志気は落ち込んでいる、財政も逼迫している、「我々の活動は停滞し、目標も欠き、我が軍の現況は敵を励ましているのであります」、戦闘を終了させ、兵を帰還させ、スペイン軍は沿岸地域にのみ留まるべきである。リーガの領袖カンボのこの間のモロッコ戦争への姿勢は、モロッコ植民地からそれほど利益があがらないことと戦費増大が税負担としてはね返っていることへのカタルーニャ経営者層の利害と不満を反映したものと見てよい。結局、政府提案のモロッコ統治関連予算案は承認された[40]。

　この7月上旬にはピカソ調書を受けた陸海軍最高会議の見解発表が「責任」問題を再燃させた。ほぼ全員が反ベレンゲール派から成っていた陸海軍最高会議は以下の結論を出した――「破局」の原因の多くはCGMでの「まずかったという以上に、逆効果で害多き」政策にある［軍・警察の配置などの欠陥を具体的に提示。注目すべきこととして、将兵に「あまりに多くの休暇」を出したこと、「ヨーロッパ人」兵を「節約」しようとして原住民兵に「一種の優越性」を与えてしまった「失敗」の指摘がある］、この政策が司令官［シルベストレ］によっておこなわれたのであり、また高等弁務官［ベレ

32   第Ⅰ章　アブドゥルカリームの恐怖

LA CUESTION DEL DIA, POR BAGARIA

「ベレンゲールが辞任すれば［モロッコ問題が］
　解決すると思うかね？」

「いや、そうは思わない。アブドゥルカリームが
　やめれば解決すると思うがね…」
（『エル・ソル』*El Sol*, 1922年7月11日）

ンゲール］もこれに同意していたと考えられる、つまり高等弁務官は「弁解しようのない怠慢」の状態にあったのである、以上によって「責任を有すると見なされうる」のは39人の将校である、うち将軍は次の3人である、ナバーロ（「説明のつかない退却」、「陣地放棄の命令」）、シルベストレ（「アンワールの放棄」、「諸陣地の喪失」）、ベレンゲール（「ある領域全体の喪失」）[41]。

　陸海軍最高会議のこのような結論が公表されたので、ベレンゲールはただちに高等弁務官を辞任した。上院議員でもあったベレンゲールは上院で弁明の場を与えられた（7月中旬）――CGM司令官は相対的な自立性を持っていたので自分がシルベストレの無理な前進を抑えなかったとの批難は当たっていない、在メリーリャ軍の状況からするとアラウィッツの救出は無理だった、陸海軍最高会議は高等弁務官に介入する権限を持たない、自分は政府の命令で行動したのだから「今どうして私を裁けるというのでしょうか」。国会外では、一方で陸海軍最高会議の結論とくにその議長アギレーラ将軍を支持する書簡が公表され、他方ではベレンゲール擁護の書（ルイス・アルベニ

スの『この人を見よ』）が現れた。前者には26人の作家・ジャーナリストが名を連ねた（ウナムーノ、バジェ・インクラン、シーヘス・アパリシオ、アラキスタインら）。後者は、ベレンゲールに責任があることを否定しないが、彼が「唯一のまた主要な責任者」ではない、これは防衛評議会派による策動だ［たしかに陸相は評議会との調整役を果たしていた軍人だった］、「ベレンゲール以外に責任をとらされる者がいない」ということでよいのか、と主張した。結局、政府はピカソ調書を国会に提出することに同意し、下院はこれを受けて閉会直前にピカソ調書を検討するための各派代表21名から成る責任問題に関する議会内委員会を設立した（7月下旬）[42]。

　7月中旬に新高等弁務官に任命されたブルゲーテ将軍はモロッコでの戦闘を指揮したことがあったが、アフリカ派に属する軍人ではなかった。一時は防衛評議会支持を明確にしたこともあり、またピカソ調書作成にも協力していた。政府は新高等弁務官に次の指示を与えた――①ハリーファ当局および原住民当局の権威の確立を図る、②「平定状況」が許す地域では非軍事的方法によって保護領体制を確立する、他の地域では軍事的介入、③西部地域ではライスーニーと交渉して、この地域のすべてを「領有」する、④兵士帰還および志願兵から成る軍の編成によって経費を削減、⑤リーフ地域の「平定」と捕虜の解放、⑥保護領体制においては「［原住民の］精神的・物質的利益」の増大を図る。以上の新モロッコ戦争政策については多くの説明を要しないだろう。先述した同年4月上旬のベレンゲールへの指示に比しても軍事的制圧の性格は弱くなっている（ト掲①、②、③、⑤についても具体的に述べていない）。実際、ブルゲーテは就任後まもなく次のように言明した――「軍事的解決はありえない。政治的解決以外にありえない」、「侮辱に対して報復がなされ、名誉が回復されたなら」モロッコに15万の兵はいらなくなるだろう（しかし、このときブルゲーテが強調した飛行機という「非常に強力な戦闘の手段」が22年8月以降に頻繁に用いられるようになった。このことについては第Ⅱ章で詳述）[43]。

　軍事行動の一時中断とベレンゲール辞任は戦争批判に輪をかけた。この頃には納付金兵士の帰還を要求していた組織が一般徴募兵の帰還も要求するようになった（第Ⅴ章第3節で後述）。7月中旬、サラゴーサ市議会とサラゴー

サ商業会議所は戦闘中止と兵士帰還を首相宛に要請した。大きな衝撃を与えたのは新聞『自由』編集長オテイサのアブドゥルカリーム会見記だった（8月上・中旬に同紙に連載）。オテイサはアブドゥルカリーム宛に「あなた方と私たちの間の争いは無知から来る問題です。お互いに知り合えば和平に至るでしょう」との手紙を出していた。オテイサの「リーフ共和国」の首府アジュディール訪問は新高等弁務官ブルゲーテの便宜供与により可能となった。「リーフ共和国大統領」は語った──「我々は戦争を望んでいません。しかし我々は我々の名誉つまり我々の独立を守る用意があります」、「リーフはスペイン人民を憎んでいません」、「軍事的侵入」以外は憎んでいない、「我々の独立が保障されれば［和平は］いつでも可能です」、軍人以外による「真剣な交渉」であれば捕虜の解放は可能である、「スペインにとって終わりのない戦争は不都合である」と考える、「終わる望みがないのに［戦争を］このまま続けると、もう一度、破局が訪れるでしょう」（アブドゥルカリームの弟も「リーフはスペイン人と戦ってきたのではありません。リーフを服従させようとした帝国主義派と戦ってきたのです」と語った）。オテイサはナバーロ将軍以下のスペイン人捕虜とも会見した。以上のオテイサの会見記は敵の主張を好意的に紹介したとされて右派勢力から批難された（王政派新聞『ABC』ABCはオテイサを「反愛国者」、「裏切り者」と呼んだ）[44]。

　9月になると、モロッコ統治を非軍事化する制度的方策が導入された（既述の7月の高等弁務官への指示の②、また①）。9月16日政令の前文は言う──本政令は「保護領の政策の統一が可能となる」ことと軍人の活動と文民組織の活動の「緊密な関係」を期し、また兵士帰還と「軍人の関与をさらに不必要にしていき、政治的行動を強化する」ことを目的としている。具体的な方策は以下だった──それまで陸軍省の下にあった原住民局を「文民の監督」の下に置くために高等弁務官庁（本省は外務省）に組み入れる、いくつかの地域で「文民体制」の導入を図る、ハリーファ当局の下にあり高等弁務官の監督下にある「自治首長国」'Amalato' をリーフに設立する。しかし政府自身もメトロポリの世論（とくに自由党各派の主張）に譲歩したこのような「文民化」方策を「現地」のアフリカ派軍人が容易に受入れるとは考えていなかった[45]。

この間、高等弁務官ブルゲーテは7月の政府指示を忠実に遂行しようとした。まず、8月初旬からの交渉でライスーニーとの協定を実現した（9月下旬。ライスーニーはハリーファに帰順することになったが、ジェバーラ地域の事実上の統治権を付与された）[46]。次に、捕虜解放のために在マラガのモロッコの元スルターン、アブドゥルハフィーズを訪れてアブドゥルカリームとの仲介を要請した。ブルゲーテは功を得ようと焦ったのか、アブドゥルカリームが元スルターンの仲裁で近くスペインに帰順すると発表してしまった。結局、アブドゥルハフィーズ自身が自分はリーフのことに関与したことはないと声明し、またスペイン政府も「帰順」を否定して、この件は収まった（9月下旬）[47]。10月上旬、ブルゲーテはマドリードに来て首相ら政府首脳と会談した後、2万人の兵士帰還を決定したと発表、また、今はアルホセイマ攻撃の計画はないが、来年1月までにはモロッコ問題を解決できそうだとの楽観的見通しを述べた[48]。

　しかし、10月下旬、ブルゲーテがほぼ唯一の軍事的平定作戦をこころみてアルホセイマに向けた3万人の大部隊はアンワール近くのティジ・アッザでリーフ側に反撃され、前進を阻まれた。大敗北（121名の死者）の報がメトロポリに伝わったので、政府は戦闘中止命令を出さざるをえなかった。この10～11月にはカンボが再び政府の戦争政策を批判する一連の論稿をリーガの機関紙に発表した――モロッコの完全放棄には反対だが、もはや目的を達したのだから戦闘を続ける理由はない／軍事的占領をすると多大な出費となる／スペインは仏英間の緩衝役としてモロッコにいるだけだ／良好な関係を持てば、アブドゥルカリームはスペインの目的のためにも役立つだろう／最小限の兵力で防衛できる地点のみを保持し、他の地点を放棄するのがよい／兵員の多くを帰還させよ／国の状況をよく検討すれば、首相は「モロッコでの戦争の不人気が日に日に高まっている」ことを知るだろう／戦争を続けるなら「あらゆる社会的な不安や扇動」をもたらすだろう。さらに10月下旬、陸海軍最高会議はベレンゲールを正式に告訴し、上院議員であるベレンゲールの不尋問特権を剥奪することを上院に請求した[49]。

　11月中旬に開会した国会の焦点がモロッコ戦争に関連した諸事項であることは明白だった。まず、国会開会を前にして防衛評議会（既述の22年1月の

政令にもかかわらず、このように呼ばれていた）批判が再び高まっていた。軍内紙の1つ『スペイン軍』*El Ejército Español*は評議会派軍人が「平和裏に軍から去る」ことを要求した（10月中旬）。評議会派の敵意の的となっていたミリャン・アストライは国王宛公開書簡で、「私は2つの権力が働いている軍に居続ける気はありませんし、居続けることはできません」と述べ、また議員・軍人に対して評議会の打倒を呼びかけ、自らは外人部隊司令官辞任を表明した（11月初旬）。さらに、9月にロマノーネス派も加わった自由派連合は10月下旬に発表した政綱の中で防衛評議会解散をうたった。それ故、（今や統一した自由派連合の機先を制する意味もあって）開会した国会の冒頭に政府が提出した防衛評議会解散法案は大きな対立もなく可決された。とにかくアフリカ派の優位のもとで公的には軍は統一された（しかし本法の可決によって評議会派が消滅したのではない。本章1.2.2.で後出）[50]。

　11月下旬、下院で責任問題に関する議会内委員会の報告についての討議が始まった。委員会として合意した報告は出されず、ほぼ会派毎の3個別報告案が出されていた。保守党各派案はピカソ調書を受け入れる、「［アジェンデサラサール］政府のどのような責任も問わない」というものだった。自由党各派・改革党案（代表はアルカラ・サモーラ。リーガもほぼこの案を支持）はアジェンデサラサール政府とくにその首相・外相・陸相は責任を有するとした。PSOE案（代表はプリエート）はアジェンデサラサール政府は「破局」の責任を有する、マウラ政府はピカソ調書作成を妨害した責任を有するとして、最も厳しい「10か条」を掲げた（以下、その主要点）――ベレンゲール、ナバーロそれに「破局」の際のCGMの全将校の軍からの追放、アジェンデサラサール政府とマウラ政府の全閣僚の上院への告訴[51]。

　下院討議では、まずPSOE案が審議にかけられた。プリエート演説は前年の国会演説と同様に国王の責任にも言及した。PSOE案は圧倒的多数で否決された（PSOEと、クンパニースらカタルーニャ共和主義派の一部の賛成のみ）。この討議の中で首相のサンチェス・ゲーラは植民地戦争で敗北したのはスペインだけではない、他国の植民地戦争の敗北（トランスヴァールでのイギリス、エティオピアでのイタリア）でその政府が責任を問われたことはない、と述べた。同様の発言は後に自由党各派・改革党案に対する他の保守党議員の批判

演説でもなされた。より激しい論戦が展開されたのは自由党各派・改革党案の説明以後だった。アルカラ・サモーラは述べた——アジェンデサラサール政府とくに陸相はシルベストレの行動を容認していたのではないか、そうであればこの政府は弁解の余地なく責任を免れない、シルベストレとベレンゲールの間の不一致をそのままにしたのは「あなた方［保守党政府］の責任」である。アジェンデサラサール政府の陸相だったエサは答えた——ピカソ調書にはアジェンデサラサール政府の閣僚に対する「無責任な動機」がある、私に怠慢はなかった、今まで示された責任はすべて「純粋に軍事的性格」のものだからである。前首相マウラは保守党議員の指摘を受けて次のように主張した——［1876年］憲法によれば、下院は内閣の責任について批難できるが、それを審理できるのは上院である、アジェンデサラサール政府の責任は上院で審理されて問われるべきである。首相サンチェス・ゲーラをはじめ他の保守党議員もマウラを支持した。彼らはこれで下院での責任論争を終わらせうると見たようだ。しかし、カンボらリーガを中心とした7人の地域主義グループがマウラの提起に乗って、アジェンデサラサール政府の首相・陸相・外相の責任を明らかにするためにこの3人を上院に提訴する、「政府の集団的行為と怠慢」の故に責任はこの政府の他の閣僚にも及びうるという決議案を提出した。この決議案を前にして、ともにアジェンデサラサール政府の閣僚だった下院議長と2名の閣僚、それに後に他の3名の閣僚が辞任した。これを受けてサンチェス・ゲーラも自ら辞任した（12月上旬）[52]。

　本項1.1.3.で見て来た経過、とくに22年11〜12月の国会の成り行きからして、サンチェス・ゲーラ政府の崩壊が（も）モロッコ戦争（政策）に主に起因することはほとんど明らかであろう。

1.2. 自由派連合政府とプロヌンシアミエントの成功 (1922年12月〜1923年9月)

1.2.1. 自由派連合政府

　22年12月に成立したガルシーア・プリエート自由派連合政府は次の各派から成っていた。民主自由派−首相ほか2名／進歩自由派−ロマノーネスほか1名／自由主義左派−外相アルバほか1名／無派閥−2名（陸相アルカラ・サモーラほか1名）／改革党−財務相。注目すべきことは自由党のすべての派の参加、それ故に自由主義左派のアルバの入閣とその外相就任、それに改革党の初めての入閣である[1]。

　国会での責任問題論議を契機とした前政権の崩壊には「責任」を要求する国会外の圧力が働いていた。11月下旬にマドリード学芸協会は責任を明らかにさせるための全国での示威行動を呼びかけていた。12月10日に決行されたマドリードでの示威行動には20万人と言われた多数の参加があった。PSOE、UGT、自由党各派、改革党、共和主義派、捕虜救出委員会のほかにPCE、カルロス派も加わったからである。同日とその後に他の10以上の都市でも同様の示威行動がおこなわれた。このような圧力もあって、下院でサンチェス・ゲーラが辞任を表明した同日、上院ではベレンゲールが自らの不尋問特権を返上してもよいと述べていた。それ故、新陸相アルカラ・サモーラは早速、ピカソ調書ではできなかったベレンゲールの調査の開始を命じた[2]。

　12月下旬、新政府はモロッコ政策に関する次の非公式覚書を発表した──政府は高等弁務官に文民を任命するときが来たと判断した、スペインはモロッコで「文明化」の任を果たすだけにする、この場合でもスペインの「財政的能力」に合致させまたスペイン国内の進歩と「経済的・文化的再建」を優先する、高等弁務官に［文民の］ビリャヌエバ（民主自由派）を任命する。本章1.1.3.で見たように、これは自由派連合が22年4月から打ち出してい

た政策の遂行第1弾だった。さらに政府は以下のモロッコ政策を決定した——部族の武装解除／志願兵軍の編成／原住民軍の編成／スペイン地中海岸港湾に戦略予備部隊の配備／東部での戦線の維持／保護領体制の範囲の拡大／在モロッコ軍ララーシュ（ララーチェ）軍管区の廃止／現地の将軍の減員（20人を4人に）／必要ならアブドゥルカリームとの交渉。他方で、新財務相はモロッコへの新たな予算増をはかることはしないと言明した[3]。

　新陸相アルカラ・サモーラと高等弁務官ブルゲーテはモロッコ保護領体制の「文民化」移行以前に軍事作戦を展開することを主張した。しかし改革党が即時の「文民化」を主張したので、上掲の覚書発表となった。ブルゲーテは12月中旬の新政府への自らの任期中の業務報告（非公開）では次のように述べていた——現在リーフではアブドゥルカリーム率いるバヌワリャガールの権威が強力なので大きな前進をしないのがよい、バヌワリャガール周辺部族への「政治的行動」を強力に展開すべきである。しかし高等弁務官を解任されて23年1月にメトロポリに戻って来ると、ブルゲーテは軍の意向を新聞で次のように述べた——「モロッコ問題を一挙に決定的にかたづけるように。軍を最も迷惑をこうむっている者にしている［モロッコ政策の］優柔不断をやめるように」。軍人の前高等弁務官は新政府の事実上の戦線縮小政策に対して公の場ではアフリカ派軍人の立場を代弁したと言ってよい。1月中旬〜2月中旬に「文民化」のための政令・省令が矢継ぎ早に出された——それまで高等弁務官が務めていた在アフリカ軍総司令官の地位を廃止／在モロッコ軍のセウタとメリーリャの軍管区の各司令官は陸相の直接指揮の下に置かれるが、高等弁務官の下に設置される軍事官房と連絡をとる／両司令官が作戦をおこなうにあたっては事前に高等弁務官の承認を得る／ララーシュ軍管区を廃止／中央参謀本部はモロッコでの「政治的・非軍事的活動」に関与しない。ところで、高等弁務官に任命されたビリャヌエバは病臥に伏して赴任することができず、結局2月中旬に新たにやはり文民のシルベーラ（民主自由派。海相から転任）が高等弁務官に任命された。シルベーラは赴任の際に声明した——自分の承認なくして在モロッコのどの軍部隊も行動できない、［リーフ人に対する］復讐をずっと続けると考えるわけにはいかない[4]。

　自由派連合政府の成功は捕虜解放の実現である。新政府成立の直後、前出

の捕虜救出委員会は政府に対して、文民から成る交渉委員会をつくること（既述のように、リーフ側は軍人とは交渉しないと伝えていた）、この委員会に救出委員会も入ること、リーフ側が要求する金額を支払って捕虜を解放すること、場合によっては高等弁務官（ブルゲーテ）を更迭すること、を要請した。同じ頃に責任要求の示威行動を組織したマドリード学芸協会もこの要請に協力した。新外相アルバは捕虜解放のために様々な工作をした。結局、21年初頭からアブドゥルカリームを相手にリーフの鉱山開発交渉をしたことがあり、それ故アブドゥルカリームの知人だったビルバオの資産家の経営者エチェバリエータ（共和主義派の下院議員でもあった）をスペイン側代表に立てたことが奏功した。23年1月末、エチェバリエータはアルホセイマに赴いてアブドゥルカリームと交渉、リーフ側の要求を全面的に認めて（427万ペセータの身代金支払い、スペイン側に囚われていた94人のモロッコ人を解放）、スペイン人捕虜357人（ナバーロ将軍ら将校45人、兵士274人、民間人38人）を解放させた[5]。

　捕虜解放はもちろん新聞に表れた世論の多数によって歓迎された。国王もアルバに祝電を打った。しかし、軍事力による解放を主張していた右派勢力やアフリカ派軍人は身代金の支払いと非軍人による交渉（とその成功）に対して不満を露にした。現地のアフリカ派軍人は2月初旬頃から、（捕虜が解放されたことでアルホセイマ攻撃をしやすくなったこともあり）「復讐」と「懲罰」のための攻勢を主張し始めた。2月初旬、CGM司令官（サンフルホが22年4月に転任した後、CGM司令官は何回か替わった）は陸相に電報を打った――民間人による交渉で捕虜解放がなされたので、新聞で軍が攻撃されて将校の間に「不快感」が広まっている、彼らはアルホセイマ攻撃を求めている、政府閣僚が関わっている［自由党各派の］新聞による「反スペイン的で反愛国的な」宣伝をやめさせて欲しい。メトロポリでも、マドリードでは将校たちが共同書簡や集会で「軍内に根拠を有する不満が存在する」こと、またメトロポリでもアブドゥルカリーム「懲罰隊」を組織することを訴えた。バルセロナでもバルセロナ軍管区司令官となっていたプリモ・デ・リベーラ（私信ではアルバを祝福したが）の音頭で攻勢を主張する将校たちの集会がもたれた[6]。

　しかし、政府は前年からの自由派連合の公約で示した在モロッコ・スペイ

ン軍を事実上さらに削減する方策を実行に移そうとした。23年3月末に次の政令が出された——モロッコに常駐するスペイン軍は原住民兵部隊と外人部隊のほかは志願兵から成る、18〜35歳の独身男性か子供のいない寡夫のスペイン人は3年兵役の志願兵となりうる、志願兵には特別割増手当（入隊時、半年毎、除隊時）の支給や除隊後に警察などへの就職の優先的保証が与えられる、志願兵で不足する場合には徴募兵で補充する。この意図するところは後の5月の高等弁務官シルベーラの次の声明によっても明白だろう——「スペインは手に余るようなやり方で闘うことをやめている。これからは戦闘が起きたならば闘うのはスペインではなくてハリーファ当局となるだろう。というのは、確立されるべきはハリーファ当局の権力であり我々の権力ではないからである。それ故に占領軍は原住民兵と志願兵の軍になろう……。在アフリカ軍は全体で4万人で十分であろう［この時期の兵力は約15万］。うち大部分はこの国の人々［モロッコ人］から成り、4分の1だけがイベリア半島あるいはヨーロッパからの志願兵から成ろう」。しかしここでこの方策の結果を示せば、それは失敗だった。本政令施行の約6か月間で（つまりプリモ・デ・リベーラのプロヌンシアミエント成功直後まで）、志願兵に応募した者は1,119名に過ぎなかった。23年7月下旬、新聞『自由』の1論評はこの方策は「完全な失敗」となろうと述べた。つまり、自らの意志でリーフ人と闘おうとしたスペイン人は少なかったのである。それ故、この方策によって納付金兵士も含めた徴募兵の帰還を図ろうとした計画も実現できなかった[7]。

　4月上旬（同年1月以来の自由派連合各派間の選挙区割り当てをめぐる内訌を経て）、政府は国会（下院）解散に打って出た。「破局」以来初の国会選挙である。政府の選挙政策の中心は憲法の一部改訂とモロッコ関連政策だった。後者については次を掲げた——財政赤字をなくす、財政と密接に関連しているのはモロッコ問題である、「モロッコの癌をそのままにしておくならば、スペインで何をやろうとしても無駄であろう」、モロッコでは保護領体制の文民化を図る、「我々は海峡の向こう側に目を向ける前に［イベリア］半島に目を向ける」、政府は軍の再編に手をつけている、軍人には「［軍人としての］内的満足感」を与えるようにするが現在のような兵員を維持するのは難しい、「たいへん微妙な問題」である責任問題については世論と我々の良心

が命ずるところに従って対応する。見られる通り、やや一般的な政策であり、とくにアフリカ派軍人への配慮が目立つ。与党勢力は選挙キャンペーンでは以上のうち自らに政権をもたらした責任問題を意識的に取り上げた。4月下旬の投票は自由派連合の勝利をもたらした（自由党各派—203議席（以下同）、改革党—20（以上与党）、保守党各派—108、地域主義派・民族主義派—22、共和主義諸派—11、PSOE—7、カルロス派諸派—6、無所属ほか—13）。注目すべきことは、モロッコ戦争反対・モロッコ放棄を掲げたPSOEがマドリード市選挙区で多数派を占めたこと、前年にリーガから分離しやはりモロッコ戦争反対を掲げまた今や民族主義と共和主義の旗を明確にしたカタルーニャ行動党がバルセロナ市選挙区で初議席を獲得したことである（カタルーニャ行動党は6月の県議会選挙でもバルセロナでさらに伸長した。その主張については、2.4.2.で後述）[8]。

　選挙キャンペーンに刺激されて「責任」所在論議がまた活発化した。これについては、マドリード学芸協会が1月から7月まで21回も開催した連続講演会がその多彩さによって注目に価する。時期順に何人かの講演者を示せば次のとおりである。3月—サルメロン（共和主義派）、4月—プリエート、エサ、5月—ヒメネス・デ・アスーア（PSOE）、ベルガミン（サンチェス・ゲーラ政府元財務相）、ラモネーダ（PCE）、ウナムーノ、ルイス・アルベニス（モロッコ問題専門家）、6月—マエスツ、7月—エドゥアルド・オルテガ・イ・ガセー（ベレンゲールも招待されたが拒否）。以上のうちほぼ唯一の政治的当事者だったエサの講演は国会での弁者の主張を繰り返したものだった——アンワールは「全く驚くべきことだったのであります」、「［破局の］責任は政府にも陸相にも全く及びえないことは明らかであります」、憲法上で無答責の者［国王］に責任を課すことは侮辱である［プリエート批判］、「……あちら［モロッコ］で節度をもった、保護領制度による、また［原住民の］便宜を図る政策をしているとすれば、我々がどのような帝国主義の行動をしているというのでしょうか？　我々がどのような侵入の意図を持っていたというのでしょうか？」。エサはこの23年に、「不適切にも、不当にも、恣意的にも私が非難された」ことに対する反論と弁明の大著を公にして、国会や講演での主張を反復・補強した——「……どんな閣僚でも24時間や48時

間のうちに兵力・武力の要請に応えられる可能性」はないだろう、「破局」
の直後には政府を非難する人も政府の総辞職を求める人も少なかったのだ、
後に責任が大々的に言われ始めたのだ。ベレンゲールもこの23年に弁明の書
を公にした——「……我々がこうむった不幸に導いたものは［在モロッコ
軍］指導部の怠慢でも不用意でもなく、予見することができなかった他の状
況だったのである」、ダール・ウバランとアンワールでは状況も性格も異な
る、前者は植民地戦争において「よく起こるケース」である、シルベストレ
はダール・ウバランのこともイゲリーベンのことも私に詳しく知らせなかっ
た、もしアラウィッツの救出作戦を実行したならばそれは危険だった、在モ
ロッコ軍の組織が乱れており準備がなかったと思っている人がいるが実際
にはそうではなかった。見られる通り、政・軍の当事者たちはモロッコでの征
服戦争・植民地戦争は全く正当なものとの前提に立ち、「破局」は自らの戦
争政策に起因するものではないと（単なる弁明でなくおそらく本心で）主張し
た。我々の見方からすれば、このことはそれだけリーフの抵抗（「予見するこ
とができなかった他の状況」）＝アンワールの衝撃が大きかったことを証明す
るものとなっている[9]。

　この間、「現地」ではリーフ側との交渉が続けられていた。4月中旬、ア
ルホセイマでリーフとスペイン両代表の会談が始まった。これはリーフ側が
呼びかけたものだった。リーフ側は交渉の前提条件を「スペイン側がリーフ
の地の主権と完全な独立を明確に公的に承認すること」としていたから、交
渉がいずれ物別れとなることはほとんど明らかだった。実際に、リーフ側の
継続要請にもかかわらず交渉は何度も中断した。5月からスペイン側は、既
述のように捕虜解放交渉を成功させたエチェバリエタと前述の友好モーロ
人のイドリース・バン・サイードを自らの側の代表に立てた。また、同5月
には、前年9月の政令でうたわれた「リーフ自治首長国」設立令が出された。
これによって、高等弁務官の承認のもとに原住民代表＝首長がハリーファ当
局の統治業務（徴税・軍事など）をおこなうものとされた。高等弁務官シル
ベーラは首長国設立の際に声明した——我が国も原住民も「スペインがモー
ロ人と戦争しているのではない」と感じるようにしなければならない、原住
民軍が反乱者を制圧できないときにのみスペイン軍は介入する、徴税とハ

ブー（ワクフ）からの収入によって「我が国の負担に……ならないように」モロッコ保護領の非軍事予算を得るようにする。しかし、今やリーフの大半の地域がアブドゥルカリーム指導の政治体の支配にある中にあって、この首長国はほとんど実体を持たなかった。しかも首長はハリーファへの「反乱者」に対して軍事力を行使し、「我ら［＝ハリーファ］の権威に対して反乱する諸部族を帰順させるために必要な政治的行動」をおこなうとされたから（前掲設立令）、首長国がスペインの傀儡機関であること＝原住民自治の擬制性は明らかだった。実際に、任命された首長の横暴さも手伝って、首長国は２か月も存続しなかった。６月になると、リーフ側もスペイン側も若干譲歩した提案をした。リーフ側はスペインが「リーフ自由王国」の独立を承認すればスペインの保護権を認めてもよいとした。他方スペイン側は、リーフ側がスペインによる保護国体制とハリーファ当局の権威を承認すればアブドゥルカリームをバヌワリャガールのカーイド（部族の長、また部族の原住民行政官代表）に任命してもよいとした。しかし両者ともこれを拒否し、７月末に交渉は中止された。交渉中止には次の一連の事態も誘引として作用した。６月上旬、ティジ・アッザでスペイン軍補給部隊がリーフ側に攻撃され、350人の死者が出た。政府はアフリカ派軍人の圧力を受けて、この直後にバルセローナ県令時代の弾圧政策で知られた強硬派のマルティネス・アニード将軍をCGM司令官に任命した。６月には交渉代表者イドリース・ベン・サイードが暗殺された（交渉反対派のスペイン軍人によるものと見られている）[10]。

　国会は５月末に開会していた。最初のモロッコ関係の討論は開会直前に陸相アルカラ・サモーラが辞任したことについてだった。アルカラ・サモーラはモロッコでの「文民化」や４月末のライスーニーとの協定（西部地域でのライスーニーの権限を実質的に拡大）を不満として辞任した（後任陸相はアイスプール将軍）。国会では、アルカラ・サモーラが外相アルバが自分と協議せずにモロッコ政策を遂行したことを非難、アルバがこれに反論した。６月にはPSOEのプリエートがマルティネス・アニードのCGM司令官任命を批難した。６〜７月の国会では、モロッコ政策と責任問題について今や政権についた自由党各派はほとんど何も主張せず、PSOEとカタルーニャ共和主義派の議員が前年11〜12月の国会の時と同様の主張を繰り返した（プリエート

──「国民の意思はいかなるものでしょうか。これは非常にはっきりしております。もう戦争はやめようということであります」。クンパニースも国王の責任に言及した)。保守党各派は身代金支払いによる捕虜解放とライスーニーとの協定を非難、また、タンジャが反乱の「核」となっているとしてタンジャをめぐる外交折衝（本章１.３.で後述）に強い態度で臨めと要求した。責任問題について１保守党下院議員は、軍も世論も大きく分裂しているので「［スペインが］内戦に陥ってしまうかもしれないことを恐れるものであります」と述べた（これに対してPSOEのベステイロは、我々は今は憲法による道、議会の道を望んでおり、「内戦を望んではおりません」と発言した)。結局、激しい議論の後の７月中旬に、下院で改革党議員が提起した責任問題についての議会調査委員会設置が承認された。委員会は前年７月の委員会と同様に各派代表21名で構成された。この間の６月下旬、上院は保守党の一部と軍人議員の反対にもかかわらず、ベレンゲールの不尋問特権剥奪を承認した。７月末、結局、王政回復体制（王政復古体制）最後の議会となった国会は閉会した[11]。

1.2.2. リーフ戦争とプロヌンシアミエントの成功

　自由派連合政府が成立した直後の22年末に既にルケ将軍らがクーデタを計画したことが知られている。前項で引用した捕虜解放直後の23年２月初旬のCGM司令官の陸相宛電報では、現地の将校たちが「最も向こう見ずでおそらく非合法の企て」を図ろうとしたとの警告がなされた（軍内紙の１つ『軍通信』*La Correspondencia Militar*でも報道された）。３月には、バルセロナ駐屯軍司令官たちの「立志」'La Traza'グループが「現在の混乱状態と政治的醜事を廃する」との声明を発した（主にバルセローナの「治安」問題を対象）。この頃、軍人たちの間で来るべき独裁者として名を挙げられたのは陸海軍最高会議議長アギレーラ将軍だった。アギレーラは責任問題に見られたように厳格な軍人として知られ、またそれ故にPSOEや共和主義派の支持派からも評価を得ていたからである。しかし、またそれ故にアフリカ派軍人の間では不人気だった。６月になってプロヌンシアミエント決行の動きを明確に見せたのは元CGM司令官カバルカンティをリーダーとするマドリードの「４人組」将

軍だった。他の3将軍はいずれもマドリード駐屯の歩兵隊の司令官だった。4将軍とも今や熱烈なアフリカ派であり、彼らの最大の不満は政府がモロッコで攻勢に出ないことだった。4人組は国王とも連絡をとっていた。彼らはプロヌンシアミエントを率いるべき威信ある軍人を求めたが、先述の理由でアギレーラをかつぐことはできなかった。名を挙げられたのはバルセロナ軍管区司令官プリモ・デ・リベーラだった。当初、4人組はプリモ・デ・リベーラの過去の言動――防衛評議会を支持、モロッコ放棄論を主張――を気にかけた。しかし、プリモ・デ・リベーラは今やモロッコでの攻勢を支持していたし、何よりもバルセロナの「治安」対策において駐屯部隊の軍人や保守党諸派のみならずリーガの支持も得ていた。プリモ・デ・リベーラ自身も、軍人専制権力樹立の先頭に立つようにとのアギレーラの説得に失敗すると、マドリードの4人組と提携し始めた。プリモ・デ・リベーラはマドリード滞在中にロマノーネス（上院議長）にも将来の反乱計画を語っていた。しかし、政府はプリモ・デ・リベーラの動静を警戒する以上のことをしなかった[12]。

　他方、モロッコ政策に関して政府と疎遠となり、かつまた自らの責任にも公然と言及された国王も専制権力の樹立に傾斜し、その動きを助けた。6月下旬、国王はサラマンカでの演説でそれを示唆した――「状況によってはまた非常に重大なときには、……人民の意思を尊重する政府に道を開くために、たいへん限定された期間においてなら」独裁政権も認められる。7月下旬、国王は公教育相に暫定軍人政府の樹立を考えていると告げた。さらに8月初旬、国王は自らのとるべき道についてマウラに助言を求めた。マウラは答えた――現状況は続き得ない、政権交替制による政府も連合政府ももう無理である、しかし政治の断絶は国王の手によってなされるべきではない、国王に残された唯一の選択肢は暫定的な軍人独裁である[13]。

　「現地」でも、メリーリャの新聞『リーフ通信』*El Telegrama del Rif*の編集長が5月下旬に次のように評した――メトロポリでは議会や新聞やその他の意見主張の場で諸政党・諸勢力がモロッコについてあまり根拠のない議論をしている、高等弁務官はモロッコで起こっていることよりマドリードで起こっていることやそこで言われていることに気をつかっている、モロッコより首都の方に「困難」や「障害」があるのだ、つまり「主要な戦闘はモロッコで

はなく、マドリードで展開されているのだ」[14]。

　7月中旬、CGM司令官マルティネス・アニードは、アルホセイマ上陸と東部からの侵入さらに焼夷弾の投下によって一気にリーフ側をたたく作戦計画を高等弁務官に提出した。8月上旬、この作戦計画を検討した陸海軍合同参謀本部はアルホセイマ上陸を時期尚早とみなした。閣議でも作戦計画に賛成したのは陸相のアイスプール将軍のみだったので、結局、作戦計画は否認された（第Ⅱ章で詳論）。このことはただちにマルティネス・アニードのCGM司令官辞任を引き起こした。政府は陸軍中央参謀本部議長に再び任命されていたウェイレル将軍にリーフの状況を調査して新前線の設定計画を策定するよう命じた。以上の経過はアフリカ派軍人にはもちろんのこと少なくない軍指導部にも屈辱感を与えるものだった。後任のCGM司令官はメリーリャ到着時に発言した――「私は大規模作戦の支持者でも反対者でもない。私は現実を見ている。我が国の経済状態は大規模な計画を策定することを許さない。人々の精神は疲弊し、いくつかの宣伝によって惑わされている。……新たな出費を国に負担させずに、［スペイン人の］血を節約するような難の無い計画を策定することが必要である……」[15]。

　8月中旬、リーフ側がスペイン側前線に攻勢をかけ、スペイン側に339人の死者が出た。政府はCGM司令官の要請に応じて2万の派遣軍を動員しなければならなかった。「破局」直後と違って、今回の動員は目立った抵抗の動きを生じさせた。これを組織したのはPCEだった。同月下旬、ビルバオから来た1連隊がモロッコに向かう途中、マラガで乗船拒否の反乱を起こした。反乱を指導したのはPCE党員の伍長だった。ほぼ同時にビルバオでPCEがゼネストを呼びかけた。治安警備隊が出動し、銃撃戦の中で何人かのPCE党員が死亡・負傷した。しかしPSOEが参加を拒否したので、このストライキは失敗した。マラガの反乱もすぐに終息した（逃亡した約30人の兵士も数日後に現れた）。ただちに74人の兵士が軍法会議にかけられ、伍長には死刑が宣告された。しかし政府はただちに伍長に恩赦を与え、軍法会議の判決を覆した。さらに政府はその後の派遣軍の動員も一時中断させた（マラガとビルバオの抵抗運動へのバスク民族主義者の対応については、本章2.4.2.で後述）。容易に理解されるように、政府の対応は戦争批判者の支持を得たが、他方で軍人た

ちの不満を高めた。プリモ・デ・リベーラは伍長の恩赦に対して陸相宛に抗議電報を打った。閣議で外相アルバはプリモ・デ・リベーラの更迭を主張したが、閣僚の多数はプリモ・デ・リベーラとの対決を恐れたので、プリモ・デ・リベーラ更迭は成らなかった[16]。

　この８月末の頃、他方で政府はウェイレル将軍がメリーリャから帰った後に策定した作戦計画をめぐってもめていた。ウェイレルの計画は志願兵軍の創設、モロッコでの軍事費削減、「政治的行動」の推奨などのほかに、旧アンワール陣地まで前進してバヌワリャガールをたたくことを含んでいた。最後の部分が入ったのは国王と軍首脳の意見を取り入れた結果のようだ。閣議では今回は外相アルバがウェイレル計画を支持した。アルバは自らの姿勢の変化を差し迫った軍事的要求によるものとして正当化した。しかし財務相ビリャヌエバら３閣僚が同計画に反対して辞任した。ビリャヌエバは辞任にあたって声明した──「スペインの［財政］状況は、もし対処がなされなければ重大で危険であります」、しかしスペイン人が救おうと望めばまだ回復可能である、モロッコでの軍の展開と軍事費削減についての自分の考え方が取り入れられなかったので自分は政府を去る、このまま行けばモロッコでの戦争がどのくらいの軍事費を飲み込むかわからない、ペセータの下落が生じているがそれは「大金融グループの国庫への不信」によるものだ、国庫の負担・税負担で最も害を受けるのは生産者・商人・納税者である。直後に首相ガルシーア・プリエートも辞表を提出した。国王（既にプロヌンシアミエントの企図を知っていた）がこれを拒否したので、９月初旬、３名の新閣僚を得て自由派連合政府は存続した。この政府（王政回復体制の最後の政府）はウェイレル計画を承認した。このことは自由派連合政府が自らのそれまでのモロッコ戦争政策を大きく転換させたこと（自らのモロッコ政策の破綻）を意味した。さらに、この23年８〜９月の政府危機にはモロッコでの本格的な毒ガス戦の展開が絡んでいた（第Ⅱ章第１節で詳述）[17]。

　７月に設立された責任問題についての議会調査委員会は同月中旬から８月末まで精力的に調査活動をおこなった（本章は既にこれらの調査資料のいくつかを利用している）。委員会での証言者とその証言内容のうち、本章で未引用でかつ本章の課題と関連するものを示せば以下である。外務省モロッコ局長

(「破局」当時も証言時も）――アンワールは「純粋に軍事的な破局」であり、「文民の責任」はない／ブルゲーテ――「アンワールのこの敗北はスペイン軍にとって恥辱の1ページではありません。このような状況では世界最良の軍隊でも同じことが起こったでしょう」、「［高等弁務官就任の］最初から、あらゆる手段に訴えてリーフでアブドゥルカリーム反対派を育成することに全力を挙げました」／リケルメ（「破局」時にPI司令官、後にメリーリャの歩兵隊防衛評議会代表）――スペイン軍の「弱体化の諸原因」は「兵力の過度の分散化」、「占領地面積のかなりの拡大」、補給路の「悪条件」、いつもと同じ敵だと思い込んでいたが実際には「リーフの最も強力な諸部族の全員とかの地［アンワール］で戦う破目に引きずり込まれてしまった」ことにある、アラウィッツの救出の条件はあったと思う、将校たちが休暇を取ってイベリア半島にいるという「大甘」な措置がしばしばあった／ベレンゲール――「破局」は予測できなかった、「破局」は軍事的性格のものであって政府の「政治的責任」はない／シルベーラ――スペインはモロッコで征服ではなく「文明的行動」をおこなっている。プロヌンシアミエント成功の故に、結局、調査委員会の最終報告（9月20日予定）は文書化されなかったようだ。ただ、22年秋と同様に調査委員会として合意した報告ではなく、やはりほぼ会派毎（22年とは異なるが）の次の3個別報告案となる形勢だった。共和主義派とPSOEの案――22年のPSOE案とほぼ同様／保守党各派案――22年と同様に、これ以上「責任」を問わない／自由党各派案――保守党各派案に近いか、保守党各派との共同案。これらの案は10月1日に国会に提出されることになっていた。他方、陸海軍最高会議は、9月16日にベレンゲールとカバルカンティ（先述のように「4人組」の1人。23年7月、その前月末のモロッコでの作戦において「権限外」のことをしたとして最高会議が尋問を決定していた）の予審をおこなうことにしていた[18]。

　この頃のモロッコ戦争批判で注目されるのはカタルーニャ地域の動きである。8月中〜下旬、ジローナとタラゴーナの県議会がモロッコ放棄を決議した。マンクムニター（カタルーニャ4県連合）を構成する2県の議会が上述の決議をしたので、9月に入ってマンクムニターではカタルーニャ行動党議員がモロッコ放棄に関する住民投票を提案した（否決）。以上の動きが現れ

たことには、23年6月の県議会選挙で前進した共和主義派（カタルーニャ行動党と「カタルーニャ国家」）にリーガも含めたモロッコ戦争反対の姿勢があった。この頃のPSOE・UGTの行動では、9月11日に戦争反対集会（マドリードなど4市）と派遣軍動員への抗議のストライキ（サンタンデール）が記録されている（本章2.4.1.(1)で後述）[19]。

　プロヌンシアミエントの決行とその成功について本書で詳述することはしない。9月7日、プリモ・デ・リベーラはマドリードに来て「4人組」と協議し、14日のプロヌンシアミエント決行を決定した。同月5〜10日にプリモ・デ・リベーラはセウタとメリーリャの両軍管区司令官に書簡をしたため、モロッコでの軍事作戦を続けると言明した。他方、国王は3日にプロヌンシアミエントの準備状況を知らされていた。11日のディアーダの日、バルセローナでカタルーニャ行動党主催のモロッコ戦争反対集会が開催された（本章2.4.2.で後述）。プリモ・デ・リベーラはこれを見て行動を早め、12日にバルセローナに戒厳令を布き、重要拠点を軍によって占拠させた。12日夜、陰謀に気付いた政府は閣議を開催した。閣議で首相らは陸相のアイスプール将軍にプリモ・デ・リベーラ更迭を要請した。しかしアイスプールはこれを拒否し、ただ電話で反乱行動をやめるようプリモ・デ・リベーラを説得しただけだった。プロヌンシアミエントに実力で対処することを主張したのは3閣僚だけだった。国王は政府への支持と協力を拒否し、自分は軍の意向に従うと首相に伝えた。イベリア半島ではプリモ・デ・リベーラ以外の7人の軍管区司令官のうちプロヌンシアミエントにただちに賛意を表明しなかったのは2人だけだった（CGM司令官は躊躇していた）[20]。

　アンワールの「衝撃」＝リーフ戦争をめぐる諸イシューはプロヌンシアミエントの企図と成功にどのように関わったのだろうか。21年8月〜22年12月の諸政府の崩壊・成立のレベルで言えば、今までに見て来たように、アジェンデサラサール政府の崩壊−マウラ政府の成立と、サンチェス・ゲーラ政府の崩壊−自由派連合政府の成立は「衝撃」を直接の契機としていたと言えるだろう。マウラ政府の崩壊−サンチェス・ゲーラ政府の成立は「衝撃」とともにとくにバルセローナの治安と関連した憲法上の権利保障復活問題も直接の契機としていた。本小節で論じて来たことからして、「衝撃」が自由派連

合政府の崩壊－プロヌンシアミエントの企図と成功の直接的契機と理由となったことは間違いなく言えることである。ここで３つの代表的研究の結論を見てみよう。比較的最近のラ・ポルテのリーフ戦争研究は言う──アンワールの「破局」は「一種の磁力」のような働きをして王政回復体制の政体を袋小路に導いた、「モロッコ問題とアンワールの破局の後の諸政府の［モロッコ問題についての］相継ぐ失敗がプリモ・デ・リベーラの独裁をもたらしたのだった……」。セコ・セラーノの（ほぼ国王擁護の書となっている）王政回復体制史研究は述べる──「あまり分別のなかった<ピカソ調書>が……決定的な衝動力となって議会制度の崩壊と独裁の成立にまで及んだのである」［これは短絡的な主張である］、「アンワールの破局がなければおそらく［プリモ・デ・リベーラ］独裁体制がやって来ることはけっしてなかったであろう。独裁体制がなければおそらくやはり共和政が突如としてやって来ることも、さらに最後には内戦が起こることもなかったであろう」［最後の２仮定も過度の結果論である］、「モロッコでの屈辱的な敗北主義、責任問題の騒動、法と秩序に挑戦し続けてとどまるところを知らぬ［とくにカタルーニャの］アナーキーな光景。ここにクーデタを促進した３つのことがある」。ボイヅによる軍部研究の結論は以下である──「1921年のアンワールにおける軍事的破局が議会君主制［＝王政回復体制の政体］にとっての転換点だった」、「プリモ・デ・リベーラのプロヌンシアミエントが失敗していたとしても、遅かれ早かれ軍人独裁体制はおそらく不可避だった」、プロヌンシアミエントをもたらしたものはとくにモロッコ問題とカタルーニャの治安問題だった（自由派連合政府はこの２分野で「文民化」を図ろうとしたのだが）。本書ではカタルーニャでの労使の闘争（治安問題）に論及することはできない。プロヌンシアミエントの企図と成功をより説得的に説明するためには、軍部・軍人（アフリカ派だけでなく評議会派も、また両派に含まれない軍人も）の不満・動向の解明が鍵となるだろう。この意味では、本格的な軍部研究に基づく上掲のホイヅの結論が最も参考となろう（また以上の意味で、それまで反目し合っていた軍内のアフリカ派と防衛評議会派が22年末以降とくに自由派連合政府の「文民化」政策（モロッコとカタルーニャでの）によって接近し、プロヌンシアミエントをともに支持するに至ったことを重視するゴンサーレス・カルベーの研究も

参考となる)。ボイヅが挙げる上掲の2大要因のうち、どちらがより決定的だったのかを断定するのは難しい。今までの本章が示すことは、21年7月のアンワールの「破局」がその後2年2か月間に4度にわたって政府を崩壊させた衝撃力を持ったことであり、とくにリーフ戦争の不人気とそのスペインの財政と経済への甚大な損害を意識した自由派連合政府の「敗北主義」(というより、モロッコで攻勢に出なかったこと)と「文民化」政策がアフリカ派軍人、それに少なからぬ軍人たちの不満を募らせたことである[21]。

1.3. スペインのモロッコでの「無能力」
──対外関係への衝撃──

「序」でも述べたように、20世紀初頭からこのリーフ戦争を含んだ時期のスペインの対外関係は主に植民地モロッコおよびジブラルタル海峡地域をめぐる諸問題を通して形づくられた[1]。それ故、スペイン政治のリーフ戦争への対応はスペイン国家が抱えていた諸対外関係とストレートに結びつくもの(というより、その主要な環)だった。本書ではこれらの対外関係の本格的検討はこころみない。しかし上述のような対外関係の重みからして、本小節ではスペイン国家・スペイン政治から見たリーフ戦争をめぐるヨーロッパ諸国との関係を簡潔にフォローしておくことにする[2]。

対外関係で量的にも質的にも圧倒的な重みを持ったのはモロッコ植民地を分有するフランス(国家・植民地主義者)への対応である。まず、「破局」の直後から、スペインの新聞は自由党系も保守党系も、敵(リーフ)を支援しているのはフランスだ、敵の武器はフランス領から供与されたのだ、との論を張った。とくにアブドゥルカリームの権威と「リーフ共和国」の影響力が拡大し、他方で自由派連合政府の消極的政策が顕著となった23年にこの論調が目立った。リーフの抵抗はフランスがスペインをモロッコから追い出すための手段である、との主張も現れた。政府も軍人もまた国王もこのような「危険な隣人」論を受け入れ、反仏感情をあおる発言をした。23年6月に

ティジ・アッザでスペイン軍が攻撃されたとき（1.2.1.で既述）、自由派連合政府の外相アルバはパリ駐在大使に、フランス製武器がリーフ側に供給されておりフランス軍人がリーフのハルカを訓練している事実があることをフランス首相に示すよう命じた（ただ、同年3月にパリ駐在大使が調査したところ、フランス政府が公的にリーフ側に武器を供与したことはなかった）。フランス領アフリカ委員会およびモロッコ委員会（フランス最大の植民地主義派）の月刊の機関誌『フランス領アフリカ』*L'Afrique Française* がこれらに逐一反論した。23年6月、マドリード駐在フランス大使は本国に書き送った――「スペインは自らの軍事的敗北がフランスがたくらんだマキアヴェリ的陰謀によるものであるということで自分自身を納得させ、またできるなら他の人々をも納得させようとの願望を持っている」。研究者スエイロ・セオアーネが核心を衝いて言うように、これは「西洋の文明的国家」（スペイン国家）が「遅れた」ベルベル人に敗北したことを認めようとせず（できず）に、敗北を「外部の陰謀」（この場合はフランス）に帰せしめようとの対応（代償行為）だった[3]。

　フランスの対リーフ戦争政策は、「破局」直後の21年8月上旬、フランス領統監リヨテがフランス首相に宛てた次の報告に直截に示されている――「我々にとって最も好都合なことは……モロッコ人たちが我々はスペイン人と一緒であると見ないようにすること、スペイン人に対して起きた怨恨の衝撃を我々がこうむらないようにすること、逆に我々が用いている［スペイン人とは異なる］方策をモロッコ人たちが対比的に見ることから利益を受けるようにすること、我々の側にスルターンがいることから利益を受けるようにすることである」。25年にモロッコでの西仏の軍事協力が成るまで（本章第3節で後述）、この政策はほぼ一貫していたと言ってよい。つまりスペイン軍への非協力と少なくとも公的にはリーフ政治体やその軍の活動を妨害しなかったことである。この政策は具体的には以下に表れた――リーフ人がアルジェリアに出稼ぎに行くことを妨害しなかった（本章1.1.注48参照。また第Ⅲ章2.2.で後述）、スペイン軍と闘っていたハルカのフランス領通過を許容した、リーフ代表団のアルジェリア経由でのフランス入国の許容（22年1～2月。第Ⅲ章3.2.1.で後述）など。これらがスペイン軍に不利に働いたこと

は明白であり、実際にスペイン軍・政府はこれらの措置に抗議した。前述のフランス批難や反仏感情の露出はこのような（モロッコ植民地支配を分有しながら、原住民の「懲罰」に協力しない）フランスの政策への（植民地主義的）反発の表れだった。それ故に西仏の軍事協力が成る条件はなかった。既述のように、自由派連合とその政府はモロッコ戦争の局面打開のために西仏協力を掲げていた。実際に自由派連合政府はしばしば西仏協力（軍事的協力に行かない範囲でも）をフランス政府に申し入れたが、（とくにリヨテによって）拒否された。以上のことと関連して、さらに西仏協力を難しくさせたのは、スペイン（政府も軍もアフリカ派議員もアフリカ連盟（本章2.1.で後述）も）がモロッコにおいてスペイン保護領とフランス保護領は同権を持つと主張したのに対して、フランス（政府もリヨテも国会議員も『フランス領アフリカ』も）は1912年の西仏条約によればモロッコ全土に保護権を有するのはフランスであり、スペインは北部に「勢力圏」を有するに過ぎないと主張したことである。より具体的には、フランス側はスルターンがモロッコ全土において政治的・宗教的権威を有するのであり（前出のリヨテ報告にある「我々の側にスルターンがいること」）、ハリーファはスルターンの被委任者に過ぎない、と主張した。西仏協力ならぬ新聞・声明・国会討議でのこの西仏間の「スルターン主権論争」において、スペイン国会ではアフリカ派の上院議員がフランス側の主張を覆すために1912年条約を改訂すべきであるとも発言した（22年4月）[4]。

　リーフ戦争の成り行きと大きく関係したのは1912年西仏条約で「特別の体制」を持つとされたタンジャの統治・管理形態をめぐる西仏英間の交渉である。第1次世界大戦後のヴェルサイユ条約でドイツのタンジャ入港権が剥奪された後、この3国はタンジャの「特別の体制」を決定するための交渉に臨もうとしていた。各国の主張は以下だった。スペイン——タンジャのスペイン領への編入、フランス——タンジャもスルターンの統治の下に置く（＝事実上、フランスによる統治）、イギリス——タンジャの国際化（各国による共同管理）。アンワールの「破局」は交渉にあたってのスペイン政府の立場に衝撃を与えた。「破局」直後にはスペインの政府と世論を刺激しないために自らの主張を抑えていたフランス政府が「スペインのモロッコでの無能力」

（在西フランス大使館対外部長の本国外相宛報告、21年8月）を理由として、スペインの主張を取り下げるよう要求してくるのは明らかだったからである。スペイン政府は早くも「破局」直後の21年7月末、自らの要求についてイギリス政府の支持を求めた。マウラ政府もタンジャのスペイン領への編入の主張を変えなかった。タンジャでのフランスのプレゼンスの強化を恐れたイギリスもこの時点ではスペイン支持の姿勢を示した。しかしその後も実際の交渉はおこなわれず、22年に入ってフランスがまずはイギリスとの2国間交渉を提起した。この仏英間交渉では、一時（22年4月）イギリスがフランスの要求を承認する（タンジャでのスルターンの主権を認める）と言明したほど両国が接近した。しかし、第1次世界大戦後のヨーロッパの経済復興とくに対独要求をめぐる仏英間の懸隔に加えて、フランスがタンジャ港建設を独占的に進めようとしたこと（21年6月から）にイギリスとスペインが反発したため（港湾建設工事は22年6月に中断）、仏英交渉も進展しなかった。フランスがモロッコ国営銀行を自らに有利に運営しようとしたことに対してもスペインが批難した（22年5月）。22年7月には今度はスペインのサンチェス・ゲーラ政府が新提案をした——タンジャの国際化を承認（イギリスの主張を受入れる）、タンジャでのスルターンの主権を承認（フランスの主張を受入れる）、タンジャでのスルターンの代表者はハリーファとする（スペインの主張の新版）。この提案は前出の「スルターン主権論争」と直接関わるものであり、容易に理解されるように、フランスがこれを受入れるはずがなかった（フランスは、ハリーファはスルターンの主権を委任されていないと主張）。23年1月、新外相アルバはフランス軍のルール占領開始に伴う仏英の懸隔を利用して、フランスにはタンジャでフランスの主張に譲歩するかわりにリーフでのスペイン軍との協力を提起し、他方、イギリスに対してはタンジャ問題での共同歩調を提案した。後者の提案（親仏派のロマノーネス（上院議長）は反対したが）は同年4月末のスペイン側によるジブラルタルとタンジャの交換の提起や、5月末の西英協定（スペイン領モロッコでのイギリスの権益を承認）をもたらした。以上の背景を経て、同年6月下旬にロンドンでタンジャ問題に関する西仏英3国専門家会議が始まった。この会議では、まずイギリス代表がタンジャの国際化（国際連盟も関与）とスペイン領のハリーファと同権を持

つハリーファをタンジャで任命する、という提案をおこなった。フランス代表は従来の主張を繰り返し、スペイン代表はイギリス提案のハリーファがスペイン領のハリーファと同一人物ならばという条件でイギリス提案を支持した（既出のモロッコ問題専門家ルイス・アルベニスは、スペイン代表のこの対応は「タンジャでの我々の政策と利益にとって忌まわしいもの」だと難じた）。3国ともこの会議で合意が得られるとはみなしておらず、8月下旬までの3回の会合の後、次回の会合は9月下旬におこなわれることになった[5]。

　イギリス政府はリーフ戦争には直接関わらない対応をした。しかし、タンジャ問題への対応からも窺い知れるように、ジブラルタル海峡地域での現状維持を望むその基本政策からして、イギリスは北アフリカでの民族運動の高揚とフランスのプレゼンスの強化をもたらすリーフ側の勝利＝スペインの敗北を恐れた。それ故、スペイン側を公然と支持することはしなかったものの、武器調達においては事実上の支援をした（22年中のスペイン軍の外国での武器調達はほとんどイギリスからなされた）。イタリア政府は22年6月にタンジャ問題に関する国際会議に加わりたいとの意向を示した。当初イギリスは（フランス牽制のために）イタリアの要求を取り上げる姿勢を示したが、結局、西仏英3国ともイタリアの会議参加を拒否した。ただ、ムッソリーニ政権になると、イタリアは自らの体制の国際的承認を取りつけようとの意図もあり、スペインとの提携強化の姿勢を示した。スペインの自由派連合政府も（やはりフランス牽制のために）西英の提携関係にイタリアも含める工作をおこない、その誇示の方策として西伊接近に積極的な国王アルフォンソのイタリア訪問も企図した（23年6月〜9月上旬）[6]。

2．アブドゥルカリームの恐怖──スペイン社会の反応──

2．1．アブドゥルカリームを懲罰せよ
──スペイン・アフリカ連盟──

　スペイン社会諸層および諸社会・政治勢力のリーフ戦争への反応のうち、まず取り上げるのはモロッコ植民地支配維持とアブドゥルカリーム「懲罰」を要求したスペイン・アフリカ連盟 Liga Africanista Española である[1]。その創立準備は12年11月に始まり、翌13年1月にマドリードで正式に連盟が発足した。つまり、12年11月に西仏条約が締結され、モロッコ北部にスペインの「勢力範囲」＝スペイン領が公式に設定されたその時に植民地主義派組織として発足した。09年にモロッコ戦争が始まり、後に上述のようにスペイン領が設定されると、それまで「平和的侵入」を唱えてモロッコ分割＝植民地支配確保キャンペーンを進めて来たスペイン・モロッコ交易センター (CCHM) の運動と役割は次第に後景に退き、リーフ戦争の時期にはアフリカ連盟が最有力の植民地主義派組織となった。連盟の理事長はアンワールの「破局」時にはマウラ（21年8月から首相）であり、23年1月からは保守党マウラ派代表のゴイコエチェーアである。加入組織について見ると、賛助団体として商工業連合会やマドリード工業会議所のほかにモロッコ植民地関連企業（スペイン・リーフ鉱山社、大西洋横断海運会社など）が名を連ねているが、CCHMに比すると経済界は少ない。役職者（副理事長、理事、事務局員等）を見ても経済界からは少なく（リーフ戦争時。以下同）、その代わり軍人（退役軍人も含む。副理事長の1人は現役軍人のボネーリ）と政界（保守党が優勢だが、自由党各派も）の比重が高く、さらに聖職者も含み（フランシスコ修道会

は代表を派遣)、ほかに目立つのはアフリカニスタ論客や学会(王立地理学会、王立自然史学会の各代表)である。会員全般については不詳だが、すぐ後出の機関誌や理事会議事録を見ても、軍人やアフリカニスタ論客の主張や発言が目立っている。以上から、アフリカ連盟はこの時期のアフリカ植民地主義派(好戦的アフリカニスモと言ってもよい)の諸潮流を最大限に結集した組織だったと言うことができる。有力な植民地党派の形成が弱かったこの期のスペイン政治にあって、アフリカ連盟は一種の植民地政治党派の性格を持つことになったと言ってもよい。創立目的はその規約に見られる――連盟は「世論と公権力に対して国の意向を表し、またアフリカにおける既存の権益とこれからつくられるであろう権益を防衛する使命を持つ」(第1項)。18〜21年には会報を発行していたが、22年1月から月刊機関誌『スペイン・アフリカ雑誌』Revista Hispano-Africanaを発行した。同誌はこの時期にフランスでの『フランス領アフリカ』に部分的に対応する性格を持つ意見媒体となった。連盟はマドリードの本部のほかに、バルセローナ、タンジャ、セウタ(代表は当地の元CCHM代表)、テトゥワンに支部を置いた[2]。

　上述のところからも理解されるように、アフリカ連盟は、まず、モロッコ植民地の断固とした確保ととくにアブドゥルカリームの「懲罰」を要求した。第1節で見たように、22年初頭に政府内で戦争政策をめぐる意見対立が現れ、その後の諸政府が「敗北主義的」な軍事政策への転換を見せると、連盟はそれらを徹底して論難した――モロッコでの人間と財政の浪費はスペインの可能性を超えておりかくして国内の開発のエネルギーが奪われているのだからモロッコを放棄せよと言う人がいる、そうではない、うまくやれば我々はモロッコでの「権利」を維持できるのだ、「それよりも、やり方の根本的見直しこそ議論されるべきだ」(『スペイン・アフリカ雑誌』22年1月(以下、本小節での引用はすべて同誌から)。論者は連盟理事のヤングアス・メシーア。この人物は国際法教授で後のプリモ・デ・リベーラ体制時に一時外相。ちなみにスペイン内戦開始の際には反乱派の国民防衛評議会の外交部長となった)/「[モロッコ]放棄の考え方はとんでもないことだ……」(22年3-4月。サンチェス・ゲーラ政府成立と議会開会に際して)/我々は決然として[リーフ]諸部族との戦争を続けなければならない、「かの[スペイン]軍が弱体化すれば、と

くにアブドゥルカリームに対して正面から決然として向かって行こうとしなければ、スペインの衝撃的敗北は必至である」(22年7-8月。1連盟理事の意見表明。この意見の後半部分は後出) ／「敵の言うままにそのコラムをまかせている大新聞がある」［おそらく『自由』紙などを対象。連盟理事会でもとくに23年夏にはモロッコ放棄論を主張する新聞に対してしばしば批難がなされた］、「この敗北主義的で堕落した状況」(以上、22年9月) ／「最も重要なことはバヌワリャガール部族の降伏……」、「我々は我々に都合の良い時機にバヌワリャガール部族をこっぴどく懲罰しなければならない」(23年1月)[3]。

　以上の主張の故に、連盟はモロッコ保護領の予算削減にも反対した。22年7月の国会でカンボが予算削減を支持すると、次のように論評した——「現下の状況で［敵に］容赦を与えることは、敵陣営では赦免ではなく［我々の］降伏と受け取られるのだ」。同国会でロマノーネスがあまりに多くの兵の撤収は危険だと発言すると、ロマノーネスは「最もよく現実の中に生きているスペインの政治家だ」と評された。また当然ながら、連盟は兵士帰還にも反対だった——納付金兵士の帰還要求を拒否した陸相発言（本章1.1.3.で一部既出。第V章で詳述）は「全く当を得たもの」である（22年3-4月)／「以前と同様の誤った予断によって、今、反乱した部族を攻撃することなく帰還が始まっている」(23年5月。1連盟理事の意見) ／「兵力の引き揚げは絶対に駄目だ。後退は駄目だ」(23年6月。オルテガ（後出))。さらに、モロッコ植民地の「文民化」にも反対した——「スペインの最も著名な人たち［自由派連合の人々など］が再三再四、文民保護領に賛成だと言っている」、しかしこれは「結局は水泡に帰す」のではないか（22年6月。投稿) ／（自由派連合政府によって実際に「文民化」がなされると)「いわゆる文民保護領が犠牲としてもたらした何千という死者の凄惨さによって我々には現実は明らかだ」、この体制による「［軍事的］無為は我々がまだモロッコで持っている威信を損なうだけであり、我々を新たな破局に導くものである」、「政府よ、よく考えよ。今のまま血と金銭を無駄に使い続けることはできない。国はそれに反対しており、問題を早急にただちに解決することを要求している」(23年7-8月)[4]。

　とはいえ、諸政府の「敗北主義的」政策に対して軍事的攻撃一本槍の主張

を対置したのではない。スペイン軍に立ちはだかる「敵」を分断させるための「政治的行動」を活用することも説いた —— 政治的行動は２つの目的を持っている、その第１は「敵の分裂を促進させ、住民間の争いを挑発し、我々に最も敵対する一派の長［アブドゥルカリーム］に対する反抗をそそのかし、最後まで抵抗する者たちを殲滅さえすること、［個人的な］野心や欲望をそそのかすこと……」(傍点原文イタリック体)である、第２は地域の情報を得ることである、上掲の目的のために「ムスリムの心理をよく知っている」ユダヤ人たちを利用するのもよい（22年７-８月。在モロッコのセファルディへの便宜供与を主張してきたマヌエル・オルテガが連盟理事であったこともあり、『スペイン・アフリカ雑誌』にはしばしば彼らセファルディを引きつけるのがよいとの主張が載った）／「レコンキスタでの我らが戦争を想い起こそう。モーロ人たちを半島から追い出すのに８世紀もかかったのだ」、「モロッコでの戦争の秘密は部族の長の心にスペインへの親愛、尊敬、恐れの念を植えつけることにある」［これが今回(22年９月)のライスーニーとの協定の意義だ］(22年10月。オルテガ)／(もっと具体的に述べて) ライスーニーやアブドゥルカーディルのような「大カーイド」を仲介者にして「我らの権威」を諸部族の間に確立するのだ、リーフでは各部族の自立性が強いので、各部族のカーイドに利害の対立する者を選んで相互に張り合わせ、［我々に対する］反乱を起こさせないようにするのだ(23年４月。同様の論調は23年５月、７-８月にも見られる)。以上の「政治的行動」は20世紀初頭にスペイン国家とその軍がモロッコに介入して以来おこなわれて来たものである(20年までアブドゥルカリーム父子もその主要対象だった。「政治的行動」の実際については第Ⅲ章で詳述)。23年３〜６月には弁護士でジャーナリストの連盟理事が連続論説で次のように主張した —— 軍の関与は「最後の手段」である、モロッコでの経済活動が「軍事的活動よりずっと安くつきずっと役に立つ」、「軍人や政治家は自分たちに都合のよいように見るだろうが、しかしモロッコの純然たる問題はすぐれて経済の問題であり、すぐれてモーロ人とスペイン人の協力の問題である」、「国を指導すべき人々は商業で鍛えられた人々から選ばれているだろうか？　ほとんど誰もこの人材の宝庫から来ていない」、スペインの政治的指導者たちは「現実が示している問題を踏まえてモロッコ問題を提起す

ることを知らないし、できないし、やろうとしない」、「国は疲れている」。しかし、経済（界）の役割を重視するこのような論調（軍部批判にもなっている）が『スペイン・アフリカ雑誌』に現れることはほかにはほとんどなかった[5]。

　以上のように、アフリカ連盟はアフリカ派軍人とほぼ同様の主張をした（というよりスペイン国内で後者を代弁）ので、軍事的解決あるいは軍部の主導によらない方策には不満を示した。自由派連合政府が交渉によってスペイン人捕虜の解放に成功した際には次のように評した——これらの捕虜は「アブドゥルカリームの野蛮の犠牲者」である、「和平は我々の出方にだけかかっているのではなく敵の出方にもかかっている。スペインはそのうち懲罰を加えるだろう」。また、「破局」の責任追及にも消極的だった。23年7月の議会調査委員会設置に際しては、この委員会には「……十分な準備と判断の統一があるだろうか？……おそらくない」との論評がなされた[6]。

　それでも、スペイン人の間でモロッコでの戦争が嫌われていることを連盟も認めざるをえなかった——「一般に［イベリア］半島の兵力は原住民兵のようにモロッコでの戦争のために効果的ではない。その理由を挙げると、戦意をいつも持っているわけではないし、この種の［植民地］戦争を知らないし、そのかわり半島に帰りたがるからである」（22年5月）。それ故に、『スペイン・アフリカ雑誌』がしばしば「野蛮」と呼んだ原住民の兵力に依拠することに、そのために彼らを引き寄せる方策に行かざるをえない——「［スペイン兵と異なって］レグラーレス「FRI」と外人部隊の植民地兵力は唯一の試された兵力であり、良い結果を挙げている」（同）／FRIに住居（既婚者に）、モスク、医療施設、生活必需品の売店などの便宜を与えるのがよい（23年1月。この頃までにいくつかの地域で実現（第Ⅳ章第2節で後述））[7]。

　連盟は、自由派連合政府が成立すると、その「敗北主義的」政策また「文民化」政策に対して独自の政策を策定し、政府にその実行を要求した。23年4月、連盟は高等弁務官シルベーラと会見し、次の発言を引き出した（文言は『スペイン・アフリカ雑誌』による）——原住民間の対立を利用してアルホセイマに行く必要がある、というのは反乱者を懲罰せずして力で彼らを降伏させずしてモロッコに平和はなく、我々は常に21年の［アンワールの］悲劇

が繰り返される恐怖のもとにあるからである。『スペイン・アフリカ雑誌』はこれに付け加えた──「政府はこれを受け入れるだろうか？　それとも困難を避けて時が過ぎるのにまかせ、時間を稼ぐと言いながら時間を失っているしかないような安易で危険に満ちたプランを選ぶのだろうか？……しかし統治者たちよ、リーフでは嵐が起ころうとしていることを忘れぬがよい」。23年6月上旬、連盟はモロッコ政策についての2つの意見書を政府に提出した。これらは政府がモロッコ政策について「確固とした方向性」を持っていないため（担当理事）、3月上旬～5月下旬の理事会で検討されたものである。第1の意見書はモロッコ政策全般に関するもので、その主内容は以下である──保護領政府［ハリーファ政府］は「保護国家の軍事的、進歩的、精神的および文明的力に基づいている」（2名の理事が「軍事的」の部分を削るべきだとの意見を出したが、拒否された）／保護領政府の権威を守るための［原住民］兵力の組織化／「治安維持と反乱行為を懲罰するための移動予備軍としてのメトロポリの兵力」／原住民の武装解除／原住民の行政参加／「保護国家にできるだけ負担がかからない形での公共事業」／税制の組織化／ムスリム法とユダヤ法を残した形の法制／モロッコに派遣される軍・民のスペイン人の行動は「原住民が我々の優秀性を認めるようになる」ことに役立つものであること。この意見書の内容はモロッコの植民地化を要求して来た20世紀初頭以来のアフリカニスタの要求と軍アフリカ派の要求を結合させたものと言える。第2の意見書は当面のとくに軍事政策に関するものである──「バヌワリャガールの打倒」こそ保護領確立のために必要／損害は避けなければならないが、「上掲の政治的・軍事的目的の達成のために……どのような努力も惜しまない」／「とにかく武力でもって抵抗を抑えるという断固とした意思を示す」／東部の情勢は「非常に重大で困難である。アブドゥルカリームがリーフ中部のカーイドを服従させるか抱き込むことに成功したら絶望的な状況になるかもしれない」／ライスーニーをハリーファ当局に従わせる／「志気の乱れ」を是正する。第2の意見書は軍アフリカ派の要求そのものである。実際にこの頃に連盟に加入したアフリカ派軍人たち（ミリャン・アストライ、オルガス（陸軍中佐）、ガラン（陸軍中尉。「稀少なアフリカ派軍人」の一人で後の「共和政の殉教者」））が理事会に出席し、これらの意見書の作成に関

わった。また第2の意見書の起源は1連盟理事の『スペイン・アフリカ雑誌』(早くも22年7-8月)での意見表明(一部前出)にあった——「現在の戦闘を前にしては、スペインはその及ぶかぎりの手段をかき集めて誰も文句を言えない1将軍の手中にそれらの手段を委ねる以外の解決策を持っていない。この将軍はアブドゥルカリームを断固としてたたくプランを策定し、数千の生命が費やされようとも数億[ペセータ]の金銭が費やされようともアブドゥルカリームを打ち負かして降伏させるのだ」、連盟はこのことを政府に申し入れるべきである。理事会の討議の中で「1将軍にかの[在モロッコ]軍の指揮を委ねるべきである」(4月の理事会での原案)の部分は削除された。しかし、プリモ・デ・リベーラ体制になってプリモ・デ・リベーラ自身が高等弁務官を兼ねると、この提案の一部は実現することになる[8]。

　モロッコ植民地をめぐるフランス政府・諸勢力とのやり合いでも連盟はスペイン側の主要な意見表明者だった。既述の「スルターン主権論争」については、「フランス領を統治するスルターンは宗教的権威を持っていない。それ故に我々の領域でもそれを行使することはできない……」との論陣を張った(22年2月。同主旨の論評は他にもあり)。23年3月には次の意見書を政府に提出した——フランス政府は最近フランス領の[原住民]補助軍をフランス正規軍に編入した、このようにしてスルターン当局軍はフランス軍の一部となった、スペイン領でも同様の措置を検討することを要望する、アルヘシーラス議定書に基づいて創設された在タンジャのフランス警察隊は議定書が定めたものより大規模な武器・人員を擁している、であればスペインの在タンジャ警察隊も同規模の武器を持ってよいのではないか、フランスの植民地派の対応は問題だ、とくに最近の『フランス領アフリカ』の論稿は「公然と我々を中傷している」。この意見書にも見られる通り、『スペイン・アフリカ雑誌』はしばしば『フランス領アフリカ』と論難し合った[9]。

　フランス批難と関連して、タンジャでのスペインの「権利」要求についても執拗だった。連盟は「未回収のタンヘル[タンジャ]」に住むスペイン人に「友好的連帯の証し」の挨拶を送った(22年5月)。『スペイン・アフリカ雑誌』はフランスの主張を批判するヤングアス・メシーアの連続論稿を載せた(22年2～7-8月)。23年には、タンジャに関する西仏英3国会議を前に

してタンジャのスペイン領編入を要求する連続公開講演会を開催した[10]。

最後に、連盟加入の軍人や政治家たちが個々にプロヌンシアミエントの企図に関わったことはあり得るだろうが、連盟が組織としてプロヌンシアミエントの企図に関わった証拠はない。

2.2. 戦争拡大に利益なし ── 経済界・金融界の反応 ──

本小節ではリーフ戦争への経済界とくに金融界の反応を検討する。09年にモロッコで戦争が始まり「平和的侵入」が挫折すると、経済界は、モロッコへの投資と経済的利害に直接関係し、それ故に軍事的手段によってもモロッコ植民地を確保すべしというアフリカニスモ継続グループ（アフリカ連盟に集ったか、それに近い立場）と、今や多大な軍事力を投入するに見合うだけの利益をモロッコに見出せないとして戦争政策に慎重な姿勢を示し始めたグループ（とくに金融界）の2大潮流に分かれて行く。本小節で取り上げるのは、「モロッコでの事業についてのスペイン資本主義の全般的立場を知る資料として使える」（09～14年の時期のモロッコ戦争への各界・諸勢力の対応を研究したバショー）と評され、後者の立場を代表した『経済・財政雑誌』*Revista de Economía y Hacienda*（マドリード、週刊）である。編集長リウは自由主義左派（アルバ派）に属した下院議員でもあった。以下の行論に見られる通り、その立場は驚くほど一貫しており、（とくに軍事的手段による）モロッコの植民地化には大きな経済的利益はない、それは、国家財政を苦しめるだけであると主張した[1]。

前記のように、モロッコ戦争に対する『経済・財政雑誌』の立場はほぼ一貫していた。まず、軍事作戦の拡大に反対した。「アンワールの破局」の直前の21年7月9日号──「スペインはモロッコでの軍事政策を続けられないし続けるべきではない。軍事的政策を限定するか終了しないとモロッコは限りなく続く出血となり、国家財政を麻痺させるであろう。今日、スペインは

モロッコでスペインの力と我が占領地から挙がる利益とをともに超える出費をしているのだ」。21年10〜12月の国会討議についての論評──国会討議では「破局の原因を軍の特定個人の悪行や軍の軍事的能力の欠如に求めてはならない」、「我々は今はスペインがモロッコで軍事行動や財政支出を続けられるのか続けるべきなのかを議論するときだと考える」。23年5〜7月の国会討議に際しても保守党各派のモロッコ占領拡大の主張に反論した──「スペインは半島地域［国内］の再建を放棄し国の進歩と文化の全生活を麻痺させて、モロッコにその財政を投入すべきなのか」、「スペインの生産を高め人々の生活を豊かにするために必要な活力のすべてをモロッコに埋めて」さらに戦争を続けるべきなのか、モロッコは（アフリカニスタたちが主張するような）「スペインの独立のための生命圏」なのか、いずれもそうではない、「スペインは狂気の沙汰と自殺行為をしている」、リーフでの戦争を続けるべきではない（同様の主張はほかにも多）[2]。

　次に、上にも見られるように、そのモロッコ戦争批判は一貫して国内再建論に基づいていた──「スペインはその精神的・物質的生活において偉大となるために、自らに、自らの領域に、そして自らの住民にその偉大な力を注がなければならない」、「今日の事態によって国が再び目覚めるように、また国の政治生活を率いている人々がその方策と行動の全面的方針転換をするようにならんことを」、これは自分たちがもう10数年前から言って来たことだ（21年9月）／モロッコでの政策は「征服」だった、アフリカニスタたちは次のように言う、スペインの農業の発展のためにモロッコが必要だ、スペインの工業と資本のための経済的拡大のためにモロッコが必要だ、我々の独立の保障のためにこの地域が不可欠だ、しかし以上の主張はいずれも根拠を欠いている、逆に、モロッコを保有することは「スペインの精神的・物質的崩壊」をもたらし、「スペインの威信をもっと汚す要因」であり、「より大きな破局の動機」となる、「スペインの軍事行動は破局の修復を超えないようにすべきである……」、「つまり冒険の道をきっぱりとやめる必要がある。スペインはその活力と威信を回復するために、そのすべての偉大な力を半島地域の再建に注がなければならない……」（21年10月）[3]。

　さらに、モロッコ戦争が国内の経済発展を阻害するという主張はとくに軍

事費が財政困難をもたらすという点に基づいていた——「今日、国の経済生活にとってこの論評のテーマ［モロッコ問題］以上に重大な問題はない」、モロッコ戦争のために財政赤字となり国債発行が相継いだ、21年にも大量の国債が発行されたので我々は「財政的破局」の直前にいる、国会での22-23会計年度の予算審議を前にして「スペインはモロッコにおける現在の政策を続けうるのか、続けるべきなのか」が明らかにされなければならない、「……現在のモロッコ政策を変えることが不可欠である。というのは、モロッコで巨大な支出を続けていると、その財政上・社会上の結果は国にとって致命的なものとなるからだ」（22年3月）。それ故、22年6月に財務相が次期会計年度のモロッコ統治関連予算削減の方針を提案すると（1.1.3.で既述）、『経済・財政雑誌』はこれを「大いに称賛されるべきこと」として歓迎した。同年11～12月の国会開会に際しては、モロッコで多大な軍事支出をして来たので「右派の諸政府は国の破綻の道を用意して来たし、今も用意している」と断じた[4]。

　それ故、自由派連合政府の成立は（アルバが入閣したこともあり）当初、大きな期待を抱かせた——「国の資源は国内のために、我が祖国の再建のために使われるためにあるのだ。……新自由派政府が早急にアフリカ政策を修正することが期待される」／（高等弁務官にビリャヌエバ任命の報に）「ついに自由派政府は［モロッコ政策について］制度の根本的・基本的な転換をする決定をした」、「スペインは戦争と征服の手段ではなく、平和の手段でその文明化の使命を果たさなければならない」（いずれも22年12月）。しかし、23年に入っても軍事・財政状況に大きな変化はなかった——「［軍事］支出は依然として過重だ。同じ軍事政策が続いているからである。アフリカには多くの軍が依然としているのだ……」、読者に政府に「モロッコでの軍事的展開の財政的負担」について注意を喚起したい（23年3月）。結局、自由派連合政府への期待は裏切られてしまう——（ビリャヌエバの財務相辞任の報に）ビリャヌエバが国家財政を担当した期間（23年4～8月）にモロッコ関連支出の削減はなかったのだ、自由派連合政府の財務相たち（2人）は「財政プランを欠き……、どのような経済政策も導入せず、それ以前の諸政府と同じことをしたのだ」（23年9月）[5]。

アフリカ連盟に拠らなかった経済界の中の金融界を中心としたグループがモロッコ戦争に熱心でなかったのは明白である。『経済・財政雑誌』がとくにモロッコ戦争が財政にもたらす打撃に関心を集中させている理由も明瞭である。以上のことは何を意味するのだろうか。12年の保護領設立以来、スペイン資本のこの保護領への投資は少しずつ増えた。しかし、(モラーレス・レスカーノの研究が示し、バショーが指摘しているように) そのうち金融界を軸とした大資本家グループ (「百大資本家」) が関わったものは少数だった。つまり、経済界での植民地派は相対的に少数派だった。さらに、戦闘が激しくなった第1次世界大戦終了後にはモロッコへの投資も輸出も一時減少した (これもモラーレス・レスカーノの研究が明示)。投資と交易の対象としてモロッコ植民地に期待をかけていた経営者層も不満を露にし始めた。政府が軍事費増による財政逼迫を増税によって償おうとしたこと (22年7月に新税制法承認。これは商工業収益への税賦課を重くするものだった) がこれに火をつけた。カタルーニャの経営者団体である全国労働振興会 Foment del Treball Nacional が全国の経営者団体に呼びかけて、22年3月頃から新税制法案反対集会が何回か開かれた。さらに、新税制法施行後の23年4月初旬にサンタンデールで開かれた集会では、財政支出削減をはかるためにモロッコ戦争の終結が決議された。同年6月中旬にバリャドリーで開かれた集会 (全国の商業・工業・海運の各会議所代表が出席) では、新税制法改訂の要求と並んでモロッコ戦争への対応が一大議論対象となった。モロッコ全面放棄と植民地経営強化の両極意見が現れたが、結局、以下のことが決議された (原案では、モロッコでの戦争が「国の生活そのものを重大な危険に陥れている」となっていた) ——植民地経営をいずれ再開する、早急に在モロッコの兵員を8万人にまで削減する、スペイン政府の財政や借款によらずにモロッコの現地からの収入を戦費に充てる。つまり、経済界の中心部・多数派はモロッコ戦争が植民地経営を危うくし、また戦争の負担が財政に打撃を与えて国債などの金融資産を減価させたり増税によって経営者層の肩にかかることを恐れたのである。政治家カンボは以上の懸念や主張を次第に代弁するようになったと言ってよい (1.1.3.で既述、また後の3.1.2.も参照)[6]。

2.3.「現地」の恐怖

　植民地戦争としてのモロッコ戦争の特質の一つはスペイン軍の出撃拠点が隣接のスペイン領土（セウタとメリーリャ）にあったことである。「破局」直後にメリーリャのスペイン人住民が感じた恐怖について既に見た。本小節ではスペイン人がリーフ戦争に「現地」でどのように反応したのかをさらに追ってみることにする。また、彼らはメトロポリの政治・社会の動揺をどのように見ていたのか。取り上げるのはメリーリャで発行されていた日刊紙『リーフ通信』である。『リーフ通信』はメリーリャのみならず北アフリカのスペイン領土さらにはスペイン領またタンジャを代表するスペイン語新聞だった。編集長ロベーラはメリーリャで砲兵隊司令官を務めたことがある元軍人であり、アフリカ連盟の会員でもあった。編集長のこの経歴が『リーフ通信』の編集・報道方針を強く規定したことは確かである。しかし、北アフリカの上掲の地で発行されていたほぼすべてのスペイン語新聞の編集・報道は軍（とくに在モロッコ軍）の意向を少なからず反映したものだった（この地域の新聞は陸軍省および外務省から補助金を受領していた）[1]。

　メリーリャでは７月上旬から原住民との戦闘の激しさが可視的にも理解されていた。７月１日、ダール・ウバランで「英雄的に死んだ」将兵の葬儀が教会でおこなわれた。『リーフ通信』は第１面で軍の葬儀列席の呼びかけを載せた。葬儀にはシルベストレ、ナバーロ両将軍らが参列した。当初はイゲリーベンとアンワールでの戦闘の実際＝スペイン軍の大敗北の状況は報道されなかった──「敵のハルカが［スペイン軍の］前線陣地を攻撃、しかし大敗北を喫す」（７月19日）／敵はアンワールとイゲリーベンを攻撃、「敵の部隊は非常に多い」、敵は多くの戦死者を出し、その中にはアブドゥルカリームの義兄弟の司令官もいる（最後の部分は虚報。21日）／「我が軍はフェルナンデス・シルベストレ将軍の命令を遂行して迅速に展開している……」、「戦闘は１日中ずっと非常に激しいものだった」（22日）。23日になって、ようや

く事態の深刻さを伝える論説が現れる――「悲しみ、しかし同時に期待」、「原住民の裏切りが……［スペイン軍の］行動の破綻をもたらした」、今は事態の詳報をしない、「スペインとその軍に万歳！　裏切り者に早く懲罰を！」。続いて、恐怖状態に陥ったスペイン人に対して平静を保てとの呼びかけがなされる――「アフリカのカウディーリョ［統領］」（ベレンゲール）が到着した、「アフリカのカウディーリョを信頼しよう」（24、30日。後者はこの頃に何回も現れる）／「今は精神の平静さを保ち、落ち着きと信頼を一時も失わないことが最大の利益となる。それは優秀で冷静で分別があり十分に訓練された兵士がその計画を遂行できるようにするためである」、「議会の少数派も全会一致で閣議の呼びかけ［国のあらゆる犠牲が必要］を支持している。必要ならスペイン全体がモロッコに来ようとしている」［イベリア半島のスペイン人はメリーリャを見捨てていない］（25日の無料号外）。8月に入ると、アラウィッツの「防衛」と「英雄的なナバーロ［将軍］部隊の撤退」が報道された。9月になると、毎日、「再征服」作戦と「懲罰」の様子が詳しく報じられた。スペイン人の恐怖は10月中旬のグルグ山の「奪回」でほぼ収まっていったようだ[2]。

　我々がメトロポリで見てきた諸イシューについて『リーフ通信』が伝え、論じ、主張するところは軍アフリカ派およびアフリカ連盟とほぼ同じである。

　まず、「責任」について。ロベーラは早くも21年9月上旬に、ダール・ウバランの「敗北」の後でもあらゆる兆候からして「破局を予見できた者はいなかった」として、軍も政府も責任を有しないとの見方を示していた。21年10～12月の国会討議に際して『リーフ通信』は、「責任について語ることができるし、語るべき」だが、ベレンゲールが達成した「大いなる成功」を忘れないようにして欲しいと論じた。22年2月下旬にロベーラは、ピカソ調書とともに「［ベレンゲールらの］力強い行動や気高い勇敢さによる功績の文書」も議会にもたらされるべきだと主張した。ベレンゲールが高等弁務官を継続したのであってみれば、その管理の下にある新聞が現職の高等弁務官を批判できないのは当然と見ることもできる。しかし『リーフ通信』は22年7月のベレンゲールの辞任とその直後の国会での弁明の際にも、またその後の何回かの弁明の際にも一貫してベレンゲールを擁護した。捕虜解放（陸海軍

最高会議が「有罪」としたナバーロ将軍も解放）直後の23年2月上旬にも、責任を追及するのはよいが、「我々のアフリカにおける義務」や「モロッコ戦争の大義」を忘れてはならないと主張した[3]。

次に、既に引用したところからも十分に推察されるように、スペイン軍にはむかうモーロ人を徹底的に「懲罰」し、全リーフとくにバヌワリャガールを制圧するために必要な軍事力・財政を投入せよとの主張においても一貫していた。それ故、兵員のイベリア半島への帰還に反対であり、モロッコ統治関連予算の削減にも反対であり（「保護領は我々の力を超える負担ではない」、ロベーラ、23年6月）、在アフリカ軍の志気を高める故に戦功による軍人の昇進に賛成だった（ただ、おそらく在アフリカ軍内防衛評議会派の離反と反発を回避するため、防衛評議会批判が表立って出ることはなかった。22年11月に防衛評議会解散法が可決された際にロベーラは、評議会の行動は「疑いもなく社会的規律を危機に陥れ、同時に軍の分裂の種を播いた」と評した）。22年10〜11月にカンボが戦争継続を批判したことに対しては次のように反応した——「国の利益に大いに反する」、「海峡のこちら側に住んでいるスペイン人は大いなる悲痛を感じる」、「不用意で時期をわきまえていない」[4]。

「現地」にいるが故に（アフリカ連盟などに比して）状況に対してより敏感なことは以下のことに表れた。第1に、リーフの経済・生活の観察——アルホセイマと（その沖合のスペイン領土の小島の）アルホセイマ島との間の交易をブロックしてリーフ人が生活必需品を入手できないようにする必要がある、西部リーフでの収穫は良くないので（それ故、遅かれ早かれリーフ人は食えなくなるから）「時間を稼ぐのがよい」、リーフ人から収入を奪うために彼らのアルジェリアへの出稼ぎを阻止するのがよい（22年5月）／（昨年とは異なって）本年のリーフの収穫は良くないようだ、「扇動者が反乱をあおっても、この現実がのしかかるだろう。それは悪だくみの宣伝よりも強力なのだ」、商業上の封鎖も反乱地域の平定と服従を容易にする（22年8月、いずれもロベーラ。一種の兵糧攻めの主張）。第2に、非軍事的手段による捕虜解放にも賛成だった。21年11月下旬に捕虜の妻・母・娘たちが捕虜の即時解放を要求する声明を出すと、『リーフ通信』は「これらの悲しむ女性たちの声は我々を深く感動させる。我々のすべてが気高く人道的な［この］事業で彼女たちを

支援しなければならない」とコメントした。それ故に、自由派連合政府による捕虜解放を歓迎した。第3に、「破局」によってスペイン領から追い出されたスペイン人入植者たちへの補償運動を支援した（この運動は21年10月に始まった。約1年後、サンチェス・ゲーラ政府は貸付金支払いを承認した。支払いの対象者が少なかったので補償運動はプリモ・デ・リベーラ政府成立後も続いた）。第4に、22年12月に自由派連合政府が成立すると、そのフランスとの連携方針については征服を容易にするものだとして歓迎の意を表した。第5に、『リーフ通信』は戦闘で勝利するためには高等弁務官が強力な権限を持たねばならないと主張していた。しかし文民のシルベーラが高等弁務官に任命されると、自らの立場は「文民保護領でも軍人保護領でもない」、軍・民が相互に協力するのがよいのだ、とした（文民高等弁務官であっても、その管理下にある新聞は公然と反対できない）。最後に、メリーリャやセウタで新聞などが自由に情報を流すとそれは原住民の知るところとなるので、検閲は「必要悪」だと主張した（検閲はブルゲーテが高等弁務官在任中の大半の時期に廃止されていた）[5]。

　さて、「現地」のスペイン人はメトロポリの政治・社会の動揺をどのように見ていたか。結論を先に示すと、次第に不満と不信をもって見るようになった。本小節で前に引用したように、「破局」直後の7月25日の『リーフ通信』は「スペイン全体」がモロッコでの戦争を支持しているとして、恐怖状態にあったスペイン人住民を鼓舞しようとした。「破局」後の最初の国会討議の頃までは一方でのスペイン人住民の鼓舞と他方でのメトロポリの政治・社会への期待の表明が見られる──「スペインは当地で起きた重大な出来事に無関心ではいられなかった。……平和的侵入の理想はもう死んだ。……諸政党は政争を一時やめてこの十字軍に結集しようとしている。国の利益と軍の名誉がそれを要求しているのだ。……スペインはリーフ人に対して、スペインが扇動者たちや彼らをそそのかしている者たちが信じまた勝手に信じているような弱い国ではないことを示すだろう」（8月上旬）／「半島のあちらでは海峡のこちら側で起きていることについての関心がますます高まっている」（8月下旬）／「……アフリカ軍のことを考えなければならない。数千の人間が闘いの真只中にいることを忘れてはならない。兵士たちが厳しい

戦闘で奮い立つために母なる祖国の熱い励ましを必要としていることを忘れてはならない」(国会討議に際して。10月下旬)[6]。

　しかし、サンチェス・ゲーラ政府になって戦争政策の動揺が明らかになると、国会への不信をあからさまに表明する――「我々は予定されている［国会での］あらたな討議に信を置いていない。……各々の［議員の］主観主義や政党間の争いは誤った方向性を国に与えるばかりであり、また我らの敵に武器を与えてしまうからである……」(22年3月下旬)／「［国会］討議のこの実質的な意義については多くの異議がある。モロッコ問題についての政治家の無知やそれを検討しようという熱意のなさは明白である……」、「モロッコについての討議は我々の心に大なる苦渋を生じさせた。これはモロッコでは良からぬ反響をもたらすだろうと考える」(同7月上旬)。その後にはメトロポリに対して政権の安定、確定的なモロッコ政策の策定とその継続を求めた――「スペインがモロッコでうまく事を運ぶことにとっての最大とは言わぬまでも主要な障害の一つは疑いもなく政府が頻繁に変わることにある……」(同8月下旬)／「自由派連合が政権を握ったのでこのモロッコ問題は新局面に入っている。……敵は政府と高等弁務官が安定しないことから利益を得ており、我々の動揺・躊躇・対応の転換からも利を得ている」(同12月下旬)／「アフリカ政策は政治党派に関係なくなされるべきである」(23年3月下旬)／「モロッコ保護領におけるスペインの行動がうまくいかない原因の一つ、いやおそらくあらゆる原因のうちで最も重要なことは継続性がないこと、遂行すべきプランと確定的な方向性がないことである」(同5月中旬)／政府がかわっても変わらない政策があれば「最終的な勝利のための最も重要な道が開けるだろうし、モロッコが党派的な政争の道具ではなくなるだろう」(同7月上旬。国会討議に際して)。この間、メトロポリのいくつかの新聞の報道や論説は「率直に言って耐えられない」(22年6月)などとして、しばしば批難された(『自由』は「わめき立てられているところの〈リーフ共和国〉の公式新聞となった」とまで難じられた。22年8月)。以上の文脈の中で、前に引用した(1.2.2.)「主要な戦闘はモロッコではなく、マドリードで展開されているのだ」(ロベーラ、23年5月下旬)との断言がなされたのである。「現地」の(軍人ではない)スペイン人の要求や主張がメトロポリの政治・社

会にどのような影響を与えたかということを判断するのは難しい。おそらく、多くの場合、直接にではなくアフリカ連盟などを通じて意見として形状化されていったと見てよいだろう[7]。

「現地」のスペイン人たちは（も）隣接地域に住むか市内にも住むモーロ人たちを当たり前のように「野蛮人」、「半野蛮人」と呼んだ。ロベーラは在住スペイン人には励ましのために、また『リーフ通信』の編集局で８年間も（07〜15年）ともに働いていたかつての部下アブドゥルカリーム（『リーフ通信』がアブドゥルカリームを有能で強力な「反乱指導者」として注目し認め始めるのは21年10月頃からである）には諭すように言う（リーフ戦争中、アブドゥルカリームは『リーフ通信』を読んでいた）――「反乱指導者」アブドゥルカリームが考えているという「リーフ共和国」は「実現性のない理想」である、アブドゥルカリームはリーフの伝統と「ベルベルの独立の広い意味」をよく知っている、ベルベルの部族民たちが「共和国」と言うとき「無政府状態」を意味することを知っている、つまり「リーフ共和国」とは「実効的な権威当局がなく部族間で争い合うような、現在よりもっと混乱した状態」のことなのだ、それ故「リーフ共和国」などは「市場（スーク）での会話」に過ぎない、「アブドゥルカリームは大いなる皮肉屋だということを言っておかなければなるまい」（22年９月）／リーフでの「独立共和国」なるものはありえない、アブドゥルカリームはこれを知っていて、「あまりに見え透いたマヌーバー」に乗っている（23年７月）。ロベーラはリーフの抵抗運動の内部の状況（部族間の抗争など）をたしかによく見抜いていた（このことについては第Ⅲ章で後述）。しかし他方で、ロベーラら在住スペイン人は野蛮で独立国家など樹立できないはずのモーロ人を恐れた。以下にその３例を示す。まず、自由派連合政府が在モロッコ兵力の多くを原住民軍・原住民兵に委ねる方策を明らかにすると、これに反対した――「平定の主要な部隊を被服従国［の人々］の手に委ねるのは大いに危険」である、むしろ「スペイン領ギニアで［モロッコへの］派遣兵力を見出せないだろうか？」（23年１月。ここにはモロッコ以外に植民地原住民兵の供給源をほとんど持たなかった20世紀スペイン帝国が抱えた問題が表れている）。次に以上とも関連して、「植民地防衛隊」の創設が提起された（23年７月）。この防衛隊は高給を受ける「よく選抜された人員」

から成り、いくつかの部族に「戦略的に」配置される。それはイベリア半島の治安警備隊と同様の役割を果たすものとされ、主にスペイン人（あるいは「ヨーロッパ人」）から成るが、原住民も構成員の10分の1まで入隊可能とされた。最後に、『スペイン・アフリカ雑誌』（23年2月号）に載った、モロッコ在住スペイン人の恐怖を非常によく示す論稿――21年7月の「破局」はモロッコ在住スペイン人に「不安というあまりに当然の心の傷を、もっとはっきり言えば、恐ろしい光景がまた繰り返されるのではないかという恐れ」をもたらした、兵士の帰還も不安を引き起こしており、入植者たちは土地を手放そうとしている、とくにメリーリャでは彼らは「生命も財産も保障されていないと感じており、軍への信頼も失われている」、敵から防御する良い方法としてヨーロッパ人が住むすべての町や市の周囲に壁を築き、堀を造り、夜は門を閉めるのがよい、この作業には囚人労働を使うと安上がりだ、成年男性からなる壁の防衛隊を組織する[8]。

「破局」2周年の論説で『リーフ通信』は、この2年間の「[イベリア]半島での意気阻喪」と「アフリカで息づく意気高揚」を対照させた。同23年8月中葉には、「海の向こうのメトロポリでは世論は方向違いをしている」、しかし政府は「敗北主義」に対処していないと断じた。とはいえ9月上旬には、メリーリャで「悲観的な雰囲気」が蔓延していること、「この頃とくに民衆階層の間で不安が見られる」ことに注意を喚起せねばならなかった[9]。

2.4. 体制批判勢力の反応

　本小節では、労働運動諸党派（PSOE, PCE, CNT）とバスクおよびカタルーニャの民族主義勢力のリーフ戦争への反応、またそれぞれの主張と行動を取り上げる。共和主義派については注目すべき論調のみを取り上げる。

2.4.1. 労働運動諸党派

(1) スペイン社会労働党（PSOE）

　PSOEの日刊の機関紙『エル・ソシァリスタ』は「破局」以前からモロッコでの戦争を批判していた。21年のPSOEのメーデー宣言の1つはモロッコ戦争の中止だった。同年4～6月の『エル・ソシァリスタ』は「モロッコでの冒険」による「国の富」の浪費と財政逼迫を指摘し、またスペインの中での貧困状態を見れば「文明化の使命」のためにモロッコに行くのは「皮肉なこと」だと述べ、さらに兵役の不公平（納付金兵士の優遇）を労働者に訴えていた。ダール・ウバランの戦闘の直後には「モロッコはスペインの墓場である」との論評がなされた。しかし、既に見たように、「破局」直後のイベリア半島での援軍兵士動員に際してPSOEはほとんど抗議行動を組織できなかった。新聞記者でもあった下院議員のプリエートが7月下旬～10月上旬にメリーリャに滞在し、現地報告を8月下旬～10月中旬に27本の「戦争日誌」として発表したことが目立ったことだった[1]。

　その後のPSOEの活動についてまず指摘できることは、それがほぼ国会での政府（また国王）・軍部批判に集中したことである。つまり、本章第1節で引用・紹介したプリエートやベステイロの国会演説を見ればPSOEの主張したことはほぼわかる。PSOEの国会外の活動はきわめて弱かった。本章1.2.で見たように、戦争の長期化が明らかとなった21年末から22年初頭にはいくつかの呼びかけや行動がなされたが、その後のPSOEの活動では捕虜解放と責任要求のための様々な集会・講演会に加わったことや選挙集会でのモロッコ戦争批判の主張が挙げられるくらいである。23年8月にPCEが主導したマラガとビルバオでの反戦行動にもPSOEは加わらなかった。マラガの兵士反乱について『エル・ソシァリスタ』は、これは自然発生的なものである、「マラガの火花を共産主義者の陰謀」と見るべきではない、と論評した。その後PSOEはマラガの反乱兵士の赦免を要求した。ようやく翌9月の11日に、マドリード、バリャドリー、トレード、ジローナでPSOE主導のモロッコ戦争反対集会がおこなわれ、サンタンデールではUGTが兵士派遣に抗議するゼネストを呼びかけた（ゼネストの実際については不詳）。結果的にはプ

ロヌンシアミエント前日だったこともあり、これらの行動は広まらなかった。第２に指摘できることは、これも第１節で既述したことから理解・推測できるように、PSOEの主張の中心は責任問題だった――「国会における人民の声。責任を要求するにあたって国会は何事にも何者にも立ちすくむべきではない」（『エル・ソシァリスタ』21年11月）／「破局の全責任者と全誘導者を裁かなければならない」（同、22年７月）／「今なされなければならないことは責任の明確化と責任をとらせることである、それはもうはっきりと明確に示されており、ピカソ調書からただちにわかることである」（同、23年２月）。22年11月の国会でのプリエート演説は責任追及の「10か条」とともに冊子化され、無料で配布された（22年12月、10万部発行）。モロッコ戦争批判と責任の追及は23年４月の国会選挙のマドリード市選挙区でPSOEを多数派にさせた（５人当選）最大の要因だった（ただ、下院でのPSOEの全議席は７であり、PSOEは国会内では依然として全くの少数派だった）。国会外での活動が弱かったことには、まさにアンワールの「破局」からプロヌンシアミエント成功までの期間中、PSOEとUGTが新PCEとの対抗にその力を注いでいたことが大きく影響していた[2]。

　国会でのPSOE議員の演説やこの時期の『エル・ソシァリスタ』に顕著なことはスペイン軍の侵攻を受けたリーフ人との連帯はおろか共感もほとんど見られないことである。プリエート演説はリーフ人を常に「敵」と呼んでおり、ときには「敵の野蛮さ」をも語った（21年10月。本章１.１.２.でも既引用）。他方でモーロ人と戦ったスペイン人将兵の「英雄的行為の輝き」を取り上げ、彼らを「祖国のために、スペインの名のために尽くした」と賞讃した。プリエートの「戦争日誌」にもモーロ人への親近感は全くない。ほぼ同じことは国会でプリエートよりもモロッコ放棄を強く主張したベステイロについても言える。ただベステイロは23年４月の選挙集会で「我々はモーロ人の友人となろう」と言ったことがある。また、『エル・ソシァリスタ』の論説には「我々の独立と同様に正当なリーフの独立」の言葉が現れたことがある（22年８月）。いずれにしてもPSOEにはモロッコでの戦争が植民地戦争であったことの認識が薄弱だった。「破局」をもたらした責任にPSOEの行動と主張が集中した所以である[3]。

プリモ・デ・リベーラ体制期の25年になってから（次の第3節の対象時期）のPSOEのリーフ戦争認識（プリモ・デ・リベーラ体制期である故に具体的行動や主張となるのは難しかった）を表すものを以下に示しておく。西仏政府が共同軍事行動に合意した同年6～7月の西仏会談直後の7月末、パリでの西仏英社会党（労働党）代表者会議は以下の共同宣言を公にした（主要点のみ）――平和を確立するために西仏政府はアブドゥルカリームと交渉すること／交渉の条件は以下である、①「スペインによるリーフの独立の承認」、②リーフの経済編成と必需品供給のために西仏の承認のもとでリーフの境界を画定する／交渉が始まったら軍事行動は中止／西・仏・リーフの各代表間で相違が生じたら、国際連盟の調停に委ねる／講和が達成されたなら、「リーフ国家」が望めば国際連盟に加入できる／講和がなされるまで国際連盟は国際条約が遵守されているかどうか監視する（毒ガス使用など）／将来、国際連盟は「委任統治制度に類似した制度」の適用を準備する。我々には容易に理解できるように、スペイン政府が（またフランス政府も）交渉条件の①を承認するはずはなかった（実際に承認しなかった）。また国際連盟への過度の期待が見られる（「委任統治制度に類似した制度」もイラクやシリアを念頭に置いているのだろうが、リーフ側から見れば曖昧である）。全体としてPSOEよりも仏英の2政党の見解が強く反映されたと見てよい[4]。

(2) スペイン共産党（PCE）

周知のように、PCEはPSOEから分離した共産主義者グループがリーフ戦争中の21年11月に統合したことで創立した。しかし、とにかく統一指導部が成立したのは23年7月（第2回大会）のことだった。プロヌンシアミエント成功までのPCEにおいては、激しい党内抗争、PSOE・UGTとの抗争、マドリードの中央委員会と他の地域のグループとの連携・連絡の希薄さ、以上の結果でもある党員少と政治的影響力弱小という一連の組織問題が前面に出ていた。それ故モロッコ戦争反対も含めた大衆的運動でのPCEの指導力や比重は低かった。それでもPCEはモロッコ戦争反対運動において最も戦闘的な組織だった。22年6月にPCEが全労働者組織の「統一戦線」結成を呼びかけたとき、この統一戦線の目的の一つはモロッコ戦争中止とモロッコ放棄だった

(UGT、CNTは統一戦線を拒否)。ビルバオを中心としたビスカーヤでは、PSOEとの対抗もあり、PCEによるモロッコ戦争反対運動が最も激しく展開された (とくに23年8月下旬。本章1.1.1.、1.2.2.で既述)。この時期のPCE党員の逮捕の大半はモロッコ戦争反対運動に起因するものだった (「共産党は、フェルナンデス・シルベストレ将軍の軍とほとんど同じように、モロッコ戦争の犠牲者だった」——研究者ミーカー)[5]。

PCEに大きな影響力を持ったコミンテルンは、プリモ・デ・リベーラ体制成立以前までは、リーフ戦争をスペイン国家による植民地戦争と見るよりも、むしろモロッコをめぐる仏英帝国主義間の争いにスペインが巻き込まれたと見ていたようだ (24年にPCEに入党するホアキン・マウリンは、23年9月にコミンテルン機関誌で、アブドゥルカリームは「フランス政治の代理人」であり、スペインはイギリスの利害のために闘っているのだ、と論じた)。24年になると、コミンテルンにおいては植民地での敗北はスペインの労働者にとって「解放の一要素」となるという見方が現れ、25年にはモロッコでの戦争は「典型的な植民地戦争、帝国主義的搾取と隷属の古典的な見本」と認識されるようになった。上掲の認識変化とともに、24年頃からリーフ人との連帯が叫ばれるようになり、また「戦争反対、平和、モロッコからの撤退のための共同の闘い」における西仏労働者の連携が呼びかけられた。しかし、プリモ・デ・リベーラ体制の下で非合法状態に置かれたPCEはこのような活動をおこなう条件をほとんど持たなかった[6]。

(3) 全国労働連合 (CNT)

この時期のCNTも、一方での内部での2大潮流間の抗争やコミンテルンとの関係をめぐる論争、他方での激しい弾圧 (とくにバルセローナで) によって大衆的運動を展開するのに非常に困難な状況に置かれていた。CNTによるモロッコ戦争反対運動も非常に少なくかつ弱かった (本章1.1.1.、1.1.2.)。CNTのモロッコ戦争認識を23年初期のCNTの集会で穏健派指導者セギがおこなった演説に見てみよう。セギも、まず、スペイン国家の北部モロッコでのプレゼンスはイギリスの対仏牽制のために用意された (仏英の対抗がスペインに「押しつけた」もの) と見た。モロッコ戦争は「国民経済か

ら奪われた金」を莫大に浪費しているがこれは「無駄金」である、我々もたしかに「責任」を要求するがまたモロッコの放棄も要求する、しかし「我々は今もなお監視機構として議会が意味を持たないことを知っているので、これらの問題を街頭から検討したいと思う」、とはいえ「国のこの一大悲劇を避けるために何もして来なかった諸君たちの臆病さ、諸君たちの無関心、人民の臆病さ、知識人たちの臆病さと無関心に責任があるのです」、スペインを「さらに奈落の淵」に向かわせるこの戦争でスペイン人男性が血を流さないためにスペインをその「不眠症状況」から立ち上がらせよう、PSOEの諸君には［PCEへの呼びかけはなし］モロッコ戦争反対の闘いをともにおこなおうと言いたい。以上の演説にはスペイン人が戦争反対のためになかなか立ち上がらないことへの苛立ちが率直に表れている。しかしまたリーフ人への共感と連帯の意識（の表明）は薄弱である（「かくしてモーロ人の血を流させる」との言及があるが）[7]。

アンワールの「破局」からプロヌンシアミエントまでの期間は労働者勢力と労働運動の再編成期とほぼぴったり重なる。これはモロッコ戦争・リーフ戦争に直接に起因するものではない。しかし、激しい弾圧に加え（これはリーフ戦争と直接に関係した）、この再編成期つまり分裂期とリーフ戦争が重なったことは諸政府と軍の戦争政策への牽制と批判を大きく弱めることになった。

2.4.2. 民族主義勢力

バスク民族主義党（PNV）は21年7月にPNVの名を保持した派とバスク民族主義者団の2つに分裂した。リーフ戦争に対して明確な反応を示したのは前者である。以下、前者のPNVが23年5～9月に発行した機関紙『祖国』 *Aberri*（プリモ・デ・リベーラ政府成立で発禁）のリーフ戦争への反応を見てみよう[8]。まず、『祖国』派のPNVはモロッコ戦争反対を強く主張したが、それは戦争が「スペイン植民地主義」、「スペイン帝国主義」の攻撃によって引き起こされたからだった。それ故、リーフ人の状況はバスク人が置かれた状況

と重ね合わされる——アブドゥルカリームは「スペイン帝国主義によって不当にも攻撃された不幸な祖国の独立の断固たる擁護者」である／「モーロ人は世界中の他のどんな人たちとも同様に自分たちの土地で平和に生きる権利を完全に有している。支配を強制しようとして耐えられないような不法な行為をしているのは……スペインなのだ。……それ故に、同様に全く不当にもスペインの支配に服しているバスク人に、他の自由な人々［リーフ人］を支配するための企てにおいて自分たちの抑圧者［スペイン国家］のために武器を取らせるなどというこんな恥ずべきことがあるだろうか？」。実際に『祖国』派はリーフの独立を擁護した（バスク民族主義者団もモロッコ戦争を批判したが、リーフ人の権利を言わなかった）。以上から容易に察せられるように、『祖国』派はモーロ人への共感と連帯においても明確な姿勢を示した——「モーロ人の長［アブドゥルカリーム］に我々の称賛と尊敬と支持の挨拶を！」／アブドゥルカリームは「バスク民族主義者の全面的な支持を得ている」／「愛国的なモーロ人たちがスペイン軍を攻撃して勝利した」／新聞は「モーロ人を『懲罰する』」と書いている、しかし自らの祖国を守るために「英雄」［アブドゥルカリーム］の指導のもとで闘っている人々をどうして「懲罰する」と言えるのか／ライスーニーは「裏切り者」で「背信モーロ人」だ。23年8月のマラガでの乗船拒否反乱に際して『祖国』は書いた——「マラガの火の手は将来の一つの手本である。彼らがスペインの地で行動したと同じようにバスクで行動するために」。『祖国』派PNVはマラガの反乱兵士支持を明らかにし、また実際にマラガの反乱兵士の一部はバスク旗を掲げていた[9]。さらに『祖国』派は地元ビルバオでの23年8月のゼネストの企図にPCEとともに加わった。PSOEがストライキ参加を拒否しまたマラガ反乱を無謀な仕業とみなすと、PSOEとりわけビルバオ出身のプリエートを批難した。

　『祖国』派PNVの主張・行動と対比しながら、カタルーニャ民族主義勢力の対応を見よう。カタルーニャ民族主義勢力のうちリーフ戦争に最も批判的な姿勢を示したのはカタルーニャ行動党である。カタルーニャ行動党の立場は機関紙『報知』*La Publicitat*の次の論説（23年8月）に明瞭に表れている——「我々民族主義者の立場からすると、モロッコの基本的問題はこのスペ

インの冒険にカタルーニャ人が強制的に巻き込まれていることである」、「我々はスペインの悲劇を外国の戦争のようにみなすだろう」、「この戦争は我々の戦争ではない。カタルーニャはこの戦争を引き起こしもしなかったし、カタルーニャ人はこの戦争を望んでもいない」。以上の立場から（＝カタルーニャは自らに関係のないことに財政支出と出血を迫られている）、カタルーニャ行動党はモロッコ戦争（への動員）に反対し、モロッコ放棄を主張した。この主張は「カタルーニャ国家」やリーガの一部も共有したものであり、それが2県議会のモロッコ放棄決議を生み出した（23年8月。本章1.2.2.）。しかし（それ故に）、PNV『祖国』派と異なり、被支配の状況にあったリーフ人への共感と連帯は非常に希薄だった。リーフ人の独立権はおろかリーフ人の抵抗への支持の声もなかなか現れなかった[10]。

23年の「3地域同盟」（バスク、カタルーニャ、ガリシアの民族主義勢力の連携）結成に際し、『祖国』派PNVは同盟の主要な目標の一つとしてモロッコ戦争反対を挙げた。さらに『祖国』にはリーフ人もこの同盟に加えるべきだとの論説さえ現れた。カタルーニャ行動党も前掲の立場から、カタルーニャ人のみならずバスク人、ガリシア人もこの戦争に参加する理由はない、と主張していた。しかし、9月11日（プロヌンシアミエントの前日）、バルセローナでの同盟調印の際の示威集会で『祖国』派PNV代表がリーフ人の抵抗とアブドゥルカリーム支持の演説をしたとき、カタルーニャ行動党はこれに否定的な対応をした[11]。結局、カタルーニャ行動党は（でさえ）、植民地主義認識・帝国主義認識を希薄にしか持たなかった。その立ち位置は『祖国』派PNVよりも既に見た『経済・財政雑誌』に近かったと言うべきだろう。

2.4.3. 共和主義派の一論調

共和主義派の中での知識層を中心とした潮流は学芸協会の活動などを通じて主に都市部で影響力を有していた。その中で注目すべきはアサーニャの編集になる週刊誌『スペイン』*España*の論調である——スペインはモロッコで自らを「解放者で文明をもたらす者」だと言っているが、実際にはモロッコで「我々は囚われの身になっている」、「我々はこの地を征服できないし、征

服すべきではない」、リーフの地では「国民nacionalidad の原理が、新たな政体［「リーフ共和国」］が現れ始めている」、それは「ユートピアでも無謀なことでもない」、自らの利益のためだと言ってリーフの地を服従させるのではなく、「将来のリーフ共和国の形成に誠意と開かれた考え方をもって協力するのだ」、「リーフの共和国［への協力］は今までの誤った忌まわしい政策をあらためるスペインの最良の国際政策である」、「［リーフの共和国を］冷笑するのではなく、我が政治家たちはこの問題を真剣に考える必要があろう」(22年7月)[12]。この論説が注目されるのは、第1次世界大戦後の「国際政策」の公的原理となった「国民の原理」を強く意識して、スペインも自らの保護国にそれを適用せよと明快に主張しているからである。

3. プリモ・デ・リベーラ体制のモロッコ戦争政策
―― 撤退から「勝利」へ ――

3.1. プリモ・デ・リベーラ体制のモロッコ戦争政策
（1923年9月～1926年7月）

　以下に挙げうる与件の変化の故に、プリモ・デ・リベーラ体制期のモロッコ戦争政策の検討方法が本章前節までのそれと大きく異なることになることは言うをまたない。本節の対象時期の新たな与件とは、議会の消滅、体制反対・批判勢力の公的舞台からの消滅、体制批判の新聞論調の規制あるいは自主規制、それに、以上の故のプリモ・デ・リベーラ個人また「軍人執行政府」スタッフの意向の比重の増大である。プリモ・デ・リベーラ体制期のモロッコ戦争政策を全般的に検討した研究者スエイロ・セオアーネは、これら

の与件を前提として、プリモ・デ・リベーラ体制期のモロッコ戦争政策は（プリモ・デ・リベーラ支持の軍人たちがスペインの「勝利」後に言うのとは異なって）当初から確固としたものではなく、むしろモロッコ政策にも「プラグマティズム、機会主義、直観、思いつき、その場しのぎ、オプティミズムなど」の性格付けが当てはまると指摘する。本書の著者もこの指摘（列挙された性格付けはほぼ同一のものと言ってよい）には同意する。とにかく、本小節での展開を予め示しておくと、専制的権力要求に成功したプリモ・デ・リベーラ体制は（も）、自らの政体への支持を失しないために可能なかぎり早期の戦闘終結を求めて、本章1．1．2．の冒頭に挙げた政治的争点のうち、①軍事・支配政策（a.戦線拡大か軍事作戦縮小か、b.兵士帰還）、②軍事費、⑥誰がアフリカで闘うのか、⑧国際的関係においては、依然まさに「機会主義」的な試行錯誤と動揺を続けたと言えるのである（⑤軍内のアフリカ派と防衛評議会派の分立と対抗はプリモ・デ・リベーラ体制の下でも解消しなかった。しかし本書ではこのことについては論じない）[1]。

3.1.1.「半ば放棄」政策

プロヌンシアミエントの「目的」を表明した23年９月12日付のプリモ・デ・リベーラの宣言「スペインの国と軍隊へ」はモロッコでの戦争について次のように述べた——［自分たちが行動に立ち上がった諸理由のうちの２つのこととして］「モロッコの悲劇を口実としたさもしい政治的陰謀」と「責任問題をめぐる意図的な扇動」がある、「我々は帝国主義者ではないし、軍の名誉がモロッコでの執拗な事業にかかっているとも思わない……」［が］、軍が命令を果たすならば「モロッコ問題で迅速な、品位ある、また賢明な解決が図られるであろう」［植民地戦争をもっと進めるとも進めないとも言わない曖昧な構え］、責任問題は「早急かつ正当に」処理されるであろう。２日後、『ABC』のインタビューでプリモ・デ・リベーラは語った——「力と外交の両方で」モロッコ問題を解決する。さらにその２日後のプリモ・デ・リベーラの新聞記者への説明——「私が言える唯一のことはモロッコが現在まで払わせて来た人間や金銭での犠牲をもうこれ以上払わせないようにする

ということです」。以上から見てプロヌンシアミエント成功直後のプリモ・デ・リベーラが明確なモロッコ戦争政策を示さなかったこと、しかしまた少なくとも好戦的な姿勢を示さなかったことは明らかである（プロヌンシアミエントを支持した軍内各派にも、戦争批判派にも、「責任」要求積極派にも消極派にも受入れられる内容。軍人執行政府では明確にアフリカ派でないかアフリカ派に好意的でない軍人が多数派だった）。11月初旬の講演でプリモ・デ・リベーラは後者の姿勢をさらにはっきりとさせた──「この問題［モロッコ戦争］についての私の意見はよく知られているところであります。このような意見を表明したことで私は今まで大なる困難を経験してきたのであります。政府の私の同僚が考えているのと同じように、私はスペインの名誉になるように、もし可能ならスペインに好都合になるようにして［モロッコでの］戦闘を終わらせる必要があると考えていることを言明しておかなければなりません」[2]。

　軍人執行政府成立の直後、高等弁務官には直前まで自由派連合政府の陸相だったアイスプール将軍が任命された（プロヌンシアミエントに反対しなかったことを買われた）。高等弁務官は再び在アフリカ軍総司令官を兼ねることになった。23年9月下旬、プリモ・デ・リベーラ政府は新高等弁務官に次の指示を与えた（以下要旨）──高等弁務官の権限は強化される／軍事的事項が文民行政に優先する／［しかし］軍・民ともに経費節約／外人部隊の徴募強化／西部ではジェバーラ地域でのライスーニーとの協定と反乱状態にあるゴマーラ地域の中立化を図る／東部ではウェイレル計画（本章1.2.2.）を遂行する／兵士帰還の促進／公共事業の促進／フランス領統監との連絡を密にせよ［西仏協力の意向］／モロッコ問題についての新聞報道の統制。以上の内容は基本的にはモロッコで軍事的攻勢に出ないよう指示したものだが、これら（公的な発言とほとんど合致する）をプリモ・デ・リベーラ政府初期のモロッコ政策を示したものと見ることが可能である。実際に23年9月下旬以降ほぼこの指示に沿った方策が現れる。まず10月初旬、下士官の給与を引き上げた（下位の職業軍人の満足を図る）。次にこの10月初旬、ライスーニーとの交渉が始まった。ライスーニーはプロヌンシアミエント成功の4日後にプリモ・デ・リベーラに政権掌握を祝す電報を打っていた──スペイン国家に引き続き協力する、「皆さん方の敵」［＝アブドゥルカリーム］は「私の敵」で

もある、「私の方としてはこの［ジェバーラ］地域の秩序と平静を保障いたします」。しかしスペイン側が地位保証と高額の金銭提供を申し出たにもかかわらず、秘密裏に締結されたライスーニとの協定は実現に至ることはなかった。ライスーニが次期ハリーファの地位を望む姿勢を見せたこと（これを提起したのはスペイン側だった。しかしフランスとスルターンがこれに反対した）と、より決定的にはこの時期にはリーフ政治体の影響力がジェバーラ地域にも及んでライスーニの支持基盤を揺るがせており、それ故にスペイン側にとってもライスーニの利用価値が次第に減じていったからである（他方、ほぼ同時期にプリモ・デ・リベーラ政府はアブドゥルカリームとの交渉のための工作を開始した。本小節で後述）。同じく10月初旬、プリモ・デ・リベーラ政府は24年の入営割当数を23年比で約13％減とする（23年の9万人に対して、24年は7万8千人）と発表（実際にもこの数字となった。第Ⅴ章第2節の表5-1参照）、さらに23年末までに2万9千人、つづいて24年3月末までに2万6千人の兵士帰還を実現させた。つまり自由派連合政府も実行できなかった在モロッコ兵力削減（入隊者減と兵士帰還）を短期間のうちに遂行したのである。10月下旬、アフリカ軍予備部隊をアリカンテとアルメリーアに創設する措置が決定された。これは「現地」兵力を削減しつつ「有事」に対応しようとの方策だが、既に自由派連合政府の計画にあったものである。11月初旬には、「平定のための手段の一つ」（政令前文）として公共事業計画（道路・鉄道・水利・港湾・農業・山林・公共建築）が発表された。この意図は上掲引用の政令前文と次の『リーフ通信』編集長のコメントに明らかである——この政令は「［軍人］執行政府のたいへん当を得た方策」である、以前になされたある道路工事が「諸部族の蜂起を防いで、非征服地域の多くのリーフ人を引きつけた」ことを想起しよう。実際には激しい戦闘が展開された26年までは公共事業はあまりおこなわれなかった。24年に入ると総理府がモロッコ政策の立案とその執行を専一的におこなう体制がつくられた（1月の政令に拠って3月に総理府内にモロッコ局創設）。高等弁務官はモロッコ保護領において「全権を預託され」ながらも、総理府の管轄の下に置かれることになった（モロッコ統治の「文民化」を図った22年9月16日政令は廃止）。最後に、23年9月下旬からプリモ・デ・リベーラ政府はモロッコ戦争関係報道に

対して検閲を布いた。新聞はこれ以降ほとんど政府と軍からの情報のみを流し、それ故モロッコ戦争について少なくとも正面からの批判の報道や論説を載せることはしなくなった[3]。

　以上のような「放棄主義的」モロッコ政策に対しては、後述のように、アフリカ派軍人たちやアフリカ連盟が公然・非公然の不満を露にした。24年2月中旬からリーフ側は西部と東部の両戦線で攻勢に出た。3月には激しい戦闘があり、その後も断続的な戦闘が夏まで続いた。しかし、プリモ・デ・リベーラ政府はその成立から半年以上を経ても公的にはモロッコで好戦的姿勢を示さなかった。24年3月中旬、プリモ・デ・リベーラは新聞編集者たちへの講演で述べた——「スペインが抱えている諸問題の中でこのモロッコの問題が最も重要であります。この問題に他のほとんどすべての問題が左右されているのです。なかでもとくに経済問題がそうであります」、「政府は［モロッコ問題に］決定的に対処するための断固とした計画を持っております。どのようにしてか、どんな計画かということは今は言えません。それについて言明することは賢明ではないでしょう。しかし我々は国がすみやかに［政府の］意向と計画をはっきりと理解してくれることを望むものであります……」。とはいえ、その翌日にプリモ・デ・リベーラはイギリス紙の記者に自らの「計画」を述べてしまうことになった——現在の「平定」行動を終えたなら沿岸部に兵力を集める、内陸部は飛行機で制圧する、将来は西仏の共同軍事行動も可能となろう。意識的にか無意識的にかなされたこの発言はこの時期に実行に移され始めた戦略の一部（空爆の強化）を、さらに数か月後には本格的に展開されることになる戦略（空爆＋毒ガス戦）を示したものだった（第Ⅱ章で詳述）[4]。

　24年5月下旬にプリモ・デ・リベーラはモロッコでの「半ば放棄」（プリモ・デ・リベーラによる）政策を決意したようだ。この時期にプリモ・デ・リベーラは国王への上申書で書いた——「……［モロッコ問題という］この困難に適当な解決策を見つけるときがやってまいりました」、「現実的な解決策」は防衛的でいることも困難と費用と犠牲を伴う「大胆な前進」も拒否するべきである、「敵の圧力の故というのではなく［しかし今までの本論で見て来たように、最大の理由は「敵」＝リーフ側の抵抗力だった］、公共の利

益とこの問題に終止符を打つのに適しているやり方であるが故に、[軍人]執行政府は前戦の修正を提案するものです」、「撤退というのはいつでも遂行するのに困難を伴う作戦であります。しかし我が将校たちと我が軍がこのような計画的な作戦を遂行できることに疑いはありません……」。この撤退作戦計画（西部ではテトゥワン南部まで、東部ではケルト川まで撤退する。かくして24年9月末までに「アフリカの問題は存在しなくなるだろう」（作戦計画書））は軍人執行政府によって承認され、6月初旬までに現地司令部に伝えられた。5～6月の間プリモ・デ・リベーラ自身がスペイン各地で講演し、（撤退の明示はなかったようだが）前進せずしてモロッコでの「困難」を解決すると公言した。5月にプリモ・デ・リベーラは前掲のイギリス紙の記者に語った──「地中海の南岸にある独立した野蛮な小国家などはヨーロッパにとっては恒常的な脅威になるだけだろう」。この頃、現地ではスペイン軍機から次のビラが撒かれた（アラビア語とベルベル語の一種で）──ハリーファ政府からすべてのリーフの部族へ、ハリーファ政府は諸君たちが「絶滅の懲罰に価する」ところを「軽い懲罰」で済ませて来た、しかしこれは反乱を助長しただけだった、今や「悪と反乱を根絶やしにするために厳格な処置と断固たる懲罰をする」ときが来たことがわからないのか？　この目的のために保護国家スペインはハリーファ政府を助けている、ハリーファ政府は諸君たちが態度と行動をあらためるための「最後の呼びかけ」をしたいと思う、平穏に生きたいのなら「諸君たちの誤りとはかない幻想を放棄して、神と預言者と諸君たちの当局に従う」のがよい、アブドゥルカリームは自らの野心のために諸君たちをだましているだけだ、諸君たちがアブドゥルカリームを見放せばハリーファ政府は今までの罪を許す。やや長く引用したのは、以上には脅しと甘言のほかに、リーフ人がスペイン国家に対してではなくスルターンの権限を委任されて世俗的・宗教的権威を持つハリーファに対して反乱を起こしているのだと思い込ませようとしていること、またアブドゥルカリームらリーフ指導部と諸部族の間の離反を図ろうとしていることを明瞭に読みとれるからである[5]。

　しかし、以前からの「放棄主義的」政策またこの「半ば放棄」政策に対してはイベリア半島および「現地」の両方から強い不満が表された。前者では

まずアフリカ連盟が挙げられる。プリモ・デ・リベーラ政府は連盟の不満表明に対して、『スペイン・アフリカ雑誌』の検閲強化と一時停刊（24年6月）で応えた（本章3.2.で詳述）。また、反「放棄」論を表明した廉で『軍通信』を停刊（24年8月下旬から25年5月中旬まで）、ルイス・アルベニスら2名の著作家を収監（同7月）、さらに旧自由党の大物政治家ロマノーネスの自宅を捜索させた（同8月）。しかし最も強硬で明確な姿勢を示したのはやはり「現地」のアフリカ派軍人たちだった。アフリカ派軍人のマニフェストの場となった『植民地軍雑誌』*Revsita de Tropas Coloniales*の24年4月号が「無為」を批判するフランコの論文を載せると、プリモ・デ・リベーラ政府はそれまでの同誌への許容方針を変えて、同誌を厳重監督の下に置き始めた（24年5月）。6月中旬、高等弁務官は政府のモロッコ政策を批判する者や命令に従わない者を「厳罰に処する」との命令を出した。しかし、アフリカ派軍人たちの不満（自らの存在理由の否定）は「現地」で事件を引き起こすことになった。7月中旬の11日間のモロッコ視察中、プリモ・デ・リベーラは現地の軍人から明白に冷淡な応対を受けた。とくに東部の前線近くのベン・ティエブの外人部隊陣地でフランコ主催の歓迎会が開かれた際には、フランコが撤退作戦に対して不満を述べ、この後、同様の態度を示した現地指導部の軍人たちと上部の命令に従うことを要求したプリモ・デ・リベーラとの間で応酬があった（「ベン・ティエブの重大事件」、『フランス領アフリカ』）。結局プリモ・デ・リベーラはモロッコ滞在の最終日にCGMの将校たちの前で、撤退作戦計画を「少し」修正して東部では大規模な撤退をしないと言明せざるをえなかった。プリモ・デ・リベーラは現地軍人たちの圧力に半ば屈したのである。イベリア半島着直後、プリモ・デ・リベーラは在アフリカ軍への「一般命令」の中で述べた——自分はモロッコを訪問して来た、「［在モロッコ軍］指導部は最下級位の伍長からして勇敢さと犠牲的精神の変わらぬ見本」である、［しかし］「ただずうずうしい無知と軽率さだけが好ましからぬ考え方に軍を巻き込んでしまっている……」。さらに、その翌日の覚書でプリモ・デ・リベーラはもっと強い調子で指摘した——「［在モロッコの軍人の中に］政治のことはわからずに悶着を起こす少数のグループがいることは確かである……。彼らは軍人たちの間にいくらかの不和の種を播こうとし

たり不団結を生じさせようとしている」。ベン・ティエブ事件は（プリモ・デ・リベーラ政府が抑えようとしたにもかかわらず）スペイン国内に広く知れ渡ったようである[6]。

　アフリカ連盟やアフリカ派軍人たちのプリモ・デ・リベーラ政府への不満はベレンゲールらの「責任」についての当初の動きにも向けられていた。24年6月中旬、陸海軍最高会議（ウェイレル将軍が議長）がベレンゲールらを有罪とし、ついで6月下旬～7月上旬の上院での審理の結果、ベレンゲールに20年、ナバーロ将軍に8年のそれぞれ収監判決が出された（ほかに「4人組」の1人カバルカンティを含めて4名の軍人が有罪とされた）。しかし政府はただちにこれらの軍人たちに全面的な恩赦を与えた。これはまず間違いなくプリモ・デ・リベーラのシナリオ通りだっただろう（24年3月にプリモ・デ・リベーラは「国が責任要求を唯一の願望として持っていることはおかしなことだ」と声明していた）。かくして21年8月以来の責任論議はプリモ・デ・リベーラ政府下で一応の終息をみた[7]。

　しかし、プリモ・デ・リベーラがイベリア半島に戻った頃、現地モロッコでは、まず西部で、また後に東部でもリーフ側が攻勢に出ていた。8月中旬にプリモ・デ・リベーラはモロッコで「諸部族の全般的反乱」が起きているとの覚書を発しなければならなかった。9月上旬、「モーロ人が全面的に蜂起した」との政府の覚書（リーフ側の攻勢開始以来、政府は覚書や声明を乱発した）が発せられた直後、プリモ・デ・リベーラそれにホルダーナら3人の軍人執行政府のメンバーはモロッコに行き、高等弁務官を措いて直接に撤退作戦の指揮を執り始めた。この頃プリモ・デ・リベーラ政府は「半ば放棄」政策に対する批判にまたもや直面した。8月にはマウラの、9月に入るとアフリカ連盟理事長ゴイコエチェーアのそれぞれの批判発言が公然化したのである。プリモ・デ・リベーラは覚書や声明でこれらに反論した。さらに9月初旬、ロマノーネスは国王に書簡を出し、プリモ・デ・リベーラのモロッコ政策における「動揺、理解不足、無能力」について国王が判断することを求めた（これは公にならなかったようだ。政府に対する以上のような公然・非公然の批判の存在はたしかにプリモ・デ・リベーラ政府の独裁性の程度を計る一要素でもある。ただいずれの批判も旧来の政治的実力者によるものであり、またより

強硬な戦争政策を求めるものだったことに注意しておこう。また、ある程度の発言を許容してそれに反論した自らの覚書や声明を新聞に載せさせるのはプリモ・デ・リベーラが意識的に採った方策だった)。9月上旬、プリモ・デ・リベーラはモロッコで声明を出した──スペイン国民へ、「［スペイン国内には］まだ皮肉屋と暴君と倒錯者たちが住んでおりまた威張っている……。それ故、この社会の癌を取り除くことが引き続き必要である……」、アフリカ軍へ、「もう少しで諸君たちは勝利の軍隊になれると私は確信している」。また同月中旬、プリモ・デ・リベーラは高等弁務官に次の軍一般命令を発せさせた──これ以降スペイン当局の命令について意見を出すことや軍の行動や作戦について公的情報以外の情報を流すことを禁止する、これに違反した者は死刑・終身刑・収監に処する。しかし現地のアフリカ派軍人は実力行動を企図した。プリモ・デ・リベーラと高等弁務官を逮捕するという計画の首謀者は（ベン・ティエブ事件に続いて）フランコだった。フランコはケイポ・デ・リャーノ将軍（セウタ軍管区副司令官）にこの反乱の筆頭に立つことを要請したが、ケイポ・デ・リャーノは躊躇した（9月下旬）。計画は未遂に終わり、政府側が反乱の企図を（少なくとも一部）察知したので、ケイポ・デ・リャーノはその首謀者とみなされて収監された（しかしわずか1か月間の収監）。10月中旬、政府の長が植民地での戦闘の指揮を執るという事態にまた新たな要素が加えられた。プリモ・デ・リベーラ自らが高等弁務官に（また在アフリカ軍総司令官にも）就任したのである。政府の長は25年1月中旬まで総計4か月半の間メトロポリを離れて現地で戦闘の指揮を執ることになる[8]。

　同年12月中旬まで続いた撤退作戦によって、プリモ・デ・リベーラの計画通り、西部でのスペイン軍の前線はテトゥワン南部まで後退した。撤退作戦ではとくに外人部隊、それにFRIに重要な役割が与えられた。両部隊が前衛と後衛を成しメトロポリからの徴募兵を囲む形態がしばしば採られたのである。プリモ・デ・リベーラはこのようにして質的にも量的にも植民地軍の比重を高めようとした。撤退作戦中のスペイン軍の犠牲者数は現在でも定かでない。当時語られた死者だけでも1万5千人という数字を現在でも掲げる論者（バルファオ）もいれば、死傷者と行方不明者を合わせて7千人台（このうち死者・行方不明者は約2千人）と見る論者（フレミング）もいる。撤退作

戦の不可欠の一環として毒ガスが大量に使用されたこともここで記しておく。さらに、原住民買収のための「政治的行動」も広範におこなわれた。アフリカ派軍人とアフリカ連盟などの批判や抵抗を抑えて遂行された西部での撤退作戦は、軍事状況（＝リーフの抵抗力。「第2のアンワール」を防ぐため）またメトロポリの政治・社会・経済（とくに財政）状況によって強いられたものなのか、それともリーフ側を陥れるための周到な陽動作戦だったのか。後の26年中葉以降にスペイン軍の勝利が確実となった後に、ホルダーナらプリモ・デ・リベーラ政府の軍人たちは後者を主張することになる。しかし、今までの行論の示すところからすれば、我々は撤退作戦はやはり前者の状況がプリモ・デ・リベーラに強いた（多分に機会主義的な要素を持った、しかし専制的権力故に可能となった）選択だったと見ざるをえないだろう[9]。

　非好戦的姿勢から撤退作戦に至るプリモ・デ・リベーラ政府の戦争政策のいわば裏面をなすものとしてリーフ側との交渉政策がある。これは早くもプリモ・デ・リベーラ政府が成立した23年9月に始まった。最初はチュニジア人貴族ティジャーニーを、次にかのエチェバリエータを、さらに1イタリア人議員をそれぞれ介して秘密裏にリーフ側に交渉申し入れがなされた。スペイン側の主な交渉条件は以下だった――リーフにハリーファ当局から自立した「自治地域」を創設する、アブドゥルカリームを自治政府の首長とする、自治政府はスペイン政府代表者の援助を受ける、首長はスペイン政府から年間6万ペセータを受領する／スペイン軍はリーフ諸部族の武装解除をおこなう、スペイン軍は「リーフ地域軍」の創設を支援する／スペイン政府は公共事業と鉱山開発のための資金を供与する。容易に推察されるように、独立を要求していたリーフ側は以上のスペイン側提案を拒否した（ティジャーニーは23年10月にリーンに赴いたが、その後消息不明となった。本小節で後出のアルホセイマ上陸後、スペイン軍はこの間ティジャーニーがアジュディールで虜囚の身にあったことを発見した。エチェバリエータも24年8月にリーフに赴いたが、今回は成果をもってイベリア半島に戻ることはなかった）。イスラーム世界の専門家とされたイタリア人議員を介した交渉提案は、北アフリカのムスリム有力者を通じて戦闘停止のためにリーフ側を説得するというものだった。24年末から25年前半にこころみられたこの工作（「エジプトにおける行動プラン」

と称された）も何の成果も生まなかった[10]。

　25年1月下旬、つまりメトロポリの政務に復帰した直後、プリモ・デ・リベーラは政府の公認政治組織の愛国同盟の集会で述べた——これ以降モロッコ戦争政策は「スペインの経済的可能性と両立できる」ようになされるであろう。実際に撤退作戦終了後にプリモ・デ・リベーラ政府はメトロポリの「人間や金銭での犠牲」を避けるための方策をすすめる。まず、24年末から兵士帰還を開始した。その数は25年4月中旬までに3万5千人に及んだ。次に、その分を補うために植民地兵力のさらなる強化と増員を図った。25年2月中旬、スペイン軍はFRI、外人部隊とも兵員を15％増員する再編をおこなったのである（前者は約1万3千人に、後者は約8千人に）。また3月下旬、プリモ・デ・リベーラ政府は在モロッコのメトロポリ徴募兵（当時約11万人）を6万6千人にまで減らす計画を発表、4月中旬にはそのために25年末までに2万人のメトロポリ兵を帰還させると発表した。以上の方策に加えて政府はリーフ側との交渉再開をこころみた。3月末から始まった交渉で、スペイン側はバヌワリャガールなどリーフ中心部のリーフ側による支配権を許容するかわりに、アルホセイマ湾沿岸部の占領を要求した。しかしリーフ側がこれを認めるはずはなく、5月中旬、交渉は中断した。それでもプリモ・デ・リベーラは、6月初旬（すぐ後出の西仏会談をにらみながら）、またもアブドゥルカリームに交渉を呼びかけた。今回の交渉条件は以下だった——リーフ側はスペインの保護権とアルホセイマ湾沿岸部の占領を承認し、スペイン人捕虜を解放し、（スペイン軍から奪った）武器・大砲を引き渡す／スペイン側は「我が保護領の広い範囲」を統治するリーフ政府を承認し、この政府に補助金を供与する。プリモ・デ・リベーラはこの条件を提示した際にホルダーナに伝えた——アブドゥルカリームに年間1,200万ペセタを供与することで戦闘を終わらせることができるならば、在モロッコ軍の半減が可能となり、かくして6〜8千万ペセタを節約できる。6月中〜下旬、エチェバリエータが3たびリーフに赴き、アブドゥルカリーム自身と会見した。しかしもちろんアブドゥルカリームがスペイン側の提案を受入れるはずはなかった[11]。

3.1.2. 植民地国家の共同「勝利」

　フランスと共同した軍事行動（だけ）がプリモ・デ・リベーラ政府に、さらにはスペインの国家と軍に「勝利」をもたらしえたことはおそらく誰も（当時の政治家・軍人もその後の研究者も）否定できない。自由派連合とその政府が西仏協力を追求していたことについては既に述べた。プリモ・デ・リベーラ政府の「半ば放棄」政策がフランスとの協力をどのていど予期したうえでのものであったのかを実証するのは難しい。実際には、プリモ・デ・リベーラ政府下でフランスとの協力とくに軍事協力を求める動きは撤退作戦終了後から現われ始める。西仏軍事協力は25年6月中旬〜7月下旬のマドリードでの西仏会談の結果、確固としたものとなる。以上の動きをもたらしたものは何だったのか。第1にタンジャの統治・管理形態について西仏間での合意が成り（24年2月。本章3.1.3.で後述）、この問題での西仏政府間の軋轢が基本的に解消したこと（つまり、モロッコの一部に西・仏・英などによる共同支配が確立）。第2に、ドイツ賠償支払いドーズ・プラン成立（24年8月）とその結果のルール地方占領解除などによって、フランスのモロッコへの兵力配備・強化が可能となったこと。第3に、スペイン領の「半ば放棄」の進行の中でリーフ側の支配がフランス領にも及び始めたこと。以上の3点によりフランスはスペインが（も）リーフを平定するよう要求し始める。第4に、既述のように、スペイン政府・軍が軍事政策において手詰まり状態に置かれていたこと（スペイン軍単独で軍事行動を起こせず。また、リーフ側との交渉不調）。第3点についてはそれらをまず『フランス領アフリカ』の論調に見ることができる。同誌24年10月号は複数の論説で主張した——現在モロッコではフランス領もスペイン領も同じ状況にある、「スペインはモロッコにいるのだ。我々は友好的かつ切にスペインがその領域を平定することを要請するものである……」／スペインがモロッコを平定する「義務」を持っていることは明白だ、「スペインの勢力範囲の中にリーフ共和国なるものは存在できないのだ。もしそれが存在するというのなら、スペインはモロッコ帝国の統一と平静にとって脅威となる……危険を消滅させなければならないのだ」。同誌はその後も「リーフ共和国」の脅威を強調し、またスペインにおける西

仏協力の論調を好意的に取り上げる。フランス領統監のリヨテもスペイン軍の撤退に伴ってフランス領の原住民の動きが活発化することを恐れた。24年11〜12月には、フランス政府もスペイン政府へのいくつかの覚書でスペインがそのモロッコの勢力範囲を「平定する」「義務」を持っていると主張した。これに対してプリモ・デ・リベーラ政府はフランスがスペイン領に介入してくることを警戒していた。第4点に関しては、24年末以降とくに25年5〜6月に『スペイン・アフリカ雑誌』、『リーフ通信』、『植民地軍雑誌』とその他の一般新聞はフランスとの協力を一斉に主張し始めた（前3者については本章3.2., 3.3., 3.4.で後述）。4月上旬、愛国同盟は声明した──「モロッコ問題が解決の途に入っていると見てよい……」、「アフリカにおける我々の全般的な政策の規範はフランスとの協力となるだろう……」[12]。

25年5月中〜下旬、フランス政府の特使がプリモ・デ・リベーラついで国王アルフォンソと会見し、ここで西仏会談開催が決められた。1か月以上にわたったマドリードでの西仏会談（6月17日〜7月25日。スペイン側代表はホルダーナ、フランス側代表は駐西フランス大使）は次々と以下の6協定をもたらした（会談終了後にホルダーナは6協定の概要を説明。6協定の公表は25年末）。

① モロッコへの武器・軍需品の持ち込みを阻止するために両国がモロッコ沿岸部を巡視する。
② リーフ地域への陸路による武器・軍需品・食料の流入を阻止する。
③ 両国はリーフ側と別々に交渉・協定をしない。リーフ側への西仏共同の主な交渉条件──リーフは「国際的条約に合致する」範囲内で「自治」、「ある種の行政権」を付与される／スペイン軍は「［アルホセイマ湾］沿岸部の一部」を「平和的に占領する」／捕虜の交換。以上の条件が拒否されたなら、両国は「平和をもたらすために不可欠の軍事行動」をおこなう。
④ 23年12月のタンジャに関する協定（本章3.1.3.で後述）の遵守。「両地域［スペイン領とフランス領］の反乱者」のタンジャへの入域阻止。［リーフへの武器流入を阻止するために］在タンジャ原住民の武器の監視。

⑤ 「現在スルターン当局に対して反乱を起こしている諸部族に対するスペイン軍とフランス軍の軍事的協力」における軍事作戦において両軍司令部は「全く別個に」行動するが、また緊密な関係も保つ。両軍とも「両勢力範囲［スペイン領またフランス領］の境界を一時的に越える」ことができるが、それが両軍の合意に至らない場合には6か月以内に撤退する。
⑥ スペイン領とフランス領間のいくつかの境界確定。

西仏軍の共同軍事作戦計画において、スペイン側はアルホセイマ上陸作戦以外ではできるかぎりフランス軍との協力を避けようとした。また、フランス軍のスペイン領内での展開を避けようとした（上記⑤）。フランスがこの機会を利用してフランス領の拡大をもくろむことを警戒したのである（しかしリーフ戦争後にフランス領は若干拡大することになる。この西仏会談の際にプリモ・デ・リベーラが境界地域に位置していたバヌゼルワルをフランス軍が占領することを承認したことがその起源だった。ホルダーナは後に、自分はプリモ・デ・リベーラの占領承認の提案に対して抵抗したと述べる。上記⑥の一部)[13]。

プリモ・デ・リベーラは西仏会談終了の日に「2か月のうちにモロッコ問題はほとんどかたづくだろう」と声明した。『スペイン・アフリカ雑誌』、『リーフ通信』、『植民地軍雑誌』とその他の一般新聞は西仏協力が成ったことを歓迎した（前3者については、本章3.2.、3.3.、3.4.で後述）。西仏会談終了の前日にロマノーネスが新聞紙上で意見表明をした──（自分が以前から主張していたように）撤退作戦以前にフランスの協力を取りつけるべきだったのだ、そうすれば「流血」と「新たな経済的犠牲」を避けることができたのだ、何千という犠牲者をもたらすのでアルホセイマ上陸のような「新作戦」には反対だ。これに対しプリモ・デ・リベーラがただちに反論した──撤退作戦こそスペイン軍を救ったのだ、「既に［その失敗が］明白となってしまった［プリモ・デ・リベーラ政府以前の］旧体制の政治家たち」の意見など聞く必要はない、「彼らのやり方はすべてにおいてとくにモロッコにおいて決定的に失敗した」のだ。以上のやりとりは、一方でこの時期のプリモ・デ・リベーラ政府の独裁性の程度（「旧体制の政治家たち」による公然た

る批判を容認）を示しているが、他方で自らの政府の下での成果への自信をももはや窺わせるものである。ところで、前記の両国の協定に基づいて、7月下旬、西仏政府共同のリーフ側への交渉呼びかけがなされた。西仏政府の公式代表として在ウジュダのフランス軍人がメリーリャに赴いた。しかし「完全独立」を要求していたリーフ側が交渉に応じることはなかった（スペイン政府内の一部には、予想される交渉の決裂が後の西仏の軍事行動を国内外世論により正当化させうるとの読みがあった）。8月中旬、西仏の各政府はリーフ側が「国際協約」に反する「リーフの完全で無条件の独立などというばかげた提案」をしているとして批難する覚書を発した（研究者フレミングはこの25年7〜8月の交渉呼びかけへの対応を評して、「アブドゥルカリームがヨーロッパの保護国家との交渉を拒否したのはリーフの大義にとって紛れもなく破滅的なことだった。……つまり、[西仏の国家と軍の]圧倒的な力を前にしてのアブドゥルカリームの不屈の姿勢は大きな失敗だった」とする。しかし、2つの保護国家が提案した「自治」は結局は植民地支配の継続であるので、著者はフレミングの見解をそのまま受入れはしない）[14]。

　アルホセイマ上陸作戦計画の原案は、プリモ・デ・リベーラ政府がフランスとの協力の必要性を本格的に喧伝し始めていた25年4月末に軍人執行政府の1員でもあったホルダーナ将軍によって作成されていた（この原案では、収穫期でありまた多くのリーフ人がアルジェリアに働きに行っているから、上陸作戦遂行は6月がよいとされていた）。作戦遂行のための準備と訓練は西仏会談の最中からおこなわれた。プリモ・デ・リベーラ（まだ高等弁務官を兼務していた）はそのために現地モロッコで直接に指揮を執った。フランス軍との打ち合わせは、西仏会談終了直後の7月下旬から、リーフでの「軍事行動」のためのフランス側司令官となったかのペタン元帥との間でおこなわれた。ホルダーナによると、作戦計画を最終的に了承した8月下旬の軍人執行政府会議は緊張に満ちたものだった——会議を主宰した国王自身が作戦成功への疑念と（とくに作戦がうまくいかなかった場合の）国王非難の動向への懸念を表明した、2軍人が国王に同調した、ホルダーナが強く説得したので国王も2軍人も納得し、結局、全会一致で作戦計画は承認された。他方、この間リーフ側はスペイン軍の上陸計画を察知し、バヌワリャガール地域に自ら

の兵力を集結させた。以上の経過において注目すべきところを挙げよう。まず、8月下旬のペタン元帥との会談後の声明でプリモ・デ・リベーラがモロッコでの戦闘が終わり次第「文民政府」を樹立すると宣言したこと。(少なくともプリモ・デ・リベーラにあっては) モロッコ戦争と軍人政府が強く結びつけられて構想されていたことがわかる (周知また本小節で後出のように、実際にはアルホセイマ上陸後にスペイン軍 (とフランス軍) が非常に有利な状況に置かれるようになった25年12月初旬に内閣制が復活し、「文民・経済」政府に移行した)。次に、ホルダーナ将軍の回顧の言 ——「新聞が検閲によって抑えられていなかったら、また国会が開かれていたら、あのような意気消沈の意見が圧倒的な動きとなってすべてを台無しにしてしまい、[アルホセイマ] 上陸はなかっただろう」。これは多くの説明を要しない。まさに専制的権力によってこそ大規模な軍事動員が可能となったことを当事者自らが語っている (以上に加えて、戦争政策・指導において国王が後景に退き、また国王がプリモ・デ・リベーラ体制において自らの地位の保身に傾斜し始めていることにも注目できよう)[15]。

　9月に入るとリーフ側に対して事実上の攻撃通告がなされた。『リーフ通信』が「フランスとスペインの攻撃は近い」(1日)、「重要な戦闘の前夜」(3日、5日) との記事を載せ、さらにはスペイン軍とフランス軍の軍事行動準備について詳細に報道したのである (5日。以上いずれも第1面。既述のように、北アフリカのスペイン領土の新聞は軍の意向を少なからず反映しており (もちろんプリモ・デ・リベーラ体制下では検閲が布かれていた)、またリーフ側は『リーフ通信』を読んでいた)。5日にはスペイン軍機が次のビラをリーフに投下した ——「スペイン軍はアブドゥルカリームが平和を望んでいないことを、またその行為が懲罰を受けるにふさわしいものであることを確信している。以上に鑑みて諸君たちのリーフの地に勇敢なスペインの兵隊が侵入するだろう。……また勇敢なフランスの兵隊も諸君たちの地に侵入するだろう。……懲罰を免れることができるために諸君たちに3日間の期限が与えられることを伝える……」(ホルダーナによれば、これらのビラはそれまでと同様に「全く効果がなかった」)。知られているように、9月8日のアルホセイマ上陸に始まる西仏軍の共同攻撃は約1か月のうちにリーフ北部をスペイン軍に支

配させるに至った。その後も25年末まで北部と南部の両方から西仏軍の攻撃が続いた。25年9～12月の共同した植民地国家軍の攻勢はリーフ側を軍事的に決定的に不利にさせたことでリーフ戦争の転換点をなす。植民地国家軍は約26万人の大兵力（スペイン軍約14万人、フランス軍約12万人）を動員した。スペイン軍機は今回も毒ガス作戦を実行した。スペイン軍は軍事行動だけでなく「政治的行動」も準備していた。この点で彼らにとって好都合だったのは、以前からの有力な友好モーロ人でアブドゥルカリームのいとこであるスライマーン・ハッタービーを利用できたことである。スライマーン・ハッタービーはハルカを組織して、スペイン軍のバヌワリャガール占領に協力した。また、スペイン軍はアブドゥルカリーム家の「分裂」を宣伝し、その軍機は「威信あるカーイド」スライマーン・ハッタービー名のビラを撒いた――「アブドゥルカリームの裏切りによってだまされ破壊された国の住民」へ、アブドゥルカリームはかつて鉱山利権で儲けようとし、また対スペインの戦争をしようとして外国人と一緒になった［第1次世界大戦時のことだろう］、捕虜解放の身代金400万ペセータのうち1センティモも皆さん方に分けなかった、など（スライマーン・ハッタービーについては第Ⅲ章3.1.で後述）。他方、スペイン軍はアルホセイマ上陸作戦ではフランス軍の協力を得たものの、独自の軍事行動を優先しようとした（リーフ側を軍事的に牽制しようとしていたフランス領統監リヨテは25年9月下旬に辞任した。前年にフランスの政権党となった急進社会党の議員だった新統監スティーグは好戦的政策よりまずはリーフ側との交渉を優先しようとした。しかし、「軍事行動」の司令官ペタンはリーフ側を徹底的に打ちのめすことを目標とした。本書ではフランス政府・軍の動向については最小限の言及に留める）[16]。

　アルホセイマ上陸作戦の成功によってメトロポリ全体がリーフ人を「懲罰」することで一挙に一致したのではなかった。10月中旬と11月上旬にカンボはプリモ・デ・リベーラ宛公開書簡（新聞に掲載された）で軍事行動の継続に疑問を呈した――自分はこの間、政治から全く遠ざかっていた、「今回の軍事攻勢の文句なき成功によってスペインの威信とその軍の名誉が救われたので、政府は［モロッコ］問題を全く自由に検討することができるしまたそうすべきである」、「我々の行動を兵力削減に向けて行くことは、［自分が

政権を去った］1922年にもそうでなかったように今日も無能力を告白することではなく、スペインがその対外政策を他［国］やその利害に操られておこなうのではなく神聖な国民本位の原理によっておこなうことの気高い表明となるだろう」、「国際的協約が我々に与えた地域を平定（これは支配しようとすることの外交上の婉曲語法である）しようとする我々の事業を継続することは軍事行動をずっと維持し拡大することを意味することになろうが、このことはおそらく国が耐えられるようなことではなく、また結局は国内の回復を遅らせざるをえなくさせたのだ」、「モロッコに居続けることは財政赤字を続けることを、また国内の再建の全事業を断念することを意味することになろう」、「とくに［他の］植民地国家［イギリスなど］がその植民地の故に混乱を見ているときに、その植民地事業において破局と崩壊のみを味わったスペインが現実が冷厳にも断罪するであろう［植民地］事業を続けようとすることは狂信的なアナクロニズムと言うべきだろう」、「最近のこの［軍事的］成功がスペインがけっして入り込むべきではなかった難事業から品位をもって抜け出すために利用されなかったら、それは残念と言うべきだろう」（傍点原文イタリック体）。以上の前半は我々が既に見たカンボの主張とほぼ同じだが、後半はカンボが第1次世界大戦後の植民地自立の動きを嗅ぎとりつつ自らの主張を繰り返したことを示している。プリモ・デ・リベーラは数日後に（かなりの丁重さをもって）新聞紙上でほぼ予期されたように答えた——フランスと共同して原住民を制圧し武装解除を続けることや「政治的行動」を継続することが「モロッコのヘルニア」を抑えるための容易ではないが私が見出している解決策なのだ。『スペイン・アフリカ雑誌』や『植民地軍雑誌』は当然ながらカンボの主張に反論したが（本章3.2、3.4.で後述）、注目すべきことは検閲下にもかかわらず少なくない一般新聞（もちろん『経済・財政雑誌』も。本章3.2.で後述）がカンボの主張を支持したことである。プリモ・デ・リベーラはカンボの意見の公開を許容することによって、9～10月の「勝利」後の自らの体制の政策への合意を取り付けようとしたのだろう。しかし、カンボ支持の論調の存在は、（それまでの植民地戦争がメトロポリに利益をもたらさなかったことへの批判のうえに）さらなる戦争が要求するであろうメトロポリの「流血」と「新たな経済的犠牲」（本小節で既引用のロマ

ノーネスの言）に対して依然として広汎な警戒が存したことも示したのである[17]。

　それでもプリモ・デ・リベーラ政府は、25年9〜10月の軍事的成功によって軍事的手段優先によりモロッコ問題を「解決」できるとの見通しを得たことを公的に示そうとした。11月初旬、プリモ・デ・リベーラは1年以上にわたって兼務していた高等弁務官を辞任した（後任はサンフルホ将軍）。12月初旬には、8月にプリモ・デ・リベーラが声明していたように、軍人執行政府を文民を含んだ内閣制の「文民・経済」政府に代えた。これは「独裁」への批判をかわすとともに、もはや軍人専制体制をとらなくてもモロッコでの戦闘への対応が可能だということを示そうとしたものである。その直後の政府声明でプリモ・デ・リベーラは述べた――「文民・経済」政府は軍人執行政府のモロッコ政策を引き継ぎ、フランスと協力して「1921年6月に始まった騒動と混乱の状態をリーフで長引かせている反乱の火元を潰す」という共同の事業をおこなう、政府は「モロッコ問題は特別の手段を採らなくても軍事面においては来春の終わりにはかたづくだろう」と信じている。実際にプリモ・デ・リベーラ政府は「解決」が近いことをメトロポリの人々に示すために、25年末から26年1月にかけて約3万6千人の兵士を帰還させた。26年1月下旬のプリモ・デ・リベーラ演説でも「品位をもって［モロッコ］問題を解決する希望がスペインにもたらされている」ことが語られた。さらに、アフリカ派軍人ガルシーア・フィゲーラスのほぼ同時期の講演も勝利が近いことを説こうとしたものである――我々にとって損失と見えたかも知れない撤退作戦は「完全に確定されていた政治的計画」だった、アブドゥルカリームは「これを［我々の］無力と見る過ちを犯した」のだ、西仏側は寛容な和平条件を提示したのだがアブドゥルカリームがそれを拒否した、アブドゥルカリームの側にいた部族民の多くは今や彼を見放している、「モロッコ人は常に強い側につく」ことを考慮するとこれは意義を有することだ[18]。

　フランス国家の軍事力の協力を得たからには、実際にその後の軍事的展開は（今回は）プリモ・デ・リベーラ政府の「希望」にほぼ沿ったものになっていったと言ってよい（それ故、これ以降の本小節の論述の展開も早めることにする）。26年2月初旬、ペタンを迎えたマドリードでの西仏軍事会談（スペイ

ン側代表はプリモ・デ・リベーラ）で戦闘適期である春の共同軍事行動が次のように決められた──４月中旬にフランス軍が南部から、５月初旬にスペイン軍が北部から、それぞれ攻撃を開始する／フランス軍は９月初旬までにはスペイン領から撤退する。この後、３月中旬にサンフルホら現地の軍人がラバトに赴いてフランス側軍人と協議し、同月下旬に詳細な共同作戦計画が策定された。ただ、前記したようにフランス領統監スティーグは交渉によって戦闘を終結させることを優先したので、当初はためらっていた自らの政府（首相はパンルヴェからブリアンに替わっていた）の了解も得て、３月下旬、次の４交渉条件をリーフ側に提起した──①スルターン（ハリーファ）への服従、②アブドゥルカリームのモロッコからの退去、③反乱部族の武装解除、④スペイン人・フランス人捕虜の解放。プリモ・デ・リベーラ政府はフランス政府に対して、これは前年７月の西仏協定（協定の③）違反だとして抗議した（プリモ・デ・リベーラ政府は、フランスに圧力をかけるためイタリアとスペインの協力さえほのめかした）。しかし（今やフランスと離反することができない）スペイン政府は、４月初〜中旬にかけてのフランス政府との協議を経て、フランス側が提示した４条件でリーフ側と交渉することに合意した。リーフ側も交渉を受入れたので、４月中旬からフランス領のウジュダで会談が始まった（議長はフランス軍人。スペイン代表はモロッコおよび植民地総局モロッコ局長。ウジュダでの本会談開始はウジュダ近郊での予備会談の後の４月27日）。リーフ側は前掲４条件と西仏側が新たに加えた条件（下記⑤）に対して次のように回答した──①についてはスルターンの宗教的権威なら承認する、②についてはほぼ拒否、③については外国が関与しないリーフの軍事組織の創設を伴うときにのみ承認、④については和平が成立したら可能、⑤の西仏軍の一部前進を認めよという条件は拒否。①と③についての回答に見られるのは、リーフ側が以前よりやや妥協した姿勢を示したことであろう。しかしリーフ側は自らによる「行政の自治」の主張を譲らなかった──「リーフ政府と政府を支持する住民……が存する新たな状況」に基づいて、自分たちはこの自治を「リーフ内部のことについてスルターン当局と保護国家当局のどのような干渉も許さない」ものと解している（交渉決裂後の西仏代表団の覚書から）。現地またメトロポリのスペインのアフリカ派軍人は、リーフ側との

妥協を探ろうとするフランス主導の会談に公然たる不満を表明した。結局5月1日、両植民地国家側が6日までにリーフ側が前掲条件の受け入れと全捕虜の解放をしなければ、自分たちは「5月7日には完全な行動の自由」を有するだろうという事実上の最後通牒を発した。リーフ側がこれを拒否したので交渉は決裂した。交渉決裂の日にスペイン代表は前掲の西仏代表団の覚書とは別に次の声明を出した――「我々は交渉の結果に満足していない。我々は合意が得られるという断固たる望みを持っていた。両国代表団の努力にもかかわらず、我々は合意を得ることができなかった……」。しかし、アフリカ派軍人の多くは決裂を望んでいた。ホルダーナ（既述のように当時モロッコおよび植民地総局長でスペイン代表の上司だった）は次のように回顧する――「うまいことにウジュダ会談は失敗した。もし成功していたならばモロッコは我々にずっとのしかかることになっただろう……」[19]。

　5月8日、スペイン軍（約4万3千人）は北部から、フランス軍（約4万人）は南部からそれぞれ攻撃を開始した。スペイン軍機は次のようなビラを撒いた――「誰もがたいへんに望んでいた和平に至らなかった責任はただアブドゥルカリームの専横さにある」（7日）／「諸君たちはスペイン軍が今月8日に新たに戦闘を始めたことを知っているだろう。その責任はアブドゥルカリームにある」、スペイン軍は既に多くの所を占領した、反乱者たちは脱走している、「諸部族がアブドゥルカリームから離反し、この機会を利用して帰順することは疑いをいれない」、そうすれば赦免が与えられ、また「必要なあらゆるもの、平穏さ、生活手段、家族とその財産の安全」も与えられるだろう（5月中旬頃）。両軍はときにリーフ側の激しい抵抗に出遭いながらも、同月中～下旬にはリーフの中心部をほぼ支配するに至った。知られているように、アブドゥルカリーム（とその一行）は同月下旬にフランス軍に降伏する。アブドゥルカリームはフランス領統監スティーグが自分たちを丁重に扱うだろうことを知っていた。実際にフランス側はスペイン側とは協議せず（アブドゥルカリームの降伏についてもすぐにスペイン側に知らせなかった）、アブドゥルカリーム一行をフェスまで引き取り、その国外追放の準備をした。アブドゥルカリームは自らの降伏の直前に生存していた283人の捕虜を解放した（スペイン将兵105人、スペイン民間人25人、フランス将兵41人、

アルジェリア兵とセネガル兵112人)。スペインのアフリカ派軍人は、フランス側がアブドゥルカリームに対し「寛容」(降伏に際してのフランス軍人からアブドゥルカリームへの手紙)な姿勢を示し、アブドゥルカリームが要請した「保護」(アブドゥルカリームからこのフランス軍人への返信)を与えたことに不満を表わした――フランスがアブドゥルカリームの降伏に便宜を図ったのは「我々に対する不義」だった(ホルダーナ)／これは西仏軍協力の中の「唯一の暗黒のページ」である、アブドゥルカリームは「スペインの裁き」から免れるべきではなかった(ガルシーア・フィゲーラスら)。アブドゥルカリームの降伏によってリーフ側の抵抗が終わったのではない。現地のスペイン軍が平定＝リーフ戦争の終了を宣言するのはその約1年後の27年7月のことである。しかし、26年5～6月にリーフ政府は瓦解し、リーフ人の植民地国家連合軍に対する組織的抵抗がほぼ崩されてしまったことは確かである[20]。

　6月中旬～7月中旬、スペイン側の要請でパリで西仏会談が開かれた(スペイン代表はホルダーナと駐仏大使、フランス代表はペタンら)。会談の2大問題はアブドゥルカリームの処遇とスペイン領とフランス領の境界確定だった。我々が予期できるように、スペイン側は当初、前者について強硬な姿勢を示し、アブドゥルカリームをスペインに引渡すこと、また裁判に付すべきことを要求した。しかし結局は今回もフランスとの協調を優先し(せざるをえず)、フランス側の提案になるアブドゥルカリームをインド洋上のフランス領(結局、レユニオン島)に隔離・幽閉することに同意した。会談の当初に強硬な主張をしていたホルダーナは、結局、自分たちが「非人間的」として非難されることとアブドゥルカリームらが「殉教者の栄光」を付与されることを避けようとしたと後に説明する。会談終了後のスペイン政府の非公式覚書はこの件について以下のように述べた。この覚書は植民地国家の反乱者に対する認識をよく示すものなので、やや長いが次に引用する――「アブドゥルカリームの処遇について、両国はアブドゥルカリームがモロッコでどのような影響力もけっして行使できないようあらゆる必要な措置を採る必要性を等しく理解した。また両国はアブドゥルカリームがそれぞれの国に大悪事を働いたと認識する点でも一致したが、両国の大いなる文明化の使命からして寛容にならないわけにはいかないので、人間の基本的な感覚を忘れることなく、

アブドゥルカリームもその取り巻きたちもモロッコの平穏を再び乱すことがけっしてないようにあらゆる種類の完全な保障ができるような措置を採ることで一致した。アブドゥルカリームの罪に対する懲罰に関しては、その大いなる敗北とこれからの遠隔地での厳しい生活で足りるものである」。スペイン領とフランス領の境界確定については確定作業のための合同委員会設立が合意された（本小節で既述のように、リーフ戦争終了後の境界確定では結局リーフ戦争中にフランス軍が占領した以前のスペイン領南部地域の一部がフランス領とされた。戦争中のそれぞれの軍の「貢献」また相互の牽制と力関係の結果の一部がここに表われたと言える)[21]。

　本小節で論述して来たことからして、我々には、スペイン国家がなぜどのようにしてリーフ側に勝利できたのかということは明らかである。一言で言えば、モロッコを支配する植民地国家の共同と協力によって（のみ）勝利できたのである。26年6月にいくつかの新聞・雑誌が「成功の要因」について述べた。まず2日に、『リーフ通信』（編集長のロベーラ）――①アルホセイマ上陸と、ウジュダ会談におけるスペイン代表の粘り強さ、②敵に息をつく猶予も与えなかった連続的な攻撃、③兵力の迅速な動き、④西仏の政治的・軍事的な密接な協力。次に6日に、愛国同盟の機関紙が上記の①～③を挙げた。最後に『植民地軍雑誌』6月号は、上記①～④に加えて、⑤西部でのリーフ側の陽動作戦を素早く潰したことを挙げた（おそらく論者はロベーラ）。しかし以上に挙げられた諸要因は結局は④に帰着することになろう（スペイン側独自の「要因」として、せいぜい①の後半を少し付加できるくらいである）。リーフ側の抵抗を前にして、プリモ・デ・リベーラ政府－体制も、本章の1．1．2．で予め挙げた政治的争点のうち、①軍事・支配政策のa.戦線拡大か軍事作戦縮小か、b.兵士帰還、②軍事費の財政への圧迫、⑥誰がアフリカで闘うのか、さらに⑧国際的関係においては模索と動揺をくり返したのであり（⑧については本章3．1．3．で後述）、フランスの軍事的協力によってこそスペイン国家とその軍事力（それに多少の「政治的行動」）はリーフ人の自立への動きと抵抗を潰すことができたのである[22]。

　以上で、アンワールの「衝撃」＝リーフ戦争がスペイン政治をどのように動揺させたのかということについての本章での検討も一つの終点に到達した。

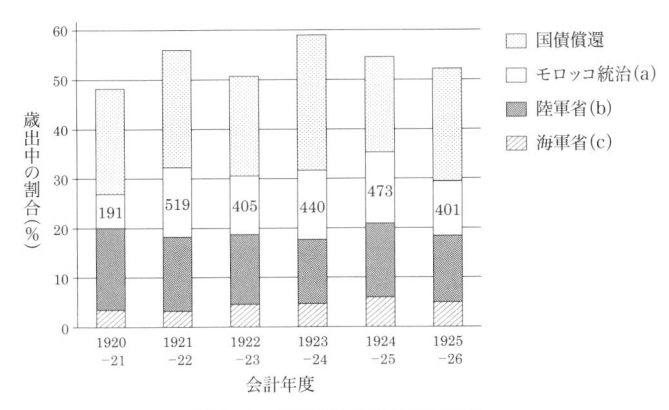

図1-1　軍事費関連支出の変遷

出典：*Anuario Estadístico de España (AEE)* 1925-1926, 376-379から著者作成。
備考：1.「モロッコ統治」に関しては実額を表示してある（単位100万ペセータ）。
　　　2. a + b + c ≒ 当面の軍事費。

図1-1はモロッコでの戦争のためのスペイン国家の支出の推移を示している。軍事費増大→財政問題の発生（国債発行は軍事費増大による財政赤字を埋め合わせるためになされた）、財政問題による戦争継続の困難を全体としてよく表している。

3.1.3.「タンヘルはスペインのものだ！」

本小節の最後に、主にタンジャの統治・管理をめぐる西仏英各政府間の交渉を追う中で、プリモ・デ・リベーラ体制のモロッコ戦争政策において対外関係が持った意味を簡潔に考察しておきたい[23]。

ロンドンでの西仏英3国専門家会議は23年9月下旬に再開した。再開会議でスペイン代表は（自由派連合政府のときと同様に）前回会議でのイギリス提案を支持した。しかし、10月下旬にパリで始まった会議では、22年に一時見られた、フランスがイギリス提案（タンジャの国際化）を受入れるかわりにイギリスもフランス提案（タンジャでのスルターンの主権を認める）を受入れるという仏英合意が実現してしまった（ルール占領の成功でフランスが強気に出た）。プリモ・デ・リベーラ政府は（やはり自由派連合政府と同様に）イタ

リア政府の支持を得て仏英（とくに前者）を牽制しようとした。23年11月、国王アルフォンソに同行してイタリアを訪問しムッソリーニと会談したプリモ・デ・リベーラは、当初、両国の提携を求める姿勢を示した（ムッソリーニはそれに好意的姿勢を示した）。しかし結局、この訪問から西伊同盟はおろか西伊協定も生まれることはなかった。それはプリモ・デ・リベーラがフランスと決定的に対立することを恐れたことによるが、その最大の理由はタンジャ問題よりやはりリーフ戦争にあったと見てよい（プリモ・デ・リベーラそれにムッソリーニも両国国王・首脳会談を自らの政権の対外的威信と体制承認の機会として利用したことは間違いない）。結局23年12月中旬、パリでの会議でプリモ・デ・リベーラ政府は先の仏英合意に沿った協定（タンジャの統治・管理はスルターン代表（マンドゥーブ）、8欧米諸国代表とムスリム代表および「ユダヤ人」代表から成る立法会議、それに行政長官によってなされる。後2者は管理委員会の監察下にある）を受入れた。ただ、プリモ・デ・リベーラは正式署名を留保するという小細工をして、国内からの批判をかわそうとした。協定受入れ直後の政府の非公式覚書は述べた――今のところ「我が国には［タンジャへの］その貢献と歴史的権利が要求しうるものが認められている」ということはない、しかし「状況は［我が国の］理想を勝ち取るのに都合良いものとなっていない。この理想に向けて、たとえそれを完全に勝ち取るためではなくとも、さらに交渉を展開していかなければならない」。国内ではアフリカ連盟などが（本章3.2.で後述）、また当のタンジャではスペイン人コロニーが正式署名拒否の主張を公にした（国王も協定に不満だった）。プリモ・デ・リベーラはこれらの不満をかわすために、リーフでの戦争のために西仏協力が必要であることを説き、また実際にフランスに対して協力を要請した。フランス政府はこれに一部応え、フランス領・タンジャ・アルジェリアからスペイン領への武器の流入阻止のための監視を強める措置を採った。24年1月下旬、プリモ・デ・リベーラは協定に正式署名することを宣言、この後2月上旬のスペインの正式署名によってタンジャの統治・管理に関する上掲の内容の3国協定が締結された（同年5月発効）。以上の経過は、スペイン国家が以前からのタンジャでのその「歴史的権利」の主張をいかに繰り返そうとも、自らの「勢力範囲」で原住民の挑戦を受けているからには、

より強力な植民地国家との協力＝植民地国家の共同以外の選択を採りえなかったことをあらためて示している[24]。

　それでも、その後もプリモ・デ・リベーラ体制下のスペイン国家はタンジャ獲得の「理想」を捨てたのではなかった。「撤退」作戦がほぼ終了した24年末、プリモ・デ・リベーラは「半ば放棄」してしまったスペイン領の地域の多くをフランスに譲渡し、その代わりにタンジャをスペイン領に編入するという提起（つまり領土交換という古典的な植民地主義的提起）を仏英に対しておこなうことをこころみた。これは撤退作戦に対するフランス政府・世論の危惧（スペインはモロッコを平定する「義務」を果たしていない）に乗ずることと、「半ば放棄」に対するスペイン（それに現地モロッコ）での批判や不満をかわすことを同時にねらったものだった。24年12月、プリモ・デ・リベーラはイギリス通信社のインタビューで述べた──「我が国のモロッコでの撤退は多大な反響をもたらすでしょう。仏英の政府は既にこのことを心配しています。［スペインの］執行政府は多くの困難を伴って1912年につくられた北アフリカについての協約を改訂することになる新たな国際会議に反対しません。……我が国の軍隊が撤退を終えた地域を我々が放棄したとしても我々がアルヘシーラス議定書を侵犯したことにはなりません。……ともかく我々はタンジャを放棄したことで我々が最も必要としていたものを失ったのです。というのは、タンジャがモロッコでのあらゆる陰謀の中心地だからです」。もちろんフランス政府がプリモ・デ・リベーラ政府のこのようなジェスチャーに応えることはなかった（また、もちろんイギリスが（またイタリアも）モロッコでのフランスの勢力拡大に賛成するはずはなかった）。しかしプリモ・デ・リベーラは、25年6～7月の西仏会談の際にもスペイン領のいくつかの地域と交換にスペインがタンジャを獲得することをスペイン代表に提起させた。西仏会談直前の6月1日に前述の西仏英3国協定に基づくタンジャ統治・管理が始まったが、この新体制設立以後、タンジャのスペイン人コロニーは新体制は実質的にはフランスによるタンジャ統治の開始であるとして抗議の声を強めた。7月初旬には協定破棄を求めるスペイン人たちの示威行動が暴動化し、フランス人商店を襲う事態が起きた。しかしもちろん西仏会談でもフランス側がスペイン側の要求に応ずることはなく（イギリス政府も

反対)、会談がもたらした西仏協定はタンジャに関する23年協定の遵守とタンジャの監視に関する事項を規定するに留まった(前出の西仏協定の④)[25]。

　プリモ・デ・リベーラ政府はそれでもなおタンジャ獲得を断念しなかった。25年9月のアルホセイマ上陸に続く攻撃作戦中にも、プリモ・デ・リベーラは将来タンジャと交換できる地とするためにフランス軍によるスペイン領南部地域占領を可能なかぎり妨げようとした。26年に入ってリーフでの「勝利」の展望を得ると、プリモ・デ・リベーラ政府はむしろ自らの立場が強化されたと自負して、タンジャのスペイン領編入要求を強めた(在西各国外交団にそれを伝え、また新聞で宣伝させた。ルイス・アルベニスなどが23年協定は矛盾だらけで実際にはフランスがタンジャを支配できるようになっている、タンジャで優越した権益を有しているのはスペインなのだからスペインは協定の修正を要求すべきだと主張した)。スペイン政府から補助金を受けていた『未来』*El Porvenir*などの現地タンジャのスペイン語新聞もキャンペーンを張った。26年2月にプリモ・デ・リベーラのスペイン政府は国際連盟理事会常任理事国のポストを要求、後にはこの要求あるいはタンジャのスペイン領編入のどちらかが実現しなければスペインは国際連盟を脱退すると声明した。スペイン国家によるタンジャ要求はリーフ戦争終了後も続く。この間アフリカ連盟が中心となって「タンヘルはスペインのものだ」¡Tánger para España! のキャンペーンが展開された。スペイン国家がスペイン領の一部を「犠牲」にしてまでタンジャ領有にこだわった理由としては、タンジャのヨーロッパ人コロニーの中でスペイン人のそれが最大だったこと、タンジャ港を擁することなどその経済的、軍事・戦略的、象徴的位置、さらに以上のことに基づいてスペイン人の帝国意識ないし大国意識を満たすのに好適地だったことを挙げうる[26]。

3.2. 撤退の危険と経済への危険 —— アフリカ連盟と経済界 ——

　(1) アフリカ連盟はプリモ・デ・リベーラ政府成立後、ただちに新政府支持を表明した。23年9月20日、連盟は次の文書をプリモ・デ・リベーラに送った —— 連盟は「現状況においては新体制を支持することを義務と考えております」、それは「［モロッコにおいて］忌まわしい過ちが繰りかえされること」を何としてでも避けたいと考えるからである。また、『スペイン・アフリカ雑誌』の同年9-10月号は次の2評論を載せた —— 本誌は今回の政変がモロッコに関して「前政権の行動が毎日ますます困難にしていた希望への道を開くことになる」と言明する、「敵はモロッコにいるのではない。それはほかならぬ我らが家の中［＝国内］にいるのだ」、議会が解散されたので「責任」問題についての議会調査委員会の活動も終わった、我々はこのことを気にかけない、というのは「委員会の提起は混乱を深めて、国の方向性を誤らせただけだった」からである／「国全体を苦しませて来た状況に死の打撃を与えた閣下を先頭とする軍」に対して「熱烈な挨拶」を送る、「私はこんなに望まれて歓迎されたクーデタを一つとして知っておりません」（1連盟理事のプリモ・デ・リベーラへの公開書簡。傍点原文イタリック体）。以上には、プリモ・デ・リベーラ新体制に対する攻勢的で効果的なモロッコ政策への転換の期待の表明が見られる[1]。

　実際に新政府はアフリカ連盟の要望に応えるかのような姿勢を示した。23年10月初旬、プリモ・デ・リベーラ政府はモロッコ政策についての意見をアフリカ連盟に求めたのである。11月初旬、連盟の意見書が政府に提出された（前文＋14項目）。その主内容は以下である —— モロッコ放棄を断固拒否、①ハリーファにはスペインを支持する人物を常に選ぶ、②高等弁務官に全権を与える、③「公共の精神についての我々の考え方に決定的に反しないかぎり」原住民の信仰・習慣・法を遵守する、④軍人や［植民地］行政監察官（平定後の各部族におけるスペイン植民地当局の官吏）の監視の下という条件で

「現地人指導者」を尊重する、⑤行政監察官を精選する、⑥可能なかぎり早く原住民への諸課税賦課、⑦ハブーの所有権を改編して、ハブーに積極的に介入する、⑧諸部族の武装解除、⑨「政治的工作」の後にもなお抵抗する地域に対しては原住民当局の協力も得ながら武力で占領して、反乱行為を懲罰する、⑩保護国家［＝スペイン国家］の負担を最小限にしながら公共事業を展開する、⑪［スペイン人の］入植を促進する、このためにスルターン所有地の調査を始める、⑫イフニを占領する。以上には従来からの連盟の軍事的制圧優先の主張があらためて述べられているが、またスペイン国家の負担によらない植民地統治とスペイン人のための植民地経営の導入の進言も見られる（⑥，⑦，⑩，⑪）。以上のうち、プリモ・デ・リベーラ政府が早速におこなっ（てい）たのは②と⑩だった（②には総理府内でのモロッコ局創設も含む）。アフリカ連盟は②の実現について満足の意を表明した[2]。

　これ以降、プリモ・デ・リベーラ体制下においてもアフリカ連盟はリーフの軍事的制圧を求めるその基本的姿勢・主張を崩さない。『スペイン・アフリカ雑誌』24年3-4月号に現れた2評論がそれをよく示す。1連盟理事が執筆した第1評論は「放棄主義の傾向」を強く批判した。無署名の第2評論はより明快に主張した――「我々がモロッコに平和を確立しなければならないとするなら、アルホセイマを占領し、かくしてバヌワリャガールを徹底的に懲罰する必要性をあらためて検討する」ことである、「我々は［在モロッコ］軍が陣地に閉じこもり、反乱者を懲罰もせず、いつも待機ばかりしていてどんなにつらい思いをしているかを知っている。誰もが執行政府が我が軍をアルホセイマに上陸させて軍事問題の解決に正面から立ち向かうことを期待しているのである」。しかし既に見たように、プリモ・デ・リベーラ政府はその成立から半年以上を経てもモロッコで好戦的姿勢を示さなかったばかりか、24年5月にははっきりと「半ば放棄」政策への旋回を見せる。このことはアフリカ連盟を失望させた。さらなる緊張を連盟に与えたのは、プリモ・デ・リベーラ政府が検閲を手段としてモロッコ政策について政府の見解とは異なる意見の発表をアフリカ連盟に対してさえもしばしば禁止したことである。早くも23年12月に連盟はタンジャについてのパリ協定をプリモ・デ・リベーラ政府が受入れたことを批判する見解の発表を禁じられた（本小

節で後出)。24年3月になると発言禁止はモロッコ政策全般にまで及ぶことになった。同月初旬の連盟理事会ではプリモ・デ・リベーラ政府のこの強権的措置にどのように対応するかをめぐって若干の議論がなされた。この理事会の議長を務めた副理事長ボネーリはプリモ・デ・リベーラ政府の措置に対して「抗議」するが、「適当な時機がやって来るまで［連盟の］全活動を抑えておく」という提案をした。これに対して1理事がモロッコの「危険な状態」を政府に説明するべきだ、「本組織の基本的目的となっている考え方を守るために連盟は可能なかぎりの活動を続ける必要がある」と発言した。結局この理事会は連盟の対応について結論を得ることがなかった。ただ、前出の『スペイン・アフリカ雑誌』（この理事会の後に発行）の2つの評論は上述の1理事の主張そのもの（の挑戦的掲載）だった（第1評論の執筆者はこの理事である）。果たして、ボネーリらが恐れていたように、政治権力側はただちに反応して『スペイン・アフリカ雑誌』の次号を厳しく検閲し、さらに6月には同誌を3か月間の停刊処分にしてしまった[3]。

　この後アフリカ連盟の組織的・公的活動は弱化することになる。『スペイン・アフリカ雑誌』にはプリモ・デ・リベーラ政府のモロッコ政策を支持ないし称賛する記事・論評しか載らなくなった。とはいえアフリカ連盟がその旗を降ろしてプリモ・デ・リベーラ体制に迎合し始めたわけでもない。とくに理事長のゴイコエチェーアは旧保守党マウラ派代表としての自負および威信も踏まえてプリモ・デ・リベーラ政府の封じ込め措置にしばしば対抗しようとした。24年9月中旬、ゴイコエチェーアは公然とプリモ・デ・リベーラ政府の「半ば放棄」政策を批判した。プリモ・デ・リベーラはただちに反論の声明を出した——「［190］9年以降に起きたすべてのこと、犠牲と教訓のすべて、またこの苦しい問題が明らかにしたことのすべてでさえも［自分自身においてとは異なって］ゴイコエチェーア氏の思考方法や頑迷な見方を全く変えるに至らなかったのだ」。それでもゴイコエチェーアはまだ引き下がらなかった。撤退作戦が始まった直後の24年10月初旬のアフリカ連盟の理事会でゴイコエチェーアは連盟が政府に意見書を提出することを提起した。この提起に対して副理事長ボネーリは前回の機関誌停刊処分を想起させて、今回も慎重な対応を求める発言をした。1理事は撤退作戦がもたらす「危険」

について発言した（連盟理事会議事録は『スペイン・アフリカ雑誌』各号に掲載されたが、24年5-6月号以降それは明らかに検閲を意識した内容となっている。つまり理事会での実際の議論を伝えるものではなくなったと見てよい）。時機を見はからっていたのであろう、結局4か月後の25年2月中旬に次の内容の意見書が政府に提出された――「最近モロッコで起きたこと［アブドゥルカリーム派がライスーニーを降伏させたことなど、リーフ側の支配が西部地域にまで拡大したことを指すのだろう］が保護領地域でのスペインの活動にすぐにでも及ぼすだろう影響についての連盟の懸念と危惧を表明する」(25年2月の理事会議事録による。『スペイン・アフリカ雑誌』に意見書本文の掲載はなし。プリモ・デ・リベーラの返答の有無も不詳。さらに、これ以降、連盟の理事会議事録は『スペイン・アフリカ雑誌』に掲載されなくなった。これはほぼ間違いなく上記意見書の提出と絡んでいたと考えてよい）。この後『スペイン・アフリカ雑誌』にプリモ・デ・リベーラ政府のモロッコ政策と相異なる見解（が存在すること）はどのような形態でも載ることはなかった。また、政府がフランスとの協力を言い始めると、それに沿った主張が現れた(24年12月から)[4]。

　プリモ・デ・リベーラ政府が25年6〜7月の一連の西仏協定によってようやくモロッコでの攻勢政策にその方針を旋回させたことは遅まきながらももちろんアフリカ連盟の意に適うものだった。『スペイン・アフリカ雑誌』は西仏協定締結に際してコメントした――「［西仏の］この協力が、この協定が4年前に考えられなかったことは残念なことだ」[5]。同年9月、連盟は政府への意見書で久し振りに自らのモロッコ政策を表明した（提出時期はアルホセイマ上陸作戦の直前頃と考えられるが、この意見書が提出された状況（あるいは連盟の状況判断）はよくわからない）――高等弁務官に引き続き強大な権限を与える／軍・民両面において植民地行政のための人員準備／入植の促進／植民地行政組織の再編／志願兵を増員させる、可能なら在モロッコ兵力は志願兵のみにする／スペイン領でのキャピチュレーション保有国（イギリス、アメリカ合州国、オランダ）にこれを放棄させる。これは植民地主義派組織として本格的な植民地統治の準備を早急に開始せよと主張したものと解することができる[6]。同年10〜11月の「カンボ−プリモ・デ・リベーラ論争」において、アフリカ連盟はもちろんカンボ批判の側に立った。連盟が今回カンボ

に強調したのは、(モロッコで攻勢に出る必要性だけではもはやなく)スペイン国家にとってのモロッコの戦略的意義の再主張だった——「アフリカ連盟はスペインが北部モロッコにいるのは気まぐれではなく、その必要性があるからだということを強調しなければならない」。26年に入れば、モロッコでの攻勢の主張はほぼ完全に体制公認のものとなった。ウジュダでのリーフ側との交渉に際して『スペイン・アフリカ雑誌』は述べた——スペインの政府も国の全体も交渉はほとんど失敗するだろうと思っている、「スペインがばかげた頭目[アブドゥルカリーム]に対して、反乱はどのようにして鎮圧されるのか、ばかげた行動はどのようにして懲罰されるのかを示すときが来たのだ」。アブドゥルカリーム降伏とリーフの組織的抵抗の終焉の際に、『スペイン・アフリカ雑誌』の論説(ルイス・アルベニス)は西仏軍のモロッコでの戦闘を「十字軍」と呼び、また西仏の共同を称賛した[7]。

ところで、アフリカ連盟の大きなフラストレーションはタンジャの統治・管理問題交渉におけるプリモ・デ・リベーラ政府の妥協的姿勢についてだった。23年10月の連盟理事会では、前月末のロンドン会議でスペイン代表がイギリス提案を支持してタンジャに関する「スペインの権利」を主張しなかったことを遺憾とする意見が大勢を占め、強い態度で交渉に臨むよう政府に要請することが決定された。同月下旬(パリ会議の開催中)に以下の意見書が政府に提出された——タンジャの「国際化」はもはや避けがたいが、連盟は以前からの主張であるタンジャのスペイン領編入を要求する、それが認められないなら交渉決裂が望ましい。プリモ・デ・リベーラ政府はこれにただちに回答したが、それは「政府を全面的に信頼してほしい」と言うだけだった。その後、連盟はプリモ・デ・リベーラとの直接会見を2回実現させた(11月下旬と12月上旬)が、パリでの協定を受入れようとする政府を翻意させることはできなかった。さらにプリモ・デ・リベーラ政府は連盟がパリ協定について意見表明することを許可しなかった(連盟に対する最初の検閲)。連盟はめげずに、パリ会議終了直後の12月下旬に政府に申し入れた——①「[政府が]パリで合意された有害な協定を承認することで負うことになる多大な責任について熟考される」こと、②「この協定の承認に反対して何回も確認して来た連盟の姿勢を公表すること」を許可されたいこと、③上記①を国王に

知らせられたいこと。政府の回答は、政府は協定を検討するだろう、「感情的な扇動を生じさせず執行政府がおこなわざるをえない業務を妨害しないような純理的分野においてなら」協定反対の姿勢の公表を認める、というものだった。プリモ・デ・リベーラ政府が③の要請に応えた証拠はない（おそらく応えなかった）。パリ協定に対して不満の言をもらしていた国王を動かす工作をすることは連盟理事会が協定署名以前の12月初旬に決定していた。理事長ゴイコエチェーアは政府への上記申し入れ書提出と同じ日に国王謁見を求めたが、叶わなかった。国王に渡されるはずだった意見書に言う――パリ協定は「全くの国民的な破滅」だと考える、これに署名するとスペインは「地中海列強」でなくなってしまう、協定に署名しないよう執行政府に働きかけていただきたい。24年1月にも連盟は協定を承認しないよう政府に申し入れ、また署名反対集会の開催を企図した。しかしこれ以降、前述のように政府の強権的措置は連盟の対外的活動や意見表明を抑えてしまった。『スペイン・アフリカ雑誌』がパリ協定の「枷」のもとで「犠牲になったタンヘル」について再び主張し始めるのは、プリモ・デ・リベーラ政府自身がタンジャ獲得を対外的にまた要求し始めた後でアブドゥルカリームが降伏した26年5月である[8]。

　以上に見たように、プリモ・デ・リベーラ体制は検閲などの強権的手段によってアフリカ連盟に表れた好戦派の能動的主張と行動をかなりの期間にわたって抑え込んだのである。

　(2) プリモ・デ・リベーラ政府成立後、『経済・財政雑誌』は24年2月末までモロッコでの戦争について言及・論評することをしなかった。これは同誌が少なくとも新体制を歓迎せず警戒と様子待ちの姿勢をとっていたこととともに、検閲の存在（あるいは検閲を意識したこと。後述）を示している。24年3月上旬になると次の論評が現れる――09年以降連続して赤字財政となっており22-23会計年度も同様だった、22-23会計年度の歳出のうちモロッコ統治関係が12.0％、「国防」関係が19.3％、国債償還が20.1％［『経済・財政雑誌』が載せた数字がわかりにくいため、国債償還のための支出については引用者が算定し直した。以上総計51.4％、つまり歳出の半分以上。前出の図1-1参照］も占めている、これ以上に納税者の負担を増やすことは不可能

である、「以上からして、現政権の［財政上の］活動はおそらく支出を減らすことだけになるだろう。これは公共の利益が要求するところの必要な方策なのである」。プリモ・デ・リベーラ政府以前のような明快な主張ではないが（おそらく検閲によるか、あるいはそれを意識したことによる）、この論評がモロッコでの戦争が財政困難の要因であると述べようとしていることは誰の目にも明らかだった。さらに、一般的な言い方ではあるが支出の抑制をプリモ・デ・リベーラ政府に期待している。実際にこの頃プリモ・デ・リベーラ自身もモロッコでの戦争が「経済問題」と直結していることを公に認めていた（3.1.1.で既述）[9]。

　この時期の経済界一般の主張を表すものとして注目されるのは次の2文書の公表である。まず24年1月上旬に商業・工業・海運会議所連合最高評議会が次の内容の要望書を政府に提出した――「我が評議会は本組織に代表される諸生産者階級が［23年6月に］バリャドリーで明らかにした要望［2.2.で既述］で現在も抱いている要望をいま一度表明しなければなりません」、タンジャ問題においては「スペインはその犠牲［23年12月のパリ協定のこと］に見合う代償を必要としております」、モロッコでの戦争については「このただの植民地での出来事が国の生活そのものを危険にさらすような事業にならないようにするために、我が国の行動はどのような種類の資源も節約するように」しなければならない、「我が国の［植民地での］事業を我々の国内の生活の円滑な発展と両立できるくらいの範囲の出来事に留める手段や方策がないのなら」スペイン経済がそれを可能にするまで植民地での事業を延期すべきである、「賢明でないことは現在の状況を引き延ばすこと」である、国全体が「そのすり減らされた力をも大きく超える負担を維持するのにうんざりし疲れ切っているのであります」。以上の（プリモ・デ・リベーラ政府以前と同様の）主張の意味することは何のコメントも必要としないほど明瞭である。プリモ・デ・リベーラは1月中旬に答えた――政府は「占領地の安全とほかならぬ軍の防衛とが可能であれば、国が負ってきた労力を減らすことに躊躇しませんでした」（タンジャ問題については、プリモ・デ・リベーラ政府はスペインの利益のための活動をやめなかった、とのみ回答。いずれの回答も現在完了形であり未来形でないことに注意。つまり、今後のことについては

確言せず)。ただ、『スペイン・アフリカ雑誌』、『経済・財政雑誌』のいずれもこの要望書についてコメントすることがなかった（まず間違いなく検閲によるかそれを恐れたことによる）。次に3月（旬不詳。下旬と見られる）に商業会議所最高評議会が上記要望書での主張をより鮮明に述べた覚書を公表した――「……我々の第一の関心は我が国のモロッコでのプレゼンスがいつももたらしている憂慮についてであります」、「国際的協約を遵守するためにかあるいは何らかの重要な理由のために我々がモロッコにずっと居続けなければならないとするのなら、現状を変更することが緊急に必要となりましょうし、またアフリカにいることがメトロポリにとって今後5年間は各年1億ペセータ以上の、その後は各年5千万ペセータ以上の支出を生じさせないようにすることが緊急に必要となりましょう」［22-23会計年度の同支出は4億500万ペセータ。前出の図1-1参照］、「うわべ上は我が国をたいへん輝かせて見せることになり、また我が国の偉大さを明白にかつ確かなものにしたかもしれなかった我が国の植民地帝国は無気力状態を長びかせ国の行政を混乱させただけだったのです。アフリカにおける我々の冒険や行動がなかったならば、国内のことに力を注ぎながら努力と労働によって立ち直る決意をしたことで1908年に始まった国の再生によって我が国は一流の強国と比肩しうるほどになっていたでありましょう」。今回の政府の回答形態はプリモ・デ・リベーラの名によってではなく総理府情報部の非公式覚書によってであり、しかもその内容はモロッコ保護領の収支に関することのみだった――高等弁務官庁の資料によれば昨会計年度のモロッコ保護領での歳入はその前年度より増えている［これは事実のようだ］、保護領の財政赤字を埋めるためのスペイン国家の出費はそう遅くない時期にかなり減るだろう。第2の文書はモロッコでの戦争のみならず（あるいはモロッコ人の抵抗により戦争になったが故に）、モロッコ植民地（支配）そのものにも疑問を呈している。上記2文書をやや長く引用したのは、それらがこの時期に至って有力な経済界（の指導部）が国内再建論（第2の文書が「国の再生」が始まったのは1908年だと特定している理由については不詳。1898年の「破局」から10年という意味か）の主張を強く押し出すことになったことを明瞭に示しているからである。第2の文書の公表は植民地主義派の批難を呼び起こした。『植民地軍雑誌』は激しい反発を示

し（本章3.4.で後述）、また、1保守派新聞（旧保守党の準機関紙）は「モロッコを放棄することはスペインが強国たることをやめるに等しいことになる」と論難した（今回も『スペイン・アフリカ雑誌』、『経済・財政雑誌』のコメントはなし）。プリモ・デ・リベーラ政府のモロッコ政策は経済界の上述のような主張によって牽制されたとまでは言えないだろう。しかし、第2文書への回答にも見えるように、プリモ・デ・リベーラ政府は財政状況（プリモ・デ・リベーラがこの頃に言った「経済問題」とは主に財政問題）もにらみながらモロッコでの戦争に対処しようとしていたから、経済界の主張を無視することはできなかったと見てよい（それ故、公表を許可した）[10]。

　まさにこの頃、『経済・財政雑誌』はプリモ・デ・リベーラ政府以前の一貫した主張を再び展開し始める。24年4月上旬に、「我々はモロッコでのこの流血を終わらせるべきである。我々がかの地で費やしている数百万［の資金］は我々自身［の国内］の生活のために必要なのだ」と主張する論評が掲載された（執筆は2月上旬とある）。さらに、5月上旬の論説──国債償還、「国防」、モロッコ統治関係で歳出の50％以上を占めているところに「スペインの経済的・社会的遅れの原因」がある、「今日モロッコ問題は国の全生活を混乱させている」、それ故に「スペインの諸問題のまさに中心にあるのはモロッコ問題の解決である」、政府の長［プリモ・デ・リベーラ］がモロッコ問題を解決すると言うのならモロッコ統治関係支出を各年7,500万ペセタ以下に抑えまた「国防」費も削減することが必要である（検閲による削除とみられる箇所あり）。以上と同様の主張はその後2年間まさにアブドゥルカリームの降伏まで一貫してなされることになる（つまり公表された）。『経済・財政雑誌』の主張の公表が許可され続けたことも、前出2文書の場合と同様に、プリモ・デ・リベーラ政府が財政状況とそれに基づく経済界の主張を無視できなかったことを示している[11]。

　この後の『経済・財政雑誌』の論説の中での注目すべき主張を追ってみると、上述のことはさらによく理解されうる。まず、モロッコでの撤退作戦中の24年10～11月、『経済・財政雑誌』は「モロッコの軍事占領放棄」の一連の論を張った──検閲制度があってもモロッコでの軍事政策が我が国を「危機的状況」に陥れているときに我々は沈黙を望まない、モロッコでの軍事行

動が財政赤字の「唯一の原因」である、財政問題だけでなく「モロッコは青年期にあるスペインの数千の息子たちの墓場となっている」、これは国が人的資本を失っていることなのだ、「モロッコの軍事占領を放棄したり諸部族と平和のうちに生きられるようにスペインの行動を限定したとしても、［ある人々が言うように］スペインが消滅するようなことはない」、むしろモロッコでの戦争がスペインの青年たちの移民を誘って「青年労働力の流出」を生じさせているのだ［戦争忌避の1手段としての移民。このことについては第Ⅴ章第2節(4)で後述］、「モーロ人と平和に暮らすために」征服政策を放棄しよう、軍部自身が軍事費が予算の3分の1を超えるような事態を続けるべきでないことを理解しなければならない（以上、10月中～下旬）／「今日、軍人政府は今までアフリカでおこなわれて来た［征服の］政策がいかに間違っていたかということを悟っている」、陣地からの撤退と兵士帰還という現政府の計画が実現すれば財政赤字の解消は可能である、納税者はこれ以上の税負担には耐えられない（11月上旬）／「財政問題の解決はアフリカにある」（11月下旬。検閲による削除箇所あり）。以上の主張はそれまでにない明快さで書かれている。「モーロ人と平和に暮ら」そうという言辞（この意の論は本章2.4.で見たプリモ・デ・リベーラ体制以前の体制批判勢力でも『祖国』派PNVや『スペイン』誌以外では見られなかった）がこの時期に経済界の雑誌に現れたのである。プリモ・デ・リベーラ政府が、この頃のアフリカ連盟やアフリカ派軍人による撤退の危険という批難を牽制するために、モロッコ戦争がもたらす経済への危険の論を流させたとも考えられる。上掲の諸論説はプリモ・デ・リベーラ政府の撤退政策を支持し、その実現を期待しているからである。『経済・財政雑誌』は今こそ自らの以前からの主張を実現させる好機と見たのだろう[12]。

　次に、アルホセイマ上陸作戦開始後の25年10月上旬の論説――「アルホセイマ湾におけるスペインの兵士たちの素早くみごとな勝利は重大なモロッコ問題を決定的に終わらせるためにきわめて意義のあることである。我々の兵士たちは祖国の賞讃を大いに受けるに値する。……我々の兵士たちは世界の前でスペインの威信を回復したのだ」、「今や政治的行動と外交的行動のときだ」、この「勝利」で戦争を終わらせなければならない。以上を見ると、『経

済・財政雑誌』の立場もスペイン経済（とくに財政）に害を与えないためにとにかくモロッコでの戦争を終わらせることが必要だということであって（＝「勝利」して終わらせるなら「みごと」だ）、モーロ人との友好ではないことがわかる。この直後の「カンボ－プリモ・デ・リベーラ論争」において『経済・財政雑誌』がカンボを支持したのは言うをまたない──以前はプリモ・デ・リベーラもモロッコ放棄を主張したことがあったではないか、カンボが言うように軍事行動をただちに放棄すべきである、「政府の長と政府はスペインの困難な財政状況のことを考えないのだろうか？」[13]。

　最後に、アブドゥルカリーム降伏直後の26年5～6月の論調──アブドゥルカリームの降伏は「我が祖国の現在と未来にとって素晴らしい出来事である」、「スペインはもう戦争を望まない」（5月下旬）／アフリカで軍が勝利したのだから赤字財政の解消が可能である、「我々の判断するところでは、モロッコでの和平が国の経済的再生の基礎とならなければならない」（6月中旬）[14]。

　プリモ・デ・リベーラ政府－体制下でも、政治権力者の対応をうかがいながらも、戦争継続が経済にもたらす危険の警告がなされ続けた。23年9月までの諸政府と同様にプリモ・デ・リベーラ体制も国内再建優先を掲げて戦争拡大を批判する経済界（の中心部）の動向を無視できなかった。モロッコで植民地国家の共同が実現するまで議会なき強権的体制の諸手段発動をもって撤退の危険の主張を抑え込んだプリモ・リベーラ体制は、他方で経済への危険の主張を長期にわたって公にさせたのである。我々には容易に理解できるように、2つの危険（の主張）を退けえる（た）のは、ただ「勝利」による戦争終了のみとなる（となった）。

3.3.「現地」の歓迎

　「現地」はプリモ・デ・リベーラ体制のモロッコ戦争政策と引き続く戦闘

状況をどのように見ていたのか。本章2.3.と同様に『リーフ通信』の紙面からそれらを探ってみよう。

『リーフ通信』がプリモ・デ・リベラ政府の成立をただちに歓迎したのは言うをまたない——「たいへん望まれていた刷新の運動が始まっているようだ」（23年9月15日）／「刷新運動の勝利」、新体制樹立に対して「我々は自らのつつましき支持と熱烈な協力を惜しまない」（同18日）／「国家の刷新によるスペインの救済」（同20日）／「我々は革命的時期にいると言ってよいだろう」（編集長ロベーラ。同23日）[1]。

プリモ・デ・リベラ政府成立当初に『リーフ通信』がとくに歓迎したのは在アフリカ軍総司令官の兼職など高等弁務官の権限が（再び）強化されたことである。ロベーラはこれを「行政の分権化」と呼び、さらなる「分権化」を新体制に期待した——「我々は何度も旧来の中央集権的形態を打破して保護領に分権化を導入することを要求してきた……」、「陸軍省［在アフリカ軍を管轄］と外務省［高等弁務官庁を管轄］の二重の存在は政治と行政の悪しき習慣を刷新する体制［＝プリモ・デ・リベラ体制］のもとでは存続しえない」（23年11月下旬）。ロベーラが求める「分権化」の意図は、メトロポリにある政府（の交替によるモロッコ政策の継続性の欠如）、また国会や県・市議会などの議会（での討議や決議）に左右されないモロッコ植民地での（主にスペイン軍人より成る）行政的・軍事的権限の確立のことである（戦闘はマドリードではなくモロッコで決せられる。本章2.3.）。それ故、23年末にプリモ・デ・リベラ政府が総理府がモロッコ政策の立案と執行を専一的におこなうプランを示したとき、ロベーラはこれに対してむしろ警戒の言を発した——「大事なことは保護領でやることの決定に関しては高等弁務官に大きな権限を与えることである」（12月中旬）／「ある人々が考えているようなモロッコ総局は官僚機構をもう一つ増やすことであり、他の多くの機構と同様にたいへん有害であり、権限外のことに口を出すものとなろう」（同月下旬）。24年1月中旬、総理府内にモロッコ局を設置するとの政令が出されたのと同じ日に、高等弁務官はモロッコ保護領において「全権を預託される」と規定した他の政令が出されたのは（3.1.1.で既述）「現地」（『リーフ通信』だけでなく、とくにアフリカ派軍人）の「分権化」要求を少なくとも制

度上は取り入れたものと解しうる[2]。

　ほぼこの頃の24年初頭から『リーフ通信』にはプリモ・デ・リベーラ政府の戦争政策への批判は全く見られなくなる。プリモ・デ・リベーラ政府絶賛の論調も多い。これは間違いなく検閲（とそれを意識したこと）によるものである。戦闘報道は軍が公式に提供したもののみである。「半ば放棄」政策についても批判は見られず、撤退作戦もそのまま報道されるだけである。ベン・ティエブ事件やフランコらの反乱未遂事件についての言及・報道もない。例外的なこととして注目されるのは『植民地軍雑誌』24年4月号のフランコ論稿への好意的論評である（「これ［フランコの主張］は『リーフ通信』がいつも主張して来たことである」。24年5月下旬）。しかしその後の『植民地軍雑誌』の停刊について『リーフ通信』は触れることがなかった。同年11月下旬に、『植民地軍雑誌』は「様々な困難を抱えている」ようだが、その再刊を望むとの論評が現れた（だけである）[3]。以上の状況からして、『リーフ通信』の紙面からプリモ・デ・リベーラ体制期の「現地」の反応を探ることには多くの困難が伴う（「半ば放棄」政策やとくに撤退作戦の実行の際には間違いなく大きな不安が存在しただろう）。それでも（アフリカ連盟などとは異なって）「現地」にいるが故のいくつかの反応を窺い知ることも可能である。

　まず、プリモ・デ・リベーラ体制以前と同様に「破局」の「責任」追及に非常に消極的だった。24年6月にベレンゲールが有罪とされると、『リーフ通信』はプリモ・デ・リベーラ政府が恩赦を与えるまでベレンゲール擁護の一大キャンペーンを張った（これは現地アフリカ派軍人のやらせだろう）。次に、やはりプリモ・デ・リベーラ体制以前と同様に、フランスとの協力をそれが実現するまで主張し続けた（撤退作戦方針が明確となった24年8月からプリモ・デ・リベーラ政府が西仏協力に動き始めた25年5月までに集中）。さらに、やはりプリモ・デ・リベーラ体制に入ってからも、スペイン領から追い出されたスペイン人入植者たちへの補償運動を支援し続けた（もっと補償金を増額せよ、その対象者を広げよ）[4]。

　とくに注目してよいのは、リーフ側（またメリーリャ市内に住むモーロ人）への揺さ振りと在住スペイン人の鼓舞を意識した『リーフ通信』のいくつかの論評・記事・呼びかけである。まず、スペイン人の威信と優位は崩れてい

ない、モーロ人は恐れるに足りないとの励まし——「リーフ人とジェバーラ人は自分たちがスペイン人より強いと思っているが、これは1909年から今日までに見られた［我々の］嘆かわしき弱さから生じたものなのだ」、そうではなく「反乱者にスペインの力の優越さを見せつけるのだ。そうすれば彼らはその不当な態度を投げ捨てるだろうから、大難事と見えることもたやすくかたづくのだ」（ロベーラ、24年8月）／「スペイン軍はバヌワリャガールの傲慢さをたたいている」（25年9月、アルホセイマ上陸作戦成功）／「バヌワリャガールの頭目［アブドゥルカリーム］の思い上がり」（26年5月、ウジュダでの交渉に関して）。次に、リーフ側の無力の意図的強調と揶揄——「リーフ共和国」などは存在しない、これは「モーロ風の空想劇」なのだ（24年6月）／反乱地域で「アブドゥルカリーム反対の動きが強まっていることに疑いの余地はない」（25年12月）／「アブドゥルカリームの権威はほとんどなきに等しい」（26年1月）。さらに、アブドゥルカリーム兄弟とその家系の分裂についての意図的宣伝——「アブドゥルカリームの家族はどのように分裂したか」（25年10月、アブドゥルカリームのいとこのスライマーン・ハッタービーが以前から「我らの友人」だったことに関して）／アブドゥルカリーム兄弟は対立していて、弟はヨーロッパに逃亡しようとしている（これは虚報。26年4月）／弟は、信頼を置けないということで部下を解任した（これもほぼ虚報。同月）[5]。

　最後に、アブドゥルカリームのフランス軍への降伏の報に際しての『リーフ通信』のコメント（26年5月末）は自らの優位感を（今回は冷笑をもって）あらためて見せようとしたものである——「ならず者」アブドゥルカリームは「スペインの高潔さからしてあるはずもない報復を疑いもなく恐れて、隣の地域［フランス領］に避難先を求めたのだ」、また「偽りの言葉でもってだまして来た諸部族の怒りも恐れて降伏したのだ」、「ムスリム世界のカリフを名乗ろうとした者は台座から転げ落ちるときに立派な振る舞いができなかった……。イスラームのカリフ、アブドゥルカリーム！　何と皮肉なことか！」[6]。

3.4. 軍アフリカ派のマニフェスト

　既に見たように、「現地」の強硬派軍人たち＝軍アフリカ派はメトロポリの政府や社会の「敗北主義」、「放棄主義」に対してしばしば強い不満を表明していた。プリモ・デ・リベーラ体制期になってからアフリカ派軍人たちは自らのマニフェストの場を立ち上げる。24年1月の『植民地軍雑誌』（セウタ、月刊）の発刊である。『植民地軍雑誌』の初代編集長はケイポ・デ・リャーノであり、フランコをはじめ他の7人のアフリカ派の現役軍人が編集部を構成した。以下に見るように、現役軍人のほかに、アフリカ連盟理事長ゴイコエチェーア、『リーフ通信』編集長ロベーラ、さらにルイス・アルベニスなどモロッコ問題専門家も『植民地軍雑誌』に協力した。『植民地軍雑誌』の主張とそれに対する政治権力側の対応はプリモ・デ・リベーラ体制期の軍アフリカ派の存在意義を示すものであり、また、彼らの軌跡そのものでもある[1]。

　『植民地軍雑誌』創刊号で編集長ケイポ・デ・リャーノは「我々の目的」を述べる――「為政者たちの腐敗」、カシキスモ、アナーキストたちの「破壊的行動」、以上によって「スペインは無政府状態の奈落の淵にいた」、幸いにも「心ある人々」が「ムスリムの宿命論によって眠らされていたスペイン的精神」[「現地」ならではのこの対比にも注目できる]を再興させる事業をおこなった[＝プロヌンシアミエントとその成功による新体制樹立を歓迎]、「我々のモロッコでの行動から得られた教訓を広めること」が本誌の役割である。創刊号および第2号で同誌に集ったアフリカ派軍人たちの（リーフ戦争中を通じてほぼ変わらない）主張がもうほぼ全面的に展開される。それらは次の5つである。①モロッコ放棄などはありえない。さらに、軍事的攻撃こそモロッコ問題を「解決」できる――「敵」はスペイン領東部地域でのスペイン軍の態度を「臆病で無能」だと見て攻撃して来た、彼らは「笑うべき共和国のまね事」をした、「我々は問題は完全に解決可能だと考えている」、ス

ペイン人たち［というより、むしろ自分たち］は「祖国の誇りが要求するなら、［モロッコ］問題に決然と立ち向かうべきである」と考えるだろう、というのは「早急に解決するために必要とあれば、生命と金銭の一時的犠牲はあってもよい」と考えるだろうからだ（ケイポ・デ・リャーノ）／「我々はバヌワリャガールを制圧したときにリーフ戦争を終わらせることができよう」／軍事的にも、政治的にも、また経済の点でも「アルホセイマに行く必要があるのだ」（ゴイコエチェーア）。②植民地での戦争のためによく準備された有能な将校をモロッコに集めること――我が将校たちはモロッコでの「特別の任務のための準備」を欠いている、これが今までの多くの失敗の一大要因なのだ（モラ。FRI司令官、陸軍大佐）。③原住民兵とくにFRIを重用すべし――「このような［植民地での］戦争のための準備を欠く多くの［イベリア］半島の部隊」が動員されて大量の人的損害が起きると半島で大きな反響が起こる、FRIの比重と効率を高めるのが軍事的にも政治的にも経済的にも好都合だ、FRIの給与を上げ、彼らに年金・住居・死亡手当（家族に）などの便宜を与えるのがよい。④メトロポリの人々や世論は植民地のことについて冷淡だ――メトロポリの新聞は「ほとんどの場合に国の利益にとって有害」である（テビブ・アルミ［ルイス・アルベニス］）。⑤フランスとの協力（この主張の故にリーフ戦争中にはタンジャ要求については抑制的）――スペインはタンジャを放棄すべきでない／パリ協定［23年12月］は「悲しむべき衝撃」だが、タンジャの国際化は「より小さい悪」として受け入れよう／（プリモ・デ・リベーラ政府のパリ協定署名の報に）これによって「ラテン・地中海［西仏］2大国家間の友好的で兄弟のように誠実な良き政策」が始まることを熱烈に望む。創刊号掲載のフランコ論稿は上記②、③、④のいずれも（①の一部も）含むものだった――09年に我々はあわててモロッコに闘いに行ったがこれは「不人気」だった、モロッコは「国［メトロポリ］の冷淡さによって多くの犠牲が生じている地」である、「指導部の選定と彼らが戦争の課題と実践を認識していること」が大事である、「憎悪を呼び起こすことなく［敵を］懲罰しなければならない。今日の敵は明日の味方なのだ」［＝原住民を我々のために利用しうる］、「原住民の気まぐれで感傷的な性格や彼らの間の抗争や対立を我々の政治的行動や平定行動のために利用すれば、成

果を得るときが来る」、「任務のために固く団結する道を歩めば、我々はこの大きな戦いに勝利することができよう」[2]。

　以上の主張（とくに①、④）の故に、『植民地軍雑誌』は経済界から出されたモロッコ戦争遂行＝経済への危険論に対し徹底して反発した。それは24年3月の商業会議所最高評議会の覚書（3.2.で既出）に対する反応に明瞭に見られる——この覚書は「敗北主義的メッセージ」で「放棄主義的要請」だ、赤字財政解消の必要性を言っているが「貨幣にあまりに執着し過ぎている」、「スペインのような栄光の伝統を持つ国が……その国民の多くの死体が埋まっている地を放棄できる」と思うのか、「[モロッコを]放棄することによってたとえ財政の赤字が減ったとしても、その犯罪的なへまによってスペインが損なってしまう栄誉をその金(かね)で買えるというのか？　スペインの利益を全く顧慮しない他の保護国家が支配するモロッコが対抗してくることの方が我が国の商業にとってもっと危険ではないのか？」（24年3月号、傍点原文イタリック体）／「スペインはアフリカでの[戦争の]費用を賄える経済力を十分に持っている」、この覚書は「商人諸君たちの自己中心的で悲観的な駄弁」である（ルイス・アルベニス、同年4月号）。メトロポリでは『スペイン・アフリカ雑誌』にも『経済・財政雑誌』にもこの覚書への論評が出なかった（出せなかった）のに、『植民地軍雑誌』が激しい論難（プリモ・デ・リベーラ政府の政策に対する批判ともなっている）を公にしえた理由としては、プリモ・デ・リベーラ政府の検閲の目がセウタまで届かなかった（これには高等弁務官による許容も加えられる）、創刊直後の故の様子見、それに「現地」の軍人たちへの遠慮（手をつけられない）が挙げられうる（おそらく以上のすべてが絡んだのだろう）[3]。

　24年5月までは上掲①‐⑤の主張が多少の濃淡といくつかのバリエーションをもって繰り返された。①アブドゥルカリームは「アフリカ問題がスペインで不人気なことを知っている」、それでもアブドゥルカリームの力が強大というわけではない、「我々の不動で決定的な目標はバヌワリャガールであるべきである」（3月）／「モロッコはスペインの最大の懸念事項である。……それ故に多くの人々がモロッコの放棄を求めていることもわかる」、しかし「スペインが萎縮するよう求めること、スペインがモロッコから撤退す

るよう求めることは完全な誤りである」（5月）／「モロッコは我々にとってはそれだけで偉大さの源になるものだ」（ミリャン・アストライ、5月）。②「軍には常に報奨があるべきである」、「この地［モロッコ］での勤務を希望する［将校の］数が日に日に減っていることはよく知られている。この地で直面せねばならない犠牲に見合うだけのインセンティブと報奨がないからである。大多数の将校たちは義務的な勤務期間が早く過ぎてもっと快適なポストを得るためにスペインに帰れることを望んでいる」、モロッコ勤務の将校への報奨を主張する、そうすれば「その能力を確かめようとして、危険をものともせずにむしろそれを求めて［モロッコに］自発的にやって来る将校たちがたくさん出てくるだろう」（ケイポ・デ・リャーノ、3、4月）。③既婚の原住民兵が家族と暮らせるための居住地を勤務地の近くに造成するのがよい（4月）。④「国民の無関心こそ［モロッコ問題の］最大の敵」である／モロッコ問題について「国は疲れている」、「私は長くアフリカで勤務しているが、多くの同僚たちがスペインではこの戦いが歓迎されていないことを嘆くのを聞いてきた。彼らは［メトロポリでは］軍の事業に対する歓迎もなく支持もないことを苦々しく語ったのだ」／メトロポリの新聞の大多数はモロッコ問題について「大いなる不信」を示している、「今回、実際に大衆的騒ぎにならなかったのは疑いもなく検閲が存在したからなのだ」（ルイス・アルベニス）（以上、すべて3月）。⑤「手っとり早くかつ率直に言うが、フランスとの誠実で断固たる協力がなければリーフでの我々の保護領を立ち上げることはもはやできないのだ。敵は同一なのだから我々は互いに相手を必要としているのだ」（4月）。以上の文言を見るだけでも、24年の春に、「現地」のしかも戦闘（をさせる）当事者たちがメトロポリからは距離をもって見られ、また原住民に対しては優位に立てずにいて、自らが置かれていた状況を大いなる不安をもって認識していたことを理解しうる（以上が公表されえたのは、やはり前述の理由によるだろう）[4]。

　しかし、この時期に最も注目されたのは（やはり、また）フランコによる論稿「受動と無為」（4月号）だった——「戦争における受動と無為はかならず敗北をもたらす」、「旧来からの既に意義のないことがわかった［モロッコ人］引き寄せ政策」は敵が降伏したときや抵抗が打破されたときには有効

だが「我が戦線で戦火を交えているときには有害だ」、「24年の春は我々の活動を休眠状態から解放させるだろう。…しかし我が経済屋たち［商業会議所などの経済界を指すのだろう］が戦争の皮算用をする前に抵抗の拠点を鎮める必要があり、武装解除をして制圧地域を平穏にする必要がある。そうでないとちょっとした風が吹けば我々がつくり上げたものは灰になってしまうだろう」（傍点原文イタリック体。…の部分は原文通り）。容易に理解できるように、このフランコ論稿はプリモ・デ・リベーラ政府の「放棄主義的」政策に公然と挑戦したものだった（ルイス・アルベニスは後の『植民地軍雑誌』（24年6月号）で、フランコ論稿は「在アフリカ・スペイン軍の精神状況を表している」と評した）。『リーフ通信』が（おそらく「現地」の軍人の威を借りようと飛びついて）フランコ論稿を好意的に紹介したほか、メトロポリのいくつかの新聞もこの論稿を転載した[5]。

　5月末になってプリモ・デ・リベーラ政府はそれまで許容していた『植民地軍雑誌』に牽制を加えた。ケイポ・デ・リャーノをセウタ軍管区から一時異動させて、編集長辞任に追い込んだのである。これ以降の『植民地軍雑誌』にはプリモ・デ・リベーラ政府の政策と相反する論評や論稿は載らなくなった。注目できる論稿をあえて見つけようとするなら、以下を挙げうる――（ベレンゲール有罪の報に）ここに「このたいへん悲しむべき犠牲［責任問題］の結末」がある（6月）［『リーフ通信』の場合と同様に、これは体制の許容範囲］／フランスとの協力の主張（8月）［同上］／「生命と財政に犠牲を与えるばかりであるモロッコ問題を終わらせることが国の偽りない願い」となっている、誰もが勝利もしたいがまた犠牲も望んでいない、「国の世論を満足させることは可能だろうか？」、メトロポリからは志願兵だけにして植民地兵（FRI、外人部隊、大規模なハルカ）を増やせばよいのだ、部族の制圧と武装解除が進めば商業活動が活発となり税収が増大するだろう、かくして「メトロポリの負担は次第に減っていくだろう」（後の「共和政の殉教者」のガラン、8月）［随分と単純な見通しだが結局は原住民の犠牲と負担の増大方策。プリモ・デ・リベーラ政府の政策を一部代弁］。結局、24年9月をもって『植民地軍雑誌』は停刊となってしまった（停刊処分によるのかどうか不詳。もちろん同月のフランコらの反乱未遂事件が絡んでいよう）[6]。

25年1月にフランコが編集長となって『植民地軍雑誌』は再刊された（再刊に至る事情も不詳）。新版『植民地軍雑誌』にもプリモ・デ・リベーラ政府にとって無害な論評・記事のみが載った。積極性の唯一の表れはフランスとの協力を主張し続けたことであろう（これは『リーフ通信』と同じ。この主張をもってロベーラも『植民地軍雑誌』に登場）。それ故、25年6月に西仏会談が開始され、その後フランスとの共同軍事行動の準備が始まると、『植民地軍雑誌』はこれを大いに歓迎した。ところで、25年8月にプリモ・デ・リベーラが『植民地軍雑誌』の「協力者」として同誌に登場し、告白めいた論稿を寄せた――「よく知られているように、私はモロッコのこの面倒なことをつつくことにけっして賛成ではなかった」、でもこれは21年［アンワールの「破局」］以前のことだ、モロッコのことが「スペインにとって害になるかもしれぬ」状況となったとき「私の見方は変わり、この出火［リーフでの抵抗］を鎮める必要があると見るようになったのだ。その炎が広がり、ボルシェヴィズムのうちわであおられて我々の家そのものを燃やすことになるかも知れなかったからだ」。既に見たように（本章1.1.2.）、プリモ・デ・リベーラは「破局」の後でもモロッコ放棄を国会で主張したから、この「告白」は正確ではない。上掲論稿はアルホセイマ上陸作戦直前にプリモ・デ・リベーラがアフリカ派軍人に幾分か媚びる姿勢を見せたこと、またプリモ・デ・リベーラもリーフの抵抗・運動を共産主義（ボルシェヴィズム）の「陰謀」と結びつける論に乗ろうとしたことを示している[7]。

アルホセイマ上陸作戦が始まると、『植民地軍雑誌』にはフランコの戦闘体験記をはじめ実戦記、戦術・戦略論などが載った。25年10〜11月の「カンボープリモ・デ・リベーラ論争」において『植民地軍雑誌』がカンボを非難したのは言うをまたない――カンボは「矛盾」し「混乱」している、「スペインが地中海の政治の構成要素であるということは……我々をさらに強くモロッコと結びつけるのではないだろうか？」（11月）。26年に入ると、モロッコでの攻勢の主張が全面的に展開される。今回もその先頭に立ったのはフランコだった――「制庄地の全面的な武装解除それに前線と正面の部族への前進のみが、我々が夢見た平穏な日々をもたらすことができるのだ」（26年1月。傍点原文イタリック体）。アブドゥルカリーム降伏直後の26年6月、「終

わりの始まり」と題する論稿でフランコは書いた——「先手、行動、死守…これらが勝利の最高の要素だった。今回は優柔不断や躊躇に悩まされることがなかったのだ！」、「しかし勝利の美酒に酔わないことが必要だ。動揺も冒険もすることなく、確固とした確実な道を歩むことが絶対に必要なのだ」（…の部分は原文通り）[8]。

プリモ・デ・リベーラ体制のモロッコ戦争政策・指導において（も）、「現地」のアフリカ派軍人たちは自らのイニシアティブで振舞えたのではない。25年9月に攻勢が開始されるまでは、一方でメトロポリの「冷淡」さ、他方で原住民を「懲罰」できない状況に囲まれていた。しかし、彼らは戦闘（をさせる）当事者であり、何よりもモロッコ植民地のこと（モーロ人の対処の仕方）をよく知っていた。モロッコでの植民地戦争の勝利は彼らの存在意義をメトロポリにも原住民にも知らしめることになる。何よりもリーフ戦争中に軍アフリカ派は自分たちを独自のグループとして明確に意識することになった[9]。

小括

リーフ戦争中（21～27年）のスペイン軍の死傷者については、陸軍省が提供したという次の数字がある——スペイン人将校の死者（行方不明も含む。以下同）874人・負傷者1,652人／スペイン人兵員の死者14,338人・負傷者14,528人／原住民兵の死者2,372人・負傷者9,714人／以上を総計した死者17,584人・負傷者25,894人。上掲の諸数字は実際よりかなり少ないと見ることができる。しかし、今のところ実相により近い数字を示すのは難しい。他方で、リーフ側の死傷者数を知るのは今のところさらに困難である[1]。

「我々がモロッコを支配しているというよりも、モロッコが我々を支配し

ている。ナポレオンの侵入以来スペインが外の力によってこんなにも打ちひしがれたことはなかった」。アサーニャは自らの編集になる雑誌での連続論説（23年7〜9月）でこのように述べた。本章で論じてきたことからもわかるように、これは同時代の1共和主義者の慧眼だった[2]。

　本書の「序」で設定された本章の3大課題については既に本文の中でおおよその結論が示されている。結局モロッコにおける植民地国家の共同行動こそがリーフ人の抵抗を打ち負かしえたことは明らかである。この共同が可能となるまでは、スペイン政治・社会はリーフ人の抵抗力を前にしてまさにリーフ人によって「支配」されていた。この間、「現地」スペイン人社会の動揺は激しかった。メトロポリでは、アフリカ連盟などがモロッコ植民地維持のための積極的な軍事的・政治的行動を主張したが、経済界の中心部はもはや戦争拡大を望まなかった。プリモ・デ・リベーラ政府－体制も、経済界の意向をにらみながら、ついに植民地国家の共同に持ち込んだのである。体制批判勢力はスペイン国家による植民地戦争遂行を牽制できる前にプリモ・デ・リベーラ体制の成立を見てしまった。

　とはいえ（あるいは、以上の故に）、スペイン政治・社会の動揺は直接的にはモロッコでのスペイン軍の「敗北」の責任に集中した。つまり、全般的に見るとスペイン政治・社会は「敗北」しなければ植民地支配・戦争の是非や責任を問おうとはしなかった。「勝利」して戦争が終わると、植民地に「支配」されることはなくなったのである。他方で、スペイン人の多くはスペイン国家の兵員としてモーロ人と積極的に闘おうとしたのでもない。

　プリモ・デ・リベーラ体制もまた内戦によって共和政も崩壊した後の第2次世界大戦中に、かつて25年にプリモ・デ・リベーラによって「旧体制の政治家たち」の1人と呼ばれたロマノーネスは回顧して書いた――「モロッコでの文句なき成功の後で権力から手を引いておれば、プリモ・デ・リベーラは大なる功労者ということになっただろう」。ほぼ同様のことを現代の著述家パンドも言う――モロッコ戦争終結の直後に政治から手を引いていれば「プリモ・デ・リベーラは、今日スペイン民衆の伝説的救世主として記憶されることになっただろう」[3]。見られるとおり、両者とも植民地戦争に「敗北」したから責任が生じたのであって、「勝利」すれば政治権力者はスペイ

ン国家への一大貢献者だという立場に立っている。しかし以上のことは逆から見れば、モロッコ戦争の「勝利」こそプリモ・デ・リベーラ体制前半期の最大の意義だったこと、モロッコ戦争の「勝利」こそ体制の存続とその後半期への転換を可能ならしめたことを含意している[4]。

　18年間のモロッコ戦争が終了しても、スペイン領の平定完了と本格的な原住民統治の開始はさらに3～4年を要した（30～31年頃。つまり、メトロポリでの共和政宣言の直前）。また、モロッコ植民地経営（とくに投資と交易）がただちに本格化したのでもない。スペイン経済（界）の中でモロッコ植民地に関わる部門やグループは相変わらず少数派だった（20年代後半のヨーロッパ経済の復興によって、多くの経済部門がヨーロッパ諸国との関係に傾いていったことがこれに大きく関係した）。しかし、スペイン政治における軍の役割という点ではリーフ戦争は決定的とも言える結果を残した。今やアフリカ派が優勢となった軍部にモロッコ植民地（原住民、植民地行政機構、軍事基地、それに植民地軍）が与えられたのである。軍アフリカ派はこの後さらにリーフの「敗北者」を軍の「協力者」に転化させることをこころみる[5]。このような装置と人員を備えたモロッコ植民地を得た軍アフリカ派はその後メトロポリの共和政と内戦においてときに決定的な役割を果たすことになる。

第Ⅱ章　リーフ戦争におけるスペイン軍の空爆と毒ガス戦
―― 「空からの化学戦」による生存破壊戦略の初の展開か ――

134　第Ⅱ章　リーフ戦争におけるスペイン軍の空爆と毒ガス戦

はじめに ── 問題状況 ──

　2000年7月、モロッコ北部リーフ地域の中心都市アルホセイマで毒ガス犠牲者協会が結成された。同協会の会長の言によると、協会の目的は「［リーフ戦争で］スペインとスペインを援助した諸国に対して、［毒ガス使用について］少なくとも謝罪を求める」（『エル・ムンド』紙による）ことだった。翌01年4月、同協会はアルホセイマで集会を開催した（モロッコ政府の措置により中途で中止）。02年1月には、かのアブドゥルカリームの子息サイード・ハッタービー（在カイロ）がリーフ戦争での毒ガス使用に関してスペイン政府に補償を求める書簡をモロッコ紙に発表した。サイード・ハッタービーは同月にアルホセイマで開催予定だった毒ガス犠牲者協会の集会で上述の趣旨の発言をしようとしたが、この集会もモロッコ政府によって禁止された[1]。
　上述の諸主張の表明は、現地調査も踏まえてスペイン陸軍文書などに基づいてリーフ戦争中のスペイン軍の毒ガス使用を明らかにした著作・研究がこの頃に英語・スペイン語で相次いで公にされたことと連動していた[2]。実は既に1990年に本格的な調査と研究に基づいてドイツで出されていた著作がリーフ戦争での大量の毒ガス使用について明らかにしていた[3]。しかし、スペイン（とヨーロッパ）の新聞や世論などはこれをほとんど無視していた（現在でも同書のスペイン語版は出ていない）[4]。また、1968年と91年に英語で書かれたリーフ戦争についての著作にも簡単ではあるが毒ガス使用についての言及があった[5]。さらに後の本論で利用・紹介するが、スペイン軍人の回想録（初版は1964年）や実体験に基づいたスペイン人小説家の作品（初版は1930年）にも、またアブドゥルカリーム自身の回想記（1927年）にも、リーフ戦争末期（1927年）と戦争終了3年後（1930年）に書かれたリーフ戦争についての著作にも、さらにリーフ戦争中のヨーロッパのいくつかの新聞・雑誌に

もリーフの地でのスペイン軍の毒ガス使用が叙述・指摘・報道されていた（戦争中の公然たる毒ガス使用の要求、同じく戦争中のスペイン軍・政府の毒ガス戦計画の一部リークとこの計画についての1987年の研究報告についても本論で述べる）。

本章は上に挙げた1990年以降の研究成果を踏まえ、先行研究が未利用のスペイン陸軍文書も多く用いて、リーフ戦争におけるスペイン軍の毒ガス戦の実態とその意義、それに毒ガス戦と深く関連しながらも独自にかつ長期間にしかも徹底的におこなわれた空爆の実態とその意義を明らかにすることを主要課題とする。本論で明らかにするように、リーフ戦争での空爆と毒ガス戦は戦闘員（といっても保護領の住民）だけでなく住民、居住地、市場、役畜、生産物などの徹底的破壊を意図して実行されたものであり、両方相まっての規模と意義において史上初と見なされうるものである。さらに、戦争中から大規模な空爆と毒ガス使用が知られていたにもかかわらず、なぜこのことが長きにわたって明らかにされず、またなぜ（スペインだけでなく）ヨーロッパないし世界の世論で取り上げられず告発されずにいた（る）のか（さらに、モロッコ政府も実態解明や犠牲者擁護に消極的なのか）も考察の射程に含み込んでゆきたい。

1. 毒ガス戦の本格的開始と政府危機

スペイン軍機の戦場への初登場はスペイン領モロッコにおいてだった。（保護領化以前の）09年7～8月に飛行船が偵察活動と地図作成のために初めて東部地域上空を飛んだ。13年11～12月には航空機が西部地域で初の偵察と爆撃をおこなった。これ以降、第１次世界大戦時の中断をはさんでモロッコ各地で何回かの空爆がおこなわれた。13年2月には陸軍航空隊が、17年9月には海軍航空隊がそれぞれ創設された。これらの部隊の行動地域はやはりモ

ロッコだった（スペインは第 1 次世界大戦に参戦しなかった）。他方、スペインの国王と政府は大戦で毒ガスが使用されたことを見て、大戦末期の18年前半から毒ガス獲得に動き出した。ドイツびいきだった国王アルフォンソ13世は18年前半（月不詳、しかし 5 月以前）にドイツ政府・軍に対して毒ガス弾の見本と毒ガス製造装置についての情報を得たいと要請、ドイツ側はこれに応えた。翌19年 1 月にスペイン政府はフランス政府に対して戦車、航空機、大砲とともに航空機用の毒ガス弾とさらにガスマスクを入手したいと要請したが、これは叶わなかった。同年 8 月には国王がドイツに使者を派遣して毒ガスを含む兵器購入をこころみたが、これも成功しなかった。早くもこの頃に国王が毒ガス弾を航空機から投下する作戦の準備を推進していたことが明らかになっている。この19年には陸軍に化学戦部が設立された。以上の毒ガス・化学兵器への多大な関心と工作の動機がモロッコでのそれらの使用の意図にあったことはほぼ間違いない[1]。

　スペイン政府と軍をして毒ガス弾の獲得と使用（さらには空爆の強化）に決定的に走らしめたのは21年 7 月のアンワールの衝撃だった。早くも翌 8 月には毒ガス戦の準備が開始され、また公然たるその使用の主張が現れた。同月12日、高等弁務官ベレンゲールが陸相宛電報で「窒息ガス」使用の意思を表明、陸相もこれに同意した（第Ⅰ章 1.1.1. で既述）。16日には次の政令が出された（13日に成立したマウラ政府の初仕事の一つ）――「モロッコ向けの軍需品と戦争物資の生産のための軍需工場拡張」のために特別予算を計上する。ここに言う「軍需品」や「戦争物資」とは実際には毒ガス弾やその関係物資のことだった。22日（ 2 日前にモロッコでの戦争に関する報道への検閲が緩和された）、マドリード県令はマドリードの新聞に対して命じた――「窒息ガス、戦車、航空機から投下される爆弾、その他モーロ人に対して用いられたりあるいは用いられることになる他のどのような現代戦の方法についても報道しないこと」。24日には、リーフでの抵抗に驚いた有力な 1 友好モーロ人がマドリードの新聞で、戦車も窒息ガスも使えとの意見を表明した。翌 9 月の 5 日には、元軍人の保守党下院議員が軍内紙『軍通信』で、在アフリカ軍航空隊の組織化が遅れていることと窒息ガスが使用されていないことを嘆いた。この議員は10月10日にも同紙で同様の主張をした――多くの人は

「航空機と窒息ガス使用の大なる意義」をよくわかっていない。10月14日には、毒ガス弾取り扱い規則が定められた。実はスペイン軍はアンワールの「破局」以前に既にフランスから供給された催涙ガス弾とこのガスの充填装置をメリーリャに保有していた。つまりスペイン軍は化学兵器を既に保有していた。ただ、「破局」まではこの種のガス弾を用いなくともリーフの抵抗を打破できると見ていたようだ[2]。

　「再征服」作戦が実質的に開始された時期には、モロッコの地で空爆を強化し毒ガスを使えとの主張がさらに増幅してゆく。21年10月8日、国王はベレンゲールに次の電報を送っている——「ガスでリーフの田舎を壊滅させるために、また早急にかの地で我々の力を彼らに知らしめるために爆撃隊を君に派遣できないでいることは無念である。一度に全軍機を動員すればその効果はかなりのものとなる。そうすれば7つ8つやそれ以上の［リーフの］拠点は徹底的に潰されてしまって抵抗できなくなると思うのだが」。ここには毒ガス戦と空爆を同時に激しくしかもできるだけ早く実行したいとの意思が明確に表されている。10月20日に開会した国会（第Ⅰ章で見たように、「破局」後の初の国会）では、下院で3人の保守党議員が空爆強化と毒ガス使用を（公然と、また公式に）要求する発言をおこなった（うち1議員は前掲の『軍通信』での主張者で、『軍通信』とほぼ同内容の発言をした。他の1議員は窒息ガスは「絶対に必要」だと述べた）。12月下旬にはマドリードの1新聞がどんなに残虐であっても毒ガスを使えとの無署名論説を2回にわたって載せた——我が軍機はモーロ人の農地や居住地を爆撃している、かくして部族民の間に「恐怖と混乱」をもたらしている、空爆それに窒息ガスは物的損害だけでなく「精神的効果」も生じさせるからこれを徹底的にやるのがよい。実際に「再征服」作戦では少なくとも21年10月から空爆がおこなわれた（航空隊は空爆と銃撃のほかに、「敵」の居場所の察知と軍艦や砲兵隊の発砲目標を正確に知らせるための偵察活動、スペイン軍陣地への武器・食糧・水などの投下をおこなった。またリーフ戦争では飛行船と水上飛行機もこれらの活動に加わった）。他方、21年11月にスペイン軍がガス弾を大砲から発射させたとの当時の在モロッコ・フランス語紙の報道があるが、今のところその確証はない[3]。

　この間に毒ガス（弾）入手のための工作が開始されていた。スペイン政

府・軍が優先したのはドイツだった。21年8月下旬にはドイツ軍との接触が確認されている。11月（旬不詳）に、ドイツ軍との合意に基づいて、ハンブルクの化学企業主シュトルツェンベルク（「毒ガスの父」F・ハーバーの協力者で、第1次世界大戦後に連合国からドイツ軍の毒ガス処理を委ねられていた。またドイツ軍のソ連での秘密裏の毒ガス製造協力にも関わっていた）がマドリードに来た。シュトルツェンベルクは12月中旬にマウラ首相、カンボ財務相、シエルバ陸相と会見、ここで毒ガス物質・技術供給の協定案が作成された。ただ協定署名に至ることはなく、シュトルツェンベルクは12月末に帰国した。とはいえ、何らかの合意によってこの頃にはドイツからの毒ガス（ホスゲン）移送が始まっていた（22年1月にハンブルク港でスペイン（おそらくメリーリャ）行きの船でガス爆発事故が起きたことが記録されている）。シュトルツェンベルクは22年春（月不詳）に再びマドリードに来た。この滞在中にシュトルツェンベルクはモロッコの地での毒ガス使用にはイペリットが適当であるとの結論を出した。シュトルツェンベルクが3たびマドリードにやって来たのは同年5月だった。シュトルツェンベルクによると、サンチェス・ゲーラ政府の4閣僚が秘密資金からの支出（額不詳）を承諾したので、6月上旬に、マドリード県アランフェスのラ・マラニョーサに工場（国立アルフォンソ13世化学生産工場の名称）を設立しここでシュトルツェンベルク社が指導して毒ガス製造にあたるとの協定が成った。行動の便宜のためにシュトルツェンベルクにはスペイン国籍が与えられた。前述の協定のほかに、同月にはドイツの1企業の支援によるガスマスク製造工場設立の協定も結ばれた。この後ドイツの他の企業はスペインの工場で爆弾製造の技術指導をおこなった（協定によるものかどうかは不詳）。以上のやりとりはシュトルツェンベルク個人の判断によるものではけっしてなく、ドイツ軍が当初からこれらの交渉に関わっていたことを指摘しておく必要があろう。ドイツ（政府・軍）との交渉がやや長期にわたることになった理由としては、スペイン政府・軍内にフランス（政府・軍）との関係を優先する派が存在したこと（クンツとミュラーが挙げる理由。時期や質・量は不詳だが、この間にフランスから毒ガス物質が供給されていた）、同時にイタリア政府・軍に対しても入手工作がなされたらしいこと（エルナンデス・ミールは、23年においても独・伊において毒ガス獲得工

作がなされたと述べている)、21年末以降に政府内に明らかな戦争慎重派が現れたこと(第Ⅰ章1.1.、1.2.で既述)、供給すべき毒ガスの種類の選定・調査と輸送手段の検討にドイツ側が時間をかけたこと(ドイツでの毒ガスおよび毒ガス物質の製造はヴェルサイユ条約違反だった)、ドイツ国内の政治情勢の推移、さらに捕虜解放問題との関連(本節で後出)が考えられる[4]。

　陸軍文書によると、22年に入ると空爆は激しくかつ戦略的におこなわれるようになったようだ。リーフ東部では既にとくに市場=非武装住民と生活物資が目標とされており、実際にスペイン軍は男性のほかに女性、子ども、家畜の死亡を確認している(2月)。リーフ側は空襲から避難するために塹壕を掘った(3月)。同年5〜6月が1つの転機だったように見える。5月16日付のCGM参謀本部の1文書——「夜間飛行をおこなって敵が集中している地点を爆撃できる手段を上層部に要請した。まもなくガスを充填した弾薬筒も配備できる。これは夜明け直前に発射するのがよいだろう」[夜間爆撃・発射を提起しているのは、「敵」の活動中または睡眠中を襲う効果(本章第2節、第3節で後出)とガスの性質による]。また同日付のCGM司令官から高等弁務官への電報——「今月末までにはガス弾薬筒充填工場が完成するようにと思っております。今までに当地では教練部隊[ガス弾取り扱い部隊]から400弾を受け取っております。これらは可能なかぎり早く充填されるでありましょう。近くさらに2千の弾薬筒が届くと思います」、受領したガスはクロロピクリンを主成分としている、このガスの性質と当地の気候条件からして「このガスをもちろん前出の弾薬筒で使用し始めることに不都合はないと考えます」、しかし適当な量のガスを発射するのに十分な量の砲台がない、また大砲による発射では着弾範囲が限られている、以上の2つの理由によって「ガスを充填できるような航空機用爆弾を早急に使用できるようにすることが非常に大事だと判断いたします。このために貴官から関係部局にこの件をお諮りいただきたいと切に願うものです。またこの新しい戦闘手段の使用のための許可と指示をお与えいただきたいと思います」(傍点引用者)。以上からわかることは、①より効果的な空爆の提起、②大砲発射用のガス(クロロピクリン)弾頭が準備されつつあること(ガス物質や装置はフランスから提供された)、③空爆用のガス弾開発・入手・使用の動きである。先

行研究も明らかにしているように、②はこの後、以下のように約4か月で実現に至る。22年6月──メリーリャのマエストランサのガス充填工場が操業中（「予期しうる事故を防ぐためにガス工場は市から十分に離れたところに設置されてある」）／7月──大砲発射用のガス弾が使用可能に、ガスマスクも準備済み、砲兵隊が「窒息ガス」発射とガスマスク使用の訓練、高等弁務官ベレンゲールが発射許可／9月（上旬）──新高等弁務官ブルゲーテが発射許可。リーフ側の抗議（第3節で後出）から見て、この時から実際にガス弾が使用されたのは間違いないようだ。③に関しても注目すべき動きがあった。6月下旬にCGM司令官が（少なくとも再び）「航空隊による毒ガス弾使用」について要請した。8月上旬にはブルゲーテが陸相宛電報で「陸軍航空隊の実験用のためにガス弾千発をメリーリャに送るよう命令されたい」と伝えている。結局10月上旬、「航空隊による毒ガス使用の最適の形態」を検討するための合同委員会（3名の砲兵隊司令官で構成）創設令が出されるに至った。ところで上掲の①、②、③のいずれにも関係するのは、22年5月31日（上掲文書の15日後）におこなわれたリーフ東部への空爆の結果についての「諜報員報告概要」*RGC*（*RGC*については第3節で後述）である──空襲による4人の死者のうち2人は「丸焦げにされた」、「投下された新爆弾の使用は大きな精神的効果を生じさせた」、というのは「多くの原住民家族」がスペイン軍への服従を決意したからである、「我が航空隊の活動を強化して、これらの爆撃を繰り返せば良い結果が得られると考えられる」（ほぼ同内容のことを記した別の文書では「新爆弾の使用は非服従の原住民の間に深い印象を与えた」とある。いずれも傍点引用者）。「丸焦げにされた」としていることから、ここに言う「新爆弾」は焼夷弾であったと推測されうる。つまり22年中葉以降リーフ人居住地に対して（上記*RGC*に「原住民家族」とある）あらたに焼夷弾が用いられ始めたと見てよい[5]。

　ブルゲーテが高等弁務官就任後まもなく「非常に強力な戦闘の手段」として航空隊を挙げたこと（第Ⅰ章1.1.3.）、22年9月上旬にメリーリャに航空機用爆弾約8千発が存在したことを示す陸軍文書、陸軍文書にしばしば現れる爆撃（要請）報告、それに陸軍中央参謀本部戦史部編集の『モロッコ戦争史』の記述からして、22年夏以降に空爆が強化されたと見てよい。23年初頭

までスペイン軍に毒ガス使用（と空爆）をある程度抑制させていた１要素として、リーフ側に囚われていたスペイン人捕虜の存在がある。22年７月にCGM司令官は高等弁務官宛電報で「捕虜の状況に配慮するという政治的性格の理由により、前線で敵の砲台を砲撃する好機以外では、今この新しい戦闘手段［大砲発射用のガス弾］を使用するのは都合が悪いと考えるものです」と伝えている。スペイン人捕虜が（も）被害を受ける可能性とともに、捕虜解放（条件）を困難にさせるというのが上掲の理由であろう。リーフ側もこのことを早くから理解していた。21年８月末、リーフの１カーイドはアブドゥルカリームに対して、スペイン人捕虜とくに将軍を解放しないのがよい、彼らを解放してしまうとスペイン軍は毒ガス弾を使うだろうからと助言している。このことはまたリーフ側がスペイン軍の毒ガス使用について早くから情報を持ちまた警戒していたことを示している。23年１月末に捕虜が解放されると、スペイン軍にとっての「政治的性格の理由」はほぼ消滅することになった[6]。

　ただ、22年12月初旬の自由派連合政府の成立以降の約半年間については陸軍文書では毒ガス使用についての記録を見出せないし空爆についてもわずかな記録しか見出せない。新政府の戦線縮小方針を反映したものであることは間違いない。というのは、23年６月上旬のティジ・アッザの戦闘開始を契機にCGM司令官に強硬派のマルティネス・アニードが任命されると、空爆についても毒ガス使用についても記録が現れ始め、かつ急速な動きが見られるようになるからである。６月20日、マルティネス・アニードの空爆許可伺いを文民高等弁務官のシルベーラが拒否している。これはそれまでには見られなかったことで、高等弁務官と新司令官の間の緊張関係を窺わせる（この文書は同月の空爆について見出しえる唯一のものである）。この月にはマドリード、メリーリャ、ベルリンで新たな動きがほぼ同時に起きた。６月上旬、かのシュトルツェンベルクがマドリードを訪問（４度目？）、その後すぐにメリーリャからモロッコの戦場視察に向かった。同月下旬にマドリードに戻ったシュトルツェンベルクはマルティネス・アニードCGM司令官らの軍人とともに国王と会談（25日）、その後アランフェスのラ・マラニョーサ工場を視察した（26日。この視察日に同工場の最初の毒ガス（クロロピクリン）弾実験

がおこなわれた)。この間、高等弁務官庁参謀部長の使者がベルリンに派遣されていた。使者は「ドイツ航空隊の長」および「[ドイツ軍]化学部長」(この両組織とも公的には存在していなかった。ドイツ軍人たちが非合法に組織していたようだ)と会見した後、14日付の次の報告を送ってきた——独西の両者は毒ガス戦について「このやり方は一見すると非人道的に見えるが、その効果の速さからして逆にたいへん人道的である」ことで一致した、ドイツ側が示した計算によると「[航空機用の] 50キロ [毒ガス] 弾が50発あれば20平方キロメートルの地を十分に掃蕩できる」、ドイツからメリーリャまでの毒ガス弾の輸送はデンマークかオランダかイタリア経由でなされるであろう。シュトルツェンベルク来訪とベルリンでの独西協議によって、ドイツからの毒ガス弾の輸送(しかし、これについては資料がない)のほかに、ハンブルクから送られるイペリット製造物質(チオジグリコール。クンツとミュラーが利用したドイツ側文書とスペイン陸軍文書では'Oxol'と書かれてある)によって(ラ・マラニョーサ工場ではなく)メリーリャのマエストランサ工場で毒ガス(弾)が製造されることになった。以上の新方針の理由を示す確証はない。容易に推測される理由は以下である——ドイツ側がスペイン(モロッコ)への毒ガス物質と毒ガス弾の供給の主導権をフランスから奪う好機と見たこと(ドイツ本国ではフランス軍によるルール地方占領が続いていた)、イペリット製造物質と毒ガス弾の(安全な)輸送それに毒ガス(弾)の完成と戦場への運搬においてメリーリャがより適当であること(戦場に直近、また危険な施設をメトロポリに置かないこと)、以上の元にあることとしてスペイン側が強力な毒ガスのできるかぎり早い使用とくにその航空隊による使用を求めたこと。おそらく上掲の6月の動きのほぼすべてがCGM新司令官就任に伴うものだったとみてよいだろう。実際に翌7月の15日、ティジ・アッザの戦闘で大砲からイペリット弾が初めて発射された。実体験に基づくセンデルの小説『イマン』(1930年初版)にはこの戦闘で「イペリット」が使用されたことがはっきりと叙述されている。毒ガス弾による最初の空爆の期日は23年7月14日のようだ(つまり前述の大砲によるイペリット弾発射の1日前)。その後同月16、28日にもスペイン軍機から毒ガス弾が投下された(マダリアーガらは、これらの日の空爆ではホスゲン弾とクロロピクリン弾だけでなくイペリット弾も

用いられたと言う。しかしバルフォアは空爆でイペリット弾が初めて用いられたのは24年6月であるとする。著者が閲覧した陸軍文書によっても、最初のイペリット弾投下の期日は確定できなかった。これらの点については本章第2節も参照)[7]。

　この時期に本格的な毒ガス戦実行に向かうかどうかはこの後の8～9月の政府危機とも深く絡んでいた。7月12日、マルティネス・アニードはアルホセイマ上陸と東部からの侵入さらに焼夷弾の投下によって一気にリーフ側をたたく作戦計画（◎。これらの印については後述）を高等弁務官に提出した（第Ⅰ章1.2.2.で既述）。この後の約半月間、高等弁務官庁軍事官房でこの作戦計画の検討がなされた。つまり最初のイペリット弾発射と最初の毒ガス弾による空爆はこの最中になされたのである。マルティネス・アニードの作戦計画には毒ガス弾使用への言及はなかった（ようだ。しかしこれは作戦計画の公表ないしリークを恐れたことによるものではないかとも推測できる（後出のように、実際に3年後にその主な内容が公にされた）。前述の6月の動きと7月の毒ガス使用それにこの後に述べる顛末からすると、マルティネス・アニードが毒ガス戦を全く考慮しなかったということはほとんど考えられないからである）。この作戦計画では、既に開始されておりこの後さらに激しく（計画そのままに）展開されることになる空爆による生存破壊戦略が描かれた──「できるかぎり多くの焼夷弾を市場に、村落に、家畜に、種が蒔かれた畑にやむことなく投下する。…かくして商業を、収穫を、リーフ人とその家族の生活全般を不可能にしてしまう。…もちろんこの行動は作戦の前の少なくとも1か月間に集中してなされるべきである」（…の部分は本書が依拠した引用文通り）。ティジ・アッザで毒ガス弾が発射されたこの間の7月15日、高等弁務官シルベーラはアルバ外相（高等弁務官庁の管轄者）とアイスプール陸相に次の文書（◎）を送っている。やや長いが、この間の状況をよく表すものなので以下に引用する──「明日の閣議で最少でも5万発の航空機用の毒ガス弾を早急に入手し送ってもらう件を優先的に検討することになったことについて貴職に感謝するものです。陸軍省にはドイツから来た手紙の写しがあるはずで、その手紙には毒ガス弾の入手方法や毒ガス弾の状態それにその迅速な輸送について非常に大事な示唆が書かれております。手紙の差出人と協議して合意に至るための代表団が任命されるならば、この件はたやすく解決されるであ

りましょう。［リーフ側との］交渉によって和平が得られないのなら、カストロ・ヒローナ、マルティネス・アニード、モンテーロの各将軍［マルティネス・アニードを除いて高等弁務官庁軍事官房のスタッフ］、それに本官自身もこの戦闘手段の使用にこそモロッコ問題の迅速な解決が存すると考えるものであります。というのは、モーロ人たちはスペイン人を殺して復讐することもできずに人的損害と役畜や農地が損害をこうむるのを見て、それでもずっと攻撃の対象とされるならば無条件で降伏するであろうからであります。この攻撃はわずかな数の弾頭で始めるわけにはいきません。ティジ・アッザで大砲からの発射によるちょっとした試みがなされて恐怖を引き起こしたのですが、これからも恐怖を引き起こし続けるためには大砲からの発射は他のもの［航空機からの投下］より力も数も限られているのであります。以上のことから、この手段［航空機からの毒ガス弾投下］を迅速に集中して用いていたならば、我が方の人間の生命を節約でき、流血の戦闘で世論をびっくりさせることも全くなく問題を解決できたのであります。本官が実現したいと願っていた兵力の即時の帰還もこの方策によって考慮しうることになりましょう。本官は貴政府の置かれた状況をよく承知しておりますので、政府が最小限の人員を動員したいと考えるのなら、最大限の攻撃および防御の手段をこれらの人員に与えることによってこそそれに見合う効果を得られるであろうことをお忘れいただきたくないと考えるものであります」。この文書はいくつかのことを明らかにしている。まず、23年7月中旬の閣議で航空機用毒ガス弾の入手について討議されようとしたこと（実際の討議については不詳）。次に、「ドイツから来た手紙」とは間違いなく前述した6月のベルリンでの協議の結果送られてきたものであろう。この手紙に言及することで、ドイツ側との協議に（おそらく少なくとも当初はあまり乗り気でなかった）外相も引き込もうとしたのではないか。さらに、この頃に外相が進めていたリーフ側との交渉（第Ⅰ章1.2.1.で既述、また第Ⅲ章3.2.1.でも後述）をやめさせようとの意図も見られる。最後に、リーフの生存条件をより徹底的に破壊できかくして「モロッコ問題の迅速な解決」ができるとして、大砲発射ではなく航空機からの毒ガス弾投下作戦に決定的に移行しようとしていることである。全体として（CGM司令官や軍事官房の軍人たちにせっつかれたことによ

るのかどうかは不詳だが)、この時点までに文民高等弁務官のシルベーラが毒ガス弾の使用(大量で、かつ航空機からの投下)を積極的に主張するようになったことに疑いの余地はない[8]。

　高等弁務官庁軍事官房でのマルティネス・アニード作戦計画の検討作業が終了する直前の7月26日、シルベーラはマルティネス・アニードに伝えた――「政府と同じく本官もまもなくおそらく来週には我々は攻撃されるのではないかと思う［実際に8月中旬にリーフ側の攻勢が見られた。第Ⅰ章1.2.2.で既述、また第Ⅲ章1.3.で後述］。それ故、今我々が検討しているような確定的計画が合意されるまで、どのような攻撃もはね返せるように十全な準備をしておかなければならない。これは緊急にとくにX爆弾を送ってもらうことを必要とさせることになる。本官はこれを［政府に］しつこく要求する。本官はこの爆弾に大なる期待を抱いている」、政府が作戦計画を承認しないというのなら自分は［高等弁務官を］辞任すると言って脅すことにする。X爆弾とは23年6月から用いられた毒ガス弾を示す隠し用語である。7月下旬に外相に提出された高等弁務官庁軍事官房での検討結果(◎、3文書)はアルホセイマ上陸作戦での動員兵数がメトロポリの世論を刺激するほど多過ぎるとしてマルティネス・アニード作戦計画を修正し、リーフ側を分断させる「政治的行動」か空爆と毒ガス使用を推奨するものだった。後者を強く主張した軍事官房次長の文書は言う――「逆説的に見えるかもしれないが、この近代的な戦争手段［毒ガス］が予期しうる効果を十全に挙げるためには、また同時に最も人道的であるためには」毒ガス攻撃は1回でよい、こうすれば「1世代にもわたって消えがたいような強烈な刻印をモーロ人たちに残せるだろう」、ガスは最も毒性が強く強力に爆発するものがよい、かくしてたとえ何人かが生き残ったとしても彼らは全く闘えなくなるので「最も広範囲にわたって懲罰を与えるものとなり、反乱部族の平定への最も良い宣伝となるだろう」、「ドイツ航空隊の長が提供したデータが正確であるとするなら」ガスの効果が消えた後にアルホセイマに上陸すれば我が軍の任務はリーフ人の銃をかき集めその大砲の向きを変え彼らの死体を埋めるだけとなろう、「［以上のように］想像力をたくましくすれば、平和、進歩、平穏それに繁栄の展望が見えてくる」。この文書は、一挙に全面的なガス攻撃をおこ

なうことを想定していることのほかには、コメントをほとんど要しないだろう。マルティネス・アニード作戦計画と高等弁務官庁軍事官房の検討文書は外相から陸海軍合同参謀本部に送られた。参謀本部は、一方でアルホセイマ上陸を時期尚早とし、他方で毒ガス使用についてはスペインが非難されるような「国際的性格の重大な結果」をもたらすとしてこれを承認しなかった。8月上旬に何回か開かれた閣議の決定（●）の要点は以下だった――アルホセイマ上陸作戦計画を破棄する、主に「政治的行動」をおこなうがそれで「安全」が確保できない場合には軍事的手段とくに航空隊を用いる。既述のように（第Ⅰ章1.2.2.）、政府決定が示されるとマルティネス・アニードはただちにCGM司令官を辞任した。シルベーラは政府に意見書（●）を提出し、その中で軍事官房の見解をあらためて主張するとともに、政府の決定は撤退方針であるとしてその断念を迫った。本章ではこの後の過程についての詳述を避け（やはり第Ⅰ章1.2.2.で既述）、若干の重要文書を紹介しながら本節をまとめたい。8月23日、外相アルバはシルベーラに電報（●）を送った――本日の首相との電話での会談で「私が貴官の［毒ガス］爆弾の要請に大いに協力する」ことを伝えた。8月30日、シルベーラは在モロッコ航空隊司令官に伝えた――「数日間、両部族［ティムサマンとバヌワリャガール］のそれぞれを全滅させるまで激しく攻撃するように。そのためにTNT爆弾でも焼夷弾でもX爆弾でも保有するどんな種類の爆弾でも用いること」。マドリードの決断を迫るためにシルベーラはやや焦っていたようにも見える。ウェイレル計画を討議したこの日と翌日にわたった閣議で外相アルバが以前の自らの姿勢を転換させて攻勢的方針に賛成したことには、とくにシルベーラを経由して伝えられた「現地」の圧力（リーフ側の攻勢とアフリカ派軍人の要求）を見てよい。他方、攻勢的方針に反対して辞任した3閣僚は軍事官房の文書あるいはその内容を知って少なからず動揺していたと見てよいだろう。ウェイレル計画に基づく作戦計画（◎）を承認した短命の新自由派連合政府はただちに航空機用毒ガス弾400発を毎週手配すると約束した。以上、いまだ多くの重要な不詳部分が存在するが、本格的な毒ガス戦（と空爆）の提起と遂行の過程が少なからぬ軍人と政府閣僚を動揺させ、それが23年8～9月の政府危機と深く絡んでいたことはほぼ間違いないと見てよいだろう[9]。

ところで、今まで引用・紹介してきた文書・資料の多くについては、その全部（と思われるものも含めて。●印文書）ないし一部（◎印文書）がリーフ戦争終了前の26年には公にされていた。モロッコ植民地評論家エルナンデス・ミールがその著でそれらの多くを使用（リーク？）したのである（30年の著でも再掲や追加。本節も一部をそれらの著に拠っている）。つまり、23年7～9月の毒ガス弾使用をめぐる軍人（とくにアフリカ派軍人）・高等弁務官・政府間のやりとりはその時点で少なからぬ人々の知るところとなっていた。そればかりではなくエルナンデス・ミールはその著で（高等弁務官を擁護して）堂々と毒ガス使用の正当性を主張している。本章の叙述の時間的順序を少し早回りさせることになるが、ここでそれを引用しておこう——高等弁務官庁軍事官房は可能な解決策を示したのだ、毒ガスは「正当性を問われる武器」ではあるが、「我が兄弟たちを殺したりして……あらゆる戦争の規則や人権のためのあらゆる警告に違反していた無法者集団に対してそれを使ったのは全くもって当たり前のこと」だったのだ、「これらの輩に対してガスを使ったことは何ら非難されるべきことではなかっただろう。実際のところ悪質な殺人者たちに対する刑の執行に過ぎなかったのだから」。エルナンデス・ミールの著では窒息ガスの実際の使用と「効果」つまりリーフ側の被害についても書かれている（次節で後述）[10]。

2．空爆と毒ガス戦による「勝利」
　　——プリモ・デ・リベーラ体制——

　第Ⅰ章で見たように、当初プリモ・デ・リベーラ政府はモロッコでの戦争に関して明確な好戦的姿勢を示さなかった。しかしプリモ・デ・リベーラ政府成立直後から空爆は（それに毒ガス攻撃も）明らかに強化された。陸軍文書では23年9月下旬に「窒息ガス弾」による空爆が少なくとも2回記録されているし、10月に入ると空爆の頻度はさらに高まったように見える。他方で

12月中旬、ベルリンのスペイン大使館でスペイン軍人（陸軍中佐）がドイツ陸軍少将およびシュトルツェンベルクと会談し、「より多くの量の毒ガス」を要請した。翌24年1月中旬には、CGM内の65名の識字可能な兵士と1軍曹に対してマエストランサ工場への出頭命令が出された。「特殊な製造」＝ドイツから送られてくる化学物質からイペリット弾を製造する作業に従事させるためだった（識字可能な兵士を指定したのは、まず間違いなくイペリット弾製造マニュアルの周知のためだった）。陸軍文書に残されている在モロッコ航空隊の24年1〜12月の偵察・爆撃記録（日報）を見ると、この年には天候不良の日を除いてほぼ毎日、偵察・爆撃がおこなわれていることを確認できる。毒ガス弾投下が明示されていることもある（後述のように、とくに6月から）。この記録には3月から、ときに各種爆弾の現有量も記されている（著者が閲覧できた記録の中では5回。24年7月中旬の現有量について本節で後出）。その1つによれば、4月11日には10キログラムX爆弾（毒ガスの種類不詳。後述するところから見ておそらくイペリットではない）の保有量は272発だった。翌12日の同爆弾の新規供給は160発、「本日の使用量」は77発だった（よって同日の現有量は355発）。爆撃記録によると、この12日にはアブドゥルカリームの居住地（スペイン軍機がアブドゥルカリーム自身を何度となく攻撃目標としたこともあり（本章第3節で後出）、アブドゥルカリームはしばしば居住地を変えた）が空襲を受け、その際に33発のTNT爆弾と77発のX爆弾が投下されている[1]。以上から見て、プリモ・デ・リベーラ政府においては、その初期の公的な非好戦的姿勢の表明にもかかわらず、当初から空爆と毒ガス作戦へのさらなるシフトを観察できる。

　戦闘適期の春になると、このシフトはある程度公的にも明らかにされることになった。24年3月中旬にプリモ・デ・リベーラは沿岸部に兵力を集めて内陸部は航空機で制圧するという「戦略」を述べた（第Ⅰ章3.1.1.で既述）。実際にこの直後の3月下旬の大規模空爆は『フランス領アフリカ』によって「これまでにアフリカでおこなわれた最も重要な空襲」と評された。プリモ・デ・リベーラがモロッコでの「半ば放棄」政策を固めた同年5月がまた1つの画期となった。同月1日、高等弁務官アイスプールは（まず間違いなくプリモ・デ・リベーラの意を受けて）CGM司令官に電報で命令した──

CGMの航空隊が「非常に激しく継続的な爆撃作戦および敵の家畜と収穫の破壊作戦」に取りかかれる状態にあるか早急に答えられたい、作戦が始まったならば1日たりとも中断せずに1か月以上も続くようにするために航空隊はとくに焼夷弾と「貴官が知っている他のあの爆弾」[＝毒ガス弾]を持っている必要がある、行動範囲を反乱諸部族の地とくにバヌワリャガールとすること。翌2日、CGM航空隊司令官が回答した――「言及された爆弾」[毒ガス弾]も焼夷弾もまだ十分に保有していないので航空隊はまだ激しく継続的な爆撃をおこなえる状態にはない、現状では1日200発の投下が最大限である。3日後の5日にプリモ・デ・リベーラはアイスプールに命じた――メリーリャに在モロッコ軍機を最大限に集結させて、空襲によって「村々と生活物資を破壊し、どのような人々の集まりも市場も散り散りにさせ、とくに収穫物を焼いてしまうこと」。さらに、この5月(日付不詳)の非公式覚書でプリモ・デ・リベーラは述べた――「現在のところ敵は最近の戦闘と軍機の継続的行動による見せしめの懲罰によって制圧されたようである。しかし他のもっと徹底的な手段が必要である。というのは、よく知られているように、このようなハルカはたちまち立ち直って再び敵対的態度を示すようになるからである。それ故に、戦線の広さからして、かの地[モロッコ]に大兵力を恒常的に維持することとそれに相応する費用を必要とさせることになるからである」(傍点引用者)。プリモ・デ・リベーラと軍部はひた隠しにしたが、この「もっと徹底的な手段」が毒ガス弾の大量投下だったことは明らかである。十分な量の強力な毒ガス弾を早急に手配せよとのプリモ・デ・リベーラとその政府の強い要請は、上述のように5月初旬に始まり、6月中旬まで続いた。この間メリーリャのマエストランサ工場は、ドイツ人専門家の指導を得ながら、ハンブルクから輸送されてきた毒ガス物質(チオジグリコール)を元にしてイペリット弾を製造するためにフル回転した(ようだ)。6月21日、マエストランサ工場はC1型爆弾(50キログラム・イペリット弾。C型はX爆弾に代わる表記法で、この6月から用いられた)196発を航空隊に引き渡した(かくして5月初旬以来のプリモ・デ・リベーラ政府の命令を遂行した)[2]。以上から見て、24年5〜6月には、リーフの人間、居住地、生活物資(家畜も)、生産物、生産手段(家畜も)を破滅させて抵抗運動を潰そうとする戦略、

つまり空爆と毒ガス戦による本格的な生存破壊戦略が開始されたと見てよい。

　研究者フレミングによると、24年5月6日から同年9月16日（撤退作戦の開始直後）までの爆弾投下総量は24,104発（1日平均180発）である。既述からもわかるように、6月下旬からは毒ガス弾が、なかでもイペリット弾（C1型だけでなく、10キログラム・イペリット弾であるC2型も）が集中的に使用された（本章第1節で見たように、バルフォアはこの事実から、イペリット弾による空爆が始まったのは24年6月であるとする。またクンツとミュラーはリーフの居住地への毒ガス弾による空爆開始をやはり24年6月と見ている）。焼夷弾も引き続き使用された。この間、プリモ・デ・リベーラ（政府）が意図した戦略の通りに、住民（とくに集会や祭祀での集まり）、戦闘員（ハルカ）、武器庫、居住地、収穫、播種地、家畜、電話センター（第Ⅲ章とくに2.1.7.で後述）などへの爆撃がおこなわれた[3]。

　「半ば放棄」政策の具体的遂行とされ24年9月初旬に開始された撤退作戦は空軍力＝空爆・毒ガス戦の強化と表裏一体のものだった。スペイン軍兵士を撤退させた地域ではリーフ側が優位となったとしても絨毯爆撃と毒ガス弾投下がやりやすくなるからである。撤退作戦の舞台となった西部地域にはメリーリャ・マエストランサ工場から海路でイペリット弾が運ばれた。10月中旬に高等弁務官を（また在アフリカ軍総司令官も）兼務し始めたプリモ・デ・リベーラ自身も毒ガス弾の製造状況を考慮しつつ作戦を進めた（ようだ）。CGMに何回も毒ガス弾の製造ペースを問い合わせ、それを早めるよう命令しているからである（1例として11月24日のプリモ・デ・リベーラのCGM司令官への暗号電報──「ガス［弾］の製造状況はどのようになっているのか、本官はいつそれを使用できるのか、まず使用できる量はどのくらいなのか、日産量はどのくらいなのか、以上を緊急に知らせられたい」（傍点引用者））。また、プリモ・デ・リベーラ自身がイペリット弾製造ペースがドイツから送られてくるチオジグリコールの量とその輸送ペースにも依拠していたことをよく知って作戦に臨んでいた（1例として、10月6日のプリモ・デ・リベーラの高等弁務官への言（この時期には既にプリモ・デ・リベーラはモロッコで直接に撤退作戦の指揮を執っていた）──陸軍省次官が本日の電報で以下のことを知らせて来た、昨日ハンブルクで5トンのチオジグリコールが荷積みされた、12日くらいでメ

リーリャに着くだろう、着いてから6～7日で［イペリットが］製造されそれが爆弾に充填される、日産は300発と算定されうる（これは過大な期待だった。本節で後出））。撤退作戦中の空爆と毒ガス戦も既述した同年5～9月の時期と同様の攻撃目標に対して実行された（「避難民」も攻撃目標とされた）。「反乱者」に向けて撒かれたスペイン軍自身の次の宣言（名称は「政府の宣言」。9月下旬）の1節がそれを（そのまま）表明した──「スペインはその偉大な航空隊の力によって、今日以降も反乱を続けようとする者どもに対しては、またこれらの反乱者を迎え入れてその地にこれらの一行が集結することを許して［我が］軍に発砲させるような部族に対しては、何日でも何日でも何年でも何年でもその生活を不可能とさせる手段をその手中に持っていることを忘れぬのがよい」[4]。

撤退作戦は24年12月中旬に一応の終了を見たが、その後も冬期に入ったにもかかわらず空爆と毒ガス弾投下は続けられた（この頃までには、20キログラム・イペリット弾であるC5型爆弾も多く用いられるようになった）。スペイン軍が撤退した地域をリーフ側が支配することと同地域の住民がリーフ主導の「反乱者」に加わることを可能なかぎり抑止するためだった。25年2月初旬、ウジュダのスペイン領事はCGM司令官に報告した──「最近、諜報員が次のように伝えてきました。我が航空隊が遂行した最近の何回かの爆撃は敵陣営に大きな損害を与えた、これはジェバーラで［リーフ側が彼らへの］反対派勢力を抑えるために援軍を送らねばならない事態を生じさせ、また東部で我が前線陣地に対して企てられた［リーフ側の］総攻撃を今のところ延期させることになった」（もちろんこの種の報告には主観的要素が入り込んでいることも考慮せねばならない）。さらに3月初旬、CGM司令官（代理）は高等弁務官（まだプリモ・デ・リベーラ自身が兼務していた）に次の伺い電報を送った──「まだイペリット弾で攻撃されていない唯一の非服従［＝リーフ側支配］地域」である東部の1地域に多くのリーフ兵が集結している、それ故に近々この地を爆撃したいがどうか（傍点引用者。プリモ・デ・リベーラの返答は不詳。しかし拒否したとは考えられない）。つまり、CGM司令官（代理）によれば、25年3月までにリーフ側支配地域の（ほぼ）全地点（全域かどうかはわからない）にイペリット弾が投下された[5]。

撤退作戦中の空爆と毒ガス戦はスペイン軍の戦略に沿って遂行されただけではない。スペイン軍の撤退によって自らの地位と住民支配を脅かされたジェバーラ地域の有力者ライスーニーもそれらをスペイン軍に強く要請した。ライスーニーは空爆すべき地点を具体的に挙げたほか、「周知の物質」＝毒ガス弾を使用しての空爆も要求した。つまりライスーニーもスペイン軍の毒ガス戦をよく知っていたのである。25年1月にライスーニーがリーフの部隊に包囲されると、スペイン軍はライスーニーを救出するためにリーフ部隊を爆撃した。この間ライスーニーは「爆弾で、ガスで、毒で」ジェバーラの各地域を毎日爆撃するようスペイン軍に要請した。ライスーニーが囚われの身となりリーフに移送され始めると、スペイン軍はリーフ部隊を毒ガス弾で攻撃してライスーニーを救出しようとした（2月初旬）[6]。

　25年4月下旬、ドイツ軍人3人がスペインを訪れた。このうちの1人は当時海軍少佐のカナーリスだった。ドイツ軍人たちは、モロッコで戦闘の指揮を執っていたプリモ・デ・リベーラの代理を務めていた将軍とマドリードで会見した（会見内容不詳）。カナーリス（5月初旬に帰国）を除く2軍人はスペイン軍の手配と配慮で航空技師に変装してモロッコの戦場を見に行った。7月までモロッコに滞在した2軍人は、自国から輸送された物質を元にして製造された毒ガス弾がどのように使用され、どのような「効果」を挙げているのかを観察して来た。帰国後に2軍人が作成した報告書（日付不詳）は述べる（以下、空爆と毒ガス戦に関する部分のみ）――「夜になると全スペイン保護領はモーロ人の支配するところとなる」／スペイン軍は空爆によって「［リーフ人が］町や村に住めないようにさせ、また市場の開催や農作業を不可能にさせて」アブドゥルカリームの抵抗をやめさせようとした／空爆と毒ガス攻撃によってリーフ地域での農作業は実際上なされていない［これは事実だろうが、全くなされなくなったと言えるか］／リーフ人の多くは［空爆と毒ガス弾を恐れて］山腹の洞窟に住んでいる／［しかし］スペイン軍の「ガス戦争」には計画性と体系性がない／「要約して言えば、スペイン人のガス戦争は不十分な手段による実験である」。以上の報告からは、ドイツ軍人たちもプリモ・デ・リベーラなどが意図した生存破壊戦略がある程度の「効果」を挙げていると観察したこと、しかし空爆と毒ガス戦が展開しにく

かった夜間にはリーフ側の活動が盛り返したこと、さらにドイツ軍人たちはスペイン軍が効果的な「ガス戦争」を遂行できないことに不満だったこと（かくしてモロッコでの「ガス戦争」の「実験」からドイツ軍が学ぼうとしたこと）を見てとれる[7]。

　ドイツ２軍人がモロッコの戦場を視察していた25年６月中旬、国王アルフォンソは離任のための謁見に訪れたフランス武官との会話で次のように語った――「最も徹底した手段に訴えて、つまらない人道主義的な考慮などはそんなに気にかけることなく、アブドゥルカリームを何としてでも制圧するのです」、「スペインもフランスもモロッコで何千という人々や何十億［の金銭］をみすみす無駄にし続けることはできないのです。それに世論がそれを許さないでしょう。もっと経済的であると同時にもっと効果的な解決法を見出す必要があるのです」、それは「可能なかぎり毒性の強いガスを用いてリーフのまさに中心にいる諸部族を激しくずっと爆撃するために、スペインとフランスの両航空隊が協力することなのです」、「この件で人道的であろうとすることは、スペインとフランスの何千という勇敢な兵士の死を宣告することなのです。こちらの方が本当の犯罪でしょう」、「他の国々がちょっとやそっと怒って打算をもって抗議したとしても気にすべきことではないのです。イギリスだってインド［アフガニスタンのことか］でこういうことをしましたが、誰も何も非難していないのです」、「やり遂げなければならないことは、バヌワリャガール部族とアブドゥルカリームに従っている部族を有害動物を絶滅するように絶滅してしまうことなのです」（フランス武官のメモによる）。以上の発言へのコメントは不要であろう。国王はまず間違いなくスペイン軍によるリーフでの「ガス戦争」の展開をよく知っ（らされ）ていた。また、本章第１節で見たように第１次世界大戦時についてだけでなく、その後のイギリス軍の保護国・委任統治地域での毒ガス使用についても、それに対して国際的抗議や反響がなかったことについても知っていた。この時期にフランス武官にたいへんあからさまに語ったのは、その直後に開始されるマドリードでの西仏会談を意識して、フランスを共同作戦へと誘い込みたいと考えたからだろう。いずれにしても、メトロポリの最高権力者において、自らの王国への反乱者は生存破壊に留まらずに「絶滅」の対象としても意識されたこ

とがあった[8]。

　陸軍文書に残されている在モロッコ航空隊の25年5〜12月の偵察・爆撃記録（日報）を見ると、この月間にも天候不良の日を除いてほぼ毎日、偵察・爆撃がおこなわれている（つまり前に見た24年1〜12月と同様。それ故に25年1〜4月も同様だったと容易に推測できる）。毒ガス弾の投下も何回か明示されている。25年9月のアルホセイマ上陸に始まる西仏軍の共同総攻撃では毒ガス弾使用においてある程度の作戦の変化が見られた。スペイン軍兵士が（またフランス軍兵士も）被弾しないようにまた汚染されないようにするために、スペイン軍の前進予定地点への毒ガス弾投下は避けられたのである（後述のように、実際には兵士は汚染された）。最前線のスペイン軍兵士はガスマスクを装着していた。毒ガス弾はリーフ側の陣地や拠点に投下された（アルホセイマ上陸作戦実行直前の作戦命令には「C5型は敵の後衛地点を爆撃するためにとっておくこと」とある（傍点引用者）。この命令は前掲『モロッコ戦争史』にも載せられている。陸軍のモロッコ戦争正史たる同書において毒ガス弾使用を示唆する部分はこの箇所のみである。ただ同書にはC5型爆弾が毒ガス弾であるとの説明はない）。毒ガスの効果が消失した後（投下から数週間後）にスペイン軍兵士がその地点に侵入するようにされた（実際には常にこのようにはいかなかったようだ）。また、アルホセイマ上陸作戦ではそれまでにない空軍力が動員され（上陸時に162機）、激しい空爆が展開された。26年に入ると、とくに同年5月のアブドゥルカリームの降伏によって「リーフ共和国」が瓦解してリーフ人の組織的抵抗が崩されてしまうと、上述の理由（リーフ地域に西仏軍が深く侵入）によって毒ガス弾投下の頻度は減じていった。しかし抵抗者に対してはスペイン軍による平定宣言（27年7月）の直前まで空爆がなされ、毒ガス弾が注がれた（26年末にシュトルツェンベルクに20トンのチオジグリコールの注文がなされた。これはただちに届けられた。イペリットもガス弾も長く放置されると危険となるので、製造されたガス弾の多くは使用されたと見てよい）[9]。

　以上で、「アンワールの破局」からリーフ平定までのスペイン軍による空爆と毒ガス戦のクロノロジカルな検討を終えることにする。

　リーフでの空爆と「ガス戦争」は当時どのくらい知られていたのだろうか。

今までの研究はスペイン国内（イベリア半島）の新聞の（無）報道について触れていない。本書の著者もその検討（労多くして成果を見込めない作業）には挑戦しなかった。ただ、「破局」以降の報道統制、とくに本格的・恒常的に空爆と毒ガス戦が展開されたプリモ・デ・リベーラ体制期の検閲の存在からして、それらが報道されることはほとんどなかったのではないかと推測する。とはいえ、本章第1節の末尾で紹介したエルナンデス・ミールの著（26年）には次の記述がある――（25年（月不詳）のある日の）スペイン航空隊による絶え間なき「懲罰」によってモーロ人たちは夜間しか働けなくなった、この日の空爆は「多大な損害を与えた。死者は20人以上と算定され、飛行機が投下した窒息ガスによってアブドゥルカリームの武装部隊だけでも42人の兵が失明した」。このような記述がきわめてまれな例外だったのかどうかを判断するのは難しい。『リーフ通信』における唯一とみなされうる関連記事は次である（25年1月）――カサブランカの1新聞が「スペインがジェバーラの反乱者に対する闘いで非常に毒性の強い窒息ガスを使用している」と非難している、この「うそ」はタンジャにまたロンドンに伝えられた、スペインが「モロッコで人権に反するやり方をしている」という非難は当たっていない。在モロッコ軍との関係が深かった『リーフ通信』の編集者がスペイン軍の毒ガス使用を知らなかったはずはないので、これは上記報道が「うそ」でないことを承知の真相隠しの記事だったと見てまず間違いない。スペイン国外に目を転ずると、まず『フランス領アフリカ』はスペイン軍の空爆については少なからぬ情報を載せているものの、毒ガス使用についてはほとんど言及しなかった（著者が見出しえた記事は既に紹介した1箇所（本章第1節注9）のみ）。同誌のスペイン領についての常連担当者が毒ガス使用についてやはり知らなかったはずはない（とくに25年9月以降、西仏軍は共同作戦をおこなった）ので、これは同誌の情報抑制と見てよい。さらに、27年にフランスで出版されたアブドゥルカリームの回想記には「スペイン機が窒息ガス弾を投下した」と書かれていた。イギリスでは、まず24年11月の『絵入りロンドン新聞』*The Illustrated London News*が4枚の写真を載せてスペイン軍の「ムーア人」への空爆を報じた。そのうちの1枚には「将来の化学戦争を予測させるものか。スペイン機からガソリン爆弾［焼夷弾のことだろう］投下

……」とのキャプションが付されている。25年12月の『タイムズ』*The Times*にはリーフ側がスペイン軍のガス使用に抗議しているとの記事が載った。この記事の執筆者はまず間違いなく同紙のモロッコ特派員（でイギリス政府の代理人）だったハリスだろう。ハリスはスペイン軍の毒ガス使用について知っていたはず（27年に出版の著書でガスを使用したと書いている）だが、『タイムズ』はそれを明言しなかったようだ。ここにも（イギリスでも）やはり情報抑制を見てよいだろう。ドイツでは、25年6月に1ベルリン紙が「モロッコにおける毒ガス」について報じた。ソ連では、25年1月の赤軍の雑誌にスペイン機が「催涙ガスか他の毒ガス」弾を投下したとの記事が載った（ドイツとソ連の新聞・雑誌についてはクンツとミュラーによる）[10]。

　それでは、①スペイン軍はリーフの地にどのくらいの量の爆弾を放ち、②そのうちの毒ガス弾の量それに毒ガスの量はどのくらいだったのだろうか。①についての推定は今のところきわめて難しい。今までの研究もそれをこころみていない。参考となるのは本節で既に引用した24年5〜9月の134日間に総計24,104発という数字である。やはり既述したように、24年1月〜25年12月は天候不良の日を除いてほぼ毎日、偵察か爆撃がおこなわれた時期である。さしあたりできることは、これらと後出の24年7月中旬の爆弾現有量記録をもとにしてリーフ戦争の全時期についてのある程度の輪郭を描くということだろう。②については事情はもっと複雑である。クンツとミュラーは、スペイン軍が110トンのイペリットを自分から購入したというシュトルツェンベルクの証言を挙げ、また前出ドイツ2軍人の報告中の数字から算定して、メリーリャのマエストランサ工場は24年〜26年に400トン以上のイペリットを製造した（上述の110トンとの関連如何は不詳）と言う。また、結局スペイン軍は約1万発の毒ガス弾をリーフに放ったと推定している。これに対してバルフォアは、以上の数字のうち400トンという数字には25年第4四半期以降が算入されていない、ドイツまたフランスから購入されたイペリット以外のガス製造物質も考慮されていないとコメントしている。バルフォアのコメントに従えば②はクンツとミュラーが推定する量よりかなり多いということになるが、バルフォア自身は②の算定は「きわめて難しい」と述べて何らかの数字を出すことをしていない。しかも第1節で見たドイツからの毒ガス弾

の供給については今のところ資料がない。CGM司令官の諸報告によれば、24年10月〜25年1月の時期のマエストランサ工場のイペリット弾日産能力は、C2型（10キログラム弾）で75〜100発である。他方、在モロッコ航空隊の偵察・爆撃記録には、激しい空爆がおこなわれた24年7月中旬（13、14、20日）の同航空隊の各種爆弾現有量記録を見出せる。それによると、7月20日の現有量は、C1型（イペリット50キログラム弾）43発、C2型（イペリット10キログラム弾）90発、C3型（ホスゲン26キログラム弾）335発、C4型（クロロピクリン10キログラム弾）226発（以上、毒ガス弾）、B1型（ガソリン7キログラム弾）1,375発、B2型（燐1キログラム弾）905発（以上、焼夷弾）、A型（TNT10キログラム弾などその他の爆弾）6,755発である（この時期にはまだC5型（イペリット20キログラム弾）は現れていない。既述のようにC5型は25年以降に最もよく用いられた）。C1型の現有量は同月13日に20発、14日に2発投下されて以来変化していない。C2型のそれは13日に80発（この日の現有量は3）、この20日に112発投下された後のものである（これからすると、14日以後に約200発が新規に供給された）。C3型とC4型のそれは13日以後変化していない。B1型のそれは56発が投下された14日の現有量289発から大幅に増加している。B2型のそれは13日以後変化していない。以上からは、この頃にはイペリット弾（とくにC2型）と焼夷弾が多く投下され、またそれらが多く供給されたことがわかる。さらに、イペリット弾以外の毒ガス弾とガソリン弾以外の焼夷弾もかなりの量となっていることがわかる。これらの爆弾は供給されればほとんど使用されたと考えてよい。しかし、以上の諸データを組み合わせてみても②の実相に迫るのはやはり難しい。それ故、本書の著者も今のところ上記のバルフォアと同じ見解に至らざるを得ない。これらの爆弾を投下した在モロッコ航空隊の機数については127から162という数字がある[11]。

　これまで最初の大規模な空からの毒ガス戦とみなされてきたエティオピア戦争でのその規模を視野に入れて、以上に見たリーフでのそれを考えてみる。イタリア軍のエティオピアでの毒ガス戦については、アディスアベバ占領までの約7か月間（35年10月〜36年5月）に1,593発から2,582発までの毒ガス弾使用という各説（投下された毒ガス総量317トン以上）、その後の36年〜39年の間に551発の毒ガス弾投下という有力説、総じて35年〜39年に「500トンを下

らない量の毒剤が投下された」という評価（デル・ボカ）がある。イタリア軍機が投下した爆弾の大部分は大型のイペリット280キログラム弾である。エティオピアではアディスアベバ占領までの7か月間に集中的に投下された。リーフでは24年（とくに6月）〜25年末が毒ガス戦の中心的時期である。他方、エティオピアでの対象地域はリーフのそれよりかなり広い。以上からは、リーフでは、狭い地域に、総期間はエティオピアとほぼ同じ（23年7月ないし9月〜27年7月の約4年間）だが集中的に投下された期間は長く（19か月以上）、エティオピアとそれほど相違しない量の毒ガスが放たれた（リーフ—400トンあるいは510トンよりかなり多い、エティオピア—500トンを下らない）と言えるのではないだろうか[12]。

　メリーリャ・マエストランサ工場は25年になると作業要員をさらに増やしたようだ。前出ドイツ2軍人の報告によると、同工場では3人の将校の指揮と1人のドイツ人技師の助言の下で約200人の兵士が毒ガスとガス弾頭製造作業に従事していた（25年5〜7月の頃）。作業の危険性はもちろん認識されていた。既述のようにプリモ・デ・リベーラの命令で製造作業のフル回転が始まっていた24年5月下旬、CGM司令官は高等弁務官に、作業は「非常に危険」なので、海に面した工場建物の左右500メートル一帯と岸から1キロメートルの海域には人と船の出入りを禁止し、近辺の海水域での漁業も禁止するよう提起した（実際の措置については不詳）。陸軍文書には工場内での少なくとも3回の事故が記録されている。いずれの事故でも死者は出なかったようだが、他の資料によると同工場での負傷者総計は89〜92人となっている。第1節で前出のアランフェスのラ・マラニョーサ工場の操業は遅延した。同工場では24年10月にようやく最初の毒ガス弾が完成した。同工場はホスゲン弾を在モロッコ軍に提供した。ラ・マラニョーサ工場の役割が当初の計画よりきわめて小さくなった主な理由は、第1節でも述べたように毒ガス弾の主力がイペリット弾とされたことでメリーリャの工場がより適当な場となったことにあると見てまず間違いないだろう。上掲2工場のほかにも、少なくとも7施設が毒ガス弾製造に関わっていた[13]。

　毒ガスの被災は工場内においてだけではなかった。ガス弾を航空機に搭載するまでの間に起きた事故も少なくとも3件記録されている（少なくとも1

兵士死亡)。ほかにも以下の被災があった――毒ガス弾搭載機の飛行士の被災（少なくとも2名）、航空機着陸時にガス弾が爆発（少なくとも2回、少なくとも2名死亡）、大砲発射用の毒ガス弾からイペリットが漏れて砲兵が被災、投下された爆弾から放たれたイペリットが風に乗ってスペイン軍陣地にふり注ぎスペイン軍兵士が被災（アルホセイマ上陸作戦時など）、イペリットで汚染された地域にスペイン兵が侵入して被災。さらに、リーフ側で建設労働に従事していたスペイン人捕虜がスペイン軍の空爆で死亡したこともあった（5人）[14]。

3．生存破壊戦略の目標と「効果」

　本節では、スペイン軍の空爆と毒ガス戦による生存破壊戦略の目標と「効果」について、いくつかの項目に分けながらさらに検討してみる。
　指導者（とくにアブドゥルカリーム）および住民の会合・集会への攻撃　原住民諜報員がアブドゥルカリームとその弟の居場所を通報して来るとそこをガス弾などで爆撃／アブドゥルカリーム支持のカーイドたちとその会合を爆撃／リーフ住民が集会・会合を開こうとすると爆撃。これらはアブドゥルカリームやカーイドたちの指導力と威信を低下させ、場合によってはその抹殺を図るためだった。また、原住民が集会・会合で何らかの決議や合意をすること、とくに「集会で何らかのハルカ結成の決議がなされるのを可能なかぎり阻止する」（24年7月の爆撃命令）ためだった。アブドゥルカリーム反対派勢力を支援するためにリーフのハルカを爆撃したこともある[1]。
　居住地の破壊　居住地・家屋の破壊と住民への攻撃を目的とした空爆は非常に多い。抵抗する住民の抹殺と生活・抵抗・交流の場を奪うことが目的だったことは明白である。
　市場の破壊　市場をねらった空爆も早期から（著者が閲覧した陸軍文書では22年3月が初出）頻繁におこなわれた。24年1月の1事例を挙げる――

「今日エル・ハド・デ・アジブ・デ・ミダール［リーフ東部のタファルジット］でいつものように市場が開かれた。ガズナヤ［リーフ南部］の原住民たちが家畜や物品を持って集まった。我が軍機はエル・ハド・デ［・アジブ・デ］・ミダールの市場を激しく爆撃して市場を解散させ、市場に集まっていた原住民を四散させた」(RGC, 13-I-[19]24)。空爆後あるいはスペイン軍機の偵察飛行後に市場が開かれなくなった地域もあった。しかしリーフ住民が市場の開催をやめたのではなかった。スペイン軍機の攻撃を受けたので「いくつかの部族では、市場は夜に開かれるか、その開催日が変更された」（24年7月）。アブドゥルカリームもそれを指示した（ようだ。かくしてリーフ東部のある地域では市場の開催日が金曜日から土曜日に変更された。25年8月）。早朝の市場開催や、避難壕内に市場が移されたこともある（それぞれ22年9月と同年5月など）。市場への攻撃はもちろん人間と生産物や家畜の破壊とともに生活・流通の場と情報交換の場を奪うためだった。またリーフ人には、それまでのリーフ諸部族間の争いの際には成立していた市場は侵さないとの共通合意を踏みにじるものと受けとめられた。祭りの場が攻撃されたこともある[2]。

家畜への攻撃　家畜もしばしば（しかも少なくとも22年2月という早期から）攻撃目標とされた。リーフ人の移動手段、生産手段、食糧を奪うためだった。原住民は攻撃を避けるため家畜を移動しなければならなかった。次の事例を挙げる──「これらの村では多くの家畜が移動しているのが観察された。これはアルホセイマ地域で家畜がほとんどいなくなっているのと対照的である。爆撃されるのを避けるためにアルホセイマ地域にいた家畜が内陸部に遠ざけられたのだろう」（24年7月の偵察・爆撃記録）[3]。

農業生産（播種・収穫）の破壊　播種地や収穫地が発見されると、それらの地は爆撃され、とくに焼夷弾で火が放たれた。24年6月の1事例──「敵が収穫を確保するのを阻止するためにタファルジットのイメヤーレンの原住民の収穫を緊急に攻撃し火を放たれたい」（CGM司令官の航空隊司令官への命令電報）。リーフ人が「播種作業に従事するのを阻止するために」スペイン軍機が上空を飛ぶことや、播種・収穫作業中の原住民とその地への砲撃・空爆もあった（「……［播種作業が始まっている］この村をこの地区の陣地に設営された大砲で砲撃し、以上のすべての地をまた敵の何人かの集団がオリー

ブの収穫作業をおこなっているイメヤーレンの地を我が軍機で爆撃するのがよい」（RGC, 29-X-24））。スペイン軍の攻撃を避けるために一部の農作業は夜間におこなわれるようになった。さらに毒ガスによって収穫物が汚染された。毒ガス戦が激しく展開された24年7月の一連のRGCは伝える——「爆弾が破裂した地点の近くの樹木の果実は使い物にならない」、「ガス弾で爆撃されたアジュディール［既述のように、「リーフ共和国」の首府］の農地では果実の採取が禁止された。この命令に違反すると高額の科料が課されると警告されている」。以上のことは、言うまでもなく食糧源を絶たせ、またリーフ人の収入源を奪うものだった[4]。

恐怖による服従　空爆とくに毒ガス戦の効果は物質的性格のものにとどまらない。それは原住民を恐怖に陥れてスペイン軍あるいは友好モーロ人のカーイドに服従させるという明確な目標も持っていた。第1節で見たように、既に22年5月には「新爆弾」投下による「大きな精神的効果」とそれによる原住民の服従（の期待）が報告された（このときには原住民16家族がスペイン軍に「出頭」した）。リーフの1部族がアブドゥルカリームから支援の要請を受けたことを察知すると、その部族の地域を爆撃して支援に応じないように脅すこともあった（22年7月）。24年7～8月には、「［爆撃が］繰り返されるのではないかという恐怖によって部族間にパニックが広がっている」、「敵は意気消沈している。敵はガスを非常に恐れている。今かなりの激しさでガスを用いれば効果のある結果を必ずや得られるであろう」などの報告が相継いだ。空爆とくに毒ガス戦がリーフの人々を恐怖に陥れたことは間違いない。それが「敵」にスペイン軍に対する憎悪・敵意を生じさせてむしろ抵抗に向かわせたのか（陸軍文書ではこれを見ることはできない）あるいはスペイン軍が期待するような服従に追いやったのかを知るのは難しい。後者について陸軍文書は伝える——空爆によって播種地に火を放たれた村の2人の原住民が［おそらく親スペイン派か反アブドゥルカリーム派の］カーイドに会いたいと言って来た、これは空爆の結果だろう（24年5月）／「爆撃の結果は原住民に大きな影響を与えており、［スペイン］政府を支持する向きを原住民の間につくり出している」（24年10月）／西部地域の1部族は空爆されないように介入してほしいとライスーニーに要請した（同月）／「反乱村落の何人

かの原住民」がカーイドのところに現れて、「村のお歴々」はスペイン側につきたいと思っていると言った、この［友好モーロ人の］カーイドはこれは爆撃されないための策略だからとして、空爆を強化するようにとスペイン軍に勧めた（同月）／毒ガス弾による激しい爆撃を受けて「この地域［アルホセイマ地域］の原住民たちはアブドゥルカリームに対して、アブドゥルカリームにはもうついて行けないと迫っている」（25年8月）など[5]。

避難先の壕や洞窟への攻撃　生命の危険にさらされただけでなく生活・労働・共同の場を奪われたリーフ人たちは避難壕を建設してそこに居住するか山地や丘陵地帯に掘られた洞窟に避難した。既に22年5月には、スペイン機が近づくと住民は近くの谷につくられた壕に避難する、と RGC に記されている。また、23年9月には「アジュディールの人々は我々の爆撃を怖がって［隣接の］バッキーワの山々に逃げている」と RGC に記された。空爆・毒ガス戦が激しく展開された24年7月の事例を示す──最も激しい爆撃がおこなわれたバヌワリャガールでは「あらゆる場所に多くの壕がつくられている」／「このような爆撃が何回も繰り返されるならば、［リーフ東部の］この村の人々の大部分は村を離れて山に逃れてしまうだろう」／「すべての部族の人々から成る敵の重要な中心部隊」は「日中はバヌウリシック［リーフ東部］のいくつかの戦線に散らばり、夜になると多くの人間を収容できる壕に集まっている」。この24年7月以降には、アブドゥルカリームとその弟も壕や洞窟にしばしば避難して空爆と毒ガス攻撃から身を守るようにしたようだ。リーフ側は前線地帯に塹壕を掘ったが、それは空爆と毒ガス弾攻撃にも耐えられる要塞の性格も持つようにされた（爆撃を避けるために壕・洞窟・塹壕の建設は主に夜間におこなわれた）。スペイン軍は「敵」や「反乱者」たちを壕・洞窟から追い立てるためにも毒ガス弾で攻撃した──「我々の爆撃から避難して身を守るために大きな壕が建設されているので、今日この［バヌワリャガールの］村をガスで爆撃する」のがよい（23年10月）／「反乱の首領たちが避難している壕」をC1型爆弾で爆撃することを許可する（24年7月）／バヌワリャガールでのC型爆弾の効果は「かなりのもので、たいへんな恐怖をもたらしている」、というのは「航空隊がおこなって来た日々の爆撃にも大丈夫だ」とされた多くの壕が役に立っていないからだ（同月）／

「ガスの効果で反乱者たちはそれまでにいた壕の大部分から飛び出してしまった。ある壕では12人のアスカリ［原住民の兵員］が死んだ」(25年2月)。空爆と毒ガス攻撃から逃れるためにフランス領に移動した原住民も多かった（とくに24年6月から）[6]。

　上述の攻撃目標は航空機による偵察とリーフ側支配地域を含めて各地に大量に配置された原住民諜報員からの情報（これをまとめた文書が「諜報員報告概要」 *Resumen General de Confidencias* (*RGC*). 日報）とに基づいて定められた。アブドゥルカリームとその弟の動静やハルカの動き（日中の活動場所、夜間の居所など）はとくに入念に追跡された。諜報員がもたらした情報が不正確ではずれたらしい場合もあった（1例を挙げると、24年7月の航空隊の偵察・爆撃記録に、命令に従ってある村を爆撃したが、その村では「どのような重要な集会も見られなかった」とある）。このことには、諜報員たちはスペイン軍から金銭ないし地位の供与を受けていたので、何らかの情報提供によって常に自らの存在意義を示さなければならなかったという事情も働いていたと考えられる。第2節で見たライスーニと一部重なる動機で（ほかにスペイン軍に忠誠を示そうという動機もあっただろう）、友好モーロ人たちがハルカや原住民の集会への空爆をスペイン軍に要請することもあった。本節でこれまで見てきた攻撃の「戦果」は、やはり偵察と諜報員の情報に基づいて詳細に記録された（死者数、負傷者数、死んだ家畜数など）。「敵」に与えた損害を可能なかぎり正確に知ることによって、「敵」の闘争継続力を見定めて戦争の行方と方針を見はかろうとしたことと、その後のより有効な攻撃方法のためのデータとしたと見てよい[7]。

　かのシュトルツェンベルクはリーフ戦争終了後（1934年）に、モロッコ問題の「解決」は以下に存したと言う（クンツとミュラーによる）——反乱者からその拠点を奪うために村落、耕地、水源地を［毒ガスで］汚染したこと、道路の汚染、避難所や避難壕から「［反乱者を］いぶりだした」こと（著者が閲覧した陸軍文書では水源地への直接の攻撃についての言及は見当たらなかった。しかし、「間違いなく［スペイン軍の］飛行機に起因する水による中毒の諸例」についての報告はある）。以上のことを踏まえてクンツとミュラーは、スペイン軍の空爆と毒ガス戦（つまり生存破壊戦略）はそのねらい通りにリー

フの自給・生存条件を低下せしめたと見ているが、本書の著者もこれはほぼ間違いないと考える。ビーニャスはクンツとミュラーのこの見解を受け入れ、さらにこのことが25年４月のリーフ軍勢のフランス領への進攻の一要素となった（食糧供給地帯を求めた）と推測している。リーフの指導部がこの要素をどこまでどのように自覚していたのかという未解明点はあるにせよ、著者もビーニャスの推測を肯定的に受け止めている[8]。

毒ガス被災の症状と対応　毒ガス被災によってリーフ人にはどのような症状が現われたか。毒ガス弾の被弾によるかその爆発の衝撃による死亡のほか、最も多く報告されているのは失明（視力減退から完全失明まで）である。他の症状は、やけど、皮膚炎、流涙、鼻カタル、胸痛である（皮膚炎はチフスの症状に似ていたので、毒ガス戦を知らなかったかそれを軽視した著者たちは戦争中にリーフではチフスがはやったと書いてきた）。リーフ側の衛生隊が被災者の手当をしたが、薬品不足と知識の欠乏によって効果的な処置をすることはほとんどできなかったようだ。「民間療法」によって何人かが助かった、薬草や山羊乳などで手当をしたとの報告や、玉ねぎを食したり傷口に香辛料を当てたとの証言もある。わらの山を燃やして毒ガスの効果を緩和させる試みもあった。西部地域の被災者は手当を受けるためにタンジャまで行った。彼らの来訪はスペイン軍の蛮行をこの「国際地区」においてもまざまざと見せるものとなった。注目してよいことは、リーフ側指導者たちが毒ガスによる症状を少なくともある期間に隠した（らしい）ことである──「内陸部からの諜報員たちは、反乱地域では［既述のような］奇異な病気が発生していると述べている」、しかしアブドゥルカリームの弟はそれは［ガスによるものとは］別の病気だと触れ回っている、これは「真の原因を知ることで広がるであろう恐怖を避けるため」である（24年７月）／「この部族［バヌワリャガール］は［毒ガスの］効果を用心深く隠しているようだ」（同月）。リーフ側の指導者たちも毒ガスがリーフ人の生存を壊滅的な状況に陥れるだろうこと、その恐怖がリーフ人の抵抗意志を弱化させるだろうことを認識していた。スペイン軍はこの効果を知悉（かつ期待）していたからこそ生存破壊戦略に訴えたのである[9]。

　リーフ側が毒ガス使用に対して抗議しなかったのではない。早くも22年９

月初旬、アブドゥルカリームは国際連盟宛書簡でスペイン軍による「禁止された兵器」の使用を告発した（連盟の回答は不詳）。24年12月には、西部地域の1部族の住民代表がタンジャのイギリス領事館に赴き、毒ガスの被害について訴えた（やはり回答は不詳）。翌25年1月には毒ガス使用を非難したポスターがスペイン領の各地に貼られた（バルフォアによれば、これはアブドゥルカリームの命令によるという。この頃リーフ側指導者たちは毒ガス弾のことを住民に「隠す」のではなく明らかにすることにしたのだろうか）。この25年初頭、リーフ側はジュネーブの赤十字国際委員会に毒ガス被災の救助を訴えた。赤十字国際委員会はこの件をスペイン赤十字に伝えた。しかし、25年2月にスペイン赤十字はスペイン政府によればモロッコでは「窒息ガス」は使用されていないと回答した。それでも赤十字国際委員会はリーフへの調査団派遣にスペイン政府が同意するよう求めた。26年5月末に至って（リーフ政府の実質的崩壊の直前）、スペイン政府はこれに同意した。しかし、赤十字国際委員会は戦闘は実質的に終了したとして調査団派遣を中止した。いわば犯罪者自身が同意するまで犯罪調査をしない（結局は放棄）ような方法がリーフ側の訴えをまともに受けとめるものでなかったことは明らかである。第2節で見たスペイン国外での報道と以上の経過からも明白なように、フランス（フランスはそもそも毒ガス物質を提供したし、またフランス軍はスペイン軍と共同作戦をおこなった）とイギリスの両政府（あるいは国際連盟と赤十字国際委員会の主要国）はリーフでの毒ガス使用についてよく知りながら、それを告発しなかった（両国の在モロッコまた在スペイン外交代表の本国への関連報告については今までの研究が明らかにしている。また、26年1月にイギリスの1官吏はマエストランサ工場を訪問し、そこで毒ガス物質がドイツから来ていることも知らされている）。つまり、スペインの政府と軍はヨーロッパ主要国の認知と承認のもとで毒ガス戦を展開し、またそのもとでリーフ側の抗議を封殺できたのである[10]。

しかし、植民地戦争におけるリーフ戦争の新しい局面は、抵抗の側が機関銃と対空砲火で空爆に対応し、さらには航空機も動員したことだろう（対空砲火と航空機は史上初か）。リーフ側は機関銃と対空砲火で（これらによる反撃は遅くとも23年4月には始まった）63のスペイン軍機を撃墜した（撃墜によるス

ペイン軍側の死者36人、負傷者21人、捕虜２人）。スペイン軍は被弾した機体を海に着水させたり墜落した機体を自ら爆撃して、航空機がリーフ側の手に渡らないようにした。リーフ側の航空機取得の工作は少なくとも22年２月には始まっていた。航空機購入資金を住民から徴収し始めたのである（第Ⅲ章２.１.４.で後述。航空機取得の構想は21年８月に始まるという情報もある）。リーフ側は航空機取得によってスペイン軍の空軍力に対抗しようとし、また他方で住民に対しては、自らも空軍力を有しているのでスペイン軍機による空爆を恐れることはないと宣伝した。これらの動きを察知したスペイン政府・軍はリーフ側のイギリスやフランスでの取得工作を妨害しようとした。しかし、リーフ側は23年末までには、スペイン軍機を撃墜して入手した１機のほかに、何人かのフランス人を経由して少なくともさらに２機の航空機をその支配地域内に持ち込むことに成功した。それに伴って、飛行場と格納庫・掩体壕の建設（以上、少なくとも２か所）、飛行訓練、燃料と航空機用爆弾の準備がなされた。また少なくとも２機が実際に飛行した。スペイン軍は以上のすべてを察知して、空爆によって飛行場を破壊しまた航空機に損害を与えた（24年３〜４月）。結局リーフ側は空軍力を使用できなかった（アルホセイマ上陸作戦実行直前のスペイン軍の作戦命令に「何らかの敵の航空機が空中に現れるかもしれないから、よく監視していること」とあるから、この時点でもスペイン側はリーフ側の空軍力動員を警戒していたことになる）。このほか、リーフ側はスペイン軍が発射・投下した爆弾（毒ガス弾を含む）の不発弾（報奨金を払って不発弾の回収を住民に奨励した）をスペイン軍陣地に投げ返すか撃ち返した（これによって毒ガスに被災したスペイン兵もいた）[11]。

　周知のように、25年（６月）に化学兵器の使用を禁止するジュネーブ議定書が締結された。これはまさにリーフの地でのスペイン軍による毒ガス戦の最中のことである。イギリス、フランス、ドイツの各政府などはリーフの地での毒ガス使用をどこまで意識しながらジュネーブでの会議に臨んでいたのか、スペインのプリモ・デ・リベーラ政府がどのような態度をとったのか、これらの解明は今後の課題としなければならない。ただスペイン政府は同議定書に署名したものの、それを批准したのはリーフ戦争終了から２年を経た29年８月のことである。議会なき専制政体たるプリモ・デ・リベーラ体制が

批准を遅らせたことがリーフの地での毒ガス戦と絡んでいたのは間違いないとしなければならない[12]。

小括

　1964年に国外で公刊された回想録で自らがおこなったモーロ人への毒ガス弾投下について語ったイダルゴ・デ・シスネーロスは次のように告白する——「私に与えられた任務が卑劣であるとか犯罪であるとかということは一時でさえ考えたこともなかった」。さらに空爆一般についても述べる——「私の爆弾が生じさせただろう犠牲について良心の呵責を感じたことはなかった。その逆にできるだけ大きな損害を与えようとしたのだ。それが軍人としてのまた愛国者としての私の義務だと確信していたのだ」。後のスペイン内戦時に共和国空軍の最高司令官となり、敗北を経験し、その後に亡命したイダルゴ・デ・シスネーロスの「針路変更」（回想録の名称）がこのような率直な告白をもたらしたのかもしれない[1]。
　クンツとミュラーは、リーフ戦争は「史上初の「空からの化学」戦だった」と性格づける[2]。本書の著者もこの見解を継承している。そのうえで本書では、その元にある戦略と空爆の意義も強調して、リーフ戦争では空爆と毒ガス戦による住民の生存破壊戦略が初めて展開されたのではないかとの主張をしたい。空爆は1911年にイタリア軍がリビアでおこない始めて以降、周知のように第1次世界大戦中に新たな攻撃手段として広まった。同大戦後にはイギリス軍が植民地・保護国・委任統治地域（アフガニスタン、エジプト、インド、ソマリア、クルド、イラク、パレスチナ）で何回かの空爆をおこなった。イタリア軍はリビアで第1次世界大戦中からその後にも空爆を継続した。毒ガスについては、第1次世界大戦でそれが使用された後は、19年にイギリス軍がロシア白軍を支援する中で赤軍に対して砒素ガスを航空機から散布し

た。イギリス軍は、同年アフガニスタンでもホスゲン弾とイペリット弾を航空機から投下、さらに20年にはイラクでイペリット弾を大砲から発射した。イタリア軍は23〜24年と27〜28年にリビアでホスゲン弾とイペリット弾を航空機から投下した。しかし、第1次世界大戦中（この時期には空爆と毒ガスの使用は別個だった）を除けば、以上のいずれの場合でも、空爆と毒ガス使用が結びついた場合でも、量的にも質的にも（つまり戦略的に見て）それらの規模はリーフ戦争におけるより小さかったのである[3]。

　次の問題は、なぜこのような破壊戦略の結果（＝犠牲）が世界の世論の前に明らかにされず、ほとんど告発もされずに来たのかということである。スペイン政府・軍が戦争中にそれを公表（さ）せず、戦後も証拠隠滅を図ったこと（スペイン軍は報奨金も払って毒ガス弾の破片を回収した）もあろう[4]。しかし決定的なことは、①イギリス・フランスなど有力国の政府が事態を知っていながら告発しなかったこと、②それらの国の新聞などの世論も告発しなかったことであろう。その理由は、③被害者・犠牲者が植民地の原住民だったこと、さらに、④ドイツに加えて上掲の諸政府もスペイン政府・軍と一部ないしほぼ全面的な協力（共犯）関係にあったことである。④についてクンツとミュラーは、ドイツは「リーフ戦争の兵器供給者」だったし、「戦争の本当の勝者」だったとまで言っている。上掲の①、②、③（④も若干）は多かれ少なかれエティオピア戦争でのイタリア軍の毒ガス戦についても該当する。スペイン内戦でのゲルニカ爆撃など（ヨーロッパ人が犠牲者となった）の「衝撃」を引き合いに出せば、その上掲①、②、③との対照はより鮮明となろう。これに関してモロッコの歴史家ケンビブは、リーフ戦争中の毒ガス弾投下はリーフ人に対する「ゲルニカ」だったと言ったことがある。リーフ戦争での破壊と被害に目を向けさせようとする点でこの指摘には当を得たところがある。しかし本章で見て来たように、実際にはリーフ戦争中の生存破壊戦略の結果は量的にも質的にもゲルニカ爆撃などのそれをはるかに凌ぐものだった。さらに指摘すれば、リーフ戦争と後のメトロポリの内戦においては、空爆の戦略においても、空爆を遂行した軍人グループにおいても、またドイツ軍部との関係においても連続性が見られる[5]。

　現在までにスペイン軍はリーフ戦争での毒ガス使用の事実を認めている。

しかし、「はじめに」で紹介した謝罪や補償要求に対して現在までのところスペインの政府は応えていない。現在のスペインでリーフ戦争時のスペイン軍の戦略を擁護する人々は、アブドゥルカリームはスペインに対して「全面的な戦争」を仕掛けてきたのでありスペインは「攻撃の対象とされた国」だったのだ、ジュネーブ議定書は内戦、宣戦布告なき戦争、植民地での反乱の場合には化学兵器の使用を禁止していなかったのだとして、毒ガス使用をほとんど正当化している[6]。毒ガス使用を明らかにした研究者たちの姿勢はどうか。イギリス人研究者バルフォアは、「スペインは少なくとも化学爆弾の使用について遺憾の意を表し、それがもたらした被害を認めるべきであろう」、「リーフ戦争や［1919〜20年の］イラクでの戦争のような植民地戦争の残虐さはレイシズムの次元の問題だったのだ」、というのはヨーロッパ人たちは化学兵器の使用については互いに対立することはなく、「彼らが非文明的と見た人々」に対して躊躇なくそれを使用したからだ、と明確に述べる。スペイン人研究者たちの姿勢はこれとは異なるようだ。ビーニャスは言う――「アルフォンソ王政やプリモ・デ・リベーラ独裁がやったことについて2002年にスペイン国家が謝罪しなければならない理由があるとは思えない」、謝罪というのではなく、我々がなすべきことは明らかとなった事実をもとにしてモロッコ戦争史を書き換えることなのだ。マダリアーガもビーニャスとほとんど同様の姿勢である――「過去に他の人々がやったことについて今日、謝罪を求めるような話は私には滑稽に見える」（傍点引用者）。（リーフ戦争時のスペイン軍とその政府の見地を保持することに躊躇しない）パンドはさらに、それならリーフ側にも「責任」を要求できるとする――「これらの爆撃についてスペインに道義上の賠償を求めるというのなら、……1921年夏の［アンワールの「破局」後のスペイン兵の］虐殺の責任についてバヌサイドやマタルサ［いずれもリーフ東部の地域］の現在の部族長にも同様の賠償を求めなければならなくなる」。もっともマダリアーガは、スペインがモロッコ旧スペイン領地域に対して援助することが「リーフの人々を納得させ、植民地時代の被害を何らかの形で償う最も良い方法」なのだとも言っている（以上『エル・パイス』紙による）[7]。

　やはり「はじめに」で見たように、モロッコの政府もこれまでスペイン政

府に対して謝罪や補償を要求するどころか、それらを要求するモロッコ人に対して禁圧的措置を採ってきた（毒ガス使用についても明らかにしようとしなかった）。「リーフ反乱」がスルターンに対する反乱でもあり、スペイン領でのスルターンの被委任者のハリーファはスペイン政府・軍と協力してそれを平定する側だったからである。しかしモロッコ人の間でも、「はじめに」で見た動きや、「スペインが20年代のその過ちを早く認めるよう望む」（ジャーナリストのルムラービト）との声が出ている。最後に、リーフ現地での調査に基づいてバルフォアは、毒ガスに汚染された地域ではその後、癌に冒された人々の比率が非常に高い、さらに、植物が生えないか植物に異常が生じている地もあると述べている[8]。

第Ⅲ章　「リーフ共和国」
　　　——抵抗と新政治・社会への挑戦——

はじめに

　植民地支配に対する幾多の抵抗運動の軌跡においてリーフ戦争が新たな性格を帯びたこと、また新たな局面をつくり上げたことはつとに指摘されて来た。リーフ戦争についての本格的研究の開始を告げた著作（1981年）でアヤーシュは述べた――モロッコ人が「植民地の年代誌においてこの戦争に全く新しい性格を付与させて、この戦争を従属の下にあった諸民族の解放の先駆としたのである」[1]。たしかに、アブドゥルカリームなどスペイン領の原住民は有効な軍事組織をもってスペイン軍さらにはフランス軍の侵入に抵抗しただけでなく、独自の行政組織を創成し、経済面での対応をおこない、またいくつかの社会改革をおこなった。さらに、植民地支配から脱しようとしたリーフの独立を認知させるために広範囲の活動や交渉を展開した。

　以上のことを踏まえて、本章では次の3つのことを明らかにしようとする。第1に、リーフ人たちはスペイン軍それにフランス軍に抵抗するためにどのような軍事的・政治的組織をつくり上げ（ようとし）たのか。第2に、抵抗するだけでなく、いかなる新政治体・社会の創成に挑戦したのか。リーフ住民やスペイン領の他の地域の住民はこの過程においてどのような反応を見せたのか。このことはリーフの政治体がある範囲の中であるいは後になぜ「リーフ共和国」と呼ばれるようになったのかも明らかにするであろう。第3に、果敢な抵抗と新政治・社会への挑戦さらには独立認知のための様々な活動にもかかわらず、なぜそれらは実らなかったのか。以上の検討はリーフ戦争がモロッコ民族運動の中で持つ意味、さらにはより広く植民地の抵抗運動・民族運動一般の中で持つ意義にも迫ることになろう。

　本章で主に用いる史料は在モロッコ・スペイン軍（とくにCGM）のリーフ側の内情や活動に関する文書である（リーフの各地に大量に配置された原住民

諜報員の報告など)。さらに、先行研究文献に載せられているいくつかの史料 (とくにアラビア語からヨーロッパ諸語に訳されたもの) も利用している[2]。

1. リーフ政府 ── 新政治体の形成 ──

1.1. ハルカの形成

　北部モロッコが1912年にスペイン領となったといっても、各部族qabīlaはスペイン軍が占領するまではほぼ自ら統治していた[1]。しかし軍事的占領以前に (あるいはスペイン領設定以前から)、スペイン軍は各部族の状況を把握したりそれらの部族に自らの影響力を及ぼすために、また可能なら「平和的に」諸部族を占領できるようにするために様々な工作 (「政治的行動」) をおこなっていた。代表的な工作はスペイン軍の協力者をつくるための各部族の有力者への定期的な金銭の提供である (「受給モーロ人」'moros pensionados')。かくして、リーフ戦争期以前から各部族にはかなりの数の「友好モーロ人」'moros amigos' (スペイン派partido españolとも呼ばれた) が存在していた。スペイン軍はこれらの友好モーロ人に金銭・地位・武器を供与して、また各部族への食糧の供給 (あるいは封鎖) や市場(スーク)の閉鎖 (あるいは開催許可) などの手段を用いて、各部族内での名士shaykh間・住民間の対立を、さらには諸部族間の対立を意図的に醸成させ、スペイン軍の占領に対する住民の抵抗力を削ごうとした。スペイン軍自身が原住民を分裂・対抗させるやり方が効果を挙げていると見ていた ── バヌワリャガールでは原住民たちが互いに争っていて「野蛮な血の海」の状態が進行している、「この混乱した状況は彼らの関

心を我々からそらせるだけでなく、彼ら自身が疲れ果てたときにこの状況を終わらせる何らかの権威［＝スペイン軍による占領］を求めてくるだろうから我々に好都合である」（CGMの17年７月後半の状況報告）／「彼らが争い合った結果、以前にはあった［スペイン軍に対する］統一した闘いが今日までにはちりぢりとなって今はほとんど全く消え失せています」、これは「我々に対する闘いを非常に困難にしています」、「我々の友人［友好モーロ人］たちは自分たちがこの混乱とアナーキーをつくった張本人である、これは自分たちの計画通りの結果だと言っています」（19年10月のCGM司令官の高等弁務官ベレンゲールへの報告)[2]。

　バヌワリャガール（ベルベル語ではウーリヤギール）部族のウラマーでスルターンからこの部族の中心地アジュディールの法官 qāḍī/cadi（カーイドだったと書かれることも多い）に任命されていたアブドゥルカリームの父は早くも06年から「受給モーロ人」であり、かつ部族内の多くの住民からもスペイン派と見なされていた[3]。しかし、19年にはアブドゥルカリーム家の姿勢は旋回を見せる。20年２月にシルベストレ将軍がCGM司令官に就任して東部からリーフを攻撃し始めると、アブドゥルカリームとその父はスペイン軍と闘おうとしていたハルカに加わった。このハルカはリーフ東部のティムサマン、バヌツジン、バヌワリャガールの３部族の人々から成っており、最前線のタファルジットでスペイン軍と対峙した。（父は19年頃までスペインの支配に期待をかけるところがあったが）アブドゥルカリームにとってはこれは政治的転換ではなかった。アブドゥルカリームは早くも15年には、スペイン軍がバヌワリャガール占領の動きに出るならばハルカを形成してこれを阻止することをスペイン軍に公然と表明していたからである。このハルカでは何人かの中心人物がそれぞれに指揮を執っていたので、そこで確固とした戦闘集団が形成されたのではなかったようだ。それでも、近い過去までバヌワリャガールで最有力のスペイン派だったアブドゥルカリーム家がスペイン軍への抵抗を呼びかけ始めてハルカに加わったことの意義は大きかった――「唯一の難点は、アジュディールの地域と集落では長い間全く平穏だったのに、ウラマーのアブドゥルカリーム・ハッタービー［父］というたいへん厄介な人物の馬鹿げた野心によって若干の扇動があることです」（CGM司令官から高

等弁務官への20年6月の月例報告)／「……タファルジットの市場では、塹壕や壕を掘るために各支族fracción［各部族内のより小規模な住民集団をこのように呼ぶことにする］が20人を出せとの触れが出された」、本日この作業が始まった、作業を防衛するために約500人が各所に配置されている、この作業を指揮しているのはアブドゥルカリームである（20年7月、CGMの原住民諜報員の報告）。20年8月にはハルカに対抗しようとしたバヌワリャガールのスペイン派が襲撃された（スペイン派の死者25人、負傷者18人。しかし、この月にアブドゥルカリームの父は謀略によって死亡した)[4]。

　西部からスペイン軍が侵入して来たゴマーラでもハルカが結成された。20年5月末のゴマーラ諸部族代表の集会でハルカの結成と、スペイン軍に協力していたライスーニーとの関係断絶が決定されたのである。同年夏までにハルカの人員は千名を超えるものとなった。同年10月にスペイン軍が巧妙な手段でシェフシャワンを占領すると、翌11月中旬のゴマーラ諸部族代表の集会にはそれまでスペイン派だった元カーイドたちも加わった。この集会の決定によってゴマーラのハルカはシェフシャワン包囲の行動に出た[5]。

　21年1月までには、6部族（バヌワリャガール、バッキーワ、バヌブフラー、バヌヤタフト、タルギスト、ザルカト）から成るリーフ部族連合が形成され、翌2月にはティムサマンのアルカマにそのハルカ（スペイン軍によると約千名の人員）が常駐することになった。このハルカにはティムサマンの一部とバヌッジンの一部も加わり、またバヌッジンとガズナヤにはハルカの分遣隊が送られた。20年12月にリーフ中部のいくつかの市場で出された触れは、「あらゆる良きムスリム」がキリスト教徒の侵入から自らの地を守るように訴えていた。また21年1月にバヌワリャガールの市場に現れた触れは、スペイン派の殺害、スペイン派を市場に入れないこと、ハルカへの加入を呼びかけていた。同月下旬から2月初旬になるとこれらの触れの調子はさらに強いものとなった──15日以内にハルカから戻ってしまう場合や、順番が来たのにハルカに入らない場合には科料される（ハルカで闘う期間や「順番」については本章1.3.で後述）。強力なハルカを伴ったリーフ部族連合の形成を唱道し指揮したのはやはりアブドゥルカリームだった。2月下旬にアブドゥルカリームはリーフの名士たちを前に演説し、外国侵入者と闘うために過去の対立を

忘れて団結するように訴えた。メリーリャ中央原住民局の20年12月の月例報告（21年１月末付）には、「今日までの不屈の拠点はバヌワリャガールである」とある。また、カリーヤのスペイン派の有力者は警戒気味にスペイン軍に報告した――「この運動の主要な頭目はムハンマド・イブン・アブドゥルカリームである」（21年２月初旬）[6]。

　３～４月にはリーフのハルカとスペイン軍およびスペイン派の対立が先鋭化した。３月下旬、高等弁務官ベレンゲールがアルホセイマ島を視察したとき、そこに集まったスペイン派は以前の場合よりかなり少なかった。アブドゥルカリームが高等弁務官への表敬訪問（スペイン派としての忠誠を表す儀式でもあった）を禁止したからだった。訪問した５名（７名あるいはそれ以上という説もある）のスペイン派にはアブドゥルカリーム名で科料命令が出された。スペイン軍は彼らに弾丸も支給して抵抗させようとしたが、このうちの４名は抵抗不可能とみて科料を支払った。他の１名のかのスライマーン・ハッタービーは支払いを拒否してアルホセイマ島に逃亡、この間にスライマーン・ハッタービーの家は焼かれた（これは以前からのリーフでの懲罰の方法。2.2.で後述）。スペイン軍は、科料命令を受けたスペイン派を支援しハルカを威嚇するためにアルホセイマ島からバヌワリャガールのハルカ（成員の家や会合）を砲撃した。これに対抗してハルカがアルホセイマ島を砲撃、双方の撃ち合いは１週間続いた。しかし結局スペイン軍とバヌワリャガールのスペイン派の連携は奏功しなかった（以上、４月中旬）。以上の事態はリーフのハルカの強力さとアブドゥルカリームの指導性をスペイン軍にもリーフの人々にも明白に示すことになった。実際にこの後に、リーフ部族連合には前掲の６部族のほかにバヌゲミルとメティウア（後者はゴマーラ地域に入れられることもあった）が加わった。この連合は今や約５千人のバヌワリャガールの人員から成った東部ハルカとその他の部族の人員から成った西部ハルカを擁した。また５月初旬のアルカマでの集会で、アブドゥルカリームは「聖戦の兵士の長」'ra'īs al-mujāhidīn'に選ばれた（ようだ）。５月下旬にシルベストレはベレンゲールに報告した――「ティムサマンとバヌワリャガール、両部族の行動の仕方が全くぴったりと結びついてしまっているので、両部族を切り離すことができません」、アブドゥルカリームは「今や誰もが認めるハ

ルカの長であると言ってよいでしょう」、「一言で言えば、アブドゥルカリームは一連の方策によってバヌワリャガールの人々の士気と熱意を最大限にまで高めているので、［スペイン軍の］軍事行動は非常に困難となっており、採るべき策を見出すのが非常に難しくなっています」[7]。

　シェフシャワン占領後、スペイン軍はゴマーラでは沿岸部以外では攻勢に出ることができなくなった。むしろ住民を懐柔するために、それまでおこなっていた沿岸部からの食糧移入の規制を廃した。21年4月（旬不詳）、ゴマーラの諸部族代表は次の行動をとることで合意した――とくに沿岸部の諸部族や各部族の長は次の収穫までの食糧を確保するためにスペイン軍に対して友好的で交渉する姿勢をとる、交渉では強硬派を説得するためだと言ってスペイン軍の前進を抑制させる、十分な量の食糧を得たら交渉を中断する。以上にはバヌワリャガールとは異なった自治のあり方を見出せる。しかし、前述したバヌワリャガールを核としたリーフの姿勢がそれを条件づけていたこと（ゴマーラ諸部族に対しても、またスペイン軍に対しても）も明白である[8]。

　5月下旬にスペイン軍の諜報員はアブドゥルカリームが大砲を含めた武器と弾薬を集めていると報告した。6月初旬、リーフのハルカ（ティムサマンとバヌワリャガールが中心。300人、また500人の説）がティムサマンのダール・ウバランに陣取っていたスペイン軍を撃退した。ハルカの犠牲者は多くなかった（死者8～9人）。この攻撃によってリーフのハルカは大砲を含めた武器・弾薬・医薬品をスペイン軍から捕獲し、武装力をいっそう強化した。シルベストレはダール・ウバランの戦闘の「損失」の最初の結果を、バヌワリャガールとバヌッジンの連携、ティムサマンのスペイン軍からの離反、バヌウリシックへの反響と見た（直後の高等弁務官への電報）。他方アブドゥルカリームは（も）、「この最初の大きな戦闘」でのスペイン軍の敗走を見てティムサマンの全支族が「自発的に我々に加わってきた」、「このときにリーフ連合（ブロック）が形成され始めた」と後に見ている（27年の『回想記』。以下、『回想記』）。以上の意味で、ダール・ウバランの戦闘からリーフ戦争が始まったとの見方（アヤーシュ）は首肯できるものである。ただ、アブドゥルカリームはダール・ウバランの戦場には不在であり（アジュディールにいた）、戦闘を直接に指揮したのではなかった。このことは、この時期のリーフのハルカが

アブドゥルカリームの専一的な指揮下にあったのでも、またアブドゥルカリームがいなければ動かなかった組織でもなかったことを示している[9]。

　この後、リーフのハルカをさらに強化しようとの動きが見られた。各部族の長たちが手紙や伝令を通じて連絡し合った。部族間で武器や食糧の融通がはかられた。スペイン軍占領地を含めたリーフ各地にスペイン軍に対して立ち上がれとの触れが出されたり手紙が送られた。また、スペイン軍指揮下のPI隊員やFRI兵に対してビラが配られた──「スペイン人たちが君たちを扱っているやり方をよく見るように。……君たちを最も危険な所に配置して、自分たちは死ぬのを免れようとしているのだ」、「君の仲間たちに、君と同様にスペイン人の横暴を仕方がないと思って我慢しているすべての仲間たちに、スペインの隊列から離れるよう呼びかける」。いくつかの市場ではハルカに入らぬ者には科料するとの触れも出された。アブドゥルカリームは各部族のモスクにも手紙を出してハルカ結成を訴えた。これは、各部族でのハルカ結成が過去にしばしば他部族攻撃のためだったことを意識して、そのように解されるのを避けようとしたものだった。ただ、夏の収穫期の故に（本年夏は豊作だった）、ただちに再び戦闘が起こされたのではなかった。7月初旬の1諜報員報告は言う──「重大なことは、収穫が終わったならバヌワリャガールのハルカが［スペイン軍］占領地の一大中心部に侵入しようとしていることである」。しかし、アブドゥルカリームはスペイン軍に軍事的・物理的に対抗することだけを志向していたのではなく、常に同時に交渉も進めようとした。ダール・ウバランの戦闘の直後にアブドゥルカリームはアルホセイマ島のスペイン軍司令官に宛てて書いた──「我々はスペイン当局と合意に至るために、また無駄な血を流さないために努力してきましたし今も努力しています。そうすればたやすく解決に至れるだろうからです」、「我々はいずれはこの国［リーフ］が保護国となるのを受け入れて、保護国の政治的・経済的意味を理解できるような状態になるようにとここで行動しようと思っていたのです。そのためには合意に至るまではシルベストレ将軍が作戦を中止することが必要だったのです」、「現状を打開してすべてにとって好都合な合意に至るために作戦を中止する」ようにされたい（しかし、アブドゥルカリームはこの時期には実際には保護国体制を受入れようとしていなかっただろう。

後の23年にリーフ政治体が保護国体制を受入れる姿勢を見せたことについては本章3.2.1.で後述)。もちろんスペイン軍側は軍事行動の中断を拒否した[10]。

7月中〜下旬、アブドゥルカリームが指揮したリーフのハルカ(3千〜3,500人くらいか)がバヌウリシックのイゲリーベンさらにはアンワールでスペイン軍を包囲し、これをほぼ壊滅させた(アンワールの「勝利」)。スペイン軍の敗走を見て、それまでスペイン軍に帰順していたリーフ東部の諸部族(バヌウリシック、バヌサイド、ガズナヤ、アルマタルサ)の住民がハルカに加わった。スペイン軍はメリーリャまで逃走してしまったので、リーフのハルカはその周辺に多くの住民を巻き込みつつ、今やリーフだけでなくカリーヤの多くの地域も実力で解放した。敗走したスペイン軍の武器・弾薬さらには自動車やトラックまでもが大量に捕獲された[11]。

このときから、リーフのハルカはリーフ以外の部族およびその住民とどのような関係を結ぶのかという新たな課題に直面する。それはまずアラウィッツでのカリーヤの住民によるスペイン兵の包囲と殺戮への対応に表れた。アブドゥルカリームは「これ以上にスペイン人の犠牲が不当にも生じないようにして、モンテ・アルイッツ[アラウィッツ]の問題が紳士的に処理されるように」しようとした(8月6日。リーフのハルカを取り込もうとしてスペイン軍がアジュディールに送り込んだイドリース・ベン・サイード(第Ⅰ章1.1.1.)への発言。おそらくアブドゥルカリームの発言そのものではない)。これ以前にこの目的のために派遣されていたバヌワリャガールの代表団はカリーヤの住民によって妨害された(バヌワリャガールの25名の人員が死亡)。この後に同目的で派遣されたバヌワリャガールの人員がアラウィッツに着いた時には、既にスペイン兵の殺戮は終わっていた。以上のことは単なる偶発事ではなかった。7月30日にカリーヤの諸部族の長たちはアブドゥルカリームとリーフのハルカの長たちに宛てて書いていた――自分たちはカリーヤの多くの地を占領した、メリーリャに侵入したいのでハルカを派遣していただきたい。リーフ側が答えた――自分たちは「自らの地の独立を防衛するために闘っている」、自分たちの地はケルト川の西側までである、カリーヤの人々がスペイン軍をその地から追放するためにリーフ諸部族の援助を得たいのならカリーヤの数家族を[リーフとの連携の保障のための人質として]リーフに送

られたい、カリーヤの人々がこのようにしないのなら自分たちはケルト川を越えることはしないし、「カリーヤの人々が自ら望むところを独自におこなう」ようにさせる（手紙本文ではなく、スペイン軍諜報員報告による。傍点引用者）。それでも、8月上旬にリーフのハルカは約600人の人員を派遣して、ナドールに拠点を構築した。スペイン軍からの捕獲武器とスペイン人捕虜をリーフに集中させるためだった。アブドゥルカリームの手紙が読み上げられた――「［我々の］独自の政府を立ち上げるために」すべての戦利品は引き渡されなければならない（傍点引用者）。抵抗を受けながらも、これは実行に移された[12]。

　他方、ゴマーラさらにはジェバーラのハルカはリーフに呼応しなかった。7月下旬にリーフのハルカからゴマーラの諸部族へ「聖戦」への参加を呼びかける手紙が送られたが、大きな共鳴を呼び起こさなかった。ジェバーラでも、リーフのハルカからの手紙さらには来訪したゴマーラのアルアフマス部族の代表がともにライスーニーにリーフとの共同を要請したが、ライスーニーはこれに応じなかった。自らの地位と住民支配がスペイン軍によって脅かされないかぎりライスーニーが要請に応ずるはずはなかった。しかし、ライスーニーを押しのけてでもリーフに呼応しようとの動きはまだ起こらなかった。以上のことの可能な説明として、ゴマーラとジェバーラの大半の地域ではスペイン軍による占領が切迫していなかったことを挙げうる[13]。

　21年8月4日、アブドゥルカリームの弟はイドリース・ベン・サイードに語った――事態がここまで来たので「アブドゥルカリームには破滅に至るまで状況に流されていくしか方途がないでしょう」。まず間違いなくこれは（も）アブドゥルカリームの弟の発言通りではない（とくに「破滅」の部分）。しかし、リーフのハルカ（の指導部）が予期し（でき）なかったほどにアンワールの「勝利」後に事態がめまぐるしく展開した（と認識された）ことは確かである[14]。

1.2. 政治体の形成

　アブドゥルカリームはいつ頃から、あるいは何を契機としてリーフの政治体を構想し、またその形成に取り組み始めたのか。最も早い時期として21年5月頃（つまりダール・ウバランの戦闘の前）をとることが可能である。アブドゥルカリームがこの頃に「政府を持ち旗を持つ国」を立ち上げたいと発言したというアブドゥルカリームの子息の後の証言がある。さらに諜報員報告には、やはりダール・ウバランの戦闘の前の時期にアブドゥルカリームが「バヌワリャガールの人々が1つの国 una nación をつくって自ら統治すべきだ」と住民を説得しているとある。ただ、以上のことはまだ主観的願望の表明であって、アブドゥルカリームが具体的構想も持っていたかどうかは不確かであると見るしかない。アブドゥルカリーム（ら）がアンワールの「勝利」の後の21年8月初旬には新政治体の形成に動き始めたことは確かなようだ。まず、8月6日にアブドゥルカリームはイドリース・ベン・サイードを「彼の執政会議 consejo を構成していたすべての長たち」に紹介している。次に、同月14日の諜報員報告には「アブドゥルカリームの最たる熱望は1つの国 una nación をつくることであり、そのために次の木曜日（ママ）［18日？］に大きな集会がバヌワリャガールのスーク・アルアルバー「水曜市場」で開かれる」とある（この集会については不詳）。さらに、同月30日のアルホセイマ島のスペイン軍司令官からCGM司令官への電報には、「政治的行動、行政、司法、通信・連絡の中枢部としてのバヌワリャガール」、さらに、アブドゥルカリームは「自分の指揮のもとですべての部族が連合する」との触れをあらゆる市場に出しているとある。この電報はバヌワリャガールでの何らかの政治体の形成やその存在を窺わせる。翌9月に何らかの形態での部族代表会議（後出の「民族会議」の最初の会合ということになる）が開催され（既引用の「大きな集会」との関連はわからない）、バヌワリャガール中心の政治体の結成（あるいはその確認ないし承認）がなされたと見てよいようだ（『回想記』では、

アンワールの戦闘後に「リーフ連合(ブロック)の強化」に取り組んだとあるが、その時期は特定されていない)[1]。上記の会議以降に政府機構、議会（立法ないし代議機関）、官制、法制などが形を成していったとみてよい。それは急激にではなくおそらく徐々に、またバヌワリャガールを中心ないし中軸として形づくられたのだろう[2]。以下、どのようなリーフ政治体の諸機構がつくられ、またそれらはどのように機能したのかについて基本的な見取り図を示しておきたい。

リーフ政府　次の「閣僚」'nāẓir'/'wazīr' から構成された──首相（アブドゥルカリーム、40歳（23年初頭時、以下同））、副首相（アブドゥルカリームの弟、30歳）、財務相（アブドゥッサラーム・ハッタービー、アブドゥルカリームの叔父、40歳）、外相（アザルカン、アブドゥルカリームの義兄弟、36歳）、法相（4人就任）、陸相（3人就任。3人目がブドゥラ、アブドゥルカリームのいとこでかつ義兄弟、33歳あるいは38歳）、内相（3人就任。2人目と3人目はアブドゥルカリームの血縁者）、海相（2人就任。1人目はアブドゥルカリームの血縁者だったが、スペイン軍と通じたとされる）（以上のほかに総務相も存在したという記述もある）。ここに明らかなように、アブドゥルカリームの血縁者が「閣僚」の大多数を占めている。さらに初期には全員がバヌワリャガール出身だった。リーフ政府といってもバヌワリャガールを核としたものだったことは明白である。とはいえ、これらの人物の多くはその年齢も示しているように以前からの名士ではなかった。とくに首相、副首相、財務相の3人が事実上の首脳部を形成していたようだ。以上の「閣僚」の下に11人（程度）の「次官」が存在した。「次官」の場合にも、アルジェリアおよびバヌッジン出身の各1名を除いてほかは全員バヌワリャガール出身だった（また、多くが「閣僚」よりもさらに若年者）。このうち財務担当「次官」はアルホセイマ地域のユダヤ系商人である。確固とした省庁組織はおそらくなかった（諜報員情報に基づく23年9月の在ウジュダ・スペイン領事の報告中に、リーフでの「原初的な政府役員会」'la primitiva Junta del Gobierno' との用語がある）。リーフ政府の中央機構（というより一連の建物）は首府とされたアジュディールにあった[3]。

民族会議 majlis al-umma　リーフ地域を中心とした各部族のカーイドと名士で構成（ある証言では80人）。立法機能を担う機関とされたが、その長は政府の長であるアブドゥルカリーム自身だった。臨時的なものであって実

権や実体はなく時とともに消えていったとする説（ペヌルら）と、リーフ政治体の中で機能していたとする見方（タフタフ）がある。後者は民族会議が週に2回、ほかに臨時的に開催されたとするが、おそらくこの頻度で開催されたのは特定の期間においてだけだろう（後出の本章2.1.6.参照）。22年9月に「モロッコのリーフに現にある政府」'the actual government of the Riff, Morocco' の名で国際連盟に宛てられた書簡（英文）には次のようにある——「我々はモロッコのリーフおよびゴマーラの41部族の代表から成る正規に選出された elected 代表的政府 representative government を有している」（前文）、「我々は正規に選出された代表議会 representative assembly を持っており、また我々は国際連盟の目的とするところに完全に合致して、現在、我が国 our country を統治している」（第3項）、「我々の議会 Parliament は3年毎に選出される」（第4項）、「我々の政府は選出された我々の代表から選ばれる chosen メンバーによって構成される」（第5項）（'assembly' と 'Parliament' が意識的に使い分けられたのかどうかは不詳）。以上のうち、「3年毎に選出」の部分はおそらく実際とは異なる。また、民族会議への部族代表が各部族の名士の会合で選出されたこともあったが、常に選出されたのではない。いずれにしても住民代表制というより部族代表制である。政府（「閣僚」）が民族会議によって「選ばれる」ないし承認されるという手続きはあったようだ。23年1月に（政府提案の？）法相人事が民族会議によって否認されたとの記録がある。しかしこの事例はまれなことであって、実際には常に「選ばれ」たとは言えないようだ。民族会議は「民族協定」を採択した（本小節注2に紹介）。また、民族会議では憲法草案の審議もなされたという（草案はスペイン軍の空爆と侵入の中で他のリーフ政府文書とともに消失したようだ）[4]。

各地域の行政機構とカーイド　　リーフ政府が統治した各地に政府代表部である maḥkama（法廷の意）が置かれた（全体で約20。4つとする説もある）。スペイン軍との戦闘が激しくなるにつれて、これは軍事司令部の役割も果たすようになった。他方、各部族・支族の代表であると同時にその行政官はカーイドだった（人口の多いところではバーシャーと呼ばれた）。部族の住民あるいは名士たちが自らのカーイドを選んだこともあったが、それを承認（ないししばしば更迭）したのはリーフ政府だった。各部族ではカーイドの選出

においてしばしば抗争が起こった。それらの際に政府は介入者あるいは調停者の役割を果たした。各カーイドは、徴税、兵員徴募、兵員への給与支払い、各部族の情報の政府への提供のほかに、ときに住民の武装解除もおこなった（以上、具体的には 2.1. で後述）[5]。

法制　イスラーム法（シャリーア）による法の統一がはかられた。ただ、これは宗教上の改革を主目的としていたのではなかった。アブドゥルカリームが、スペイン軍に対抗するには「部族主義」を廃することが第一義であり、そのためには法の統一が決定的であると見たからだった。それはイスラーム法の適用による厳格な裁判制度によるしかなかった。これは、それまで部族間・住民間の対立をあおってきた「血の決済」＝加害者とその血縁者に対して被害者の血縁者が復讐することを終息させた。リーフでは初の専任・有給の裁判官 qāḍī が各部族と各支族に任命された。判決に不服の場合にはリーフ政府内の高等裁判所に訴えることができた。つまり最終的な裁定者はアブドゥルカリーム自身だった（アブドゥルカリームは13年にスペイン植民地当局からメリーリャ地域の主任裁判官 qāḍī al-quḍāt に任命されたことがあった）。リーフで初めて刑務所（3か所）が設置された。アブドゥルカリームは「部族主義」を生ぜしめないように、司法担当者（法相、裁判官）を異なる部族からそれぞれ任命した[6]。

　以上のほかに、リーフ政府は自らの旗を定めた[7]。

1.3. 軍事組織の形成

　（いくつもの）ハルカがスペイン軍の侵入をはねのけた中で形成されたリーフ政治体は恒常的軍事力・軍事組織（一応、正規軍と呼ぶ）を持つに至った（以下、リーフ政府とその軍事組織を総称してリーフ勢力と呼ぶ）。アブドゥルカリームは21年4月のスペイン軍との砲撃戦の後には正規軍の構想を語り始めていた（少なくとも約2万人の兵員が見込まれていた）。モデルとされたのはス

ペイン軍の指揮の下にあったPIだった。それ故にPI隊員をハルカの兵員とすることが意識的になされたのである。実際にリーフ政府が専門的・統一的命令系統の下で武器を持ち訓練された人員を動かす組織の形成に取り組み始めたのは22年に入ってからのようだ（『回想記』によると、アンワールの戦闘の頃に「参謀本部」はなかった。しかし既にこの頃に「給与」を得ていたハルカの成員が若干ながら（20人という）いたようだ）[1]。

　正規軍を立ち上げるためには、当然ながら武器・弾薬・軍用品、部隊指揮官、訓練された一定数の恒常的兵員が必要である。まず武器・弾薬・軍用品は、①スペイン軍から捕獲、②域外から購入ないし流入（スペイン軍からすれば密輸）、③以前から域内に存在していたものの利用・回収、④域内の市場で購入、⑤リーフ勢力に敵対した勢力から接収、⑥自ら製造、以上の６方法によって調達された。大部分は①によるものだった。既に見たようにダール・ウバランの戦闘ととくにアンワールの戦闘で大量の銃・大砲・弾薬・軍用品・トラック・自動車・医薬品が捕獲されていたが、これはその後の何回かの戦闘（とくに24年12月のシェフシャワン占領）でも見られた。リーフ政府やその軍事組織はハルカの成員や住民が持っていたスペイン軍の武器などの回収をリーフ政治体の政治的結集力を強めるうえでも重要視した。ハルカの成員や住民には捕獲し（され）た銃を１丁だけ持つことが許された。回収された武器などには金銭でその対価が支払われた。22年３月下旬現在のスペイン軍の算定によると、リーフ側に奪われた大砲は118門（うち24門を回復）、その砲弾は8,870発（うち1,300発を回復）となっている（銃についての数字はなし）[2]。②については、リーフ政府の外国企業への発注による購入が少なくとも数回あった。ほかには、外国人（ほとんどヨーロッパ人）商人がモロッコ人に武器を売りそれをリーフ政府が購入した場合や、ヨーロッパ人がリーフ人を支援すると言いつつ実際にはリーフ政府に武器を購入させた場合（3.2.2.で後述）があった。スペイン軍はリーフ側への「密輸」を取り締まるため、地中海沿岸（ジブラルタル、タンジャ、セウタ、アルホセイマ海岸など）さらにはカサブランカで監視していた（ただ、多くの場合に外国船が利用されたので、スペイン軍が「密輸」品を差し押さえたという資料はない）[3]。③については、本章１.１.でも見たように、以前から北部モロッコ地域にはスペ

イン軍自身が友好モーロ人などに提供したものも含めて多くの銃・弾丸が出回っており、住民の多くが銃を保有していた[4]。④の一部は上記の①，②，③にも由来していたが、④はとくに（驚くべきことに）スペイン軍の兵士（とくに将校たち）が自らの収入を得る目的で銃・薬莢などをモロッコ人に売ったり、市場での支払い手段の代用として弾丸を引き渡したことによる[5]。⑤の最大のものは25年1月にライスーニーの勢力から接収したものである（これらの多くも元々はスペイン軍が調達したものか、あるいはそれに由来するものだった）[6]。⑥の多くはスペイン軍が放った爆弾の不発弾から造られた手榴弾と弾丸である。スペイン軍の毒ガス攻撃に対抗するために催涙弾やガスマスクも製造されたようだ。武器製造および修理工場が初めは民家の中に、後には地下に設けられた[7]。22年3月下旬のスペイン軍の算定によると、当時スペイン軍「非占領」地域（ただし算定対象地域はリーフとカリーヤのみ）にあった銃の概数は3万6,650丁となっている。バヌワリャガールにあった3大武器庫の他に、中・小の武器庫が各地に設営された[8]。

　次に、リーフ軍事組織が指揮官にしようとしたのは以前からのハルカの指導層とPIの元隊員およびFRIの元兵士である。アンワールの戦闘でスペイン軍が敗走した要因の一つは、（既述したハルカの呼びかけも奏功して）多数の上記後2者が（さらに武器も持って）リーフのハルカの側に回ったことだった。その後にもこれらの兵員をリーフ軍事組織に獲得する呼びかけや工作がなされた——「アブドゥルカリームは警察官［PI隊員］を取り込んで［ハルカの］兵員にすることを命じている、2ペセータの日給を払うと言っている」（21年8月中旬、スペイン軍諜報員）。実際に、リーフ政府が存在したほぼ全時期を通じてかなりの数（数量化は困難だが数千名に上る）のPI隊員やFRI兵が脱走して来た。武器の操作と戦闘の訓練を受けていたこれらの兵員（とくに指揮官だった兵員）がリーフ軍事組織指揮官の重要な部分を構成した[9]。

　正規軍兵士の徴募は徐々に進められたようだ。バヌワリャガールでは22年に常設的な軍務において有給兵士の存在が見られる。それらは、各支族の兵員の長（やはりカーイドと称された）、沿岸警備隊員、捕虜監視隊員、大砲警備隊員、砲兵隊員、アブドゥルカリーム警護隊員である。23年になると、やはりまずバヌワリャガールで、市場に触れが出されて有給の兵員の徴募がお

こなわれ始めた（23年2〜3月のスペイン軍の情報には、'ejército' ないし 'Mehal-las' が組織されているとある。いずれもハルカではなく正規軍に近い存在を指している）。この後には、リーフまたゴマーラとジェバーラを含む広い範囲で有給の兵員が徴募された。それは、やはり市場に触れが出されたり（アブドゥルカリームは各部族にこの旨の手紙を出した）、各地のカーイドに徴募の依頼がなされる形態でおこなわれた[10]。

リーフ正規軍はおおよそ次のように編成されたようだ。徴募された兵士——16〜50歳の男性。歩兵部隊の構成と兵士および指揮官の月給——兵士（60ペセータ）／兵員12〜25名の部隊の指揮官（65〜70ペセータ）／兵員50名の部隊の指揮官（80ペセータ）／兵員100〜150名の部隊の指揮官（100〜125ペセータ）／兵員300名の部隊の指揮官（125〜200ペセータ）／兵員千名の部隊の指揮官（500ペセータ？）（この部隊は実際の戦闘では用いられなかったとされていた。しかし、陸軍文書には25年2月に千人から成る大部隊が現れたとある）。砲兵隊員や機関銃部隊員の月給は歩兵のそれより高かった（77.5ペセータ。以上からすると歩兵部隊兵士の給与はFRI兵のそれの3分の2程度ということになる。後出の第IV章第2節参照）。兵士は制服と隊種別のターバンを着用し、指揮官は隊種別の記章や印をターバンに付けた。総兵員数が3千名を超えることはなかった[11]。

正規軍が組織され、それがスペイン軍さらにはフランス軍との戦闘で主導的役割を果たしたことは確かだろう。このことは植民地戦争において注目すべきことである。しかし、実際には正規軍とハルカの間の境界は明確ではなかったと見てよい。むしろ大多数の兵員はハルカ的形態（軍務に専念しているのではなく、一時的に有給のこともあったが無給の場合が多い）の中にいた。リーフ政府のもとにあった最人時の兵員数については6万人から12万人までの諸説がある。そのいずれを採るにしても、これらの数字自体が以上のことを示していよう（『回想記』には6千〜7千人の兵員が日給2ペセータを受け取っていたとある。さらにやはり『回想記』には、リーフ正規軍について「全くとてつもない数字」を挙げる人がいるが、「実際には［そのような数の］リーフ軍は存在しなかった」ともある）。とはいえリーフ軍事組織が巨大な人員を組織したことには疑いをいれえない。当時のスペイン軍には諜報員情報に基づい

て「10万人近い兵員」の存在が報告された（23年10月）。リーフ戦争後半から戦闘に深く関わり26年2月には在モロッコ・スペイン軍参謀長に任命されたゴデー将軍は、後の著書でそれを約8万人と見ている。これらの数字はリーフ軍事組織がスペイン領のうちのスペイン軍非占領地域の徴募対象者の大半をその成員としたことを示している[12]。

『回想記』は言う──攻撃計画が企てられると関係する部族に戦闘準備命令が出された、同時にそこに正規軍が派遣された、正規軍は部族の兵員を指揮しまた大砲や弾薬を提供した。正規軍兵士ではない兵員（ハルカの兵員）には独自の戦闘・動員状態が採られた。各部族の兵員は半数ずつに分かれ、それぞれが半月間毎の戦闘に従事したのである（軍規に違反すると1か月間の戦闘従事の場合があった）。このようにして農作業の期間が部族住民に保障された。ハルカの兵員はイスラームの祝祭期間中には（おそらく交代で）家に戻ることを許された（つまりこの期間にはハルカ人員の数が減った）。軍規は次の条項を含んでいた──攻撃中に戦線から離れてはならない／交替兵士が来るまでその場を離れてはならない／軍務に遅刻してはならない（科料）／[上記の]ハルカの期間を中断してはならない（科料）／不注意によって武器を破損すると弁償、武器を売った者は弁償するまで収監。リーフ兵士のモットーは以下だった──「外国への隷属の下でとろ火のように死ぬより、凛として死んだ方がよい」、「正義の道で死ぬのは死ではない、それは不死の死そのものだ」[13]。

戦闘指導においては23年夏が転機だった。同年6月のリーフ東部ティジ・アッザでの攻勢が予期された戦果を挙げなかったことから、陸相（2人目）が更迭された。新陸相にはブドゥラが就任した。8月には東部での戦線の全指揮官が交替した（ほとんどの指揮官がバヌワリャガール出身者となった）。それ以降の大攻勢は成果を挙げた（8月下旬、攻勢に驚いた高等弁務官シルベーラは諜報員報告に基づいて首相・陸相・外相に打電した──「バヌワリャガールの[住民の]大半は前線に出ており、この部族では女と子どもしか残っておりません」）。この頃からアジュディールから各地への電話網の敷設が進められた（植民地戦争では初か？）。電話網は戦闘地点と戦闘司令部の間の連絡のために使用され、戦闘遂行において非常に大きな役割を果たした（無線電信も一

部で用いられた。しかしこれは主にスペイン軍の通信を傍受するためだったようだ)。道路も建設された（以上、2.1.7.で後述)。これ以降の戦闘史については本節で述べることはできない。ただ、戦域が拡大し、さらにはスペイン・フランス両軍との戦闘が激しくなると、徴募対象者が14歳以上の男性に引き下げられたり女性も動員され始める（25年末）など、動員対象となりまた戦火にさらされた住民との緊張は激しくならざるをえなかった[14]。

　海相はいたが、リーフ軍事組織は実際には数隻の小舟を保有していただけで海軍と呼べるものを持っていなかった。ゴデーらは騎兵隊という組織はなかったと言っていたが、アブドゥルカリームらはかなりの数の騎兵を組織した。既に21年9月上旬の*RGC*には、650人の騎兵が見られたとある（これは誇張)。24年6月のスペイン軍の日報でも500人の騎兵の存在が報告されている。馬具はアルジェリアで購入された（空軍力については第Ⅱ章第3節で既述)[15]。

2．リーフ政府と部族・住民

2.1. リーフ政府の統治と諸部族・住民

　アブドゥルカリームは、21年8月初旬つまりリーフ新政治体の形成に動き始めた頃、スペイン軍と協定すればリーフ統治機構の1役職を彼に与えてもよいとのイドリース・ベン・サイードの提案（つまりスペイン軍の提案）を拒否して答えた——今や「自分がそんなことをすれば、諸部族の人々に裏切りとみなされるだろう」[1]。ここにも見られるように、（自らの経験、つまり父は

かってスペイン派だったし自分もスペイン植民地当局のもとで働いていたことに対する住民の過去の疑念ももとにして）リーフ戦争中アブドゥルカリームは自ら（とリーフ政府）の意図や企図をただ貫こうとしたのではなく、住民との緊張関係を常に意識していた。実際に、リーフ政府が代表し統治する範囲が拡大するにつれて、また戦闘が激しくなるにつれて諸地域・諸部族住民との関係において様々な局面が生じた。

2.1.1. バヌワリャガールまたリーフと諸部族

アンワールでの勝利後にリーフのハルカは、スペイン軍敗走の舞台となったリーフ東部とカリーヤの各部族が保有する捕獲武器と捕虜をバヌワリャガールに集中させようとした。武器は比較的たやすく回収されたようだ。しかし各部族とくにカリーヤの名士や有力者たちは捕虜をなかなか手離そうとしなかった。捕虜はそれと引き換えにスペイン軍から多額の金銭を引き出せた（実際に引き出した）好対象だったからである。リーフのハルカは、捕虜1名につき50ドゥーロ（250ペセータ）を支払う、捕虜を隠している者からはその全財産を接収する、さらには捕虜を殺した者は処刑するとの触れをカリーヤの市場に出した（アラウィッツでの投降スペイン兵殺戮の直後）。捕虜をスペイン軍に引き渡そうとしたある有力者からリーフのハルカが実力で捕虜を奪い取ったこともあった。8月下旬にリーフからあらたに400名の兵員がカリーヤに派遣された。これによって10月までには捕虜のほとんどはリーフ側に引渡され、他地域からの捕虜とともにアジュディールの収容所に入れられた。この捕虜引渡し問題はカリーヤの諸部族・住民とリーフのハルカないし政治体との緊張関係を表すものだった。この間の8月中旬に、兵員派遣を要請するためにリーフに来たカリーヤの使者たちにアブドゥルカリームは答えた――カリーヤの人々が私をその長に選んだわけではない（それ故、使者が持ってきた贈り物は受け取れない）、カリーヤで起きた［アラウィッツなどの］事態のためにカリーヤの人々が自分の指示に従うようにと使者を派遣したがカリーヤの人々はこれに従わなかった（本章1.1.で既述）、それでカリーヤの問題には関わらないことにした（諜報員報告による）。それでも上記

のように８月下旬にリーフの兵員が来ると、カリーヤの中では、来るべきスペイン軍の反撃を迎え撃つためにこれを歓迎した人々（上述の８月中旬のアブドゥルカリームへの兵員派遣要請はこのためになされた）と、「戦利品」を取り上げられたうえに駐屯するリーフの兵員に食糧を提供しなければならないことに対して反感を持った人々とが現れた。９月初旬にスペイン軍がメリーリャから「再征服」作戦を開始すると、同月下旬にアブドゥルカリームはさらに約500人の兵員をカリーヤに派遣した。アブドゥルカリーム自身もカリーヤに来て戦闘を指揮した。しかし、スペイン軍との激しい戦闘が続いていた11月上旬にアブドゥルカリームはリーフの兵員の一部とともにカリーヤを去った（撤退通告を知ってカリーヤのバヌシダル部族では「喜び」の声が上がった、撤退の主な理由はこの部族のリーフの兵員への「敵対的姿勢」の故だろう（RGC,10-XI-21））。アブドゥルカリーム自身は撤退理由を明言しなかったようだが、このことがスペイン軍との戦闘においてマイナス要素となったことは間違いない。実際にカリーヤ地域の大半は22年１月までにスペイン軍に再占領されてしまった。21年11月以後に前線地域となったリーフ東部（バヌサイド、バヌウリシック、バヌッジン）では、強力なハルカを組織してスペイン軍と闘わせようとしたアブドゥルカリームらリーフ勢力と、スペイン軍と闘える展望はないと見た部族名士たちの間で軋轢が見られた（リーフ勢力の制止にもかかわらず、22年１～２月にバヌサイドの約450家族がスペイン軍制圧地域に逃亡した）[2]。

　21年８月（旬不詳。下旬と推測される）にゴマーラからの使者がアブドゥルカリームを訪れて支援を要請した。アブドゥルカリームは彼らに、ゴマーラでリーフの兵員を受け入れる政治的準備ができたならばリーフのハルカを派遣すると約束した。９月末までにゴマーラのバヌシルマンとジェバーラのアルアフマスの各部族では有力なハルカが形成された。10月中旬にアブドゥルカリームの弟とブドゥラが率いる600～千人の兵員がゴマーラ西部とアルアフマスに到着した。しかしリーフの兵員とゴマーラのハルカの提携は成らなかった。リーフの兵員が沿岸部のスペイン軍を攻撃したときに、ゴマーラのハルカは全く協力しなかったばかりか、（スペイン軍の「政治的行動」＝買収が奏功して）リーフの兵員に敵対したのである。リーフ勢力はゴマーラだけでなく

ジェバーラも制圧する計画を持っていた。しかしアルアフマスではいまだジェバーラの住民に影響力を行使していたライスーニ派がリーフとの協力を拒否した。結局、11月にはリーフの兵員はリーフに戻っ（逃れ）てしまった[3]。

　リーフ政府とその軍事組織はその後も何回かゴマーラとジェバーラでの影響力拡大をこころみた。まず22年２月初旬には使者を派遣して、ライスーニ批判キャンペーンを張った。スペイン軍占領地でスペイン軍と闘っていた何人かの人々がそこから逃れて来て、ゴマーラでリーフ勢力と共同するハルカを組織することが見られた。前述の使者は、４月初旬にあらたに約600人のリーフの兵員を伴ってゴマーラでリーフと同様の軍事組織を確立しようとした（有給の兵士など）。しかし、ゴマーラの多くの部族（の住民）はそれに従わなかったし、またジェバーラでも（スペイン軍に陰に陽に支援された）ライスーニの勢力を削ぐことはできなかった。22年10月にもやはりアブドゥルカリームの弟が率いるバヌワリャガールの600名以上の兵員がゴマーラに派遣されたが、スペイン軍の「政治的行動」の効果もあって現地でこのリーフの兵員に呼応する動きはなく、またリーフ政府の統治機構が形成されることはなかった。23年になると、スペイン軍と闘うためにリーフ勢力と提携しようとの動きが現れた。同年１月、ゴマーラの小さなハルカと約300名から成るリーフの兵員がいくつかのスペイン派グループを打ち破った。これを見て、３月までにはいくつかの部族、有力教団指導者、ライスーニ派からの離反者がリーフ勢力と提携し始め、またそれまでのスペイン派も態度を変え始めた。この頃にゴマーラでリーフ政府の統治機構とその軍事組織が形成され始めた。リーフ勢力主導の軍事組織はスペイン軍を攻撃した。しかし同年７月には、リーフ政府による課税への不満とジェバーラの１部族がリーフ勢力との提携を拒否したことで小さな反乱が起きた。リーフ勢力は税の軽減措置とリーフからの約千名の兵員派遣とでこれに対抗したので、反乱は８月上旬に収まった。この後にジェバーラでライスーニ派からの有力離反者がリーフ勢力と提携し始めた。以上のことによって、スペイン軍はゴマーラで攻勢に出ることができなかった。しかし、「リーフ人支配」に対する隠然あるいは公然たる不満（とくにジェバーラのアルアフマスとゴマーラのバヌシルマンやバヌゼルワルの各部族において）が存在したことに加えて、リーフ勢力

はバヌゼルワルを拠点としたアブドゥッラフマーン派（3.1.で詳述）の敵対行動にしばしば直面した[4]。

　24年に入ると在ゴマーラのリーフ勢力の兵力はさらに増強された。リーフ軍事組織はとくに、この頃にスペイン軍への依存をますます深めたライスーニーの影響力を削ごうとした。同年2月下旬のスペイン軍の報告（日報）は述べる――「ゴマーラのすべての部族は昼も夜もその陣地を離れずに警備に当たっている。警備から離れるものならリーフ人から罰せられてしまう。我々［とライスーニー］を支持するなどとはけっして言うことはできない。そうしたら厳しく罰せられてしまう」。同年4月にアブドゥルカリームがゴマーラ住民の武装解除を命令し、自らが任命したカーイドたちのもとに武器を集中させたことは住民の不満を高じさせた。この時、リーフ勢力の兵力とアブドゥッラフマーン派との間に戦闘が発生し、前者が後退した。リーフ側の司令官がアブドゥッラフマーンとの交渉のためにバヌゼルワルに出かけていた間に、リーフ勢力の兵員はアブドゥッラフマーン派によって攻撃され、さらに後退した。アブドゥルカリームがこの司令官の逮捕命令を出すと、ゴマーラの有力者たちは逃亡した同司令官をリーダーに推し立てて、5月中旬にリーフ勢力に対して反乱を起こした。5月下旬のゴマーラ諸部族代表の集会では、いくつかの部族の代表がリーフ勢力との協力を表明したので、反乱支持決議は成らなかった。しかし、アブドゥッラフマーン派とライスーニー派が反乱を支援した。リーフ勢力の陣地やリーフ勢力によって任命されたカーイドたちが攻撃され、リーフ勢力が敷設した電話線が切断された。5月下旬にスペイン軍はリーフ勢力側を空爆した（この直前に高等弁務官はアルホセイマ島の軍司令官に打電していた――この反乱は「［スペイン軍の］将来の計画を有利にしうるだろう」）。しかし、リーフから素早く派遣された正規兵を中心とした約600名の兵員がアブドゥッラフマーン派勢力を後退させると、6月初旬にはゴマーラでもリーフ政府反対派部族が後退し、反乱は収まった[5]。

　ゴマーラでライスーニー派を後退させ、またもっと重要なことにはこの頃にプリモ・デ・リベーラ政府が「半ば放棄」政策に出たことを知ると、6月下旬、リーフ勢力の兵力はジェバーラのスペイン軍陣地への攻撃を開始した。進撃軍を構成したゴマーラのハルカ（リーフ勢力によって強制的に形成された

ハルカもあった——「ゴマーラは1集落で1人［のハルカの人員］を出している」、7月上旬のスペイン軍情報）とリーフ兵力（正規兵とハルカ）は3千〜4,500人に達した。9月初旬に開始されたスペイン軍の撤退作戦とその結果としてのシェフシャワンからの撤退というスペイン軍の敗退を見て、ジェバーラの諸部族も次々とリーフ勢力と提携し始めた。9月下旬には、セウタ、テトゥワン、タンジャのそれぞれに近いジェバーラ西北部の諸部族にも「反乱」に加わるように求めいくつかの手紙が届いた——「聖戦の兵士たちの状況は良い」、「モーロ人たる者たちを援助せよ、狼藉者たち［スペイン兵］をやっつけるために我々を援助せよ」、「聖戦を援助せよ、そうすれば平和が訪れる」（スペイン軍の情報）。ジェバーラの諸部族の代表たちはアブドゥルカリームと会見した。リーフ勢力の兵力はジェバーラでスペイン軍を追い出した解放勢力の主導部隊となったし、またそのように認識された。ジェバーラでのリーフ勢力のもう一つの戦闘対象はライスーニー派だった。既に6月下旬にアブドゥルカリームの以下の内容の手紙がジェバーラ東部の諸部族宛に発せられ、市場で読まれた——ライスーニーはスペインに身を売った裏切り者だからその命令には従うな、ライスーニーと闘うためにすぐに兵員と武器を送る、リーフ兵力の前進を援助せよ、［リーフ人を恐れて］逃げた者は家に戻るように。ただ、20年10月のスペイン軍によるシェフシャワン占領以来ずっとシェフシャワンを包囲してきたジェバーラのアルアフマス部族は、スペイン軍に代わってリーフ勢力がシェフシャワンやジェバーラを支配することをかならずしも望まなかった。25年1月になると、アルアフマス部族とその南方のガザーワ部族を中心としたジェバーラ東部のいくつかの部族の代表が「異人のリーフ人［アブドゥルカリーム］が自分たちを支配しに来ることを許さない」と決議した。リーフ勢力への非協力と反乱が始まった。リーフ勢力によって任命されたシェフシャワンのバーシャーは逮捕され、バーシャーのハルカの人員が処刑された。しかもライスーニーがこの反乱を支援した。しかし、1月下旬に約1,300名のリーフ兵力が投入されると、このジェバーラの反乱もすぐに収まった。反乱に加わった部族には科料が課された。既に知られているように、反乱鎮圧直後の2月上旬にリーフ兵力は小戦闘の後にライスーニーも降伏させた。ジェバーラの人々の武装解除がこれに続いた。

容易に推測されるように、ゴマーラでと同様に、この後もジェバーラでは「リーフ人支配」に対する不満が存在し続けた[6]。

既に見たように、ゴマーラとジェバーラでもリーフ勢力と提携してスペイン軍と闘おうとしたグループが少なからず現れた。これらのグループの多くは以前からスペイン軍と闘っていた人々によるものだった。ジェバーラでは以前はライスーニに従っていた人々によるものがとくに多かった。その代表的人物としてハリールーを挙げうる。ジェバーラのバヌホズマール部族出身で若年時からスペイン軍と激しく闘っていたハリールーは23年10月にはライスーニから離れ始めた（同月にハリールーがアブドゥルカリームとハルカの形成について合意したことを知ったスペイン軍は、この「計略」をライスーニに知らせてこれを妨害させようとした）。24年になるとハリールーはジェバーラさらにはゴマーラにおけるアブドゥルカリームの忠実な協力者となった。アブドゥルカリームはハリールーのハルカを全面的に援助した（そのハルカの一部の人員は有給とされるなど正規兵並みの扱いを受けた）。ハリールーのハルカはライスーニを降伏させるうえで大きな役割を果たした（ハリールーは26年5月のアブドゥルカリーム降伏後もスペイン軍に対する闘争を続け、同年11月に戦死した）[7]。

フランス領との境界地域にあったリーフ南部のガズナヤとアルマタルサの両部族も武器引渡しを拒否しただけでなく、バヌワリャガールのハルカの通過や駐屯もしばしば拒否した。24年1～2月には両部族の中のリーフ政府反対派とバヌワリャガールのハルカとの対立が先鋭化し、武力衝突も起きた（同年1月下旬のアルマタルサの名士たちの会合では、バヌワリャガールのハルカの追放が決定された）。リーフ勢力と闘っていたハミドゥ派が前者を援助した（3.1.で詳述）[8]。

2.1.2. カーイドの任命

前節1.2.で述べたように、リーフ政府は各部族・各支族のカーイドの任命・承認・更迭権を持っていた。アンワールの戦闘の直後から若干の地域では既にカーイドが任命されていたが、リーフ政府がその影響下にあった各地

域の行政機構を確立するためにカーイドを任命し始めたのは21年末から22年初頭だった。どのような人物がどのようにしてカーイドに任命されたのか。おおよそ以下の6つの形態があったとみてよい。①以前からあるいはアンワールの戦闘直後から部族のカーイドそれに名士の多くがアブドゥルカリーム支持派だった場合——部族の集会によってもリーフ政府からも承認されて、これらの人物がカーイドに任命された（バヌワリャガールなどリーフ中央部に多）。②リーフ政府支持派を措いて、部族の名士たち（の多数）によって受け入れられた人物をリーフ政府が任命（バヌウリシックなど）。③当該部族の意向が明確に表明されることも有力なリーフ政府支持派が存在することもなく、以前からの名士を任命した（せざるをえなかった）場合（ティムサマン、バヌヤタフトまたバヌワリャガールのいくつかの支族など）。この③の場合には（②のいくつかの場合にも）カーイドが後にリーフ政府の命令を遂行しないことが起きた。④リーフ勢力とともに戦闘に貢献した人物を任命（ゴマーラとジェバーラで多）。⑤部族内の2派ないし数派がそれぞれ別の人物をカーイドに推した場合——いずれかの人物を任命したか、支族や部族を分離してそれぞれにカーイドを任命（バヌッジン、タルギストなど）。容易に推測されるように、これらの方策によって任命されたカーイドの地位は安定しなかった。⑥リーフ政府反対派が優勢だった地域・部族では、リーフ政府支持派をカーイドに任命しても反対派がそれを拒否した。この⑥の場合には、リーフ勢力との戦闘で反対派が後退して、再びカーイドが任命された（ガズナヤ、バヌアマルト、アルマタルサなど）。上の②,③,④の場合にもリーフ政府によるカーイドの任命はしばしば部族内での不満と抗争を引き起こした（バヌッジン、バヌヤタフトなど）。また、リーフ政府が不満と抗争を見てカーイドを更迭したこともあった（アルマタルサなど）。ゴマーラでは、スペイン軍との戦闘で能力を示さなかったり逃亡したカーイドがしばしば更迭された（バヌサイドなど）。他方、ゴマーラ西部とジェバーラではライスーニーが任命したカーイドがいくつかの部族によって拒否された（24年。しかし既に見たように、その後にリーフ勢力によって任命されたカーイドへの反発・反感も目立った）。カーイドはリーフ政府とその軍事組織から兵員確保と徴税の命令のほかに戦闘上の命令も受けた。23年7月下旬には新陸相のもとでリーフ政府の影響下にあっ

た全カーイドに攻撃準備命令が発せられた（翌8月の大攻勢のため）。リーフ政府の影響力が盤石ではなかったゴマーラとジェバーラのカーイドにはとくに厳しい命令が出された。命令に従わなかったりそれを遂行できなかったカーイドは、上記のように更迭されただけでなく、収監などの処罰を受けた[9]。

2.1.3. ハルカ人員の徴募

　各部族・各支族には正規軍の兵士とくにハルカの人員をできるだけ多く徴募することが求められた。既にその一部を見たように、ハルカを形成せよ、ハルカに加われ、スペイン軍に抵抗するために決起せよとのアブドゥルカリーム名の手紙が各部族宛に出された。市場ではこの趣旨の触れが出され、手紙が読み上げられ（これはモスクでも）、ハルカに加わらせるための行動がおこなわれた。以下にいくつかの事例を挙げる——アブドゥルカリームは原住民たちに抵抗を続けさせるために、バヌサイド（リーフ）とバヌウリシックの名士たちに自らと会見するように伝言を発した（*RGC*, 7-V-22）／イード・アルアドハー（犠牲祭）が終わったならハルカに馳せ参じよとの触れが［リーフ東部の］あらゆる部族で出されている（23年7月下旬、スペイン軍情報）／アブドゥルカリームは手紙を持たせた使者をジェバーラの諸部族に派遣、使者たちは部族の名士たちの会合、モスク、学校でスペイン領のムスリムの総決起を呼びかける手紙を読み上げている（23年8月下旬、スペイン軍情報）／アルマタルサでのアブドゥルカリームの触れ——ハルカに加わろうとするすべての原住民は3日以内に出発の準備をせよ、月々15ドゥーロ、衣服、薬莢、その他の必要品（銃は別）が与えられる（24年2月中旬、スペイン軍情報）／アブドゥルカリームはバヌジヤットで触れを出すよう命じた——守備隊を強化するためにバヌジヤット、バヌブセーラ、バヌゼイエル［以上、すべてゴマーラ］の人々は集合せよ（24年2月下旬、スペイン軍情報）／ミダール（タファルジット）のハルカの長はアブドゥルカリームの手紙を集落の人々の前で読み上げた、手紙には6日以内にハルカが到着するのでスペイン軍との前線の守備隊を強化するようにとあった／アブドゥルカリームはバヌサイド（リーフ）とバヌウリシックの銃を持つすべての原住民たちに対し

て集合するよう命じた（以上、*RGC*, 21-VIII-24）／アブドゥルカリームは、スペイン軍が撤退したならただちにその陣地を奪えるように準備しておくよう［リーフ東部の］原住民たちに通告した（*RGC*, 22-X-24）／バヌゼルワルでアブドゥルカリームの手紙が読まれた――喜びの時が来た、すべての者が「聖戦」に加わるように（24年10月中旬、スペイン軍情報）[10]。

　各部族のカーイドや軍事組織の長には、具体的数値も示されて（500人、100人、30人、25人など）ハルカ人員を徴募し、特定地点に集結させることが求められた。いくつかの部族から人員が徴募されて形成されたハルカの長をアブドゥルカリームが直接に任命したこともあった（リーフ政府反対派が多かったアルマタルサなど）。さらに、アブドゥルカリーム名やハリール一名でハルカの宿舎を提供せよとの触れ（飲食店や商店などに）やパンなどの食糧や役畜を調達せよとの命令（各集落や各部族に）が出された。もっともリーフ軍事組織は現地調達にのみ頼ったのではなく、正規軍とハルカの食糧調達のために穀物を備蓄していた（2.2.で後述）。理由もなくハルカに加わらぬ者には科料するとの触れがしばしば出された。リーフ政府反対派が多かったところでは、銃を所有しながらハルカに加わらぬ者からは銃を取り上げる（ガズナヤ、アルマタルサ）、さらには銃を所有しない者にはそれを購入させてハルカに加わらせる（そうしないと科料。アルマタルサ）という強硬措置も採られた。ゴマーラでは、ハルカの長が各戸それぞれ3薬莢を供出せよとの命令を出した（24年1月）[11]。

　容易に推測されるように、以上の方策はいくつかの公然とした反発を生じさせた。24年1～2月にティムサマンとバヌツジンの両部族は、スペイン軍と独自に闘うとして（という口実で）リーフ勢力のハルカ形成の提起を拒否した。翌3月にアブドゥルカリームは、ティジ・アッザの戦闘で戦線から撤退した、命令を果たしていないとしてバヌツジン部族に対して不満を表明し、さらには高額の科料（2万5千ペセータ）を課した。これに対してバヌツジンではリーフ政府とその軍事組織が武器の代金を支払うようにとの要求が出され、また科料への抵抗が見られた。さらに同年7月にアブドゥルカリームは、バヌツジンのハルカの行動に従わないということで同部族の何人かの名士を逮捕した。ハルカに加わらぬ者は武器を引き渡せとの命令に対してもバ

ヌッジンなどではこれを拒否する動きが現れた (23年10月)。戦闘中の命令を遂行しなかった、あるいはスペイン軍の攻撃を許したという理由でハルカの長が収監されたこともあった。また、駐屯していたバヌワリャガールのハルカに対して住民の不満を表明させたとして部族名士が逮捕されたこともあったようだ。逆に、戦功や功績 (スペイン軍占領地域から何人かの家族を脱出させたなど) を挙げた部族や住民には報奨金や食糧が与えられた。他方で、家族の生計維持者がいなくなってしまうという理由でハルカ参加への拒否者が現れると、アブドゥルカリームはハルカ参加者の家族に援助を与えるよう指示した (24年2月、アルマタルサ)[12]。

2.1.4. 徴税

　リーフ政府が形成され、その影響下の地域が拡大するにつれて、またスペイン軍 (さらにリーフ勢力反対派) との戦闘が激しくなるにつれて、各部族・住民にのしかかったのは各種の課税だった。カーイドの主要任務の一つは徴税だった。遅くとも21年10月中旬にはリーフないしその周辺の住民への課税が始まった (各戸あたり5ペセタ程度。課税目的は明示されなかったようだが、正規軍兵士の給与も含めた戦争遂行資金獲得のためだったことは間違いない。23年6月のスペイン軍文書は「戦争税」と呼んでいる)。当初から各地で徴税への不満が見られた。22年1月、メティウアではリーフ勢力が徴収した税をめぐって仕民との衝突が起きた (住民2人が死亡)。同年2月からリーフ政府は徴税の目的を武器獲得と航空機購入のためだとした (1人当たり5ペセタ)。バヌサイド (リーフ) などではとくに徴税への抵抗が強かった (カーイドによる徴税に対して、原住民たちは「大いに抵抗しながら」これを払っている (*RGC*, 2-III-22))。アブドゥルカリームはこれを見て、課税額を1人当たり2.5ペセタに引き下げた (実際には、少なからぬカーイドたちが自らの懐を肥やすために住民から2倍の額を徴収したことがさらに住民の不満を高めた。リーフ政府反対派はこれをリーフ政府批難のために利用した)。スペイン軍の空爆は住民に大きな恐怖・不安・被害をもたらしていたから、自らも空軍力を有してそれに対抗しようとの説明は説得力を持ったようだ。それ故リーフ政

府は所期の額を徴収できたようだ（第Ⅱ章第3節で見たように、実際にリーフ政府とその軍事組織は23年末までには航空機を取得した）[13]。

その後もリーフ政府の統治と影響力の下に入った地域で住民に税が課された。徴税額は各戸あたり15ペセータから1人あたり10ペセータ程度までだった。容易に推測されるように、リーフ政府反対派が多かった地域やリーフ勢力に対する隠然・公然たる不満が生じていた地域では徴税への抵抗が見られた（前者ではガズナヤ、バヌブヤヒなど。後者ではゴマーラ）。陸軍文書にはリーフ勢力がこれに譲歩したという資料はない。ゴマーラ西部やジェバーラでは、リーフ勢力による課税がライスーニーによって任命されていたカーイドが課していた税にとって代わった。おそらく以上の諸税は定期的にではなく随時徴収されたのだろう。以上のようにして徴収された税がリーフ政府の歳入にどのくらい貢献したのかをある程度の正確さをもって知るのは難しい（2.2.(1)で後述）[14]。

2.1.5. 部族自治、名士、住民

保護領化以前から、各部族・支族ではある程度の自治が機能していた。まず、血縁に基づいた同族集団の長たちの会合jamā'aでは住民の日常の生活・仕事・土地に関する事項が処理された。この会合が選んだ名士たちが部族・支族のレベルでの住民間の紛争の処理・裁定や、部族・支族の範囲を越えた諸問題について態度決定をおこなった[15]。このような部族自治はリーフ政府のもとでも存続し機能した。ただ、スペイン軍との激しい闘争とアブドゥルカリームらが強力に指導したリーフ政治体・軍事組織の形成は住民に行動を迫ったとともに、部族・支族内での幾多の抗争を生じさせた。

まず、いくつかの部族でリーフ勢力ないしリーフ政府支持派とスペイン派の公然・非公然の抗争が生じた。スペイン軍は軍事的占領が困難と見た場合に、あるいは軍事的占領を容易にするために広範囲の「政治的行動」をおこなった。以前からの友好モーロ人の支援や新たな友好モーロ人の獲得によるスペイン派の形成である。リーフ勢力によるハルカの形成やその行動を妨害できまたリーフ勢力と抗争できる（＝相互につぶし合う）スペイン派が形成

されれば、リーフ勢力の住民への影響力とそのスペイン軍との闘争力を削ぐことができた——「この間のバヌサイド［リーフ］の政治状況はまず満足すべきものである。我々を支持する党派は［バヌサイドの］内部から［リーフ勢力のハルカの］兵員が集まらないように工作しているようだ」(*RGC*, 17-III-22. 2.1.4.で見たバヌサイドでの徴税への抵抗もまず間違いなく「我々を支持する党派」の動きと関連している)／「［原住民同士が］相互にいがみ合い憎悪を持つようにして、我々は調停者の役割を果たすようにする」(23年9月前半の政治情勢についてのスペイン軍文書)。実際に陸軍文書からは、スペイン軍が上述の目的のためにリーフ戦争中に多くのスペイン派を育成したことを見てとれる。それはとくに（前線地帯でもあった）リーフの東部・南部で多く見られる（3.1.で後述）。ミダール（タファルジット）ではスペイン派のハルカとリーフ政府支持派のハルカが撃ち合った（23年11月）。これまで本小節で見てきたいくつかの地域（バヌッジンなど）でのリーフ勢力への抵抗やリーフ政府反対派の動きにはまず間違いなく何らかの形でスペイン派が関わっていたと見てよい。アンワールの戦闘以前のハルカ形成期でもそうだったように、リーフ勢力は通敵行為を部族自治の範囲を越えるものと見て、スペイン軍と通じた者には厳しく対処した。上にも引用したバヌサイド（前線地帯にあった）の例——スペイン派の有力者たちは「［スペイン］政府の友とみなされて反乱者たち［リーフ勢力］によって復讐されることを常に恐れている。反乱者たちは怪しい行動をしているすべての人たちを偵察する機関を完璧に整えている」(*RGC*, 2-III-22)。スペイン軍と通じた者はその程度に応じてアブドゥルカリーム名で科料され、逮捕・収監され、また裁判を経て処刑された（最後者は、スペイン軍人の手紙を持っていた、スペイン軍の差し金でアブドゥルカリ　ムの暗殺をねらっていた、スペイン人捕虜の逃亡をはかるためにスペイン軍と交渉していた、などの理由による。少なくとも5件16人）。スペイン派の家が焼き討ちされたこともある（焼き討ちについては2.2.(2)で後述）。一部のスペイン派の主観的意図が何であれ、スペイン軍の目的からしてスペイン派の存在は部族自治をゆがめたり破壊する役割を果たしたことは確かである[16]。

とはいえ、今まで本小節で見てきたリーフ勢力に対する諸部族の抵抗・不

満さらには反乱のすべてがスペイン派の計略やスペイン軍の「政治的行動」の結果というわけではなかった。リーフ政府とその軍事組織の形成以後、リーフ中央部ではリーフ政府支持派の影響力拡大に対する旧来の部族の名士たち（①）の不安と対抗（影響力挽回）、それ以外の地域ではリーフ勢力が自らにとって代わろうとすることに対する部族の名士たち（②）のやはり不安と対抗、さらに、ほぼすべての地域において教団指導者層（③）がリーフ勢力によって自らの優位が奪われると感じていたこと、以上の状況が生じていた。これらの有力者たちがリーフ勢力によるカーイド任命・兵員徴募・徴税に対する住民の不満（④）を代弁した。かくして、少なからぬ部族でリーフ政府支持派ないしリーフ勢力と上記①、②、③の有力者たちとの抗争（個人レベルのものも含めて）がしばしば④を契機として生じたのである。そればかりでなく、①の名士たちの間での抗争が生じたので、アブドゥルカリームが仲裁に入って両者に科料を命じたこともある（22年3月、バヌウリシック、ティムサマン／22年7月、バヌヤタフトなど）。また、①、②、③の有力者たちが部族間の抗争を引き起こしたこともある（22年5月、ガズナヤとマルニサ／23年3月、バヌハメドとバヌゼルワルなど）。各部族のリーフ勢力反対派ないしリーフ政府反対派は、やはりその行動の程度に応じてアブドゥルカリーム名で科料され、逮捕・収監され、さらに裁判を経て処刑された（スペイン派とみなされた可能性もある。2.2.(2)で後出の収監者数も参照）[17]。

　リーフ戦争中の部族自治において血縁に基づいた同族集団の長たちの会合がどのように機能したのか、それは本小節で今まで見て来た諸問題についていかなる範囲の決定をしたのかについてはほとんどわからない。スペイン陸軍文書からわかることは部族・支族の名士たちについてだけである。これらの名士たちの会合で協議・決定された主な事項は以下である――カーイドの推薦／リーフ政府が任命（ないし更迭）したカーイドの承認ないし拒否／リーフ政府を支持するかどうか／リーフ政府による科料・逮捕（あるいは以上の命令）の承認ないし拒否・抗議／スペイン軍の侵入に抵抗するかどうか／ハルカの結成如何／リーフとくにバヌワリャガールのハルカの駐屯・通過の受け入れ如何／他部族へのハルカの派遣の要請／リーフ勢力ないしリーフ政府支持派とそれらへの反対派のどちらを支持するか、あるいは対立する両

派をどう調停するか／スペイン軍占領地域との交易を許可するかどうか。会合にアブドゥルカリーム自身やリーフ政府代表が出席したり、そこでアブドゥルカリームの手紙が読み上げられることもあった。また近隣の数部族・数支族による合同集会もしばしば催された。名士たちの会合が何らの決定もみることなく解散となったり、主張が分かれて決裂したり、対立する勢力の撃ち合いの場となったこともあった。ただ、名士たちの会合が何らかの決定をしても、それがリーフ政府やその軍事組織と齟齬をきたした場合には上掲のほとんどの事項においてリーフ政府の意思が優先したようだ[18]。

　以上からすると、リーフ戦争中にリーフ政府が部族自治をないがしろにしたとは言えないだろう。しかし戦時にあって部族自治は上位権力とされたリーフ政府の強力な監視と介入のもとにあったと言ってよい。

　スペイン軍占領地域（①）、リーフ政府地域（②）、①ではないがリーフ勢力反対派が優勢な地域（③）に分かれた中で、各部族の住民が自らの判断でそれぞれの地域の統治権力者に反抗したこと（a）、あるいは他地域に逃れたこと（b）はどのくらいあったのだろうか。①の地域ではa, bともきわめて困難だった。今までの本小節でも見てきたように、②、③の地域ではaが見られた。③の地域は流動的だったので、②、③の地域間でのbは生じていたと考えられる。とくにライスーニー支配地域から②の地域への住民の逃亡例がいくつか見られる。②、③の地域から①の地域へのbもたびたび生じたが、25年以降にスペイン軍（とフランス軍）の攻勢が激しくなると、それは規模の大きいものとなった。①の地域に逃亡した親類と連絡をとっていたということで②の地域のカーイドとその家族が逮捕されたことがある（24年1月）。逆に、①の地域にあったが夜間には②の地域のハルカに食糧を提供していた部族もある（バヌハサン、24年1月）。リーフ政府は、①の地域に家族・知人を持つ住民に対して、次のように言って彼らが②の地域に来るあるいは帰るように促すことを要請した――こちらでは報復はない、土地も財産も所有できる、スペイン軍は結局は彼らを見放すだろう（24年6月）。またリーフ勢力は、とくに②の地域との境界にあった①の地域の部族住民に対して、自らの側に逃亡してくるように、また②の地域で開かれる市場で交易できると宣伝した。とはいえ、結局は戦闘によってどの勢力が統治者・支配者となった

（る）かということがほとんどの場合に住民の行動の判断基準となったと考えられる[19]。

22年3月にスペイン軍がカリーヤ地域の全部族とアルマタルサの一部（＝スペイン領東部における当時のスペイン軍占領地域）での在住原住民戸数を調査した。その（＝「帰順した」）総戸数は7,471だった。この調査ではアンワールの戦闘以前の総戸数は示されていない。ただマズージャ部族についてはそれも示されている。それによると同部族のアンワールの戦闘以前の総戸数は2,304（a）、22年3月時の総戸数は1,816である。かくして「帰順していない」戸数は488（b）とされた。bのうち「反乱」側にいるとされたのは382、アルジェリアに行ったとされたのは93である（テトゥワンにいる―5名、他は不詳）。b：a＝21.2％と同じような数字が他の部族にもあてはまるかどうかの推測は難しい（ただ大きくは離れていないだろうと推測できる）。しかし、これはこの時点までの戦闘がどのような規模の住民移動を引き起こしたのかを示唆するに足る数字である（アルジェリア行については2.2.(1)で後述）[20]。

2.1.6. 部族代表会議

アブドゥルカリームはたびたび部族代表会議を招集した。著者が主にスペイン陸軍文書で確認できた同会議の招集・開催は表3-1の通りである（確定できた内容のみ記述。本章1.2.で既述のものも含む）。

これらの部族代表会議での討議内容はほとんどわからない。おそらく多くの場合にアブドゥルカリームやリーフ政府の提案（命令）を承認し、それを各部族に伝えることがこれらの会議の役割だったのだろう。しかし著者は、これらの部族代表会議（表3-1にあるものはまず間違いなくそのすべてではない）がリーフ政治体の中の民族会議だったのではないかと推測する。それは、協議ないし議決事項の性格（緊急性）および戦闘や交通の状況によってはリーフ政府の影響下にあった全部族の代表が集まら（れ）なくても開催されたのではないか（22年9月下旬、25年9月）。つまり、リーフ政治体において民族会議は不十分ながらも（立法機関また「閣僚」選出機関としての役割はそれほど果たさなかっただろう）部族代表会議として機能していたとみてよいの

表3-1　部族代表会議の招集

開催時期	場所	出席者	協議ないし議決事項
21年8月中旬	バヌワリャガール		「1つの国」をつくるため
9月上旬	アルカマ（ティムサマン）		
22年5月下旬	ティムサマン	諸部族の主要な名士	ハルカ再編
8月	アンワール（バヌウリシック）	全部族の名士	ハルカ再編
9月上旬	アンワール	リーフの諸部族の名士	アブドゥルカリームの発言―スペインはモロッコを放棄、ヨーロッパ諸国はリーフの自己統治を承認
9月下旬	アンワール	バヌサイド（リーフ）、バヌウリシック、バヌツジン、ティムサマンの主要な名士	スペイン人捕虜の引渡しの時機、その身代金の管理
23年1月上旬（あるいは22年12月下旬）	ダール・ウバラン近く（ティムサマン）	リーフのほぼ全部族の名士	アブドゥルカリームの発言―スペインは高等弁務官に文民を任命、スペイン軍はメリーリャまで撤退するだろう。法相人事の否認？
2月上旬	アジュディール（バヌワリャガール）	全リーフの部族［の代表］	［ハミドゥ派とビルキッシュ派がリーフ勢力に対抗している］マルニサとガズナヤへの対応
6月7日	アルカマ	名士たち	スペインとの和平条件
12月中旬	バヌワリャガール	リーフのほぼ全部族の名士（マルニサとガズナヤを含む）	タンジャへの代表団を任命
24年2月14日	バヌワリャガール	多くの部族のカーイドと名士	ハルカ再編
3月下旬	バヌワリャガール	多くの部族のカーイドと名士	
25年9月8日		バヌワリャガールとバヌアマルトの名士	アブドゥルカリームの発言―今までと「同様の犠牲」を払ってでも［スペイン・フランス軍と］闘おう。1名士―自らの地を守る用意はあるが「無用な犠牲」は出したくない
26年5月（4月？）1日		リーフとジェバーラの全名士	アブドゥルカリームの発言―［スペイン・フランス軍との］闘争を続けるか。名士たち―命令に従う（アブドゥルカリーム―はっきりとは言わないだろうが、すべての人が疲弊しており、平和を望んでいる）
5月6日	バヌワリャガール	名士たち	ウジュダ会談でのスペイン・フランス代表の提案を検討［これを拒否］

ではないかと考える[21]。

2.1.7. 通信と交通

リーフ政府とアブドゥルカリームは、「すべての部族が連合する」（本章1.2.）ために、通信・交通手段に意を用い、それらを積極的に利用した。

言語　住民間の会話、各部族のカーイド・名士の会合と通達、リーフ政治体の諸機構・軍事組織の会合と通達、以上における口語の多くはベルベル語（の一種）で一部はアラビア語だった。文書（の多く）はアラビア語で書かれたようだ。ほとんどの住民は非識字者だった。この点ではアブドゥルカリーム兄弟の語学力は際立っていた。この２人はスペイン語・フランス語・英語に通じていた（とくに弟は後２者での会話もこなした）。このことはとくに、スペイン・フランス両政府・軍との交渉、スペイン・フランス両世論へのアピール、リーフ政府の国際的認知のためのその他の活動において非常に有利に働いた（3.2.で後述）。リーフ政府が存在した期間に新聞の類が発行された形跡はない。文字が入った（らしい）ポスターが貼り出された１事例が存在する（スペイン軍による毒ガス使用を批難したもの。25年１月。第Ⅱ章第３節で既述）。この種の事例はほかにもあったのか、非識字者が大多数ということからして文字なしのポスターは作成されたのか、あるいは市場などでの触れはどのくらい文字化されたのか、これらのことについてはよくわからない[22]。

市場（スーク）　今まで見てきたように、定期的に開かれた市場は交易の場だっただけでなく、住民の情報交換の場、触れが出され手紙が読み上げられた場でもあった（ほとんどの部族で女性専用の市場があった）。また名士たちの会合や住民への呼びかけと説明の場でもあった。さらに、市場が開かれた日に合わせて市場の周辺にハルカがしばしば集結・駐屯した。次のスペイン軍の方策が市場の意義を雄弁に示している――「我が軍との接触地点の近くで開かれる市場でなされる交易を利用して敵が我々にとって有害な情報を［住民に］もたらすのを阻止するために」リーフ勢力地域とのあらゆる交易を禁止する、市場が開かれる日の監視はとくに厳重におこなうこと（CGM参謀本部、24年10月。25年１月に改訂）[23]。

電話網　電話網の敷設とその利用こそリーフ政府とその軍事組織の革新的事業だった。23年9月に始まった敷設事業は次々と拡張され、25年初頭までには、アジュディールを拠点として東西ではジェバーラ西部からバヌウリシックまで、南北ではアルマタルサまでとシンハージャ地域のフランス領との境界地点（一部ではフランス領内まで）まで及んでいった。送受信施設・機器・電話線はスペイン軍・フランス軍から捕獲されたかあるいはフランス領ないしアルジェリアで購入された。ただ、スペイン軍占領地域またフランス領内で敷かれていた電話線を切断したかさらには電信柱を引き抜いて持ち込んだことも非常に多い。これらを持ち込んだ住民には報奨金（電話線については1メートル当たり5〜25センティモ（50センティモまでという情報もある）、電信柱については1本25ペセータ）が支払われた。電話網敷設においては捕虜となった技師の1スペイン人兵士が大きな役割を果たした。他方、敷設工事にはスペイン人捕虜の労働力も使用された。電話網は主に軍事目的で使用されたが、各地の状況を素早く察知できた点でリーフ勢力の統治にとっても非常に有効な手段となった。次々と敷かれていった電話線は各部族の住民にとってはリーフ政府とその軍事組織の統治と技術を目に見えて示すものと映っただろう。さらにゴマーラでは、電信柱用の木材が部族住民に要求されたり、電話線敷設資金が準備されていなかった、あるいは電話線が破壊されたことで部族に科料が課されたことがあったようだ（以上24年1〜2月）。それ故、リーフ勢力に対する抵抗や反乱が起きたときには、しばしば電話線が切断された[24]。

　道路　主に軍用のために、アジュディールからゴマーラ方面、シンハージャ方面、アルマタルサ方面に幹線道路が建設された。若干の橋も建設された（道路や橋の建設は21年8月には始まっていた）。道路建設工事にはスペイン人捕虜のほかにモロッコ人囚人の労働力が使用された。リーフ政府とその軍事組織はスペイン軍から捕獲したトラックや自動車を持っていたうえに、アブドゥルカリームなどリーフ政府指導者の移動のために乗用車を購入した。さらに各部族への情報や命令の伝達のために一種の飛脚 raqqāṣ 制度がつくられた。飛脚は1日で80キロメートルの範囲を走ったという。アブドゥルカリームは鉄道の建設も考えていたが、それを実現することはできなかった[25]。

その他の通信手段　のろし（かがり火）がしばしば用いられた。この手段は、戦闘意思の表明、住民にハルカの駐屯地を示す、複数のハルカが相互に位置を確認したり何らかの意思や情報を伝える、集合場所を伝える、住民に戦闘への参加を呼びかける、さらにスペイン軍の日光反射信号機を妨害する、以上のために用いられた。のろしはもちろん夜間にも使える通信手段だった。さらに日光反射信号機も用いられた。これはスペイン軍から奪ったものだろう[26]。

以上からわかるように、リーフ政府とその軍事組織はそれまでの通信手段に加えて、新たな科学技術に基づく通信・交通手段を最大限に利用・導入した[27]。

本小節での小結として以下のことを指摘できよう。第1に、リーフ政府とその軍事組織の統治と影響力の拡大は「リーフ人支配」とくにバヌワリャガールの他部族への優位という側面を持っていたこと。第2に、リーフ政治体における「我々の議会」＝民族会議とは部族代表会議だったとみてよいこと。第3に、第2とも関連するが、各部族の自治は限定的ではあれ存在した（全面的ではなくとも保障され容認された）が、その自治を担いかつ主導したのは（住民ではなく）ほとんど名士たちだったこと[28]。

2.2. 経済状況と社会改革

(1) まず、経済・社会の基本的様相について述べておこう。リーフ政府のもとにあった住民の大多数は定住農民だった。アルマタルサからバヌブヤヒにかけての地では遊牧もおこなわれていた。土地の所有形態はほぼ次の4つに分けられえた――スルターンあるいはハリーファ政府所有地、ハブー、共同地、個人所有地。以上のそれぞれの面積比率の推定は難しい。定住農民の可耕地では共同地はほとんど存在しなかったようだ。ただ、大土地所有

（者）は存在せず、ほとんどの農民は小土地自己経営農民だった（平均所有農地面積は3〜4ヘクタール）。若干の富裕農がいた一方で、少数の土地なし農民も存在した。後者は被雇用農民となった。前小節で見た各部族の名士といってもせいぜい富裕農の場合が多く、特定の強固な経済的基礎を持っていたのではなかった。リーフ戦争の頃の可耕地は全面積の13〜15%で、条件の良いわずかな地（バヌワリャガールなど）では50%を超えるところもあった。主な農産物は小麦・大麦、マメ類、果実類であり、畜類では主に山羊と羊が飼われていた。住民の経済生活は一般的に見てある程度の地理的範囲内での自給自足の要素を多分に持っていた。物品の売買は特定の曜日に開かれた各地の市場でおこなわれた。バヌワリャガールのような大きな部族においては市場が週に数回開かれた[1]。

　以上の故に、大多数の住民の生活状況は各年の収穫の良し悪しに大きく依存していた。本書の対象時期と関係する各年の一般的な収穫の状況については次のように言える（収穫は一般に初夏）。21年—豊作、22年—凶作、23年—豊作、24年—凶作、25年—凶作（26年には雨量不足で春までに凶作の予兆が現われた）。豊作の故に多くの住民の生活状況が良かった年にはハルカの人員が増え、凶作の年にはその逆の現象が見られた。豊作の年には農作業のほかにハルカに加わりうる（時間的・肉体的）条件が生じ、他方、凶作の年には住民が収入を得ようとしてスペイン派に接近したり、出稼ぎに行ったり（すぐに後述）、PI、FRI、ハリーファ軍、ハリーファ警察隊（後2者については第IV章で後述）に入隊しようとしたからである[2]。それ故にリーフ政府は、種子の前貸しや、種子を保有（退蔵？）する者にこれを販売させて放出させる（違反したら没収）など農業生産を増大させる措置を採った。また既に見たように、住民のハルカへの動員においては農作業の期間を保障するために交替制が採られた。カーイドらはリーフ東部などとくに前線地帯で播種・収穫に励むよう住民に訴えて回った。スペイン軍が播種・収穫を妨害するために侵入したり空爆をおこない、あるいはスペイン軍占領地で播種をおこなうよう住民に働きかけたからである（「もし［敵側の人々が］収穫するままにまかせてしまうならば、我々は我々の力を保持するのに大事な時機を無駄にしてしまうだろうし、敵に力を与えてしまうだろう」、CGM司令官、23年5月）。いくつかの文

献によると、以上のほかに次の改革もなされた——①所有者が耕作しない耕地の他者による耕作あるいは収用、②スペイン派有力者の土地の没収と分配、③住民による水利管理。とくに②は採られたとしてもよい措置であるが、①, ②, ③のいずれについても確定的証拠はない。リーフ政府が農業生産を維持・増大させようとしたことは間違いない。しかし、アブドゥルカリームらがそれ以上の農業上の改革の意図とプランを持っていたかどうかはわからない[3]。

　スペイン領の外への以前からの出稼ぎはリーフ戦争中も中断しなかった。出稼ぎ者のほとんど（毎年2万〜2万5千人）はアルジェリアに行って、ブドウや穀類の播種・収穫労働に従事した。少数の者はフランス領に行った。リーフ戦争中に生じた変化としては、初期（22年頃）にはカリーヤ地域からの出稼ぎ者が増え、また女性が増えたことがある。初期にスペイン軍がほぼ全域を占領したカリーヤでは既に見たように（本章2.1.5.）住民の移動が激しかったこと、また男性住民の多くがカリーヤなどスペイン軍占領地域ではFRIなどの原住民兵に、リーフ勢力地域ではハルカの人員になったことがその要因と考えられる。スペイン軍・スペイン当局はアルジェリアないしフランス領への住民の移動を許可しないようにフランス当局に要請した（「リーフ人に金（かね）を蓄えさせないために」彼らのアルジェリア行きを阻止する必要がある。『リーフ通信』22年5月）。しかし、フランス当局は23年まではリーフ勢力との衝突を避けようとしたので、スペイン側の要請を受け入れなかった。リーフ勢力も23年までは出稼ぎを規制ないし阻止しなかった（とはいえ出稼ぎ先で、給与が支払われるのでリーフ正規軍ないしハルカに加わるように宣伝した）。しかし少なくとも24年2月以降になるとリーフ政府は出稼ぎを禁止する措置に出た。各地の市場では、出稼ぎを禁止する、それでも出稼ぎに行く者には科料する、仕事を求める者にはリーフ政府がそれを提供するとのアブドゥルカリーム名の触れが出された（24年3、4月）。実際に24年3月には、アルジェリアに向かったティムサマン、バヌウリシック、バヌワリャガールの150人が連れ戻された。禁止措置の理由は明確ではない。おそらく出稼ぎによる収入確保を阻止しようとしたのではなく、リーフ勢力に対する不満者が出稼ぎに行こうとしたこと（バヌッジンなどに見られた）、自らの地での農業生産の低下、それにハルカに入（れ）るべき人員を増やさねばならないの

に出稼ぎによってそれが減少することを恐れたのではないかと推測される[4]。

　ゴマーラなど西部地域では23年から、その他の地域では24年後半以降に深刻となったのは生活必需品とくに食糧の不足だった。大麦・小麦・塩・砂糖・茶・油・繊維製品・ロウソクなどが不足したため、それらの購入価格が上昇した。リーフ政府は次の措置を採った——サイロを設営して農産物を備蓄（ティムサマンに31基）／スペイン派ないしスペイン軍占領地に逃亡した住民の農産物を接収（とくに24年12月にはライスーニーから穀物を備蓄したサイロなどを接収）／食糧が不足し、それ故に住民が飢餓状態にあったゴマーラとジェバーラにはリーフ中心部から生活必需品を移送（24年12月。運搬のための役畜を上述地域に要求した）、など。ただ食糧の分配にあたっては正規軍とハルカが優先された。域内で供給不可の必需品はこの時期以前までは主にフランス領から調達されていたが（本小節で後述）、今やタンジャなどから運び込まれた（スペイン軍からすれば密輸）。これらの物品を運んだ役畜から成った輸送隊は襲撃されないように兵員によって防護された[5]。

　食糧の困難の一部は凶作にもよっていたが、その多くはスペイン軍の食糧封鎖戦略と空爆による農業生産の破壊によるものだった。スペイン軍人たちは凶作の場合に原住民の抵抗力が弱化することを喜んだが、さらに以前から用いていた食糧戦略（本章1．1．のゴマーラの場合を参照）をリーフ戦争時にもしばしば発動した——リーフの収穫は良くなさそうだ、「扇動者が反乱をあおっても、この現実がのしかかるだろう。それは悪だくみの宣伝よりも強力なのだ」、「商業上の封鎖も……反乱地域の服従と平定にとっての……効果的手段となりうる」（『リーフ通信』、22年8月。第Ⅰ章2．3．で既引用）／ゴマーラの［食糧］封鎖は始まったばかりだが「素晴らしい結果」を生じさせた、メリーリャ地域でも封鎖が徹底的になされるならば「反乱に間違いなく打撃を与えるだろう」（テトゥワン中央原住民局の報告、23年4月）／大麦がスペイン軍占領地域にあるので、「穀物のこの備蓄は将来の［未占領地の原住民の］服従と前進の基礎として役立つ手段となりうる」（CGM，23年12月後半の「政治情勢概要」）／タンジャ南方の諸部族では「反乱者たち」に毎日、食糧が運び込まれている、諸部族は一粒の穀物も持っていないので、これらの持ち込みを禁止することができたならば「反乱者たちは飢えて死んでしまっ

ていただろう」(24年9月のスペイン軍情報)／「諸部族の封鎖は徹底してなされるべきである」(『リーフ通信』、24年12月)[6]。

　独立した「国」をつくろうとしたアブドゥルカリームとリーフ政府は交易(貿易？)を管理しかつ税収増をはかるために、自らが統治した地域の境界に税関を設置しようとした。既にアンワールの戦闘以前の21年6月後半にはアブドゥルカリームはアジュディールに税関を設置して、スペイン領土のアルホセイマ島から運ばれてくる物品に関税をかけ始めていた。アンワールの戦闘後にはまずはバヌワリャガールの境界地域に(21年8月下旬)、後にはスペイン軍占領地域との境界(バヌッジン、アルマタルサなど)とフランス領との境界に税関が設置された。後に見るように、関税収入はリーフ政府の歳入の重要部分を占めることになった。しかし税関設置は境界地域の住民の不満を生じさせた。さらに、既述のスペイン軍の食糧封鎖戦略と相まってスペイン軍占領地域との交易を激減させた。しかも、23年末以降リーフ政府はスペイン軍占領地域との交易を厳しく禁じるようになった(スペイン軍の要望によってアルホセイマとアルホセイマ島間の交易は維持された)。リーフ政府の意図は経済的にもスペイン(軍)による支配から離れて自立することだったように見える。リーフ政府は逆にフランス領との交易を奨励した。フランス当局がリーフ勢力に敵対的姿勢を示さなかった間には、フランス領とタンジャから必需品が供給されたので、この経済的自立政策が機能し遂行される条件があった。しかし24年に入るとフランス当局は次第に従来の姿勢を転換させ、リーフ勢力地域との交易を規制し始めた(プリモ・デ・リベーラの撤退政策に対して不安を表明。さらにリーフ勢力の影響力がフランス領にまで及んできたことに恐怖。以上、第Ⅰ章3.1.2.で既述、また本章3.2.1.(2)で後述)。実際に24年6月以降にはリーフ勢力とフランス軍がしばしば衝突し、リーフ勢力の側からもフランス領との交易を規制せざるを得なくなった。かくして、スペイン軍の空爆による徹底的破壊の結果と相まってリーフ政府の経済的自立政策の条件が崩れ始めると、それは既述のような域内での生活必需品の不足を招くことになった。25年4月のリーフ勢力のフランス領への進攻の一要素がリーフ勢力がこの苦境を打開するために食糧供給地を確保しようとしたことにあったことはまず間違いない[7]。

本小項の最後に、リーフ政府の財政と通貨について見よう。リーフ政府が存在した全期間についてその財政状況を知るのは困難である。若干の証言とスペイン軍がリーフ勢力から接収した文書からわかることは以下である。24年前半期の歳出は533,301ペセータで、その内訳は、軍事組織のために311,165ペセータ、政府職員の給与のために221,936ペセータである（つまり他の支出は極少額ということになる）。24年全期の歳入は600万ペセータ（もちろん概数だろう）というから、これが本当であれば大幅な収入超過ということになる。他の年については歳入も歳出もわからないが、歳入についてはいくつかの項目において以下の規模の収入があったとされる。①直接税（zakāt. ハブーからの収入と宗教税を含む）——各年7万5千ペセータ、②関税——毎日5千ペセータ（＝年間では約182万5千ペセータ？）、③資産税——年間30万ペセータ、④各種の科料（既述および後述）——55万ペセータ以上、⑤スペイン人捕虜解放の際の身代金——427万ペセータ（前に見た航空機取得税など額不詳の項目は除いた）。上掲のうち、おそらく②は不確実で、しかも各年で大きく変動しただろう。④の額にも注目できるが、確実なのは⑤である。つまり、リーフ政府の財政における⑤の比重の大きさ（諸部族に対するまたスペイン政府・軍に対するアブドゥルカリームの成功の結果である）を特記できる[8]。

　リーフ政府は通貨の面でもスペイン（軍）の支配から脱しようとした。23年2月には、ペセータの流通を禁止しフランかハサニー（保護領化以前のモロッコの通貨）の流通のみを認めると宣言した。その後にはさらに進んで、国営銀行の創設と独自通貨の発行をこころみた——「アブドゥルカリームは彼のもとにある人々に対して、今や自分は貨幣製造機を持っていると宣言している。貨幣にはリーフ共和国を示す文字が書かれることになるという。かくしてリーフが独立の国 nación independiente となったことが事実として認知された、これはその他の国々によってまもなく承認されるとして人々を納得させようとしている」（23年7月、CGM参謀本部の情報）／アブドゥルカリームは「国際連盟との合意によって、貨幣製造と国 el país の自由と独立をリーフで宣言してよいとの承認が得られたと強力に宣伝している」（24年3月、スペイン軍情報部日報）。23年4月のイギリス人ガーディナー（3.2.2.で後述）

との契約の中で、「リーフ国営銀行」(アジュディールとロンドンに本店)の創設と通貨発行がこの人物に委託された。しかしガーディナーは同銀行創設の意図を当初から全く持っておらず、これは詐欺であった。かくして印刷された紙幣(名称はリーファン)だけがアジュディールに届いた。アブドゥルカリームはまもなく詐欺に気付いて、リーファン紙幣を海に投じてしまった(24年10月)。結局リーフ政府統治下で流通していた通貨のほとんどはそれ以前と同様にペセータだった。つまり通貨の面でも経済的自立は成らなかった[9]。

　(2) アブドゥルカリームとリーフ政府は独立・自立した「国」をつくるためには様々な社会改革が必要であると考え、それらを実行した。まず、既に見たように、慣習法ではなくイスラーム法による法の統一と社会生活の規範化をはかった(これは宗教上の改革を主目的としていたというより、「部族主義」を廃するためであったことを再び言っておかなければならない。ただ、実際には教団指導者たちの支持を得る手段ともなった。2.3.で後述)。住民の日常生活においては、リーフではそれまでほとんどなされていなかった日々の5祈祷が男性だけでなく女性にも強制された(違反すると、男性には15〜20日間のハルカへの動員、女性には1羽の鶏の供出が科された)。ただ、それ以上の宗教規範上の強制はなかった[10]。

　法の厳格な適用は、「部族主義」の最たる表れで、それまで部族間・住民間の対立をあおってきた「血の決済」を終息させたことに最もよく見られた。「血の決済」に代わって科料 haqq が復活し、また厳格な裁判制度(による死刑ないし収監)が導入された。リーフ社会に以前はあった科料をやめさせそのかわりに「血の決済」をはやらせて住民同士を争わせることがスペイン軍の「政治的行動」における重要方策だった。注目すべきことは、アンワールの戦闘以前に既にバヌワリャガールとその周辺部族ではアブドゥルカリームらが「血の決済」を消滅させようとしていたことである。早くも19年2月にはバヌワリャガールとティムサマンで、ハルカを攻撃したりその人員を殺した者に対して科料を払わせることがおこなわれた(復活した)。20年12月には、2つの殺人事件についてバヌヤタフトとバッキーワの両部族それにいくつかの支族のそれぞれの名士たちが会合し、犯人たちに科料を払わせること

を決定した（アブドゥルカリームがどのように関わったのかは不詳）。さらに21年4月の2例――1殺人事件についてアブドゥルカリームの命令によって「一種の審問所」'una especie de Consejo' で裁判がおこなわれた（銃殺の判決が出され、それはただちに執行された）、「原住民たちは、このようなことは［バヌワリャガール］部族の中で今までなかったことだと言っている」（メリーリャ中央原住民局の月例報告）／バヌワリャガールの住民がティムサマンの住民の「負債」（金銭か物資かあるいは人的なものか不詳）を返させるために後者のラバを接収した件についても、アブドゥルカリームは両者を出頭させて裁判で解決するようにさせた（諜報員報告）。リーフ戦争中の科料の導入の1例――ガズナヤのいくつかの市場では「けんかや殺人の犯罪人は2千ドゥーロ［かなりの高額である］の科料で罰せられる」との触れが出されている（22年9月、スペイン軍情報）。22年にリーフ政府は住民の各家屋の周囲に築かれていた監視ないし銃撃用のやぐらをこわすように命じた。「血の決済」をなくせば、やぐらの必要性はもうないからである。もめごとが発生しやすい場だった市場には警察機能を持った市場監督官 muḥtasib が配置された。実際にリーフでは「血の決済」はほぼ消滅したようだ――［リーフ東部の部族の］2つの支族の間で40年以上も続いていた「血の決済」について仮協定が結ばれる（22年8月、スペイン軍情報）／「バヌワリャガールの人々の間では……［判読不可］一種の協定が存在している。この協定によって彼らは血の決済も含めての争いごとを武器に訴えることなく彼らの間で平和的に解決しなければならない。……この協定を破棄するには、60人以上の名士たちが集まって、市場でそれを決議しなければならない」（22年12月、アルホセイマに行って来たイドリース・ベン・サイードの報告）。しかし以前から存在した、科料を払わない者に対してその家や樹木や農地を焼くという懲罰の方法（本章1. 1., 2.1.5.で既出の事例を参照）は、リーフ政府の統治のもとでもとくにスペイン派あるいはリーフ勢力反対派に対して（科料を払ったかどうかにかかわらず）よく用いられた。これはリーフ勢力が、通常の犯罪者とは異なるとしてこれらの人々には厳しく対処したことを表している。資料が存在する23年12月～24年5月の各月の刑務所収容者（全数は各月96～146人）の犯罪の内訳は次のようになっている。①軍事上の犯罪（戦闘放棄など）――4～11人、

②民事犯罪——3〜10人、③刑事犯罪——13〜17人、④戦時犯罪（ほぼスペイン派およびリーフ勢力反対派によるものと見てよい）——72〜109人。④が圧倒的に多いが、これは前小節で見てきたことから理解できることである。②とくに③（「血の決済」と最も関連した）はリーフ戦争以前より大きく減少したと見なされうる。リーフ政府は以上の方策のほかに、やはりそれまで存在していた部族毎の髪型を禁止した。これも可視的特徴による部族間の差異感・対立感を高じさせないためだった[11]。

リーフ政府の統治のもとでは奴隷所有・体罰・男色も禁止された。これらは住民間の暴力行為と従属的人間関係を廃そうとしたものと理解されうる。男性が戦闘に動員されたことで女性の社会的地位は変化したと見てよい。農業労働やパンなどの食糧生産へのより一層の参加に加えて、女性は諜報員や域外からの食糧・弾薬の運び人としての役割もしばしば果たした（戦争末期には女性も戦闘に参加したという記述がある。しかし食糧事情が悪化すると、（少なくとも一部では）女性はむしろリーフ勢力地域外へ去ることを勧められたこともあったようだ）。裸足での歩行と麻薬吸引も禁止された。これらは健康と社会的・政治的自覚にとって有害とみなされた（生活改革）のだろう。婚姻行事の簡素化命令も同種の生活改革と資金・時間の節約をはかったものと解されうる。アブドゥルカリームとリーフ政府は教育改革も志向し、実際に若干の初等学校（女児用も含めて）、成人用の識字学校、イスラーム学校を創立した。しかし、戦争中であったためにそれ以上のことはできなかった。リーフ人医師がいなかったために保健・衛生施設設立の企図はほとんど成らなかった。最後に注目すべきことは、モロッコ住民の間でそれまでにしばしば見られた反ユダヤ主義の表れを禁止し封じたことである。むしろ、政府「次官」にユダヤ系商人を登用したり（1.2.で既述）、武器製造や馬の提供においてもユダヤ系住民の協力をあおいだ（ユダヤ系住民の戦闘部隊も存在したという）。ここには、人材の有効利用の意図に加えて、ムスリム住民間だけでなく独立・自立した「国」を構成するべき（全）住民間の反感や対立を排そうとの明瞭な意向が窺われる[12]。

2.3.「リーフ共和国」か「聖戦」のための国家か

　今まで見て来たことから、アブドゥルカリームらが領土・主権（独立）・住民を有する政治体＝「国」＝国家を創成しようとしたことは間違いない。それ故に、住民には部族に属する民よりも、まず「国」の民＝国民となることが期待された。『回想記』で「リーフの統一」を目指したと言っているのはこの意味においてであろう。よく知られているフランス軍に投降後のアブドゥルカリームのエジプト誌『マナール』でのインタビュー（26年11月号）では以上のことがよりはっきりと述べられている――「私はリーフをフランスやスペインのような独立した国にしたかったのです。リーフに完全な主権を持った自由な国家を立ち上げたかったのです。……当初から私は、我々が建物の煉瓦のようにしっかりと一緒にならず、多様な志向や願望を持つ諸部族から成る国民的統一体をつくるために真摯に働かなければ、我々は存続できないことを我が同胞に理解させようとしました。一言で言えば、我が同胞が一つの宗教dīnを持つように一つの国waṭanを持つことを理解してほしいと思ったのです」、多くの人々は「［スペイン軍に対する］勝利が得られたなら、私が各部族を完全な自由に復帰させる」と見ていたようだが、これは「無政府状態と野蛮の状態に国を引き戻す」ことになっただろう。つまり「リーフの統一」はたんにスペイン軍と闘うためだけではなかった[1]。

　ところで、『マナール』からの上記２引用の間には次の文章がある――「1923年以来、私と弟は我が国に「リーフ共和国」'al Jumhūriya al Rīfiya' の名を付けました。このために共和国の政体名称を付した公式文書をフェスで印刷し、我々の国家は選挙で選ばれた議会［住民（国民？）の直接投票によって選ばれた議会の意だろう］を持つ代表制国家ではなく、独立した各部族が連合して成る国家だったことを示しました。我々が見るところでは、「共和国」の政体名称はしばらくはその真の意味を持ちえませんでした。というのは、どんな人々でも自らを［国民として］形成していくには、しっかりとし

た政府、強力な権威、それに強固な国民としての組織を要したからです」[2]。引用文冒頭の「1923年」については本小節で後に考察する（「公式文書をフェスで印刷」したかどうかは不詳）。上記引用にある「「共和国」の政体名称」の「真の意味」とは何なのか。まず、「リーフ共和国」の名称が初めて現れたのは21年9月10日のようだが、それを用いたのはリーフ政治体ではなかった。在アルジェリアのフランス人商人で主に商業上の理由でアブドゥルカリームに取り入ろうとしていたブールマンセ・セイが同日付のアブドゥルカリーム宛手紙（スペイン語文）で「リーフ共和国大統領」'Presidente de la República Rifeña'の名称を使ったのである。ブールマンセ・セイ自身が後に言うところでは、この名称の意図は「ヨーロッパの野次馬たち」の注目を引くためだった。ブールマンセ・セイの意図は当たって、少なくとも22年中葉以降、スペインを含めたヨーロッパの新聞に「リーフ共和国」、「リーフ共和国大統領」の名称が現れるようになった（顕著な例は第Ⅰ章1.1.3.で見た22年8月の『自由』編集長の「リーフ共和国大統領」会見記。23年3月にスペインからアジュディールに出された手紙（メリーリャの郵便局が差し押さえた）の宛先は「バヌワリャガール共和国大統領アブドゥルカリーム」となっていた。リーフ政府の実体ないし中心はバヌワリャガールにあると考えられていたのだろう）。それでは、リーフ政府自身が「リーフ共和国」の「政体名称」を用い始めたのはいつなのか。著者が知りえた範囲内では、22年6月にアブドゥルカリームがイギリス人アルナルに託したヨーロッパの新聞向けの声明の中に「我々は現在、小共和国を組織している」とあるのが初めてのようだ（3.2.2.で後述）[3]。

　しかし、結局リーフ政府が「リーフ共和国」の「政体名称」を公式に用いたことはない。「真の意味」についての結論を先に言えば、「リーフ共和国」の「政体名称」は常に「外」＝対外アピールのために用いられたのであり、「内」では「共和国」もその大統領も存在していなかった。「共和国」'ripublik'という用語（スペイン語起源説とフランス語起源説とが存在する）は以前からリーフ社会にもあった（研究者ハートは、この語はむしろリーフ政府形成以前の諸部族分立状態と同義で理解されていたとする。アヤーシュとマダリアーガはハートの解釈をかならずしも否定しないようだが、それは諸部族分立というより、スルターン政府がモロッコの人々を外国に従属させてしまったことに

対するリーフ諸部族などの抗議と自立の状態と見ているようだ。本書の著者は後者の説明がより積極的で真に迫っているものと考える)。アブドゥルカリームと弟はこの用語も、さらにはフランスの共和政体、スペインでの共和主義派の主張と活動もまず間違いなく知っていた。さらに、リーフ戦争中の23年10月にトルコ共和国が宣言されたことはアブドゥルカリームらを大いに感動させた(トルコ共和国成立の直前にエジプト紙にアブドゥルカリームの次の声明が載った——「トルコ人と全く同じように、リーフ人は力によって自らの目的を達成する術を心得るでしょう」。さらに本小節で後述のように、アブドゥルカリームは前掲の『マナール』でも教団との関係においてトルコ共和国を称賛した)。しかしそれにもかかわらず、「リーフ共和国」が「内」で宣伝・推進されたり目標とされたことはなく、それは全く対外的必要のためだった(対外的必要については次節で検討する)。「内」では、リーフ政府は「リーフ戦線」'al-Jabha al-Rīfiya'、「リーフ国家」'al-Dawla al-Rīfiya'、「リーフ政府」'al-Ḥukūma al-Rīfiya' あるいはたんに「政府」'Makhzan'、さらにときには「リーフ王国」'Reinado del Rif'、「リーフ自由王国」'Reinado libre del Rif' あるいは「スルターン国」'Sultanato' と呼ばれて(呼んで)いた。アブドゥルカリームは「首長」'amīr' さらにはときにはスルターンと呼ばれていたようだ。また、政治体を表すというよりさらに一般的に「リーフ人民」'al-sha'b al-rīfiya'、リーフの「長」'jefe'(という観念)も用いら(表さ)れた(以上、スペイン語表記はスペイン語文献による。また以上については本小節さらに次節で再論)。それでは、なぜ「内」と「外」で一種の使い分けがなされたのか。ここでも結論を先に言えば、リーフ勢力の統治のもとに入っ(らされ)た大多数の住民にとっては「共和国」も「大統領」もほとんど理解しうるものではなかった[4]。では、リーフ戦争中に大多数の住民はリーフ政府に何を求め、あるいは何を拠り所として戦闘に加わったのだろうか。「内」の状況を知るために、この点をさらに検討してみよう。

　本章でのこれまでの論述でも、スペイン軍との戦闘がしばしば「聖戦」として意識されたことを見た——「あらゆる良きムスリム」(20年12月)、「聖戦の兵士の長」(21年5月)、「聖戦」への参加の呼びかけ(21年7月)(以上 1.1.)／「聖戦の兵士たち」、「聖戦を援助せよ」(以上、24年9月)(同2.

1.1.)／ムスリムの総決起を呼びかける手紙（23年8月）、すべての者が「聖戦」に加わるように（24年10月）（同2.1.3.）。「聖戦」意識の表象とその呼びかけはほかにも非常に多く見られる。まずアンワールの戦闘以前の21年6月には、リーフ東部の市場でハルカが「真のムスリムなら我々の言うことを聞くのがよい。……我々はあなた方の援助があってもなくてもキリスト教徒を打ち負かすだろう」との触れを出した。この頃にPI隊員とFRI兵に配られたビラ（本章1.1.で紹介）には、「不滅のイスラームの永遠の敵」[＝スペイン人]という用語が使われており、さらに「アッラーの息子たちよ、君たちは我々と連帯することが必要なのだ」、「我々は悪しきムスリムに対しては容赦しない」とあった。アンワールの戦闘直後の同年7月下旬には、スペイン軍との戦闘に加わらなかったカリーヤの1部族のカーイドと名士たちに対してバヌワリャガールのハルカが次の手紙を出した――「……ムスリムにとって至福の時が訪れました。……我が兄弟たちよ、我々はあなた方が聖戦に目を向けて熱烈に聖戦を遂行せんことを望むものです。……バヌワリャガール部族の聖戦の兵士たちと他の部族からこの兵士たちに従っている人々はあなた方の兄弟なのです。これらの兵士たちにアッラーの御加護のあらんことを」。21年9月にアルマタルサやフランス領の市場で読まれた手紙はより鮮明である――「……聖戦の兵士たちよ！　アッラーの御意思に従って我々はキリスト教徒スペイン人に対して闘いを宣言し、預言者に祝福されて、彼らを我が愛する地から放遂した。我々の勝利はキリスト教徒をすべて放遂することによって成し遂げられなければならない。この目的を遂げるために全リーフで聖戦が宣言された」。時期は以前に戻るが、アンワールで戦闘が展開されていた21年7月21日にテトゥワンのモスクに貼られた「リーフのムハンマド・ムスリム会議」名の壁紙には、「聖戦」の語こそ見られないが、「アッラーの御名において」、「クルアーン」、「ムスリムよ」、「我らの宗教」などの語がちりばめられており、事実上「聖戦」を説くものだった。同年8月上旬にやはりテトゥワンのダルカーウィーヤ教団集会所に貼られた壁紙には、上掲引用のいくつかの語とともに「あなた方の兄弟である聖戦の兵士を援助せよ」、「ムスリムよ、闘いに加われ」とあった。スペイン軍との戦闘が「聖戦」として意識されたことは以上のほかにもかなり広く見られたと推測される[5]。

フランス軍との戦闘さらには西仏両軍との全面的戦闘が始まった25年中葉以降には、「聖戦」意識の表象と「聖戦」の呼びかけがさらに多く見られる。とくに公の呼びかけにおいてそれが見られる——「神の書」に従っているアブドゥルカリーム（25年6月、アブドゥルカリームのカラウィーイーン大学長への手紙）／「偉大なアッラーのお恵み」、「我らの独立と宗教の良き大義を守っている聖戦の兵士たち」（25年7月か8月、フランス領の諸部族への声明）／「フェスの人々とくに青年たちはイスラーム軍［＝リーフ勢力］がフェスを包囲するのを今か今かと待っている」（25年8月、フェスのリーフ勢力支持派からリーフ勢力の指導者たちへの情報）／「この偉大な聖戦においてあらゆる手段で我々に加わられたい」（25年8月、アブドゥルカリーム名の「モロッコの全ムスリムへの呼びかけ」）／我々が追求していることは「すべての良きムスリムの大義」である（25年9月、アブドゥルカリームのスペイン軍占領地の諸部族の名士たちへの手紙、スペイン軍諜報員報告）／「聖戦のために闘っているあなた方の兄弟を援助せよ」（25年10月、「抑圧されたモロッコ組織」代表の全モロッコ人への呼びかけ）など。これ以降も26年5月のリーフ政府の崩壊まで、同種の呼びかけがなされ、また手紙が交された。つまり、ムスリムという集団的同一性に拠って住民の戦闘への動員がはかられたのである[6]。

　ムスリムの集団としての意識からリーフ政治体およびその長が理解されたことをみごとに表すのが23年2月のアジュディールでのアブドゥルカリームに対するバイア bay'a（忠誠宣言あるいは授権宣言）である。このバイアは以下の内容を持つ（原文は4ページにわたる長いものなので、重要とみなされうる部分のみを引用）。

　　「*唯一の神に祝福あれ！［この後、アッラーへの讃辞と「預言者」の言の引用などが長く続く］*」、「2年前までリーフの諸部族とジェバーラの諸部族は大いなる無知、専制と非情の中で尊大さと腐敗の頂にあった。諸部族は法（シャリーア）の定めるところから全く逸脱してしまったので、不正義が人々の間にはびこった」、「敵側［スペイン軍］が大なる混乱と災難をもたらしたにもかかわらず、［各部族の人々は］部族排外主義、殺戮、横領の中でずっと生きてきた。かくして、人々は偉大で最も高貴

なる御方［神］が与え給うところ以外に行くところを持たなくなった。［このような状況に］打ちひしがれていても、人々はいかなる救済方法も知らなかった。人々はあるお方が自分たちの代表としてこのような状況を解き放ってくれることを望んだ。かくして、天と地の神のお導きによって人々は合意に至り、世界の隅々でそのおこないが認められている1人のお方にこの業を託した。このお方はこの任を引き受けてほしいとの人々の望みに喜んで応えた。このお方は、すべての望みが成就するように、人々がまずは預言者の思し召しに従うように求めた。これは、このお方が、預言者との契りとその言葉に忠実であるように、人々にクルアーンに誓うようにさせた後のことである。このお方は法の定めるところに基づく機構をつくり上げ、またその掟に従って裁きをおこなった。次にこのお方は人々を組織し、戦闘のやり方、祖国の守り方、それに十字架と偶像の崇拝者たち［＝スペイン人］を攻撃する方法を教えた」、「人々が精神と財の安定を得たとき、人口は最も増えて、善行、成就、繁栄も素晴らしいほどに広まった。腐敗、殺戮、横領は人々がそれまでずっとこうむってきたあらゆる苦難とともに消えてしまった。*不和をもたらすあらゆる火はこの国から消えてしまった［この後、数行続く］*」、「このお方はその気高さと大なる勇気とによって全人類によって心から尊ばれており、全イスラーム世界から歓迎されている。このお方が聖戦の兵士の首長 amīr al-mujāhidīn、全能なる神の助けを受く、リーフのバヌワリャガールの名高き賢人アブドゥルカリーム・ハッタービー殿の御子息、我らがムハンマド殿である。人々は、神の書と預言者の言行に従ってあらゆる人々が望むところの正義を打ち立てるために、このお方に忠誠を誓った。神がこのお方を助け、栄光あらしめんことを」、「この地を守り、その血を無駄にせず、敵を撃退し、悪をはねのけることができるお方に我らが政府の鍵を託したのだから、我らが国に祝福あれ」(1341年ジュマーダー・アーヒラ（第6月）14日［＝1923年2月1日］、リーフの名士11人の署名)[7]。

このバイアにはアブドゥルカリームがムスリムの共同体から「聖戦の兵士

の首長」として推戴されたことが紛れもなく表れている。しかも、このバイア中のいくつかの文言は過去の何回かのモロッコでのスルターンへのバイアの中の文言とほぼ同一であることが指摘されている（上記引用では、＊印の間の文言）。バイアの儀式は上記23年2月1日のアジュディールにおいてだけでなく、既に前月1月中旬からまずはバヌワリャガール次いでバヌッジンで、2月初旬にはバヌウリシック、ティムサマンさらにガズナヤやゴマーラでもおこなわれた。バイアは市場やモスクでも読み上げられた。スペイン軍の情報は伝える——「ティムサマン、バヌワリャガールそれにバヌッジンの一部の市場ではアブドゥルカリームをスルターンと宣言する触れがずっと出されている。……触れはアブドゥルカリームの命令に絶対的に服従するようにと言っている」（RGC, 16-II-23）／ガズナヤの1集落ではアブドゥルカリームがスルターンと宣言されたことでリーフ政府支持派とスペイン派の対立が生じた、バヌワリャガールの1支族はアブドゥルカリームのスルターン宣言を阻止するために［リーフ勢力反対派の］ビルキッシュ派（3.1.で後述）と協定してアブドゥルカリームをスルターンと宣言した集落に科料を払わせることにした（RGC, 5-II-23）／アブドゥルカリームは「リーフとジェバーラの諸部族の絶対的支配者となっており、スルターンと称されている」（23年5月下旬の情勢報告）／リーフ政府派は、現在おこなわれている交渉の結果によってはスペイン領が2つに分割されて、アブドゥルカリームが「リーフのスルターン」となるだろうと宣伝している（RGC, 22-X-24）。23年11月にハリールーがある人物に対して自らの側に来るようにと誘った手紙では、アブドゥルカリームは「現在のスルターンで首領」とされた。さらに、本小節で既に引用した25年10月の「抑圧されたモロッコ組織」代表の呼びかけには「スルターン陛下、我らが導師ムハンマド・アブドゥルカリーム・ハッタービー」とある。つまり、アブドゥルカリームはスルターンとしても観念され、またそのように宣伝された[8]。

　アブドゥルカリーム自身はバイアにどのように対応したのだろうか。アブドゥルカリームはバイアのいずれの儀式にも出席しなかった。「聖戦の兵士の首長」の称号も望んでいなかったようだ。各地でのバイアを受けとったアブドゥルカリームは、3日間「胸が締めつけられる思い」の中にいた後に、

23年2月21日に諸部族の名士たちを集めて首長受託演説をした —— 自分が首長となるのは「皆の声」によるのである、しかし「首長の位」を「君主の位」と見てはならない、首長の位を英雄化してはならない、「我が地に押し寄せている敵をたたくために聖戦が我々の義務であることに疑いはない。我々は我らが宗教と我らの地を守ろうではないか」（以上、アザルカンの回想による）。以上からわかることは、アブドゥルカリームが事態に押し流されて「首長の位」を受諾せざるをえなかったこと、それを部族を越えて住民の団結をはかるのに資すると見たこと（「皆の声」）、しかし、自らが「君主」（部族の名士たちあるいは住民にとってはスルターン）とみなされることを拒否したこと、それに、とにかく「聖戦」を受入れたことである。いずれにしても、リーフの中では「共和国」が設立されたのでも、「大統領」が選出されたのでもない（それ故、この23年2月つまりアジュディールでのバイアをもって「リーフ共和国」の成立とするのは全くの誤解ということになる）[9]。

　バイアとそれをめぐる動きについては、リーフ政治体の性格に関係するさらに2つのことを検討せねばならない。まず、アブドゥルカリームが「君主の位」を望まなかったのは「皆の声」＝住民との関係においてだけではなかった。フランス領にいたモロッコの国王＝スルターンの存在も意識していたからだった。アブドゥルカリームとリーフ政府は自らとスルターンとの関係をどのように見ていたのか。スルターンは忠誠を保つべきあるいは服従すべき存在だったのか、それとも背くべき対象だったのか。アブドゥルカリームは、リーフ政治体が形成され始めた頃に、スペイン軍に対する抵抗への支援をスルターン（ユースフ）に要請していた（時期不詳、21年10～11月のようだ。さらに22年3月ないし4月にも要請がなされたようだ）。（もちろん）スルターンがこれにまともに応じることはなかった。スルターンはリーフ政治体の形成とその統治を、さらにそれによってスペイン領がフランス領から離れていくかもしれぬことを自らの統治と権威への反乱と見ていた[10]。ここで確認しておくべきことは、リーフ地域は（も）しばしば言われて来たようなスルターンの支配が及ばなかった地域 bilād al sība では以前からなかったことである。既に見たように（本章1.1.）アブドゥルカリームの父はスルターンから法官に任命されていたし、またスルターン当局による徴税も不十分ながら

もおこなわれていた[11]。スルターン（フランス当局への従属的存在の故に当初はリーフ政府への敵対的姿勢を公にすることはなかったが）が自分たちを支援しないことが明白となった後にも、リーフ政府のスルターンへの少なくとも公の対応は確固不動のものではなかった。リーフ政府はスルターンの承認をほのめかしたこともあったようだが（24年4月のフランス軍フェス地区司令官宛手紙）、他方でその権威を否定する主張をしたこともあった（23年4月のスペインとの交渉、同年6月のスペインへの和平提案（以上については3.2.1.(1)、(2)で後述）。また既述（本小節注4）の25年1月のシーンとのインタビューでアブドゥルカリームは、「我々はムーレイ・ユースフの主権 sovereignty を認めませんし、その主権を認めるつもりもけっしてありません」、「ユースフがフランス人たちの囚われ人であり自分では何もできないことは誰でも知っていることです」、「スルターンが誰であれフランス人たちの囚われ人であり続けるならば、我々はスルターンを承認するつもりはありませんし、同じことを［フランス領の］我が隣人たちにも勧めるつもりです」と述べた）。25年8月に明快な公的表明がなされた。本小節で既に引用したアブドゥルカリーム名の「モロッコの全ムスリムへの呼びかけ」は次のように言った――「我々の目的は権力を獲得することでもモロッコの王位を獲得することでもありません」、「スルターンが我々の奮闘を援助し、［保護国家による］保護と隷属のくびきから救うためにムスリムに対してその義務を果たしているならば、我々は真先にスルターンを支持するでしょう」、「スルターンがこの偉大な聖戦を拒否し、それに加わらず、むしろ敵を助けるというのなら、間違いなくアッラーの側の者が勝者となるでしょうし、アッラーの側の者の言葉の方がもっと偉大となるでしょう」。これは、翌月に始まる西仏連合軍のリーフへの侵入という事態を前にして、あらためてスルターンの対応を問おうとしたものだったことは間違いない。それにしても、この「呼びかけ」はスルターンの権威を最初から否定したのではなく、スルターンが西仏侵入軍と闘うならばスルターンを支持すると明言した点で説得力を持つものであり、かつリーフ政府の正当性を示すものだった。リーフ政府の真意もここにあったと見てよい。3か月後の25年11月にアブドゥルカリームがイギリス人キャニング（3.2.2.で後述）に託して出した声明（英文）では、「リーフ政府はモロッコのスルターンを宗教

上の長headとして受入れる用意がある」となった。つまり、世俗＝政治上の「長」への言及はなかった。さて以上からして、首長受託に際してアブドゥルカリームが「君主の位」を望まなかった理由は明らかであろう。アブドゥルカリームは自らがスルターン（の位の簒奪者）とみなされることを避けようとしたのである（バイアでハリーファ（カリフ）の位など元首を意味する称号を自らに与えないようにしたのはアブドゥルカリーム自身だったとする論者もいる)[12]。

　次に、アブドゥルカリームがバイアを受諾したのは教団指導者たちの支持を得るための一種の妥協でもあった。教団指導者たちはリーフではそれほどの影響力を持たなかったが、ゴマーラ、ジェバーラ、シンハージャでは大きな政治的・社会的影響力を持っていた。これらの地域の名士たちと結んでいた教団指導者たちの多くは、自らの地位が削がれるのではないかという恐れに反リーフ感情も加わって（あるいはそれを利用して）、リーフ勢力に敵対的姿勢を示していた。さらに、リーフ政府がハブーからの収入や宗教税もその財政に組み込んで戦争のために使用したこと（本章2.2.(1)）は彼らの疑念を強めた。他方、リーフ政府は（疑念を持っていたとしても）諸教団やその指導者たちを敵対視していたのではなかった。既にリーフのハルカ形成時の21年4月に、アブドゥルカリームはバヌワリャガールの1教団の指導者にハルカへの協力を呼びかけていた（が拒否された。この頃からバヌワリャガールのハルカはハブーからの収入と宗教税をその資金源としていた）。バイアによってアブドゥルカリームがムスリムの共同体から「聖戦の兵士の首長」として推戴されたことは、教団指導者たちをアブドゥルカリームとリーフ政府に協力させ従わせるための決定的ではないとしても非常に有力な証しないし拠り所となった。実際にその後、リーフ政府はいくつかの教団の指導者への接近をこころみた（24年3月にアラウィーヤ教団など）。24年（月不詳）には、1教団指導者がアブドゥルカリーム（「我らが導師」と呼ばれた）に宛てた手紙で次のように述べた――「［リーフ］政府Makhzanは5祈祷を遵守するように命じられました。［教団の］「監察員たち」'Umanā' が各地を巡回して、誰が祈祷をおこなっているか誰が祈祷をおこなっていないかを調べて記載しています」、子どもをイスラーム学校に通わせているかどうかも調べている。アブ

ドゥルカリームはリーフのほかにジェバーラやシンハージャでも若干の教団指導者の支持を獲得した。しかし、結局ほとんどの教団指導者はリーフ政府の側につかなかった。本小節冒頭で引用した『マナール』のインタビューでアブドゥルカリームはこれをあからさまに述べた――「宗教上の狂信主義が私の敗北の唯一ではないとしても最も大きな要因でした。というのは、リーフでは［実際にはリーフよりもゴマーラ、ジェバーラ、シンハージャで］導師たちが大きな影響力を持っているからです。それはモロッコの他の地域や他のイスラーム諸国においてよりも大きいのです。私は彼らの支持なくしては動けませんでした。私は彼らの支持を何回も要請しなければなりませんでした」、「私は私の国を教団の導師たちのくびきから解放するために全力を傾けました。教団の導師たちは自由と独立の道の妨害者です。トルコ［共和国］の方策は私をたいへん喜ばせるものでした。というのは、イスラーム諸国は宗教上の狂信主義から解放されヨーロッパの人々をみならったときでなければ独立することができないことを私は知っているからです」（「ヨーロッパの人々をみなら」うとのアブドゥルカリーム（ら）の志向については3.2.2.で後述)[13]。

　諸部族を団結させてスペイン軍（それにフランス軍）と闘うことによって「国」を創成するために、アブドゥルカリームとリーフ政府は可能なかぎりの方策と手段に訴えた。なかでもムスリムとしての一体性ないし感情に訴えた――「政治的支持を得るために、私はときどき宗教的感情を利用しなければならなかったことを否定しません」（前掲『マナール』でのインタビュー）。それ故に、リーフ戦争はたしかに「聖戦」の要素を持つことになった。しかし本章で今まで明らかにしてきたように、またアブドゥルカリームや少なからぬリーフ勢力指導者が理解していたように、リーフ勢力のもとで住民が闘ったのは外国軍の侵入に対する植民地抵抗戦争であって一般的な意味での「聖戦」ではなかった（25年6月、アブドゥルカリームは交渉のためにリーフに来たフランス軍人（3.2.1.(2)で後述）に語った――「私が聖戦をおこなっているとして批難する人がいますが、これはどのように見ても誤解だと言っておきます。聖戦の時代は過ぎたのであり、我々はもはや中世や十字軍の時代にいるのではありません。我々はただ独立することを、［外国侵入者ではなく］神だけによって統治されることを願っているだけなのです」（フランス軍人のメモによる）。た

だし、これは「外」に向けての発言だったことにやはり注目せざるをえない)。た だいずれにしても、「内」＝現地では「共和国」も大統領も存在しなかった。 多くの住民が受けとめ、見たものは、「聖戦」のための国家とその「首長」 だった[14]。

3．リーフ勢力反対派との抗争と独立のための交渉

3.1．スペイン軍の分裂工作とリーフ勢力反対派

　アンワールの戦闘の直後つまりリーフ政治体が形成され始めた直後から、 スペイン軍は直接の軍事的方法以外の様々な手段でもこれを潰そうとこころ みた。21年8月上旬には、イドリース・ベン・サイードをアジュディールに 送り込んで、スペイン軍に抵抗せんとするリーフ政治体の形成をやめさせよ うとした（本章1.1.、1.2.、2.1.)。アブドゥルカリームがこれを拒否すると、 イドリース・ベン・サイードは、形成されつつあったリーフ政治体の「閣 僚」たちと個別に秘密に交渉してアブドゥルカリームに「その狂気の意図と 奇妙な統治のやり方」を放棄させるのがよいとスペイン軍に進言した。スペ イン軍がこのような工作をどのようにおこなったのかは不詳だが、部分的な 成果は挙げたようだ（リーフ政府の最初の海相はスペイン軍と通じたようだ（本 章1.2.))。その後もスペイン軍はイドリース・ベン・サイードに何回か同 様の役を与えた[1]。原住民に金銭を払ってアブドゥルカリームとその弟を暗 殺せんとする企図も少なくとも2回あった（22年9月、25年3月。前者では少 なくとも高等弁務官まで、後者では軍人執行政府の暫定首相まで（まず間違いな

くこの時期に高等弁務官を兼ねていたプリモ・デ・リベーラも）これらの計画を知っていた）。空爆によるアブドゥルカリームらの殺戮も執拗にこころみられた（第Ⅱ章第3節）[2]。

　しかし既に見たように、スペイン軍人たちが徹底して採用したのは部族内・部族間の住民を相互に争わせる方策だった。枚挙にいとまがないほどのスペイン陸軍文書がこれを裏付ける——バヌワリャガール周辺の諸部族にもっと金銭を与えておけばアンワールのような事態は起きなかったのだ、「良き政策と金銭とによってそう遅くない時期にバヌワリャガールにとって重大な脅威となるようなこれら3部族［バッキーワ、バヌヤタフト、バヌブフラー］の連合を組ませることができるだろう」（21年8月上旬）／バヌワリャガールで「内部対立を起こさせるようにしなければならない」、まず捕虜解放の身代金をめぐって争わせるのがよい（21年9月中旬）／「政府の判断はアブドゥルカリームの権威を破壊してしまうような対立の醸成と、アブドゥルカリームの威信を損なうような工作である」（22年7月、外相の高等弁務官宛の電報）／「敵陣営で既に起きている注目すべき対立を激化させて、それを利用して反乱の長［アブドゥルカリーム］の非妥協的姿勢をやめさせるような党派をつくる」（同月）／今スペイン軍は部族間の対立をうまく利用している、こうすれば「現在、我々に敵対している諸部族の間の統一を破壊し、またアブドゥルカリームの威信に強力な打撃を与えることができるだろう」（23年9月）／「アブドゥルカリームに対して反乱を起こしている名士たちと連絡をとることが非常に大事で重要だと考える」（24年5月、高等弁務官のCGM司令官宛の電報）／「諸部族が非常に親密に接触するようになることを避けさせる」（24年、月不詳）など（本章2.1.5.で既引用の文書も参照）[3]。リーフ勢力とその反対派勢力との抗争・戦闘はスペイン軍の工作の結果だったか、またそうでない場合でも少なくともスペイン軍によって歓迎されるものだった。以下、主要なリーフ勢力反対派を簡潔に見ていくことにする。

　スライマーン・ハッタービー　アブドゥルカリームのいとこだったスライマーン・ハッタービー（以下、スライマーン）は、アブドゥルカリームの父が友好モーロ人たることを拒否し始めた頃にスペイン軍が獲得した友好

モーロ人だった。スライマーンは、アブドゥルカリーム家の「分裂」を宣伝するために、またバヌワリャガール中心部でリーフ勢力反対派を組織するために非常に有効な存在だった。スライマーンはリーフのハルカの追及で既に21年4月にはバヌワリャガールにいられなくなったが、スペイン軍に支援されて独自のハルカ（約300人？）を形成した。アルホセイマ上陸作戦でもスライマーンのハルカがスペイン軍の一部を成した[4]。

　ライスーニー　　ライスーニー派がリーフ戦争中のほとんどの期間にスペイン軍に支援されたリーフ勢力反対派だったことはほぼ明らかにされているので、それについては詳述しない。とにかく、ライスーニーはアブドゥルカリームやリーフ勢力による当初からの何回かの共同の要請を一貫して拒否した。ライスーニー宛の手紙の1つ（日付不詳）でアブドゥルカリームは次のように訴えた――「キリスト教徒に庇護されることをやめ策略をはたらくことをやめて、敵と闘う勢力に加わられたい」、「態度を変えて野心や実際にはない支配者としての権力を捨てて再び敵と闘うことになるなら、貴兄の威信による貴兄への尊敬の念がまた生じることになりましょう」。アブドゥルカリームが「聖戦の兵士の首長」として授権されたことは、シャリーフ（ムハンマドの子孫）を名乗り「聖戦」の長を自称していたライスーニーの「正統性」を本人から、さらにもっと重要なことにはジェバーラなどの住民や教団指導者たちからも取り除くことになった（ライスーニーはアブドゥルカリーム宛の手紙の1つ（日付不詳）で、「私が持つシャリーフの血統という優越性」からしてアブドゥルカリームが自分に従わなければならないと述べていた）。ライスーニーがスペイン軍と闘わないばかりかむしろスペイン軍に援護されていることが明白となって支持者が陸続と離反し、ついにライスーニーがリーフ勢力軍に降伏したことは、リーフ勢力にとっては大きな勝利（スペイン軍にとっては打撃）となった[5]。

　アブドゥルマリク　　アブドゥルマリクは19世紀アルジェリアでの対仏闘争で知られたアブドゥルカーディルの孫であり、またアブドゥルアズィーズがスルターンだった時期にタンジャの警察隊長を務めたことがある故に政治的影響力を有していた。第1次世界大戦中にはアブドゥルカリームの父とともに反フランス宣伝に加わった。その後アブドゥルマリクはアブドゥルカ

リームらのハルカに加わらずに、リーフ南部からシンハージャにかけての地域で独自にハルカを組織した（スペイン軍の情報では、21年4月にその人員は6千人。しかしこれは過大評価だろう）。アンワールの戦闘後にはアブドゥルカリームに協力する姿勢を示した——今まで相互の連絡がとれなかったが、「……私はリーフあるいはジェバーラ［のハルカ］に加わってもよい」（21年8月中旬のアブドゥルカリーム宛手紙。後者の返答は不詳）。しかしアブドゥルカリームはそれ以前と同様にアブドゥルマリクを信用していなかった。21年秋（月不詳）のリーフ政治体あるいはその軍事組織の内部文書では、アブドゥルマリクは「リーフでスペインを利する騒動を引き起こそうとしている」と観察されていた。有力者としての自らの地位や影響力の保持がアブドゥルマリクの意図と見られていたのだろう。22年7月下旬、新高等弁務官ブルゲーテはアブドゥルマリクの勢力をリーフ勢力と対抗させる策に出た（アブドゥルカリームに対抗できる有力者はアブドゥルマリクしかいない、「スペインはアブドゥルカリームに対抗させるのにアブドゥルマリクを利用するのがよい」（22年7月下旬、ウジュダから（差出人は不詳）の外相宛手紙））。アブドゥルマリクもスペイン軍に資金・武器・弾薬を要求、スペイン軍は「我らが友人」、「山の我々の党派」（スペイン軍の用語）の要求にもちろん応じた（アブドゥルマリクに引き渡された金銭がまた様々な部族にばらまかれた）。リーフ勢力はアブドゥルマリクと通じた人々を逮捕した（22年12月）。23年1～2月にアブドゥルマリクはハミドゥおよびビルキッシュ（両者についてはすぐに後述）とともに約千人のハルカを組織して、バヌアマルトでリーフ勢力を攻撃した。しかし、後2者との連携が不首尾に終わったことと何よりもハルカ参加者が増えなかったので、この攻撃はリーフ勢力への脅威とはならなかった。24年6月以降、スペイン軍はアブドゥルマリクのハルカに7人のスペイン軍人と約300人の原住民兵、それにリーフ東部で徴募した約千人の原住民をあてがった（つまり、このハルカは事実上スペイン軍の一部となった）。同年7～8月のリーフ軍の攻勢の中でアブドゥルマリクが戦死すると、その後このハルカは「メリーリャ・ハルカ」としてスペイン軍のもとで行動した[6]。

　ハミドゥとビルキッシュ　ハミドゥはマルニサで、ビルキッシュはガズナヤでそれぞれ影響力を保持していた有力者だった。とくにハミドゥはバヌ

ワリャガールと何らの友好関係も持っていないとされて、早くも21年8月初旬からスペイン軍の懐柔対象だった。ハミドゥのハルカのリーフ勢力への攻撃は22年7月、ビルキッシュのそれは少し遅れて22年9月に始まった。両者ともスペイン軍に武器・弾薬・金銭を要求した。もちろんスペイン軍はこれに応えた。同時にスペイン軍はこの間（22年7月以降）、両者さらにアブドゥルマリクの連合（三派リーフ勢力反対派連合）の形成を画策していた ── 「マルニサ［ハミドゥ派］とガズナヤ［ビルキッシュ派］の両部族の間には連合が形成されています。これをバヌツジンとアルマタルサの両部族にまで広げられるならば、反乱者［アブドゥルカリーム］をたいへんな窮地に追い込めるでしょう」（22年8月上旬、CGM司令官の高等弁務官宛電報）／「私はマルニサ、ガズナヤ、バヌワリャガール高地地方におけるすべてのアブドゥルカリーム反対派を使って、ちょっとした約束とわずかな金銭で強力な［スペイン］支持派をつくりました。この党派はアマール・ハミドゥを指導者とし、シャリーフ［このように自称していた］のアブドゥルマリクに支援されていました」（22年12月、ブルゲーテの政府への報告）。当初リーフ勢力はとくにハミドゥに対しては強硬な姿勢を示さなかった。22年7月にアブドゥルカリームはマルニサに自らのハルカを派遣しつつ、ハミドゥをマルニサのカーイドに任命した。しかしリーフのハルカが去ると、ハミドゥはビルキッシュと連合しつつマルニサのリーフからの分離をはかろうとした。それでもまだリーフ勢力は慎重だった。23年2月上旬の部族代表会議（全リーフの部族代表が出席）の議題はハミドゥとビルキッシュへの対応方策だった（表3-1参照）。この会議は「彼ら［リーフ勢力］と一緒になってスペインと闘う」（スペイン軍諜報員による）ことをハミドゥに要請することを決議したが、ハミドゥはこれを拒否した。スペイン軍がリーフ勢力反対派連合の強化をいかに望んでいたかは次の文書からも窺い知れる ── 「スペイン政府がこれらの部族の状況を解決するために諸君たちを援助しようと思っていることを貴君に伝えます。そのためには、アマール・ハミドゥ*とムハンマド・ビルキッシュ*とともに行動することが必要です。どのような理由があっても諸君たちの間で争いがあってはならないのです」（23年3月。CGM司令官からそれぞれアブドゥルマリク（本引用文）、ハミドゥ、ビルキッシュ宛手紙。*印の人名は受取人

以外の人名となる)。この2月にハミドゥとビルキッシュは連合して、マルニサのリーフ勢力支持派を排除し始めていた。リーフ勢力との抗争は断続的に24年初頭まで続いたが (この間の23年11月、アブドゥルカリームはハミドゥをバーシャーに任命して取り込もうとした)、24年1月にリーフ勢力はハルカを派遣して、翌2月にマルニサを制圧した。ハミドゥ派には多額の科料 (総額10万ペセータ) が課された。フランス領に逃亡したハミドゥは、その後アブドゥッラフマーン派に協力したり、24年6月にリーフ勢力とフランス軍との対立が起こるとフランス軍に協力したりした。25年9月以降の西仏軍共同作戦の一環としてフランス軍が南部から侵入すると、ハミドゥ (フランス軍とともにマルニサに帰還) もビルキッシュもフランス軍に協力した[7]。

　アブドゥッラフマーン　　フランス領との境界地域にありリーフ政府の統治が及ばなかったバヌゼルワルを拠点としていた有力者アブドゥッラフマーンは、さらにダルカーウィーヤ教団の指導者でもあり、自らの地だけでなくとくにリーフ東部などでも宗教上の影響力を有していた。それ故に、「政治的手段」の一つとして「聖職者に対しては、その位階制、威信、伝統的習慣の保持をきちんと約束して引きつける」というスペイン軍の方針 (22年3月。本章2.1.注16に引用) の対象となりえた。アブドゥッラフマーンはリーフ勢力に対して当初からはっきりとした敵対的姿勢を示したのではなかったようだ。しかし、リーフ政府がハブーからの収入や宗教税をその財政に組み込んで戦争目的に使用したことはアブドゥッラフマーンの反発を生じさせた。23年9月、アブドゥルカリームはアブドゥッラフマーンにリーフ勢力に加わるように要請したが、これは無視された。リーフ勢力との対立の直接的契機は、24年4月の武装解除命令などを契機としたゴマーラ住民の「リーフ人支配」に対する不満をアブドゥッラフマーンが代介することになったこと (と、それを利用して自らの地位と影響力を保持せんとしたこと) だった。24年4月にアブドゥッラフマーン派とリーフ勢力との戦闘が始まった。アブドゥッラフマーンはバヌッジンのナースィリーヤ教団指導者の協力も取りつけた。スペイン軍も動いた──「[アブドゥッラフマーンの] 宗教的威信は……文句なき権威を持っていますので、これらの部族 [シンハージャ諸部族、それにガズナヤとマルニサ] へのその強い影響力は否定できません」、「このバヌッジ

234 第Ⅲ章 「リーフ共和国」

ンの［ナースィリーヤ教団の］指導者と連絡をとって、彼を激励するのがよいのではないかと思います」（24年5月下旬、CGM司令官の高等弁務官宛電報。スペイン軍の実際の支援については不詳）。しかし、派遣されたリーフ軍勢を前にしてアブドゥッラフマーン派は6月には休戦を余儀なくされた（以上、本章2.1.1.での記述と一部重複）。アブドゥッラフマーン派には科料が課された（額不詳）。その直後にリーフ勢力とフランス軍との対立が起こると、アブドゥッラフマーンはフランス軍側についた。25年4月にリーフ勢力がフランス領に進攻するためにバヌゼルワルを占領すると、アブドゥッラフマーンはフランス領に逃亡し、リーフ戦争がほぼ終了するまで戻らなかった[8]。

3.2. 独立のための交渉

3.2.1. 保護国家との交渉

　(1) 本章1.1.で見たように、アブドゥルカリームは既にアンワールの戦闘以前から「無駄な血を流さないために」交渉によってスペイン軍と合意に至る道もけっして放棄しなかった。かのイドリース・ベン・サイードによると、21年8月上旬にアブドゥルカリームは前者に次のように語った──「高等弁務官が派遣する代表団とリーフとスペインの間の和平を交渉することには、この和平が彼［私］に寄せられた部族の人々の信頼をこわすものでないかぎり、何らの不都合もないでしょう」、「スペインとリーフの両代表団によって境界が示されて、それが両者によって合意され受入れられたならば、両者のいずれもがそれを侵さないことです」。この時点でアブドゥルカリームはリーフの「境界」をリーフの独立＝保護国家スペインと完全に分離した「国」の意で考え始めていたと見てよい。いずれにしても、翌9月にリーフ政治体の中で「リーフの完全独立」が決議されたこと（「民族協定」。本章

1.2.とその注2参照）を経て、同年末までにはリーフ政府はリーフの独立承認をスペインに要求し始めていた。スペイン人捕虜解放条件の1つとしてリーフの独立承認（この時期のリーフは実際には中部リーフのこと。リーフ政府側は「バヌワリャガールの独立」と言っていた）を掲げたのである（第Ⅰ章1.1.2.）。スペイン側は独立承認要求には全く取り合わず、この後リーフ政府とスペイン側の間ではスペイン人捕虜解放に関する交渉がおこなわれただけだった[1]。

　リーフの独立要求についてのリーフ政府側の交渉呼びかけにスペイン側が初めて応じたのは23年4月だった。同月のアルホセイマでの交渉でリーフ政府代表は述べた——「我々の主権と独立についての考え方は自由な諸国民と諸国について語られるときに引き合いに出されるものと同じもの、全く同じものです。ある国の政府が自らに関することについて何ら外国から介入を受けずに全く自由に行動できることです」、「我々の領土と治安が危険に陥ったときに、それを維持するためにあなた方の力を要請することがあるかもしれません。……しかし今のところあなた方の作戦軍がただちに介入する必要はないでしょう」、アルヘシーラス議定書に基づく保護国とその下でのスルターン体制は受入れられない、それでは「独立の権利を奪われた死んだ国民」となってしまう。スペイン側がこのような主張を認めるはずはなく、交渉は中断した。翌5月の交渉ではスペイン側代表の一人のイドリース・ベン・サイードが、リーフ政府の指導者たちは彼らの周囲の人々より「優秀」なのだから「下層の連中」に影響されないようにとアブドゥルカリームに語りかける持ち上げ策（アブドゥルカリームらと住民の分断をはかる）にも訴えた（以上の交渉については第Ⅰ章1.2.1.でも述べた）[2]。

　翌6月上旬にアブドゥルカリームが招集した部族代表会議（表3-1参照）は、以前よりかなり譲歩した和平提案をおこなうことを決議した。この決議の内容は「リーフ自由王国の長」アブドゥルカリームの名でスペイン側に伝えられた——「リーフ王国」はアルヘシーラス議定書に拠るスペインの保護権を受入れる、「スペインはその保護国体制の下でのリーフ王国の独立を承認する」、リーフ王国の長は外国人ではない、リーフはスペインの政治的援助を受入れるが軍事的援助は受入れない、リーフはフランスによって任命さ

れたスルターンの［政治的］権威を認めずその宗教的権威のみを認める、リーフは鉱山採掘権と商業・農業上の特権をスペインに与える（かのエルナンデス・ミールのスペイン語文に拠る。原文通りではない可能性がある）。それまで拒否していた保護国体制を今回は受入れた理由はわからない。保護国体制を認めても（それでスペイン側の譲歩を引き出して）、その代わりにリーフの独立を承認させることができるならば実質をとれると見たのだろうか。経済上の便宜も引き出せると見たのだろうか（スペイン側の交渉代表者の一人だったかのエチェバリエータはリーフの資源に関心を持っていた資産家だった）。他方で、今回はスルターンの政治的権威の否認を打ち出した（これは「リーフ王国」の名称と関係するかもしれない）。いずれにしても、スペイン側は「リーフ王国の独立」は交渉の対象とならないとし、スルターン（とハリーファ）の承認も迫ったので、リーフ側の新提案は拒否された。リーフ側は交渉継続を呼びかけたが、結局7月末に交渉は中止された。7月末に外相アザルカンがスペイン側交渉代表者に宛てた書簡はリーフ政府の立場をよく表すものなので、やや長くなるが以下にその主要部分を紹介する。

「近代的原理と市民的法に拠って成り立っているリーフ政府は政治的にも経済的にも自らが独立していると考えており、すべての人民と同様に、今まで数世紀にわたって生きてきたように自由に生きたいと思っています。リーフ政府は他のいかなる国家でもなく自分たちこそが自らの地を有する権利を持っていると考えています。リーフ政府は、スペインの植民地派は抑圧者でありまた簒奪者であって、リーフ政府に保護権を及ぼそうとのどのような権利も有しないとみなしています。実際にリーフはこの保護権を承認したことは全くありませんし、今後もけっして承認せずに、それを全面的に拒否するものです。リーフ政府は自分たちで自らを統治することをはっきりと主張し、かつその正当で文句なき権利を獲得するために奮闘するものです。リーフ政府はあらゆる当然の手段で自らの完全な独立を守ります。リーフ政府は、［スペインの］植民地派が外国の利益に長きにわたって仕えつつ自分たちの野心やありもしない権利のためにスペイン人の血を流させる前に、当然で正当なことを要求す

る我々の権利を理解してくれるだろうスペイン国民とその良識ある人々を前にして抗議の声を上げるものです。植民地派が自らを省みるならば、自分たちが間違ったことをしていることがわかるでしょう。彼らは、植民地は自らにとっても利益とはならないのに、植民地化という不当な主張によって自らの国を破滅させていることをまもなくわかるでしょう。手遅れになる前に植民地派は現在の状況を変えなければならないのです。リーフ政府はスペインの植民地派がやろうとしているいかなる敵対的行為についても文明世界と人類の前でも抗議し、どんなに生命と財産が失われることになったとしても自分たちにはどのような責任も関わりもないと考えるものです。それ故、リーフを侵略しリーフを辱めリーフの人間としての正当な権利を踏みにじるのではなく、リーフと平和に暮らし、リーフの権利と独立を認め、隣人関係を保持し、リーフ人民 al-shaʻb al-rifiya との絆を強めることはスペイン自身にとっても利益となることをあなた方がどうして理解できないのかが我々にはやはり不思議なのです。このことは文明の原理とも［第1次］世界大戦の後に締結されたヴェルサイユ条約とも合致しています。この戦争から人類は侵略、簒奪、傲慢がもたらしたものを見出したのです。このとき全世界の人々は、人間をないがしろにする術はないこと、理性の見方からしても自然の見方からしても各民族 umma が自らのことは自らが自由におこなえるようにすべきことを理解したのです。暴力や強力は権利を前にしては意味を持たなくなったのです」、「それ故に、リーフ政府とリーフの独立を承認して共通利益のために交流するならば、リーフとたいへん仲良く暮らすことにスペインにとって何ら不名誉なことはないでしょう。そのうえ、そのときにスペインは高潔さと栄誉とを持ち合わせることになるでしょうし、さらにその歴史に新たなページを付け加えることになるでしょう」、「あなた方が自らの家であなた方を支配しようとし人々を捕えようとする外国人の攻撃を受けたときのことを想像してください。彼らが持ち出す権利だとか主張だとかが何であれ、あなた方はこの征服者に服従するでしょうか。女性までも一緒になってあらゆる力であなた方は防衛するでしょう。あなた方は辱めや奴隷となることを絶対に受入れないでしょう。

あなた方自身の歴史がこのことを証明しています。リーフとそのすべての人々についても考えていただきたいのです。リーフのすべての人々は権利のためには死んでもよい、また、あらゆる尊厳にも優る１つの尊厳［自らの独立の権利］を守るのだと固く信じています。リーフのすべての人々は植民地派がその悪意を断念するかあるいは自分たちが１人残らず死んでしまうまでこの信念を翻すことはないでしょう」。

この書簡は、スペイン人一般と「植民地派」を分けていること、「植民地派」に対して諭し諫めるような対応をしていること、第１次世界大戦以後の民族自決の公的論調を知っておりそれを援用していること、さらにスペイン人自身の歴史や現在・未来のあり方にも訴えていることにおいてやはり注目すべきものである（「リーフ共和国」を名乗っていないことも付け加えておくべきであろう）[3]。

プリモ・デ・リベーラのプロヌンシアミエントを知ったアブドゥルカリームは、スペインは「危機的状態にある」のでスペイン軍が攻勢に出ることはないと住民に説明した（*RGC*, 21-IX-23）。この見通しはある程度まで正確だったと言えるだろう[4]。実際にプリモ・デ・リベーラ政府の成立以後にはスペイン側が様々な方法でリーフ政府に交渉を申し入れた。いずれの交渉条件もリーフの独立を承認するものではなかったから、25年３〜５月に一時的に交渉がおこなわれただけで、結局、本格的交渉がおこなわれることはなかった（第Ⅰ章3.1.1.）。ただ、リーフ政府の対応に微妙な変化が見られたこともあった。スペイン側の交渉申し入れについての24年４月下旬のアブドゥルカリームのプリモ・デ・リベーラ宛書簡（スペイン語文。「リーフを代表して」とのみあり、リーフ政府の名もアブドゥルカリームの役職名も記されていない）では、リーフの「完全独立」の承認が交渉の前提条件だとされたうえで、「２地域［リーフ東部以東およびジェバーラの北部と西部］にいるスペイン軍の境界una fronteraまでの撤退が交渉の中で議論される」とされた。これはスペイン軍のスペイン領からの全面撤退にはかならずしもこだわらないとの意ととれる。西部地域でスペイン軍の撤退作戦がおこなわれていた24年10月には、リーフ勢力は、交渉の結果によってはスペイン領が２つに分割

される［そのうちの１つがリーフ政府の領域となる］と住民に宣伝したようだ（*RGC*, 22-X-24.本章２.３.でも引用）。25年６月のエチェバリエータとの会見の時にも、アブドゥルカリームはスペイン領の２分割でもよいと前者に言ったようだ。他方で、撤退作戦がほぼ終了した24年12月中旬頃、リーフ政府の中には、スペインがスペイン領から撤退したら、新たに（旧）スペイン領を占領する植民地国家（イギリスあるいはフランス？）が現れるだろうとの認識があったようだ（スペイン軍情報部日報）。リーフ政府は、25年６〜７月の西仏マドリード会談後の西仏両政府共同の交渉申し入れを拒否した。今まで見て来たことからすれば、いずれは決裂する交渉にリーフ政府が応じなかったのは当然だろう（第Ⅰ章３.１.２.で既述）[5]。

(2) 第Ⅰ章で述べ、また本章２.２.(1)でも触れたように、フランス当局は23年まではリーフ勢力との衝突を避けようとした。もちろんこのことはリーフ勢力にとって非常に有利に働いた。実際に、リーフ政治体が形成され始めた21年10〜11月にフランス領内で、フランス当局代表とリーフ政府代表（ハドゥ・イブン・ハムウ。以下ハドゥ）による非公式とはいえフランス領統監リヨテも承認していた重要な交渉がおこなわれた。この交渉で、リーフ政府がフランス領との境界に税関を設けることとリーフ勢力支配地域の住民のフランス領での物品購入が承認され、またリーフ政府のフランス（フランス領モロッコとアルジェリアを含む）での軍用品や自動車さらには航空機の購入も認められたのである。12月中旬から翌22年１月にかけてはリーフ政府代表団（ハドゥのほかに外相アザルカンと内相）が再びフランス領に来て、フランス側との会談がおこなわれた。この会談では、スペイン領とフランス領の両地域に住んでいたバヌブヤヒ部族の住民とアブドゥルマリク派への両者の対応の調整が課題とされた。前者のスペイン領側の住民の多くはリーフ勢力に協力していなかった。後者については、フランス側はアブドゥルマリク派が反フランスの行動をとることを恐れたが、リーフ政府側はこの時点ではまだアブドゥルマリク派との協力の可能性を排除してはいなかったようだ（しかし上記２点についての両者の合意如何については不詳。フランス側の主張がリーフ勢力のアブドゥルマリク派への対応に影響を及ぼしたことも考えられるが、それについても不詳）。22年４月に、ラバトから来たフランス人将校が非公式にア

ブドゥルカリームと会見した。翌5月には、ハドゥがリーフ政府の非公式代表としてラバトに行き、リヨテの部下と会談した。フランス当局は今回もリーフ・フランス領間の交易と通行の規制をしないことを約したうえに、リーフ政府が諸外国にその代表を置く便宜についても示唆した（この5～6月にリーフ政府代表がフェスにも行った）。もっとも、リーフ政府がフランス当局の友好的姿勢をそのまま真に受けていなかったことも確かである。22年3月、アブドゥルカリームは、（捕虜となっていたスペインのナバロ将軍に対して）フランス当局の意図は「スペイン人とモロッコ人［リーフ人］を闘わせて、自らの手は全く汚さずにその後にすべて［のモロッコ］を獲得しようとすることです」と語った。アブドゥルカリームはこの時点でのフランス当局の植民地主義的遠謀深慮の一端をかなり的確に見抜いていたと見てよいだろう。実際に、上述のようにしばしばリーフ政府代表の任を担ったハドゥ（リーフのハルカの指導者でもリーフ政府の役職者でもなかった）がフランス当局と関係していたことは間違いない。アブドゥルカリームはハドゥを次第に信用しなくなった[6]。

　23年3月頃から、シンハージャ地域およびマルニサのそれぞれのフランス領との境界地域では住民とフランス軍がしばしば衝突した（この原因として後出の①,②を挙げうる）。リーフ政府は、これは自らの意ではないこと、リーフ政府地域とフランス領の境界を定めたいこと、さらに、リーフ政府はフランス当局に対して敵対的行動をとらないことをフランス当局に伝えた。やや後のことになるが、24年4月のハドゥ（アブドゥルカリームの「公式代表」とある）のフランス軍フェス地区司令官宛の手紙は次のように述べた——リーフ勢力がフランス領アトラス山脈地帯の「反乱者」たち［同地帯の2地域の諸部族のフランス支配への抵抗運動。30年代初頭まで続いた］と連絡をとっているという噂が流されているがこれは虚偽である、ハミドゥ派の拠点だったマルニサは「［リーフ勢力への］反対者の巣窟」だったので我々は彼らを黙認できなかった、アブドゥルマリクを隣人とすることもできなかった、フランス軍がマルニサを占領するというのならアブドゥルカリームはマルニサの住民を武装解除するようリーフ兵力に命令してマルニサの住民がフランス軍と闘わないようにするであろう、「リーフはどのような状況でもスルター

ンとフランス保護領に対して敵対的行動をとらないだろう」、フランス領から来る商人たちは歓迎される、「我らがスルターンへの我々の大なる尊敬と忠誠」を表明したい（フランス当局またスルターンへの友好的姿勢を強く打ち出していることから、ハドゥがこの手紙に手を入れたか、あるいはハドゥ自身がこの手紙を作成した可能性もある）。しかし、24年2～8月にハミドゥ、ビルキッシュ、アブドゥッラフマーン、アブドゥルマリクにそれぞれ指導されたフランス領との境界地域のリーフ勢力反対派が次々とリーフ勢力に屈してリーフ勢力が直接にフランス軍と対峙するようになったこと、とくに同年6月にはスペイン軍の撤退作戦計画が明らかになったこと（フランス植民地主義派にとっては、スペインがモロッコを平定する「義務」を放棄）はフランス当局のリーフ勢力に対する姿勢を大きく転換させることになった。24年6月下旬以降、バヌゼルワルからアルマタルサにかけての境界地域でフランス軍とリーフ勢力のハルカとの間の戦闘が断続的に起こった。フランス軍はフランス領内の部族の1カーイドをけしかけてリーフ勢力に反対する宣伝をさせた。このカーイドのハルカとフランス軍がスペイン領地域に入ってきたこともあった。この要因としては以下を挙げうる――①そもそも上記境界地域の住民がスペイン領・フランス領なる外からの線引きを認識も承認もしていなかったこと、②（①と関連して）フランス領（とされた）側の住民の間でリーフ勢力への呼応・協力・期待が生じ始めたこと、③（②と関連して）上述のようにフランス当局がリーフ勢力の影響力拡大を抑えようとし始めたこと、④リーフ勢力に屈したハミドゥ派、アブドゥッラフマーン派、一部のアブドゥルマリク派がフランス当局を後ろ楯とし始め、またフランス当局も彼らを利用したこと。しかしリーフ政府指導部はまだフランス当局との対立を回避しようとした。そのためにリーフ政府は再度フランス領とリーフ政府地域の境界を確定することをフランス当局に提案した。24年7月にアルマタルサでは、フランス領に侵入しようとする住民は罰せられる、これはフランス領との交易の中断をもたらしてしまうとの触れが出された（*RGC*, 9-VII-24. おそらく他地域でも同種の触れが出されたと考えられる）。『回想記』でも「私は［フランス軍に反対する境界地域住民の］自発的な動きをやめさせようとした」とある。25年3月、フランス当局はバヌゼルワルはフランス領に属する、それ

故にバヌゼルワルへの侵入は「敵対的行為」とみなすとリーフ政府に伝えた[7]。

　25年4月のリーフ勢力のフランス領への進攻がフランス軍との全面的な戦争も予期してなされたのかどうかはわからない。『回想記』は次のように説明する——「私はフランスを攻撃することをけっして認めなかった。しかし、1925年4月に、一方では私の意思は事態に流されていた。諸部族は活気づいていた。それに私は首長だった。他方では……私は理想つまり我々の成功によって力を得た願望を持っていた。私はリーフの独立を夢見ていたのだ」、「起こるべくして起こることは何ものも止められないのだ」、「スペイン領で勝利し続けていた我々の部族はフランス領の側でも勝利すると思っていた」、かくして「相重なる3つの戦争［対スペイン軍、対フランス軍、対リーフ勢力反対派］」ということになった、「フランス軍のバヌゼルワルとワルガ川地帯［バヌゼルワル南部一帯］への前進は諸部族にはフランス側からの宣戦布告とみなされた」、「最も重要なことはフランスに従っていた諸部族がフランス政府に対して反乱を起こしたことだった」、「私は私の兵士たちに［フランス軍との］接触を避けるように、動かないでいるように命令した。しかしフランスの参謀本部は諸部族から徴募した強力な兵を我が軍に対して差し向けた」、諸部族は私の制止を意に介さずにフランス領に進入した、「私は諸部族に引きずられたのだ」。アブドゥルカリームが認めるように、リーフ勢力指導部が「事態に流されていた」という要素は否めないだろう。それは上に見たようなリーフ勢力支持の諸部族の動きについてだけではない。リーフ軍事組織はフランス領への進攻のための作戦計画を立てていたが、明確な進攻目標を持っていたとは思われないからである。25年6月下旬のフェスのカラウィーイーン大学長宛のアブドゥルカリームの手紙（本章2.3.でも一部を引用。他のウラマーにも渡すようにとあった）は、キリスト教徒によって買収されて「聖戦」を放棄したスルターンを批難し、「権力は神の書と……法に則って人民とともにある者［＝アブドゥルカリーム］に与えられるべきである」と述べていた。この手紙は、リーフ勢力がフェスのウラマーとスルターン批判者たちの支持を得てフェス制圧の「願望」を成就せんとの意図の一環として出された。しかし、リーフ軍勢はワルガ川地帯を越えたもののフェスまで行くことは（でき）なかった[8]。

他方で25年6月初旬、アブドゥルカリームはリヨテに手紙を出して、フランスとの交渉を申し入れた。フランス当局もこれを受けたので、マドリードでの西仏会談が始まった直後の同月下旬、ティムサマンでアブドゥルカリームとフランス当局代表との会談が成った。アブドゥルカリームは語った——「私は現在の状況を嘆いています。私は常にフランスとの和平を切に望んでいました」、「私はまだ私の全兵力をフランスとの戦争のために派遣してはいません。あなた方〔フランス軍〕と闘っている諸部族を指揮し組織するために若干の兵を送っているだけです」、「私にはフランスがリーフを征服しようとしていることに疑いの余地がありません」、「フランスがリーフの独立を承認し、リーフがフランス領でのフランスの統治権を認める」という協定を結びたい、スルターンの承認如何などは今はどうでもよいことである（フランス当局代表のメモによる）。フランス軍との戦闘の前線地域で、上掲の内容のようにフランスの統治権を認めるのでフランス領から撤退する（せよ）と宣言したら、現地の諸部族の動揺は免れなかっただろう。いずれにしても、もちろんフランス側はリーフ政府側の提案（この提案は西仏間を分断しようとの意図も持っていた）を受入れなかった。マドリードで西仏協定が成った後の8月下旬、アブドゥルカリーム名でフランス議会へのアピールが出された——「我々がほとんどスペインから解放されようとしたとき、我々はフランスによって攻撃されました。我々はフランス国民が小さな国民を常軌を逸したように殺戮するのをやめるようフランス国民に訴えます」、「我々はいま一度フランス国民と平和に生きようと思っていることを宣言します」（『ユマニテ』に掲載）。西仏保護国家軍がリーフに共同侵攻した後の同年11月下旬、リヨテに代わった統監スティーグの交渉優先姿勢もあって、リーフ政府は「完全独立」を降ろして「自治」を掲げるという大きく譲歩した交渉条件を提示した——スルターンを「宗教上の長」として受入れる、リーフ政府は対外代表権を持たない（しかし代表権を持つのはスペインでもフランスでもない）、リーフ政府はリーフ生産物の輸出の管轄権と独自の軍隊を持つ、スペインの領域をメリーリャ、セウタ、ララーシュとそれぞれの周辺とする、ジェバーラおよびワルガ川地帯にあってフランス領に属するとされたいくつかの部族はリーフに属する、リーフ国家の首都をテトゥワンとする、リーフ国家の長

は「首長」'Emir'の称号を持つ（英文。本章2.3.でも一部を既引用）。リーフ政府はキャニングを介してフランス政府に上記の交渉条件を提示した。フランス政府はスペイン政府との協定により個別には交渉に応じられないとし、結局、両政府ともリーフ側の提案を拒否した（25年12月〜26年1月）[9]。

これ以降の、フランスによる交渉の提起（26年3月）、ウジュダでの西仏両政府代表団とリーフ政府代表団の会談（4月〜5月初旬）、会談の決裂と西仏両軍の攻撃開始（5月初旬）については第Ⅰ章3.1.2.で述べた。リーフ勢力指導部には、アブドゥルカリーム、アザルカンなどの交渉優先派とアブドゥルカリームの弟、陸相ブドゥラなどの戦闘優先派がいたと指摘されることもあるが、その確証はない。いずれにせよ、フランス（とくに軍人）とスペイン（政府も軍人も）の両保護国家がリーフの軍事的制圧を既定の方針としていた以上、リーフ政府がいくら譲歩したとしても交渉による戦闘中止はきわめて難しかっただろう。ウジュダ会談が決裂した日に、リーフ政府代表団の1人だったアザルカンは「決裂は不可避でした」とラジオ向けの声明で述べた。他方で『回想記』は言う――「ウジュダ会談によって、私はフランス人とスペイン人が完全に一致していることがわかった［もはや両者を分断できない］。私は義務によって絶望的な闘いをまた始めた」（付言しておくと、フランス政府・軍が関わった交渉においても「リーフ共和国」の名称が使われたことはないようだ）[10]。

3.2.2. 国際的認知のための活動

自らの独立を承認させるためのリーフ政府の活動は「国」外でも多様に展開され、またそのための発信がなされた。

まず、仏英の政府とその世論を動かすために代表団が出かけていった。22年1〜2月に、前月にフランス領に行ったリーフ代表3名（本章3.2.1.(2)）がリーフに戻らずに（ブールマンセ・セイのはからいとフランス政府の黙認のもとで）アルジェリア経由でそのままパリに行った（スペイン政府はこれを知って、フランス政府に抗議した）。フランス政府から何らかの支持や援助を引き出すためだった。ただフランス政府の公式代表とは会見できずに、パ

リの新聞に来訪記事が載っただけだった。同年6月にも前回と同じ3名が再びパリに行った。今回もフランス政府の公式代表との会見は成らなかったが、とくに武器と航空機購入のための交渉がおこなわれた。同じ6月には別の2名の代表がロンドンに行った（同年9月まで滞在）。これはアルナルのはからいで実現した。代表たちはリーフ政府の承認を求める国際連盟宛の書簡（後出）をイギリス政府に渡そうとしたが、これも成らなかった（スペイン政府はリーフ政府の代表と会見しないようにイギリス政府に要請した）。ただ、8月初旬のイギリス議会では1議員がリーフ代表と会見すべきだとの発言をした。翌23年3月には3度目の代表団がパリに行った。2名の代表のうちの1人はアブドゥルカリームの弟自身だった。今回もフランス政府との会見は成らなかったが、代表団は社会共和党の指導者で元首相の国会議員パンルヴェそれにフランス共産党の国会議員と会見した。さらに、リーフの社会的・経済的基盤の整備や鉱山開発のための契約を英・仏・独の諸企業と結んだ（この一部について後述）。しかし、これらの契約は詐欺同様のものだったので、それはリーフには何ももたらさずに幻滅のみを与えた。『回想記』でアブドゥルカリームの弟は言う――「我々の目的は我々がリーフを組織するために必要な十分に信用のおける支持と十分に役立つ援助をパリで得ることだった。つまり、我々が自らの資力を持つことによってリーフが進歩のあらゆる便宜を備えているようにすることだった」、しかし「結局この訪問は我々にはどのような良い結果ももたらさなかった」[11]。

　次に、リーフ政府の代理人ないし協力者として、また「国」外でのリーフ政府代表者として外国人を登用した。22年5月、当時「国」外で物資買い付けや宣伝の仕事をしていたかのハドゥはアブドゥルカリーム宛の手紙で述べた――外国の友人たち［フランス当局あるいはブルマンヒ セイなどだろう］は「新聞や政界での宣伝」のためにリーフ政府が外国でその代表者を任命するのがよいと言っている。この示唆は約1年後に実現した。23年3月にパリに行った前述の代表団がその滞在中に、ガーディナーを「リーフ共和国」の在ロンドンの大使・臨時全権大使・顧問に、他の人物を在パリの大使・経済顧問に任命したのである（後者の活動については不詳）。以下、今まで本章でも何回か現れたこれらの代表者や代理人たちの活動（の実態）とそ

の意義について簡潔に見よう。まず、ガーディナーはイギリスでリーフ支援の活動をしていた軍人だった。しかし、ガーディナーの真の目的はリーフへの武器販売と経済利権の獲得だった。23年4月にガーディナーはアブドゥルカリームの弟と、前者が100万ポンドの融資をするかわりにリーフ側は鉱山をはじめとした様々な経済利権を前者に譲渡しまた前者に公共的工事を請け負わせる（利益の40％はリーフ側に引き渡す）との契約を結んだ。しかし融資がなされることはなく、この契約は全く果たされなかった。さらにガーディナーはリーフ国営銀行設立の委託契約も果たさなかった（本章2.2.(1)。ガーディナーはイギリス海軍の特別情報部員だったと断定する論者もいる）。次に、タンジャ居住のイギリス人で1918年の選挙で労働党から立候補した（落選）ことがあるアルナルは、21年11月頃から、リーフ支援とともに他方でイギリス鉄鋼業のために有用だとしてリーフの鉱山開発をイギリス政府に要請していた。22年6月にアルナルはリーフに行ってアブドゥルカリームと会見、その後に前述の2名のリーフ代表のロンドン行きに同行した。ロンドンでアルナルはアブドゥルカリームから託された新聞向け声明を発表した──「スペイン人によるあらんかぎりの宗教的憎悪や虐待がなければ我々は戦闘を宣言しなかった」、「我々は平和、秩序、交易、世界全体との連携を望んでいるが、スペインが我々を絶滅せんとするかぎり我々の自由と我々の宗教を守る。我々はヨーロッパ人と同じように自分で統治できるし、スペイン人よりもうまく統治できる。我々は、キリスト教国であれイスラーム国であれ多くの小国が要求してきたように我々の権利と独立を守る。我々は現在、小共和国を組織している」（アルナルが本声明に手を加えた可能性もある。本章2.3.で一部を既引用）。アルナル（25年に死亡）のリーフ支援の真意は不詳だが、それはガーディナーのように自らの経済的利益（さらには策略）のためだけではなかったようだ。最後に、やはりイギリス人のキャニング（やはり軍人だった）は25年7月にロンドンでリーフ委員会Riff Committeeを設立し、自らはその書記長となった。リーフ委員会は次の綱領を掲げた──リーフ人の闘いの支援、リーフ人の交戦権の承認、リーフ国家の国際連盟での承認、医薬品をリーフへ、新聞への投書や議会での要請、など。アルナル死亡後、既に見たように（本章3.2.1.(2)）リーフ政府は対外的交渉のための仲介をキャニ

ングに頼った（「あなたは我々の唯一の代表です」、26年1月のアブドゥルカリームのキャニング宛手紙）。しかし、リーフの鉱山利権をねらってアブドゥルカリームに取り入ろうとしたドイツ人ハックランダー（以前はガーディナーと組んでいた）がキャニングに協力したことからしても、キャニングのリーフ支援の意図も上掲の綱領通りではなかったようだ。以上の3人も、ハックランダーも、ブールマンセ・セイも、またアブドゥルカリームと連絡をとっていた『タイムズ』通信員のハリスも（「ハリスは私をだました」、『回想記』）、つまりリーフ政府が「国」外での代表者ないし代理人・協力者として依拠した外国人のほとんどはリーフ政府が望むように動いたわけではなかった。リーフ政府は自らに少しでも援助の手を差し伸べようとした外国人たちに飛びついたと言ってもよいだろう。リーフ政府は、経済利権の中心を成したリーフの鉱山開発のために、何人かのヨーロッパ人に現地（バヌワリャガール。以前から採掘されていたリーフ東部の鉱山はスペイン軍占領地域にあった）を見学させることもした（しかしリーフ戦争後に、バヌワリャガールには鉱業資源がほとんどないことがわかった)[12]。

　さらに、リーフの独立を承認するよう国際連盟に訴えた。早くも21年9月にブールマンセ・セイは（おそらくリーフ政府の要請によるというよりも自らの発意で）リーフの独立承認を国際連盟に訴えた。同年12月には「リーフ軍司令部」からアブドゥルカリーム名の書簡がイギリス政府宛に出された――「これら［リーフ諸部族］の地域は統治権力を独立して行使するために自身で政体を定めました」、「我々は現在まで我々が享受してきたこの独立を保持しようと願う自由な人民ですが、また生活とそれに必要なものについては文明化したヨーロッパによって手引きを受けなければならないことを認めています」、「我々は戦争を望んでいませんが、不名誉は受入れないでしょう」、「我々は、我々を文明化するためだと言って自らの文明をむやみに主張している国［スペイン］はこの重要な事業を成し遂げる能力を持っていないとみなしています。我々はこの国による文明化の努力に反対しているのではなく、この国による抑圧と横暴な行為に反撃しているのです」、「私は本状での私の主張を公正な国々にとくに貴国の国際連盟代表に届けていただきたいと思います」。22年6月にロンドンに行ったリーフ代表がイギリス政府に受け取り

を拒否された国際連盟宛書簡は同年9月にアルナルによって連盟に送られた。この「モロッコのリーフに現にある政府」名の書簡がリーフ政治体について述べた部分は既に本章1.2.で引用したが、その中ではほかにも主に次のことが主張された——「我々はスペインと和平のための交渉をしたい」（第1項）、「我々は我々とスペイン［領］の間の地理的境界の画定について合意したい」（第2項）、「我々は以上の要求が［国際連盟の］現総会で検討されることを求める」（第11項）（アブドゥルカリームら4名の署名がある）。この書簡には「独立」承認の文言は見られないが、事実上それが要求されている。さらに、リーフ政府の設立は連盟設立の趣旨に合致すると主張されている（以前に引用した第3項には「我々は国際連盟の目的とするところに完全に合致して、現在、我が国を統治している」とある）。この書簡にはアブドゥルカリーム名の「文明的諸国へ」という文書（英文）が付されており、それはやはり同時にアルナルによって国際連盟に送られた。この文書は、今までに見たいくつかの文書と同様にスペインの侵入が現在の戦争を引き起こしたこととリーフは自らの統治権を持つことを主張したうえで、ヨーロッパの「文明」に訴えた——「今、再び人道への［ヨーロッパ］諸国の援助を訴えます」、ヨーロッパは今こそ自らが主張してきた「文明の規範を支持し人道を高めること」を実行に移すときだ、「攻撃者に対して虐げられている者を擁護するために立ち上がるべきなのです」、援助がなければ「弱者」は「自己崩壊」してしまうだけだ、スペインの軍人たちは「自分たちは文明人だと言っていますが、実際には盲目的征服者に過ぎません。改革者でも保護者でも全くありません」、「リーフは近代的な文明に反対しているのでも改革を嫌っているのでもありません」、「スペイン人の下で苦しんでいる人々に対してヨーロッパの政界の人々がドアを閉じているのには、何か人種的あるいは民族的偏見があるのでしょうか？」。23年7月には「リーフ共和国政府」名の「［リーフ］国家の声明と諸国への宣言」（英文）が今度はガーディナーによって国際連盟に送られた——リーフは200万の人口を有しており、「1920年6月10日以来、近代的な共和国政府を持っている」［人口も日付も実際とは違う。上記日付の理由は不詳］、リーフは独立を守るために最後まで闘う、しかしリーフの資源開発のためならばスペインも含めて外国人商工業者を歓迎する、「リー

フは既に1921年に在タンジャの英仏米伊の大使［総領事あるいは公使？］に共和国宣言を通知した［この通知の存在如何も不詳］が、今一度これを各国外相に宣言する。リーフはすべての諸国がアジュディールに領事館か外交代表部を設置することを要請する」(「リーフ共和国大統領」アブドゥルカリームほか4「閣僚」の署名がある)。この文書は「国」外に向けては「リーフ共和国」を強く打ち出そうとした典型例である（しかし内容の不正確さからして、署名者自身の手になるものか疑われてよい。ガーディナーが作成した可能性もある）。リーフ政府はその後もリーフの独立を国際連盟で承認させようとの活動をおこなった（25年9〜10月にはハックランダーにも依頼した）。しかし以上のような何回かの訴えにもかかわらず、結局、国際連盟からは何の反応もなかった[13]。

　ところで、リーフ政府指導部は「リーフ共和国」の政体名だけでなく、今まで見てきたような「国」外での活動も「内」にはあまり知らせなかったようだ。大多数の住民にとっては、要請のために異教徒のところに行くこと、ましてやヨーロッパの「文明」を受入れると宣言したりヨーロッパが自らが主張して来た「文明の規範」を実行せよと言うことは理解しにくいことだった。23年3月のアブドゥルカリームの弟らのパリ訪問はリーフの中では内密にされた（パリやロンドンへの他の訪問については不詳）。しかしこれを知った何人かの名士たちは、（おそらくアブドゥルカリームらが予期ないし恐れていたとおりに）異教徒の首都へのリーフ人＝ムスリムの代表の派遣を批難した[14]。

　他のマグリブ住民がリーフでの抵抗やリーフ政府にどのように反応したのか、あるいはリーフ勢力がマグリブ住民にどのような働きかけをしたのかはよくわからない。（西仏軍がリーフに共同侵攻した）25年後半から26年初頭に北アフリカで配られた次の2つの文書（25年8月の日付。石版印刷によるアラビア語文）のいくつかの部分を引用する。「アルジェリアとチュニジアの人民へ」——リーフ人は「自由の大義と聖なる書の勝利とムスリムの勝利」のために闘っている、我々に差し向けられたフランス軍の5分の4は「あなた方の息子たち」［フランス原住民兵部隊］から成っているのだ、「おお、我がアルジェリアとチュニジアの兄弟たちよ、フランスのくびきからの我らの解放のときが来たのです」、ともに一致して我らの独立を勝ちとろう、「我らの間

での兄弟殺しをやめて、敵を守るためにもうこれ以上、兄弟同士で殺し合うのをやめよう」(「首長」アブドゥルカリーム名。25年末にアルジェリアのフランス当局はこの文書312部を差し押さえた)。「チュニジアの兄弟たちへ」――「我々は野蛮なフランスのくびきの下でもう数十年も耐えているのです」、「独立は勝ちとるもので、与えられるものではありません」、「チュニジアの兄弟たちよ！　共同の闘いのために我々の力を合わせよう、暴虐な敵に対してともに団結しよう」、「北アフリカの独立万歳！　リーフ共和国万歳！」(北アフリカ解放中央委員会名)[15]。

　国際的認知のための活動としては以上のほかに、スペイン、フランス、イギリスの新聞へのメッセージや訴えの送付・掲載（それらの一部は既に本章および第Ⅰ章で紹介した）、ジャーナリストの訪問受け入れとその訪問記の各国の新聞での掲載や書籍としての出版（上記の3国からのほかにアメリカ合州国の2ジャーナリストの訪問記）があった。既に見たように、アブドゥルカリームとその弟自身がスペイン語・英語・フランス語を解したので、彼らはスペインをはじめとしたヨーロッパやアラブ世界の新聞を読んでいたし、それらの地域からの多くの情報を知っていた（リーフ政府は無線局を設置していくつかの国のラジオ放送も傍受していたようだ）。他方、以下の3事例はリーフでの抵抗とリーフ政府が明らかな国際的認知を受けたことを示している。まず、リーフ政府は26年のカイロとメッカでの全イスラーム会議に招待された（フランス当局の妨害などで会議への参加は成らなかった）。また、ブエノスアイレス学生協会からアヤクーチョの戦闘（1824年）100周年集会への参加要請を受けたアブドゥルカリームは、（もちろん参加はせずに）「リーフ共和国」を代表してメッセージを協会に送った――「モロッコ人はあなた方の英雄がかつて闘ったのと同じ理想［スペイン植民地主義からの解放］のために闘っています」。さらに、フランスの有力雑誌『イリュストラション』*L'Illustration*（25年3月7日号）が掲載した「1925年のヨーロッパのカラー地図」では北部モロッコは次の3地域に分けられていた――タンジャは緑色／わずかな地域がスペイン領として黄色／「リーフ共和国」の範囲が「リーフ」としてオレンジ色。つまり、リーフ政府の勢力範囲は独立した地域＝独立国とみなされていた（カバー裏の図版参照）[16]。

小括

　「はじめに」で設定した本章の3大課題のうち最初の2課題は既に今までの本文の中で果たされている。とくに第2の課題については、スペイン陸軍文書に拠って、リーフの「内」＝部族・住民の状況についていくつかの点をあらたに明らかにできた（しかし都市部に住むモロッコ人の状況については明らかにできなかった）。第3の課題についてはどうか。つまり「リーフ共和国」はなぜ潰えたのだろうか。第Ⅰ章および本章によって既にこの設問に対しても基本的な結論は示されている。つまり、モロッコにおける植民地国家の共同軍事行動（こそ）がリーフの抵抗を潰したのである[1]。これを確認したうえで、本章での検討からさらにいくつかのことを指摘できる。まず、リーフ勢力のフランス領進攻（あるいはその失敗）が西仏両国をして共同軍事行動に至らしめたという論について[2]。結果論としてはこの論の完全否定はできないが、リーフ勢力がスペイン領からスペイン軍を追放してしまえば、いずれにしてもフランスの軍事行動＝リーフ勢力との対峙や衝突は必至だった。問題はフランスの軍事行動を実際に起きたこととは別の手段で、つまり交渉かあるいはフランスをはじめとした諸政府への圧力によって抑えられたかどうかにあった。リーフ勢力との共同を望む境界地域諸部族の動きもあって、この点でのリーフ政府の判断と目標は不確かだった（「事態に流されていた」。しかし交渉によってフランスの行動を抑えることもかなり難しかっただろう）。次に、リーフ政府は多くの部族の旧来からの名士たちの支持を十分に得ることができなかった。教団指導者の支持も得られなかった[3]。「リーフ人支配」（あるいはバヌワリャガールによる支配）への反感がこれを増幅させた。さらに、「国」としての自立した経済も目指したリーフ政府は、（主にスペイン軍の戦略の結果によって）とくに24年後半以降に食糧・必需品不足など経済

面でも困難な状況に追い込まれた。最後に、以上の結果として、4〜5年に及んだ戦争が住民を疲労させ動揺させた。表3-1にある26年5月1日の部族代表会議でのアブドゥルカリームの発言はこのことを率直に表したものである。『回想記』も次のように言う――「1925年12月以降、私は私に忠誠を誓っていた諸部族にいくらかの動揺を見出した」[4]。また、相当な努力にもかかわらず、結局リーフ政府は（とくに権力政治が集中していたヨーロッパで）対外的認知をほとんど得ることがなかったこともやはり付け加えておくべきだろう[5]。

　リーフ政府とくにアブドゥルカリーム（兄弟）の志向については次のような評価がなされてきた――「近代的ナショナリストの傾向」（シャイナー、1965）／モロッコのナショナリズムにおいて「伝統主義」と「近代主義」の「中途」に位置する（ハート、1976）／「復古主義では全くなく、国民、進歩、精神の自由、民主主義について驚くほど近代的な見方を展開した」（アヤーシュ、1981）／リーフ戦争には「原初的抵抗」、「近代イデオロギー的合理主義」、「イスラーム改良主義」のそれぞれの側面があったが、それらを截然と区分することはできない（ペヌル、1986/2001）／「近代と伝統」の2つがともに表れたが、プラグマティックな理由によって伝統のために近代はときどき犠牲にされようとした、「かくして、改良主義、近代主義それにプラグマティズムが分かちがたく結びついている」（タフタフ、2000）／「伝統的形態」とともに「西欧的形態」にも訴えた、部族制の改革、国家の創成、その国際的影響において「それ以前の抵抗運動が持たなかった地平」を獲得した（マダリアーガ、1999/2005）。注目すべきことは、既に25年8月に前出のシーンが「アブドゥルカリーム兄弟が始めた本当に民族主義的で近代的な運動」との評価をしており、さらに26年2月にはほかならぬ『フランス領アフリカ』の1論稿も「[リーフの]運動の近代主義的性格」、「アブドゥルカリームの近代主義的運動」について指摘していたことである（つまり両者とも全くの同時代）。他方で、「[リーフ戦争における]原初的抵抗と[その後の]政治的ナショナリズムとの間の断絶」は大きいとの評価もなされた（ラルィー（アルウィー）、1970）。これに対する批判的見方は次のように述べる――リーフ戦争の後のナショナリズムはリーフ戦争と「同一の原理と同一の目

標」を持つことになったのだ、「ただ方法が変わっただけである」、つまりリーフ戦争では「戦争の手段と政治の手段」が組み合わされたが、その後の民族主義者たちは「もっぱら政治的な行動」で闘おうとしたのである、両者の間に「断絶」はなかった（ズニーベル、1976）。もちろん、本章でも見たようにこの時期にアブドゥルカリームらは（当初、さらには結局）リーフそれにスペイン領（あるいはその1部）の独立を求めたのであってモロッコ全体の独立を目指したのではなかった（目指せなかった）[6]。

　本書は「原初的抵抗」についても「断絶」についてもラルイーのような見方をとらない。むしろズニーベルの見方に近い。しかしまた、「伝統」（から）「近代」（へ）という見方もとっていない。本章での検討からすると、リーフの抵抗と「リーフ共和国」のモロッコ民族運動における意義は以下の諸点に見い出せよう（スペイン軍さらにはフランス軍に対する戦闘・抵抗の意義についてはここでは省く）。まず、植民地国家の分断政策に抗して「リーフの統一」をこころみたこと。次に、抵抗しながら植民地化以前の状態への復帰を求めたのではなく、新たな「国」＝政治体と社会の創成にも挑戦したこと。さらに、「国」や国民の創成において主に（ほかならぬ西仏植民地国家が属していた）ヨーロッパに現れていた制度・技術・思想それに人間や資金までも積極的に取り入れようとしたこと。最後に、以上のこころみにおいてはその後の（モロッコにおいてだけでなく植民地地域全般における）民族運動が直面することになる諸問題が先駆的に現われていたこと、である。この最後の点をも展望するならば、本章でしばしば引用した『マナール』でのアブドゥルカリームのインタビューの末尾がやはり本章の結びにふさわしい——「私はこの［自分たちの］事業を遂行するには早く来過ぎたのです。しかし私は、私の望みが、いろいろなことが起きることによって、また時の変化の中で、遅かれ早かれすべて実現するだろうことを確信しています」[7]。

第Ⅳ章　スペイン領モロッコにおける「原住民」兵の徴募と動員

はじめに

　植民地保有国家はしばしば植民地軍を擁した。その植民地軍はやはりしばしば原住民兵を擁した[1]。スペイン軍も、スペイン国家・軍の支配を受入れようとしなかったモロッコ人と闘わせるために原住民兵力を系統的に組織した。しかしそれはまた、「アンワールの破局」が示したように、原住民兵を使用した植民地戦争の破綻の典型的事例でもある。
　本章が明らかにしたいことは主に以下の3点である。第1に、スペイン国家・軍・植民地派が原住民兵を系統的に使用・動員しようとした意図は何だったのか。第2に、原住民兵の徴募方法、モロッコ人はなぜどのように徴募に応じたのか、さらに原住民兵の待遇。第3に、原住民兵はスペイン軍のモロッコ戦争＝植民地戦争でどのような役割を果たしたのか。
　以上の検討は、植民地軍と原住民兵力を使用できた（操れた）が故にスペイン軍内で大きな比重を占めることになった軍アフリカ派の意義も明らかにすることになろう。
　研究史について触れると、軍人の手になるかスペイン軍の立場を多かれ少なかれ反映した原住民兵研究はいくつかある[2]。しかし、本格的な学問的研究はスペインでもまだ現れていない。スペイン軍アフリカ派の意義を強調する研究は原住民兵の重要性にも言及している[3]。本章が依拠した史料もほとんどメトロポリとくにスペイン軍のものである。（残念ながら）原住民兵自身の手になる史料はほとんどない。

1. 植民地軍と「原住民」兵
―― スペイン人の血と金銭の節約 ――

　「アンワールの破局」の「背景と状況」を調査したピカソ調書は、「破局」を生じさせた要因の1つとして「国の世論を気にかけて、半島人〔スペイン人〕の損失を何としてでも節約しようとの考え方があった」との証言を重視し、これを結論の1つに取り入れた。調書はさらに述べた――「レグラーレス〔FRI〕の兵力を突撃部隊の最前線の核として用いるとの原則があった」、かくして「原住民の眼には我々〔スペイン兵〕はたいしたことはないと見える状態」がつくられた、またスペイン兵は「原住民兵力に守られている状態に慣れてしまった」、それ故に「原住民兵が支えてくれず、反抗して銃を自分の方に向けてくると、〔スペイン兵は〕見捨てられたと思って取り乱してしまった」。実際に、ピカソ調書には以上のことを裏付ける多くの証言を見出せる――ヨーロッパ人部隊は「前進のための戦闘に加わったとしても、唯一の突撃部隊として用いられた原住民兵からいつも非常に離れたところにいた」、かくして「原住民兵は、ヨーロッパ人部隊は闘ってはいず、いつも第二戦にいると思うようになった。このことは我が軍の威信をたいへん傷つけた」／「19年からヨーロッパ兵たちは観戦者として戦闘に参加していた」、それ故に、原住民兵が敗れると「その他の〔ヨーロッパ〕兵はもはや気力を失ってしまった」、など。ピカソ調書の送付を受けた陸海軍最高会議の見解発表もほぼ同内容の結論を出した――「ヨーロッパ人兵力を軍事行動でほとんど用いないで節約し、……それに代えて原住民兵力を用いた」、このことは原住民兵に「一種の優越性」を与えてしまった、かくしてFRIの一部とPIの大部分が「反旗を翻して我々を攻撃した」（以上、第Ⅰ章1.1.3.と一部重複）[1]。

　スペイン軍はモロッコ戦争でなぜ原住民兵に依拠することになったのか。

本節では、モロッコ戦争開始以降さらには「アンワールの破局」以後も、スペイン軍がなぜ大量の原住民兵を植民地戦争に動員しようとしたのか、原住民兵にはどのような役が振り当てられようとしたのかを明らかにしてゆきたい。

「1898年の破局」による旧来の植民地喪失のいわば代償として20世紀初頭から北部モロッコの分割・植民地化に乗り出したスペイン国家・軍は独自の植民地軍を持っていなかった。しかし本章第２節で見るように、12年の北部モロッコの保護領化以前に既にPIやFRIなどの原住民兵部隊が創設されていた。さらにこの頃には、在モロッコの植民地軍と原住民兵力の基本的性格や位置付けがほぼ定められていた――植民地軍はヨーロッパ人志願兵と原住民兵とから成る、「原住民兵部隊は植民地軍形成のための非常に強力な要素である」、FRIは「前線部隊」である、人口の多い村落ではPIが組織される、など（陸軍軍人ヒベール、12年）[2]。とはいえ、植民地軍の創設と原住民兵力の強化が声高に叫ばれるようになったのは第１次世界大戦終了後の攻勢的な占領作戦の開始以後である。

「アンワールの破局」の前後の21年に、原住民兵力と植民地軍の形成について陸軍軍人の手になる２つのマニフェストが現れた。まず、この頃から原住民兵力組織化の事実上の責任者の役を果たしていたニード・イ・トーレス（以下、ニード）は『北部モロッコでの我が国の進出地域における原住民兵力の政治的・戦術的使命。創設されるべき植民地軍におけるヨーロッパ人部隊の原住民兵力との協力と戦術的連携』（執筆は20年10月）で述べた――植民地軍はメトロポリの志願兵と原住民兵とから成るのがよい、しかしメトロポリ兵は一般に植民地で闘うのを嫌がるし、またメトロポリ兵を維持するには多大な費用を要するという「欠点や不都合」があるから、メトロポリ兵はできるだけ少ないのがよい、つまり将来的には植民地軍の基礎を成すのは原住民兵とするのがよい、メトロポリ兵は沿岸の都市部にFRI兵は内陸部にそれぞれ配置する、ハルカは戦闘の時しか費用がかからないので好都合である。次にラーモス・ウィンツィッセン（以下、ラーモス）の『原住民兵部隊と植民地軍』（以下、すべて「破局」後に追加された部分から）――「原住民［兵］と志願兵とから成る植民地軍が唯一の解決策」である、スペイン人徴募兵はモ

ロッコに駐屯しないのがよい、植民地軍には「その生命を気にかけるような人がいない」傭兵（外人部隊を含む）かスペイン人志願兵がよい、原住民兵、外国人兵、志願兵を使うことによって「我々［の兵士］の命を節約すべきである」。見られる通り、若干の濃淡の差はあれ両者はほぼ同一の論を張った。つまり、両者とも将来の植民地軍は原住民兵にその多くを依拠すべきであるとの主張をした。その理由として挙げられたのは、スペイン人（兵）の植民地戦争への一般的な忌避の感、それにスペイン（人・国家・兵）の金銭と生命の節約だった。翌22年に公刊されたやはり陸軍軍人のベレンゲール（かの高等弁務官の弟）の『モロッコの軍隊』も上掲の2著とほとんど同じ主張をした——植民地戦争においてメトロポリでの「戦闘的精神の減退」が見られる、「この［モロッコでの戦争の］我が国への負担を血においても金銭においても最小にしなければならない」、それ故に原住民兵を使用しなければならない、「スペイン国民をこの［植民地戦争の］苦役から解放する」にはメトロポリ兵は志願兵とするのがよい[3]。

「アンワールの破局」での原住民兵の大量逃亡と「反抗」が明らかになった後、つまりリーフ戦争の本格的展開期に入ると、どのような軍が誰がモロ人と闘うべきかについてさらに広い範囲での論議・主張が展開された。

まず、メトロポリでの諸主張と動向を見よう。最初に注目すべきはほかならぬ軍内の論調である。まず、防衛評議会批判派だった軍内紙『スペイン軍』は次のように主張した——自分たちは09年以来、植民地軍の形成を主張してきた、植民地軍は原住民兵とスペイン人志願兵を2本柱とし、これに外人部隊を加えたものとする（21年11月、22年5月）／ハリーファ軍も「突撃部隊」としてこれに加えよ（22年5月）／新政府が原住民兵と志願兵を強化しようとしているのは喜ばしいことだ、植民地軍を持とうとするならこれは当然だ（22年12月、23年1月、3月）／スペインでは本国軍と植民地軍の分離はできないだろう（23年2月）。次に、防衛評議会擁護派だった『軍通信』は原住民兵にもっと比重を置いた主張を展開した——モロッコに植民地軍をつくる必要がある、在モロッコ［の植民地］軍はすべてハリーファの軍とすべきである、セウタ・メリーリャなどが危険に陥ったときにはスペイン本土から軍を派遣する、［なぜなら］「国の名誉をこの植民地戦争から生ずること

から切り離し、かくしてモロッコで起こることのみに振り回されて1909年以来乱れている国内の生活を正常化する」ことが重要なことだからである、人々の生活やその軍の名誉は「これらの偽植民地化事業」より大事である、国の軍隊が失敗すれば国の品位が傷つくが植民地軍が失敗しても祖国の名誉とは関係はない（22年9月、10月。23年9月にも同一主張あり）／我がモロッコの保護領はヨーロッパ人に指揮される原住民兵力たるハリーファの軍（FRI, PI, 各種ハルカもこの軍に入れる。この軍の経費はすべてハリーファ当局の財政による）と、ヨーロッパ人志願兵軍（4万人以下）の2つの軍を持つべきである（22年10月）。『軍通信』の主張には整合性に欠ける部分もある。同紙の主張のすべてが反アフリカ派軍人の意向を表したものとは言えないが、その主張が植民地での戦争へのスペイン軍（兵）の関与を可能なかぎり限定しようとした（＝原住民兵力の比重をより高める）ものだったことは明白である。最後に、以上の2紙ほどの影響力は持たなかったが、反文民主義の傾向を強く持ち、リーフ戦争期にはアフリカ派軍人を擁護するようになった『陸海軍』*Ejército y Armada*の主張はどうか——原住民兵部隊は今日「植民地軍のモデルの真の軍隊」となった（「破局」以前の21年2月）／新政府の植民地軍形成の方針を歓迎する、植民地軍はスペイン人志願兵を中核とし、他は原住民兵で構成するのがよい（23年1月。ほぼ同様の主張は21年8月、22年2月にもある）。『陸海軍』はスペイン人志願兵を植民地軍の中核とするとの提案にしばしば賛成した。明言してはいないが、これは「破局」の経験からして原住民兵が多数となるのは危険であるとの認識によっていた。いずれにしても、軍内（とくに陸軍）士官層の間に存在した意見潮流を少なからず反映した以上の3紙とも濃淡の差はあれ、「破局」後も以前にも増して原住民兵の使用を強調した[4]。

　第Ⅰ章で何回か現れたルイス・アルベニスは22年5月にマドリード学芸協会の講演会で述べた——我がアフリカ軍を維持するには原住民兵を考えるしかない、FRIは「今日、我が軍事行動の中枢を成している兵力」である、我々が得た軍事的地歩の少なくとも半分はFRIによっている、ハリーファ軍ももっと使用するのがよい、つまり在モロッコの植民地軍は以下のように構成するのがよい、6～8千人の外人部隊、1万～1万2千人のFRI、5～

6千人のPI、2千人のハリーファ軍、3万人の志願兵に基づくヨーロッパ兵力（最後者は沿岸部のスペイン領土に駐屯する予備部隊とする）[5]。ルイス・アルベニスの主張も上に見た軍人たちのように、やはり「破局」後にも原住民兵の使用（＝原住民兵への依拠）を強調するものだった。

　アフリカ連盟はどのような反応を示したか。その機関誌『スペイン・アフリカ雑誌』は、「一般に［イベリア］半島の兵力は原住民兵のようにモロッコでの戦争のために効果的ではない。その理由を挙げると、戦意をいつも持っているわけではないし、この種の［植民地］戦争を知らないし、そのかわり半島に帰りたがるからである」、それにひきかえ「レグラーレス［FRI］と外人部隊の植民地兵力は唯一の試された兵力であり、良い結果を挙げている」との論評を載せた（22年5月）。また23年6月にアフリカ連盟が自由派連合政府に提出した意見書には、ハリーファ政府の権威を守るためにその［原住民］兵力を組織すべしとあった（以上、第Ⅰ章2.1.で既述）。しかし全般的に見ると、アフリカ連盟は原住民兵力を強化せよと主張したのではないようだ。アブドゥルカリームの「懲罰」を掲げてアフリカ派軍人とほぼ同様の主張をおこない、メトロポリでそのためのキャンペーンを展開したアフリカ連盟は原住民兵をそれほど信頼しておらず、やはり主にスペイン人の軍隊でモーロ人の反乱を潰そうとの意向や決意を表したと見てよい。

　しかしメトロポリの政治は、今までに見てきた中では多数派の主張、つまりスペイン人の金銭と生命の節約の方にますます向かって行った。第Ⅰ章で見たように、モロッコでの戦争が長期化の様相を見せ始めると、22年3月に成立したサンチェス・ゲーラ保守党政府は一方ではスペイン兵の帰還と志願兵応募への誘導、他方では原住民兵力の組織化によってモロッコでの戦争を遂行（あるいは収束）しようとしたのである。それは保守党政府のみの方策ではなかった。この時期の国会では以下の発言や答弁が交わされたのである――プリエート（PSOE下院議員）：モロッコでは志願兵と原住民兵が中心となって闘えばよい（22年3月）／陸相：スペイン人志願兵および原住民兵を増やすようにしている（上院、22年4月）／自由党下院議員：志願兵とくに原住民兵を核とした植民地軍を組織して闘うのがよい。首相：植民地軍の基礎は原住民兵とする、「実際には多くの困難はあっても、政府は植民地軍を

つくることを追求しつづけるものです」(22年5月)。やはり第Ⅰ章で見たように、自由派連合政府は原住民兵依拠政策をさらに進めることになった。第Ⅰ章（1.2.1）で引用した23年5月の文民高等弁務官シルベーラの声明はそれをみごとに表しているので、その一部を再引用しておこう——「これからは戦闘が起きたならば闘うのはスペインではなくてハリーファ当局となるだろう」、「占領軍は原住民兵と志願兵の軍になろう」、「［在アフリカ軍の］大部分はこの国の人々［モロッコ人］から成り、4分の1だけがイベリア半島あるいはヨーロッパからの志願兵から成ろう」[6]。

　それでは「現地」モロッコではどのような主張がなされ、またメトロポリの動きに対してはどのような反応が示されたか。『リーフ通信』は原住民兵に対して警戒の姿勢をとっていたと言ってよい。そもそも同紙が原住民兵について多くを語ろうとしなかったことがこのことを示している。22年8月に次の論評が現れた——FRIの新たなグループが組織され始めている（本章第2節参照）、ここ数年間PIとFRIが優先して戦闘で使用されてきた、「この地域［スペイン領］の現地人傭兵の血の貢献」は莫大なものである、「原住民が自分たちが果たしている役割があまりにも大きいことを過去に理解してしまったこと［「アンワールの破局」での離反や反抗のこと］を一時も忘れないようにしよう」。ここには、「破局」の教訓からして、原住民兵力を強化すると彼らに「優越性」（本節冒頭で引用したピカソ調書および陸海軍最高会議の見解発表を参照）を与えてしまうことになるとの明らかな警告が見られる。23年1月には編集長のロベーラ自身が自由派連合新政府の原住民兵強化政策を正面から難じた——我々は少数のスペイン人教官はいるが原住民士官に指揮される「ハリーファ軍なるもの」には反対である、フランス領モロッコや他の植民地の歴史における多くの事例が示しているように「平定の主要な部隊を被服従国［の人々］の手に委ねるのは大いに危険」である、それに今までの経験からして原住民の徴募は十分な人員を提供しないだろう。以上の主張は、「現地」在住者であるが故の、原住民を信頼せ（でき）ず、支配されるべき原住民が自軍の中でスペイン人よりも優位に立つかもしれぬことへの恐怖を表していると言える。それ故に『リーフ通信』は主にスペイン人から成る「植民地防衛隊」の創設を提起した（23年7月。以上、第Ⅰ章2.3.で一

他方、メトロポリの政府や社会の「敗北主義」、「放棄主義」に対して不満を表明していた点では『リーフ通信』と同じだった「現地の」強硬派軍人たち＝軍アフリカ派は、むしろ原住民を手なずけ、かつ原住民兵をうまく使用する方策で強固な植民地軍を組織し、植民地戦争を遂行することを主張した。『植民地軍雑誌』の論調を見よう——「このような［植民地での］戦争のための準備を欠く多くの［イベリア］半島の部隊」が動員されて大量の人的損害が起きると半島で大きな反響が起こる、FRIの比重と効率を高めるのが「軍事的、政治的、経済的観点からして最も好都合」である、「全くの突撃部隊」たるFRIの処遇をもっと良くするのがよい（24年1月）／ある国がその植民地を支配するには原住民兵に訴えるのがよい、原住民兵が足りないときにメトロポリの兵員を増やすようにする（同月）／原住民兵力の創設が検討されたときに挙げられた利点の1つは「［スペイン］国民の血を節約する」ということだった（24年6月、モラ）／「生命と財政に犠牲を与えるばかりであるモロッコ問題を終わらせることが国の偽りない願い」である、「アフリカには志願兵しかいなかったら国は喜びで溢れるだろう」、これは可能である、FRI、外人部隊、大規模なハルカを増やせばよいのだ、これらの兵力をメトロポリの兵力に代えるのだ、志願兵から成るメトロポリの兵力はセウタ・メリーリャの駐屯地以外には配置しない、かくして植民地軍をつくりあげることができる（24年8月、ガラン。以上、第Ⅰ章3.4.で一部既引用）。かくして『植民地軍雑誌』には、原住民兵をいかにうまく使うかについての記事・論評・実践報告がしばしば載った（とくに目立ったのはフランコによるもの）[8]。『植民地軍雑誌』には、メトロポリが十分な兵力を提供しないなら（ので）、自分たち戦闘（をさせる）当事者こそが原住民兵を中心とした植民地軍を立ち上げるのだとの決意と実践の表明が見られる。

　これまで見てきたように、原住民兵をもっと、さらに使用しようとの決定的理由はスペイン人の血と金銭の節約だった。かくして、当事者自ら（ラーモス）によって「モーロ人自身に対するモーロ人の楯」であるとの性格付けが公然となされた原住民兵[9]が植民地軍の主力とされようとしたのである。

　次節以降で原住民兵の徴募や動員を考察する前提として、スペインの軍人

や植民地主義者たちが上述したように原住民兵の役割を「発見」した状況、また彼らが原住民兵に対して抱いていた期待と不信についてここでさらに述べておくのがよいだろう。

　まず、原住民兵の役割については、あるいはそれを見出すにあたっては、モロッコやアルジェリアでのフランス軍の経験が大いに参考とされた。『リーフ通信』の編集長ロベーラ（上に見たように、後にはモロッコ人原住民兵への依拠に警戒の姿勢を示したが）はメリーリャ砲兵隊大尉だった05年にメリーリャ地区軍政長官の依頼でアルジェリアに行き、フランスの原住民統治政策を調査した。ロベーラの調査はモロッコでの将来のスペインの原住民統治政策確立とそのための機関の創設に資することを主目的としていたが、ロベーラはまたアルジェリアの原住民兵部隊も観察してきた。FRIの「創設者」ベレンゲールがFRIの「我が同志たち」に捧げた著（18年に公刊）の大半はフランス軍がモロッコで展開した植民地戦争の「戦法」の叙述だった。本節で紹介したニードとラーモスの両著ともモロッコないしアルジェリアでのフランス植民地軍をモデルとしている[10]。ほかにも原住民政策や原住民兵部隊に関わったフランス軍人の著作・講演などがスペイン原住民兵部隊の士官向けに紹介された[11]。つまり、原住民兵の使用についても植民地国家の軍人たちは先例から学んでいる。

　次に、原住民兵にはメトロポリ兵の血の節約のための役割だけでなく、あるいはそのためにこそ、最も危険な任を務める兵士たることが期待されていた。原住民兵力を「前線部隊」あるいは「突撃部隊」とするとの意向は今までの引用にも見られたが、さらにはっきりとその任務を規定した軍人も少なくない──原住民兵部隊は「第一戦つまり突撃」の部隊であり「戦闘の最も激しい部面」を担当する、ハルカがいないときはPIが各部族の中での「前衛」を成す（ニード）／原住民兵は「常に最も危険な業務」において用いられなければならない（ラーモス）／FRIの原住民兵は「我が部隊の前衛」を成し「危険な陣地」に駐屯する、植民地戦争だけでなく将来「我が祖国の防衛」にも使える（ベレンゲール弟）。周知のように30年代には後者のための一大兵力として用いられることになる）／「素早く敵に突入させるための非常に特殊な機動部隊を持つ必要があるのです」、これは原住民兵部隊によっての

み可能である（リーフ戦争中のFRI士官で後のハリーファ軍監察本部長カパスの31年の講演）[12]。

さらに、原住民兵には戦闘での役割が期待されただけではない。FRIは平時には原住民とスペイン人を結ぶ「紐帯」であるとされたり（ヒベール）、原住民兵を組織する目的の１つは彼らが現地を知っているので「より効果的な政治的行動」をおこないうることであるとされた（次節で後出のメリーリャ・ハルカの戦闘史）[13]。『植民地軍雑誌』には原住民兵だけでなく一般に原住民をどのように平定事業に利用できるかについても論評や記事が載った。この役割はFRIよりも主にPI（とその後継部隊、次節参照）に振り当てられた。

とはいえ他方では（あるいは以上の故に）、原住民兵は過信してはいけない対象だった——原住民兵を「厳格な監視」の下に置かなければならない、「原住民たちの策略と二心性」に気をつけること（ニード）／「［原住民兵の］忠誠を信ずることはその忠誠が間違いないということではない」、（次は「破局」後に追加）FRIは「その創設時からあらゆる不信の対象であると見てよい」（ラーモス）／「破局」直前に見られた原住民兵への「不信」について語る多くの証言（ピカソ調書）／「どの原住民兵も裏切ることがあることを忘れてはならない」、彼らには最後まで戦闘計画を明らかにするな（カパス）[14]。このことはまた、モロッコに赴任した軍人たちに、原住民統治の一環ないし前提として原住民一般の心理や行動様式に関する観察（実際には忠言や処方）をさせることになった（この検討は本書ではできない）。

それ故に、原住民兵が多過ぎることも危険とされた。早くもヒベールは「これらの［FRIの］全兵力はヨーロッパ人兵力より少数とすべきである」と言っていた。ラーモスではこのことがよりはっきりと指摘ないし予見された——あまりに急いで多くの原住民兵を受入れると「ほとんど信用できない味方」の手に植民地軍を委ねてしまうことになる、「原住民兵をあまりに多く用いること」は間違いである、原住民兵は植民地軍の半数以下とすべきである、原住民兵の数が多いと「彼らが反乱を起こした場合に全くの失敗をもたらすだろう」［実際に「アンワールの破局」でこのようになった］、（以下は「破局」後に追加）「我々は我が軍の中で原住民兵が多過ぎるのは危険であると常に考えている」、スペイン兵が十分にいたFRIではなくスペイン兵が

非常に少なかったPIに頼り過ぎたことが「破局」を生じさせたのである。次節で見るように実際にFRIにはかなりの数のスペイン兵がいた。それは「我々に反抗する何らかの企てがあったときに、それを潰す」ためだった（ベレンゲール（弟））[15]。

最後に、スペイン国家がモロッコ以外に有力な植民地を持たなかったので、スペイン軍はモロッコ原住民に対してモロッコ原住民兵を使わねばならなかった。このことをスペイン軍人たち自らが理解していた（残念がった）。その好例として次のフランコの言を挙げよう――「我々の隣人［フランス］とは異なり、我々は必要な［原住民兵］部隊を供給できるような植民地を［ほかに］持たなかったので、ほかならぬこの国［モロッコ］の人々によって最初の植民地部隊の形成をこころみなければならなかった」（『植民地軍雑誌』、25年8月）。そのために彼らはスペイン植民地だった赤道ギニアの原住民を動員することを提起した――赤道ギニアの原住民兵はスペイン兵よりもモロッコ原住民兵よりも「もっと安上がり」だ、彼らをモロッコに向けたらどうか（ニード）。同じことを、既に見たようにモロッコ原住民兵に対して警戒の姿勢をとっていた『リーフ通信』も、また『植民地軍雑誌』でモロッコ原住民兵の積極的使用を主張したかのガランも提起した[16]。しかし、この提起の実現は困難だった[17]。

2．「原住民」兵の徴募

スペイン軍は20世紀のモロッコ戦争開始以前に既に原住民兵部隊を有していた。1つは1886年に直接の起源を持つセウタ志願兵部隊 Milicia Voluntaria de Ceuta（その中心部隊は1859年創設のリーフ・モーロ人狙撃兵隊 Moros Tiradores del Rif）である。このセウタ志願兵部隊は07〜08年にカサブランカに派遣され、また12〜13年にはスペイン領での戦闘にも参加し、後述するように14年

に創設されるFRIの1部隊の基礎となった。もう1つはアルヘシーラス議定書に拠って07年に組織されたモロッコ警察隊である。この警察隊は09年の戦闘（＝モロッコ戦争の開始）で大規模に使用され、後のPIの元となった[1]。以下の本節では、とくに原住民兵の徴募や処遇に注目しながら、スペイン軍の下にあった各原住民兵部隊の構成や性格を明らかにしてゆきたい。

FRI　11年6月のFRI創設令は言う——他の諸国の原住民兵部隊の「素晴らしく積極的な成果」と09年12月にメリーリャで「実験的に」創設されたPI（後述）の「みごとな業務」の経験からして「スペインを支持する原住民」から成り正規原住民兵力組織化の「核」となるべき新部隊FRIをメリーリャにつくる、PIは「憲兵隊また軍の補助部隊としての性格」を持つ、FRIはアフリカ大陸においてスペイン軍が占領する地で「軍の基礎さらに適当な時期にはその主要構成部分」となる。同年にFRI第1メリーリャ部隊が創設され、その初代司令官にベレンゲール陸軍中佐（FRIの「創設者」。後の「アンワールの破局」時のかの高等弁務官）が任命された。PIとは異なってFRIを突撃部隊の性格を持つ新部隊とすべきことを強力に主張したのはベレンゲールだった。当初、在モロッコのスペイン軍当局はこの新たな原住民兵力をむしろ警戒していた。FRIの野営地はメリーリャ懲治部隊の近くに設営された。それはFRIを常に監視の下に置くためだった。スペイン領の保護領化以前に早くも上記2大原住民兵力が組織され始めたのは、09年に始まったモロッコ戦争（つまり現地での原住民の抵抗）と新たな植民地戦争に対するメトロポリの忌避（09年7月の「悲劇の週間」に象徴された）の2大衝撃によると言ってよい[2]。

かくしてFRIの活動は11年に始まる。しかし、FRIをはじめ原住民諸兵力の後の構成や活動の基礎となったのは3年後の14年7月の原住民諸兵力再編令である。それ故に本再編令の規定するところを先に見ておこう。本再編令はそれまで多種の形態で存在していた原住民諸兵力を「戦闘部隊としての純粋に軍事的な性格」を持つFRIと居住地における「警察と治安の性格」を持つPIとに統合し、さらにハリーファ軍と「補助的で不正規の諸兵力」（ハルカなど）を「特別の任務」を担う組織とした。これ以降スペイン軍の下にある原住民兵力は上の4組織とされたのである[3]。

14年の再編令によってFRIは次の４部隊から構成されるものとなった——第１メリーリャ部隊（前述の部隊。16年に第１テトゥワン部隊となる）、第２メリーリャ部隊（アルホセイマのPIを基礎）、第３テトゥワン部隊（テトゥワンのPIと既述のセウタ志願兵部隊を基礎。直後に第３セウタ部隊となる）、第４ララーシュ部隊（アスィーラ（アルシーラ）、アルカスル・アルカビール（アルカサルキビール）、ララーシュの各PIを基礎）。この後、リーフ戦争中の22年７月に第５アルホセイマ部隊が増設された[4]。

　11年に創設された第１メリーリャ部隊は、当初、１歩兵中隊と１騎兵中隊とで構成され、同年末までに約260人の原住民兵を迎え入れたようだ。同部隊は14年初頭までに６歩兵中隊と３騎兵中隊とで構成され、約900人の原住民兵を擁する部隊となった。14年の再編直後の各４部隊はやはり歩兵中隊と騎兵中隊（歩兵中隊の２分の１から３分の１の兵員）とで構成され、900〜1,100人の原住民兵を擁した（全体として約4,000人の原住民兵力）。21年７月の「破局」直前の頃までに各部隊とも少しずつの増員が見られた（全体として約5,000人の原住民兵力）。「破局」の際には第２メリーリャ部隊が壊滅状態となったが、その後の徴募活動と第５アルホセイマ部隊の増設で、リーフ戦争中の各５部隊は1,400〜1,800人の原住民兵力（全体として常時約8,000人）でリーフ勢力と闘っ（わされ）た。FRIの兵員は原住民兵だけから成っていたのではない。14年の再編令（元は12年１月の通達）は兵卒の20％までを「ヨーロッパの人員」とすると規定した。実際には兵卒の20％以上が「ヨーロッパ兵」＝スペイン兵から成っていた。たとえば第２メリーリャ部隊は、15年末に1,120人の原住民兵に対し312人の「ヨーロッパ兵」（全兵力の中での比率21.8％）を擁した。同部隊でのこの比率はその後も上昇し続け、20年１月には40.7％（原住民兵1,104人に対し758人、以下同）、「破局」後の21年12月には43.5％（924人対710人）、24年12月には35.4％（1,801人対986人）を示した。19年以降に各部隊に新設された機関銃兵中隊はスペイン兵のみから成った。それ故、「破局」直前のFRIの全兵力は7,000人強だった。「破局」後のリーフ戦争中には各部隊の兵員数がさらに増えたので、それに応じてスペイン兵の数も増えた。上に見た第２メリーリャ部隊でもそれは明らかだが、22年に新設された第５アルホセイマ部隊も同年末までに1,455人の原住民兵に

対し833人の「ヨーロッパ兵」を擁した (36.4 %)。これは、第1節で見た原住民兵が「多過ぎるのは危険である」との「破局」の教訓を生かしたものだろう。FRIの「ヨーロッパ兵」はまず志願兵から成るようにされ（14年の再編令ではスペイン兵は「自らの意志」でFRIに入隊するとされた）、それで満たされない場合にはメトロポリの一般徴募兵も抽選で配属された。以上から、リーフ戦争中のFRIの全兵力は常時1万人を超えていたようだ（25年に13,537の兵員を擁したと言う論者もいる）[5]。

　原住民兵の徴募はどのようにおこなわれたか。初期の兵員には、旧スルターン軍からの逃亡者あるいはスルターンへの反乱者アブー・ヒマーラ（ブー・フマラ）の軍の元兵士で放蕩していた者、フランス領やアルジェリアのフランス軍原住民兵部隊からの脱走兵、それに盗人が多かった。戦闘者としてすぐに使えそうな者を見つけて、定職を与えるということで彼らを誘ったのだろう[6]。さらにフランス領での徴募も意識的になされた。原住民兵をスペイン領の同じ原住民と闘わせるのを可能なら避けるためである。ただ、フランス軍の方が給与も高く、戦闘機会も少なかったので、（スペイン領も含めた）モロッコ人はむしろフランス軍に入隊しようとした。さらに、フランス側との協定でスペイン軍はフランス軍からの脱走兵を受入れないことにしたので、フランス領でのスペイン軍の徴募活動は縮小していった（しかし、その後またリーフ戦争中でもスペイン軍はフランス領で徴募活動をおこなった）[7]。

　11年の創設令では既に存在していたPIの士官がFRIの原住民兵の徴募活動をおこなうとされていた。14年の再編令ではFRI下士官が特別に徴募活動をおこなうことになった。より多くの原住民兵を獲得するためにこのような措置がとられたのだろう。実際には、「破局」後にPIが解散する（後述）まではFRIとPIの両組織の士官・下士官が徴募活動をおこなった——本部隊では50人の原住民兵の欠員が生じているので「当地の原住民警察隊が上述の人員を徴募するよう」命令されたい（18年6月、第2メリーリャ部隊からCGM司令官への文書）／「年の中の［徴募に］困難な時期」なので［収穫後に原住民が食糧を持っていることか。本節で後述の入隊理由を参照］、「本部隊の下士官が占領地の市場や最も人口の多いところで原住民徴募のために直接の働きかけをする」のを承認されたい（18年8月、同上）、など。しかしスペイン軍

非占領地での徴募活動のためには非軍人(たいていは友好モーロ人)さらには変装した原住民兵や「モーロ人下士官」(後述)も動員された。徴募されるべき原住民は「戦闘地域から最も離れた部族」の者がよい、なぜなら原住民兵を「彼らの家系の者や彼らの家族と敵対させる」のは「政治的にも倫理的にもよくない」からだとされた(ニード)。かくして遠隔地での徴募が推奨されたが、実際には次のいずれかの形態が一般的だったようである——各中隊が信頼できるモーロ人下士官に彼の部族か彼の居住地の近くの市場で原住民を徴募させた／信頼できる元兵士の家系の者を徴募した／[部隊駐屯地近くの]平地に徴募事務所を構えた／緊急に兵員が必要となったときには他の地域に徴募に行った(以上、第2メリーリャ部隊の徴募方法)。上に見た緊急の場合に、第2メリーリャ部隊では、主にララーシュやアルカスル・アルカビールなどスペイン領の西部地域に徴募団が出かけて行った(同部隊では26年末までに約600人の原住民兵がララーシュで徴募された)。リーフ戦争末期にスペイン軍が非常に有利になると、遠隔地に行かずとも、部隊駐屯地近くで市場が開かれた際に直接かつ公然と徴募活動がおこなわれた。徴募活動を促進するために、徴募者には獲得した原住民兵数に応じた特別手当(10年代後半に原住民兵1人につき最大で3〜5ペセタ)が支払われた(24年1月に『植民地軍雑誌』の1論者は、この手当の15ペセタへの増額を要求した)。ハルカを組織しようとしたが、それが実現せず、徴募された原住民がFRIに入隊し(させられ)たこともある(22年10月、第5アルホセイマ部隊)[8]。

　13歳から49歳で、ある程度の身体的条件を満たしている原住民男性が入隊を認められた。FRIの他の原住民兵の人物保証が必要とされた場合もあったが、それがなくてもよかった。つまり入隊条件はかなり緩やかだった。入隊者は最初の契約期間を選択できた。1〜3年の期間を選んだ原住民兵が多かったようだ。契約期間を終えると除隊は自由とされたが、実際にそうであったかどうかはわからない。当然ながらスペイン軍は勤務の延長を原住民兵に望んだ。再入隊の報奨金や後述の勤続手当がそれを物語る(先に紹介した『植民地軍雑誌』の論者は、突撃部隊たるFRIの原住民兵は長く勤務すると「闘争と攻撃の精神」を失っていくからその勤務期間を限定するのがよいとした。とはいえ、この論者が主張する最長勤務年数は15年だった)。原住民兵間の反感が

生ずるのを避けるために、可能なかぎり同一出身地の者から戦闘部隊を編成すべきであるとされた（ヒベール）。しかし同一出身地の者を集めると逆に連帯感を生じさせることも危惧されたので、上述の編成方針が実際にどこまで貫かれたのかを確認するのは難しい[9]。

　原住民はなぜ徴募に応じたのだろうか。この設問に対しては、以下の4点に基づいて、ほとんどの場合に生計維持のためだったとの回答を与えてよい。第1に、スペイン軍自身がこのことを知悉していた——FRIからの原住民兵の逃亡の「真の原因」は低給与にある、彼らは逃亡して「たとえもっとつらくてきつくてもよりよい金銭上の便宜をもたらす仕事」に就こうとする、これは独身者の場合だが既婚者や子持ちの場合にはなおさらのことである、給与を上げたら除隊者・逃亡者は減るだろう（18年10月）／「本部隊の既婚者の原住民兵とその家族の惨めな状況」、「独身の原住民兵はその給与の大部分を月々、両親に渡している」（19年5月）／長期に家族から離れて勤務している原住民兵がいる、彼らは「家族の生計を維持するために給与を家族に届けなければならない」、そのために非常に多くの原住民兵が一時休暇を申請している、しかし休暇を与えると兵員が大きく減ってしまう（22年12月。以上すべて第2メリーリャ部隊）[10]。第2に、第1のこととも関連して、原住民はスペイン軍の傭兵になるよりも、高給と生命の危険がないことにひかれてフランス領やアルジェリアでの農業労働を、さらには既述のようにフランス軍の傭兵となることを優先して求めた[11]。第3に、スペイン軍は凶作の年には入隊者が増加することを知っており、それを喜んだ（この現象の統計化をこころみたがそれは難しかった。リーフ戦争中の第2メリーリャ部隊では次の相関が見られる。豊作だった21年の末の原住民兵数は前年末に比して165名減（以下同様）、凶作だった22年の末には496名増、豊作だった23年の末には60名増、凶作だった24年の末には325名増。しかし、当然ながら「破局」や戦闘条件も考慮しなければならない。第Ⅲ章2.2.(1)でも関連事象を既述した）[12]。第4に、FRI軍規（本節で後出）の前文には「モロッコ人［原住民兵］が最も嫌がるのは金銭を奪われることである」とあり、それ故にそれに対応する懲罰をつくるのがよいとされた[13]。友好モーロ人を介した入隊勧誘もあっただろうが、その場合でも生計維持という経済的条件が前提として存在していた。リーフ戦争期に

はカーイドによる半強制的な入隊勧誘もあったことを付け加えておかなければならない。

　14年の再編令では下士官の50％までが「ヨーロッパの人員」で構成されると規定された。つまり、モーロ人下士官が下士官の多数を成すことが意図された。確たる証拠は見出せなかったが、実際にも各部隊の下士官の多くがモーロ人下士官だったようだ。最底辺の指揮官を原住民とするとの意図は果たされたと言えるが、他方でこのことはスペイン軍人が突撃部隊の先頭に立とうとしなかったことも示している。モーロ人下士官は、暫定的に指揮官を務めてその「資質と忠誠」さらにはスペイン語能力が証明された後に任用された（第２メリーリャ部隊の場合）。さらに各部隊の将校団に登用された「モーロ人士官」もいた。モーロ人士官は10年代後半には30〜40人いた（うち２〜３人はフキー（宗教教師）だった）。リーフ戦争中にはもっと増えて、50〜70人に達した（25年６月の全５部隊についての資料によると、この時期に55人のモーロ人士官がいた。このうち４人はフキー）。フキーを将校団に登用したのは原住民の宗教・習俗を尊重する（実際には利用する）との意思の表れだが、実際には原住民兵死亡の際の儀式で必要とされたからでもあった[14]。

　原住民兵が最も期待した給与はどのくらい、どのように支払われたか。14年の再編令は歩兵隊の原住民兵の月給を46.15〜47.15ペセータと定め（騎兵隊のそれは約９％高）、また勤続手当（月額）を３年間以上で4.5ペセータ、６年間以上で7.5ペセータ、９年間以上で10ペセータと定めた。既婚者には１日当たり0.5ペセータの手当が支払われた。既に見たように、FRIのスペイン軍人から見ても上掲の給与は本人および家族の生計維持のためには低過ぎた。それ故10年代後半には原住民兵の給与や手当を引き上げるよう要請がなされた——FRI兵の「困難な状況」について述べた貴官の手紙に鑑み、また貴官の提案で兵長と兵卒の日給を0.25ペセータ引き上げることが決定されたが、それでも除隊と逃亡を防ぐには十分でないかもしれないので、「この状況を防ぐための諸方策」を提起されたい（18年11月、テトゥワン中央原住民局からCGM司令官へ）／戦闘時と長期派遣時の手当を増設されたい（独身者は既婚者の半額）、こうすれば「スペインの傭兵」が増えるだろう（19年５月、第２メリーリャ部隊司令官からCGM司令官へ）、など。かくして、19

年9月の通達は独身の原住民兵の年給を1,080～1,096ペセータ、既婚の原住民兵の年給を1,273～1,289ペセータに引き上げた。さらに、戦闘のために通常の勤務地外に出る場合には0.5ペセータの日当が支払われることになった。ただ上記の額から「諸経費」が差し引かれることもあった（第2メリーリャ部隊では月額15ペセータ）。19年になされた給与の大幅な引き上げは既に見た原住民兵の増加（入隊者増、除隊者・逃亡者減）をもたらした。それでも原住民の生計維持のためには不十分だった――原住民兵の給与は他の労働の給与に比して低かった、「とりわけ既婚の原住民兵にとっては不十分だった」（ピカソ調書での第2メリーリャ部隊司令官の証言）。それ故、既に2度紹介した『植民地軍雑誌』の論者は原住民兵の月給を95～96ペセータとすること（約5％引き上げ）を要求した（24年1月）。他方、モーロ人下士官は軍曹になると優遇された。上掲の19年の通達は独身の原住民軍曹の年給を1,560ペセータ、既婚の軍曹の年給を1,915ペセータ（以上、兵卒より44～49％高）、また独身の兵長の年給を1,205ペセータ、既婚の兵長の年給を1,320ペセータ（兵卒より2.4～11.6％高）と定めたのである[15]。

　多くの原住民兵を確保するために、厳しい戦闘訓練が入隊直後からおこなわれることはなかったようだ。服装についても、最初は通常の服装でよいとされ、次第に制服を着用した。制服や装具の調達費は入隊時に渡される支度金で賄うものとされた。ただ支度金は返済するものとされたので、この支度金を返済できないために除隊ではなく逃亡の道を選んだ原住民兵が少なくなかった。突撃部隊であるが故に、原住民兵が使用する武器とスペイン兵のそれとの間に大きな差異はなかった。ただ、既述のように機関銃兵中隊がスペイン兵のみから成ったのは、原住民兵が反抗した場合に（実際に「破局」の際にこれが起きた）メトロポリ兵が武器のうえで優位に立つためだったと見てよい。FRIが砲兵隊を持たなかったのも、その突撃部隊の性格によるだけでなく、原住民兵に大砲と砲撃技術を与えたくなかったからであろう（「破局」の際にはスペイン軍の大砲がリーフ側に奪われた）[16]。

　原住民兵はどのような待遇のもとにあったのか。まず、支払うべき給与が独身者よりも高かったにもかかわらず、当初から既婚者が優先された。既婚者はより多くの家系の者をスペイン軍の側に引きつけることができたからで

あり、またそれによって原住民兵が原住民間の敵対関係や報復（「血の決済」）の対象とされる機会を少なくできたからである。独身の原住民兵に対する結婚資金の前貸し制度もあった。この理由により11年の創設令は、独身の原住民兵は兵舎に住むが、既婚者はその家族が駐屯地近くに居住している場合には家族とともに住むことができると定めて、既婚者を優遇した。後には、FRIの兵営が存在するところでは原住民兵の家族が集落を成すのがよいとの提起がなされた（スペイン軍の要請を受けて、17年9月にこの目的のためにナドール南方のスルターン所有地1ヘクタールがスペイン国家に譲渡されることになった）。これは原住民兵とその家族を常に結びつけておくためだった。実際に、「破局」の際に原住民兵は「[[反抗した」側にあって] いくつかの部族に散らばって住んでいた家族を守る必要性」に迫られてFRIの部隊から逃亡した（ピカソ調書）。かくして、上掲の提起は「破局」後に本格的に実行に移された。再建された第2メリーリャ部隊はその本拠ナドールに兵営・宿舎・保健室のほかに原住民兵の家族のための集落とモスク、売店やその子どものための学校も擁した。『スペイン・アフリカ雑誌』の1論評は書いた——「[原住民兵の家族の集落は] 原住民の家族を我々の側に保持しておく保証である。……ナドールにレグラーレスの家族が住む集落があったなら、[[「破局」の際に] 1人の反抗者も出なかっただろう。今日すべての既婚者のレグラーレス兵はその家族のための宿舎を持っている」（23年1月）。『植民地軍雑誌』も既婚の原住民兵に月々15ペセタ（月当たり給与の約14％）の住居手当か住居を与えることを要求し（既に3回引用した24年1月の論者）、後には上掲のナドールのような集落をもっとつくることを提起した（24年4月）。「破局」後に増設された第5アルホセイマ部隊の司令官はCGM司令官に要請した——「[原住民兵の] 家族を我々の最前線のこちら側に置いておくことは彼らの忠誠を保つ保証となります」、第2メリーリャ部隊でつくられたような集落の建設のための予算を計上されたい（22年11月）[17]。

　次に、原住民の宗教・習俗は侵さないとのスペイン軍の公的な原住民政策は、原住民兵に対しては、反感を避けるためにとくに注意深く適用された。既述のようにフキーが将校団に登用されたほか、各兵舎に洗浄所や祈祷所が置かれ、金曜日には集団礼拝がおこなわれた。原住民兵専用病院もあった。

兵舎でも戦闘中でも原住民兵はムスリム用食事をとった（既婚の原住民兵は自宅で食事をとった）。食事について付言すると、とくに既婚の原住民兵は戦闘時や派遣時に食事が出されても、食費が給与から差し引かれるのを嫌ってそれに手をつけないことがあった（19年5月。この「惨めな状況」を報告した第2メリーリャ部隊の司令官は戦闘時と長期派遣時の手当の増設を要求した。本節で一部既引用)[18]。

休暇をどのように、どのくらいもらえるかは激しい戦闘に従事させられたFRIの原住民兵にとって大きな関心事だった（しかし、休暇についての規定を見出せなかった。各部隊司令官の裁量に任されていたのだろうか）。戦線が安定したとされたときには部隊の3分の1の原住民兵が休暇を取っていたこともあった（21年4月、CGM）。他方スペイン軍にとっては、休暇中に故郷の部族に戻った原住民兵が緊急時に動員できないだけでなく、帰隊しない、軍事情報を原住民ないし「敵」に伝える、原住民の敵意にさらされる、さらには「敵」側に走ってしまう大いなる恐れがあった（もちろん、それ故にこそ上述の集落建設がなされた）。リーフ戦争中の2例――バヌメズワル部族（ジェバーラ西部）では原住民兵に対する「敵意」が激しい、原住民兵の家族は危害を加えると脅されている、それ故に「休暇を申請してまたは休暇を申請せずに我が軍の勤務から離れてしまった者が多い」（24年9月）／第1テトゥワン部隊の原住民兵がリーフでの休暇中にアブドゥルカリーム派に捕まって、その軍に入れられた（24年1月）。スペイン軍が恐れたのはとくに休暇中の原住民兵が武器を持っていくことだった――この地の［第2メリーリャ部隊と第5アルホセイマ部隊の］原住民兵が休暇中に武器を携行して自らの部族に行って発砲することがしばしば起きている、かくして「村の治安を乱し、あらゆる種類の無法を働いている」、休暇中の武器携行を厳禁し、休暇中の原住民兵を監視されたい（24年2月）／休暇で家に戻っているときの事故を避けるためと、緊急帰隊命令が出されてもそれにまともに応じない者がいることから、この地の［上掲2部隊の］FRI兵に休暇中の武器携行を認めないのがよい、ハリーファ軍とハリーファ警察隊の原住民兵に対しては休暇中の武器携行禁止命令が出された（24年5月。翌6月に上掲2部隊にも禁止命令が出された）。スペイン軍は「村の治安」だけでなく、休暇中の原住民兵を通

して武器が「敵」側に渡ることも恐れた[19]。

　原住民兵にはどのような罰が科されたか。20年に制定されたFRI軍規にそれを窺ってみる[20]。頻繁に科されたのは次の２つの行為への罰だった。まず、逃亡に対して。７日間以内の不在は「無許可外出」とされ、それには１日から２か月の軽謹慎の罰が科された。８日間以上の不在が「逃亡」とされ、２回目までの逃亡には２か月から６か月の営倉、３回目以上の逃亡には矯正禁固刑が科された。２日間以上の不在を「逃亡」としたスペイン兵対象の軍規が適用されなかったのは、「原住民は野放図に慣れている」（前文）からだった。次に、武器・弾薬を持ち出して原住民に売却ないし譲渡した場合には有期刑から終身刑までの刑が科された[21]。その他の主な罪を刑罰別に以下に列挙する。死刑（減刑あり）――「敵のハルカや反乱者」に加わること、反乱者に兵力・陣地・糧食などを引き渡すこと、戦闘時ないし戦闘態勢時に敵側に逃亡すること、作戦情報を敵に伝えること。終身刑から死刑（減刑あり）――反乱者を有利にする戦闘情報を反乱者に伝えること、虚偽の戦闘情報を上層部に伝えること、スパイ行為、ハリーファやスペイン当局に対して「武力で反乱を起こす」こと（最後の場合には、首謀者は死刑）。有期刑から死刑――スペイン軍の道案内をしていて「意図的に道に迷わせる」こと、戦闘中に反乱者を前にして自軍を敗走させる行為をすること、反乱者を前にしての敵前逃亡、抗命。以上に挙げた罪はFRIが原住民の「反乱者」と対峙していた植民地軍の原住民兵力だったことをあらためて照射している。

　最後に、原住民兵の入隊時に作成された個票を覗いてみよう。前向きと横向きの顔のそれぞれの写真が貼られてあり、次の事項が記されている――名前、両親の名前、出身村落、出身地域（部族）、元の職業、入隊年月日、年齢、識字能力、自署欄（本人が書けない場合には「書けない」とある）。さらに衛生部用のもう１枚の個票がある。それには上と同じ２枚の写真が貼られてあり、以下の身体的特徴が記されている――身長、上半身の身長、以上の両者の係数、胸囲、身長と胸囲の係数、体重、身長と体重の係数、頭部の縦と横のそれぞれの直径と両者の係数、鼻の特徴、歯の状況、皮膚の色、髪の色、眼球の色。スペイン軍が細部にわたる身体的特徴の把握に努めたのは、身体上の資質の観察記録とするとともに、死傷時・逃亡時の身元確認のためだっ

たと見てよいだろう[22]。

　PI　既述のように、PIは09年12月にメリーリャで創設された。同月の創設令は、PIの役割は「治安維持と憲兵の任務」であるとした。当初は3つの歩兵中隊（mi'a. 百人の意。スペイン軍占領地の各中心地に中隊毎に駐屯した）から成る約300人の兵力だった。11年のFRI創設令後に、メリーリャのPIは約660人から成る6歩兵中隊と176人から成る1騎兵隊を擁した。12年11月の通達でPIの任務が規定された（後述する後衛中隊の任務規定の元）。これ以降、メリーリャ以外の各地にあった旧モロッコ警察隊もPIと呼ばれるようになった。14年の再編令によって、既述のようにそれまでのいくつかのPIはFRI各部隊に吸収・再編された。この再編令で「武装兵力」と規定されたPIはメリーリャ、セウタ、ララーシュの3組織となった。この14年に、メリーリャのPIは9歩兵中隊と4騎兵隊、セウタのそれは2歩兵中隊、ララーシュのそれは3歩兵中隊を擁した（後2者の騎兵隊については不詳）。その後、各PIとも増員を見、「破局」直前にはメリーリャのPIは3,776人、セウタのそれは2,140人、ララーシュのそれは1,970人の隊員（以上総計7,886人。つまりFRIの原住民兵の約1.5倍）を擁した（高等弁務官ベレンゲールによる数字）。この間の19年9月にPIは制度上でも新たな性格を付与された。PIは接触中隊と在部族中隊に2分され、後者はさらに補助中隊と後衛中隊に分けられることになった。接触中隊は「前進の際の前衛兵力であり、次々と占領されていく地における第一線部隊」とされた。補助中隊は後衛中隊と同様の役割を果たすが、必要な場合には接触中隊の予備兵力となるとされた。後衛中隊は道路の監視、徴税と科料、カーイドおよび各部族の法官への援助、各種統計の作成、市場と村落における情報把握などをおこなう「各地の警察としての本来の性格の兵力」とされた。PIは09年以降スペイン軍の戦闘に動員されていたが、ここに至ってFRIに比すべき植民地軍の戦闘部隊としての役割を半ば付与された。FRIと異なりPIには「ヨーロッパ兵」はいなかった。それは、FRIの場合よりも精選された隊員徴募（後述）、かならずしも戦闘部隊ではないのでメトロポリ兵の存在という「抑止」の要素を要しない、原住民のみが警察の任務をおこないうる、という理由によっていた（以上、ニード）[23]。

　PIの徴募はどのようにおこなわれたか。初期には、旧モロッコ警察隊員、

スペイン軍の諜報員、「友好ハルカ」に加わっていた者などに加えてFRIの場合と同様に戦闘者としてすぐに使えそうな者がかき集められた。メリーリャの中央原住民局自らが語るところでは、同原住民局は「与太者たち」やスペインを支持した「向こう見ずで騒動を起こす人々」でメリーリャのPIを組織した。14年の再編令では、隊員徴募は「原則的には各中隊が勤務する部族か我々の行動を拡大するのに適した部族でなされる」、その地とその政治状況をよく知っておりかつ「十分に品行方正な」人物を選ぶよう「特別の注意を払う」とある。ここには、それまでの野放図な徴募の転換と、スペイン軍の原住民統治に利用するに適した人物を入隊させるとの意図が窺われる。実際には、1人の原住民の紹介があり、上の再編令に言う者か、その地に家族ないし資産を持つ者が対象とされたようだ（徴募対象年齢については不詳）。最後の条件はFRIの場合と同様に隊員の忠誠を保たせるためだった。元FRI兵がPIに入隊することも多かった。とはいえ、「破局」後には、同一部族の者を集めたので隊員を団結させてしまった、その部族の「反乱」状況に隊員を協調させてしまったとの経験から、スペイン軍は隊員の一部をむしろ出身地とは異なる部族で勤務させた。やはり「破局」後には様々なハルカの人員がそのままPIに属することもあった。原住民がPIに入隊した諸理由はFRIの場合と同じと見てよい。ただPIは各部族・支族の政治・社会状況の影響を直接に受けたので、対立ないし反目し合う原住民の一方の側（スペイン軍支持とは限らない）がPIに入隊して政治上や武器のうえで優位に立とうとすることもあった[24]。

　PI隊員の待遇はどうか。契約期間や、既婚者が優先的に徴募されたのかどうかは不詳である（22年にベレンゲール（弟）は、既婚者を優先すべきであると言っていた）。戦闘訓練や制服着用の規律はFRIよりも緩やかだったようだ。給与の詳細もわからない（14年の再編令はPI隊員はFRI兵と同じ勤続手当を受けとることのみを定めている）が、それは全体としてFRI兵の給与より低かったと推測されうる（そうでないと、より厳しい条件にあったFRI兵を集められなかっただろう）。武器についても不詳だが、22年にメリーリャで、後衛中隊が持つ銃の性能は他の中隊のものより低いものでよいとの提起があった（結果はわからない）。PI隊員の家族用の独自の住居や集落はなかったようだ。休暇

後の復隊の遅れ（「無許可外出」）と弾薬の持ち出しに対してしばしば罰金を科した、それは「モーロ人の貪欲さからして、最も効果的な罰だった」とのメリーリャのPI士官の証言（ピカソ調書）からして、FRIにおいてよりも頻繁に以上のことが起きたのだろう（休暇制度はFRIのそれより緩やかだったと推測される）。宗教・習俗・食事に関することはFRIとほぼ同様だったと考えられる（既述の12年11月の通達には「原住民の宗教、習俗、家族を無条件に尊ぶこと」とある）。スペイン人士官・下士官だけでなくモーロ人士官・下士官もいた。将校団に登用されたモーロ人士官は10年代には7〜10人おり、リーフ戦争中の22年には25人くらいまで増えた。モーロ人下士官はもっと多かったはずだが、その数は不詳である[25]。

　PIはスペイン軍占領地においてたしかに警察の役割を果たしたが、次第にスペイン軍の「政治的行動」のための機関さらには原住民統治機関そのものに転化していった。リーフ戦争中の23年8月（同年4月に公的にはPIは消滅（後述））、「破局」の責任についての議会調査委員会での証言で高等弁務官シルベーラは述べた——「原住民警察隊は以前はカーイドを相手にして部族で独裁的と言ってもよい性格を持っていました」。同23年2月のメリーリャのPI士官への指示には次のようにある——PI部隊は「ヨーロッパ兵部隊が日中におこなっている任務から引き揚げたなら出動し、夜遅くまで農村で任務に着く」、各PIは「とりわけ部族の重要なモーロ人についての書類を作成し、これらの人物の動静を記録する」、反スペイン派にも働きかけてスペイン派を増やすようにする、など。短命だったスペイン軍の傀儡機関「リーフ自治首長国」（23年5月設立）の立ち上げを任されたスペイン軍人は、スペイン軍占領地の各地域当局は実際にはPIによってつくられたと見ていた。それ故、PI士官の原住民に対する姿勢はスペイン軍の原住民統治政策の性格を表すものでもあった。在モロッコの1スペイン軍人はPI士官に向けた冊子（20年）で述べた——「けっして忘れてはならないことは原住民の前では優位者として振舞わねばならないことである」、また「常に愛情を持った寛大な保護者」でいること[26]。

　PIはスペイン植民地当局（実際にはスペイン軍）のモロッコ人統治機関だった原住民局Oficinas de Asuntos Indígenasと一心同体だった。というより

原住民局＝PIだった[27]。原住民局は09年4月に「モーロ人に関するすべての事項を扱う」機関としてメリーリャとセウタに設置され、12～13年にララーシュ、アルカスル・アルカビール、アスィーラ、テトゥワンにも設置された。14年の再編令の規定は原住民局とPIの一体性（の意図）をよく表している──メリーリャ、セウタ、ララーシュの各3軍管区に各1中央原住民局、PI中隊の駐屯地に主管原住民局、他に必要な数の原住民局出張所をそれぞれ置く／原住民局は行政および司法面ではハリーファ当局を監察・助言するが、政治および軍事面ではスペイン当局の執行機関となる、ハリーファ当局が存在しない地域では原住民局が部族の指導機関となる／各中央原住民局の長には各軍管区のPI隊長が就く、各主管原住民局の長にはPIの各中隊の大尉が就く、各原住民局出張所の人員はPI中隊に属する（原住民局の名称とその監察組織は平定に至るまで目まぐるしく変わった。これは原住民統治政策の不安定性を物語っているが、本書ではこの点には触れず、名称も原住民局で統一した）[28]。

　それ故、「破局」において、戦闘に動員されていたPI隊員がスペイン軍に反抗し、またそれを見て各地に駐屯していたPI隊員もスペイン人士官のもとを離れると、スペイン軍の原住民統治は総崩れに近い状態となった。メトロポリではPIに対して公然たる批難がなされた──「残念ながら今のところ原住民警察隊は素直に褒められる状態にはなっておりません」、「原理的には［原住民］警察隊は現在の組織でよいのです。しかし実際には［スペイン人士官の資力などの］少なくない欠陥を持っているのです」、「私の見るところでは、メリーリャの破局の最大の責任は原住民警察隊の事業の失敗にあったのです」（前節で既引用の22年5月のルイス・アルベニスの講演）。かくして23年4月（この頃にリーフ勢力はスペイン領の広い地域で強固な政治的・軍事的実体を持つものとなっていた）、自由派連合政府はPIの解散令を出した。PI隊員はハリーファ軍に編入されることになった。メトロポリでは軍内の諸潮流も含めてPI解散に対する大きな反対の声は出なかった。しかし「現地」では『植民地軍雑誌』がその解散を残念がった──「原住民警察隊はその以前の組織と役割において、戦闘上また政治上で我々のために計りしれない利益をもたらした。この2つの意味での我々のすべての前進は原住民警察隊に負っていたのである」（24年1月）／［今のハリーファ軍などは］以前のPIよりも

EL COMBATE DE ICHU-SUGAJ
REPRESALIA MORA

Soldados de la Policía indígena de la columna del general Cabanellas, con la cabeza del jefe de los moros enemigos que sostuvieron tenaz lucha para impedir la ocupación del macizo de Ichu-Sugaj, y que fueron derrotados por dichas fuerzas

「敵のモーロ人」の首を手にとる原住民警察隊員
(『ムンド・グラフィコ』*Mundo Gráfico*. 1922年4月19日)

「効果的でない」(24年3月)。これは現地のアフリカ派軍人が自らの裁量の下にあった有力な原住民兵力を失っ(奪われ)てしまったことを嘆いたものと見てよい[29]。

ハリーファ軍 maḥalla　13年にスペイン領の統治が開始されたとき、高等弁務官はスペイン領の形式上の統治者ハリーファの地位にいくばくかの実体を与えるのがよいとして、ハリーファの下にある軍隊の組織化をこころみた。かくして設立されたハリーファ軍はハリーファ親衛隊であり、かつスペイン領の統治者の名で原住民を監視し(警察の役割)、また反乱行為を鎮圧できる(軍隊の役割)兵力だった。13年に2中隊(mi'a)で出発したハリーファ軍歩兵隊は15年までに6中隊に拡大した。やはり15年までに2騎兵中隊が組織された。ただ「破局」まではハリーファ軍の行動範囲はテトゥワンとその周辺地域に限られており、その兵員も千名を超えることはなかったようだ。ハリーファ軍といっても、その上級将校はすべてスペイン軍人だった。モーロ人士官は23年の再編以前には10数人だった。23年にPIが解散すると、旧PI隊員の多くはハリーファ軍に編入された。同時にハリーファ軍は第1テトゥワン部隊、第2メリーリャ部隊、第3ララーシュ部隊、第4ジェバーラ部隊(シェフシャワン部隊とも呼ばれた。26年に再編され、第6ゴマーラ部隊となった)、第5タファルジット部隊(後にリーフ部隊に名称変更)に再編された。再編後にハリーファ軍の原住民兵は急増し、25年にそれは6千名を超えた。モーロ人士官も70人を超えた(24年初頭時)。モーロ人士官は元のPIからだけでなく、FRIからも横すべりで任命されるか、あるいはハルカからも抜擢された。下士官はすべて原住民だった。27年の平定まではハリーファ当局の統治実体はほとんどなかったので、ハリーファ軍といってもそれは他の原住民兵力と同様にほぼ全面的に保護国家スペインの政府の財政に拠っていた[30]。

　ニードはハリーファ軍を次のように位置付けた(20年)――「ヨーロッパ風に組織された兵力だが、また言ってみれば原住民[ハリーファ当局]を主人としている。その使命はレグラーレスと[原住民]警察隊とにそれぞれ対応する役割が混ざり合ったものである」。PI隊員の「裏切り」を目の当たりにした「破局」の後にメトロポリでは、ハリーファ軍をもっと使用せよとの要求が現れた――「この小さな部隊は我が領域[スペイン領]でハリーファ

の親衛隊のようになっています」、「飾りのような嘆かわしい存在」になっているハリーファ軍はもっと使えるし使うべきである（前出のルイス・アルベニスの講演）。「現地」からも、実際の戦闘には使えないので現在の形態のハリーファ軍には賛成できないとの主張が出された（ベレンゲール（弟）、22年）。他方で、スペイン軍の直接の指揮の下にあったPIをハリーファ軍に変えることは戦争の原住民化の目的に適っていた。第Ⅰ章また前節で引用した「闘うのはスペインではなくてハリーファ当局」との23年5月の高等弁務官の声明（PI解散と新ハリーファ軍編成方針発表の直後）はそれをよく表していた。実際に第2メリーリャ部隊についてのリーフ戦争中（おそらく26年末）のスペイン軍の内部文書は次のように述べていた――「これら［ハリーファ軍］の兵力は以前の［原住民］警察隊の使命を果たすものとして創設された。［しかし実際には］前衛を成す突撃兵力として司令部によって用いられ、第一線の危険な箇所に派遣された」。武器に関しては、設立当初のハリーファ軍兵士には銃剣が与えられなかった。ハリーファ軍は「白兵戦を闘うには十分な精神力を有していない兵力と一般に思われていた」からだった（上の内部文書）。しかし再編後もハリーファ軍兵士は機関銃を使用できなかった（既に見たFRIの原住民兵の場合と同じ理由だろう）。リーフ戦争中のスペイン軍がハリーファ軍兵士を完全には信用していなかったことは次の文書からも明らかである――「全集落の治安を保障するようなハリーファ軍をつくることもできますが、これは結局ある場合には敵の数をかなり増やすような大きな数の兵力をつくる危険を孕んでいます」(24年12月、CGM参謀部から高等弁務官への書簡)[31]。

　23年の再編以前のハリーファ軍兵士の徴募方法はFRIのそれに近似していたようだ（ニードによると、既婚者を優先した）。給与・諸手当などの処遇もFRIのそれに近似していた。それ故に、原住民が徴募に応じた理由もFRIの場合とほぼ同一と見てよい。再編後のハリーファ軍兵士の多くは旧PI隊員だったが（契約期間は3年と定められた）、ハルカの戦闘員がそのまま入隊したこともあった（第4ジェバーラ部隊、第5タファルジット部隊）。その故もあって、以前のPIにおいてよりも兵士の出身地は広範囲に渡っていた。既に引用した第2メリーリャ部隊についての内部文書には次のようにある――

「25歳で何らかの原住民兵部隊に勤務したことのないモーロ人はめずらしい」（傍点引用者）ので、本部隊の以後の除隊者の穴埋めには、2年以上勤務したか良好な勤務状態で3年で除隊した元FRI兵を充てるのがよい、FRIの元下士官や負傷したがまだ使える者ならもっとよい、第5タファルジット部隊はララーシュまで徴募に行って原住民を連れてきたが習慣と言語の違いからその多くが逃亡してしまった、今後は本部隊と第5タファルジット部隊の欠員は東部地域の原住民で賄われよう。この文書からも、スペイン軍が戦闘可能で自らの支配に抵抗しない原住民男性を可能なかぎりかき集め（ようとし）たことが窺われる[32]。

ハリーファ警察隊 makhazni 23年4月のPI解散の際に、原住民局に配置される武装警察力としてハリーファ警察隊が創設された。さらに25年5月にはハリーファ軍の一部が分離・編入して、ハリーファ警察隊はより本格的な武装警察力として再編された。スペイン軍はこの警察隊にメトロポリにおける治安警備隊と同様の役割を期待した。しかし、ハリーファ警察隊もいくつかの戦闘に加わった（ハリーファ警察隊は旧PIの後衛中隊の任務を引き継いだが、その構成や隊員数（1,300人程度か）については不詳のところが多い）[33]。

ハルカ ḥarka 既に見たように、14年の再編令はハルカなどを「補助的で不正規の諸兵力」と規定した。つまり、ハルカはスペイン軍の下にある原住民兵力としてはっきりと位置付けられていた。しかも、「これらのハルカは戦闘が続いている間しか［軍の］予算に負担をかけない」ので経済的に非常に好都合だった（ニード）。同14年にはメリーリャで騎兵のハルカの創設も承認された（15年3月頃に約100人）。その後、メリーリャ（15年）、アルカスル・アルカビール（17年）、ララーシュ（19〜21年に2隊）にスペイン軍が組織したハルカが形成された（創設年不明だが、テトゥワンにもハルカが存在した）。数・規模・戦闘参加においてハルカが重要性を持ったのはやはりリーフ戦争中においてだった。スペイン軍は前線地域で多くのハルカを組織した（50〜100人程度を単位）。とくに有力な友好モーロ人の周囲にハルカを組織し、リーフ勢力と闘わせた。その代表的なものは、いずれも第Ⅲ章3.1.で見たアブドゥルマリクのハルカ（アブドゥルマリクの戦死後はメリーリャ・ハルカ。最大時に1,443人）、スライマーン・ハッタービーのハルカ（約

300人？）、リフィーのハルカ（340人？）などである。各ハルカを指揮したのは原住民（カーイドと呼ばれた）だったが、かならずスペイン人士官が張りついた。リーフ戦争中のハルカの総兵員数の推定は難しいが、いくつかの陸軍文書から見て5千人は下らなかったと思われる。25年にハリーファ警察隊が再編された際には、ハルカなどの「補助的原住民諸兵力」もスペイン軍の戦闘目的により沿った形態（人数、戦闘配置、予算など）で編成されることが求められた[34]。

　ハルカの兵員徴募においては同部族の原住民で部隊（やはりmi'aと呼ばれた）を組織することが優先された。FRIやハリーファ軍の元兵士の入隊も多かった。兵員が不足した場合にはスペイン軍人から成る徴募隊が他地域に出かけて行った（アブドゥルマリクのハルカでは徴募隊がララーシュまで行った）。原住民がハルカに入隊した理由も今までに見た諸原住民兵部隊の場合と同じと見てよい。ただリーフ戦争中には各部族・支族のカーイドや名士たちの強制力がより強く作用しただろう。給与はPIのそれとほぼ同額に設定されたようだ（24年に日給4ペセータとある。これは日給単位ではFRIや（旧）PIの給与より高い。しかしすぐ後述の休暇制度との関連で見れば月額・年額ではそう高額とはならない。22年12月のCGMの文書では「支払いが少ない」ので原住民が友好ハルカに入ろうとしない、とある）。一般のハルカ兵員の制服着用はなかった。武器についてもPIと同種の銃を与えられた。休暇制度は他の原住民兵部隊より緩やかだった（22年7月のCGM内の騎兵ハルカ設立の提起文書には、兵員の3分の1ずつが休暇を取るとある。またメリーリャ・ハルカの記録には、兵員の10～20％ずつが10日間の休暇を取るとある）。これは他の原住民兵の場合とは異なり、農作業の期間を原住民に保障するためだったと考えてよい。これと関連して、動員中に勝手に家に帰ったり弾薬を持ち去った兵員（それを「敵」に売る）も多かった（『植民地軍雑誌』による）[35]。

3. 「原住民」兵の動員と逃亡、再包摂

(1)『植民地軍雑誌』の24年5月号でフランコ(当時も外人部隊司令官)は「戦闘における植民地軍の使用について多少とも具体化すること」をこころみた——FRIは「モロッコのために最も好都合な兵力の1つ」で、「機動作戦に適している」、「戦争の最大の窮地」でも勝ちぬける／ハリーファ軍は「凝集力と規律がない部隊」で、偵察・乱捕(後述)・奇襲・待伏せ攻撃にはよいが、本格的な戦闘には向かない／ハルカは「戦闘において非常に有効な要員」であり、道や谷を熟知しており、また敵をよく嗅ぎつける(外人部隊についても述べているが、省略)[1]。それでは実際には諸原住民兵はどのように使用されたのだろうか。

まず、FRIは創設の年(11年)から激戦で使用された。東部でのケルト戦(11～12年)に第1メリーリャ部隊が投入されたのである。同部隊は13～14年には西部での占領作戦にも動員された。以上の「成果」の故に、FRIは14年の再編令で「戦闘部隊としての純粋に軍事的な性格」を持つ原住民兵力として強化・再編されたのである。14年のFRI再編後の第1次世界大戦中にはスペイン軍はスペイン領での大規模な戦闘を避けたが、この間にFRIの4部隊ともいくつかの戦闘に参加した。しかも、FRIのいくつかの部隊の戦闘史や内部文書が語るように、多くの場合に次第に前衛に配置されていった。第1次世界大戦後にスペイン軍が攻勢的な占領作戦を開始すると、FRIはやはり前衛部隊として使用された。その代表的な戦闘は高等弁務官となったベレンゲールが直接指揮したシェフシャワン占領作戦(20年、第1テトゥワン部隊が参加)と、東部での「アンワールの破局」に至る21年6～7月の戦闘(第2メリーリャ部隊が参加)である。後者の戦闘におけるFRIの役割は本章第1節冒頭のピカソ調書からの引用にも明らかである。ここではさらに以下の4

つの言明・証言を示そう──ダール・ウバランの戦闘のような事態［次の引用を参照］はどうして生ずるのか、「これは野蛮な国に対する戦闘の代償である」、「これは一般には全くそのために用意された部隊、つまり原住民兵部隊のみが払う代償である。この事業にメトロポリの兵力を当てることは許されないことだろう」（ベレンゲール）／「［ダール・ウバランの］陣地には約200人の原住民兵と25人のヨーロッパ兵が駐屯していたのではないかと思われます。このうち［戦闘の犠牲者とならずに］アンワールとスィディ・イドリース［の陣地］に現れたのは72名で、うち17名がヨーロッパ兵であります」（21年6月6日、高等弁務官から陸相への電報。傍点引用者）／アンワールの戦場には全体で約6千人の動員兵力がいた、この中では「原住民兵のような突撃要員が高い割合を占めていた」（ベレンゲール）／「部隊を鼓舞していた気力は常に高いものだった。……しかし、実際におこなわれた大部分の戦闘において軍の諸兵力は積極的な役割を果たさなかったことを指摘しておく必要がある。この役割を果たしたのはただレグラーレスと［原住民］警察隊だけだった」（ピカソ調書での陸軍大佐の証言）。反抗と逃亡によって第2メリーリャ部隊が壊滅した後も、リーフ戦争中（21年9月に始まった「再征服」作戦では第2メリーリャ部隊以外のFRIが参加）、スペイン軍はむしろFRIを増設・増強してリーフ勢力と闘わせた（22年12月に第2メリーリャ部隊の司令官は、「これらの［FRIの］部隊はいつも［戦闘地に］派遣されているという噂が原住民の間に流れてしまった」ので、兵員徴募が難しくなっていると嘆いた）。かくして、24年9〜12月の西部での撤退作戦でも、25年9月からのアルホセイマ上陸作戦でも、リーフ政治体を瓦解させリーフ勢力の組織的抵抗を崩してしまった26年5月の戦闘でも、FRIは多くの場合に前衛部隊（撤退時には最後衛部隊）として参加した（上掲の最後の戦闘で諸原住民兵力は全動員兵力の25%を成した）[2]。

　次に、PIも09年から戦闘に投入された。ケルト戦でも、「アンワールの破局」に至る戦闘でも（千名以上のメリーリャのPIが前線にいた）、解散となるまでのリーフ戦争中のいくつかの重要な戦闘でもPIはスペイン軍の兵力であり続けた。かくして、19年に設定された役割区分（接触中隊と在部族中隊への二分）は意味をなさなくなった──「［原住民］警察隊をその勤務地から切り

離して戦闘部隊として使用したことで住民との接触が失われてしまい政治的行動が中断した、これが破局のもう一つの要因だった」／「原住民警察隊の諸部隊を常に最前線で使用し血なまぐさい戦闘の矢面に立たせたので、士官も兵卒も警察隊の本来の役割を果たすことができなくなった」、これが「諸部族のあからさまな敵意」の一要因だった（以上いずれもピカソ調書。後者はPI監察本部長の証言）／PIを「戦闘の前衛部隊」として動員したのは「大きな過ち」だった（ルイス・アルベニス）／「［PIは］純粋な軍事力となってはなりません。その任務は保護領当局と原住民との間の連絡組織でなければならないからです」（下院での保守党議員の発言、21年11月）。他方で、PI隊員は自らの村落の住民には発砲しようとしなかったとの複数の証言がある（ピカソ調書）[3]。

　ハリーファ軍も創設された13年から実戦に投入された。ハリーファ軍は初期には単独では戦闘に参加せず、主にFRIとともに行動した。18年に陸相となったベレンゲールは、訓練不足で戦闘に適さないとしてハリーファ軍を縮小しハリーファ親衛隊とする構想を打ち出したことがあった。しかし、翌19年に高等弁務官となったベレンゲールは、西部でのライスーニ派との戦闘を有利に展開するために、むしろハリーファ軍を（も）激戦に投入した。これ以降ハリーファ軍は、シェフシャワン占領作戦（FRIとともに）や、リーフ戦争中には西部での戦争に参加した（しばしばPIとともに）。23年の再編後には、スペイン軍の兵力ではなくハリーファ当局の兵力の名目で（リーフ勢力はハリーファに反逆していることになる）、FRIを補完する兵力としてスペイン領のほぼ全域で、アルホセイマ上陸作戦や26年5月の戦闘を含めた大規模な戦闘に動員された[4]。

　モロッコでのスペイン軍の植民地戦争において注目すべきことは、「補助的で不正規の諸兵力」（14年の再編令）たるハルカを初期（09年）から各地で組織し、かなりの数で激戦や大規模な戦闘で動員したことである。前節で見たメリーリャ・ハルカやスライマーン・ハッタービーのハルカなどの動員はアルホセイマ作戦や26年5月の作戦の計画に最初から含まれていた[5]。

　以上からしても、多くのスペイン軍人が意図した通りに原住民兵が前衛部隊・突撃部隊として使用されたことは明らかである。さらに当初の目的を越

えて、その役割がFRIだけに限られなかったこともほぼ明らかである。フランコが本格的な戦闘には向かないとしたハリーファ軍（本節冒頭）も、前節で既引用のように「前衛を成す突撃兵力」として用いられ、「第一線の危険な箇所」に派遣されたのである（多少の誇張がありうることに注意しなければならない）。ハルカも同様だった —— アルホセイマ上陸作戦で「本ハルカ［メリーリャ・ハルカ］はいつも最前線にいた」（上と同様の注意がやはり必要であろう）。もちろん、（フランコがハルカについて言ったように）地域や住民の状況を知悉している原住民兵は特有の任務にも動員された。ハリーファ軍やハルカが夜間の移動・襲撃・侵入のためにしばしば使用されたのがその好例である。さらに、聖地への侵入の際には、原住民の反発を避けるためにまず原住民兵部隊がその地を占領した[6]。

　容易に推測されるように、原住民兵の死傷者は多かった。まずFRIについては10年代後半から死傷者数が増加し始めた。創立から26年までのほぼ各年の死傷者数を記した第3セウタ部隊の戦史では、19年の兵卒の死者は77人、負傷者は138人となっている。21年にはそれぞれ167人、498人であり、リーフ戦争中に最高値を示した24年には367人、1,427人である。この大多数は原住民兵と見てよい（リーフ戦争中の同部隊の原住民兵の恒常数は1,500人程度と推測される）。ピカソ調書には、「破局」に至る戦闘で第2メリーリャ部隊は「たいへんな数の死傷者」にも耐えようとしたとの同部隊士官の証言が見られる（後述の同部隊の逃亡についての記述参照）。次に、やはり「破局」に至る戦闘でのPI（とハルカ）の死傷者はそれらの全動員兵力の3分の1以上に達したとの複数の証言がある（ピカソ調書、いずれもPI士官。さらに、21年7月17日の戦闘では約50人の犠牲者が出たが、CGM司令官シルベストレは「ほとんど全員が原住民兵だと思う」と高等弁務官に伝えた）。それ故に、現地のPI士官は「打ち続いた戦闘による犠牲で原住民兵力は枯渇してしまった」と見た（ピカソ調書）。ハリーファ軍についてニードは、創設（13年）から23年の再編までの死傷者を492人としている（ほぼ全員が原住民兵だと推測される）。ハリーファ軍第1テトゥワン部隊の文書は、23年9月から26年末までの同部隊の原住民兵の死者を341人、負傷者を639人としている（この期間の同部隊の原住民兵の恒常数は1,200～1,800人）。ハルカについては、メリーリャ・ハルカの記

録は、24年6月以降（と推測される）から26年末までの同ハルカの原住民兵の死者を229人、負傷者を595人としている（前節で述べたように、同ハルカの最大時の兵員数は1,443）。リーフ政治体を最終的に崩壊させた26年5月の23日間の戦闘での原住民兵（既述のように、全動員兵力の25%を成した）の死者は328人、負傷者は1,140人だった（「ヨーロッパ」兵はそれぞれ126人と752人）。22年10月に高等弁務官庁参謀本部の1軍人は同庁の軍事官房長に打電した——戦闘についての公的な言明や報道が「犠牲者はほとんど原住民兵であることをあまりに強調するので、原住民兵部隊ではいくばくかの不満が生じているようです」、スペイン兵がこのことを喜ぶことも原住民兵は良く思っていない、実際に「原住民兵の犠牲はたいへんな割合に達しています」。以上の数字・証言から各原住民兵力のあるいは全体としての原住民兵の死傷率を概算でも導き出すことは難しい。とはいえ、以上に述べたこと、さらには陸軍のモロッコ戦争正史である『モロッコ戦争史』第3巻、第4巻などの記述からしても、原住民兵の死傷率＝犠牲率がスペイン兵のそれよりも（おそらく、はるかに）高かったことはほとんど間違いないと言いうる[7]。

　原住民兵は戦闘にだけ動員されたのではない。原住民兵（FRIも、PIも、ハリーファ軍も、ハルカも）はスペイン軍に敵対的とされた村落への乱捕razziaに初期（09年）からしばしば（とくにリーフ戦争中）動員された。スペイン軍人自らが幾多の経験からその意義を知悉していた——「ムスリムたちはただ乱捕とその分捕り品の分け前に与るためにのみ戦争にはせ参じるのです」［と批判的に見るが］、「モロッコの反乱者に対する闘いにおいては、［我々も］乱捕を認めるしかないのです。というのは、それはまず我々に忠実で我々の側で闘う者を鼓舞して彼らを励ますものだからであり、次にこれが主な理由ですが、反乱者たちから抵抗の手段を取り上げる唯一の手段だからです」（ニード、22年のセウタでの講演）[8]／「乱捕は反乱村落への懲罰として不可欠です」、「乱捕には経験を積んだよく指揮された原住民兵力を使うのがよいのです」、村落を包囲して大事な物を出さないと村を焼いてしまうと脅かす、人質を取る、女と子どもには手を出さない、モスクには入らない、抵抗された場合以外には村落を焼かない、抵抗された場合には村落の外で戦闘をおこなえば村が空になって乱捕が容易となる（カパス）。乱捕の「懲罰」効

果が現れたこともあった。22年10月にアルマタルサの１村落の人々がスペイン軍に恭順の意を表しに来たが、これは「昨日の乱捕の効果」だとされた（ただ陸軍文書には他の事例は見られない。それ故、乱捕の「懲罰」効果の過大視は警戒を要する）。さらに、この乱捕をおこなったのは複数のハルカだったが、スペイン軍は分捕り品のハルカへの分配を「政治的武器として利用」しようとした。原住民兵やスペイン兵の欲求を満たし彼らを「鼓舞」するためにのみなされた乱捕もしばしばあった。21年９月にFRIの原住民兵とメトロポリからの派遣部隊がカリーヤ地域でおこなった乱捕について、メリーリャ中央原住民局はCGM司令官に要請した――「我が軍の保護と庇護の下にあるモーロ人とその財産とに対するこれらの横暴かつ不当な行為」はスペイン軍に抵抗するようにとの敵の諸部族での宣伝に根拠を与えてしまう、これらの行為が繰り返されているので「大きな損害が生じています」[9]。

　(2) 徴募・動員された原住民兵はしばしば逃亡をこころみた。それはついに大規模な反抗と逃亡を生じさせるに至る。

　原住民諸兵力の創設から数年間には多数の逃亡者は見られなかったようだ。FRIでは、初期の唯一の部隊（第１メリーリャ部隊）で11年11月の緒戦から12年１月までに６名の逃亡者があった（うち１名は逮捕されて銃殺）。モロッコ人の抵抗が激しかった12年５月のケルト戦では、抵抗者の呼びかけに応えて逃亡したFRI兵が少なからずいた（数は不詳）。原住民兵数が増加した10年代後半とくに17年以降に逃亡が目立ち始めた。18年８月にFRI第３セウタ部隊司令官はセウタ軍管区司令官宛文書で述べた――FRIのある部隊から逃亡して他の部隊に入隊しようとする原住民兵が多い、これは本部隊では17年に197件、本年には既に106件生じている、彼らは「他の部隊での勤務が自分たちの部隊でよりもつらくないし暇も多いと誤って信じて」逃亡する、逃亡を減らすためには原住民兵の待遇を良くするのがよい。勤務条件の厳しさが原住民兵を上掲のような逃亡に至らしめたことは明白である。しかし、このような逃亡について第２メリーリャ部隊司令官がその「真の原因」は低給与にあると見たことがより根本に迫っている（18年10月、前節でも引用）。実際に、19年９月に西部戦線でハルカに攻撃されたPI中隊の大多数がハルカ側に回って逃亡したとき、高等弁務官ベレンゲールはその原因の一端がPIの低給与に

あると見た[10]。

「アンワールの破局」は、スペイン軍がリーフのハルカの前に一敗地に塗れたというより、自らの指揮下にあった突撃兵力たる原住民兵が大挙して自らに反抗し逃亡するに至ったので、スペイン兵がハルカと闘わ（え）ずに逃走してしまったことによって生じたと見る方がよい（21年11月に下院で1保守党議員（本節(1)で既引用の議員）が次のように発言した——「原住民警察隊の蜂起が起こったときに、破局が現実のものとなったのです」）。これは既にダール・ウバランの戦闘の際に生じていた。リーフのハルカに包囲された友好ハルカがスペイン兵やFRI兵に対して発砲したのである（「［友好］ハルカの裏切り」によってダール・ウバランは失われた——シルベストレ、21年7月）[11]。

「破局」での戦闘に動員された唯一のFRI部隊だった第2メリーリャ部隊の戦闘前の原住民兵実数は1,252名だった（在籍者1,388名のうち131名が負傷中、5名が「他の状況」にあった）。戦闘後に「行方不明者」とされた者は1,079名に達した。この30％を戦死者とすると（しかし、正確なことはわからない）、逃亡者は約750名となる（原住民兵実数の約60％）。ピカソ調書にはFRI原住民兵の逃亡の幾多の事例を見出せる。戦線からただちに逃亡したのではなく、「敵」に発砲せずに地面にうずくまっていたり空に向かって発砲した後に逃亡した原住民兵（FRIでもPIでも）もいた。またスペイン軍の撤退時に、FRIの小隊のすべての原住民兵が司令官に対して部隊離脱の意を表明し、その後に逃亡した場合もあった。さらに、FRIに支援を依頼しようとしたが、FRIの原住民兵に武器を持たせることを恐れてスペイン軍が陣地を放棄したこともあった。とにかく「破局」の後に第2メリーリャ部隊は壊滅してしまった[12]。PI隊員の反抗と逃亡はFRIの場合よりもさらに徹底したものだった。当時スペイン軍はほぼ全PI隊員が敵に回ったと見た。PI隊員の多くは既に戦闘時にスペイン軍部隊に対して発砲し、また陣地から脱走し、あるいは陣地を占拠したり司令官を捕虜とし、さらには撤退するスペイン軍部隊に対しても発砲した。リーフのハルカと闘うために派遣されたPI部隊がハルカと合流した場合もあった。陣地にスペイン兵の2倍の数のPI隊員がいたことでスペイン人士官が恐れをなし、その陣地からスペイン兵を撤退させたこともあった。前節で既述のように、PIはこの後CGMだけでなく全地域で解散の道を

たどった。PIほどの規模と徹底さはなかったが、多くの友好ハルカもほぼ同様の対応をした。ハルカについてとくに次の2事例を示す。まず7月21日、アンワールでの事態を見たシルベストレは、各部族から友好ハルカを集めてアンワールに馳せ参ずるようにPIの各士官に命じた。しかし翌22日、その後の重大な事態を見たCGM副司令官は、これらのハルカがむしろ逆効果を生じさせることを恐れてハルカを各部族に帰らせた。次にこの22日、ある友好ハルカの長の息子が現れて、自分を信頼するなら援軍と弾薬を賄ってほしい、そうでないとハルカを部族に帰してしまうと言った。弾薬は供給されたが援軍は来なかったので、このハルカは逃亡してしまった[13]。

　なぜ原住民兵は「アンワールの破局」での戦闘で反抗し逃亡したのか。まず、10年代後半に現れた逃亡について既述した2点をやはり挙げうる。つまり、勤務条件（訓練、派遣・動員、戦闘）の厳しさと、それに見合わない低給与である。前者についてラーモスは、「破局」でPI隊員が大規模に逃亡した要因の1つはPI隊員を自らの部族から離れた地へ長期に動員したことにあると見た。後者については、この期にはFRIでもPIでも遅配も見られた[14]。3点目に、各地のPIスペイン人士官による原住民兵のみならず原住民一般への虐待に対する反感があった。それらは暴行、女性の陵辱、買物での不払い、掠奪、不当な科料などである（本節で既に2度引用した下院の保守党議員は次のように述べた──「［原住民］警察隊への［原住民の］敵意が、……それが破局の原因ではなかったとしても、破局をもたらしたとしても何ら不思議ではないのであります」）[15]。4点目に、ほとんど原住民兵にのみ犠牲を強いるスペイン軍の用兵戦略を原住民兵自身が耐え難いほど体感していた。PIの1士官は「破局」直前の状況を回顧して、原住民兵は多大な犠牲の対象となってもなお酷使されたので、「疲労し、何ほどか反抗的になっていた」と述べた（ピカソ調書）[16]。5点目に、以上の故に、とくに4点目に挙げた実情を訴えてスペイン軍から離れて自らの側に来るようにと誘ったリーフのハルカの呼びかけが原住民兵の間に浸透した。アンワールの戦場ではアブドゥルカリーム名の手紙が原住民兵めがけて放たれ、口頭での逃亡の呼びかけもなされた（スペイン兵もそれを聞いた）。PIとFRIの原住民兵の中には既に「破局」前にリーフのハルカにスペイン軍の内情を明かしていた者もおり、また逃亡後に

それ（スペイン軍陣地の状況など）をリーフのハルカに伝えた（元）原住民兵もいた。かくして、リーフ勢力の軍事組織はPIとFRIの元隊員また元兵士を有力な要素として構成されることになった[17]。

スペイン軍が原住民兵力を再編・増強してリーフ勢力に挑んだリーフ戦争中にも、原住民兵力のすべてにおいて（ハリーファ軍でもハリーファ警察隊でも）原住民兵の逃亡が頻繁に起きた（数量化は困難だが数千名に上る。第Ⅲ章1.3.参照）。やはり解散前のPI隊員の逃亡が多く、それ故にリーフ勢力のハルカ兵員の大半が元PI隊員だった地域もある。逃亡兵はリーフ勢力の軍事組織の指揮官となったほか、大砲操作要員などにもなった。さらにスペイン軍の原住民諜報員の名を知らせたこともあった。部隊からの直接の逃亡ではなく、休暇中にリーフ勢力側に走る原住民兵もいた。スペイン軍に対する敵意が強かった部族の出身の原住民兵はその家族に危害が加えられる恐れからよく休暇を申請し、休暇が承認されないと逃亡した（前節で紹介）。スペイン軍に発見され、銃撃を受けて負傷した後に連れ戻された逃亡兵もいた。スペイン軍が原住民兵を信用していなかったことは、プリモ・デ・リベーラ政府が企図した撤退政策に対して現地のスペイン人士官が示した反応からも推し測れる――FRI兵やハリーファ警察隊員たちは彼らの財産や家族が我々の背後にある間は我々に忠実だろう、しかし「もし我々が一歩でも後退したならば、……すぐにでも我々に反旗を翻すでありましょう」、戦略地点の多くは原住民兵に任されている、それ故に計画されている撤退は「危険極まりないものであります」（24年7月、メリーリャの原住民局監察組織の長からCGM司令官への書簡）。実際に、撤退作戦が実行された西部地域では原住民兵が何回かリーフ勢力の側に寝返った（あるいは、スペイン軍に支援されたライスーニー派のハルカの大量の離反）[18]。

もちろんリーフ戦争中にはリーフ勢力による原住民兵への逃亡の呼びかけや働きかけも激しくなされた。ビラ（「君たちのムスリムの兄弟」のところに来るように。25年8月）や口頭での呼びかけのほか、各原住民兵力の部隊や友好ハルカの中でリーフ勢力の宣伝をおこない逃亡を組織した原住民兵もいた。スペイン軍はこれらの原住民兵の存在を察知し、彼らを摘発せんとした（原住民兵自身を使って調査もさせた。25年4〜6月）。この理由で原住民兵が逮捕

されたこともある（23年3月、27年4月）。やや単純化すれば、リーフ戦争中、多くの原住民成年男子は、リーフ勢力のハルカに入（らされ）るか、スペイン軍指揮下のいずれかの兵力の原住民兵となるかの選択をしばしば迫られたと言ってよい[19]。

（3）第Ⅰ章また第Ⅲ章で見たように、スペイン軍はフランス軍との共同によって、つまり植民地国家の共同によって（のみ）リーフ勢力の抵抗を潰すことができた。それによって原住民をさらには原住民兵を（再び）自らの監視と裁量の下に置くことができた。リーフ政治体を最終的に崩壊させた26年5月の戦闘に参加したFRI第5アルホセイマ部隊の司令官は、同戦闘の勝因の筆頭に「かなりの人数の原住民兵をうまく使用したこと」を挙げた。実際にその後、逃亡した元原住民兵の多くもスペイン軍の下に戻った。さらにはリーフ勢力のハルカの有力指導者たちもスペイン軍に次々と帰順した。それだけではなく、彼らはその後のスペイン軍の平定作戦の戦闘員＝原住民兵となった。植民地国家の軍事的優位を目のあたりにして、そうしなければ政治的にはもちろん経済的にも生きていけなかったことがその主要な理由だった。逃亡者を「帰還」させてスペイン軍に協力させることはスペイン軍アフリカ派の以前からの戦略だったことにも注意しなければならない。フランコは『植民地軍雑誌』（24年1月）で「今日の敵は明日の味方」と言っていたのである[20]。

モロッコ植民地のスペイン軍士官は諸原住民兵部隊を渡り歩くのが通常だった。かくして、FRI、PI、ハリーファ軍、ハリーファ警察隊、ハルカ（それに外人部隊）の士官たちはとくにリーフ戦争中に共通の体験と利害によって結ばれた強固な人的関係を築いた。代表的な士官だけでも、サンフルホ、カバネーリャス、モラ、ミリャン・アストライ、フランコ、カストロ・ヒローナ、オルガス、バレーラなどの名を挙げることができる。彼らが軍アフリカ派を形成した。「原住民兵をうまく使用したこと」によって得られたモロッコでの植民地戦争の勝利は、彼ら軍アフリカ派の存在意義を原住民兵にはもちろん原住民にも、さらにはメトロポリにも知らしめることになった。

最後に、原住民兵は以下のようにしばしばメトロポリの都市に現れた。06年――セウタ志願兵部隊がマドリードでの国王の婚礼行列に参加／12年――

同部隊とFRI第1メリーリャ部隊がカディスでのコルテス（国会）100周年祝祭に参加／13年──FRIの同部隊がマドリードでの自らの宣誓式のために王宮前とカステリャーナ大通りを行進／22年──FRI第4ララーシュ部隊がセビーリャでの自らの宣誓式のためにスペイン広場で行進／23年──FRI第3セウタ部隊がマドリードでの自らの宣誓式のためにレティーロ公園やオリエンテ宮前を行進[21]。これらは、メトロポリのスペイン人には帝国を誇示しそれを具現するものを見せるためだった。他方で原住民兵にはメトロポリの文明（の優秀さ）を体感させ、またメトロポリが彼らを丁重に処していることを納得させようとするものだった。

小括

　「はじめに」で設定した3課題については既に以上の本文の中で結論が示されている。
　原住民兵の反抗と逃亡でスペイン軍は無力となった。しかしスペイン軍は再び原住民兵を操って植民地を平定した。27年末にガルシーア・フィゲーラスは『スペイン・アフリカ雑誌』で述べた──「植民地軍は一見したところ高くつくように見えるが、間違いなく非常に安上がりだ。というのは、原住民兵はその徴募の独特の環境と長期の訓練によってメトロポリの兵士よりもずっと良い成果を挙げるからだ」。翌28年にやはりアフリカ派軍人のアルケスとヒベールは「戦争の教訓」の末尾で述べた──突撃兵力としての原住民兵は「戦闘の最もつらくて危険な任務を我が［スペイン］兵がしなくても済むようにした」[1]。これらはスペイン軍人たちによる植民地の平定（09年からのモロッコ戦争とくにリーフ戦争）の1つの結論である。
　原住民が徴募に応じたのはほとんど経済的理由（生計の維持）によっていた。つまり「安上がり」の兵隊の創出基盤は植民地の貧しさだった。植民地

の貧困によってこそスペイン軍は原住民同士を闘わせることができた。かくして、メトロポリはその植民地を維持し平定できるために、原住民の生活を常に不安定にしておこうとする。原住民兵の徴募と動員の考察から、以上のような植民地支配のあり方をも照射できたのではないか。

補説　外人部隊

　原住民兵部隊と同様に、「破局」前年の20年9月に創設された外人部隊もリーフ戦争でその比重を高めた植民地兵力だった[1]。外人部隊には18～40歳の外国人ないしスペイン人が入隊可能だった（22年6月以降、23歳未満のスペイン人は入隊禁止）。入隊志願者は4年間か5年間のどちらかの兵籍期間を選択できた（再入隊可）。スペインの主要都市に入隊受入センターが設置され、また入隊勧誘のポスターや広告が公共の場所に貼られたり新聞に出された。よく知られているように、リーフ戦争中でも外人部隊兵力の大部分はスペイン人から成り、外国人が成員の20％以上となることはなかった。「破局」後に外人部隊の兵員は急増した。21～27年の外人部隊入隊者の総計は約2万人であり、最大時の兵力は25年後半の約8千人である。スペインの軍と政府は一般徴募兵や納付金兵士が植民地戦争で決定的な戦力となりえないのを見て、「破局」の再来を避けるために突撃兵集団たる外人部隊の兵員を可能なかぎり多く集めようとして様々な優遇方策を採った。それらはボーナス支給（兵籍4年間の場合500ペセタ、同5年間の場合700ペセタ（外国人の場合にはそれぞれ400,600ペセタ）、入隊時にその半額支払い、残りの半額は各1年間勤務後に均等支払い）、他の兵士より良質の食糧、戦功による昇進などである。どのような人々が外人部隊に志願したのかはよくわからない。21～27年の7年間で入隊者総計約2万人という上掲の数字のうち80％をスペイン人とすると（＝約1万6千人）、月々平均190.5人の入隊者があったことになる。この数字は第Ⅰ章1.2.1.で見た23年4～9月の月平均スペイン軍志願兵応募者数186.5を少し上回る（だけである）。いずれにしても外人部隊の場合でも自らの意志でモロッコで闘おうとしたスペイン人が多かったとは言えない。外人

部隊の入隊者には、定職を持た（て）なかったが故に、かなりの額の固定収入を目当てにした男性が多かったと推測される[2]。

　外人部隊は決定的な戦闘で突撃部隊の役割を果たすものとして設立された（補給部隊の護衛という通常任務もあった）。「アンワールの破局」後にその大役が回ってきた。第Ⅰ章（1.1.1.）で見た21年7月末のメリーリャ派遣以降、同年9月に始まった「再征服」作戦で外人部隊はまず突撃隊としての役割を果たし、その後のあらゆる重要な戦闘でも同様の役割を果たした。リーフ住民には見せしめの「懲罰」として、また兵員にとっては憂さ晴らしと戦利品確保の機会として、リーフ人の家屋焼き払いと住民虐殺が外人部隊によってしばしばおこなわれた。切断したリーフ人の首、耳、鼻を銃剣にかざす行為もその一部だった。「戦闘で死ぬことが最大の栄誉」（「外人部隊の信条」）とされた突撃部隊だったから、死傷率は非常に高かった。21〜27年に、将校の死者115人・負傷者326人（死傷率45.9％）、兵員の死者1,885人・負傷者5,770人（同38.4％）である。兵営生活、訓練、戦闘のそれぞれの厳しさと激しさの故に逃亡が頻繁に起きた。外人部隊はスペイン軍の一部だったが、その司令官の裁量権は大きかった。さらに、「創立者」ミリャン・アストライやフランコなどその司令官の多くは原住民兵部隊とくにFRI司令官経験者だった。ここに植民地軍将校としての共通性を見出せるし、外人部隊とそれに次ぐ突撃部隊だったFRIをおさえているが故の、ときに軍指導部やプリモ・デ・リベーラさえもものともしないアフリカ派軍人の中核部分の実質的および精神的基盤を見出しうる[3]。

　最後に、スペイン外から外人部隊に志願した人々について。最も多いのは旧スペイン植民地（とくにキューバ）から来た人々で、それに次いだのはポルトガル人だった。両者で外国人のほぼ半数を占めた。以上2者と他のヨーロッパ諸国から来た人々がスペイン外からの入隊者のほぼ90％を成した。最初の人々が大挙してメリーリャに来た21年10月下旬に『リーフ通信』は書いた――総勢731人の「スペイン・キューバ部隊」が「リーフの野蛮人との闘い」に参加するためにやって来た、このうちスペイン人は466人、キューバ人は223人である。ただ、高給の魅力と冒険心によって、またスペイン国家への帰属意識や「野蛮人」と闘うという使命の故にスペイン外からモロッコ

に来た人々の多くは、現地での戦闘の激しさを知って、すぐにでも脱出しようとした（ようだ）。イギリス人外人部隊兵はモロッコに赴くとただちに不満の意を表して契約破棄を希望、結局 3 か月足らずで帰国することになった（21年 8 〜11月。約50人。これは英西両政府間の外交問題ともなった）。23年 3 月には、ロシア革命後の内戦に敗れたヴラーンゲリ（元）将軍が自らの部隊を外人部隊に加わらせたいとスペイン政府に申し入れた。自由派連合政府はこれを拒否したが、ヴラーンゲリ部隊の何人かの兵員は外人部隊に加わった。ヴラーンゲリは、（その兵員の働き口を見つけようとしただけでなく）植民地での抵抗・運動を「ソビエトの陰謀」と同じ地平に見たのだろう[4]。

第Ⅴ章　20世紀スペインの植民地戦争と徴兵制
　　──貧者には血税、富者には金の税──

はじめに

　「貧者には血税、富者には金(かね)の税」。これは一般義務兵役制が導入される以前のフランス、ベルギー、スペインなどの諸国での兵役負担に対する不満や批判を表すフレーズだった[1]。これはこの時期の徴兵制の実態を衝いている。本章では植民地戦争に直面した1910～20年代のスペインの徴兵制において、「血税」、「金の税」がどのように問題とされたかを論ずる。

　スペインでは1912年兵役法によって一般義務兵役制が確立され、血税が貧者のみに課されることはなくなったはずであった（「武器を操作する能力を有するすべてのスペイン人男性は兵役の義務を有する」（第1条））。しかし、12年兵役法は金の税を払うと兵役期間を短縮できる制度を導入して、新たな特権兵士を生み出した。また翌13年には代人制も復活した。

　1910年代とくに20年代にスペイン国家とその軍がモロッコでの植民地戦争のために多くのスペイン兵を動員し始めると、誰がモーロ人と闘うのかが政治的・社会的問題となった。

　以上のことを踏まえて、本章は主に次の3点を明らかにしようとする。第1に、激しい植民地戦争に直面して12年兵役法による兵役制度とくに特権兵士制度はどのように揺さぶられたか。第2に、貧者たちはどのようにして血税を免れようとしたか。第3に、同様に、金の税を払っていた富者たちはどのようにして血税を免れようとしたか、富者たちは結局、貧者たちとどのように利害を同じくするに至ったのか、至らなかったのか。

　研究史について触れると、12年兵役法のもとでの兵役の実情を全般的に述べた文献はあるが、そこでは血税の視点は弱い[2]。むしろ19世紀後半以降の金の税や代人制による兵役免除を検討する中で1910～20年代にも言及した研究が本章の切り込み方と重なる[3]。さらに、県や地域を単位として兵役や兵

役免除また兵役忌避の実情を明らかにしたいくつかの研究がある[4]。

1. 誰が「モーロ人」と闘うのか
── 植民地戦争で動揺する兵役制度 ──

　1920年、かのロマノーネスはその著『軍隊と政治』で述べた ── 「全軍の基礎は徴兵法である」、「民主主義の思考を達成する唯一の手段は、現行の徴兵法からそれが含んでいるあらゆる不平等を取り除くことである」、「軍はそのすべての部門・階級においてすべての社会階級によって構成されなければならない」、軍の中で「完全平等の基準」が働いていると見れば労働者も入隊するだろう、結局「民主主義的軍隊」の2条件は兵役の完全平等と現役兵役期間の短縮である。上掲の引用からもわかるように、ロマノーネスの主張の主眼は末尾の2条件のうちの前者、具体的には12年兵役法における特権兵士制度である納付金兵士制度への批判にあった ── 12年法は「ただ表面的に義務兵役制の原理を掲げているに過ぎない」、納付金兵士制度があるからである、12年法制定時に「富裕階級」は兵役の平等に頑強に抵抗した、彼らは自分たちの息子が兵役に服することに納得できなかった、彼らは「すべての市民を同一の任務に就かせることは正当でも平等でもない、この任務はある階層［富裕階級］にとっては大多数の大衆にはない犠牲を伴うものとなるからだ」と言って納付金兵士制度を合理化した、「この法が改訂されないうちは、あらゆる不平等がなくならないうちは、我が軍の基礎は民主主義的なものとはならないだろう」、今日、兵士たちは「不平等と社会的諸特権の不当性を肌で感じている」、かくして「潜在的な不満」が見られるのだ、現在の兵役制度は「社会の2階級を兵営で闘わせている」のだ[1]。

　09年にモロッコ戦争へのスペイン人の動員が本格化したとき、免除金を払うかあるいは代人制を利用して血税を免れた富裕層に対する激しい不満が表れた（09年7月の「悲劇の週間」に象徴された）。この不満や批判を受けて（そ

れらを抑えるために)、12年兵役法は兵役免除制と代人制を廃止した。しかし、その代わりに納付金兵士制度を導入した。この制度に浴するには、納付金 cuotaの支払い、軍事学校修了、識字が要件となった。一般徴募兵の現役兵役期間は3年だったが、納付金兵士の兵役期間は、納付金2千ペセータの場合には5か月、千ペセータでは10か月でよかった。納付金兵士は兵種や所属部隊を選択できた。動員時以外には兵舎に宿泊しなくてもよかった。ただし入営費用は自弁だった[2]。

この20～21年には保守党政権側からも兵役法改訂の動きが起きていた。21年4月、陸相は兵役法改訂草案を発表、同年6月に改訂法案が下院に上程された。改訂法案の主眼は一般徴募兵の現役兵役期間を1年短縮して2年とすることだった。これは上掲のロマノーネスの主張にも沿うものだった。ただ納付金兵士制度そのものに改変が加えられることはなかった。法案は、納付金の額を収入に応じたものとする(すべて2千ペセータ以上)、納付金兵士(名称は変更された)の兵役期間を5か月に統一するとしていたから、むしろ特権兵士を富裕層により限定する要素を持っていた。一般徴募兵の現役兵役期間短縮には、議会でも軍内紙でも新聞に表れた一般世論でも反対は見られなかった(自由党下院議員のアルカラ・サモーラは、さらに半年短縮して18か月とするとの修正意見を出した)。奇妙なのは、前掲のロマノーネスの主張にもかかわらず、法案で納付金兵士制度に手がつけられなかったことに対して国会で反論が出なかったことである(アルカラ・サモーラは、納付金兵士の兵役期間を5か月ではなく8か月とすべきとの修正意見を出したが)。一般新聞では『自由』の1論評がこれを衝いた——草案は現在の兵役制度の「最も重大なまやかしの一つ」である「貧しい兵士」と「富んだ兵士」の区分を維持している(21年5月)[3]。

一般徴募兵の現役兵役期間を短縮すれば現役兵の兵力は減ずることになるが、政府側はこのようにして(こそ、徴兵される側の不満を抑えて)モロッコでの植民地戦争を乗り切れると踏んでいたのだろう。他方でこのことは、モロッコ戦争の本格化以降にどの政権も望んでいた志願兵を主力とした植民地戦争の遂行計画がうまく行かなかったことも示していた。12年法は、「アフリカのスペイン領」(セウタ・メリーリャなどだけでなくモロッコのスペイン領

なども含むことになろう）の駐屯部隊とこの部隊のためのイベリア半島の予備軍は志願兵のみから成るようにすると定めていた。しかし志願したスペイン人青年は非常に少なかった（この間の志願兵数は不詳）。志願兵（18～35歳）は徴募兵より高い給与や入隊手当などの便宜を与えられたが、それでも自らの意志でモロッコで闘おうとしたスペイン人はわずかだったのである[4]。

21年7月の「アンワールの破局」は現役兵役期間短縮の見通しを吹き飛ばしてしまった。さらに、軍と政府は一般徴募兵を大量動員しただけでなく、09年の時のような不満が噴出するのを避けるために、意識的かつ積極的に特権兵士＝納付金兵士を動員した（22年3月の国会での陸相発言によると、この時点で約2万の納付金兵士が派遣されていた。この時期の在モロッコ・スペイン兵は約16万）。しかし、モロッコでの戦争がより広汎な社会層にとっての戦争＝スペイン国民の戦争となったこと（そのようにしようとしたこと）は、誰がモーロ人と闘うのかについて、さらに広い範囲での論議・主張を展開させることになった[5]。

はじめに代表的な著作を見てみよう。やや後になるが、23年に納付金兵士のモロッコ体験を描いた2著が出た。まず、かのエルナンデス・ミールの『納付金兵士の悲劇　市民の学校』。この著作は裕福な父を持つ1納付金兵士が動員されてから帰還・除隊するまでを描いた創作だが、その言わんとするところは明確である。主人公は特権兵士なのに動員されたことに大いに不満を抱きながらモロッコの戦場に向かう。初めのうちは一般徴募兵に対して威張り散らす。主人公は最後まで特権を手放さない（ときに兵舎には住まずホテル住まい、また将軍付の運転手となって戦場からは離れている）のだが、兵舎で一般徴募兵と交流する中で、納付金兵士が利己主義に基づいてその特権を主張するのはよくないことだと気付くに至る。末尾で主人公は述べる――「教育水準を埋由にして身分によって分かれるのではなく［知的水準・教育水準によって社会の諸階級は分けられると考えている］、この［植民地戦争を闘うという］同じ目的で我々が団結するならば、社会の諸階級を隔てており相互の憎悪を生じさせまたそれを増幅させている深い断絶は乗り越えられるだろう」。納付金兵士たる主人公の特権意識（とその動揺）は鮮明であり、それ故に主人公は一般徴募兵との間の「相互の憎悪」に敏感である。作品中では、

野営地を舞台とする「金持ち」と「民衆の息子」たちの間での「社会的戦争」あるいは「身分間の戦争」なる言い方もされる。しかし主人公（この著作の著者）が特権兵士制度を廃止せよと主張しているのでは全くない。むしろこの著作は、国民的戦争としてモーロ人と戦うためには、納付金兵士がその特権を主張すると一般徴募兵が反発してまずいことになるのだ（「深い断絶」がはっきりと見えてしまう）、納付金兵士よ、当面は我慢せよ、と説いたものと見てよい[6]。

　次にヒメネス・カバリェーロの『ある兵士のモロッコ日記』。やはり納付金兵士たる同書の著者のモロッコ体験を日記風に綴ったものである（「野蛮」なモーロ人の徹底的な蔑視、モロッコを「東洋」として見るオリエンタリズムについてはここでは触れない）。実戦には参加せず、ホテルによく泊り、自動車に乗って各地を訪問し、カメラを持参して写真をとることなど特権兵士としての体験が随所に出てくる（高等弁務官のタイピストにもなった）。末尾で著者の意見が現われる――「我々はもううんざりしており、我々がさらにモロッコにいる理由もわからない」。マドリードに戻ってから著者は自分たち特権兵士をモロッコに駆り出した軍への怒りをぶちまけて、納付金兵士の同志たちに呼びかける――「最も洗練されていて最も教養のある青年たち」に対して上官が威張ることをやめさせよう（その後に、一般徴募兵の処遇ももっと良くせよと付加するが）。軍を侮辱したうえに扇動的だとされて本書は発禁となり、著者は軍刑務所に収監された（プリモ・デ・リベーラ政府下で釈放）。『自由』ではエルナンデス・ミールが「《クォータ》の声」と題して本書を好意的に論評した。注目すべきことは『エル・ソシァリスタ』でPSOEの指導者プリエートが本書を持ち上げたことである――今回の戦争は労働者・農民だけでなく納付金兵士も闘っている最初の戦争である、本書は「ある〈クォータ〉の革命的な手紙」である、納付金兵士は「最も活動的な革命的酵母となりうる」。本節で後に見るPSOEの納付金兵士制度に対する姿勢からすると、特権兵士へのプリエートのこの期待にはただならぬものがあった。プリエートは、植民地戦争に動員されて、納付金兵士たちも戦争反対の隊列に加わって来るだろうと見たようだ[7]。

　ところで、納付金兵士をモロッコでの植民地戦争に動員できるのか、すべ

きなのかとの公的論議は12年法適用直後からあった。法学者セドゥルン・デ・ラ・ペドラーハの『納付金兵士と在モロッコ作戦軍』(1914年) は述べていた —— 納付金兵士のモロッコの戦闘への動員が富裕層の気をもませている、「2つの相対立する勢力」が争っているのだ、それは「ときに利己的な富裕階級の個別的利害」と「何とかして平等と社会的平準化を成し遂げたい人民大衆の圧倒的願望」との争いである、しかし納付金兵士の特権は「たんに個人的利益」のためではない、それは農業・工業・商業の発展や文芸・科学つまり「国の文化」のための「正当な利益」なのである、とはいえ在モロッコ軍には「すべての社会階級が一定程度反映されるようにする」のがよい、当面の解決法として納付金兵士がモロッコに動員されたら納付金を返還する、「そのキャリアをできるだけ損なわないようにするために」納付金兵士のモロッコ派遣は短いのがよい、「唯一の決定的解決法」は「志願兵に基づく植民地軍」を創設することである、「納付金兵士をめぐる対立」は「我が国のモロッコへの軍事介入」が志願兵軍で可能となる範囲に限定されなければ「ずっと浮上し続けよう」。納付金兵士擁護の階級的視点はここでも鮮明である。論者はその特権を維持したいがために上掲の論拠と解決法をひねり出したのである。これは本章の対象時期にまさに決定的に「浮上」することになった[8]。

　他方で、やはり12年法の適用直後から、それまで金の税を払って兵役を完全免除されていた富裕層の息子たちが納付金兵士として現れたことが「茶化し」の対象ともなっていた。「納付金兵士のおしゃれな青年たち」の兵役への不満と、他方で一般徴募兵の不平等への不満を描いた14年初演のサルスエラ「納付金兵士」はそれをよく表している。さらに18年初演の喜劇「納付金兵士たち」でも、優雅な兵営生活を送ろうとする納付金兵士の「お坊ちゃんたち」を部隊司令官が持て余す (義務兵役制を嫌になる) 様子が描かれている[9]。

　著作よりもっと大きな影響力を持ったと思われる諸主張を見よう。最初に注目すべきはやはり軍内紙の論調である。『軍通信』は以下のように主張した —— 「納付金兵士は、民衆にとっては望まれていた市民の義務の平準化を破壊したし、軍にとっても予期された効果を挙げなかった」、兵役法を改訂しようとするなら納付金兵士制度を廃止するのがよい、一般徴募兵の現役兵

役期間を２年に短縮することも急務である、短縮によって「徴兵への民主主義的意欲」が達せられる、現役兵役期間を短縮しても納付金兵士制度などを廃止すれば兵員総数は減らない（23年５月）。『スペイン軍』も納付金兵士を不要と見ていた――納付金兵士は「専門的な観点よりも政治的イデオロギー」によってつくられたものである、これは「一般軍事教育の夢を実現しなかったし、望まれていた平等にも応えなかった。納付金兵士はときに嫌なこともやらされるが、しばしば優遇されるからであり、結局スペインの軍事能力を全く高めなかった」（22年９月。『スペイン軍』の一般徴募兵の現役兵役期間短縮についての主張は不詳）。『陸海軍』もやはり納付金兵士の特権に批判的だった――戦闘では納付金兵士の特権を認めることは全く不可能である、それでは一般徴募兵を納得させることはできない、納付金兵士と一般徴募兵が一緒にいることは士官たちにとって難しい問題である、「富者たち」だからといって兵営で兵器などの整備の仕事もしない、食事もしない、帰営時間にも戻らないことが問題を引き起こしている、「富者の母親たちは1,500ペセータで息子たちを家に置いているが、他方で貧者たちは連れ去られて非常に遠い所まで行かされて、まず戻らないということが破滅的な結果をもたらした」、「軍隊では、各自の能力に由来する差異を除いてすべての兵士が同等の権利を持つべきである」（23年７月）／一般徴募兵の現役兵役期間は２年で十分だ（21年５月）。見られるように、濃淡の差はあれ３紙とも本節冒頭で紹介したロマノーネスとほぼ同一の主張をした（というより、第Ⅳ章第１節で見たように、３紙のいずれもやはり濃淡の差はあれ志願兵と原住民兵から成る植民地軍が闘えばよいとして、納付金兵士を含めた徴募兵の植民地戦争への動員に否定的だった）[10]。

　スペイン・アフリカ連盟は兵役制度について明確な主張をしなかった。連盟理事会ではこれ以上の兵員をモロッコに派遣すべきではないとの意見が出されたこともあったが（23年４月）、連盟は多くのスペイン人兵力でモーロ人の反乱を潰すとの姿勢をほぼ一貫してとっていたと見てよい（それ故にスペイン兵の帰還に反対）。25年９月に連盟がプリモ・デ・リベーラ政府に提出した意見書（第Ⅰ章3.2.で前出）では、可能なら在モロッコ・スペイン人兵力は志願兵のみとするとの主張がなされた。これは、植民地戦争へのさらな

る徴募兵の動員はもう無理との意見が連盟の中でも有力となったことを示すものと見てよい。「現地」モロッコのスペイン人たちの主張はどうか。『リーフ通信』もより多くのスペイン人兵力でモーロ人の抵抗に対処することを常に主張した（それ故にやはりスペイン兵の帰還に反対）が、兵役制度について語ることはなかった。この点では『植民地軍雑誌』も同様だった。以上の組織や新聞・雑誌が一般徴募兵の現役兵役期間短縮に触れなかったのは、それをよく思っていなかったからであろう。同様に納付金兵士について語らなかったのは、その特権を批判することが惹起するであろう「富者たち」の反発を恐れたと見ることができる（アフリカ派軍人たちはそもそも納付金兵士を含めた徴募兵をそれほど信頼していなかった）[11]。

　一般新聞の論調はどうか。まず、『自由』は12年法による兵役制度に批判的だった――自分たちだけが兵役に服さなければならないことで、「貧者」の「富者」に対する「憎悪」や「恨み」がある（21年1月）／様々な免除と徴兵忌避によって、現在、入営者は徴兵対象者の40％ほどである（本章第2節で後述）、これらの青年たちは「避けられない悪」としてあきらめて入営している（21年5月）。21年8月に『自由』が設けたモロッコ戦争に関する意見聴取欄（第Ⅰ章1.1.2.で前出）でも兵役に関する要求が見られた――志願兵を増やすか、あるいは志願兵だけがモロッコに行けばよい（5意見）／息子たちを犠牲にするな、帰還させよ、「貧しき兵士」を犠牲にするな（少なくとも23意見）。今までの引用（22年5月にも、兵役に特権がある間は「真の軍隊」、「民主主義的軍隊」はありえないとの論説が載った）から『自由』が納付金兵士制度に批判的だったのは明らかだが、『自由』がそれを廃止せよと明言したことはないようだ。むしろ上掲のエルナンデス・ミールが紙面に登場して、納付金兵士も動員されたので、今や「［兵役］義務を果たすことにおいて階級間の差異が初めてなくなった」、「貧者も富者もアフリカの野に行ったのである」との（納付金兵士を讃える）論評をした（22年2月）[12]。

　他の一般新聞では、保守系の『ラ・バングアルディア』 *La Vanguardia* （バルセローナ）が動員された納付金兵士の不満を好意的に取り上げた。これについては第3節で後述する。

　一般新聞ではないが、納付金兵士制度の廃止をはっきりと要求したのは

PSOEとその新聞『エル・ソシァリスタ』だった——兵舎ではアフリカに行く兵士のための抽選がおこなわれるが「富者の息子たち」の納付金兵士は抽選に加わらない、アフリカに行かざるをえないのは労働者である（21年6月）／納付金兵士制度は「血税」を労働者の息子にのみ払わせようとするものである（21年11月）／兵隊には「権利を奪われた者」と「権利を持っている者」という「2つの階級」がある（22年9月）、など。かくして、PSOEとその青年組織は納付金兵士制度の廃止を青年（つまり徴兵対象者）向けの主要な要求あるいは訴えとして掲げた——最低限かつただちに義務兵役制とは名ばかりの「納付金兵士の腹立たしい特権」を廃して、兵士の種類を一つとする（22年1月）／10年前［12年法制定の際］に我々は免除金廃止運動を展開した、これは実現した、この続きとして兵役期間の短縮と納付金兵士制度廃止のために闘う（22年3月）／入隊期間は1年に、「納付金兵士はもう要らない！」（22年4月、5月、9月）。以上の要求の元には、「すべての人が兵役義務を負うか、誰も負わないか、どちらかだ！」'¡O todos o ninguno!'との以前からのPSOEの基本路線があった[13]。

やはり一般紙ではないが、通常は政治・経済・社会についての記事をほとんど載せなかったとくに有閑女性向けの文芸・ファッション誌『ラ・エスフェーラ』*La Esfera*（マドリード）も「破局」以後にはモロッコでの戦争に関心を示して、いくつかの関連記事・論評を載せた。その中で「納付金兵士」と題された論評には次のようにある——「［納付金兵士と一般徴募兵の間の］人間的友愛は戦争のようなところでなければどこでも感じられるものではない」、「納付金兵士のおかげで軍隊の民主主義化がなされている」、「軍隊の最も多くの最も輝かしい勢力を成しているのは中産階級の息子たち、つまり坊ちゃんたち *señoritos* と学生たち、つまり「クォータたち」なのである」（22年3月）。納付金兵士が大いにおだてられたのは、納付金兵士たる息子が動員された「中産階級」の女性たちの驚きと不安をなだめて、彼女たちを励ますためであったろう（既述のエルナンデス・ミールが説いたことと同じ）。それ故に、一般徴募兵のことはこの雑誌の眼中にはなかっただろう[14]。

以上、リーフ戦争期を中心に誰がモーロ人と闘うのかについてのスペイン社会での議論と主張を見てきた。その中で有力な結論的主張だった、アフリ

カでは志願兵（のみ）が闘えばよい（第Ⅳ章で見たように、とくに原住民兵が闘えばよい）という主張は、とくにメトロポリの「大衆の志気の疲弊と消沈」を気にかけてモロッコでの軍事的攻勢を避けようとしたサンチェス・ゲーラ政府の時期のスペイン政治の主張でもあった。この時期の国会では以下の発言や答弁が交わされたのである――PSOEのプリエート：モロッコでは志願兵と原住民兵が中心となって闘えばよい（22年3月。この発言は第Ⅳ章でも引用した）／保守党上院議員：志願兵で在アフリカ軍が組織されていたなら「あの［アンワールの］大破局は起きなかったでありましょう」。自由党上院議員：志願兵を増やすようにとの提案に賛成。陸相：アフリカでは「志願兵の他の形態」である代人（本章第2節(2)で後述）をもっと容易にする措置を採るようにする（22年4月）／無所属下院議員の陸相への文書での要請：現在モロッコにいる納付金兵士や一般徴募兵を早急に志願兵から成る軍と代えよ（22年6月）／保守党下院議員：モロッコでの通常の戦闘は志願兵軍にまかせるのがよい、かくして「モロッコにもう飽きたわが国民の感情に応えることができると考えるものです」（同月）[15]。

　第Ⅰ章で見たように、自由派連合政府のモロッコ政策の中心は在モロッコ軍を原住民兵と志願兵で組織することだった。しかし自由派連合政府が23年3月に導入した志願兵優遇方策は（も）失敗した。それ故に、プリモ・デ・リベーラ政府はその成立直後の23年10月上旬にこの方策を廃止した（どのような人々が志願兵に応募したのかということの検討も可能だろう。しかし、誰がリーフの地で闘ったのかの検討においてそれがあまり意味を持たないことは明白である。あらためて確認しておくべきことは、自らの意志によってモロッコで闘おうとしたスペイン人はわずかだったことである）。自由派連合政府では、陸相となったアルカラ・サモーラが「破局」で頓挫した兵役法改訂に（再び）着手した。ただ、その内容は21年の改訂法案とそれほど変わるものではなかった。つまり、一般徴募兵の現役兵役期間の2年への短縮と納付金の額を収入に応じたものとすることがやはり今回の改訂の主眼であり、そのほかには徴兵検査の厳密化が図られようとした。しかしほかならぬモロッコ戦争政策をめぐる閣内不一致でアルカラ・サモーラが辞任したので、今回の兵役法改訂は国会に法案が上程される前に（やはり）頓挫してしまった[16]。

皮肉なことに、兵役法改訂を実現したのはプリモ・デ・リベーラ政府だった。プリモ・デ・リベーラ政府はプロヌンシアミエント直後の23年9月下旬から兵役法改訂を公言した。その主内容は、現役兵役期間の2年への短縮、収入に応じた納付金額、それに身体上・生計上の理由による兵役免除の方式変更だった。さらにプリモ・デ・リベーラ政府は自由派連合政府も実行できなかった在モロッコ兵力削減（入営者減と兵士帰還）を短期間のうちに遂行した。以上のことは兵役とモロッコへの動員がいかにスペイン人の不満と関心事であったかを示す。プリモ・デ・リベーラ政府は自らの権力維持のためにそれらに素早く対応したのである。新兵役法は24年3月に公布された（25年から適用）。主な改訂点は以下である——一般徴募兵の現役兵役期間を2年に短縮／納付金の額を収入に応じたものとする、納付金兵士の兵役期間を9か月とする／入営者を決めるための抽選廃止／兵役免除方式の変更（生計上の理由による免除を「入営延期」に、など）／兵役免除の審査機関の改編（以上、本章第2節(3),(5)で後述）。専制的なプリモ・デ・リベーラ政府がフランス軍の協力を取りつけるまではモロッコで「半ば放棄」政策を採（らざるをえなか）ったことには、侵入スペイン軍に対するモロッコ人の頑強な抵抗とともに、兵役に対するスペイン人の積年の批判や不満があった。プリモ・デ・リベーラ体制は、いくらかではあれ、それに応ずる姿勢を見せたのである[17]。

2. 血税をどのように免れるか

　表5-1から明らかなことは、身体上の理由と生計上の理由による免除、徴兵忌避、兵役適格者と各年に陸軍省が要求した入営割当数（軍事予算や動員政策によって変動）との差、さらに様々な理由で入営割当数をも満たさなかったことで、各年の入営者は12〜20年の平均で徴兵対象者の27.1％、本

書の中心的対象時期のリーフ戦争期の21～27年の平均でその34.9％だったことである（実際の入営者はさらに１～２％程度少なかった。本節(3)で後述)。つまり、この期のスペイン人青年男性の少なくともほぼ65～73％はスペイン軍兵士となること＝血税を免れたのである[1]。さらに、主に富者たちは納付金兵士と代人の両制度を使って血税とくにアフリカでの血税を一部ないし全面的に回避（しようと）した。本節ではこれらの方法による血税回避がどのようになされたかを検討する。さらに、兵役への嫌悪が広汎化していたことや、兵役に関連した「事件」にも論及する。

(1) 納付金兵士

表５-１の⑩から、10年代後半とくにスペイン軍がモロッコで攻勢的な占領作戦を開始した第１次世界大戦後の19年から納付金兵士が急増したことは明らかである。リーフ戦争期には25年を除いて納付金兵士数は公表されなかった。これを補うために作成した表５-２から、「破局」以後にさらに納付金兵士が増え、その数は22～24年に最多（各年３万～３万２千くらいか）となり、25～26年には「破局」以前とほぼ同数に戻ったと推測できる。モロッコでの戦闘が最も激しかった時期に、納付金兵士となることが血税を少なくとも一部免れる方法だったことはやはり間違いない[2]。

次に表５-２、表５-３から徴兵対象者のうちの納付金兵士の割合には各県で大きな差があることがわかる。表５-３では、最も割合が高いギプスコア県とそれが最も低いアルメリーア県の差は約29倍にもなっている。表５-２では、最も割合が高いバルセロナ県とそれが最も低いオウレンセ県の差は約21倍である。12～26年を通して見ても、カタルーニャとバスクの両地方での納付金兵士の割合が明らかに高い。納付金兵士の割合が低い県は10年代と20年代で若干の変動を見ているものの、ガリシア、カスティーリャとアンダルシーアとエストレマドゥーラの各農村県、カナリア諸島でそれが低いことも明らかである[3]。

これらの資料の意義は、それが県別あるいは地域別の大きな差異を示していることよりも、納付金兵士が主にどのような階層に由来するのかを示していることにある。すなわち上掲の資料は、最も多くの富裕層あるいは「中産

314 第Ⅴ章 20世紀スペインの植民地戦争と徴兵制

表5-1 徴兵基本資料 1912-1928年　　　　単位：人　　（ ）内は徴兵対象者比の%

	年	1912	1913	1914	1915	1916	1917	1918	1919	1920
①	徴兵対象者	201818	217411	215765	210997	217821	228520	217440	209366	217989
②	主に身体上の理由での完全免除者	30393 (15.06)	18111 (8.33)	18648 (8.64)	17058 (8.08)	17185 (7.89)	17527 (7.67)	14652 (6.74)	13915 (6.65)	14629 (6.71)
③	主に身体上の理由での一時免除者	21558 (10.68)	17803 (8.19)	17476 (8.10)	16640 (7.89)	17177 (7.89)	16873 (7.38)	14424 (6.63)	13266 (6.34)	13283 (6.09)
④	主に生計上の理由での免除者	25443 (12.61)	28896 (13.29)	30714 (14.23)	29554 (14.01)	28955 (13.29)	29482 (12.90)	27059 (12.45)	26166 (12.47)	28370 (13.01)
⑤	他の理由での免除者	58 (0.02)	47 (0.02)	91 (0.04)	98 (0.05)	167 (0.08)	156 (0.07)	347 (0.16)	212 (0.10)	176 (0.09)
⑥	徴兵忌避者	37491 (18.58)	43009 (19.78)	46528 (21.56)	41866 (19.84)	40217 (18.46)	40978 (17.93)	37665 (17.32)	33668 (16.08)	37077 (17.01)
⑦	兵役適格者	86878 (43.05)	109545 (50.39)	102308 (47.42)	105781 (50.13)	114120 (52.39)	123504 (54.05)	123293 (56.70)	122189 (58.36)	124454 (57.09)
⑧	入営割当数	65000	71000	70000	64000	40000	70000	75000	86000	86000
⑨	入営者	40155 (19.90)	42105 (19.37)	51033 (23.65)	55817 (26.45)	67603 (31.04)	66967 (29.30)	64293 (29.57)	66478 (31.75)	70993 (32.57)
⑩	納付金兵士	6599 (3.27)	7262 (3.34)		5731 (2.72)	6658 (3.06)		10333 (4.75)	17993 (8.60)	19808 (9.09)
⑪	納付金兵士の入営者基数比（%）	7.96	7.36		5.88	6.18		8.79	15.50	16.67
⑫	納付金兵士 上段-千ペセータ支払 下段-2千ペセータ支払	4525 (2.24) 2074 (1.03)	5540 (2.55) 1722 (0.79)		4325 (2.05) 1406 (0.67)	4611 (2.12) 2047 (0.94)		7357 (3.38) 2976 (1.37)	12199 (5.83) 5794 (2.77)	12123 (5.56) 7685 (3.53)

	年	1921	1922	1923	1924	1925	1926	1927	1928
①	徴兵対象者	221399	229513	238052	244431	234177	244152	238460	228182
②	主に身体上の理由での完全免除者	15448 (6.98)	16088 (7.01)	16729 (7.03)	15095 (6.18)	7833 (3.35)	7604 (3.11)	6226 (2.61)	8394 (3.66)
③	主に身体上の理由での一時免除者	12631 (5.80)	14866 (6.48)	14087 (5.92)	13263 (5.43)	3168 (1.35)	3495 (1.43)	3027 (1.27)	5851 (2.56)
④	主に生計上の理由での免除者	29030 (13.11)	34353 (14.97)	34072 (14.31)	32402 (13.26)	36352 (15.52)	37561 (15.39)	35001 (14.68)	27201 (11.92)
⑤	他の理由での免除者	180 (0.08)	278 (0.12)	124 (0.05)	154 (0.06)	2089 (0.89)	1938 (0.79)	2171 (0.91)	1422 (0.62)
⑥	徴兵忌避者	38902 (17.57)	38605 (16.82)	36630 (16.23)	40616 (16.62)	44460 (18.99)	43438 (17.99)	38150 (16.00)	35106 (15.39)
⑦	兵役適格者	125008 (56.46)	125323 (54.60)	134410 (56.46)	142901 (58.45)	140275 (59.90)	150116 (61.49)	153885 (64.53)	139139 (60.98)
⑧	入営割当数	86000	96200	90000	78000	85000			
⑨	入営者	65272 (29.48)	80794 (35.20)	81275 (34.14)	71647 (29.31)	76463 (32.65)	94900 (38.87)	107508 (45.08)	126255 (55.33)
⑩	納付金兵士					19271 (8.20)			

出典：*AEE* 1919,293,296; *AEE* 1928,437,440, *Estadística del Reclutamiento y Reemplazo del Ejército, trienio 1912-1914* (Madrid,1915), 15, 56, 73-78, 129, 132-133; *Estadística del Reclutamiento y Reemplazo del Ejército, trienio 1915-1917* (Madrid,1918), ix,xxxiii, 61, 65, 68-70; *Estadística del Reclutamiento y Reemplazo del Ejército, trienio 1918-1920* (Madrid,1923), ix, xxviii, xxxi, 3-5, 18-19, 56, 58-59, 61-63; 各年の *Diario Oficial del Ministerio de la Guerra (DOMG)*（⑧について）; *DOMG*, 11-XI-1925（1925年の⑩について）から著者作成。ほかに、GARCÍA MORENO, 98-99も参照。

注記：1. 空白部分は不詳。2. ⑦＝①−（②＋③＋④＋⑤＋⑥）。3. 1926年以降、⑧の提示数は複雑になったので、本表に載せなかった。4. 1916年の⑧と⑨の関係は不詳。5. 1914年と1917年の⑩について、ROMANONES (1920), 144ではそれぞれ5304, 5598とあるが、公式数字ではないので本表には入れなかった。6. ⑪にある入営者基数は、⑦から何らかの理由でさらに兵役免除とされた者を除いたもの（12〜20年平均で⑦の93.7％）。納付金兵士数はここに算入されたので、その比率（実際の納付金兵士の割合に近い）を示しておいた。

表 5-2 リーフ戦争中の納付金兵士の増減の推測値

		年	1921	1922	1923	1924	1925	1926
納付金兵士の比率が高い上位7県（6年間平均）	1	バルセローナ	2.4	3.5	3.5	4.0	2.0	1.7
	2	ビスカーヤ	2.2	3.1	3.4	4.3	1.6	1.5
	3	ギプスコア	1.5	2.6	2.6	2.1	0.8	1.0
	4	バレンシア	1.0	1.4	3.1	1.9	1.5	0.8
	5	ジローナ	1.9	1.4	1.7	1.3	1.2	0.8
	6	サラゴーサ	1.0	1.9	1.5	1.7	0.9	0.9
	7	タラゴーナ	1.2	1.7	1.6	0.9	1.8	0.6
全国平均			0.76	1.04	1.09	0.96	0.63	0.47
納付金兵士の比率が低い下位7県（6年間平均）	5	アビラ	0.4	0.4	0.3	0.3	0.4	0.2
	5	パレンシア	0.2	0.6	0.4	0.4	0.2	0.2
	5	カナリア	0.1	0.2	0.5	0.4	0.5	0.3
	3	ソリア	0.2	0.4	0.5	0.4	0.1	0.2
	3	ハエン	0.3	0.4	0.3	0.3	0.3	0.2
	2	ルゴ	0.1	0.4	0.3	0.3	0.3	0.1
	1	オウレンセ	0.1	0.1	0.2	0.2	0.1	0.1

出典：1921～1926年の *DOMG* に公示された納付金の返還資料から著者作成。
注記：各年の納付金返還者数を1920～1925年（納付金の納入は返還の前年であることが多いので）の年平均徴兵対象者数の百分比で表したもの。本文2-(1)にあるように納付金の返還率は8％程度と推測されるので、徴兵対象者比の納付金兵士の率は上の数字の12.5倍程度となる。

階級」を擁した地域や県がやはり最も多くの納付金兵士を擁した地域や県だったことを示して余りある[4]。つまり、納付金兵士の多くが富裕層に由来したことはこれらの資料からも明らかである。そもそもかなりの資金が準備されていなければ納付金の支払いは困難だった。納付金千ペセータの場合でも、これは農民の平均的収入の1年分以上、工業労働者のそれの半年分以上に当たった[5]。また、入営費用の自弁はもちろんのこと、都市部にある軍事

表 5 - 3　1912～1920年の納付金兵士の対徴兵対象者比　　　　　　単位%

		年	1912	1913	1915	1916	1918	1919	1920
納付金兵士の比率が高い上位7県（7年間平均）	1	ギプスコア	10.93	13.33	9.35	12.33	19.42	30.88	34.00
	2	バルセローナ	10.31	12.60	5.28	10.65	13.77	19.61	22.86
	3	ビスカーヤ	10.88	12.07	5.97	8.70	13.00	20.17	20.36
	4	ジローナ	7.14	11.16	5.52	4.51	10.70	19.94	17.86
	5	タラゴーナ	8.83	8.28	5.68	5.32	9.10	18.02	20.31
	6	リェイダ	5.31	7.80	5.80	4.84	8.16	15.67	16.13
	7	アラバ	4.33	4.40	4.57	3.70	9.90	14.88	17.71
納付金兵士の比率が低い下位7県（7年間平均）	7	アビラ	2.36	2.73	2.58	1.46	2.15	3.52	4.18
	6	クエンカ	1.06	1.48	1.75	1.76	3.05	6.04	4.54
	5	カセレス	1.89	1.49	2.28	2.03	2.03	4.79	4.40
	4	オウレンセ	1.64	1.39	1.59	1.01	1.55	2.54	2.85
	3	ルゴ	1.18	1.27	1.10	1.09	1.33	2.67	3.04
	2	ムルシア	1.17	0.88	0.51	0.50	1.22	2.98	2.59
	1	アルメリーア	0.21	0.39	0.20	0.22	0.42	1.72	1.35

出典：*Estadística...1912-1914*, 73-75, 132-133; *Estadística...1915-1917*, 3-5, 68-69; *Estadística...1918-1920*, 3-7, 61-63から著者作成。*Cf.* SALES(1974), 266-267.

学校への通学（この間の労働不可）やそのための就学費用の確保も農村部や労働者層の青年を不利にさせた。さらに興味深いことは千ペセータと2千ペセータの各納付金支払い者の割合である。表5 - 1の⑫から、12～20年平均の両者の全国的比率は68.13：31.87である。つまり納付金兵士のほぼ3分の2は千ペセータ支払い者である。ところが全体としては納付金兵士が少ない新カスティーリャ、エストレマドゥーラ、アンダルシーアの各農村県では2千ペセータ支払い者の比率が高く、全国的比率と全く逆の県もある（2千ペセータ支払い者の比率が最高のシウダー・レアルでは34.87：65.13）。上掲の地

域は主に大土地所有者から成る少数の富者とその他の住民との経済的・社会的格差が明確な地域である。これらの地域で納付金を払えたのは前者（のみ）であり、また彼らはより高額の納付金の支払いを志向した（可能なかぎり血税を免れようとした）と見てよい[6]。以上から、納付金兵士になることができたのは、主に都市の富裕層あるいは「中産階級」、農村部の大土地所有層、それに公務員や一部の自由業者のそれぞれの息子たちだったと結論づけることができる[7]。これらは学生の主な出身階層とほぼ重なっていた（12～20年の徴兵統計集では各年の全納付金兵士に占める学生と自由業者の割合が公にされた。納付金兵士が少ない県とマドリード県ではその割合が高い。納付金兵士の割合が最低のアルメリーア県では各年平均の学生と自由業者の割合は68.12％だった）。学生は勉学理由による徴兵延期の恩恵に浴していたが、多くの学生はさらに納付金兵士としての特権を得ることもできたのである[8]。

　しかし、納付金兵士の範囲は上掲の社会層に限られなかった。十分な資金を持たなかった人々も納付金兵士となることで血税の一部を免れようとしたからである。次節で詳しく見る納付金兵士父母の会の22年3月の声明は、納付金兵士の90％は「金持ち階級」に属していない、この90％のうち半分は「中産階級」に、他の半分は「労働者階級」に属しているのだと述べた。23年2月にバルセロナの上記父母の会の一員が提出した要望書も、少なくともカタルーニャでは納付金兵士の大部分は「富裕な家族」の者ではなく、「勤労者の家族」の納付金兵士もいるのだとした。前節で見たようにPSOEは納付金兵士制度の廃止を要求したが、PSOE議員のプリエートは下院で次のように発言した——納付金兵士には「裕福な家庭」の人々だけでなく「労働者の慎ましい息子たち」もいる、ビルバオの連隊では約80％の兵士が納付金兵士である、彼らの多くは「富者」ではなく「工場で働いている人々」である（22年3月）。前節で引用したエルナンデス・ミールの『自由』での論評は、「中産階級の《クォータ》」（ここでも「中産階級」は「金持ち階級」より社会的・経済的に下の層ととらえられている）もいるし、「貧しい市民のクォータ」もいる、「［後者の］家族は種々の犠牲を払いながらも、より少ない禍として選択して一握りのペセータを集めたのだ」と続いた（もっとも「貧しい市民のクォータ」はエルナンデス・ミールの眼中にほとんど入っていないようだ）。

以上のことを裏付ける確たる資料を揃えるのは難しい。しかし既に見たバルセロナ、ビスカーヤ、ギプスコアの各県での納付金兵士の割合の高さからして、少なくともこれらの県では「富者」ではない多くの青年たちが納付金兵士となっていたことは間違いない。彼らが納付金兵士になろうとした理由をさらに追ってみよう。上掲の23年の要望書は上記の引用部分に続けて、「［富裕な家族以外は］自分たちの息子がその仕事や雇われていた職場を放棄しなければならないことがないようにと、ぎりぎりまで生活を切り詰め、また多大な犠牲を払って軍納付金として定められた額の可能なかぎりのペセタを揃えることができたのです」と訴えた。プリエートも上掲の発言に続けて、労働者にとっては「［一般徴募兵の3年の現役期間の］入隊で失われてしまう労働日からすると、得られる賃金のことを考えて、仕事場や工場で得られる賃金分で納付金を払う方がまだ安くつくのです」との説明を加えた。つまり、勤労階級の息子たちは血税を免れようとするためだけでなく、兵役による失職の恐れと失われる賃金を勘案して、無理をして納付金兵士になろうとしたということである。以上のことには、12年以降とくに第1次世界大戦中のインフレーション（この間の率は100％近く）によって納付金の負担が相対的に軽くなったことも作用していよう。しかし、十分な資金を持たなかった人々までもが納付金を払おうとしたことは彼らにまさに「種々の犠牲」、「多大な犠牲」を強いたであろう（納付金支払いのために親が農地を売ったジローナの青年の例がある。ほかには関連資料を見出せなかった。前節で紹介した『納付金兵士の悲劇』では、主人公の同僚の1人は「納付金によって破滅したあわれな小農」だった。また、サルスエラ「納付金兵士」には、納付金支払いのために食器セットまで質入れした兵士が登場する)[9]。

　納付金兵士の実態とその特権を見てみよう。既述したように、納付金兵士の要件の一つは軍事学校修了だった。公立および私立の軍事学校に100日間通学し、理論的知識と技能を学んだとされると修了証が交付された。実際にはそれほどの教育を受けなくても修了証が交付されたようだ。修了証は売買されるまでになった（もう一つの納付金）。23年1月に自由派連合新政府の陸相アルカラ・サモーラは、修了証の適正性を確かめるために納付金兵士の入営後の試験制度を導入した。しかし実際にはこの試験もほとんど実施されず、

実施されても不合格となる者は少なかった。このことは25年６月になってプリモ・デ・リベーラ政府が入営後の試験を厳しくするとの措置を採ったことからも証明されよう。つまり、それほどの軍事知識や技能がなくても納付金兵士になり得たし、また軍もそれを容認していた[10]。

納付金兵士は兵種と部隊を選択できた。容易に推測されるように、納付金兵士が選択したのは実戦あるいは前線に立たない兵種、具体的にはまず主計部と補給部隊、次に衛生隊、その次に砲兵隊と工兵隊だった。陸軍省は、納付金兵士が上掲の兵種を選択する場合にはそのための知識・技能の取得を要件とし、また上掲の兵種での納付金兵士の割合を20％までとするとの方策を採らねばならなかった（17年12月以降）。部隊の選択でも、納付金兵士たちが選んだのは自らの居住地近くの部隊（自宅で宿泊可）や、とりわけモロッコ派遣軍を持たない部隊だった。陸軍省は、モロッコ派遣軍を持たない部隊での納付金兵士の割合を25％までとする、モロッコ派遣軍を持つ部隊では納付金兵士を無制限に受入れるとの措置を採るようにした（22年９月）[11]。

ほかにも納付金兵士は様々な特権的扱いを受けた。まず、納付金の支払いは３期分割払い（２千ペセータの場合には最初の年に千ペセータ、後の２年に500ペセータずつ。同様に千ペセータの場合には500ペセータと250ペセータずつ）だったが、各市町村でおこなわれる抽選（本節(5)で後述）以前に第１期分を払うと納付金兵士の要件を得ることができた。しかし、とくにリーフ戦争期には第２期・第３期分を払わない者が多かった。支払い期限の延長を認めるとの陸軍省通達が各年に何回も出されたことがそれを物語る。納付金兵士たちが、モロッコに動員されたことを不満として第２期・第３期分の支払い延期を要請したからである（これは次節で詳述する納付金兵士父母の会の要求の一つだった）。また、主に身体上の理由で一時ないし完全兵役免除となると、納付金は返還された（各年８％程度と推測される。表５-２は『陸軍省官報』に公示されたこれらの返還一覧から作成したものである）。次に、21年11月に陸軍省は納付金兵士の入隊遅延を認めないとの対応を初めて示した。これはやはりモロッコに動員された（る）ことへの不満と抗議としての入隊遅延への対応だが、またそれまでは入隊遅延が容認されていたことを示す（一般徴募兵なら脱走兵とみなされる行為。本節(4)参照）。さらに、兵舎と戦場では一般徴

募兵に対する納付金兵士の特権的位置が鮮明に現れた。納付金兵士は兵舎に宿泊しなくてもよかったばかりか、武器・兵器の点検・整備、兵舎の清掃や洗濯などの義務も持たなかった。戦場でも前線や危険な任務に配置されることが少なかった（前節で紹介した『納付金兵士の悲劇』、『ある兵士のモロッコ日記』参照。納付金兵士の死傷率は不詳。アルバセーテ県出身兵士の例では、「破局」の際の戦闘での一般徴募兵の死者は146人、納付金兵士（18年に54人、19年に204人、20年に217人）のそれは0人だった。ただ後者がどのくらいモロッコの戦場に動員されていたのかは不詳）[12]。ほかにも、納付金兵士たちは規定の兵役期間（千ペセータ支払いの場合には、1年目に4か月、2年目に3か月、3年目に3か月。2千ペセータ支払いの場合には、1年目に3か月、2年目に2か月）の変更要求（ほとんど却下）や、3人以上の兄弟が納付金兵士となった場合の納付金減額要求（12年法で、3人目は半額、4人目は4分の1の額でよいとされた）を出した（承認の場合が多い）[13]。

　納付金兵士の振舞いが大目に見られたのは、その特権が12年法に規定されていたからだけでなく、一連の政府がむしろ納付金兵士となることを奨励・促進しようとしたことによろう。それは納付金兵士となるための手続き期限の延長（19年7月、20年8月、23年8月、11月（最後のものはプリモ・デ・リベーラ政府期である））や、入隊中の一般徴募兵も納付金兵士となれるとした措置（20年12月以降に適用）に見られる。その理由は、金の税を払ってでも血税を免れようとの圧力（既に見たように、それは「富裕階級」に限られなかった。これも既述のように、前節冒頭で見たロマノーネスの主張にもかかわらず、保守党政権の21年の兵役法改訂法案だけでなく自由派連合政府の23年の改訂案も納付金兵士制度の廃止を提起できなかった）と、さらに納付金による国庫収入増にあったと見てよいだろう[14]。

　納付金兵士に対して一般徴募兵が「憎悪」や「恨み」（前節で見た『自由』の表現）を抱いたことは間違いない（やはり前節での諸引用を見られたい）。しかし、これらを示す確固たる資料を見つけるのはなかなか難しい。前節で見た体験記や創作の中にそれらを窺ってみよう。『納付金兵士の悲劇』では、兵士を運ぶ列車内で「俺はクォータで、そのうえ2千ペセータのクォータなんだぞ」などと威張り散らす主人公に対して、一般徴募兵が「遠慮」や「も

やもやした感情」を示すことが出てくる。また、兵舎で納付金兵士に清掃や料理をさせられたことで一般徴募兵が「不信」や「偏見」を抱くとの場面もある。『ある兵士のモロッコ日記』には、一般徴募兵が入隊以前（から）の納付金兵士と自分たちとの間の「不公平」を語る場面が出てくる。サルスエラの「納付金兵士」では、やはり兵舎の清掃をさせられた一般徴募兵が「平等なんてウソだ」、「クォータを払ってないからというので、俺には［納付金兵士がよくおこなった］ドンちゃん騒ぎの権利がないってことか。これは愛国主義なんてもんじゃない」と言うシーンがある。そのくせフィナーレでは、アニス酒を飲んでいた一般徴募兵に除隊間近の納付金兵士がシャンパンをおごると、前者は「納付金兵士のために乾杯！」と叫ぶ。ほかに、バレーアの『ある反逆者の形成』には、特権を主張する納付金兵士に対して一般徴募兵も士官も「みんな不満を抱いた」とある。さらにセンデルの小説『イマン』では、モロッコの戦場での納付金兵士が高級時計を持っていたり金(かね)を持っている「お坊ちゃん」として冷やかに描かれている[15]。

　リーフ戦争中には、動員された納付金兵士たちが今までに見た特権をもとにさらに様々な要求をした。『陸軍省官報』の記事から見て、大まかに分けるとそれらは以下の4つである。第1に、規定の兵役期間を終えたので除隊とせよ。それでも動員するなら納付金兵士の兵役期間の規定を変えよ。第2に、納付金兵士は部隊を選択できるのでモロッコ派遣軍に強制的に入れられることない。現在モロッコに派遣されているのでモロッコから戻せ。第3に、第1、第2のようにならないなら（ならなかったので）、納付金を返還せよ（以上の要求を組織的におこなったのが次節で見る納付金兵士父母の会である）。第4に、千ペセータ兵士から2千ペセータ兵士に変更したい。以上の要求はすべて却下された。第4については、モロッコでの血税を減らそうとしてあらためて金の税を増やそうとしたと見てよい[16]。

　プリモ・デ・リベーラ政府が公布した24年兵役法では納付金は収入あるいは兄弟姉妹数に応じて千〜5千ペセータと定められた。しかし父母あるいは本人が国家公務員ないし地方公務員の場合や一部の軍人の場合には、その収入に応じて納付金は500〜千ペセータでよいとされた。さらに、公立学校教員の場合には該当する納付金の半額でよいとされた。明示的な説明はなかっ

たが、21年改訂法案および23年改訂案以来の納付金を払える人々の間での「公平」な金の税の構想を実現させたと同時に、他方で、やはり以前からの、国家に奉仕している人々は優遇する、つまり「教育水準を理由にして身分によって分かれる」(『納付金兵士の悲劇』の主人公の言葉)のだから、「教育水準」を保持している人々にはその役割を果たせるように少額の金の税で血税を減らせるようにするとの「不公平」な原理を導入したと解しうる。これによって、ロマノーネスさえ指摘したように納付金兵士制度の根幹が相変わらず貧者と富者の問題であったことがぼやかされようとしたと見てよい(24年法では納付金兵士たちは予備役士官となれる人々であることが強調された。しかし納付金兵士で予備役士官となろうとした者はそれほど多くはなかった)[17]。

(2) 代人

　金銭支出で血税を免れる次の方法は代人を立てることだった。代人制は12年法で禁止されたが、主に富裕層の圧力によって13年に復活し、後に24年法で再び禁止された[18]。

　代人を立てることは私的になされたので、代人を探す方法、契約条件、その数などをある程度の正確さをもって把握するのは難しい。一般には次のようになされたと見てよい。入営後の抽選でアフリカ行きが決まると、主に非入営となった兵役適格者(表5-1の⑦-⑨)に代人を依頼する(これは14年に、各市町村でおこなわれた抽選(本節(5)で後述)の番号の交換(若い番号の者が高い番号の者と交換)が合法とされたことで促進された)、あるいはイベリア半島に配属となった者に代人を依頼する、代人斡旋業者に依頼することも多かった(本節(5)で後述)、代人料は500〜1,250ペセータくらいだった(19年に、450ペセータで代人を斡旋するとの広告が新聞に現れた)、軍が代人を兵役適格者と認め、代人が在アフリカの部隊に入隊したら、依頼者はイベリア半島駐屯部隊に入隊する、以上の手続きは20日間以内になされなければならない。以上のことは何を示すのか。まず、代人依頼者の多くは入営者となってもアフリカ行きとならなければ一般徴募兵としてイベリア半島で兵役に服そうとした(血税も金の税も払わなくて済む)。つまり、兵役を避けるためではなく主にアフリカ行きを避けるための代人制度だった。次に、代人料は納付金よ

り一般に安かった（この時期には、納付金を払えない人が代人依頼者となると見られていた）。しかしその分、労働と収入の中断あるいは生活の不安定において納付金兵士よりも不利な状況に置かれた。最後に、代人には非入営の兵役適格者またアフリカ行きからはずされた入営者のうちで血税を払ってでも金銭を必要としていた人々、つまり一般に貧者がなった[19]。

　容易に推測されるように、「破局」後には代人依頼が急増したようだ。21年7月下旬には、代人を見つけたのでモロッコから息子を帰すようにとの多くの要請が陸軍省になされた。これを受けて高等弁務官はCGM司令官に、代人のモロッコ派遣部隊への入隊を確認したら代人依頼者をただちにイベリア半島駐屯部隊に入隊させるよう命令した。しかし同年11月になるとモロッコ派遣兵の代人は厳しく規制されるようになった。これは、すぐ後述する代人の逃亡の多発と、モロッコ戦争をスペイン国民の戦争とするためにはあまりに多くの代人兵士は支障となるとみなされたからであろう[20]。その後のリーフ戦争中の『陸軍省官報』を見ると、代人を見つけたのでモロッコからイベリア半島に戻してくれとの多くの要請がなされたことがわかる（モロッコに行かされる前に代人依頼者が代人を得た場合のことは『陸軍省官報』からはわからない。この場合の方が多かったと思われる）。承認されなかった要請も多い（代人が兵役不適格者である、代人が承諾していない、など）。とくに23年8月以降には全く承認されなくなった[21]。

　制度化された納付金兵士（リーフ戦争中にはこの制度が脅かされたので騒ぎになったのだが）に比して、代人に訴えることは高リスクを含んでいた。代人の逃亡が多かったからである。多くの代人は代人料を得ることを目的としていたので、それを手にすると、アフリカ派遣部隊への入隊以前に逃亡したり、入隊後に逃亡したり、あるいは入隊中に「規律違反者」とされた。兵役不適格者も多かったようだ。これらの場合には代人依頼者がアフリカに（再び）行かなければならなかった（そうしないと代人依頼者が脱走兵とみなされた。渡航費は自弁）。または新たに代人を探さなければならなかった（代人の代人）[22]。

　このようなリスク（軍にとっても）にもかかわらず、24年法で公的に廃止されるまで代人制が維持されたのは、一方で納付金は払えないが血税も払お

うとしない人々（さらに、リーフ戦争中には納付金を払っても血税を避けられなかったので）がいたからであり、他方で代人料という高収入を必要とした人々がいたからであろう。さらに、何としてでもアフリカで闘いたくない徴募兵より、リスクはあってもモーロ人と闘ってくれる兵を軍が欲したこともある。22年4月に陸相自身が「志願兵の他の形態」である代人を容易にする措置を採ると答弁した（前節で既引用）のは、以上のことを踏まえていたからであろう。

(3) 身体上・生計上の理由による免除
〈身体上の理由による免除〉

　表5-1の②、③から一見してわかることは、身体上の理由による免除者が13年に激減し、その後に漸減し、25年にまた激減することである。13年の激減は12年法にあった体重規定がこの年に廃止されたことによる。これは規定の48kg以上の体重に至らなかった徴兵対象者が多かったためである。少なくない青年たちが徴兵検査を前にして意図的に体重を減らしたからである（12年法には胸郭を測るとの規定もあった。13年にこれも変更され、身長比で一定の胸郭に達しない者のみが一時免除とされた）。25年の激減はこの年から24年法が適用され、兵役免除規定とその審査がより厳しくなったからである（後述）[23]。

　兵役免除に関わる最重要規定は身長だった。12年法では身長150cm未満の者が完全免除、150cm以上で154cm未満の者が一時免除とされた。確固たる資料を見出せなかったが、身体上の理由による免除の大半は上掲の身長に至らなかったことによるようだ[24]。それ故に身長規定を維持するかどうかについて軍内で議論があった。身長規定をはずすべきだとの主張は、低身長でも軍務に大きな支障はない、徴兵検査後でも身長が伸びることがある、身長規定をはずせば徴兵検査での身長測定をめぐるもめごとを避けることができるとした。この主張への反論は、身長は身体の頑強さと大いに関係する、その証拠に歩兵の死者の多くは高身長の兵士を要求する他兵種に入れなかった者であるとした。この議論は24年法で一定の結論的対応を見る（後述）。身長のほかには、完全免除とされた消化器の欠陥を持つ者が多いことも問題とさ

れた。腹部にヘルニアを患いながら意図的に治さない青年が多かったからである（軍医からヘルニアの手術を義務化すべきとの意見が出された）。さらに、一時免除とされた視力・聴力の欠陥を訴える青年が多いことも問題とされた[25]。

　主に身長に表れた身体上の理由による免除は青年たちが属していた社会階層とどのような相関を有していたのか。このことを直接に示す資料はないので、やはり県別・地域別の統計資料からそれに迫るしかない。身体上の理由による免除者が高い割合を示すのは一般にカスティーリャ、エストレマドゥーラ、アンダルシーアの各農村地域である。つまり納付金兵士が少ない地域とほぼ重なる。これらの地域では低身長の青年の割合も高い。また、納付金兵士の平均身長は一般徴募兵のそれよりも（2cmほど）高く、さらに2千ペセータの納付金兵士の平均身長は千ペセータの納付金兵士のそれよりも（やはり2cmほど）高いことも明らかになっている。さらに、納付金を払った者が身体上の理由で免除となる割合は一般徴募兵のそれよりも明らかに低い（本節(1)参照）。以上から、身体上の理由による免除は一般に「貧者」が血税を免れる条件であり手段だったと言ってよい（バルセローナ、ジローナ、ビスカーヤ、マドリードの各県でも年によっては身体上の理由による免除の割合が全国平均よりかなり高い。以上の諸県には工業労働者が多かったことによると見てよい）[26]。

　青年たちはうまく血税を免れる方法を知っていた。ログローニョ県の事例では、13年に徴兵対象者の25.0％が身体上の理由による免除を免除審査機関だった徴兵審査混成委員会 Comisión mixta de Reclutamiento（以下、CMR．本節(5)で後述）に申請し、そのうちの70.0％が承認された（全国平均よりやや高い）。22年のこれらの数字は22.3％、85.0％だった（全国平均よりかなり高い。両年とも表5-1の②、③参照）。しかし多くの青年は、このような方法はむしろ面倒で、入営時の検査の方がより簡単かつより確実に身体上の理由で兵役を免れやすいことも知っていた。実際に、入営時に兵役不適格とされた者は12〜20年の全国平均で入営者の5.9％にも上る（最高は15年の9.5％、最低は17年の3.5％。つまり表5-1の⑨のうち上記の割合の者は実際には入営しなかった）。軍もこのことを知悉していた。15〜17年の徴兵統計集編纂者は、

徴兵検査後の免除申請または入営時の検査のいずれかで身体上の理由で兵役を免除された者のうち、半数以上は兵役可能と見ていたのである[27]。

24年法に基づいてCMRは25年に廃止され、徴兵検査点検委員会 Junta de Clasificación y Revisión がそれに代った。免除申請審査は厳しくなった。また、それまで一時免除とされていた身長150cm以上で154cm未満の者と胸郭不全の者、さらに完全免除の対象とされていた一部の病気を持つ者が「補助業務適格者」として兵役に服することになった。補助業務適格者は25～28年に年平均11,703人に及んだ[28]。

〈生計上の理由による免除〉

表5-1の④から、生計上の理由による免除に大きな変化は見られないが、むしろリーフ戦争中の22～27年にその割合が上昇したことがわかる。生計上の理由による兵役免除が「貧者」の血税回避手段だったことは明白だから、モロッコでの戦闘が激しかった時に彼らの多くがそのための免除申請をしたと見て間違いない。社会階層毎の資料はないので、県別・地域別の資料を見ると、やはりカスティーリャ、エストレマドゥーラ、アンダルシーアの各農村地域で割合が高く（身体上の理由による免除とほぼ同傾向）、またジローナを除くカタルーニャで割合が高い。つまり、この資料からも勤労者や「貧者」が多い地域での割合が高いことを確認できる[29]。

各年に生計上の理由で兵役免除をCMRに申請した者の約90%は12年法にある「貧しい父」か「貧しい母」の唯一の扶養者であることを理由とした。他の兄弟（単数ないし複数）が兵役に服しているので、自身が兵役に服すると［生計維持可能年齢である］19歳以上の男性がその家族にいなくなってしまうとの理由がそれに次いだ。「貧しい」の条件は12年法の適用規則で各地域の肉体労働者の平均賃金以下程度と定められた。リーフ戦争中の『陸軍省官報』には、生計上の理由による免除申請がCMRによって拒否されたことを不服として陸軍省に訴えた非常に多数の事例を見出せる。それは21年7月～12月に150件（うち承認されたものは23件、以下同）、22年に353件（66件）、23年1月～10月に215件（59件）にも上る（プリモ・デ・リベーラ政府発足後の23年11月以降には記載なし）。そのほとんどは上掲の「貧しい父」か「貧しい母」の場合である。「貧者」たちが生計上の理由による血税回避をいかに切

に求めていたかを窺い知れる。それ故に表5-1の④が、免除申請審査が厳しくなったプリモ・デ・リベーラ政府期も含めて常に高率を示したことの意味も理解しうる（しかし、24年法が適用され始めた25年以後、生計上の理由が認められた者は兵役免除ではなく最大5年間の「入営延期」とされた)[30]。

(4) 徴兵忌避

　徴兵忌避prófugoとは正当な理由なく徴兵検査やCMRに出頭しないことである。兵役適格者が徴兵局（本節(5)で後述）に出頭しないと脱走者desertorとみなされた（以上、12年法。軍の統計では後者も「徴兵忌避」に入っている。本書もこれに従う)。表5-1の⑥からわかるように、12～27年に徴兵忌避は16～22％の高率を保ち続けた。リーフ戦争中の22～24年にやや低くなった（16％台）ものの、減少率はそれほどではない。

　表5-4を見ると、徴兵忌避については本節(1)、(3)で見てきたのとは大きく異なる県別・地域別の差異や様相を知ることができる。第1に、徴兵忌避の割合が高いのはカナリア諸島、ガリシア地域、北部と南部の沿岸諸県（表5-4には出ていないが、マラガ、カディス両県の割合も高い）である。つまり沿岸地域である。第2に、それが低いのはカスティーリャ、エストレマドゥーラ、アラゴンの各地域、つまり内陸地域である。第3に、上掲の2地域の割合の差が激しいことである[31]。ほかに、21～27年のリーフ戦争中に上記の第1の地域の徴兵忌避の割合がかなり減少したのに全国的にはそれほど減少しなかったのは、第1の地域以外でリーフ戦争中に徴兵忌避者が増えたことを表している。

　徴兵忌避が「貧者」の最後のかつ非合法の血税回避手段だったことは言をまたない。軍・警察は徴兵忌避者を探し回ったから、軍・警察の目の届かない所に隠れなければならない。特定地域や国内に留まることは危険だった。そのため徴兵忌避者の多くは国外とくに海外の旧スペイン植民地に逃げた。つまり、徴兵忌避をある程度確実にするための方法は合法・非合法の国外・海外への移民だった。このような移民を可能とした立地条件にあった上掲の沿岸諸県で徴兵忌避の割合が非常に高いのはこの理由による[32]。

　移民の目的の一つが徴兵忌避だったことは19世紀末以来、軍の知悉すると

表 5-4 徴兵忌避者の対徴兵対象者比

単位%

		1912～1920年平均			1921～1927年平均	
徴兵忌避者の比率が高い上位7県	1	カナリア	60.39	1	カナリア	47.06
	2	オビエド	54.14	2	オビエド	40.36
	3	ア・コルーニャ	48.34	3	アルメリーア	37.60
	4	ポンテベドラ	43.54	4	ア・コルーニャ	37.37
	5	オウレンセ	41.70	5	オウレンセ	35.60
	6	ルゴ	39.63	6	ポンテベドラ	34.63
	7	アルメリーア	35.13	7	ルゴ	33.32
		全国平均	18.51		全国平均	17.17
徴兵忌避者の比率が低い下位7県	7	テルエル	3.93	7	トレード	4.11
	6	サラゴーサ	3.45	6	サラゴーサ	3.37
	5	セゴビア	2.45	5	バダホス	3.01
	4	グアダラハーラ	2.35	4	シウダー・レアル	2.97
	3	シウダー・レアル	2.15	3	グアダラハーラ	2.79
	2	バダホス	1.99	2	セゴビア	2.70
	1	クエンカ	1.51	1	クエンカ	1.82

出典：*Estadística...1912-1914*, 79-81; *Estadística...1915-1917*, 16; *Estadística...1918-1920*, 16; *AEE*, 1921～1927から著者作成。
注記：1921～1927年の下位8位はテルエル（4.42%）。

ころであり、また一般民衆の間で衆知のことだった。12～14年の徴兵統計集の編纂者は次のように指摘した――「スペインのいくつかの地域で徴兵忌避と移民のそれぞれの割合が一致することは、兵役から逃げている一大集団とは、徴兵時期のかなり前に国内からいなくなり、徴兵者名簿がある市町村に後に出頭もせず、国外で出頭して兵役義務を果たすこともしない青年たちであるという衆知の事実を確証している」、徴兵忌避を減らすには現行の移民法を修正するのがよい、徴兵忌避にストップをかける方策を採らねばならない時に来ている。15～17年また18～20年の徴兵統計集でも、15～20歳の青年の移民が多いことは明らかに徴兵逃れのためであると指摘された。最高の徴

兵忌避率を示したカナリア諸島の事例を見よう。当地の徴兵忌避者は主にキューバに移民した。彼らは彼らを乗せる船が秘密裏に出航するまで島内に隠れていた。キューバに着くと、代理業者から「キューバ国籍証明書」を購入するか、あるいはスペイン国籍を放棄してキューバ国籍を取得した。このようにすると、キューバでスペイン当局に見つかっても、あるいはスペインに戻ったとしても兵役を免れることができた。この例のように、徴兵忌避のための移民には代理業者が関わることが多かったようだ。かくしてプリモ・デ・リベーラ政府になると、当該年の徴兵対象者の移民禁止措置が採られた（25年）。また徴兵前の海外渡航者には供託金が課され（徴兵対象年齢に近づくほど高額）、さらに外国居住のスペイン人の徴兵が強化された（以上、26～27年）[33]。

　隠れていた徴兵忌避者が発見されて逮捕されたことも多かった（しかし、これに関する確固たる資料を見出せなかった）。『陸軍省官報』に掲載された、CMRによる徴兵忌避宣告への異議申し立て（すべて却下）、赦免要請、それに徴兵忌避に関する諸規則、さらにはすぐ後述の在アフリカ軍での多くの徴兵忌避被宣告者の存在がそれを物語る[34]。徴兵忌避者のうち出頭した者は4年間の兵役に、逮捕された者は5年間の兵役にそれぞれアフリカの駐屯地で服さなければならなかった。この間には一時休暇もなかった（兵役不適格とされた者は50～250ペセータの科料。これを払えないと収監。以上、12年法による）。23年7月の『自由』には次の論評が載った――在アフリカ軍には徴兵忌避の廉で派遣されて来た多くの兵士がいる、その多くがもう3年間兵役に服している、彼らは「アフリカでの戦争での最もつらい戦闘で任務についている」のだから2年間の加重兵役を免除するのが公平ではないのか。徴兵忌避者に対するこのような罰は、モロッコでの兵役や植民地戦争がいかに恐ろしく忌むべきものとみなされていたかをあらためて示している[35]。

　軍と政府が採った徴兵忌避に対する巧妙な方策は密告制である。19年に始まったこの制度（19世紀にも存在した）は、徴兵忌避者を密告すると密告者の現役兵役期間は1年に短縮され、しかも密告者はアフリカ行きを免れるというものだった。カナリア諸島で徴兵忌避が多かったのは住民間の協力によるところが大きかった。住民は徴兵忌避者を乗せた船がうまく出航できるま

で共同で捜索を妨害した（徴兵忌避の割合が高い他の沿岸地域でもこのような住民間の協力があったことは間違いない）。市町村役所も徴兵忌避による入営者の欠員を非入営の兵役適格者で埋め合わせる手続きを遅らせた。密告制はこのような住民間の協力にくさびを打ち込み、むしろ住民同士を監視させ争わせようとするものだった。リーフ戦争中の『陸軍省官報』に掲載された、CMRでは認められなかったが徴兵忌避者を見つけたので便宜を与えて欲しいとの多くの要請それに密告に関する多くの通達からして、実際にも多くの密告があったようだ。疑わしい密告も少なくなかった（それ故に上掲の要請の多くは陸軍省によって却下された）。密告された徴兵忌避者が他の徴兵忌避者を密告したこともあった（20年8月にこれを禁止する通達が出された）。在モロッコ兵は密告によってイベリア半島に戻ろうとした。密告代理業者も現れた（本節(5)で後出）。23年7月に下院で、自由党議員でもあった『自由』編集長オテイサが密告制を批難した——密告制は「たれ込みを奨励し、ある意味で兵役逃れを容易にしております」、そのうえ息子を早く除隊させたい親から金銭を得て徴兵忌避者を見つけて儲ける業者を作り出した。またプリモ・デ・リベーラ政府時の24年4月の陸軍省通達も、兵役逃れをやめさせるという徴兵忌避密告の「賞讃されるべき精神にふさわしくない」行為がなされていると認めざるを得なかった。それでも密告制の効果ありと判断したのだろう、兵役法を改訂したプリモ・デ・リベーラ政府も密告制を存続させた[36]。

(5) 兵役への嫌悪

　青年男性は20歳になると市町村の徴兵者名簿に登録しなければならなかった。翌年にはほとんど1年中、徴兵のための行事があった。1月-公共の場に貼られた徴兵者名簿の確認／2月-市町村役場での抽選／3月-徴兵検査、免除申請／4月〜6月-CMRでの審査、入営延期申請／6月以降-CMRの決定への異議申し立て／8月-兵役適格者は徴兵局（Caja de reclutas）に出頭／9月〜10月-市町村毎の入営割当数の決定、免除者・徴兵忌避者・入営延期者を除いて抽選番号の若い順から入営者決定／11月〜12月（「破局」以前には翌年2月だった）-入営者の召集、各部隊への配属、各部隊での抽選でア

フリカ派遣者決定、アフリカへの派遣（納付金兵士の入営は翌年1月）[37]。

既述のところからも、多くの青年が兵役を嫌ったことは明らかである。非識字者が多かったにもかかわらず、多くの青年はしばしば変更された兵役制度のことをよく聞き知っていた。本節で見てきた方法以外にも合法・非合法の徴兵忌避行為がおこなわれた——金銭を使ってでも鉱山労働者となる（12年法によって兵役免除）／住民登録も教区登録もしない／女性の名前で登録する（手続き上の過誤の場合もあった）／自殺（公式統計で、12〜27年に「兵役を嫌って」の理由で56人）／徴兵検査直前の自傷行為や故意に自らを病気にさせる行為（毒草を食して死亡した例もある）など。カナリア諸島では島を離れての兵役の苦痛も徴兵忌避の一理由だった。県や市町村の当局自身が自らへの入営割当数を減らすようしばしば要請した。もちろん、これはそれぞれの地域の有権者を意識してのことでもあった[38]。

さらに入営延期も徴兵忌避の一形態だった。学業継続、商工業あるいはそれに関係する家族の必要性、農耕の必要性、兄弟の1人が入隊中の各理由によって1年間（各年に申請して連続して4年間まで）の入営延期が可能だった（12年法）。リーフ戦争中の21年8月〜23年8月の『陸軍省官報』に掲載されたCMRによる入営延期否認への異議申し立て（全55件、すべて却下）からして、非常に多くの延期申請がなされたと推測される（関係資料は見出せなかった。表5-1の⑦のうち当該年以前の徴兵対象者の割合は資料が公にされた12〜20年平均で6.11%である。この大部分は表5-1の③の該当者であろうが、この数字には入営延期者も含まれたはずである）[39]。

兵舎生活への嫌悪も兵役嫌いを促進した。入営者は居住地から遠く離れ、社会から隔離され、狭くて不衛生な兵舎で早朝から厳格な規律の下での訓練生活を送らねばならなかった。12〜20年のいずれの徴兵統計集も兵舎での結核罹患率の高さと結核死亡者の多さを指摘している。アフリカに派遣されればマラリアやチフスの罹患も加わった（後述参照）[40]。

最も嫌われたのがアフリカ派遣だったことは言うまでもない。とくに「破局」直後の21年8月に、1兄弟がアフリカで兵役に服していれば他の兄弟はイベリア半島で兵役に服するとの14年以来の措置が停止され、また1兄弟がアフリカで戦死したなら他の兄弟は半島で兵役に服するとのやはり14年以来

の措置も厳格化されたこと（「行方不明者」は1年経過しないと「戦死者」とみなされない。つまり「破局」での大量の「行方不明者」にはこの措置は適用されない）が少なからぬ衝撃をもたらした。21年10月～23年9月の『陸軍省官報』には、CMRによって否認された上掲の2措置の多くの適用（復活）要請を見出せる（前者-25件、承認はなし／後者-40件、うち承認は20件）。それ故にCMRには非常に多くの申請があったと推測される。22年4月に下院で自由党議員が上掲の第1の措置の復活が「公正な行為」だと要求したが、陸相はこれを拒否した（同月に上院でも同趣旨の質問が自由党議員からなされた）。やはりCMRによって否認されたが、アフリカから戻してくれ、アフリカに行かせないで欲しいと陸軍省に要請した人々も多い（上と同時期に、前者24件、うち2件承認／後者7件、うち2件承認）。モロッコの戦場に動員された入営者の割合を統計化することは難しかった。モロッコに派遣された兵士は、早期帰還の措置が採られた場合以外には3年間（25年以降は2年間）植民地国家の兵士であらねばならなかった。モーロ人と闘うことになったスペイン兵の装具・食糧・武器などが貧弱だったことはよく指摘されるところである（しばしば引用されるのは、21年2月（つまり「破局」の5か月前）の高等弁務官ベレンゲールのエサ陸相宛の書簡である——軍は兵士の装具のための「十分な資力を持っておりません」、良質の食糧も持っていない、武器も「不十分」だ、医療の準備も不十分でしかも旧式だ、「これが残念ながら現実なのであります」。もちろん、ベレンゲールはこのような「現実」を述べて、在モロッコ軍のための「資力」を引き出すことをねらったのだろう。しかし本書が対象とした時期までに大きな変化が生じたとは考えられない）。さらに、さらなる抽選でFRIの「ヨーロッパ兵」への配属（第Ⅳ章第2節で既述）ともなれば、徴募兵の落胆はひとしおだった[41]。

　既述したところからも推察されるように、CMRは兵役免除、徴兵忌避宣告、各市町村の入営割当数の決定、入営延期などについて大きな権限を持っていた。CMRの委員長は県令（代理は県議会議長）、副委員長は1名の軍代表で、委員は県議会指名の2県議、県都の各徴兵局長、軍代表（1名）、県指名の医師（1名）、軍医（1名）、各市町村代表1名（発言権を持つが審議権を持たず）から成り、書記は県議会事務局長だった。実際には各地域の有力

者が県・県議会、各市町村、場合によっては医師を通じてCMRの決定にしばしば大きな影響力を行使した。住民が有力者を通じて血税回避のための自らの要請を実現しようとし、有力者の側もそれを受けて自らへの政治的支持を得ようとしたからである。かくしてCMR委員の職権乱用や不正がしばしば起きた。17年には、過去3年間に兵役免除とされた者の書類を再点検せよとの政令が出された（結果は不詳）。国会（下院）でも諸党派の議員によってCMRの不正が告発された――ジローナの県議会議長でCMR委員長の医師が200ペセータずつをもらって多くの青年たちにでたらめの診断書を発行し、またこれらの青年たちの父親が労働不可とのでたらめの診断書を発行した（保守党議員、22年6月）／アルメリーアではCMRの委員に金を払って兵役免除とされた何人かの「隠れた兵士」がいる（PSOE議員、22年5月、7月。これによって過去3年間のアルメリーアのCMRの事業の監査命令が出された。結果は不詳）／タラゴーナのCMRの不正で多くの医師と若干の軍人が軍法会議で起訴された（カタルーニャ共和派議員、23年7月。内容不詳）／バレンシアのCMRの医師によってヘルニアの青年が兵役適格者とされ、健康な青年が免除とされた（カルロス派議員、同月）。かくしてプリモ・デ・リベーラ政府は地域有力者の影響力を排除するとしてCMRを廃止し、職業軍人のみから成る徴兵検査点検委員会に兵役免除審査を委ねた[42]。

さらに、代理業者が血税回避の切なる願いにつけ込んだ。21年12月に下院でカタルーニャ共和派の議員が、バルセローナ県のサバデイに1,500～2,500ペセータで兵役不適格の書類を作成する代理店がある、サバデイ市は19年と20年に不適格とされた徴兵対象者の再検査を要請していると発言した（結果不詳）。23年6～7月にはより巧妙なやり方がムルシアで発覚した。生計上の理由で兵役免除とされるはずの青年の母（寡婦）が若干の金を払って免除申請手続きを代理業者（本店はマドリード）に依頼した、しかし代理業者は申請せず、代理業者に250ペセータを払った人物が青年を徴兵忌避者だと密告した、青年はアフリカ行きとなり、密告した人物はアフリカ行きを免れたかモロッコから戻った（同種の事件でムルシアで発覚したのは4件。密告者とモロッコから戻った兵士が別人の場合もあった。その場合には代理業者は密告者に600ペセータを渡し、兵士は代理業者に2千ペセータを払ったという）。『自由』

がこの件を大きく取り上げ、その編集長のオテイサ議員が下院でこの件について質問した。ムルシア市職員が関与していたこともわかった。代理業者による徴兵忌避密告には便宜を与えないとの陸軍省通達が23年3月また25年9月に出されたことからして、少なくない密告業者がいたのであろう。本節(4)で見たように、徴兵忌避のための移民にも代理業者が絡んでいた[43]。

12年法さらに24年法も兵役関連業務をおこなう代理業者を禁止した。これは代理業者がそれだけ多かったことを示していよう。しかし政府・陸軍省自体が代理業者と無縁ではなかった。前節で見たように、12年法はアフリカ駐屯部隊の兵員を志願兵のみとすることを目指し、また「破局」後のイベリア半島で有力だった主張は志願兵（それに原住民兵）に基づく植民地軍をつくれというものだった。陸軍省はこの志願兵の徴募を丸ごと代理業者に委託したのである。12年法が適用され始めた13年には、2年間で4万人の志願兵を徴募する契約が1代理業者と結ばれた。報酬は1志願兵当り300ペセータだった（やはり前節で見たように、これに応じた青年は非常に少なかった）。さらに、代人制を復活させそれを容易にしようとさえしたことは代理業者の存在を前提とし、それを増殖させるものだった。リーフ戦争中にも、代理業者が志願兵徴募業務の委託を陸軍省に要請したことがある（少なくとも2回、いずれも否認）。23年3月に『陸海軍』は警告した――アフリカ行きの志願兵の徴募を1代理業者にのみ委託するのは認められない、代理業者には「悪質のものか良質のものか、どちらかしかないからである」[44]。

本節(3)以降で見てきたことから次のことは明らかである。各市町村の入営割当数はほぼ一定していたから、ある青年が兵役免除となったり徴兵を忌避すると、（抽選番号順に）他の者が入営者となる。それ故に、同じ市町村内の住民間で「他」の者の免除あるいは徴兵忌避を警戒しさらには密告する－住民が互いに争う（争わせられる）という仕組みがつくられ（ようとし）た。実際に自らの兵役を回避するために市町村内の特定の青年を対象として訴えた事例もある[45]。本節では、血税を免れるためになされた個々人による受動的な必死の手段や方策を見て来たと言ってもよいだろう（(1)、(2)は主に富者の手段、(3)以降は主に貧者の手段）。上に見たムルシアの事件について『自由』の1論評は臨場感をもって指摘した――「頻繁に起こるたいへん痛まし

い事件は富者と貧者の間に憎しみで満たされた壁をつくっている」[46]。

　本節の主な目的はスペイン人青年がどのように血税を免れようとしたかを明らかにすることなので、兵士の入営後・動員後については詳述しない。今までの研究といくつかの資料から以下のことを指摘しておく。①入営中・動員中の兵士の最大の関心はいつ除隊・帰還できるかだった(『ある兵士の日記』などから)。②休暇への強い要求。12年法では2か月間、3か月間、4か月間、無期限(最後は現役3年目のみ)の休暇が定められていたが、リーフ戦争中の休暇(イベリア半島への一時帰還)は限定された。政府・軍は休暇中の兵士を通じてモロッコでの戦闘の実相が知れ渡ることと兵士の士気喪失を懸念した。休暇要求には農耕のために必要だとの理由も持ち出された(上院での保守党議員の要請、22年6月／陸軍省への要請、23年12月)。休暇後の復隊日に出頭しなかった者もいた(22年1月、バルセローナ)。③復員後の復職への不安。④負傷あるいは病気の理由でイベリア半島での休暇となった兵士が22年初頭に約1万5千人いた。同年2月にこの理由による休暇の抑制措置が採られた後に、それは約9千人となった。この間に姿をくらました者も多い(以上、22年4月の上院での陸相答弁)。さらに23年7月に陸相は下院で、病気、入院、家族の事情の理由で現在、在モロッコ兵力の10％以上が休暇を取っていると答弁した。他方でこれらの兵士の復隊を遅らせるようにとの要請もなされた(下院での自由党議員の要請、21年12月)。現地での入院者も多い(22年4月のメリーリャでの入院者は約5千人)。⑤実戦を避けるための偽装手段——致命的でない負傷を故意に得る(自傷行為、モーロ人に足を撃たせる、軽傷を重傷に見せかける)、仮病、故意に自らを病気にさせる。21年12月に陸相が仮病や偽装的な負傷の調査と罰を命じたことも、これらの偽装手段が少なくなかったことを推測させる(④もこれに含まれよう)。自殺者の記録はあるが、その量的把握は難しい。⑥モロッコでの脱走。22年11月にPSOEのプリエートが下院で、「在アフリカ軍で犯した罪、そのうち最も重い脱走罪」によって「数百人」が収監されていると発言した。また、「破局」直後の21年7月下旬に『リーフ通信』が次の記事を載せた——カルタヘーナ刑務所に収監されていた「アフリカ軍からの多くの脱走兵」が再びモロッコで闘いたいと申し出ている、彼らに「汚点を晴らす」機会を与えるのがよい。これは

「破局」以前の脱走兵のことだが、その後の同じ事態を想起させるに十分である。上記②と関連して、軍が戦場の様子がメトロポリに伝わることを恐れた具体例としては以下のことがある。「再征服」作戦が始まり検閲が布かれていた21年9月、政府はモロッコに動員された兵士の不安を和らげるために、家族との通信用で郵便料金無料のはがきを兵士に配布した（はがきの故に通信文の検閲可）。しかし、検閲が撤回された後の同年11月、軍は業者が作成した絵はがきにアラウィッツなどの惨状（多くのスペイン兵の死体など）の写真が用いられたのを見て、軍管轄権法（軍に対する侮辱を軍が裁くことを定めた06年制定の法）を適用してこの絵はがきを回収してしまった[47]。

3. 特権兵士の帰還要求 ── 納付金兵士父母の会 ──

　21年11月つまり納付金兵士もモロッコに大量動員され始めてほぼ3か月たった頃、いくつかの地域で納付金兵士父母の会 los padres de los soldados de cuota（以下、父母の会）が設立され、21年末までにはイベリア半島のほぼ全県で父母の会が結成された。父母の会は、12年法が規定した各年の兵役期間（前節で既述のように、4か月、3か月、2か月のいずれか）を終えた納付金兵士のモロッコからの帰還を要求した。この要求は21年11～12月に、文書提出によるか下院議員を通じての陸相への要請、また首相や王室内大臣への電報の形で政治権力者に伝えられ、かつ公にされた。電報などでの政治権力者たちへの要請はその後も頻繁になされたが、もちろんそれらが受け入れられることはなかった。22年に入ると父母の会は1月に陸相と、3月にはサンチェス・ゲーラ政府の新陸相と、5月には陸相また首相と会見して、納付金兵士の帰還を要求した。この間に各地の父母の会は示威と要請団派遣のための公開集会開催を何回か企図したが、そのほとんどは内務省によって禁止された[1]。

サンチェス・ゲーラ新政府が父母の会の要求に正面から反論した22年３月中旬の下院でのやり取りが最初の焦点の場となった。カタルーニャ共和派議員（タラゴーナ県選出。以下、県名のみ）：「陸相は納付金兵士父母の会の要求が正当であるかどうか答えられたい。正当でないとされる場合にはその根拠を示されたい」。陸相：父母の会が挙げる理由は「全くの詭弁」である、兵役法によって（「戦争や非常事態」による）部分的動員あるいは全面的動員の場合にはここ３年間の新兵は一般徴募兵も納付金兵士も入隊することになる、「私は現在、真の戦争となっていると考えるものです。モンテ・アルイッツ［アラウィッツ］の死者が示すことは特別で非常に重大な闘いとなっているということです」、父母の会は「公共の利益」を持ち出している、しかし納付金兵士も動員されたことが「血税を引き受けんがためにはせ参じた貧者たち」の士気を高めていることからして、「納付金兵士を除隊させることが公共の利益にとって良いことになるとは思えません」、かくして父母の会の意図するところは「反愛国的でさらに反民主主義的であります。というのは、貧しい人たちと納付金を払えた人たちそれぞれに相応な平等を欠くことになるからであります」。前掲の議員：それならアフリカに行かない納付金兵士がいるのはおかしい、彼らもアフリカに行くべきだ、私は「貧者と富者の区分を言っているのではなく、納付金兵士とそうでない兵士の区分のことを言っているのです」、納付金兵士には肉体労働者もいる、つまり「富者ではない多くの納付金兵士もいるのです」。プリエート議員（PSOE、ビスカーヤ）：我々は陸相と全く同意見だ、兵士を帰還させるならば、それは「全くの公平の精神」でなされるべきであり、「兵士の経済的階級や階層」が考慮されてはならない。その後の４月中旬の上院でもカルロス派議員（アラバ）が父母の会の集会開催禁止に抗議したうえで、納付金兵士と父母の会にも「平等と公正の原則」を適用して欲しいと要求した。これに対して首相は、父母の会から数千におよぶ要請電報が総理府に来ている（が）、「戦争や非常事態の場合には納付金兵士もその他の兵士と全く同じ条件にあるのです」と答えた。さらに５月上旬の下院で自由党議員（リェイダ）がやはり父母の会の集会禁止に抗議すると、首相は次のように答弁した──父母の会の運動は「親としての気持ちから出て来た至極当然で無理からぬ」ものだが、納付金

兵士の除隊や彼らはアフリカで闘う義務を持たないと言うことは認められない。以上のように、また後に見るように与党の保守党議員も含めて、PSOE以外の議員は納付金兵士の帰還要求で一致していた[2]。

　以上の質問や答弁は植民地戦争と特権兵士をめぐる3つの論点を含んでいた。第1に、リーフ戦争が「戦争や非常事態」に当たるのかどうか。政府はそれに当たると見なしたが、父母の会はそうではなかった。22年4月にビトリア（アラバ県）の父母の会が下院に宛てた要請電報は、その論拠として「一般徴募兵も将官も今も通常期と同じ待遇を受けている」ことを挙げた。本章第1節で見たセドゥルン・デ・ラ・ペドゥラーハは、12年法によれば政府は納付金兵士をアフリカに派遣できる、しかしモロッコでの戦争を「非常事態」と宣言するとなると「議会や新聞で論議の対象となるべき政治的問題を生じさせることになろう」と見ていた。実際にはリーフ戦争の際に正式に「非常事態」が宣言されたことはなかった。22年5月の下院で自由党議員（バルセロナ）がこのことを衝いて、政府は「政治的状況によって」納付金兵士を動員するという「違法なこと」をやっていると指摘した。第2に、父母の会の基本的主張つまり規定の兵役期間を終えた納付金兵士をモロッコから帰還させないのは「違法なこと」かどうか。上の自由党議員は、納付金兵士は規定の金額を払ったのだから、規定の兵役期間の後にさらに彼らをアフリカにいさせようとするなら、政府は兵役法を修正せねばならないと迫った（22年6月には改革党下院議員（サラマンカ）が、同年7月にはカルロス派の上院議員（バルセロナ）が同じ主張をした）。22年7月の下院でリーガ議員（バルセロナ）は陸相への文書での要請の中で述べた――納付金兵士が「金持ちの社会階級を代弁する者」になっているので、政府は彼らの帰還や除隊が一般徴募兵に与える「精神的効果」を恐れているのではないか、もしそうなら納付金を返還しなければならない。これは多くの納付金兵士を動員した政府・軍の意図を衝くものだった。しかし政府は上記の第1のことも理由にしてこれらの要求を拒否した。第3に、「富者」だけが納付金兵士になったのではなかったこと。このことについては既に本章第2節で見たが、父母の会はこの後このことをますます強調するようになった。第2節(1)でも引用した23年2月のバルセロナの父母の会の一員の要望書には次のようにあった

―― 政府上層部は納付金兵士は「富裕な家族」に属しているとの誤った認識を持っているのではないか。これはもちろん、自らの要求は富裕階級だけの特権的なものではないとして、広く支持を集めるためだった[3]。

　父母の会がさらに苛立ったのは、メトロポリの不満への譲歩政策を採ったサンチェス・ゲーラ政府によって22年5月にモロッコからの兵士帰還が始まった時だった（第Ⅰ章1.1.3.で既述）。納付金兵士の帰還が優先されなかったのである。イベリア半島配属の納付金兵士がモロッコに派遣された納付金兵士よりも先に除隊となることもあった。22年6月～7月の国会では、前段で引用した3下院議員と1上院議員の他に、保守党下院議員（サラゴーサ）が納付金兵士を優先して帰還させるよう要求した。陸相は、部隊の中に納付金兵士がいる場合でも、どの部隊を動員するかどの部隊を帰還させるかは政府が状況に応じて判断するとして、これらの要請を突っぱねた[4]。納付金兵士は特権による帰還を認められることはなかった。リーフ戦争をスペイン国民の戦争として遂行しようとした政府・軍が大多数の「貧しい人たち」の兵士の反発を恐れたからである。大規模な植民地戦争は戦争動員において階級・階層を越えた「相応な平等」を実現してしまった。

　しかし、政府・軍が植民地戦争での「相応な平等」を掲げたことは父母の会の側の対応にも変化をもたらした。父母の会も「相応な平等」の中に自らの要求を入れ込むことになったのである。それをよく表すものとして、やや長くなるが、22年4月下旬～6月に出されたと推測される父母の会の声明を以下に引用する――「モロッコ戦争の不人気を否定することはとてもできないことでありましょう」、「失った息子たちや親戚のために今日、激しい悲嘆にくれて泣いている20万の家族は……この残酷なモロッコでの戦闘を終わらせることを要求し、嘆願するものです」、「法で保護された［納付金兵士の］いくつかの特権を享受するために金を払った人たちもこの特権を拒否して、その兄弟たちとともにアフリカの陣地に出発したのです」、「しかし時が過ぎて、人々の愛国精神を鼓舞させたこの戦闘の様相も完全に変わりました」、以上から次のことを要求する、①「スペインの崩壊」となるようなら「モロッコの放棄」、②モロッコを放棄できないなら、スペイン人を強制的にモロッコで闘わせることをやめて、ただちに志願兵から成る軍をつくること、

③「アフリカにいる兵士を帰還させるという国民の意向を可能なかぎり早く実現させ、法が規定している兵役義務を果たした［納付金］兵士をただちに除隊させること」。つまり父母の会も、「モロッコの放棄」、志願兵（のみ）がモロッコで戦うこと、それに納付金兵士だけでなく一般徴募兵の帰還も主張し始めたのである。さらに、22年5月初旬の父母の会の政府への要請書では、上掲の①、②、③のほかに、兵役法を改正して一般徴募兵の現役兵役期間を1年とすることと納付金兵士制度を廃止することまでが書かれていた。特権兵士の（少なくとも紙の上での公的な）要求と「国民の意向」は重なることになった。国会でも22年6月以降、兵士帰還を要求した議員は納付金兵士と一般徴募兵の両方の帰還を要求するようになった[5]。

　兵士帰還が始まったといっても、モロッコでは戦闘が続いていたので、12年法に規定された兵役期間を終えた多くの納付金兵士は相変わらずモロッコに居続けた。それ故、その後も父母の会は自らの要求を訴え続けた。22年7月にはバルセローナで示威行進がおこなわれ、そのほかにもそれまでのような要請活動がなされた[6]。

　22年12月に成立した自由派連合政府が在モロッコ軍を原住民兵とスペイン人志願兵によって組織する方策を打出したことは父母の会に期待を抱かせたようだ。しかし既に見たように志願兵になろうとした者は非常に少なかったので、この方策で徴募兵（納付金兵士も含めて）の帰還を図ろうとした企図は失敗した。かくして23年3月頃から父母の会は政府に対して強硬な姿勢を示すようになった。それまでの父母の会の活動の中心はカタルーニャであり、また各地の父母の会は個々に活動することが多かったが、この3月にマドリードで集会が開催され、そこで父母の会全国委員会が結成された。全国委員会の起草になる集会決議は要求した——モロッコ問題について公権力に「確固とした回答」を求める、これが最後の要請である、回答が否定的なら父母の会は世論に訴える、「決定的な時期のために最後の手段をとることもある」。4月になると、父母の会は全国の代表を集めて毎日曜日マドリードで公的集会を開催した。これらの集会では上掲の「最後の手段」が検討された。この4月に父母の会が多くの集会を開いたのは月末の下院選挙をにらんでのことだった。投票日2週間前の集会決議は言う——納付金兵士の帰還が

実現しないなら次の選挙で政府支持を撤回する、父母の会が独自候補を擁立することもある。23年4月選挙でモロッコ戦争反対を掲げた政治党派がマドリードとカタルーニャで伸張した（第Ⅰ章1.2.1.で既述）のは、納付金兵士関係者とその階層の不満を（も）吸収したことによると見てよい[7]。

やはりモロッコ戦争が焦点となった同年5月末に開会した国会でも、改革党から自由党それに保守党およびカルロス派の6議員（バレンシア2名、ギプスコア、サラゴーサ、テルエル、アルメリーア各1名）が納付金兵士の帰還を要求した。国会での質問でも事態を動かせなかったので、父母の会は8月末にマドリードで3日間にわたった全国大会を開催した（マラガ事件の最中）。その決議は主張した ──「国家との契約を必要以上に果たした」のだから納付金兵士をただちに帰還させること／国家の「契約違反」による「相応な補償」を要求する／納付金兵士制度の廃止、これはすべてのスペイン人のための「平等な制度」を確立するためである／兵役負担の軽減／財政を破滅させ青年を常に脅威にさらすので「モロッコの放棄」を要求する。既述のように、父母の会は22年5月頃にはほぼこのような主張をするようになっていたが、この期に至って兵役の「平等」まで言うことになった。自らの要求はけっして特権的なものでないことを訴えようとしたのである。その半月後にプリモ・デ・リベーラ政府が成立すると、父母の会は公的には姿を消した[8]。

以上、21年11月～23年8月の父母の会の活動と主張をクロノロジカルに見てきた。ここでは運動体としての父母の会の性格（変化）に迫ってみよう。少なくとも当初は父母の会が納付金兵士の父母たちによって全く独自に組織されたのではなかったようだ。当初の活動の中心地バルセロナでは商業会議所理事長が父母の会の集会を主宰したり、商業会議所が集会の場だったことからすると、他の地域でもやはり商業会議所のような既存の富裕層の組織が父母の会の活動を組織したようだ。入手できた資料の制約によって以後の事例も主にバルセロナ市やカタルーニャに限らざるをえない。バルセロナ市では、リーガが多数派の市議会の決議（22年7月と23年2月）によって市当局が父母の会の活動を支援した。富裕層だけでなく「勤労者の家族」も多くの納付金兵士を出しており、それ故に徴兵また動員された兵士の中でその比率が非常に高かったはずであるバルセロナ市では、父母の会の活動は

市当局公認のものとなったほどの認知度を得た。カタルーニャでは23年6月の県議会選挙でもモロッコ戦争反対・モロッコ放棄を掲げたカタルーニャ行動党などが前進したが、父母の会の運動のこのような認知度を支えた納付金兵士未帰還問題がその一大要素を成していたことはほぼ間違いない。他方で、父母の会が納付金兵士の帰還要求から一般徴募兵の帰還をも言い始め、兵役負担の軽減、さらには兵役の「平等」、ついに「モロッコの放棄」まで言うことになったのは、モロッコでの戦争の長期化とともに、その運動が大衆的基礎を求めようとし、それを意識したことで一般徴募兵の意向とも交わる（らざるをえない）ことになったことによるものと見てよい。23年8〜9月に、ジローナとタラゴーナの県議会がモロッコ放棄を決議し、マンクムニターもその動きを見せ、またカタルーニャ行動党などがモロッコ戦争反対の行動を強めたこと（第Ⅰ章1.2.2.で既述）にも以上のことが言えよう。国会でもカタルーニャなど納付金兵士が多かった地域から選出された共和派、改革党、自由党各派、保守派各派それにカルロス派の議員が父母の会の要求を取り上げた。これに反論したのはPSOEの議員だけだった。他方で、保守党政府であれ自由派連合政府であれ、植民地戦争遂行者の政府は父母の会の要求に妥協することは（でき）なかった[9]。

　しかし、23年3月にマドリードで全国委員会が結成された頃から父母の会には特定の政治・社会勢力が絡んで来たようだ。カトリック学生連盟委員長が全国委員会委員長に就任したのである。学生の多くは納付金兵士だったから、何らかの学生組織が父母の会の運動に関与したとしても、それは不思議なことではない。同年4月のマドリードでの集会の最終場面では「スペイン万歳、国王万歳」の唱和も見られた。これらのことはマドリードだけのことか．同月末の下院選挙をにらんでのことか、父母の会の乗っ取りか、それに、父母の会が強硬な姿勢を示すようになったことあるいは兵役の「平等」を言い始めたこととどう関係するのか。以上のことへの回答は難しい。いずれにしても、この全国委員会の性格や活動の仕方はそれまでのバルセローナやカタルーニャでの父母の会のそれらとはかなり異なるとの印象を与える[10]。

　新聞に表れた世論は父母の会をどのように見ていたのか。既述のようなバルセローナ市での認知度やカタルーニャの政治動向も受けて、『ラ・バング

アルディア』は父母の会に一貫して好意的であり、その活動を詳しく紹介し、またその活動を予告（宣伝）した。第1節で見たように、『自由』は納付金兵士制度に批判的だった。22年2月に父母の会から同紙に要請があった時には、「我々はこの問題についての予断を避ける」が「聞いてよい意見」であるとのコメントをした（同日の紙面には、第1節で見た、モロッコに行った納付金兵士を讃えたエルナンデス・ミールの論評が載った）。しかし同年11月には、父母の会の主張は「公正である」し、たいへんな犠牲もいとわず納付金を払った「最も慎ましい階級」の納付金兵士もいるので、彼らの要求は否定できないとの姿勢となった。23年1月に『自由』は、納付金兵士も一般徴募兵も早く帰還させるよう陸相に迫ったエルナンデス・ミールの論稿を載せた[11]。

　『エル・ソシァリスタ』は父母の会を最も激しく批判した。21年11月に父母の会が設立された時には、彼らの主張は労働者の息子にのみ「血税」を払わせようとするものだと難じた。翌12月には、自らの意志に反してアフリカで闘っている息子の帰還を願うことは理解できる、父母たちが「不人気なモロッコ戦争」を終わらせようと公的に発言するのは良いことで「たいへん正当なこと」だと父母の会に理解を示す記事も載った。しかしその後は、父母の会が納付金兵士（だけ）の帰還を要求することを批判し続けた――父母の会は「利己主義に囚われていて、その要求を不十分のままにしている」、「軍内のカーストの存在を擁護して、憎むべき特権を守ろうとしている」（22年2月）／誰もモロッコに行かせるなと要求しないなら、我々は父母の会の運動に賛成しない（22年4月）／父母の会の圧力を受けて、「富裕階級の息子たち」を兵役から解放しようとの意向に警告を発する（22年5月）／我々は、父母の会の父母たちが「他の父母たちよりも上級の種類の市民」だとは考えない、父母の会の要求が正当だとみなされるためには、全兵士を同等に扱う要求をしなければならない（23年4月）。23年7月の下院ではプリエートがさらにこの件で質問し、また他のPSOE議員も父母の会の意向を受けた議員の主張に反論した。しかし、本節で既述のように23年8月末に父母の会の全国大会が「平等」を言うようになると、『エル・ソシァリスタ』はそれを歓迎した――「納付金兵士の父母や家族がモロッコ戦争の苦役から自らの息子たちのみを解放しようとの結論から抜け出したことを我々は喜んでいる」、

「今やスペインの全市民が我が党と同じ立場をとることになったのだ」[12]。
　本節では、少なくとも当初は富者たちによってなされた血税をできるかぎり免れるための組織的で能動的な運動を見て来た。それは自らの運動の大衆的基礎を意識したとき、特権兵士だけでなく一般徴募兵の血税軽減も要求する姿勢を見せざるをえなかった[13]。

小括

　本章の「はじめに」で設定した３課題については既に本文の中で結論が示されている。ここでそれらを簡潔に整理すると以下のようになる。第１に、一般徴募兵の現役兵役期間の短縮と兵役の平等への志向はリーフ戦争前からあった。リーフ戦争に特権兵士を含めた徴募兵が大量に動員されると、誰がモーロ人と闘うのか、とくに特権兵士制度をどうするのかが広汎な論議の対象となった。結局、志願兵（それに原住民兵）が植民地戦争を闘えばよいとの主張がスペイン社会・政治で有力となったが、それに応じたスペイン人青年はわずかだったので、この方策でモーロ人と闘うことはできなかった。第２に、貧者は身体上および生計上の理由による兵役免除と徴兵忌避の手段で血税を免れようとした。それは、ときに貧者が互いに争い合う主に個々人による受動的な抵抗だった。第３に、富者は特権兵士制度および代人制＝金の税によって血税を免れようとした。これも個々人による受動的な抵抗ないし対応だった。しかしその基底に階級や階層の裏付けを有した対応だった。血税を回避しまた兵役による失職と収入減を避けるために勤労階級の一部も多大な犠牲を忍んで金の税を払った。しかし特権兵士となっても血税を免れないことがわかったとき、彼らも血税を批判することになった。特権兵士たちの組織的で能動的な運動が始まった。
　あらためて言えることは、強制徴募されて（も）積極的にモーロ人と闘お

うとしたスペイン人青年は少なかったこと、自らの特権を放棄してモーロ人と闘おうとした青年も少なかったことである。

モーロ人との戦争が終わったのは、メトロポリでの血税批判によるよりも、共同植民地国家の軍事力と原住民兵力によってモーロ人の抵抗が潰されたことによった。植民地戦争での血税に直面して富者は貧者に接近したが、それは一時的だったように見える。とはいえリーフ戦争中に貧者も富者も血税に抵抗したことはやはり兵役制度を揺さぶったと言わなければならない。植民地戦争が終わると、一般徴募兵の現役兵役期間が短縮されたので（1年に）、特権兵士（その兵役期間は6か月に）との平等化が進んだのである（1930年）[1]。

しかし、かくしてメトロポリの徴募兵の比重が低くなったことは在モロッコの原住民兵や志願兵（主に外人部隊）の比重を高めることになった。それはまたこれらの兵力に依拠したアフリカ派軍人たち（彼らは徴募兵をそれほど信頼していなかった）の比重を軍内で（またメトロポリの政治・社会で）さらに高めることになった。

結

　本書の結論的主張は既に各章の小括にほぼ示されている。

　リーフ戦争後の平定期（27年～30・31年）には、原住民の帰順と帰還、スペイン領での本格的な原住民統治の開始、あらたな原住民兵力の組織、以上のことがなされた。

　「18年戦争」によってモロッコに植民地が創出された。それは主にメトロポリにとって以下の意義を持つことになった。
　第1に、この過程でモロッコに原住民がつくり出された。「モーロ人」は「原住民」になったと言ってもよい。
　第2に、モロッコ植民地は軍事基地＝一大兵営となった。実際にこの後、29年（プロヌンシアミエントの企図）、30年（共和政樹立を目指した蜂起など）、32年（成立した共和政に対する軍人反乱）、34年（アストゥリアスとバルセローナでの革命的事件）、36～39年（反乱と内戦）の際に在モロッコ兵力がメトロポリに動員されることになる。
　第3に、モロッコ植民地はスペイン国家の国際政治上の位置を、それ故にその対外政策を左右するものとなった。30年まで続いたプリモ・デ・リバーラ体制期には「タンヘルはスペインのものだ！」のキャンペーンや国際連盟常任理事国ポストの要求などスペイン国家の強硬な対外的姿勢が見られた。他方、このことはモロッコ植民地の確保によってスペインの対外的位置が仏英とくにフランスとの関係によっていっそう規定されるようになったことを意味した。それは第2共和政期にも、内戦期にも見られるだろう。別の言い方をすると、スペイン国家はモロッコ植民地に自縛されることにもなった。

第4に、モロッコ植民地を自らの領域のようにみなすようになった軍アフリカ派は、まさにスペイン国家がモロッコ植民地を維持しているが故に、スペイン軍の中で優位に立つようになった。さらに、彼らは在モロッコ軍をメトロポリのスペイン軍のモデルにしようとした。そればかりでなく、軍アフリカ派は一種の植民地党としての政治的役割をも担うことになった。彼らはメトロポリのモロッコ植民地への（無）関心に敏感かつ攻勢的に反応した。プリモ・デ・リベーラ体制期について言えば、プリモ・デ・リベーラは自らの権力維持のためにもますますアフリカ派軍人支持に傾斜していった。しかし、独裁体制批判が強まってくると、軍アフリカ派はプリモ・デ・リベーラ体制に頼ろうとはしなくなる。

　第5に、モロッコでの植民地戦争と原住民統治は自らに敵対した（する）人々に対する強度の「敵」意識を軍アフリカ派に備えさせ、また自覚させた。スペイン国家＝スペイン軍に抵抗する人々を（ときに「共産主義者」として）敵視することは軍アフリカ派を通して植民地モロッコからメトロポリにもたらされることになった。

　第6に、とはいえ、モロッコ戦争・リーフ戦争においてスペイン人の多くは積極的にモーロ人と闘おうとしたのではなかったし、モーロ人を征服しようとしたのでもなかった。モーロ人との友好がはっきりと示されたことも少なくなかった。さらに植民地確保よりスペイン国内の再建をとの要求が様々な社会層から示された。これは（再び）とくに共和政期に（ときに政権内部からも）現れてくることになる[1]。

　かくして、1898年以降のスペイン政治・社会の改革＝国内再建の道を後景に退けたのは、スペイン社会・政治・経済の改革よりもアフリカ西北部での「帝国復活」を目指した20世紀スペインの植民地戦争＝「18年戦争」（とその勝利）ではなかっただろうか。

　モロッコ植民地の原住民・原住民兵さらにはその植民地行政機構と軍事基地を把握したが故に軍の中で優勢となり、またメトロポリの政治・社会でも有力な位置を占めるに至ったスペイン軍アフリカ派は、モロッコ平定直後に成立したメトロポリの共和政とくにその後のメトロポリの内戦でもときに決定的役割を果たすことになる。植民地戦争の中で生まれたアフリカ派軍人た

ちは、植民地戦争の過程で形成された強度の「敵」意識と極度の行動主義をもってモロッコだけでなくメトロポリをも支配しようとこころみ、結局、残虐な方法でそれに成功したとも言えるのである。スペインの内戦が「アフリカからやって来た戦争」(ネリン)とも言われる所以である[2]。

スペイン西北アフリカ帝国(構想)の地域的・世界的条件が消え失せていくのは、おそらく第2次世界大戦の終盤の頃であろう。かくして、これ以降、スペイン軍アフリカ派の存在理由もフェイドアウトしてゆくことになる。

他方、結局は「原住民」の地とされることになったが、リーフではスペイン軍(またフランス軍)への抵抗の中で明らかに新たな「国」=政治体と社会の創成がこころみられた。1920年代の北アフリカにおけるこの経験と軌跡は植民地地域における民族運動の先駆をなすものとなった。

本書の主な舞台はジブラルタル海峡の両岸の地であり、また本書の主要対象時期は1920年代だが、本書は以上に限定された個別研究(だけ)を意図しているのではない。本書の各章はより広く現代史の諸問題に迫ろうとの意図でも書かれている。第Ⅰ章は、一般に植民地での事象に「動揺」する、それに翻弄される植民地本国の政治・社会史でもある。第Ⅱ章は、現代戦の決定的要素となった空爆と化学戦の「初の」本格的な展開を明らかにしている。第Ⅲ章は、植民地地域における民族運動の「挑戦」の先駆的とも言える諸様相・諸問題を照らし出している。第Ⅳ章は、植民地支配と植民地戦争において不可欠な原住民兵をメトロポリの諸国がどのようにリクルートし動員したのかの鮮明な事例である(その後の様々な戦争での「安価な兵士」の事例と言ってもよい)。第Ⅴ章で論じた兵役制度(「血税」を誰がどのように払うのか)とくに対外戦争・植民地戦争における兵役の問題がほぼすべての政治体において見られるものであることは言うまでもない。本書が以上の現代史の諸問題の解明に何らかの貢献をすることができれば、著者にとっては望外の喜びである。

注

《略語一覧》

AEE　　　　Anuario Estadístico de España.
AF　　　　　L'Afrique Française.
AGMM　　　Archivo General Militar de Madrid（旧 Servicio Histórico Militar）.
　　　　　　本書で利用するAGMM文書は、第Ⅳ章で利用するSección de Historiales del Ejército, R13, R14, R15（それぞれマイクロフィルム番号）以外はすべてSección de África のものである。以下の注ではSección の表示は省略する。利用文書のほとんどはマイクロフィルム化されたものなので、その場合にはマイクロフィルム番号を示す。文書綴り番号は5項から成っているが、判別可能範囲である下2項（たとえば279-8）のみを示す。必要な場合以外には文書名を記すことはせず、その日付（たとえば16-V-22（1922年5月16日））のみを記す。上記のR13, R14, R15の利用文書については文書名も日付も明示しにくいので、文書綴り番号（1項）のみを示す。Caja（文書箱）の文書の場合には文書綴り番号5項をすべて示す。
AME　　　　Anuario Militar de España.
BN-SA　　　Biblioteca Nacional de España, Sección de África（現在は存在せず）.
BOZPEM　　*Boletín oficial de la zona de Protectorado Español en Marruecos.* 1913年の創刊時には *Boletín oficial de la zona de influencia española en Marruecos.* 上の名称となるのは18年12月だが、煩雑を避けるためにこの名称で統一する。
CLE　　　　Colección Legislativa del Ejército.
CM　　　　 La Correspondencia Militar.
Comisión de Responsabilidades
　　　　　　De Annual a la República. La Comisión de Responsabilidades. Documentos relacionados con la información instruida por la "llamada comisión de responsabilidades" acerca del desastre de Annual（Madrid, 1931）.
DOMG　　　Diario Oficial del Ministerio de la Guerra.

DSC-C	*Diario de las Sesiones de Cortes, Congreso.*
DSC-S	*Diario de las Sesiones de Cortes, Senado.*
EA	*Ejército y Armada.*
EE	*El Ejército Español.*

Expediente Picasso
　　　　　　De Annual a la República.El Expediente Picasso.Las responsabilidades de la actuación española en Marruecos.Julio, 1921（Madrid, 1931）.

IR	*La Ilustración del Rif.*
PE	*El Protectorado español.*
REH	*Revista de Economía y Hacienda.*
RHA	*Revista Hispano-Africana.*
RTC	*Revista de Tropas Coloniales.*
TR	*El Telegrama del Rif.*

〈序〉

1　以上に述べた、1898年の「破局」後の3つの方向性、20世紀初頭のアフリカニスモ、さらにモロッコ戦争の開始については、深澤安博「20世紀初頭のスペインのアフリカニスモ――1898年の「破局」から帝国の復活へ――」上・下、『人文学科論集』(茨城大学) 37、38 (2002) 参照。リーフ戦争を含むモロッコ戦争全般については、楠貞義／ラモン・タマメス／戸門一衛／深澤安博『スペイン現代史 模索と挑戦の120年』(大修館書店、1999年) 第1部第2章の関連部分を参照。1920年代前半のスペイン領の公式人口統計はないが、領内「原住民」人口は60〜70万人くらいだったと推測される。多くの死者と「逃亡者」を生んだリーフ戦争後にスペイン植民地当局が調査した結果によると、1930〜1931年の「平定完了」期の「原住民」人口は約58万人である。うちリーフ地域の人口は約11万4千人、その中の最大部族バヌワリャガールのそれは約4万5千人である (Alta Comisaría de la República Española en Marruecos, Intervención y Fuerzas Jalifianas, Inspección, *Vademécum, Año1931* (Ceuta, 1932), 69-70; 深澤安博「スペイン領モロッコ植民地の「平定」(1926〜1931年)――「原住民」統治／軍事基地／軍アフリカ派――」、『人文コミュニケーション学科論集』(茨城大学)13 (2012) 2. 1.)。保護領が設定された1910年代前半の「原住民」人口を76万人とする文献もあるが (David S.

WOOLMAN, *Rebels in the Rif. Abd el Krim and the Rif Rebellion* (Stanford, 1968), 19; Walter B. HARRIS, *France, Spain and the Rif* (London, 1927), 22)、これはやや多めの推定である。

2　リーフ戦争全般についての研究史をほぼクロノロジカルに振りかえると以下のようになるだろう（以下の2, 3, 6, 8, 12は主にリーフ側からの考察）。

1. *Abd el-Krim et la République du Rif. Actes du colloque international d'études historiques et sociologiques, 18-20 janvier 1973* (Paris, 1976). 「リーフ共和国」50周年の1973年のコロックでの報告・討論集。突っ込んだ研究ではないが、多くの問題提起を含んでおり、研究の1つの出発点をなした。既に本書で「リーフ［戦争］は、モロッコの歴史よりもスペインの歴史により多くのしかかった」との指摘がなされている (306)。

  ＊前掲のWOOLMANの著。その後の研究から見てあまりに一般的かつ叙述的に過ぎ、もはや研究史に挙げる意味をあまり持たない。

  ＊Miguel MARTÍN [Fernando LÓPEZ AGUDÍN], *El colonialismo español en Marruecos (1860-1956)* (París, 1973). 厳密には学問的著作とは言えないが、スペインの社会主義者・共産主義者の植民地モロッコへの関心の弱さを指摘した鋭い問題提起の書。現在でも意義を持つ。

  ＊Víctor MORALES LEZCANO, *El colonialismo hispano-francés en Marruecos (1898-1927)* (Madrid, 1976/2ed., Granada, 2002); MORALES LEZCANO, *España y el Norte de África. El protectorado en Marruecos (1912-56)* (Madrid, 1986). モロッコ戦争・リーフ戦争については詳しく書かれていないが、スペインのモロッコ植民地支配についての先駆的研究として挙げておくべき文献。

  ＊Juan GOYTISOLO, *El problema del Sáhara* (Barcelona, 1979). 上のMARTÍNの書と同様のことが言える文献。

2. Germain AYACHE, *Les origines de la guerre du Rif* (Paris/Rabat, 1981); AYACHE, *La guerre du Rif* (Paris, 1996). 本格的研究の開始を告げたもの。著者死亡 (1990年)により、1922年までを対象。

3. C. R. PENNELL, *A Country with a Government and a Flag. The Rif War in Morocco, 1921-1926* (Cambridgeshire, 1986)(1986a)/*La guerra del Rif. Abdelkrim el-Jattabi y su Estado rifeño* (Melilla, 2001) (本書では英語版のページを注記). リーフ側の政治・社会・経済状況についての詳しい研究。

4. Shannon E. FLEMING, *Primo de Rivera and Abd-el-Krim. The Struggle in Spanish Morocco, 1923-1927* (New York/London, 1991). プリモ・デ・リベーラ体制のリーフ戦争政策についての研究。

5. Susana SUEIRO SEOANE, *España en el Mediterráneo. Primo de Rivera y la "cuestión marroquí", 1923-1930* (Madrid, 1993). 上の4と同性格の文献。主に対外政策を検討。
6. María Rosa de MADARIAGA, *España y el Rif. Crónica de una historia casi olvidada* (Melilla, 1999/ 3ed., Melilla, 2008). スペイン軍の侵入に対するリーフの状況を19世紀中葉からリーフ戦争まで全般的に検討。
7. Juan PANDO, *Historia secreta de Annual* (Madrid, 1999). アンワールの「破局」とその前後の状況について詳しい。ただ、「アンワールの恥」で多くの軍人が「不当な歴史的罰」を受けた（序文）と述べているように、スペイン軍とその国家の見地を強く出しており、植民地戦争の本質には迫ろうとしない。
   * Zakya DAOUD, *Abdelkrim. Une épopée d'or et de sang* (Paris, 1999). 叙述的文献だが、有用な文献。
8. M. TAHTAH, *Entre pragmatisme, réformisme et modernisme:Le rôle politico-religieux des Khattabi dans le Rif (Maroc) jusqu'à 1926* (Leuven, 2000). アブドゥルカリームとリーフ政治体についての迫力を持つ考察。
9. Pablo LA PORTE, *La atracción del imán. El desastre de Annual y sus repercusiones en la política europea (1921-1923)* (Madrid, 2001). それまでの諸説を検討しながら、植民地戦争としてのリーフ戦争の意義を考察。
10. Sebastian BALFOUR, *Deadly Embrace. Morocco and the Road to the Spanish Civil War* (Oxford, 2002)/*Abrazo mortal. De la guerra colonial a la Guerra Civil en España y Marruecos (1909-1939)* (Barcelona, 2002) (本書では英語版のページを注記)。リーフ戦争と（から）スペイン内戦（まで）をモロッコ植民地（戦争）の視点から考察。スペイン軍による毒ガス使用についても解明。
    * Jesús F. SALAFRANCA ORTEGA, *La República del Rif* (Málaga, 2004). 若干の参考とはなるが、本格的な研究ではない。
11. Gustau NERÍN, *La guerra que vino de África* (Barcelona, 2005). スペイン軍アフリカ派が植民地モロッコだけでなくメトロポリも支配した (前者はリーフ戦争で、後者はスペインの内戦で) と論ずる意欲的な著作。
    * MADARIAGA, *En el Barranco del Lobo…Las guerras de Marruecos* (Madrid, 2005). 上記6と重なる部分を含んでいるが、著者のその他のまたその後の研究成果も取り入れている。
    * Mohamed KADDUR, *Antología de textos sobre la Guerra del Rif* (Málaga, 2005). 資料集。本格的な研究ではない。
    * Vincent COURCELLE-LABROUSSE/Nicolas MARMIÉ, *La guerre du Rif. Maroc 1921-*

354 注

 1926 (Paris, 2008). フランス人読者向けの概説的叙述。フランス軍の戦闘について詳しい。
 12. MADARIAGA, *Abd-el-Krim El Jatabi. La lucha por la independencia* (Madrid, 2009). アブドゥルカリームについての定本となるだろう著作。
 ＊Aumer U LAMARA, *Muḥend Abdelkrim. 'Di Dewla n Ripublik'* (Paris, 2012). ほぼラテン文字表記によるベルベル語文献(本書の著者は巻末のフランス語レジュメしか理解できず)。
 ＊MADARIAGA, *Marruecos, ese gran desconocido. Breve historia del protectorado español* (Madrid, 2013). 著者のそれまでの研究をもとにした概説。

3 リーフ戦争の軍事史研究は非常に多い。以下に代表的なもののみを挙げておく。General BERENGUER, *Campañas en el Rif y Yebala, 1921-1922. Notas y documentos de mi diario de operaciones* (Madrid, 1923); Carlos HERNÁNDEZ DE HERRERA/Tomás GARCÍA FIGUERAS, *Acción de España en Marruecos* (Madrid, 1929) (以下、*Acción*); *Acción. Documentos* (Madrid, 1930); General GODED, *Marruecos. Las etapas de la pacificación* (Madrid, 1932); Carlos MARTÍNEZ DE CAMPOS, *España bélica. El siglo XX. Marruecos* (Madrid, 1972); Servicio Histórico Militar, *Historia de las campañas de Marruecos*, Ⅲ, Ⅳ (Madrid, 1981).

4 AGMMが軍 'militar' の文書館であれば、モロッコ保護領の文民行政 'civil' の文書が所蔵されているのは(スペイン)総合公文書館Archivo General de la Administración (AGA)である。AGAにはリーフ戦争中だけについても膨大な量の関係文書が千を超える文書箱に納められている。個別の事件やイシューを取り上げる場合にはそれらのいくつかの文書に基づいた研究作業が可能である。しかし第Ⅰ章～第Ⅴ章の章題からも明らかなように、本書では個別の事件やイシューよりもリーフ戦争の諸相を可能なかぎり広く取り上げようとしたので、AGA文書の広汎な閲覧に基づく研究作業を断念せざるをえなかった。それにリーフ戦争中のモロッコ・スペイン植民地当局はほとんど軍人から成っていたので、AGMMの文書で 'civil' の分野についてもかなり知ることができた(著者はいくつかのAGA所蔵文書を閲覧したが、それらはAGMM文書を裏付けるものが多かったので、以下の諸章の史料注ではAGA所蔵文書は記さなかった)。

〈第Ⅰ章 第1節 第1小節〉

1 アンワールの戦闘については、軍事史研究はもちろん既に示した文献のすべてが触れているが、さしあたり PANDO (1999), Cap. V; MADARIAGA (2005), Cap. 4 を挙げておく。当時の文献では以下が生々しく「破局」の様子を描いている。

Augusto VIVERO, *El derrumbamiento. La verdad sobre el desastre del Rif* (Madrid, 1922); Luis CASADO Y ESCUDERO, *Igueriben* (Madrid, 2007/1ed., Madrid, 1923); Eduardo PÉREZ ORTIZ, *18 meses de cautiverio. De Annual a Monte-Arruit* ([Manzanares el Real], [2010]/1ed., [Melilla], [1923]). リーフ戦争がダール・ウバランから始まったことを強調するのは、AYACHE (1981) である (とくに 336)。

2　LA PORTE, 'La respuesta urbana ante la crisis de Annual (1921-1923)', *Estudios Africanos*, 18-19 (1996), 110; PANDO (1999), 195. 前日の22日、下院議長で保守党党首のサンチェス・ゲーラは記者団に対して「向こう側で」何かあったことを漏らしていた (*El Sol*, 23-VII-[19]21; PANDO (1999), 195)。

3　*DSC-C*, 26-X, 3-XI-[19]21; LA PORTE (1996), 110; Antonio MORENO JUSTE, '«El Socialista» y el desastre de Annual : opinión y actitud socialista ante la derrota', *Cuadernos de Historia Contemporánea*, 12 (1990), 106; Carolyn BOYD, *Praetorian Politics in Liberal Spain* (Chapel Hill, 1979), 184-185; Ángel COMALADA, *España:El ocaso de un parlamento. 1921-1923* (Barcelona, 1985), 13; Celso ALMUIÑA FERNÁNDEZ, 'La Jurisdicción militar y el control de los medios de comunicación. Annual y la censura de material de gráfico (1921)', *Investigaciones Históricas*, 6 (1986), 225-231; ALMUIÑA FERNÁNDEZ, 'El desastre de Annual (1921) y su proyección sobre la opinión pública española', *Investigaciones Históricas*, 8 (1988); Ingrid SCHULZE SCHNEIDER, *La prensa político-militar en el reinado de Alfonso XIII* (Madrid, 2003), 327, 333, 339.

4　兵員出発がなかったサラゴーサでは24日にモロッコ戦争抗議集会開催の動きがあったが、それは目に見えた行動にはならなかった。26日に兵員が出発したマドリードでは、同日のその後に抗議集会があった。LA PORTE (1996), 110-112; MADARIAGA, 'Le Parti socialiste espagnol et le Parti communiste d'Espagne face à la révolution rifaine', *Abd el-Krim et la République*, 344; BOYD, 184; MADARIAGA (2013), 190; Gerald H. MEAKER, *The Revolutionary Left in Spain, 1914-1923* (Stanford, 1974), 408-409.

5　以上は、LA PORTE (1996), 111; LA PORTE (2001), 86-87 による説明。本書の著者もこれにほぼ同意している。労働運動諸党派や一部の民族主義組織の新聞を除いてほぼすべての新聞が政府の意向に沿った報道をしたことについては次を参照。Jean-Michel DESVOIS, 'La prensa frente al desastre de Marruecos, de Annual a Monte Arruit. 23 de julio a 13 de agosto de 1921', Varios autores, *Metodología de la historia de la prensa española* (Madrid, 1982).

6　Vizconde de EZA, *El desastre de Melilla. Conferencia dada en el Ateneo de Madrid por el Vizconde de Eza* (Madrid, 1923), 68, 71; *AF*, VIII-[19]21, 243; BALFOUR (2002), 205;

DSC-C, 21-X-21, 28-XI-22. 21年11月に軍内紙『スペイン軍』も納付金兵士を動員したのは陸相エサの「大成功」だったと述べた (*EE*, 10-XI-[19]21.『スペイン軍』、『軍通信』、『陸海軍』の軍内3紙の性格については、SCHULZE SCHNEIDER; BOYD, 13, 34-35, 41, 54, 72, 173, 187参照)。同年10月にマエスツは新聞で次のように述べた――「これは1兵卒として富者の息子たちが貧者の息子たちとともに闘っているスペインで最初の戦争である」(*El Sol*, 13-X-21; PANDO (1999), 281)。またオウレンセの新聞に現地からの報告を連載していた1軍曹は22年1月に次のように記した――「この戦争は[イベリア]半島で支持と共感を生じさせたが……それはひとえにこの地[モロッコ]に納付金兵士が動員されたことによるものであることに疑いの余地は全くない」(BEN-CHO-SHEY [Xosé RAMÓN E FERNÁNDEZ OXEA], *Crónicas de Marruecos. Tras la rota de Annual* (Barcelona, 1985), 57)。

7 PANDO (1999), 247, 256; *Acción. Documentos*, Doc. 32; BERENGUER (1923), 96-101, 248-249; Víctor RUIZ ALBÉNIZ, *ECCE HOMO. Las responsabilidades del desastre. Prueba documental y aportes inéditos sobre las causas del derrumbamiento y consecuencias de él* (Madrid, [1922]), 429-432; *Expediente Picasso*, 294.

8 ベレンゲールによれば、彼がメリーリャに到着した時、兵員も一緒に着かなかったのでメリーリャのスペイン人たちは落胆した。他方7月24日、マドリードでは陸相エサが記者会見で次のように述べていた――「メリーリャ住民の印象は素晴らしいもので、[ベレンゲールは]すべての住民がまぎれもない楽観的な意気に溢れていることを見ています」。*Expediente Picasso*, 293-294; *ECCE HOMO*, 392-394, 398-400; BERENGUER (1923), 89-92; PANDO (1999), 207-212, 237-238; *Acción*, 370; Indalecio PRIETO, *Con el Rey o contra el Rey. Guerra de Marruecos* (Barcelona, 1990), I, 21; *TR* (この新聞については、本章2. 3. で詳述), 26-VII, 2-VIII-[19]21; José E. ÁLVAREZ, *The Betrothed of Death. The Spanish Foreign Legion During the Rif Rebellion, 1909-1927* (Westport/London, 2001), 44-45; AGMM, R738, 1-5, 13-VIII-21. 7月28日の高等弁務官布告により軍への供給を確保するために生活必需品の価格統制が始まった (違反者には科料や閉業措置。*TR*, 29-VII-21)。

9 PANDO (1999), 248-250; *Acción*, 511-512; *El Socialista*, 4, 23, 25-VIII-[19]21; MORENO JUSTE, 106, 123; COMALADA, 17; *Expediente Picasso*, 605-606.

10 PANDO (1999), 262-263; BALFOUR (2002), 131-132; *AF*, VIII-21, 243.

11 *DSC-C*, 20-X-21; COMALADA, 38-41; BOYD, 189; *AF*, VIII-21, 241, XI-21, 358.『フランス領アフリカ』がアジェンデサラサール政権崩壊を見て次のように評したことは、後の政治的展開を予期させた――「[スペイン]国内のあらゆる問題は……あたかもモロッコという語が阿鼻叫喚のように書かれてある球体の周りを回

る衛星のような回転を見せるであろう」(*AF*, IX-21, 268)。

12　「再征服」作戦実行にあたってはモロッコに派遣された将校は2年間はイベリア半島への転任を禁止された。また将校は作戦についての見解を公表することを禁止された (「破局」以前に見られた状況を変える措置)。BERENGUER (1923), 105-108; PANDO (1999), 277, 296; BOYD, 190-191; *Acción*, 384, 524.「再征服」の軍事史については次が詳しい。*Historia de las campañas*, III (486-513).

13　BOYD, 193. 下院の議席構成 (20年12月選挙による) は以下である。保守党各派－232／自由党各派－103／地域主義派・民族主義派－19／共和主義諸派－15／改革党－10／カルロス派諸派－8／PSOE－4／無所属ほか－11 (Miguel MARTÍNEZ CUADRADO, *Elecciones y partidos políticos de España (1868-1931)*, II (Madrid, 1969), 829-835)。首相マウラはモロッコでの戦闘状況をにらみながら国会開会日を決定した (Gabriel MAURA GAMAZO/Melchor FERNÁNDEZ ALMAGRO, *Por qué cayó Alfonso XIII* (Madrid, 1999/1ed., Madrid, 1948), 296-298)。

14　*DSC-C*, 20-X-21; *AF*, XI-21, 358-359. *Cf.* MAURA GAMAZO/FERNÁNDEZ ALMAGRO, 295-296.

15　*DSC-C*, 21, 25, 26, 28-X, 2, 3, 4, 8, 9, 11, 15, 16, 17, 18, 24, 29-XI-21; COMALADA, 82-86; *Acción. Documentos*, Doc. 46; BOYD, 196; EZA, *Mi responsabilidad en el desastre de Melilla como Ministro de la Guerra* (Madrid, 1923), 168-172; *RHA* (この雑誌については本章2. 1. で詳述), I-[19]22, 27-28; SCHULZE SCHNEIDER, 347-348. 保守派の中にも植民地確保より国内再建を主張し、それ故モロッコへの侵入を批判した潮流が20世紀初頭から存在した (深澤 (2002))。本小節注27および本章 2. 2., 3. 2. も参照)。

16　「破局」による死者数は「ヨーロッパ人」についても原住民についてもいまだ確定しがたい (パンドは「ヨーロッパ人」の死者を約1万人とする)。*DSC-C*, 27, 28-X, 3, 4-XI-21; COMALADA, 73-76; PRIETO, I, 144-205; *El Partido Socialista ante el problema de Marruecos:discursos pronunciados por el diputado Julián Besteiro en las sesiones del Parlamento* (Madrid, 1921); MEAKER, 437; PANDO (1999), 185-186.

17　アルバレスの次の演説はその不明瞭な立場をよく示しているが、また予言的でもある――昨日は植民地の喪失、今日はメリーリャの敗北、「悪の原因」に対応しなければ「より大きな不幸である、おそらく国の領土の分裂」がやって来るだろう、「不毛なことや無能力を示すより、[モロッコ] 放棄の方がまだよいと言わなければならないでしょう」。*DSC-C*, 11, 16, 24-XI-21; COMALADA, 78-81; *AF*, XII-21, 408, 410-413; MADARIAGA (2005), 173-175.

18　*DSC-C*, 10-XI-21; COMALADA, 95-97; *Transcendental discurso pronunciado por D. Antonio Maura en el Congreso de los Diputados, el día 10 de Noviembre de 1921, exponiendo con clarísima precisión el pensamiento del Gobierno en el importantísimo problema de Marruecos* (Madrid, 1921).

19　*DSC-S*, 18, 22, 23, 24, 25, 29, 30-XI, 1, 2, 6, 12, 13, 14, 15, 16-XII-[19]21; *AF*, XII-21, 414-416, I-22, 7-15; Juan de la CIERVA Y PEÑAFIEL, *Notas de mi vida* (Madrid, 1955), 253; James A. CHANDLER, 'The responsibilities for Annual', *Iberian Studies*, VI, 2 (1977), 71-72; COMALADA, 69-71, 96; BALFOUR (2002), 94; FLEMING, 99; *RHA*, I-22, 68-70. 後の研究でも、たとえばパンドは「破局」の要因を武器・装備の貧困と将兵の士気の低さとに見ている (PANDO (1999), 115-117, 119-122)。これはリーフ戦争に植民地戦争の性格を見ようとしない議論である。

20　*DSC-C*, 20-X-21; COMALADA, 49-50; PANDO (1999), 125, 215, 241; LA PORTE (2001), 75-76; BALFOUR (2002), 74-75; *Expediente Picasso*, 448; *Historia de las campañas*, III, 638 (21年7月15日のシルベストレのベレンゲール宛書簡); Antonio AZPEITUA, *Marruecos. La mala semilla. Ensayo de análisis objetivo de cómo fue semblada la guerra de África* (Madrid, 1921), 111, 180-181.

21　*DSC-C*, 24, 27-X-21; PANDO (1999), 165, 294-295; *RHA*, I-22, 28; PRIETO, I, 145, 158. 共和主義派のジャーナリストのエドゥアルド・オルテガ・イ・ガセーも21年8月初旬にメリーリャから送った記事で、アブドゥルカリームは「懲罰を受けるべきだ」と書いた (*La Libertad*, 6-VIII-[19]21; Eduardo ORTEGA Y GASSET, *Annual* (Madrid, 1922), 157)。国会開会中、マドリードの1新聞は次の論説を載せた――モロッコを放棄すればスペインの資金も血も節約できるが、そうするとスペインの「二重の無能を示すこと」になる、一つ目は世界に示されてしまうアブドゥルカリームに勝利できない無能、二つ目は「真に重大なこと」で、兵器工場も都市も持たない住民が住み「跛のムスリム法官」の将軍［アブドゥルカリームのこと］しかいない地を平定できない無能を我々自身が認めてしまうことである、1898年の時は世界の最大強国に負けたと言えたのだが (*El Sol*, 28-X-21; *AF*, XI-21, 355-356)。

22　*DSC-C*, 10-XI-21; *Transcendental discurso*…, 21-22; BALFOUR (2002), 57, 81, 86.

23　この時期プリモ・デ・リベーラ（まだマドリード軍管区司令官だった）は評議会派を擁護していた。*DSC-C*, 20, 21, 26, 28-X, 9, 11-XI-21; *DSC-S*, 30-XI, 1, 6, 7-XII-21; COMALADA, 52-54, 60-61, 65-66; *AF*, XI-21, 361-364, 370, XII-21, 418; PRIETO, I, 200-205; CIERVA, 267-271; PANDO (1999), 296-297, 301; CHANDLER, 70-72; BALFOUR (2002), 167-168; MADARIAGA (2005), 300-303; *Acción*, 511-512; BOYD, 190, 192-194, 197-198, 200; *ECCE HOMO*, 469-471. 防衛評議会の動向については、BOYD, Chap. 3 を参照。軍アフリカ派とは一般にモロッコで戦功を得て軍内で地

歩を得た軍人たちである。既に本文で名を挙げた軍人また本章3. 4.、第IV章第3節を参照。また以下を参照。BALFOUR (2002), Chap. 6; BALFOUR/LA PORTE, 'Spanish Military Cultures and the Moroccan Wars, 1909-36', *European History Quartely*, 30, 3 (2000); MADARIAGA, *Los moros que trajo Franco... La intervención de tropas coloniales en la guerra civil española* (Barcelona, 2002), 32-47; MADARIAGA (2013), 158-170; 深澤(2012) 3.2.

24　*DSC-C*, 27, 28-X, 9-XI, 2, 6, 7-XII-21; *Comisión de Responsabilidades*, 181-183, 242-251, 325-326; PANDO (1999), 292-293; LA PORTE (2001), 110; BOYD, 198-199; COMALADA, 75; *AF*, XII-21, 418-419; PRIETO, I, 154-158, 195-197; MADARIAGA (2005), 204-216.

25　ベレンゲールは後の弁明の書の中で次のように述べている——21年9月下旬に政府が捕虜解放についての意見を求めてきた、私はリーフ側が要求した身代金を用意して迷わず解放に向かうべきであると答えた、というのは多額の金額を見て部族間で不和が起こる可能性が大いにあったからである、さらに捕虜の存在がリーフへの攻撃の障害になっており、捕虜問題の解決が我々の将来にとって「非常に重要」だったからである。ベレンゲール擁護の書である『この人を見よ』*ECCE HOMO* もベレンゲールは捕虜解放に尽力したと述べる。しかし、リーフ側が軍人を捕虜解放のための交渉相手としないと主張し始めたこともあり、22年に入るとベレンゲールも身代金支払いによる捕虜解放のために積極的に行動することは(でき)なくなった。LA PORTE (1996), 115-116; BOYD, 199; *Acción*, 382, 444-446; BERENGUER (1923), 120-121, 152, 172, 175; *TR*, 3-III-25; *AF*, XII-21, 419, I-22, 18; *ECCE HOMO*, 476, 506-516; Francisco HERNÁNDEZ MIR, *Del desastre a la victoria (1921-1926). Del Rif a Yebala* (Madrid, 1926), 70-71. 21年10月〜22年4月の個別交渉による捕虜解放は約50人である (*Comisión de Responsabilidades*, 183, 242-255)。

26　「カタルーニャ義勇兵」も組織された (人数不詳)。LA PORTE (1996), 112-114; PANDO (1999), 191, 272-274; María GAJATE BAJO, *Las campañas de Marruecos y la opinión pública. El ejemplo de Salamanca y su prensa (1906-1927)* (Madrid, 2012), 353-355 (飛行機購入のためのサラマンカ県での寄金活動); M.ª del Carmen GARCÍA DE LA RASILLA ORTEGA, 'Repercusión del problema Marroquí en la vida Vallisoletana (1909-27)', *Investigaciones Históricas*, 6 (1986) (バリャドリー県の事例); Carlos GIL ANDRÉS, *Echarse a la calle. Amotinados, huelguistas y revolucionarios (La Rioja, 1890-1936)* (Zaragoza, 2000) (Cap. 4, 'De Cuba a Marruecos:El ejército y las quintas'), 309-310 (ログローニョ県の事例).

27　『自由』は自由党アルバ派 (自由主義左派)に近い新聞で、その編集長オテイサ

(本章1. 1. 3. で後出)は23年に同派の下院議員となった。同紙は22年2～3月にもモロッコ戦争についての政界・経済界・軍・労働界・教会・教育界・ジャーナリズムなどの著名人の意見表明欄を設けた (全26人)。大多数は早急かつ平和的に解決することを求めるものだった。またやはりモロッコで浪費される人力や資金は「国内再建」のために使われるべきだとの意見が目立った。『自由』編集部自身もモロッコでの戦争をこのまま続けると「本当の癌」になるとの意見を述べた。*El Socialista*, 8, 25, 29-VIII, 5-IX, 19, 27-X, 16-XI, 5-XII-21; *La Libertad*, 18～25-VIII, 13-XII-21, 1-II～21-III-22; LA PORTE (1996), 113-116; GIL ANDRÉS, 311-312; *AF*, IX-21, 273, XII-21, 419; Luis de OTEYZA, *Abd-el-Krim y los prisioneros* (Madrid, 2000/1ed., Melilla, 1922), 14-16, 18-21 ('Estudio introductorio' por MADARIAGA); MADARIAGA (2005), 217-222; MADARIAGA (2013), 187-188. 21年に公刊された1著作も次のように主張した――「学校も建てられないような人々は外の地に文明をもたらす能力を持たない。モロッコでのような事業に資金を費やすのは犯罪である」、「力によってモーロ人を征服するべきではない。……モロッコ［人］は遅れた人々だが、野蛮な人々ではない」、「自身が文明的であるとみなしている人々のみが文明化のための保護の行動をすることができる」(AZPEITUA, 134, 147-149)。共和主義派のドミンゴも次の書の序文でほぼ国内再建の必要性に拠ってモロッコ放棄を主張した。Francisco GÓMEZ HIDALGO, *Marruecos. La tragedia prevista* (Madrid, 1921), 20-23.

28　プリモ・デ・リベーラは今回は政府支持を表明した。COMALADA, 100-101; BOYD, 201-205; *Comisión de Responsabilidades*, 198-200, 314.

29　1月中旬、陸軍中央参謀本部議長のウェイレル将軍がベレンゲールの無能と陸相が自分の助言を無視していることを理由に辞任した。*REH* (この雑誌については、本章2. 2.で詳述), 7-I-[19]22; *AF*, I-22, 67-68; BOYD, 202; MAURA GAMAZO/FERNÁNDEZ ALMAGRO, 443.

30　ピサーラが会議場所として選ばれたのは、「破局」の最高責任者とされた高等弁務官ベレンゲールがマドリードに来ることや目立った場所に現れることを避けるためだった。CIERVA, 271-272; FLEMING, 73-74; *AF*, II-22, 68-70; COMALADA, 101-102; *ECCE HOMO*, 466-469, 476-481; *Acción*, 402-405, 514-515; BERENGUER (1923), 176-177, 252-253. 3月上旬、メリーリャの中央原住民局長リケルメはリーフの政治・治安・軍事状況を高等弁務官に報告した (これはピサーラ会議への出発の際のベレンゲールの命令による)。同報告では非征服地を「制圧または中立化するために用いられるべき政治的・軍事的手段」が重点的に述べられている。「［リーフの］指揮の中心でありすべての抵抗の真の軍事力」であるバヌワリャ

ガールについてはこの地に上陸して「確実で直接の打撃を与える」とするが、他の部族や地域については主に「政治的手段」(部族間や部族内の分断など)を推奨している。これらはピサーラ会議の「結論」①、②に沿った方策(あるいは「結論」には表されなかった方策)だが、また同③の困難さも示唆している(*Comisión de Responsabilidades*, 257-273. 第Ⅲ章第2節第1小節の注16でもこの報告文を引用)。

31 ベレンゲールの擁護者ルイス・アルベニスはこの時点でベレンゲールは辞任すべきだったと述べる。*ECCE HOMO*, 481-482.

32 *DSC-C*, 3, 7-III-22; COMALADA, 103; BOYD, 207-208; LA PORTE (2001), 87.

33 *DSC-C*, 4-IV-22; COMALADA, 105-108, 110-111; BOYD, 210.

34 BERENGUER (1923), 192-193, 253-257; COMALADA, 109-110; *Comisión de Responsabilidades*, 70-71; *AF*, IV-22, 176-177; *Historia de las campañas*, III, 278-279.

35 国王とマウラ政府は21年8月と9月の2勅令によってピカソ将軍の調査対象から高等弁務官ベレンゲールを外させた。ピカソは調書でこの措置が自分の調査範囲を制限したことに不満を表明した。実際にベレンゲールはピカソの質問に対して返答しなかった。*Expediente Picasso*, 5-12, 295-299, 303-304, 383, 389-391, 608-610; BALFOUR (2002), 76; CIERVA, 254; PANDO (1999), 268-269. ピカソは調書を作成したことによって、アフリカ派軍人や保守派政治家から共和主義者でフリーメーソンでプロテスタントだとして非難された。実際にはそのいずれでもない職業軍人だった(ピカソの経歴については、PANDO (1999), 270-272)。イベリア半島から転任してきた将校たちがあまり戦闘に関わろうとせず、指揮放棄の状況にあったことについては、BALFOUR (2002), 181-182, 213-214; LA PORTE (2001), 83. 本小節注19も参照。

36 *DSC-C*, 23, 24-III, 5, 7, 18, 21, 25, 26, 28-IV, 3-V-22; *DSC-S*, 15, 21, 31-III, 5, 19-IV, 20-V-22; COMALADA, 111-112, 115; *AF*, IV-22, 177, 184; MORENO JUSTE, 122; *RHA*, III-IV-22, 106-107, V-VI-24, 131; *REH*, 22-IV, 4-XI-22; LA PORTE (2001), 85.

37 *DSC-C*, 3, 4, 5, 10, 12-V, 21-VI, 20-VII-22; *DSC-S*, 30-V-22; COMALADA, 114; BOYD, 212-215; PRIETO, II, 11-33; MADARIAGA (2005), 310-315.

38 *DSC-C*, 7-VI-22; LA PORTE (1996), 117-119, 123; BERENGUER (1923), 201-207; *Comisión de Responsabilidades*, 71.

39 *AF*, IV-22, 178; *Conferencia del Excmo. Sr. Conde de Romanones, sobre el problema de Marruecos pronunciada en el Teatro de San Fernando de Sevilla el 26 de abril de 1922* (Sevilla, 1922); BOYD, 221; BERENGUER (1923), 209.

40 *DSC-C*, 29, 30-VI, 11-VII-22; *AF*, VII-22, 335-339, 348; *REH*, 24-VI, 1-VII, 9-IX-22; *RHA*, VII-VIII-22, 264-266. 22年7月の国会では捕虜解放についても集中的な

討議がおこなわれた。この中で1保守党議員は実力で捕虜を解放せよと主張した (*DSC-C*, 4, 5-VII-22)。

41 *Expediente Picasso*, 299-314, 383-391; BOYD, 219.
42 ベレンゲール弁明演説の直後、自らの答弁に過誤があったことから陸相が辞任した (この結果、首相が陸相を兼務)。*DSC-C*, 11, 18, 19, 21, 22-VII-22; *DSC-S*, 14-VII-22; BERENGUER (1923), 219, 224; *Acción*, 410-411; COMALADA, 117-120, 122; BOYD, 219-221; *ECCE HOMO*, 10, 505, 534; Emilio AYENSA, *Del desastre de Annual a la presidencia del consejo* (Madrid, 1930), 107-153, 177-194 (本書は曖昧な形でしか「責任」をとら(され)ずにプリモ・デ・リベーラ体制崩壊後の1930年に首相となったベレンゲールへの批判の書)。
43 COMALADA, 124-125; *Acción*, 424; *Comisión de Responsabilidades*, 72-73; FLEMING, 76-77; *RHA*, VII-VIII-22, 250; *Historia de las campañas*, III, 562-563, 659; HERNÁNDEZ MIR, *Del Rif a Yebala*, 15-16.
44 *La Libertad*, 1, 3〜14-VIII-22; LA PORTE (1996), 119; MADARIAGA (2005), 185-187; OTEYZA, 24-30, 56, 68, 75, 77-78, 99-111, 116-131, 147; PÉREZ ORTIZ, 272-273.
45 *BOZPEM*, 1922, 19 (10-X); BOYD, 222-223; José Luis VILLANOVA, *El Protectorado de España en Marruecos. Organización política y territorial* (Barcelona, 2004), 160-162.
46 *Acción*, 425-426; *RHA*, IX-22, 286-293; *Comisión de Responsabilidades*, 356-361; Rosita FORBES, *El Raisuni. The Sultan of the mountains* (London, 1924), 306-311; Carlos Federico TESSAINER Y TOMASICH, *El Raisuni. Aliado y enemigo de España* (Málaga, 1998), 214-217 .
47 WOOLMAN, 107; BOYD, 224; *Acción*, 436-437; *RHA*, XI-22, 344-346; LA PORTE (2001), 168-169; *AF*, X-22, 450-451, I-23, 20-21, 25, 26; HERNÁNDEZ MIR, *Del Rif a Yebala*, 33-36. この間の捕虜救出のための活動として、本文前出の捕虜救出委員会が22年4月に始めた捕虜解放のための寄金運動(政府はこれを認めず)、22年5月に1スペイン人神父が捕虜解放を求めてアブドゥルカリームと会見したことがある(失敗)。*Acción*, 447; LA PORTE (1996), 119; HERNÁNDEZ MIR, *Del Rif a Yebala*, 80-84; PÉREZ ORTIZ, 266; MADARIAGA (2005), 226-228.
48 *AF*, X-22, 446-447; BOYD, 224. ブルゲーテは、敵陣営は乱れており収穫も良くなかったので今がアルホセイマ攻撃の好機であることを首相(兼陸相)に説いたようだ (*AF*, X-22, 447)。収穫が良くないと原住民の抵抗力が弱化すると見ることはスペイン軍人の一般的で共通の認識だった。収入を得ようとして原住民がFRIやPIに入隊したりアルジェリアに出稼ぎに行ったからである。シルベストレは20年秋・冬の凶作がスペイン軍の攻撃に有利であると見て軍を前進させた(このこと

については第Ⅲ章2.2.、第Ⅳ章第2節で後述)。

49 BOYD, 224, 230; *Acción*, 516-518; *AF*, X-22, 446-447, XI-22, 494-496; CHANDLER, 73; BALFOUR (2002), 78. ティジ・アッザの戦闘については以下を参照。*Historia de las campañas*, III, 566-570; *Acción*, 433-436.

50 *EE*, 18〜21-X-22; *DSC-C*, 14, Apéndice 1, 17, 22, 23, Apéndice 1-XI-22; *DSC-S*, 15-XI-22; COMALADA, 129-130; BOYD, 224-229; *AF*, X-22, 448, XI-22, 498-499; *Acción*, 517; Conde de ROMANONES, *Notas de una vida* (Madrid, 1999/1ed., Madrid, 1947), 464.

51 *DSC-C*, 15, Apéndices 2, 3, 16, Apéndice único-XI-22; COMALADA, 131-134; FLEMING, 78-79; PRIETO, II, 37-45; BOYD, 231-232; Ignacio M. LOZÓN URUEÑA, 'Las repercusiones de la acción de España en Marruecos', *Tiempo de Historia*, II-1981, 15-19. 議会内委員会委員だった急進党のレルーは3案のいずれにも組せず、また独自案も提出しなかった。曖昧で(モロッコ政策では植民地維持に賛成だが)機会主義的な急進党のいつもの対応がここにも表れている。レルーは大衆集会ではまたいつもの大衆迎合のアジテーション演説をした――アジェンデサラサール政府の責任を要求する、「［国王は］憲法が無答責と規定しているので責任を持たないのですが、［破局の］張本人なのであります」、「異常な事態には通常でない罰がふさわしいのであります」(22年12月のバレンシアでの演説。*Las responsabilidades:Discurso pronunciado por D. Alejandro Lerroux en la Lonja de Valencia el 17 de diciembre de 1922* (s. l., 1922), 17-18, 24, 30)。責任問題の国会討議が始まるまでに、おそらく議会内委員会委員のリークによってピカソ調書の概要は公になっていた。次の冊子はその1つ。*El Expediente Picasso:Las acusaciones oficiales contra los autores del derrumbamiento de la Comandancia de Melilla y el desastre de Annual* (Barcelona, 1922).

52 *DSC-C*, 21, 22, 23, 24, 28, 29, 30-XI, 1, 5, Apéndice 4, 6-XII-22; COMALADA, 131-144; BOYD, 232-235; FLEMING, 79-80; PRIETO, II, 46-99; *El Expediente Picasso. Discursos de Don Niceto Alcalá-Zamora pronunciados en el Congreso de los Diputados los días 24 y 28 de noviembre de 1922* (Madrid, 1923), 16, 28-29; EZA (*Mi responsabilidad*), 240, 298, 303, 305, 493, 500-502, 504-508, 511-512; *AF*, XII-22, 528-531; CIERVA, 284-289; CHANDLER, 73-74. もっともアルカラ・サモーラをはじめ自由党各派の立場は曖昧だった。アルカラ・サモーラは回想記で自分はアジェンデサラサール政府の陸相・外相は(それにベレンゲールも)「破局」の責任を有しないと考えていた、と述べている (Niceto ALCALÁ-ZAMORA, *Memorias (Segundo texto de mis Memorias)* (Barcelona, 1977), 67, 68)。

〈第Ⅰ章 第1節 第2小節〉
1　国王はサンチェス・ゲーラ政府の危機を見て、まず「破局」後再度のマウラ政府、次にカンボ政府の成立を図ろうとしたが、それらは成らなかった。José María MARÍN ARCE, 'El gobierno de la concentración liberal:el rescate de prisioneros en el poder de Abd-el-Krim', *Espacio, Tiempo y Forma*, 1 (1987), 165; COMALADA, 146-147; BOYD, 238.
2　*La Libertad*, 7, 8, 9, 10, 12-XII-22; BOYD, 230-231, 233, 239; LA PORTE (1996), 120-121; *AF*, XII-22, 531-533; *DSC-S*, 5-XII-22. 責任要求の集会は23年に入ってからも各地で催された (*La Libertad*, I～III-23, *passim*)。
3　*Acción*, 453-454; *REH*, 30-XII-22; *AF*, I-23, 12-16; HERNÁNDEZ MIR, *Del Rif a Yebala*, 49-53.
4　BOYD, 240; *Comisión de Responsabilidades*, 92; COMALADA, 149; *AF*, II-23, 68-69, III-23, 119-122; *RHA*, I-23, 27-28; *Acción. Documentos*, Doc. 37. ララーシュ軍管区の廃止には22年9月に発覚した同管区での公金横領事件も絡んでいた。この事件については、Fernando GONZÁLEZ, 'Carpetazo al escándalo del millón de Larache', *Historia Internacional*, IV-1975; MADARIAGA (2005), 255-257参照。
5　22年12月、ブルゲーテの承認のもと、バヌワリャガール部族のアブドゥルカリーム反対派の有力者 (約20人) に金銭を配って捕虜を解放する工作がなされた。しかしリーフ側が察知したのでこれは失敗した。MARÍN ARCE (1987); *Acción*, 447-448; *Comisión de Responsabilidades*, 108-109; PÉREZ ORTIZ (18か月間の捕虜生活の後に解放された1中佐の回想記), 300-322; Francisco BASALLO, *Memorias del cautiverio (julio 1921 a enero 1923)* (Madrid, [1924]) (直前の書の著者と同様の体験をした軍曹の著), 168, 174-188; MADARIAGA (1999), 457-461; MADARIAGA (2005), 229-232; Javier RAMIRO DE LA MATA, *Origen y dinámica del colonialismo español en Marruecos* (Ceuta, 2001), 250-255.「共和主義の資本家」エチェバリエータはビルバオでPSOEの指導者プリエートの友人でもあった。エチェバリエータは、スペインはモロッコを放棄できないが、アブドゥルカリームは和平を望んでおり、方策を変えれば平定可能と考えていた (Pablo DÍAZ MORLÁN, *Horacio Echevarrieta. 1870-1963. El capitalista republicano* (Madrid, 1999), 126-139; *AF*, IV-23, 175; Dirk SASSE, *Franzosen, Briten und Deutsche im Rifkrieg 1921-1926.Spekulanten und Sympathisanten, Deserteure und Hasardeure im Dienste Abdelkrims* (München, 2006), 222-240)。
6　MARÍN ARCE (1987), 178-181; *RHA*, II-23, 58; *AF*, II-23, 66, III-23, 120-121;

RAMIRO DE LA MATA, 255-256; *CM*, 20-II-[19]23; Francisco GÓMEZ-JORDANA SOUZA, *La tramoya de nuestra actuación en Marruecos* (Madrid, 1976/2ed., Málaga, 2005), 114-115; *Acción*, 456-458; BOYD, 242; MADARIAGA (2005), 324-326; *Historia de las campañas,* III, 581-584; Santiago ALBA, *Para la historia de España* (Madrid, 1930), 14-15.

7 *AF*, IV-23, 171, 177-179, VII-23, 370, VIII-23, 438, X-23, 552; *Acción*, 465; *La Libertad*, 27-VII-23; LA PORTE (1996), 122-123.

8 国会解散の直前、政府が国家と教会の関係に関する憲法修正に後ろ向きなことを批判して改革党の財務相が辞任した(後任はビリャヌエバ)。しかし改革党の政府支持は継続した。この23年4月選挙では、無投票当選者が全議員の35.7%、投票がおこなわれた地域での棄権率が35.5%に達した。以上による投票不参加者の合計(有権者の57.6%)は無投票当選制度設立以降の選挙で最も高い数字となった。さらにかってない不正選挙がおこなわれた。このことは選挙制度の問題点とともに、少なくとも自由派連合政府が有権者(25歳以上の成年男性)の多数の支持を得たのではないこと＝政府の支持基盤の不安定さを示している。COMALADA, 148, 151-153; BOYD, 246-248; *AF*, IV-23, 169; *REH*, 14-IV-23; MARTÍNEZ CUADRADO, II, 839-847; María Teresa GONZÁLEZ CALBET, *La Dictadura de Primo de Rivera. El Directorio Militar* (Madrid, 1987), 105-111.

9 *La Libertad*, 3-II, 15, 17, 29-V-23; *El Socialista*, 10-IV-23; *Acción*, 530-531; *AF*, IV-23, 170-172; EZA (*El desastre*), 36, 56, 63, 92, 93, 95; EZA (*Mi responsabilidad*), 21-22, 433, 483-484; BERENGUER (1923), 7, 34-47, 69-71, 96-100, 225-234.

10 MADARIAGA (1999), 461-472; MADARIAGA (2005), 329; *AF*, V-23, 233-234, 238, VII-23, 367-369; *BOZPEM*, 1923, 9 (10-V); *RHA*, V-23, 153-154; FLEMING, 83-85; BOYD, 249-250; HERNÁNDEZ MIR, *Del Rif a Yebala*, 112-161; José Manuel ARMIÑÁN/Luis de ARMIÑÁN, *Francia, el dictador y el moro* (Madrid, 1930), 33-39; VILLANOVA (2004), 277-278. 前CGM司令官は以前から辞意を伝えていたが、23年5月末に次のように警告していた——「アブドゥルカリームはリーフとゴマーラの諸部族の絶対的支配者」となっている、|残念ながら、今はこの状況を変えるのに十分に効果あるプランが実行に移されるまで我々が持ちこたえるしかないでありましょう」、アルホセイマを攻撃するのが「根本的で誇り高くかつ血と金銭を節約できる唯一の解決法」である、敵が収穫をするままにまかせてしまうと我々は決定的な時機を逃してしまう(AGMM, R535, 373-13, 29-V-23. おそらく陸相か高等弁務官に宛てた文書)。交渉経過とくにリーフ側の主張については、第Ⅲ章3.2.1.で後述。

11　上院では 7 月上旬になっても、陸海軍最高会議議長アギレーラ (上院議員でもあった) と、ベレンゲールの不尋問特権剥奪を軍による議会の権限の侵害とみなす保守党マウラ派の元上院議長サンチェス・デ・トカや前首相サンチェス・ゲーラらとの間で激しい口論が展開された。DSC-C, 30-V, 12, 13, 14, 15, 16, 19, 20, 26-VI, 3, 4, 5, 6, 10, 12, 20-VII-23; DSC-S, 5, 8, 12, 13, 14, Apéndice 1, 19, 20, 21, 22, 26, 27, 28-VI, 3, 4, 5-VII-23; COMALADA, 154-162; BOYD, 248, 250, 254-256; Acción, 468, 470-472, 521; AF, VI-23, 284, VII-23, 354-364, 367-368; RHA, VI-23, 172-174, VII-VIII-23, 226; PANDO (1999), 312; Carlos NAVAJAS ZUBELDIA, Ejército, Estado y Sociedad en España (1923-1930) (Logroño, 1991), 32-33; Comisión de Responsabilidades, 3, 362-367; HERNÁNDEZ MIR, La dictadura en Marruecos. Al margen de una farsa (Madrid, 1930), 39-56; CHANDLER, 7; LOZON URUEÑA, 19-22, 25-26; ALCALÁ ZAMORA, 72, 87-88; ROMANONES (1999), 474-476.

12　CM, 20-II-23; BOYD, 242-245, 253-254; GONZÁLEZ CALBET (1987), 23-24, 59; MAURA GAMAZO, Bosquejo histórico de la dictadura (Madrid, 1930), 19-20; ROMANONES (1999), 474; NAVAJAS (1991), 30-32.

13　BOYD, 257-258; MAURA GAMAZO, 20-21; LOZON URUEÑA, 26-27.

14　TR, 29-V-23.

15　モロッコ保護領統治における原住民当局の協力と保護領予算の削減は政府がマルティネス・アニードの作戦計画提出の直前にあらためて声明していたことだった。BOYD, 258-259; FLEMING, 84; Acción, 473; El Socialista, 4-VIII-23; AF, VIII-23, 434, IX-23, 485-486; RHA, VII-VIII-23, 230-231; Historia de las campañas, III, 603-605; HERNÁNDEZ MIR, Del Rif a Yebala, 164-183; HERNÁNDEZ MIR, La dictadura en Marruecos, 13-14; MARÍN ARCE, 'Proyecto de desembarco en Alhucemas (1923)', Actas del Congreso Internacional «El Estrecho de Gibraltar», Ceuta, 1987, III (Ceuta, 1988), 445-446. マルティネス・アニードが採った方策の 1 つにメリーリャに出入りする人間 (軍人を除く) への身分証明書の発行が挙げられる (23 年 8 月から施行)。身分証明書は国籍別のヨーロッパ人、ムスリム、「ユダヤ人」でそれぞれ異なっていた。つまり住民管理の強化である (RHA, VII-VIII-23, 230; AGMM, R742, 4-3, 30-VII-23)。

16　『リーフ通信』23 年 8 月 21 日号で編集長は「1923 年の収穫が非常に良かったので、これが彼ら [リーフ人] に新たな抵抗の手段を与えている」と書いた (本章 1. 1. 注 48 参照)。BOYD, 259-260; El Socialista, 15, 22-VIII-23; AF, IX-23, 486-493; MADARIAGA (Abd el-Krim et la République), 358-360; MADARIAGA (2005), 286-288; MADARIAGA (2013), 195; MEAKER, 469-472; ALBA, 7; Historia de las campañas, III,

605-615; Joseba SARRIONANDIA, *¿Somos como moros en la niebla?* (Pamplona, 2012), 287-293. バレンシアでも抗議行動が起きた (BALFOUR (2002), 93; MADARIAGA (2005), 288)。閣議でマラガ事件の伍長に恩赦を与えることをまず主張したのは陸相のアイスプール将軍だった。この政府の労相だったチャパプリエータは、アイスプールの行動は後のプロヌンシアミエントを正当化するための意図的なものだった、と回顧する (Joaquín CHAPAPRIETA, *La paz fue posible* (Madrid, 1971), 133-134; GONZÁLEZ CALBET(1987), 25)。

17　8月下旬、高等弁務官シルベーラはモロッコでの軍事政策において文民の自分が無視されているとして辞意を表明した。BOYD, 260-261; FLEMING, 84-85; Javier TUSELL, *Radiografía de un golpe de Estado:El ascenso al poder del General Primo de Rivera* (Madrid, 1987), 120; *REH*, 14-IX-23; GONZÁLEZ CALBET(1987), 27; HERNÁNDEZ MIR, *Del Rif a Yebala*, 194-202; HERNÁNDEZ MIR, *La dictadura en Marruecos*, 16-22.

18　*Comisión de Responsabilidades*, 39-40, 42, 68, 80, 146-147, 149, 155, 158, 166, 176, 296, 338; FLEMING, 86-87; CHANDLER, 74; LOZON URUEÑA, 21-22; TUSELL, 86; *AF*, X-23, 548.

19　ボイズは、自由派連合政府がカタルーニャ地域主義者・民族主義者と提携していたならばモロッコ戦争をめぐる軍との抗争で有力な支持者を得たであろうと言う。しかし自由党各派に少なからず見られた地域主義・民族主義(とくに共和主義派のそれ)への敵対的姿勢からして、これは困難だったと言うべきである。*La Vanguardia*, 2, 12, 13-IX-[19]23; AYACHE (1981), 88; *AF*, X-23, 547-548; MADARIAGA (*Abd el-Krim et la République*), 337; BOYD, 250-251.

20　周知のようにプロヌンシアミエントへの抵抗はきわめて弱かった。BOYD, 262-273; FLEMING, 102-108; HERNÁNDEZ MIR, *La dictadura en Marruecos*, 127-129; GONZÁLEZ CALBET (1987), 61-63, 68-75, 87-89. プロヌンシアミエント成功がもたらした最初の事業の1つはピカソ調書の没収・廃棄の企図だった。1名の議会調査委員の先見的行動によりこれは成功せず、31年の共和政成立後にピカソ調書は公刊された(本書で使用している *Expediente Picasso*. PANDO (1999), 312-313)。23年の責任問題についての議会調査委員会の調査資料集も同時に公刊された(本書で使用している *Comisión de Responsabilidades*)。

21　LA PORTE (2001), 24, 214-215; Carlos SECO SERRANO, *Alfonso XIII y la crisis de la Restauración* (Madrid, 1992), 157-158, 181; BOYD, 236, 271, 275-276; GONZÁLEZ CALBET (1987), 26, 55-58, 75-77, 273-274 (ゴンサーレス・カルベーは、22年11月の防衛評議会解散法成立の直後にサンチェス・ゲーラ政府が提出し議会の承認を得た軍改革基本法改定(昇進に際して戦功による評価分を以前より少なくした)が

それまで戦功による昇進に反対していた防衛評議会派を満足させたことも強調する。以上の点は次のプリモ・デ・リベーラ体制研究も指摘するところである。José Luis GÓMEZ-NAVARRO, *El Régimen de Primo de Rivera. Reyes, dictaduras y dictadores* (Madrid, 1991), 354-356)。ペインの軍部研究はリーフ戦争をプロヌンシアミエントの主要な要因と見ている (Stanley G. PAYNE, *Politics and the Military in Modern Spain* (Stanford/London, 1967), 222-223)。プロヌンシアミエントの企図と成功の過程について詳しいツッセイの著は「要因」について明確な主張をしていない (*Cf.* TUSELL, 272-273)。23年5月下旬の『スペイン軍』は「モロッコとバルセローナ」これらが「全スペイン人の2つの不安の種」であるとの論評を載せた (*EE*, 23-V-23)。PSOEのプリエートはプロヌンシアミエント直後の23年10月、国王がアンワールの「破局」についての自らの責任問題を免れようとしてプロヌンシアミエントを支持したことを強調した (これは「勅令による反乱」である。PRIETO, II, 140-141)。ロマノーネスは回想録で、21～22年の政治を左右したのはモロッコ問題とバルセローナの治安問題だったとする (ROMANONES (1999), 458)。他方、ホルダーナ将軍 (ベレンゲールおよびブルゲーテの高等弁務官時代に在アフリカ軍参謀部長) は回想録で、「破局」は当時の与野党、議会、新聞や世論など「スペイン全体の失敗」だったとする (GÓMEZ-JORDANA, 42)。

〈第Ⅰ章 第1節 第3小節〉

1　このことについては深澤 (2002) でも強調した。また、「アルフォンソ13世の全治世の長きにわたって、大文字で示せるスペインの対外政策はモロッコという軸をめぐる他の地中海列強との関係から成っている」(SUEIRO SEOANE (1993), xx)。

2　行論を簡潔にするため、本小節では第1次史料・文献の引用を極力避けて、多くを LA PORTE (2001) と SUEIRO SEOANE (1993) の両研究に拠ることにする。J. L. MIEGE, 'L'arrière plan diplomatique de la guerre du Rif', *Revue de l'Occident Musulman et de la Méditerranée*, 15-16 (1973) も本小節のテーマについての簡潔な論稿である。

3　SUEIRO SEOANE (1993), 1-2, 24-25, 47-49; LA PORTE (2001), 172-174; *AF*, VIII-21, 242-243, 323-324, VI-23, 269-270, IX-23, 481-482.

4　LA PORTE (2001), 137-138, 144-148, 150-155, 157, 160-161, 164-167, 170, 206; SUEIRO SEOANE (1993), 37-38, 52-55, 62-63; *AF*, IX-21, 263, V-22, 249, 252-255, 264-266; *DSC-S*, 19-IV-22.

5　LA PORTE (2001), 153, 179-184, 193-210; SUEIRO SEOANE (1993), 77-80; *AF*, VII-22, 350-356; *Acción*, 647-648; Juan Carlos PEREIRA CASTAÑARES, 'El contencioso de Tánger en las relaciones hispano-francesas (1923-1924)', Consejo Superior de

Investigaciones Científicas, *Españoles y franceses en la primera mitad del siglo XX* (Madrid, 1986), 311-313; RUIZ ALBÉNIZ, *Tánger y la colaboración franco-española en Marruecos* (Madrid, 1927), 98-101.
6   LA PORTE (2001), 182-183, 186-188, 191-193, 205-206; SUEIRO SEOANE (1993), 83-90; *AF*, IX-23, 482-484.

〈第Ⅰ章 第2節 第1小節〉
1   原意は「スペイン・アフリカ派連盟」だが、日本語感を考慮して本文にある組織名にした。
2   RAMIRO DE LA MATA, 353-359; *Acción. Documentos*, Docs. 26, 63; *RHA*, I-22, 1. 連盟は13〜17年には月刊誌『スペイン領アフリカ』*Africa Española*を発行していた。CCHMの構成などについては深澤(2002)参照。23年2月〜25年2月のアフリカ連盟理事会議事録が*RHA*に掲載されている。17年から少なくとも21年9月まで連盟とほとんど同じ立場(人的構成もほぼ同じ)の月刊誌『モロッコ』*Marruecos*(マドリード)が発行されていた。『スペイン・アフリカ雑誌』の論調と重なるため、本書での『モロッコ』の引用は避けることにする。22年に元軍人の在メリーリャの1弁護士は「大きなアフリカ植民地党派が早く形成されるべきだった」と述べた(Federico PITA, *Marruecos. Lo que hemos hecho y lo que debimos hacer en el Protectorado Español* (Melilla, 1922), 22)。
3   *RHA*, I-22, 6-7, III-IV-22, 106, VII-VIII-22, 270, IX-22, 296, I-23, 22-23, VI-23, 176, VII-VIII-23, 222, XI-XII-23, 319.
4   *RHA*, III-IV-22, 107, VI-22, 216, VII-22, 264-265, VI-23, 180, 185, VII-VIII-23, 234.
5   *RHA*, VII-VIII-22, 249, X-22, 305-306, III-23, 74-75, IV-23, 99-100, 110-111, V-23, 131-133, 137-138, VI-23, 163-164, VII-VIII-23, 207. 在モロッコのセファルディへの便宜供与政策については、*RHA*, XII-22, 378-379, I-23, 11-12, III-23, 68-70, 83, IV-23, 116, V-23, 139-140 etc.
6   *RHA*, II-23, 58, VII-VIII-23, 226.
7   *RHA*, V-22, 165, I-23, 24.「野蛮」の例は、*RHA*, VI-23, 181, VII-VIII-IX-X-24, 3 etc.
8   23年6月下旬には、第2意見書への補足文書として、ガランが現地での情報をもとに作成した「アブドゥルカリームと他のカーイドとの関係」も政府に提出された(部族間を分裂させるための工作に役立てられるべきものとして)。*RHA*, VII-VIII-22, 270, III-23, 84, IV-23, 116-118, V-23, 151-152, VI-23, 175-181, VII-VIII-23, 222, XI-XII-23, 320. 20世紀初頭以来のアフリカニスタの要求については、深澤

(2002) 参照。
9　*RHA*, II-22, 42-43, VI-22, 215, III-23, 84-85; *AF*, V-22, 249, VII-22, 347, IV-23, 172-173.
10　23年6月の連盟理事会では(自由派連合政府の意向と同様に)イタリアとの提携を主張する意見が出された。*RHA*, II-22, 44-45, 67-68, V-22, 147-148, VI-22, 201, VII-VIII-22, 219, III-23, 84-85, IV-23, 115, VII-VIII-23, 208-215, 222, 224-225, 238, IX-23, 266-270. 主にスペイン領西アフリカでの権益の擁護者だった『アフリカとアメリカ』*Africa y América* (バルセロナ、月刊。以前の『アフリカ』。この雑誌については、深澤(2002)参照)もこの間タンジャの「権利」要求についてアフリカ連盟とほぼ同様の主張をした (*Africa y América*, II, III, IV, V, VII, IX, XI-1921 etc.)。

〈第I章　第2節　第2小節〉
1　Andrée BACHOUD, *Los españoles ante las campañas de Marruecos* (Madrid, 1988), 73-74, 306.
2　*REH*, 9-VII, 29-X-21, 23-VI-23.
3　*REH*, 10-IX, 22-X-21; *AF*, X-21, 322, XI-21, 368-369.
4　*REH*, 4-III, 24-VI, I-VII, 4-XI-22.『経済・財政雑誌』編集長のリウ自身が下院で以上の本文にあるようなモロッコでの軍事作戦拡大反対、国内再建優先、財政困難の主因はモロッコでの戦争だとの主張をした (*DSC-C*, 21-IV-22)。
5　*REH*, 9, 30-XII-22, 31-III, 14-IX-23.
6　MORALES LEZCANO (1976), 58-68, 103-104, 107-108; MORALES LEZCANO (1986), 184, 211-212; GONZÁLEZ CALBET (1987), 41; BACHOUD, 67-68; Fernando del REY, 'Actitudes políticas y económicas de la patronal catalana (1917-1923)', *Estudios de Historia Social*, 24-25 (1983), 62-67, 73-80; *REH*, 31-I-25.『経済・財政雑誌』のほかには、金融専門誌『財界人』*El Financiero* (マドリード)23年8月号(発行はプロヌンシアミエント直後)がスペイン領についての増刊特集号を組んだ。この特集号はセウタ、メリーリャ、タンジャそれにスペイン領でのスペイン人の活動の紹介を主目的としており、リーフ戦争の実際や政府の政策には全く言及していない。ただ、次の在セウタのスペイン人(おそらく実業家)の発言が注目に値する――「スペインの世論はモロッコに関することについて疲れており、関心を持たなくなり、うんざりする」ようになっている、我々の行動は不人気である、早急に今までのやり方を変える必要がある、軍事行動を放棄せよとは言わない (*El Financiero*, Suplemento, *Marruecos. Zona del Protectorado Español* (VIII-1923), 53)。

〈第Ⅰ章 第2節 第3小節〉
1 PANDO (1999), 330; *Comisión de Responsabilidades*, 353-354; *RHA*, VII-VIII-IX-X-24, 46.
2 *TR*, 1, 2, 19, 21, 22, 23, 24, 25, 30-VII, 9, 10, 12, 16-VIII, 6-IX-21; PANDO (1999), 296.
3 *TR*, 6-IX, 27-XI-21, 25-II, 15-VII, 9-XII-22, 7-II, 31-VII-23.
4 本パラグラフ関連の論説は頻繁に現れるので、以下、代表的な論説の掲載日のみ注記。*TR*, 9-II, 3, 4, 7, 8-VI, 10, 22, 29-X, 11, 21-XI-22, 1-II, 20-IV, 30-VI-23.
5 *TR*, 25, 27-XI-21, 22-I, 28-III, 28-IV, 3-V, 30-VII, 3-VIII, 1, 31-XII-22, 28-I～2-II, 21, 27-II-23. 入植者への補償についての記事・論説は非常に多いので、それらの掲載日は注記しない。『スペイン・アフリカ雑誌』もこの運動を支援した (*RHA*, VI-22, 212, VII-VIII-22, 256-257)。
6 *TR*, 7, 21-VIII, 30-X-21.
7 *TR*, 25-III, 29-VI, 4, 9-VII, 23, 25-VIII, 24-XII-22, 31-III, 11, 29-V, 4-VII-23.
8 *TR*, 12, 23-X-21, 22-III, 6-IX-22, 2-I, 3, 5, 11, 14, 29-VII-23; *RHA*, II-23, 46-47.
9 *TR*, 22-VII, 14, 15-VIII, 7-IX-23.

〈第Ⅰ章 第2節 第4小節〉
1 *El Socialista*, 26, 29, 30-IV, 11-VI-21; MADARIAGA (*Abd el-Krim et la République*), 324-325; MADARIAGA (2005), 175-176; MORENO JUSTE, 107; PRIETO, I. プリエートはアブドゥルカリームと会見しようとしたが、高等弁務官ベレンゲールの妨害でそれは成らなかった。プリエートが出した手紙へのアブドゥルカリームの返信もスペイン政府によって差し押さえられた (*El Socialista*, 2-VII-22)。
2 *El Socialista*, 5-XI-21, 22-VII-22, 1-II, 27, 29-VIII-23 (関連記事は以下にもある。*El Socialista*, 22-IV, 27-V, 13-VI-22, 6-II, 12-III, 16, 21, 23, 27-IV, 2-V, 5-VI, 4-VIII, 5, 12-IX-23); MADARIAGA (*Abd el-Krim et la République*), 327-328, 337; MADARIAGA (2005), 177-178, 181-183; *AF*, X-23, 548; MORENO JUSTE, 104, 108-110, 121, 125, 129-132; Amaro del ROSAL, *Historia de la U. G. T. de España. 1901-1939*, I (Barcelona, 1977), 249-261; MEAKER, 429, 452-455. PSOE発行の冊子は、*Documentos parlamentarios. El desastre de Melilla. Dictamen de la Minoría Socialista. Discurso de Indalecio Prieto pronunciado en el Congreso de los Diputados los días 21 y 22 de noviembre de 1922, al examinarse el expediente instruido por el general Picasso sobre los sucesos acaecidos en el territorio de Melilla durante los meses de julio y agosto de 1921* (Madrid, 1922).

3　*El Socialista*, 7-VIII, 5-IX-22, 23-IV-23; PRIETO, I, 158, II, 58-60; MADARIAGA (*Abd el-Krim et la République*), 326-330, 336-337; MADARIAGA (2005), 178-180.

4　MADARIAGA (*Abd el-Krim et la République*), 331-333; *AF*, VIII-25, 410-411.

5　MEAKER, 414-417, 427, 429, 434-435, 438, 446-449, 452-455, 463-464, 469-472, 478; MADARIAGA (*Abd el-Krim et la République*), 358-360; Pierre SÉMARD, *La guerre du Rif* (Paris, 1926), 132-133.

6　MADARIAGA (*Abd el-Krim et la République*), 346-351, 362-365; MADARIAGA (2005), 190-197; SÉMARD, 138-143, 151-152. コミンテルンのモロッコ戦争認識は独自の検討を要するが、本書では本文で述べたこと以上には立ち入らない。

7　MEAKER, 418-422, 438-445; María Carmen GARCÍA-NIETO et al., *Bases documentales de la España contemporánea*, 5 (Madrid, 1972), 131-134. 以上の本章2.4.1.に関して参照すべき文献としてほかに、Abdelmajid BENJELLOUN, 'La gauche et l'extrême gauche espagnoles et le Maroc de 1912 à 1936', *Diálogo y Convivencia. Actas del Encuentro España-Marruecos* (Tetuán, 1999) もあるが、この論稿ではリーフ戦争に関する記述はわずかである。

8　『祖国』の原典を入手できなかったので、以下の本文の記述はほとんどMADARIAGA, 'Le nationalisme basque et le nationalisme catalan face au problème colonial au Maroc', *Pluriel*, 13 (1978); MADARIAGA, 'Nacionalismos vasco y catalán frente a la revolución de Abd-el-Krim', *Historia 16*, 268 (VIII-1998); MADARIAGA (2005), 197-200に拠る。さらに、SARRIONANDIA, 278-280も参照。

9　マラガ反乱については、*AF*, IX-23, 493にも拠る。

10　*La Publicitat*, 22-VIII-1923（同年6月10日の同紙にも同内容の記述あり）; MADARIAGA (1978); MADARIAGA (1998); MADARIAGA (2005), 200-202; Enric UCELAY DA CAL, 'Les simpaties del nacionalisme català pels «Moros»:1900-1936', *L'Avenç*, VI-1980, 37-39.

11　*La Publicitat*, 8, 26-VII, 7, 9, 25-VIII, 12-IX-1923; MADARIAGA (1978); MADARIAGA (1998); MADARIAGA (2013), 199-202.

12　*España*, 22-VII-1922（無署名）。この論説は『アサーニャ全集』に所収されていないので、アサーニャの手になるものとは特定できない。アサーニャの他の関連論説について本章の「小括」参照。共和主義派のウナムーノもモロッコでの戦争を強く批判したが、それについてはある程度知られているので、本書では取り上げなかった（GAJATE, 405-431を参照）。次も参照のこと。Bernabé LÓPEZ GARCÍA, *Marruecos y España. Una historia contra toda lógica* (Sevilla, 2007), 229-243 ('Marruecos en el pensamiento de Unamuno y Azaña').

〈第Ⅰ章 第3節 第1小節〉
1 SUEIRO SEOANE, 'El mito del estratega. Primo de Rivera y la resolución del problema de Marruecos', *Cuadernos de Historia Contemporánea*, 16 (1994), 113; FLEMING, 111.
2 Manuel TUÑÓN DE LARA (dir.), *Historia de España*, IX, *La crisis del Estado: Dictadura, República, Guerra (1923-1939)* (Barcelona, 1981), 657-658; *Acción*, 482; FLEMING, 109-110, 122; HERNÁNDEZ MIR, *La dictadura en Marruecos*, 128; *AF*, X-23, 551; PAYNE, 199, 208; GONZÁLEZ CALBET (1987), 80.
3 *Acción*, 481, 483-484; GÓMEZ-JORDANA, 56-59; PAYNE, 209, 493; FLEMING, 113-119; HERNÁNDEZ MIR, *La dictadura en Marruecos*, 97-121; *RHA*, IX-X-23, 281-282; *AF*, XI-23, 571, XII-23, 650; *BOZPEM*, 1923, 22 (25-XI), 1924, 3 (10-II), 10 (25-V), 14 (25-VII); *TR*, 13-XI-23; TESSAINER Y TOMASICH, 232-257; VILLANOVA (2004), 86, 126-128, 163-166. 26年までの公共事業については、Juan de ESPAÑA[RUIZ ALBÉNIZ], *La actuación de España en Marruecos* (Madrid, 1926), Cap. Vに若干の言及がある。プリモ・デ・リベーラ体制期の新聞への検閲については次を参照。Eloy FERNÁNDEZ CLEMENTE, 'La dictadura de Primo de Rivera y la prensa', *Metodología de la historia de la prensa española*.
4 *Acción*, 489; *AF*, III-24, 174-175; FLEMING, 125-126, 137-140; SUEIRO SEOANE (1993), 125-126; GÓMEZ-JORDANA, 63; *RHA*, III-IV-24, 69-70; Rupert FURNEAUX, *Abdel Krim. Emir of the Rif* (London, 1967), 99. 24年2月中旬以降のリーフ側の攻勢については、*Historia de las campañas*, IV, 6-12参照。
5 FLEMING, 144-150; BALFOUR (2002), 98; *RTC*（この雑誌については本章3.4.で詳述）, V-[19]24, [29]（初期の*RTC*にはページ打ちがない号が多い。その場合にはこのように[ ]で示す）; *RHA*, V-VI-24, 130-131; *PE*, VII-[19]24, 27-30; *Acción*, 493; Pierre FONTAINE, *Abd-el-Krim. Origine de la rébellion nord-africaine* (Paris, 1958), 16; FURNEAUX, 110.
6 FLEMING, 150-166; BALFOUR (2002), 100-101; *CM*, 17-V-25; *AF*, VIII-24, 464-468; *PE*, VIII-24, 35-36; *Acción*, 497-498; HERNANDEZ MIR, *La dictadura en Marruecos*, 151-171; NAVAJAS (1991), 46-49; GONZÁLEZ CALBET (1987), 195-196; ÁLVAREZ, 120-122, 146-147; Federico MARTÍNEZ RODA, *Varela. El general antifascista de Franco* (Madrid, 2012), 61-64; *Juan Luque. Corresponsal de Diario de Barcelona en Melilla. Selección de crónicas (1921-1927)* (Melilla, 2004), 204（最後の文献はベン・ティエブ事件についての報道検閲を示す）.
7 *AF*, VIII-24, 418-420, 467; PANDO (1999), 315; *Acción. Documentos,* Doc. 46;

AYENSA, 266-275.
8 FLEMING, 172-189; *AF*, VIII-24, 472; *Acción*, 498-506; *TR*, 17-IX-24; BALFOUR (2002), 101-102; HERNÁNDEZ MIR, *La dictadura en Marruecos*, 195; PAYNE, 213-214; GONZÁLEZ CALBET (1987), 196-197; ÁLVAREZ, 130-131; Ana QUEVEDO Y QUEIPO DE LLANO, *Queipo de Llano. Gloria e infortunio de un general* (Barcelona, 2001), 135-137. リーフ側の攻勢については、HERNÁNDEZ MIR, *La dictadura en Marruecos*, 192 ff. 参照。
9 フレミングは撤退作戦がなければ「第2のアンワール」が起きていただろうと見る。アンワールのような事態が再び起きることになったかどうかはわからない。しかしスペイン軍が苦境にあったことは間違いない。他方ホルダーナも、プリモ・デ・リベーラ政府成立時には長年のモロッコ戦争の故に「人間と金銭の多大な犠牲」を伴う軍事行動が難しかったことを認める。とはいえホルダーナは、この状況の中で撤退作戦は「後の好機」をうまく利用できるようにし、またリーフ側がフランスを攻撃するようにさせて西仏の共同行動を可能とさせるに至る「巧妙な政治的マヌーバー」だったとする。しかし、作戦計画が当初からこのような明確な目標を持っていたとは考えられない。ホルダーナの言は過度の結果論になっている。FLEMING, 189-195, 202; BALFOUR (2002), 102-104; ÁLVAREZ, 139, 159-160; GÓMEZ-JORDANA, 64-65; HERNÁNDEZ MIR, *La dictadura en Marruecos*, 243. 撤退作戦については、*Historia de las campañas*, IV, 13-16; ÁLVAREZ, 126-140などを参照。
10 FLEMING, 116-119; BALFOUR (2002), 95-96; SUEIRO SEOANE (1993), 142-145; RAMIRO DE LA MATA, 304-310; MADARIAGA (2009), 299-300, 327-345; HERNÁNDEZ MIR, *Del Rif a Yebala*, 218-225; HERNÁNDEZ MIR, *La dictadura en Marruecos*, 75-94; ARMIÑÁN/ARMIÑÁN, 83-90; *AF*, XII-24, 162.
11 FLEMING, 208, 212-215, 257-260; *AF*, II-25, 95-96, V-25, 239, VII-25, 352-353; *Acción*, 545-547; *RHA*, V-VI-24, 131; BALFOUR (2002), 105-106; SUEIRO SEOANE (1993), 222-225; HERNÁNDEZ MIR, *La dictadura en Marruecos*, 95-97; MARÍN ARCE, 'Primo de Rivera y la República del Rif durante los primeros años de la Dictadura. Negociaciones con Abd-El-Krim en junio de 1925', *Actas del II Congreso Internacional «El Estrecho de Gibraltar», Ceuta, 1990*, V (Madrid, 1995), 283-285; MADARIAGA (1999), 482-483; Mohamed KHARCHICH, 'La alianza franco-española contra el movimiento rifeño', *Fundamentos de Antropología*, 4 y 5 (1996), 74; RAMIRO DE LA MATA, 368-377. 25年3月頃にスペイン軍機はリーフ側支配地域に次のようなビラを撒いた——「諸君たちが現在従っている異常な状態から抜け出すように忠告する」、ハリー

ファ政府こそ「すべての善」である、ハリーファ政府は諸君たちがハリーファ政府に従うなら諸君たちの過去の行為を忘れて諸君たちを喜んで迎え入れるだろう。今回のビラでもハリーファの権威 (への反乱と思い込ませようとしていること)が利用されている (*BOZPEM*, 1925, 5 (10-III); *RHA*, III-IV-25, 21; *Acción*, 550)。

12　FLEMING, 230-233, 247-249; Tayeb BOUTBOUCALT, *La guerre du Rif et la réaction de l'opinion internationale 1921-1926* (Casablanca, 1992), 91-93; *AF*, X-24, 527-529, 566-567, IV-25, 202-203; SUEIRO SEOANE (1993), 149-152, 158-159, 163-167; Xavier HUETZ DE LEMPS, 'La collaboration franco-espagnole pendant la guerre du Rif (1925-27). Un mariage d'amour ou raison?', *Hesperis Tamuda*, 29, 1 (1991), 92-93; MADARIAGA (2009), 259. 主にスペイン軍の軍事行動を称揚し宣伝するために24年7月～26年7月にメリーリャで発行されていた『スペイン保護領』*El Protectorado español* (月刊誌) も西仏協力を喧伝し始めた (*PE*, IX-24, 7-8, 25-27, V-25, 7)。24年11月、フランスではフランスがスペイン領モロッコを支配することが唯一の解決となると主張する論調が現れた (SUEIRO SEOANE (1994), 120)。

13　両政府は会談の開催地としてそれぞれ自国の首都を主張した。結局パリでの開催はフランス議会や世論 (リーフ支持・スペイン軍批判の論調も多かった)の影響を受けるとのスペイン政府の主張をフランス側が受け入れたので、マドリードでの開催となった。FLEMING, 249-253; SUEIRO SEOANE (1993), 208-210, 225-255; RAMIRO DE LA MATA, 274-291, 417-439; ARMIÑÁN/ARMIÑÁN, 208; GÓMEZ-JORDANA, 75-96; KHARCHICHI (1996), 74-76; *PE*, VIII-25, 13-20; *Acción*, 554-560, 569-572; *AF*, VI-25, 295-298, VII-25, 344-352, VIII-25, 392-393; ESPAÑA [RUIZ ALBÉNIZ], 67-82; RUIZ ALBÉNIZ (1927), 47-56 (同書は (後出のタンジャについての主張とともに)モロッコでスペイン国家・軍がいかにフランスと協力しようとして来たかを主張).

14　FLEMING, 254-255, 260-263, 274-275; *AF*, VIII-25, 393-396, 403-409, IX-25, 443, X-25, 530-531; *Acción. Documentos*, Doc. 48; Léon GABRIELLI, *Abd-el-Krim et les événements du Rif (1924-1926)* (Casablanca, 1953), 129-138; Rafael LÓPEZ RIENDA, *Abd-el-Krim contra Francia (Impresiones de un cronista de guerra)* (Madrid, 1925), 193-203, 219-224; SUEIRO SEOANE (1993), 244-247, 256-257; RAMIRO DE LA MATA, 295, 310-312; KHARCHICHI, 'Les negotiations franco-rifaines 1924-1926. Un processus lent et illusoire', *Revue d'Histoire Maghrébine*, 63-64 (1991), 304-306. 8月中旬のスペイン政府の覚書は次のようにも言う ——「反乱地域の後進的状態からして、[保護国家の] 何らかの保護や保障もなくそのような資格 [「リーフ独立国家」] を与える危険をいとわないということはできない」、「戦争の継続を望んでいるのは我々では

ない。……それを望んでいるのは狂信的なアブドゥルカリームの取り巻き連中であり、あらゆる人間の原理に反して住民をばかげた戦争に狩り出しているのは彼らの方なのだ」(GÓMEZ-JORDANA, 95-96)。また7月中旬の政府の非公式覚書は次のように言っていた——「リーフでのぐじゃぐじゃの虫の群れは西洋の文明と平和にとっての重大な病巣になるかもしれない」(LÓPEZ RIENDA, 155-159; SUEIRO SEOANE (1993), 192)。当時モロッコの西仏当局ともリーフ側とも連絡をとっていたイギリス人ハリス(『タイムズ』の通信員だったが、実際にはイギリス政府の代理人として動いていた)も、(本文で紹介したフレミングとほぼ同様の見解をもって)アブドゥルカリームに西仏との交渉に応ずるよう迫っていた (HARRIS, 270-271; DAOUD, 302)。他方、マドリードでの西仏会談中の25年7月中旬、プリモ・デ・リベーラはペタン(本文ですぐに後述)宛の書簡で次のように伝えた——「アブドゥルカリームが自らの降伏が提起されているような[我々の]条件を受け入れるとは思われません。……この条件を主張するのが我々の利益に適っているとも思われません。時を浪費することなくこの反乱者を懲罰する準備をするのがよいと思われます」(AGMM, R682, 500-2, 17-VII-25)。

15　GÓMEZ-JORDANA, 117-122; *Historia de las campañas*, IV, Apéndice II; FLEMING, 263-277; SUEIRO SEOANE (1993), 261-275; RAMIRO DE LA MATA, 299-301, 391-414. 当時のいくつかの評論によって「アフリカ王アルフォンソ」'Alfonso el Africano' と称された国王がプリモ・デ・リベーラ体制のリーフ戦争政策においてどのような役割を果たしたのかについてはほとんど明らかにできなかった。国王は23年11月にプリモ・デ・リベーラとともにイタリアを訪問した際に(本章1.3.で既述。3.1.3. でも後出)、教皇に「異教徒に対する新たな十字軍」を呼びかけたことがあった (*AF*, I-24, Supplément (S), 25; AYACHE, *Etudes d'histoire marocaine* (Rabat, 1983), 365; AYACHE (1996), 249)。プリモ・デ・リベーラは(少なくとも)モロッコ戦争政策については国王の関与を避けようとしたようだ。

16　*TR*, 1, 3, 5-IX, 20, 22, 30-X-25; FLEMING, 285-310; *PE*, IX-25, 24-25; *Acción*, 573-585; GÓMEZ-JORDANA, 123-151; SUEIRO SEOANE (1993), 197-198, 257-278; SUEIRO SEOANE (1994), 126-127; *AF*, IX-25, 449-454, X-25, 524; BALFOUR (2002), 108-113; WOOLMAN, 186-196; AYACHE (1983), 387; KHARCHICH (1996), 72-73; HUETZ DE LEMPS, 98-99. リーフ政府の1閣僚(海相)がスペイン軍によって買収されていたとの説については第Ⅲ章1.2. 参照。アルホセイマ上陸作戦とその後の軍事史については、*Historia de las campañas*, IV, 37-93; MARTÍNEZ DE CAMPOS, 304-320; GODED, Cap. III; Benito ARTIGAS, *La epopeya de Alhucemas* (Madrid, 1925); LÓPEZ RIENDA (Segunda Parte); ÁLVAREZ, 169-176; ARMIÑAN/ ARMIÑAN, 153-182などを参

照。

17 『スペイン保護領』ももちろんカンボ批判の論説を載せた。*REH*, 24-X-25; *Acción. Documentos*, Doc. 51; *PE*, XI-25, 7-18, XII-25, 7-16; FLEMING, 310-312; *Acción*, 586-587; *AF*, XI-25, 585-590; SUEIRO SEOANE (1993), 290-292, 294-295.

18 *REH*, 12-XII-25; FLEMING, 312-316, 329-330; *AF*, XII-25, 660-661; *Las gestiones de paz y la decadencia de Abd el Krim (El momento político de nuestro protectorado en Marruecos). Conferencia de Don TOMÁS GARCÍA FIGUERAS la tarde de 31 de Enero de 1. 926* (s. l., 1926). この間、23年10月に死去したハリーファの後任選びがおこなわれており、その結果25年11月に新ハリーファにハサン (もちろんスペイン政府が操る人物) が就任した。「文民・経済」政府への移行に伴い、25年12月に総理府の中にモロッコおよび植民地総局が創設された (それまでのモロッコ局は同総局に編入)。初代総局長にはホルダーナ将軍が任命された (*BOZPEM*, 1925, 24 (25-XII); VILLANOVA (2004), 128-131)。

19 FLEMING, 331-345; SUEIRO SEOANE (1993), 307-322; GÓMEZ-JORDANA, 156-161, 167-170; GABRIELLI, 182-210; *PE*, V-26, 21-33; *Acción*, 611-614; *AF*, IV-26, 200-201, V-26, 248-250, 253-257, 260-268; KHARCHICH (1996), 83-86; KHARCHICH (1991), 307-313; ESPAÑA [RUIZ ALBÉNIZ], 330-350; HERNÁNDEZ MIR, *Del desastre a la victoria (1921-1926). El Rif por España* (Madrid, 1927), 45-90; HARRIS, 279-304; COURCELLE-LABROUSSE/MARMIÉ, 318-327.

20 FLEMING, 346-361; SUEIRO SEOANE (1993), 322-324; *TR*, 8, 16-V-26; GÓMEZ-JORDANA, 170-182; *PE*, V-26, 34-36; *AF*, VI-26, 284-287, 327-331; Mony SABIN, *La paix au Maroc* (Paris, 1933), 109-131; KHARCHICH (1996), 86-89; RAMIRO DE LA MATA, 257-258, 387, 443-451; HERNÁNDEZ MIR, *El Rif por España*, 91ff.

21 ルイス・アルベニスは、フランスは「そのイスラーム [地域における] 利害を大いに気にかけざるをえず、……それ故ハッタービー [アブドゥルカリーム] が殉教者となるのを望まなかったし、またそう望むことはできなかった」と評した (『スペイン・アフリカ雑誌』26年6-7月号)。とはいえ、スペインの高等弁務官サンノルホも既に6月上旬にプリモ・デ・リベーラに対し、アブドゥルカリームを「モロッコとあらゆるムスリム諸国から早急に遠ざける」、その幽閉地は「中立国の島」がよいと提案していた。つまりパリでの西仏会談での合意に近似したことを提案していた (AGMM, R682, 500-3, 2-VI-26)。西仏会談ではほかに海上監視と境界地域の監視と治安に関するそれぞれの協定が作成された。FLEMING, 371-374; SUEIRO SEOANE (1993), 324-327; *AF*, VII-26, 383-384; *TR*,16-VII-26; GÓMEZ-JORDANA, 182-186, 313-315; HERNÁNDEZ MIR, *El Rif por España*, 193-205; *PE*, VII-

25, 32-37; HUETZ DE LEMPS, 105-106.
22 *TR*, 2-VI-26; BOUTBOUQALT, 97; *RTC*, VI-26, 127-128. 後にスペイン植民地主義者自身が、フランスの軍事的協力がなければリーフ側の攻勢を前にして自分たちはメリーリャやセウタに退却していただろうと述べた (*RTC*, V-29, 107)。本文に述べた意味でスエイロ・セオアーネの主著が結論部分で次のように述べているのは示唆的であり首肯できる——スペイン人（政治・社会・軍）はフランス人（同）に対して「愛憎」の関係を持っていたが、結局はプリモ・デ・リベーラ体制期においても前者の後者への従属関係を変えさせることは（でき）なかった (SUEIRO SEOANE (1993), 390)。
23 行論を簡潔にするため、以下の本文では第1次史料・文献の引用を極力避けて、スエイロ・セオアーネの研究に主に拠ることにする。
24 SUEIRO SEOANE, (1993), 80-85, 89-108; *AF*, XII-23, 643-646, 656-672, I-24, 18-28, 65-73, II-24, 81-83; *RHA*, XI-XII-23, 328-329; RUIZ ALBÉNIZ (1927), 105-112; PEREIRA CASTAÑARES, 313-321.
25 SUEIRO SEOANE (1993), 154-156, 168-181, 226-241; SUEIRO SEOANE (1994), 119-123; *AF*, VI-25, 293-295, VII-25, 338-343, 345-348.
26 SUEIRO SEOANE (1993), 337-349; SUEIRO SEOANE (1994), 121-122; FLEMING, 308; RUIZ ALBÉNIZ (1927), 114-147; ESPAÑA[RUIZ ALBÉNIZ], 366-374; *AF*, VII-26, 378-380; TUSELL/Genoveva GARCÍA QUEIPO DE LLANO, *El dictador y el mediador. España-Gran Bretaña 1923-1930* (Madrid, 1986), 50-60.

〈第I章 第3節 第2小節〉
1 *RHA*, IX-X-23, 252-254, 270, 279.
2 本文の①に関して連盟は、この意見書提出と同時期に (23年10月)、空位となっていたハリーファ (本章3.1. 注18参照) を早急に任命するようプリモ・デ・リベーラ政府に要請した。*RHA*, XI-XII-23, 322-325, I-II-24, 3-4.
3 *RHA*, I-II-24, 33-34, III-IV-24, 51-52, 69, 77-78; FLEMING, 164-165.
4 24年9月のゴイコエチェーア発言がなされた状況やその内容を知ることはできなかった。*Acción*, 505; FLEMING, 180-181; *RHA*, VII-VIII-IX-X-24, 45, XI-XII-24, 13-14, I-II-25, 37-38.
5 *RHA*, V-VI-VII-25, 5.
6 『スペイン・アフリカ雑誌』25年8〜9月号は発行されたようだが、著者が閲覧したスペイン国立図書館、マドリード市新聞資料館、AGMM図書室のいずれにおいてもこ（れら）の号を参照不可能だった（引き抜かれたらしい跡があった）。本

文にある意見書が掲載されたのは同年10月号においてである。*RHA*, X-25, 22; *Acción. Documentos*, Doc. 50.

7　*RHA*, XI-XII-25, 21-22, III-IV-V-26, 6, VI-VII-26, 5.『スペイン・アフリカ雑誌』26年1-2月号に「イスラームとソビエト」と題する次の内容の論説が載った——ソビエト・ロシアはアジアとアフリカを煽動の場所にしようとしている、「リーフも共産主義の側に傾いている」、これらの地域を支配しているヨーロッパ諸国は支配を押し通そうとするのではなく、ヨーロッパ諸国の行動によって苦しんでいる住民に対して譲歩もして「赤色ロシアの破壊的行動に対する防壁や障壁とするために東方の民族主義の発展を促さなければならない」、「ソビエト主義の反宗教的行動」は「共通の敵に対する聖なる連合」を要求している、ソビエト・ロシアの攻勢に対抗して「イスラームを復興させるための文明を擁護することは［スペインを含めたヨーロッパ植民地国家の］聖なるかつまた緊急を要する義務である」(*RHA*, I-II-26, 6)。この論説は、如才なき植民地主義者たちがリーフ人＝イスラーム勢力と見て戦闘を進めたわけではないこと、［リーフなどの］植民地での自立の動きを抑えるためにはむしろ様々なイスラーム教団とも結ぼうとしたことを示している（これらのことについては、深澤 (2012) を参照。また本章3. 3.の注5、3. 4.の注7、第Ⅲ章3. 2.の注12も参照）。

8　『スペイン・アフリカ雑誌』23年11-12月号では、１連盟理事が、スペインはタンジャの「国際化」を受け入れるところまで来たが、これは「譲歩の最後の限界」だと述べた。*RHA*, XI-XII-23, 308, 320, 322, 330, I-II-24, 28, 32-35, III-IV-24, 74, III-IV-V-26, 17-18.

9　*REH*, 1, 22-III-24.

10　商業・工業・海運会議所連合最高評議会は23年9月に声明を発表しようとしたが、プリモ・デ・リベーラ政府がそれを許さなかった。*RHA*, I-II-24, 29; *Acción. Documentos*, Doc. 40; *AF*, II-24, 135-136, IV-24, 250-252; *RTC*, IV-24, 31-32; HERNÁNDEZ MIR, *Del Rif a Yebala*, 230; ESPAÑA[RUIZ ALBÉNIZ], 282. 1900年代の（アフリカニスモと対比された）国内再建論については、深澤 (2002) を参照。

11　*REH*, 5-IV, 10-V-24. 本文での引用と同内容のその後の主張は、*REH*, 5-VII, 20-XII-24, 9-V, 11-VII, 1-VIII-25, 6-III-26 etc. この頃のプリモ・デ・リベーラ政府の戦線縮小方針には『ABC』などの保守派新聞も主に財政状況を理由に賛意を表していた (HERNÁNDEZ MIR, *La dictadura en Marruecos*, 138-141; GONZÁLEZ CALBET (1987), 193)。

12　*REH*, 25-X, 1, 22-XI-24. 他方で、『経済・財政雑誌』の24年9月と25年10月の論説には「敵［リーフ側］の活動」、「敵」の言葉が現れる (*REH*, 13-IX-24, 31-X-25)。

他の経済誌『スペインの経済と金融』*España Económica y Financiera* (マドリード、週刊)の24年12月6日号も次のように主張した――「我らがスペインの確かで実質を伴った建設あるいは再建をもたらすような平和と労働の本当の時代をつくる」ためにモロッコでの戦費を大幅に削らなければならない、「敵」は「国家」'Estado' をつくるに至っている、我々の保護の下で[北部モロッコに]「一つの国家」を立ち上げることが我々にとってもその使命ではないのか (*Cf.* BOUTBOUQALT, 21)。

13 　*REH*, 10, 31-X-25.
14 　*REH*, 29-V, 19-VI-26.

〈第Ⅰ章 第3節 第3小節〉

1 　*TR*, 15, 18, 20, 23-IX-23, *Cf.* 30-VII-24.
2 　*TR*, 23, 25-IX, 2-X, 27-XI, 6, 8, 13, 16, 23-XII-23, 15, 19, 25-I-24.
3 　*TR*, 21-V, 30-XI-24.
4 　*TR*, 21-XII-23, 27, 28, 29-VI, 1, 2, 3, 4, 6-VII, 6-VIII, 3-IX-24, 19-II, 3-III, 2, 15-IV, 10, 24-V-25, 28-III-26.
5 　*TR*, 7-VI, 24-VIII-24, 24-IX, 30-X, 11-XII-25, 16-I, 3, 6-IV, 8, 16-V-26.『スペイン・アフリカ雑誌』と同様に (本章3.2.の注7参照)、25、26年になると『リーフ通信』にもリーフの抵抗・運動を「ソビエトの陰謀」と結びつける論が現れる――「汎イスラーム主義者たちとソビエト主義者たちとに対して仏英伊やあらゆる植民地保有国は団結しなければならない」(25年7月 [『スペイン・アフリカ雑誌』の論者と異なり、「ソビエト主義者」に対抗するためにイスラームを取り込もうと (まで) は言わない]) /「アフリカの問題は今日2年前とは異なる条件で提起されている。リーフはリーフ人の反乱の中心となっているのではなく、ソビエトの陰謀の中心となっているのだ」、「何もしないでいて [イベリア] 半島をこんなにも直接に脅かしている炎を消さないでいることはスペインの自滅を宣するようなものであろう」(ロベーラ。26年2月) (*TR*, 29-VII-25, 28-II-26)。かくして植民地における抵抗・運動は「ソビエトの陰謀」によって続いているのだと説明された。植民地戦争遂行の理由付けが反共主義を惹起した例である。*Cf.* Alejandro QUIROGA, *Making Spaniards. Primo de Rivera and the Nationalization of the Masses, 1923-30* (Basingstoke, 2007), 40.
6 　*TR*, 27-V-26.

〈第Ⅰ章 第3節 第4小節〉

1 　『植民地軍雑誌』の名称はフランス軍人たちの同名の雑誌 (*Revue des Troupes*

Coloniales) を真似たことに由来するものであろう。『植民地軍雑誌』についての簡単な考察としては以下がある。NAVAJAS, 'La primera época de la *Revista de Tropas Coloniales* : un estudio ideológico', separata de *Revista de Extremadura*, 19 (1996); Youssef AKMIR CHAIB, 'Reflexiones sobre una revista colonialista militar "Tropas Coloniales, África (1924-1936)"', *Estudios Africanos*, XII, 22-23 (1998).

2 *RTC*, I-24, 3, 5-6, 10-12, 17, 20-21, II-24, 2, 13-14, 23, 33; BALFOUR (2002), 171-172. マエスツも創刊号に登場した——「スペインではモロッコで闘っている軍は精神的に孤立させられてきた」、知識人たちはモロッコ戦争を不正義だと言い続けてきた、しかしそうではない、「アフリカでの戦争は植民地戦争であり、つまり遅れた人々を文明化させる戦争であり」正当なのだ、「スペインを統一させる最高の力は軍なのである」(*RTC*, I-24, 4-5)。

3 *RTC*, III-24, 45, IV-24, 32, 33. 24年1月の商業・工業・海運会議所連合最高評議会の政府への要望書(本章3.2.)についての『植民地軍雑誌』の論評は見当たらない。おそらく創刊直後の故にその準備をしえなかったのだろう。

4 *RTC*, III-24, 1-3, 5, 8-10, 48, IV-24, 3, 5, 29, V-24, [7], [15].

5 『植民地軍雑誌』(24年5月号)は、国王アルフォンソもフランコ論稿を好意的に読んだと得意気に紹介した。*RTC*, IV-24, 4, V-24, [5]-[6], [30], VI-24, [21]-[22]; FLEMING, 152; BALFOUR (2002), 173.『フランス領アフリカ』もフランコ論稿を紹介した (*AF*, V-24, 323-324)。

6 *RTC*, VI-24, [1], [10], VIII-24, [5]-[6]; FLEMING, 153.

7 『リーフ通信』が『植民地軍雑誌』再刊の要望を公にしたことについては本章3.3.で既述した。*RTC*, IV-25, [8], VI-25, [1], [18], VIII-25, [1], [3].『スペイン・アフリカ雑誌』26年1-2月号掲載の「イスラームとソビエト」(本章3.2.注7参照)の論者が『植民地軍雑誌』26年2、3月号にも登場し、同趣旨のことつまり共産主義(ボルシェヴィズム)はすべての思想の敵であるのでムスリムもキリスト教徒も共同すべきだと説いた (*RTC*, II-26, 38-39, III-26, 62-63)。またミリャン・アストライはアルゼンチン紙に次のように語った (25年10月)——「[リーフの]諸部族は実際には共産主義者の根拠地だった。これを封じなければヨーロッパとアメリカにとってものすごい脅威となっていただろう」(Jordi CASASSAS YMBERT, *La dictadura de Primo de Rivera (1923-1930). Textos* (Barcelona, 1983), 157)。

8 *RTC*, XI-25, [8], I-26, [1], VI-26, 121.『植民地軍雑誌』に載ったフランコの諸論稿は、Francisco FRANCO BAHMONDE, *Papeles de la Guerra de Marruecos* (Madrid, 1986) に所収されている。

9 Andrés MAS CHAO, *La formación de la conciencia africanista en el ejército español (1909-*

1926) (Madrid, 1988)は、09年のモロッコ戦争開始後に形成され始めた軍アフリカ派がリーフ戦争中に自らの主張をついに実現させて、軍内の優位グループとして確立した、とする。

〈第Ⅰ章 小括〉

1 José PEMARTÍN, *Los valores históricos en la dictadura española* (Madrid, 1929), 167, gráfico, n. 19; *Acción*, 683; ÁLVAREZ, 62. 原住民兵の死傷者数については第Ⅳ章第3節も参照。
2 *España*, 15-IX-1923/*Obras Completas de Manuel Azaña*, I (México, 1966), 536 (本論説はベレンゲールらの「責任」を要求したもの).
3 パンドはさらに、23年の捕虜解放の後に(カンボたちが主張したように)モロッコ戦争を終わらせていれば、アルフォンソ13世は「スペインの最も人気のある国王となっただろう」とも言っている。ROMANONES (1999), 487; PANDO (1999), 315, 316. 本文に引用したような見方は既に20年代の論評にも見られたという (GONZÁLEZ CALBET (1987), 203)。
4 ゴンサーレス・カルベーもモロッコ戦争「勝利」のプリモ・デ・リベーラ体制確立における意味をこのように解している (GONZÁLEZ CALBET (1987), 13, 15, 273, 278)。
5 *RHA*, XII-27, 6; GODED, 354-356; 深澤 (2012)。

〈第Ⅱ章 はじめに〉

1 *El Mundo*, 18-IV-2001; *El País*, 1, 10-II-2002; BALFOUR (2002), 129; Mimoun CHARQI, *My. Mohamed Abdelkrim EL KHATTABI. L'Emir guerillero* (Salé, 2003), 155.
2 これらの著作・研究は以下である。PANDO (1999); Ángel VIÑAS, *Franco, Hitler y el estallido de la Guerra Civil. Antecedentes y consecuencias* (Madrid, 2001); BALFOUR (2002); MADARIAGA (2002); NERÍN.
3 Rudibert KUNZ/Rolf-Dieter MÜLLER, *Giftgas gegen Abd el Krim. Deutschland, Spanien und der Gaskrieg in Spanisch-Marokko 1922-1927* (Freiburg, 1990).
4 軍事史専門誌などを除いて、KUNZ/MÜLLER の著を紹介した一般誌・紙の少数の例は以下である。*El Independiente* (7-II-1991) ―「スペイン、民間人に対してガスを使用した最初の国」/ *Jeune Afrique* (n. 1596 (31-VII〜8-VIII-1991)) ―この著作によれば「[20]世紀の初頭にモロッコで本物の化学戦争がおこなわれた」。KUNZ/MÜLLER の著のアラビア語版 (Rabat, 1996)が存在するようだが未見。
5 WOOLMAN, 190, 192, 202; FLEMING, 140-141.

〈第Ⅱ章 第1節〉
1 Carlos LÁZARO ÁVILA, 'La forja de la Aeronáutica Militar:Marruecos (1909-1927)', Antonio CARRASCO (coord.), *Las Campañas de Marruecos (1909-1927)* (Madrid, 2001), 167-176; José WARLETA CARRILLO, 'Los comienzos bélicos de la aviación española', *Revue Internationale d'Histoire Militaire*, 56 (1984); Seminario de estudios históricos aeronáuticos, *Grandes vuelos de la aviación española* (Madrid, 1983) (Caps. 1, 2); KUNZ/MÜLLER, 60-61; VIÑAS, 86-88; BALFOUR (2002), 131; José María MANRIQUE GARCÍA/Lucas MOLINA FRANCO, *Antes que Sadam … Las armas de destrucción masiva y la protección civil en España 1924-2000* (Valladolid, 2003), 19.
2 *AF*, VIII-21, 243; RUIZ ALBÉNIZ, *España en el Rif* (Melilla, 2007/1ed., Madrid, 1921), 286; *Heraldo de Madrid*, 24-VIII-[19]21; *CM*, 5-IX, 10-X-21; MADARIAGA (2002), 59-62; MANRIQUE GARCÍA/MOLINA FRANCO, 47; ALMUIÑA FERNÁNDEZ (1987), 248-249; KUNZ/MÜLLER, 59; MADARIAGA/LÁZARO ÁVILA, 'Guerra química en el Rif (1921-1927)', *Historia 16*, 324 (IV-2003), 59, 61, 66; BALFOUR (2002), 132; AZPEITUA, 144.「アンワールの破局」においてはメリーリャ近くのスペイン軍飛行場がリーフ側によって奪取された。それ故ピカソ調書では、在モロッコ航空隊の対応は適切ではなく「非常に遺憾だった」と指摘された (*Expediente Picasso*, 311)。
3 BALFOUR (2002), 132, 134; PANDO (1999), 263, 310; VIÑAS, 91-92; *DSC-C*, 20, 21-X, 17-XI-21; *Heraldo de Madrid*, 20, 23-XII-21; MADARIAGA (2002), 59-60; MADARIAGA/LÁZARO ÁVILA, 59, 64; LÁZARO ÁVILA, 177-182; CIERVA, 265; AGMM, R432, 279-8の諸文書 (X-21, XII-21).
4 KUNZ/MÜLLER, 61-63, 66-70, 72-76, 86, 88, 93-94, 98-100, 192, 218, 223; BALFOUR (2002), 132-133; MADARIAGA/LÁZARO ÁVILA, 68-70; VIÑAS, 92-94; HERNÁNDEZ MIR, *Del Rif a Yebala*, 160, 184. シュトルツェンベルクの経歴については、L. F. HABER, *The Poisonous Cloud:Chemical Warfare in the First World War* (Oxford, 1986), 287, 304-306, 316／佐藤止弥訳『魔性の煙霧 第一次世界大戦の毒ガス攻防戦史』(原書房, 2001), 573-574, 601-604, 620-621を参照。既に同書にシュトルツェンベルクがスペインにホスゲンとイペリット製造物質を供給したことが書かれている (389, 390／635, 637)。ホスゲン、イペリット (マスタードガス)、後出のクロロピクリンについては、さしあたりHABER／ハーバー前掲書; 常石敬一『化学兵器犯罪』(講談社現代新書, 2003); 井上尚英『生物兵器と化学兵器』(中公新書, 2003)、またMADARIAGA/LÁZARO ÁVILA, 56-58を参照。

5　AGMM, R456, 302-7の諸文書 (VI～X-22)／R469, 316-7, 16-V-22, 16-V-22／R470, 317-2, 7-II-22, 2-III-22, 2-VI-22／R471, 318-3, 2-VI-22; LÁZARO ÁVILA, 185; MADARIAGA/LÁZARO ÁVILA, 65-68, 71-73; KUNZ/MÜLLER, 59, 91; BALFOUR (2002), 133-134; LA PORTE (2001), 190.

6　AGMM, R456, 302-7, 5-VII-22, 2-IX-22／R469, 316-14, 6-XI-22, 18-XI-22, 24-XI-22; *Historia de las campañas de Marruecos*, III, 563, 659; MADARIAGA/LÁZARO ÁVILA, 60; NERÍN, 268, 272. 22年5月16日付のリーフ側文書には次のようにある——フランスからの情報によるとまもなく毒ガスがメリーリャに着く、スペイン軍はそれを「我々に」対して用いるようだ (TAHTAH, 207).

7　AGMM, R535, 373-6, 5-III-23, 6-III-23, 22-VI-23／R742, 4-11, 20-VI-23; KUNZ/MÜLLER, 89-94, 225; VIÑAS, 96-98; BALFOUR (2002), 133-134, 138, 142; PANDO (1999), 263-264; MADARIAGA/LÁZARO ÁVILA, 68, 71; MADARIAGA (2002), 69; MADARIAGA (2005), 353; MADARIAGA (2009), 227; Ramón J. SENDER, *Imán* (Huesca, 1992/1ed., Madrid, 1930), 56, 263-264.

8　MARÍN ARCE (1988), 445-446; MARÍN ARCE, *Santiago Alba y la crisis de la Restauración. 1913-1930* (Madrid, 1990), 230-232; HERNÁNDEZ MIR, *Del Rif a Yebala*, 164-166, 184-186; BALFOUR (2002), 136-137; PANDO (1999), 263-264; *Historia de las campañas*, III, 603-605.

9　AGMM, R742, 4-11, 26-VII-23; BALFOUR (2002), 129-130, 136-138; MARÍN ARCE (1988), 446-450; MARÍN ARCE (1990), 232-237; HERNÁNDEZ MIR, *Del Rif a Yebala*, 167-183, 191-194; HERNÁNDEZ MIR, *La dictadura en Marruecos*, 11-14, 16-22; MADARIAGA/LÁZARO ÁVILA, 75; LA PORTE (2001), 190.『フランス領アフリカ』によると、8月中～下旬と推定される時期に大砲から「窒息ガス」が発射された (*AF*, XII-23, 650; BALFOUR (2002), 138)。8月中旬からの戦闘での空爆の例は、AGMM, R742, 4-17, 20-VIII-23に見られる。

10　HERNÁNDEZ MIR, *Del Rif a Yebala*, 183-184, 257. 高等弁務官庁軍事官房の文書を紹介した MARÍN ARCE 論文も1988年に公刊され (原報告は1987年)、また MARÍN ARCE の1990年の著作にもこの文書が紹介されていること (上記の注8, 9) を付記しておく。

〈第II章　第2節〉

1　AGMM, R535, 373-9, 21-IX-23, 373-10, 25-IX-23, 28-IX-23, 23-XII-23／R545, 382-1, 13-I-24, 382-2に含まれている航空隊の偵察・爆撃記録／R575, 406-2, 13-I-24／R742, 4-20, 17-X-23, 19-X-23, 22-X-23, 23-X-23, 5-1の諸文書 (I～IV-24);

KUNZ/MÜLLER, 17-18, 95; VIÑAS, 99-100.
2 *AF*, IV-24, 253-254; AGMM, R545, 382-2, 19-V-24／R602, 424-5, I-V-24, 24-VI-24; FLEMING, 139-141; GÓMEZ-JORDANA, 66; BALFOUR (2002), 138-140.
3 AGMM, R545, 382-2の諸文書 (III～VII-24)／R575, 406-2, 20-VII-24／R576, 406-3の諸文書 (I～XII-24); FLEMING, 140-142; KUNZ/MÜLLER, 112; BALFOUR (2002), 142; VIÑAS, 100-101. 航空隊員イダルゴ・デ・シスネーロスの回想録によると、初期には100キログラム・イペリット弾も使用された。この爆弾は「連合国」(おそらくフランス)から購入されたという (Ignacio HIDALGO DE CISNEROS, *Cambio de rumbo* (Barcelona, 1977/1ed., Bucarest, 1964), I, 158-159)。
4 AGMM, R545, 382-1の諸文書 (X-24～I-25), 382-2の諸文書 (III～VII-24)／R575, 406-2, 12-XII-24／R576, 406-3, 29-X-24, 406-4, 'Proclama del Gobierno' (日付明示なし)／R743, 5-3の諸文書 (X～XII-24); BALFOUR (2002), 140; NERÍN, 267. 撤退作戦準備のためスペイン政府・軍はフランスからも毒ガスを購入しようとした。ドイツからの安定供給が見込まれたためフランスでの工作は中止された (VIÑAS, 100-101)。高等弁務官兼任後にプリモ・デ・リベーラは1記者に、空軍力および「他の手段」でモーロ人を制圧すると語った。後者は毒ガス弾のことだろう (*PE*, XII-24, 31)。
5 AGMM, R545, 382-1, □[日付不明]-I-25／R602, 424-5, 5-III-25などの諸文書／R644, 457-10, 29-I-25, 7-II-25, 12-II-25, 457-16, 1-III-25; MADARIAGA/LÁZARO ÁVILA, 75; BALFOUR (2002), 144-145; COURCELLE-LABROUSSE/MARMIÉ, 143.
6 TESSAINER Y TOMASICH, 279, 289, 291, 294-295, 297-298, 300, 306, 311; VIÑAS, 101.
7 KUNZ/MÜLLER, 129-132, 136-148, 199-214; VIÑAS, 39-40, 102-104; BALFOUR (2002), 144, 147.
8 VIÑAS, 105-106; BALFOUR (2002), 135-136; MADARIAGA (2009), 233-235. 国王発言の1か月後の『植民地軍雑誌』(25年7月号)で編集長フランコはこの戦争は戦闘手段の効果を高めることを必要としていると述べたが、それには「煙幕弾［燐弾？］、有毒弾、焼夷弾」の使用が含まれていた (*RTC*, VII-25, [1]-[?]. *Cf.* NERÍN, 270)。フランコ論稿のこの部分はFRANCO前掲書 (189) に所収されたときには削除された。
9 AGMM, R602, 424-5の諸文書 (I～XII-25)／R644, 457-10, 29-VIII-25, 457-16, 29-VIII-25; KUNZ/MÜLLER, 162-165, 171; LÁZARO ÁVILA, 188-193; PANDO (1999), 310; BALFOUR (2002), 145, 150-151; MADARIAGA/LÁZARO ÁVILA, 78-80; *Historia de las campañas*, IV, 193; VIÑAS, 107-108. アルホセイマ上陸作戦でイペリット弾、「窒

息ガス」弾、焼夷弾が配備・準備されたことは30年にARMIÑAN/ARMIÑAN前掲書 (174-175)が明らかにしていた。

10 HERNÁNDEZ MIR, *Del Rif a Yebala*, 257; *TR*, 15-I-25; J. ROGER-MATHIEU (ed.), *Mémoires d'Abd-el-Krim* (Paris, 1927), 209; *The Illustrated London News*, 29-XI-1924 (KUNZ/MÜLLER, 227の示唆による。同紙の1週前の号 (11月22日)もやはり4枚の写真を載せてスペイン軍の空爆を報じた。キャプションには、空爆で多くの「ムーア人」の死者が出ている、いくつかの部族は壕に逃れている、爆撃された地域では穀物も家畜も見られないとある); *The Times*, 29-XII-[19]25 (BALFOUR (2002), 128の示唆による); HARRIS, 300; KUNZ/MÜLLER, 25-26, 195-198. 21年9月中旬にサラマンカ県の1新聞に「歩兵隊が使用する毒ガス、航空隊のためのガス爆弾、ガスを発射するための塹壕砲」がメリーリャに送られたとの記事が載った (GAJATE, 354)。国際連盟が化学兵器の使用禁止に動き出した24年後半〜25年前半にスペインの軍内紙に毒ガス戦・化学戦についてのいくつかの論評が載った。しかしおそらく知っていたであろうスペイン軍のモロッコでの毒ガス使用についての言及は(もちろん)ない (*EE*, 3-IX-24, 31-III, 2-IV-25; *EA*, 9-VI-25.『軍通信』は24年8月〜25年5月に停刊となっていた (第Ⅰ章3.1.1で既述))。

11 KUNZ/MÜLLER, 32, 147, 152-153, 155-156, 208, 211-212; BALFOUR (2002), 142, 147-149; VIÑAS, 109; AGMM, R545, 382-1, 13-VII-24, 14-VII-24, 20-VII-24, 6-X-24, 10-X-24, 13-X-24, 25-XI-24, □-I-25／R602, 424-5, 24-VI-24, 20-IV-25; MADARIAGA/LÁZARO ÁVILA, 72, 74, 78.

12 Angelo DEL BOCA, *I gas di Mussolini:Il fascismo e la guerra d'Etiopia* (Roma, 1996), 20／高橋武智監修『ムッソリーニの毒ガス』(大月書店, 2000), 14-15.

13 AGMM, R545, 382-1, 13-X-24, □-I-25／R602, 424-5, 24-V-24, 11-I-25, 20-I-25, 16-III-25, 20-IV-25, 23-IV-25; KUNZ/MÜLLER, 75, 89, 171, 211-212; MADARIAGA/LÁZARO ÁVILA, 80-81; BALFOUR (2002), 146-147; MANRIQUE GARCÍA/MOLINA FRANCO, 34. バルフォアは、ラ・マラニョーサ工場の操業遅延の要因としてタホ川の洪水による同工場施設の冠水を挙げる (BALFOUR (2002), 139)。

14 AGMM, R602, 424-5, 26-VII-24, 4-I-25, 12-V-25, 14-V-25, 16-V-25; HIDALGO DE CISNEROS, I, 162; MADARIAGA (2002), 68-70; BALFOUR (2002), 146; MANRIQUE GARCÍA/MOLINA FRANCO, 43; MADARIAGA/LÁZARO ÁVILA, 81; PANDO, 'Alhucemas, última pesadilla en el Rif', *La Aventura de la Historia*, IX-2000, 29; Alfredo BOSQUE COMA, 'Prisioneros de Abd el-Krim', *Historia 16*, 206 (I-1993), 26. アブドゥルカリームの回想によると、ある日のスペイン軍の空爆で60人以上の捕虜 (スペイン人かフランス人かあるいは西・仏軍の原住民兵かは不詳)が死亡した (ROGER-MATHIEU,

196; DAOUD, 306)。

〈第Ⅱ章 第3節〉
1　AGMM, R469, 316-7, 28-V-22, 29-V-22, 30-V-22／R470, 317-2, 17-III-22／Caja, 3-3-3-2-15, 15-VI-22／Caja, 3-3-3-2-16, 22-VIII-23／R535, 373-6, 5-III-23, 18-IX-23, 373-9, 30-X-23, 373-10, 28-XII-23／R545, 382-1, 12-IV-24, 11-VII-24, 13-VII-24／R575, 406-2, 20-VII-24／R576, 406-3, 6-VII-24／R742, 4-20, 23-X-23, 5-1の諸文書 (I 〜 IV-24), 5-2, □-V-24.
2　AGMM, R469, 316-14, 24-XI-22／R470, 317-2, 17-III-22, 22-V-22, 317-3, 9-IX-22／R535, 373-6, 18-IX-23／R545, 382-2, 10-VII-24, 11-VII-24／R576, 406-3, 13-I-24／R644, 457-10, 17-IX-25, 457-16, 29-VIII-25, I-XII-25／R742, 4-20, 22-X-23, 5-1, 16-I-24, 26-II-24, 30-III-24; BALFOUR (2002), 144, 153; PENNELL (1986a), 151; NERÍN, 267-268. イダルゴ・デ・シスネーロスの回想録にも「我々の目標は通常は市場と居住地だった」とある (HIDALGO DE CISNEROS, I, 22)。
3　事例は多いので、AGMM, R470, 317-2, 7-II-22／R545, 382-2, 14-VII-24のみを挙げる。
4　AGMM, R469, 316-14, 18-XI-22／R470, 317-3, 22-VII-22／R545, 382-2, 2-VI-24, 14-VII-24／R576, 406-3, 11-VII-24, 16-VII-24, 21-VII-24, 29-X-24／R742, 5-2, 29-V-24; BALFOUR (2002), 141, 153.
5　AGMM, R470, 317-2, 2-VI-22／R545, 382-2, 10-VII-24, 20-VII-24／R576, 406-3, 14-VII-24, 19-VIII-24／R644, 457-10, 29-VIII-25／R742, 5-1, 11-I-24, 5-2, 29-V-24, 5-3, 22-X-24, 24-X-24; MADARIAGA (2002), 82. フランスがスペイン軍に窒息ガスの使用を禁止させたという「噂が反乱者の間で流れている」との報告もある (25年1月。AGMM, R644, 457-10, 29-I-25)。実際にこの頃フランス領統監リヨテはスペイン軍の毒ガス使用を非難したようだ (Daniel RIVET, 'Le commandement française et ses réactions vis-à-vis du mouvement rifain (1925-1926)', *Abd el-Krim et la République*, 103; DAOUD, 244; COURCELLE-LABROUSSE/MARMIÉ, 137-138)。それが噂として広まったのは、空爆と毒ガスの恐怖から逃れたいリーフ住民の願望に沿うものだったからであろう。
6　AGMM, R470, 317-2, 2-III-22, 22-V-22, 317-3, 9-IX-22／R535, 373-10, 28-IX-23, 3-X-23／R545, 382-2, 8-VII-24, 20-VII-24／R576, 406-3, 10-VII-24, 14-VII-24, 2-4-XII-24／R644, 457-10, 29-I-25, 7-II-25／R742, 5-1, 23-I-24; MADARIAGA/LÁZARO ÁVILA, 82; BALFOUR (2002), 153; ARMIÑAN/ARMIÑAN, 212-213. 24年7月、アブドゥルカリームはバヌワリャガールの人々に防空壕を建設するように命じた (違反者

には科料。AGMM, R576, 406-3, 18-VII-24; BALFOUR (2002), 153)。

7　攻撃目標についての情報の若干の例を挙げると、AGMM, R469, 316-7, 16-V-22／R576, 406-3, 14-VII-24／Caja, 3-3-3-2-15, 15-VI-22など。ほかについては、R469, 316-14, 6-XI-22／R470, 317-3, 15-XII-22／R545, 382-2, 13-VII-24／Caja, 3-3-3-2-15, 22-VIII-23／R742, 5-1, 12-I-24; NERÍN, 267.

8　KUNZ/MÜLLER, 116, 150-152, 155; MADARIAGA/LÁZARO ÁVILA, 74; VIÑAS, 102; AGMM, R742, 5-2, 27-VIII-24.

9　陸軍文書には*RGC*などにリーフ人の症状に関する多くの記述があるので、それらの文書は注記しない。ほかについては、AGMM, R535, 373-10, 25-IX-23／R545, 382-2, 20-VII-24／R576, 406-3, 1-VII-24／R644, 457-10, 7-II-25, 12-II-25, 31-VII-25; KUNZ/MÜLLER, 122, 126; ROGER-MATHIEU, 144-145; BALFOUR (2002), 143-144, 152-153; FLEMING, 141; PANDO (1999), 310; WOOLMAN, 185; MADARIAGA/LÁZARO ÁVILA, 82-83; MADARIAGA (2002), 70; MADARIAGA (2005), 391; LÁZARO ÁVILA, 186; LA PORTE (2001), 190. チフスがはやったとの叙述は、WOOLMAN, 186; ÁLVAREZ, 177にある。

10　MADARIAGA/LÁZARO ÁVILA, 67, 81-82; MADARIAGA (2002), 66-67; BALFOUR (2002), 128, 133-136, 138, 142, 144-145, 152; KUNZ/MÜLLER, 21, 128; VIÑAS, 99-102, 106-107; LA PORTE (2001), 188-190. 25年8月のアブドゥルカリーム名の「アルジェリアとチュニジアの人民へ」の宣言文書も「窒息爆弾」の使用を告発している (*AF*, I-26, 16. この文書は第Ⅲ章3. 2. 2. で後出)。フランス軍は、スペイン軍との共同作戦以前にも、フランス領を攻撃するハルカの拠点が存在するとしてスペイン領南部地域で空爆をおこなっていた (AGMM, R576, 406-3, 28-VI-24, 9-VII-24／R742, 5-1, 9-I-24)。リーフの兵力を敗退させるうえでフランスの空軍力が（も）大きな意味を持ったことについては次を参照。KHARCHICH, 'Observations sur les causes de l'echec du mouvement rifain', *Revue d'Histoire Maghrébine*, 75-76 (1994), 223-226.

11　Angel FLORES ALONSO/Juan Manuel CICUÉNDEZ ORTEGA, *Guerra aérea sobre el Marruecos español (1913-1927)* (Madrid, 1990), 66; MADARIAGA (2002), 57-58; PANDO (1999), 331, 370; MANRIQUE GARCÍA/MOLINA FRANCO, 44-45, 142; LA PORTE (2001), 186; PENNELL (1986a), 100; BALFOUR (2002), 141, 149-150; SASSE, 192-203; FONTAINE (1958), 90-94, 98; MADARIAGA/LÁZARO ÁVILA, 60; HIDALGO DE CISNEROS, I, 169-171; PÉREZ ORTIZ, 268; Gabriel REBELLÓN DOMÍNGUEZ, *Seis meses en Yebala. Impresiones de la rebeldía del año 1924* (Madrid, 1925), 55, 106*; Historia de las campañas*, IV, 193; KHARCHICH (1994), 226; SUEIRO SEOANE, 'Contrabando en las costas del Rif: Armas europeas para Abd-el Krim', *Actas del II Congreso Internacional «El Estrecho de Gibraltar»*, V (1995), 265; *CM*, 22-IV-24. 陸軍文書でのリーフ側によるスペイン軍機への攻撃の事例は、AGMM, R545, 382-1, 23-III-24／R743, 5-3, 13-X-24. スペイン航空隊員を捕虜とした事例は、R742, 4-17, 20-VIII-23, 4-20, 19-X-23, 21-X-23, 4-25, 13-X-23 (*Historia de las campañas*, III, 556, 560には撃墜の事例と捕虜とされた事例が書かれている。3人の息子を空爆で殺された1モーロ人女性が捕虜とされた1航空隊員に復讐しようとしたとの記録もある (AGMM, R742, 4-25, 13-X-23)). リーフ側の航空機取得とスペイン軍がそれを破壊したことについては、R468, 315-15, 10-VII-22／R469, 316-7, 24-II-22, 30-V-22／R470, 317-2, 2-II-22, 2-III-22, 17-III-22, 317-3, 26-IX-23／R534, 373-2, 1-I-24, 16-II-24／R535, 373-10, 15-IX-23／R545, 382-1, 23-III-24／R575, 406-2, 16-I-24／R742, 4-2, 'Documento que se cita' (日付なし), 5-1の諸文書 (I ～ III-24) (このことについては、*Historia de las campañas*, IV, 56にも簡単な言及がある). 24年7月、スペイン軍による空爆の被害を訴えた住民に対してアブドゥルカリームは、自らの航空隊もまもなく活動を開始してスペイン人(まずテトゥワン)をやっつけると回答したという (AGMM, R742, 5-2, 7-VII-24). リーフ側が取得した機数やその破壊については諸説がある。陸軍文書には、26年4月にスペイン軍機1機が撃墜され無傷でリーフ側の手中に入った、この時期にリーフ側は計2機を保有していたとある。全体としてリーフ側は5機を取得したとの説が有力である (AGMM, R724, 19-1, 25-IV-26／R742, 5-1, 30-III-24; GODED, 101-102; DAOUD, 134, 160, 166, 184; SALAFRANCA ORTEGA (2004), 103-104; Vincent MONTEIL, 'La guerre révolutionnaire', *Abd el-Krim et la République du Rif*, 150). 航空隊を組織しようとのアブドゥルカリームの意向については、ROGER-MATHIEU, 114, 167-170; PENNELL (1986a), 100; *Abd el-Krim et la République du Rif* ('discussion'), 139. ほかについては、AGMM, R575, 406-2, 20-VII-24／R576, 406-3, 14-VII-24／R644, 457-10, 31-VII-25／R742, 5-1, 25-II-24. 結局、保有することはなかったが、リーフ側も毒ガス弾取得のために動いたことがあったようだ (AGMM, R468, 315-15, 10-VII-22; MADARIAGA (2002), 71; MADARIAGA/LÁZARO ÁVILA, 84). 植民地戦争において抵抗する側が航空機撃墜手段で対抗したこと、また航空機を動員したことについては次を参照。David E. OMISSI, *Air Power and Colonial Control. The Royal Air Force 1919-1939* (Manchester, 1990), 122-130.

12 VIÑAS, 108; BALFOUR (2002), 127; MADARIAGA/LÁZARO ÁVILA, 52-53; MANRIQUE GARCÍA/MOLINA FRANCO, 38. 25年5～6月にフランス領統監リヨテはイペリット弾を送ってくれるよう本国政府に要求した。しかしフランス軍がリーフ戦争中に

毒ガスを使用した決定的証拠は今のところないようだ (COURCELLE-LABROUSSE/MARMIÉ, 159-160, 201-204, 209, 222)。マダリアーガはフランス軍も25年にモロッコで毒ガスを使用したと言っていたが、後にそれを否定した (MADARIAGA/LÁZARO ÁVILA, 53; MADARIAGA (2009), 231)。

〈第Ⅱ章 小括〉

1 HIDALGO DE CISNEROS, I, 122, 159; BALFOUR (2002), 137-138. オミッシは、メトロポリの軍人の中の「エリート集団」たる航空隊員たちは一般に原住民殺戮について「良心の呵責」など感じない、とする (OMISSI, 176)。

2 KUNZ/MÜLLER, 13, 27, 32. クンツとミュラーのように明快ではないが、バルフォア、マダリアーガらもそれに近い見方をしている (BALFOUR (2002), 128; MADARIAGA/LÁZARO ÁVILA, 71)。

3 BALFOUR (2002), 127-128; OMISSI, 5-35, 44, 160; Robert HARRIS/Jeremy PAXMAN, *A Higher Form of Killing. The Secret Story of Chemical and Biological Warfare* (New York, 1982), 43-44／大島紘二訳『化学兵器 その恐怖と悲劇』(近代文芸社、1996), 63-65; DEL BOCA, 53／64; DEL BOCA (a cura di), *Le guerre coloniali del fascismo* (Roma/Bari, 1991), 177-178, 194, 197-213; Giorgio ROCHAT, *Guerre italiane in Libia e in Etiopia. Studi militari 1921-1939* (Treviso, 1991), 19, 33-34. オミッシの次の主張も参照——「[植民地]部族民の生存条件に対するより暴力的な攻撃の形態は、[空爆によって]生存手段をたんに途絶させようとしただけでなく、それを破壊しようとしたことだった」(OMISSI, 156)。かのドゥーエが高性能爆弾・焼夷弾・毒ガス弾からなる空爆の攻撃的軍事戦略を主張したのはちょうどリーフ戦争と重なる時期においてである (1921年および27年)。ドゥーエがリーフ戦争での空爆と毒ガス戦についてどのくらい知っていたのかは不詳である。ただドゥーエがリーフ戦争から学んだことは確かである。1929年の論稿でドゥーエは次の報告を引用している——「1925年6月21日のモロッコの市場への空爆は1分間で800人の犠牲者を生じさせた。モロッコの市場には数千人くらいしかいない。ヨーロッパの都市は通常数十万の人口を抱えている。爆弾・焼夷弾・毒ガス弾でこれらの都市の一つでも空爆すれば恐るべき効果を生じさせるだろう」(ただし、ここで言及されている空爆はフランス軍によるものである。Giulio DOUHET, *The Command of the Air* (London, 1943), 204-205 ('Recapitulation'); 深澤安博「リーフ戦争からスペイン内戦へ——生存破壊のための空爆とその衝撃・記憶・謝罪——」、東京大空襲・戦災資料センター戦争災害研究室『シンポジウム報告書「無差別爆撃の源流——ゲルニカ・中国都市爆撃を検証する——」』(2008年2月)、33)。

4　*El País*, 10-II-2002; NERÍN, 270.
5　KUNZ/MÜLLER, 175; Mohammed KENBIB, *Juifs et Musulmans au Maroc 1859-1948* (Rabat, 1994), 444; 深澤安博「スペイン内戦における空爆―植民地戦争から内戦へ／総力戦の様相と毒ガス戦の準備／爆撃の証言―」、『戦争責任研究』82 (2014) (2014a). クンツとミュラーさらにビーニャスによれば、リーフ戦争における毒ガス戦での西独協力が後のメトロポリの内戦での反乱派とドイツ政府・軍との協力の基礎ともなった (KUNZ/MÜLLER, 34-35, 88; VIÑAS, 109, 438)。空爆から見たリーフ戦争とスペイン内戦の連続性については以下を参照。深澤 (2008); 深澤 (2014a)。
6　DEL BOCA, 103／126; MANRIQUE GARCÍA/MOLINA FRANCO, 35, 38, 40, 43-45. 第2節本文で述べたように、陸軍中央参謀本部戦史部編集の『モロッコ戦争史』には毒ガス使用についての明示的な記述はない。FLORES ALONSO/CICUÉNDEZ ORTEGAの書は空軍博物館の出版になるものだが、漫画を多用しながら空爆を美化しており、毒ガス関連の場面・記述を一切含まない。
7　*El País*, 10-II-2002.
8　*El País*, 10-II-2002; *El Mundo*, 18-IV-2001; BALFOUR (2002), 129, 154-155; CHARQI, 155, 158. マダリアーガは、イペリットは発癌性物質だが、毒ガス汚染と癌多発の因果関係を証明するのは難しいとする (MADARIAGA (2002), 71-73; MADARIAGA/LÁZARO ÁVILA, 84-85)。

〈第Ⅲ章 はじめに〉
1　AYACHE (1981), 22.
2　リーフ戦争末期にフランス軍がリーフ政治体やその軍から接収した文書はフランス外務省文書館で閲覧可能である (*Les papiers d'Abdelkrim*)。TAHTAHの書は付録資料集にその主要文書を収録している。とくにアラビア語文書については原文とそのフランス語訳文を載せている。スペイン軍もリーフ戦争末期にリーフ側から文書を接収した。BN-SA所蔵のスペイン軍人の手になる以下の文献はこの接収文書を利用している。Juan VILLALÓN DOMBRIZ, *Cabecillas rebeldes en el Rif desde 1,913 a 1,927* (1930); *Cabecillas rebeldes de 1,913 a 1,927* (s. f.). さらにGODEDの書もこの接収文書を利用している。しかし今のところこの文書は閲覧不可能である (あるいは所在不明)。ペヌルの示唆 (PENNELL (1986a), 4) に基づいて著者は2006年以来AGAで接収文書の閲覧をこころみているが、文書目録にそれを見出すことはできていない。しかし、AGMM, R685, 503-25, 9-VI-26／R738, 1-6の諸文書 (VI-26) から、接収文書は26年6月に総理府のモロッコおよび植民地総局に到着したとの

情報を得ることができた。文書分類は次のとおり (分類番号順)。

　　アラビア語文書　11ファイル——　アブドゥルカリーム関係文書／アブドゥルカリームの弟関係文書／アザルカン関係文書／ハドゥ関係文書／フランス当局のカーイドたちへの書簡／ブールマンセ・セイ関係文書／政治関係文書(2ファイル)／原住民間での土地売買関係文書／原住民間の諸問題関係文書／領収書 (以上の人名については後の本文参照)。スペイン語・フランス語文書　101文書 (群?)——多くはスペイン人・フランス人との連絡関係文書。リーフ政府の内部文書も若干。

　しかも一部の接収文書がスペイン軍によってタイプライターで打ち直されて複製されていたことがわかった。それらの複製文書 (そのほとんどはフランス語文のハドゥ関係文書) はAGMM, R738, 1-6に含まれている。本章はその一部を利用している。この場合には引用文書に<>を付した。とはいえ、以上の現況により本書でもスペイン軍接収文書をほとんど利用できなかった。同文書を利用できるようになれば本章のテーマについてまた新たな解明や論証が可能となろう。本章の論述においてはアブドゥルカリーム (個人) に過大な比重を与えないように留意した。しかし主に史料上の制約から、やはりアブドゥルカリーム関係の引用が多くなったことを予め記しておきたい。

〈第Ⅲ章　第1節　第1小節〉

1　13年2月の勅令によって、スペイン領は「今までと同様に、それぞれの管轄範囲を有する諸部族と諸都市から成る各行政単位に分かれる」とされた。かくして都市部以外の原住民地域では66の各部族が行政単位とされた。各部族はハリーファが任命するカーイド (qāʾid/caid) によって統治されることになった。都市の行政官としてバーシャー／パシャ (bāshā/pasha) が任命された。もっとも各部族は上掲の意味での行政単位としてだけでなく、住民の組織上、意識上、ときに血縁上の構成単位でもあった。スペイン領の地域区分はジェバーラ、ゴマーラ、リーフの3つを基本とし、さらにリーフからカリーヤとシンハージャが分けられることがあった。地域・部族 (また後述の支族) の境界区分はスペイン植民地当局によって恣意的になされたこともあるが、またそれぞれの住民の組織上、意識上の構成も反映していた。スペイン領、リーフ地域、バヌワリャガール部族のそれぞれの人口については「序」の注1を参照 (VILLANOVA (2004), 248-249, 260-266; WOOLMAN, 19; PENNELL (1986a), 315; AYACHE (1981), 95; Mimoun AZIZA, *La sociedad rifeña frente al Protectorado español de Marruecos[1912-1956]* (Barcelona, 2003), 35, 78; RUIZ ALBÉNIZ, *Colonización española en Marruecos* (Madrid, 1930), 49-54;

Raymond JAMOUS, *Honneur et baraka. Les structures sociales traditionnelles dans le Rif* (Cambridge, 1981), 237-239)。

2　PENNELL (1986a), 50; AYACHE (1981), 274-275 から引用。植民地主義的視点に批判的な研究では、19世紀末以降の各部族の中での名士＝社会的・政治的有力者の出現もヨーロッパ諸勢力の介入の結果と考えられている。ヨーロッパから入ってきた銃も少数の名士たちを軽武装者ないし非武装者に対して優位に立たせ、また部族内ないし部族間の抗争を誘発させた (AYACHE (1981), 110-117; PENNELL (1986a), 48-52; MADARIAGA (1999), 215-217, 305, 400-402; MADARIAGA (2005), 92-93, 114-115)。アンワールの「破局」の責任問題についての議会調査委員会の調査資料集にはそれまでの「政治的行動」の具体的諸例が述べられている (*Comisión de Responsabilidades*, 25-27, 80-84, 104, 113-115)。

3　リーフ側の政治・社会を論ずる本章では、その中心人物 Muḥammad ibn ʿAbd al-Karīm al-Khaṭṭābī をアブドゥルカリームと呼び、その血縁関係者を彼から見てそれぞれ父、弟のように呼ぶことにする。スペイン領設定以前またスペイン軍に対峙する姿勢を明確に示すに至る前までのアブドゥルカリームとその父の軌跡についての論及は多い。アブドゥルカリームはそれまでメリーリャのスペイン植民地当局のもとで働き、また『リーフ通信』の編集局でも働いていた (第Ｉ章2. 3. 参照) (MADARIAGA (1999), 341-377; MADARIAGA (2009), Caps.1-3; TAHTAH, 87-112, 190-193; ROGER-MATHIEU, 56-73; Emilio BLANCO IZAGA, *El Rif* (Ceuta, 1939), 83-85/*Emilio Blanco Izaga:Coronel en el Rif* (Estudios introductorios y notas de David Montgomery HART) (Melilla, 1995), 89, etc.)。

4　AYACHE (1981), 293, 296; PENNELL (1986a), 69-71; MADARIAGA (1999), 355-356, 403, 432; MADARIAGA (2009), 181-193; TAHTAH, 99; ROGER-MATHIEU, 80-83; AGMM, Caja, 3-3-3-2-13, 16-VII-20. スペイン人が'fracción'と呼んだ集団は研究者によっては'clan' (あるいは'super clan' ないし 'subclan')とみなされている。'clan'の通常の日本語訳は「氏族」だが、'fracción'はかならずしも同系血縁集団ではなかったので(亜部族の意に近い)、本書では「支族」の語を当てた。*Cf.* HART, *The Aith Waryaghar of the Moroccan Rif An Ethnography and History* (Tucson, 1976), Chap. 10.

5　MADARIAGA (1999), 401-403.

6　TAHTAH, 114-115, 151-153; MADARIAGA (1999), 403-404, 516; AGMM, Caja, 3-3-3-2-14, 9-II-21, 14-VIII-21／R431, 279-1, 30-I-21; AYACHE (1981), 314-315; PENNELL (1986a), 72-73; *ECCE HOMO*, 237-260.

7　AGMM, R431, 279-1, 30-IV-21, 279-5, 15-IV-21／Caja, 3-3-3-2-14, 25-IV-21, 30-IV-21; PENNELL (1986a), 73-74; MADARIAGA (1999), 405-406, 444-446; AYACHE

(1981), 306-307, 315, 319-322; AYACHE (1996), 99; TAHTAH, 119, 153; EZA (*Mi responsabilidad*), 416-417; BERENGUER (1923), 32.
8　MADARIAGA (1999), 404; MADARIAGA (2005), 133.
9　*Comisión de Responsabilidades*, 225, 397-398; BERENGUER (1923), Apéndice 2; AYACHE (1981), 331-333, 335-336; AYACHE (1996), 86-87; ROGER-MATHIEU, 93-95; AGMM, Caja, 3-3-3-2-14, 14-VIII-21; *Expediente Picasso*, 315-319.
10　AGMM, Caja, 3-3-3-2-14, 14-VIII-21; *Comisión de Responsabilidades*, 144, 226-234; PENNELL (1986a), 82-83; *ECCE HOMO*, 264-266; HERNÁNDEZ MIR, *Del desastre a la victoria (1921-1926). Ante las hordas del Rif* (Madrid, 1926), 43-44; CASADO, 57-58; MADARIAGA (1999), 454-457, 515; ROGER-MATHIEU, 96; AYACHE (1996), 102-103, 113; 'Las Fuerzas Regulares Indígenas', Fernando CANO VELASCO (coord.), *Historia de las fuerzas armadas*, IV (Zaragoza, 1984), 191. アヤーシュの次の評価も参照——この時期にアブドゥルカリームは「戦闘準備をしながら和平を得よう」としていた (AYACHE (1981), 329)。
11　アンワールの戦闘について、ここでは本文と関係する以下のみを注記する。LA PORTE (2001), 81, 106-107; MADARIAGA (1999), 413; ROGER-MATHIEU, 101. イゲリーベン包囲の際にも各部族の名士たちの集会が開かれ、そこで戦闘継続と具体的な戦闘方針が決められたようだ (CASADO, 44, 46, 59-60)。
12　AGMM, R738, 1-5, 13-VIII-21; *Comisión de Responsabilidades*, 238; PENNELL (1986a), 85. リーフのハルカはメリーリャも陥落させえたはずなのに、なぜそうしなかったのかが当時もあるいはその後も議論の的となった。『回想記』は、①「私の軍事組織はまだ生成段階にあった」ので自分は慎重になった、また②「国際的紛糾」をつくり出したくなかった、以上の故にメリーリャ占領に反対したが、「今はそれをひどく後悔している」、「我々は困難もなくそれをできただろう」、「私はこのとき必要な政治的先見を欠いていた」、それ以後のことは「非常に嘆かわしいこの過ちの結果」だったと書いている (ROGER-MATHIEU, 104-106)。しかしアヤーシュも言うように、アブドゥルカリームが実際に「後悔」したかどうかは疑わしい (AYACHE (1996), 189)。また、本文で述べた (る) 交渉 (姿勢や条件) とカリーヤなどリーフ以外の部族 (住民) との関係からして、リーフのハルカはむしろアブドゥルカリームの言う通りの上記①, ②の状況にあったのであり、「困難もなく」メリーリャを占領しそれを維持できたとは考えられない (*Cf.* PENNELL (1986a), 85; COURCELLE-LABROUSSE/MARMIÉ, 79-80)。以上から本書の著者は、アブドゥルカリームはメリーリャを陥落させようとしたがハルカの人員たちが戦利品獲得に夢中になっていたのでそれをできなかったとする説明 (LA PORTE

(2001), 108) を採らない。
13　PENNELL (1986a), 89-91; MADARIAGA (1999), 411-413; LA PORTE (2001), 115. アンワールの戦闘直後と21年8月上旬に「聖戦」を呼びかける壁紙がテトゥワンで貼られたことについては本章2.3.参照。
14　AGMM, R738, 1-5, 13-VIII-21; AYACHE (1996), 156.

〈第Ⅲ章 第1節 第2小節〉
1　PENNELL (1986a), 75; AGMM, Caja, 3-3-3-2-14, 14-VIII-21／R469, 316-7, 30-VIII-21／R738, 1-5, 13-VIII-21; TAHTAH, 135, 170; ROGER-MATHIEU, 111; SALAFRANCA ORTEGA (2004), 53-59. ユースフは、本章1.1. で見た21年5月初旬のアルカマの集会で「リーフの国家構造の核の形成という現象」が現れたと言う (Abderrahman YOUSSOUFI, 'Les institutions de la République du Rif', *Abd el-Krim et la République du Rif*, 90)。本文で述べた意味で、著者はそれは「国家構造」とまでは言えないと考える。他方ラ・ポルテは、「アブドゥルカリームのリーフ統治と諸部族へのその権威」がアンワールの戦闘以前から見られたとする論者を批判する (LA PORTE (2001), 108-110)。ラ・ポルテの批判はリーフ全体の「統治」ないしそれへの「権威」という意味においてならば有効だが、本章の1.1. で見たようなそれ以前に現われてかなり緩やかに展開した様相への注目が弱いと考える。
2　9月の会議を同月18日と特定する論者もいる。それによると、この日の会議ではアブドゥルカリームが演説した後に次の5項目が決議された──①リーフの独立、②アブドゥルカリームを首長 amīr に指名、③正規軍の創設、④民族会議設立、⑤9月18日を独立記念日とする。さらに「民族協定」として以下の6項目が採択された──a. リーフの権利を侵犯する条約とりわけ1912年の西仏条約を承認しない、b. リーフ地域からのスペイン軍の撤退、c. リーフの完全独立の承認、d. スペインが過去11年間のその占領によるリーフ人の損害を補償し、またスペイン人捕虜引渡しのための身代金を支払うこと、e. 全国家との友好関係の確立、f. 国際連盟への加盟申請 (SALAFRANCA ORTEGA (2004), 58-59; MARTÍN, 76-78; YOUSSOUFI, 87-88, 91)。以上のことはたしかにその後リーフ政府が要求したりおこなったことである (ただ、上記⑤は確定できない。さらに上記f. についても加盟申請をしたかどうかは確定できない (本章3.2.2. 参照))。しかし、それらが (早くも) この9月の会議で決議ないし採択されたことを示す有力な証拠は今のところない。この頃 (8月下旬〜9月上旬)、アブドゥルカリームは「バヌワリャガール独立国家リーフ軍司令官」と彫られた印章を使っていたという (*AF*, IX-21, 270)。
3　TAHTAH, 120-125; AGMM, R742, 4-25, 13-X-23; PENNELL (1986a), 126-128;

SALAFRANCA ORTEGA (2004), 60-61, 89; WOOLMAN, 146-148, 191; GODED, 83-86; *Cabecillas rebeldes en el Rif*, 12-13, 19-20; HART (1976), 377-380; GABRIELLI, 42-46; Josep Lluís MATEO DIESTE, *La «hermandad» hispano-marroquí. Política y religión bajo el Protectorado español en Marruecos[1912-1956]* (Barcelona, 2003), 457; MADARIAGA (2009), 379-384.

4　TAHTAH, 29, 124-128, Appendice 2, Doc. 13; LA PORTE (2001), Doc. 5; MADARIAGA (1999), 512-513; MADARIAGA (2009), 413; SALAFRANCA ORTEGA (2004), 59; PENNELL (1986a), 128-129; PENNELL, 'Law, order and the formation of an 'Islamic' resistance to European colonialism:The Rif 1921-1926', *Revue d'Histoire Maghrébine*, 21-22 (1981) (1981a), 34; YOUSSOUFI, 91-93; DAOUD, 154.

5　TAHTAH, 131-135; GODED, 87-88; *Cabecillas rebeldes en el Rif*, 21; PENNELL (1986a), 140-141; MADARIAGA (1999), 513-514; MADARIAGA (2009), 418; SALAFRANCA ORTEGA (2004), 62-64; YOUSSUFI, 93-94.

6　TAHTAH, 128-131; AGMM, R431, 279-1, 30-I-21, 30-IV-21／Caja, 3-3-3-2-14, 25-IV-21／R742, 4-1, 23-III-23; SALAFRANCA ORTEGA (2004), 64-70; PENNELL (1986a), 126-128; PENNELL (1981a), 33-35; GODED, 90-91; YOUSSOUFI, 89-90; HART (1976), 382, 388; MADARIAGA(1999), 389-390. 法廷での判決の1例は、TAHTAH, Appendice 2, Doc. 22にある。

7　PENNELL (1986a), 133. 旗は現在、トレードの陸軍博物館で見ることができる。

〈第Ⅲ章　第1節　第3小節〉

1　ROGER-MATHIEU, 98; PENNELL (1986a), 74, 82; SALAFRANCA ORTEGA (2004), 97; GODED, 97. イゲリーベンの戦場にいた1スペイン軍士官は、アブドゥルカリームが組織したハルカは「正規軍と同様の規律を持っていた」、それは「武装した原住民のよくある集団ではもはやなく小さな軍隊である」と観察した (CASADO, 41, 49, 77)。

2　ROGER-MATHIEU, 94, 101, 143, 159; GODED, 96-97; PENNELL (1986a), 82, 130; MADARIAGA (1999), 452; AYACHE (1996), 147; SALAFRANCA ORTEGA (2004), 103; SUEIRO SEOANE (1995), 266; AGMM, Caja, 3-3-3-2-14, 14-VIII-21／R742, 4-21, 27-III-22. アンワールの戦闘の直後にフランスの1新聞では、スペイン軍から捕獲された武器がモロッコのフランス軍に対しても使用されるのではないかとの懸念が表明された (*AF*, VIII-21, 255-256)。

3　『回想記』には「我々は外国から武器を得ることを考えたことも計画したこともなかった」とある (ROGER-MATHIEU, 159)。さらに、24年10月にアブドゥルカ

リームは、ヨーロッパの企業などがリーフ政府に武器や軍用品を供給しているとの英仏の新聞の論評は「全く不正確」である、その多くはスペイン軍から奪ったものか自ら製造したものであるとの声明を『タイムズ』に出した (*The Times*, 13-X-24; *AF*, X-24, 572)。ほかについては、ROGER-MATHIEU, 154, 159-164; AGMM, R742, 4-2の諸文書 (22～24年にスペイン軍がつかんだ「密輸」情報), 5-1, 3-II-24; GABRIELLI, 13-14; SASSE, 174-178, 187-192.

4　ROGER-MATHIEU, 87; *Comisión de Responsabilidades*, 232 (諜報員情報). 第1次世界大戦中にドイツの代理人が対仏反乱を起こさせる目的で持ち込んだ銃も多かった (LA PORTE (2001), 61, 105).

5　ROGER-MATHIEU, 87; *Abd el-Krim et la République du Rif*, 147-148 ('discussion'); WOOLMAN, 97. 陸軍文書にも④についての少なからぬ情報が見出される (AGMM, R469, 316-14, 10-VIII-22／R470, 317-3, 5-XI-22／R742, 5-1, 30-I-24, 21-II-24／R743, 5-3, 13-X-24). スペイン軍はその兵士がモーロ人に武器・弾丸を売った場合には処罰するとの通告を出したり、他方で武器・弾薬が盗まれるのを防ぐため原住民 (とくに女性) のその陣地や部隊への出入りを禁止する措置を採った (AGMM, R431, 279-3, 14-X-21／R535, 373-6, [18]-XI-23／R742, 4-2, 12-VI-23). 実体験に基づいたセンデルの小説『カブレリーサス・アルタス』にもモーロ人に弾薬を売ったスペイン兵のことが出てくる (SENDER, *Cabrerizas Altas* (Melilla, 1990/1ed., Barcelona, 1965-1966), 135, 147, 151). 休暇中の原住民兵が武器を流したり、弾薬を売ることもあった (第IV章第2節で後出).

6　AGMM, R644, 457-10, 7-II-25; GODED, 96. リーフ政府やその軍事組織はハルカに加わろうとしなかった住民の武装解除を命じたことがある (本章2.1.1., 2.1.3.で後述). これに由来した武器の一部も市場で売買された (R535, 373-10, 7-XII-23).

7　武器製造に関わった人々の多くはユダヤ系住民だった。ROGER-MATHIEU, 143-144; SALAFRANCA ORTEGA (2004), 107; YOUSSOUFI, 97; *Abd el-Krim et la République du Rif*, 139 ('discussion'); PENNELL (1986a), 143; 本小節注3にある24年10月の声明。リーフ勢力の組織的抵抗が潰された後にスペイン軍が各部族から回収した武器の中には「原住民の手榴弾」があった (AGMM, R682, 500-3, 17-VI-26).

8　AGMM, R742, 4-21, 27-III-22; SALAFRANCA ORTEGA (2004), 108; GABRIELLI, 52. 武器に関してはまた、*Cabecillas rebeldes en el Rif*, 22-23.

9　PENNELL (1986a), 97, 130; LA PORTE (2001), 76; MADARIAGA (1999), 408; *Expediente Picasso*, 308, 311; HERNÁNDEZ MIR, *Ante las hordas del Rif*, 145, 149, 151-152, 156-158; *Cabecillas rebeldes en el Rif*, 27-28; José FONT Y JOFRE DE VILLEGAS,

Estudio sobre los principales cabecillas rebeldes de Yebala, de 1,913 a 1,927 (1930, BN-SA), 15-16, 19-20; AGMM, Caja, 3-3-3-2-14, 14-VIII-21／R431, 279-5, 3-IX-21. PI隊員とFRI兵の脱走は陸軍文書に頻出するので、それらについては注記しない。

10　AGMM, R470, 317-3, 9-IX-22／R545, 373-6, 5-II-23／R576, 406-3, 13-I-24／R644, 457-10, 29-XI-25／R742, 4-1, 23-III-23, 26-X-23, 5-1, 6-I-24, 7-I-24, 10-I-24, 11-I-24, 3-II-24, 18-II-24／R743, 5-3, 24-X-24.

11　AGMM, 上記注10の諸文書／R644, 457-10, 7-II-25, 457-16, 29-XI-25; YOUSSOUFI, 96-97; WOOLMAN, 150; SALAFRANCA ORTEGA (2004), 98-103; GODED, 95-98; PENNELL (1986a), 97, 131-132, Appendix 4; ROGER-MATHIEU, 142; HART (1976), 385, 387-388; MADARIAGA (2009), 418-419; *Cabecillas rebeldes en el Rif*, 23.

12　AGMM, R742, 4-25, 13-X-23; GODED, 103 (ゴデーの算定は、①スペイン領の農村地域 (都市部の多くはスペイン軍が確保していた) の男性人口 (約25万人) から徴募非対象年齢者・スペイン軍占領地居住者・戦闘不能者を差し引き、フランス領 (とされた) 部族からの兵員 (本章 3.2.1. (2) 参照) を加算、②平定後の武装解除によるスペイン領での約6万丁の銃の回収、の両者に基づいている); ROGER-MATHIEU, 141-142; PENNELL (1986a), 103; SALAFRANCA ORTEGA (2004), 101; HART (1976), 388; ARMIÑÁN/ARMIÑÁN, 125; GABRIELLI, 47-49; WOOLMAN, 149; 深澤 (2012), 1. 1.

13　ROGER-MATHIEU, 142-144; AGMM, R576, 406-3, 11-VII-24, 2-4-XII-24／R644, 457-10, 29-XI-25／R743, 5-3, 13-X-24; YOUSSOUFI, 96; WOOLMAN, 150; SALAFRANCA ORTEGA (2004), 101; PENNELL (1986a), 131, Appendix 5. 軍務の遅刻への科料の規定が次にある。*Emilio Blanco Izaga*, 367-371; HART (1976), 388.

14　PENNELL (1986a), 141-143, 149, 159, 202; HART (1976), 378; *Abd el-Krim et la République du Rif*, 137 ('discussion'); GODED, 89-90; AGMM, R576, 406-3, 2-4-XII-24／R742, 4-17, 20-VIII-23, 5-1, 29-II-24, 28-III-24; *Cabecillas rebeldes en el Rif*, 21, 23.

15　GODED, 98, 102; *Cabecillas rebeldes en el Rif*, 24; SALAFRANCA ORTEGA (2004), 99-100, 104; AGMM, R431, 279-5, 3-IX-21／R469, 316-11, 29-IX-22／R644, 457-16, 15-VII-25／R742, 4-23, 24-II-23, 4-24, 20-XII-23, 5-1, 31-I-24, 28-II-24, 20-IV-24, 22-IV-24, 25-VI-24, 26-VI-24.

〈第Ⅲ章 第2節 第1小節〉

1　AGMM, R738, 1-5, 13-VIII-21 (おそらくこれもアブドゥルカリームの発言通りではない)。

2　PENNELL (1986a), 81-82, 84-87, 98-101; PENNELL (1981a), 31; MADARIAGA (2005),

208-210; AGMM, R431, 279-5, 18-VIII-21, 19-VIII-21, 30-VIII-21, 3-IX-21, 7-IX-21, 15-IX-21, 27-IX-21, 26-X-21, 10-XI-21／R469, 316-7, 29-VIII-21／R738, 1-5, 13-VIII-21; Pérez Ortiz, 187-224; Basallo, 11-21. Cf. *Comisión de Responsabilidades*, 181-183, 242-251.

3　Pennell (1986a), 101-102; Tahtah, Appendice 2, Doc. 11 (ジェバーラ制圧のための計画); Courcelle-Labrousse/Marmié, 82-83; AGMM, R431, 279-5, 15-IX-21, 27-IX-21, 279-7, 15-X-21.

4　Pennell (1986a), 102-103, 160-162; AGMM, R468, 315-15, 25-VIII-22／R470, 317-3, 20-X-22, 26-X-22／R738, 1-9, 12-X-22, 1-10, 14-VII-22／R742, 4-1, 11-III-23, 12-III-23, 25-III-23, 12-VIII-23, 19-VIII-23, 20-VIII-23, 22-VIII-23, 23-VIII-23, 24-VIII-23, 25-VIII-23, 24-X-23, 5-1, 26-III-24; Fernando O. Capaz Montes, *Cabecillas rebeldes en Gomara desde 1.913 a 1.927* (1928, BN-SA).

5　Pennell (1986a), 143, 146, 164-166; AGMM, R738, 1-4, 22-V-24／R742, 5-1, 8-I-24, 13-I-24, 3-II-24〜28-II-24の諸文書 (本文引用の日報は2月23日), 22-IV-24, 5-2, 17-V-24〜26-VI-24の諸文書; *Cabecillas rebeldes en Gomara*. スペイン軍がリーフ政府反対派を支援するためにリーフ部隊をしばしば毒ガス弾を伴って空爆したことについては第Ⅱ章第2節、第3節で既述した。

6　Pennell (1986a), 145-146, 166-170, 177-181; AGMM, R576, 406-3, 1-VII-24, 3-VII-24, 10-VII-24, 14-VII-24／R742, 5-2, 25-VI-24, 26-VI-24, 9-VII-24, 5-3, 16-IX-24／R743, 5-3, 3-X-24, 29-XI-24, 13-XII-24, 17-XII-24; Woolman, 163-164; *Cabecillas rebeldes en Gomara*; *Estudio sobre los principales cabecillas rebeldes de Yebala*; *Cabecillas rebeldes*, 50-56. スペイン軍の空爆と毒ガス攻撃は24年7月に最も激しくおこなわれた (第Ⅱ章第2節、第3節で既述)。25年9月のアルホセイマ上陸作戦の頃にスペイン軍機が投下したハリーファ政府首相名のビラには次のようにあった――ジェバーラの人々に訴える、「ジェバーラの地をリーフ人の野望と専制から解放する」ように (*PE*, IX-25, 12-15)。リーフ勢力の組織的抵抗が潰された後、スペイン軍自身がアルアフマス部族での「リーフ人への憎しみ」を感知した (AGMM, R682, 500-3, 17-VI-26)。

7　AGMM, R742, 4-1, 21-X-23, 5-1, 7-I-24〜28-III-24の諸文書／R743, 5-3, 13-XII-24; *Estudio sobre los principales cabecillas rebeldes de Yebala* (この文書はハリールーを「ジェバーラとゴマーラにおけるカウディーリョ (頭領)」と呼んでいる); *Cabecillas rebeldes en Gomara*; *Cabecillas rebeldes*, 50-56; García Figueras, *Miscelánea de estudios varios sobre Marruecos* (Tetuán, 1953), 73-118 ('Un cabecilla de Yebala:Ahmed ben Mohamed el Hosmar (a) el Jeriro').

8 AGMM, R575, 406-3, 4-I-24／R576, 406-3, 6-VII-24／R742, 5-1, 7-I-24〜25-II-24の諸文書; PENNELL (1986a), 98-99.

9 AGMM, R431, 279-5, 23-XII-21／R469, 316-5, 29-XII-21／R470, 317-2, 7-II-22, 17-III-22, 317-3, 11-VII-22, 9-IX-22／R535, 373-10, 16-XI-23, 14-XII-23, 23-XII-23, 27-XII-23／R576, 406-3, 14-III-24, 13-IV-24／R602, 424-5, 30-XII-25／R644, 457-10, 7-II-25／R738, 1-11, 14-VI-24／R742, 4-18, 22-VII-23, 4-20, 24-X-23, 5-1, 7-I-24, 9-I-24〜22-IV-24の諸文書; PENNELL (1986a), 100, 107-108; HART (1976), 383-385; GODED, 87; *Cabecillas rebeldes en Gomara*; *Estudio sobre los principales cabecillas rebeldes de Yebala*; *Cabecillas rebeldes en el Rif*, 21; *Cabecillas rebeldes*, 41-102; TAHTAH, 132-134; MADARIAGA (2005), 389. 本文の③の典型例（ティムサマン）を紹介したものとして、PENNELL, "I wish to live peacefully in my house' – A Moroccan caid and his reaction to colonialism', *Maghreb Review*, 6 (1981) (1981b)参照。バヌツジンの例については、MATEO DIESTE (2003), 195参照。事情不詳だが、自らをアルマタルサのカーイドに任命するようにとアブドゥルカリームに要請した有力者が逮捕されたことがある (AGMM, R742, 5-1, 23-III-24)。

10 AGMM, R469, 316-7, 28-V-22, 316-14, 9-VIII-22／R470, 317-2, 7-V-22／R535, 373-10, 28-VIII-23／R576, 406-3, 14-III-24, 18-III-24, 1-VII-24, 22-VII-24, 21-VIII-24, 1-IX-24, 22-X-24, 29-X-24, 2-4-XII-24, 9-XII-24／R738, 1-10, 3-VIII-24／R742, 4-1, 22-VIII-23, 4-11, 23-VII-23, 4-14, 26-V-23, 5-1, 18-II-24, 21-II-24, 27-II-24, 29-II-24／R743, 5-3, 13-X-24.

11 AGMM, R469, 316-5, 29-XII-21／R470, 317-2, 27-V-22, 317-3, 12-VIII-22／R535, 373-6, 22-VI-23, 373-9, 30-X-23, 373-10, 27-X-23, 7-XII-23／R575, 406-2, 22-V-24／R576, 406-3, 18-III-24, 21-VIII-24, 29-X-24, 2-4-XII-24／R644, 457-10, 29-I-25／R724, 19-1, 1-X-23／R742, 4-1, 13-VIII-22, 5-1, 11-I-24, 22-I-24, 24-I-24, 21-II-24, 24-II-24, 5-2, 9-VII-24, 27-VIII-24, 5-3, 16-IX-24／R743, 5-3, 13-X-24／Caja, 3-3-3-2-15, 5-II-22.

12 AGMM, R470, 317-3, 26-IX-23／R535, 373-10, 27-X-23／R576, 406-3, 14-III-24, 25-III-24, 10-VII-24, 22-VII-24, 2-4-XII-24／R742, 4-1, 21-X-23, 5-1, 22-I-24, 3-II-24, 29-II-24, 23-III-24, 28-III-24. ハルカを形成するようにとの要請が部族の中からアブドゥルカリームに出されたこともある (バヌツジン。R470, 317-3, 19-XII-22)。これにはリーフ政府支持派とその反対派の抗争が絡んでいたと推測されるが、要請が出された理由は不詳。スペイン軍が（ときに友好モーロ人の要請にもよって）ハルカ形成を阻止するために空爆をおこなったことについては、第Ⅱ章第3節で既述した。

13 AGMM, R431, 279-7, 15-X-21／R469, 316-5, 29-XII-21, 19-I-22／R470, 317-2, 7-II-22, 24-II-22, 2-III-22, 17-III-22／R742, 4-14, 3-VI-23, 5-1, 30-III-24; PENNELL (1986a), 100; SALAFRANCA ORTEGA (2004), 79.

14 AGMM, R470, 317-2, 17-III-22, 317-3, 26-VII-22／R575, 406-2, 16-I-24／R576, 406-3, 9-I-24／R742, 4-1, 21-X-23, 4-14, 3-VI-23, 5-1, 7-I-24, 8-I-24, 11-I-24, 24-I-24, 30-I-24, 30-III-24. 特定個人に税が免除された事例が次にある。*Emilio Blanco Izaga*, 373-375.

15 PENNELL (1986a), 27, 129; AYACHE (1981), 100-101; MADARIAGA (2005), 86-90; HART (1976), 283-288; JAMOUS, 29-36.

16 本文引用の文書は、AGMM, R470, 317-2, 17-III-22, 2-III-22／R534, 373-1, 16-IX-23. 22年3月のメリーリャ中央原住民局長の報告文書（第Ⅰ章1.1.注30で引用した文書）は「政治的手段」として以下を挙げた —— 部族の名士たちに役職を約束して彼らの「ボスとしての野心を刺激する」、かくして、ある人々には野心を、他の人々には嫉妬を助長させる／聖職者を引きつけるために「その位階制、威信、伝統的習慣の保持」を約束する／抗争を誘発させて部族間の分断を企てる、各部族内では諸勢力の抗争を誘発させる（*Comisión de Responsabilidades*, 261-273）。スペイン軍とスペイン派との連絡あるいは後者の存在に関しては、AGMM, R431, 279-3, 23-XII-21／R470, 317-2, 29-III-22, 317-3, 9-IX-22, 7-X-22／R534, 373-1, 1-I-24, 373-6, 22-II-23／R535, 373-9, 3-XI-23, 373-10, 2-XI-23／R575, 406-2, 16-I-24; PENNELL (1981b). スペイン派として獲得すべき対象とされた各部族の名士のリストが、AGMM, R577, 406-5, □-I-24にある。科料の事例は、AGMM, R470, 317-3, 9-IX-22／R535, 373-6, 5-III-23. 逮捕・収監の事例は、AGMM, R470, 317-2, 27-V-22, 317-3, 9-IX-22, 7-X-22／R534, 373-1, 1-I-24／R575, 406-2, 16-I-24／R576, 406-3, 23-VI-24／R738, 3-13, 12-VIII-23／R742, 4-11, 23-VII-23, 4-14, 26-V-23, 5-1, 15-I-24／R743, 5-3, 4-XI-24. 処刑の事例は、AGMM, R431, 279-5, 23-XII-21／R602, 424-5, 30-XII-25／R738, 1-5, 13-VIII-21／R742, 4-20, 18-X-23; PENNELL (1986a), 113; PENNELL (1981a), 36. 焼き討ちの事例は、AGMM, R743, 5-3, 4-XI-24.

17 部族内の抗争の事例は、AGMM, R431, 279-5, 7-IX-21／R469, 316-11, 7-X-22／R470, 317-2, 29-III-22, 4-IV-22, 317-3, 11-VII-22, 26-IX-23／R535, 373-9, 3-XI-23, 373-10, 25-IX-23, 2-XI-23, 16-XI-23, 27-XII-23／R738, 1-9, 12-X-22. 部族間の抗争の事例は、AGMM, R470, 317-2, 24-V-22／R742, 4-1, 13-III-23. 科料の事例は、AGMM, R470, 317-2, 29-III-22. 逮捕・収監の事例はAGMM, R469, 317-1, 8-IX-22／R470, 317-2, 4-IV-22. 処刑の事例は、AGMM, R535, 373-6, 22-VI-23. 理由不詳

（スペイン派としてなのかリーフ勢力反対派ないしリーフ政府反対派としてなのか）の逮捕・収監も多い（典拠文書は注記しない）。さらに理由不詳の処刑もある（AGMM, R535, 373-6, 14-VII-23／R724, 19-1, 25-IV-26）。各部族の名士たちの対応について、全般的には PENNELL (1986a), 156 を、ティムサマンでの具体例については PENNELL (1981b) を参照。

18　陸軍文書には名士たちの会合に関する多くの記述があるので、それらの文書は注記しない。スペイン軍が原住民の会合や集会を空爆したことについても第Ⅱ章第3節で既述した。

19　AGMM, R576, 406-3, 28-VI-24／R742, 4-1, 19-VIII-23, 5-1, 7-I-24, 8-I-24, 4-II-24, 7-II-24, 22-II-24, 5-2, 7-VII-24; MADARIAGA (2009), 212-219.

20　AGMM, R470, 318-1, 18-III-22／R471, 318-3, 5-III-22.

21　本文の表3-1は、HERNÁNDEZ MIR, *Del Rif a Yebala*, 142-146に拠った23年6月7日の会議と、MADARIAGA (2009), 305に一部拠った26年5月1日（同書では4月1日とされている）の会議について以外は以下の文書に拠る（表の順）。AGMM, Caja, 3-3-3-2-13, 14-VIII-21／R431, 279-5, 1-IX-21／R470, 317-2, 22-V-22, 24-V-22／R469, 316-14, 9-VIII-22／R470, 317-3, 8-IX-22, 28-IX-22／R535, 373-6, 1-I-23／R742, 4-23, 24-II-23／R535, 373-10, 14-XII-23／R742, 5-1, 15-II-24, 18-II-24, 19-II-24／R742, 5-1, 26-III-24／R644, 457-10, 30-IX-25／R675, 491-7, □-[V]-26／R668, 480-6, 6-V-26. 26年5月1日の会議については、HERNÁNDEZ MIR, *El Rif por España*, 96-97にも記述がある。以上のほかにも、23年9月中旬にティムサマンでアブドゥルカリームが参加する（した）「大きな集会 junta」が開かれる（た）とある（AGMM, R535, 373-6, 18-IX-23）。しかし、この集会の性格について全くわからないので、表には入れなかった。

22　AYACHE (1996), 136, 146; MADARIAGA (1999), 24, 208-209; ROGER-MATHIEU, 54; DAOUD, 96. リーフ政府は欧文タイプライターを持っていた（たとえば、24年4月にアブドゥルカリームがプリモ・デ・リベーラに宛てた書簡（ほぼ正確なスペイン語で書かれている）はタイプライターで打たれている。AGMM, R576, 406-4, 25-IV-24. この書簡は本章3. 2. 1. (1)で後出）。印刷機を持っていた証拠は今のところない。

23　AGMM, R575, 405-7, 4-X-24／R662, 470-13, 2-I-25. 市場の役割一般については以下を参照。HART (1976), 69-88; JAMOUS, 21-23; PENNELL, 'Women and resistance to colonialism in Morocco: The Rif 1916-1926', *Journal of African History*, 28 (1987); MATEO DIESTE (2003), 118-123.

24　陸軍文書には電話網敷設についての記述が頻出するので、それらの文書は注記

しない。全般的には、PENNELL (1986a), 141-143; SALAFRANCA ORTEGA (2004), 108-111; GODED, 89; GABRIELLI, 51; MADARIAGA (2005), 281; MADARIAGA (2009), 319-322; SASSE, 117-124; さらに24年10月のアブドゥルカリームの声明 (*The Times*, 13-X-24; *AF*, X-24, 572. 本章1. 3. の注3で前出)。電話網と次に述べる道路網の地図は、PENNELL (1986a), 142; SALAFRANCA ORTEGA (2004), 109にある。本文にあるゴマーラに関することについては、AGMM, R742, 5-1, 7-I-24, 23-I-24, 11-II-24. リーフ勢力に対する抵抗・反乱時の電話線切断の事例は、AGMM, R742, 5-2, 22-V-24, [25]-V-24; PENNELL (1986a), 143.

25　GODED, 89-90; SALAFRANCA ORTEGA (2004), 111-113; DAOUD, 152, 154; PENNELL (1986a), 141; PÉREZ ORTIZ, 252, 274, 276; CASADO, 59; AGMM, R431, 279-5, 30-VIII-21／R576, 406-3, 14-III-24.

26　AGMM, R576, 406-3, 6-VII-24／R742, 4-1, 12-VIII-23, 5-2, 7-VII-24; *Expediente Picasso*, 82; CASADO, 59; Francisco BASTOS ANSART, *El desastre de Annual. Melilla en julio de 1921* (Barcelona, 1922), 173; Alfredo CABANILLAS, *La epopeya del soldado. Desde el desastre de Annual hasta la reconquista de Monte Arruit* (Córdoba, 2009/1ed., Madrid, 1922), 98-99; PÉREZ ORTIZ, 284; LÓPEZ RIENDA, 24, 255-256.

27　アブドゥルカリームらが電力導入の企図を持っていたかどうかについてはわからない。

28　ラ・ポルテもバヌワリャガールの他の部族に対する支配の性格を指摘する (LA PORTE (2001), 128-129)。

〈第Ⅲ章　第2節　第2小節〉

1　PENNELL (1986a), 23-25, 30; MADARIAGA (1999), 208, 233-240; AYACHE (1981), 98-100; AYACHE (1996), 136; MADARIAGA (*Abd el-Krim et la République*), 354; HART (1976), 29, 31-33, 97-101; MATEO DIESTE (2003), 233-235; AZIZA, 32-35, 74-75; RUIZ ALBÉNIZ (1930), 65-75.

2　各年の収穫に関しては、PENNELL (1986a), 73, 210; MADARIAGA (1999), 405-406; AGMM, R431, 279-1, 30-IV-21／R577, 406-6, □-□-24; LA PORTE (2001), 69; *TR*, 3-V, 3-VIII-22, 21-VIII-23; WOOLMAN, 86. 収穫が良くないと住民の抵抗力が弱化することについては、MADARIAGA (1999), 405; LA PORTE (2001), 69; BALFOUR (2002), 66.

3　AGMM, R534, 373-1, 16-IX-23／R535, 373-13, 29-V-23／R576, 406-3, 23-XI-24, 2-4-XII-24; *Abd el-Krim et la République*, 138-139 ('discussion'); SALAFRANCA ORTEGA (2004), 74; GODED, 88; *Cabecillas rebeldes en el Rif*, 21. 本文の①、②、③については、

FURNEAUX, 88-89; MADARIAGA (1999), 20; DAOUD, 152; SALAFRANCA ORTEGA (2004), 74-75. 収穫・播種を妨害するための空爆についても第Ⅱ章第3節で既述した。

4　HART (1976), 88-93; JAMOUS, 20-21; AZIZA, 43-46; AGMM, R469, 316-11, [30]-[VI]-22／R535, 373-10, 15-IX-23／R576, 406-3, 25-III-24, 6-IV-24／R577, 406-6, □-□-24／R742, 5-1, 6-II-24, 28-III-24; TR, 3-V-22; LA PORTE (2001), 138, 144-145.

5　生活必需品不足については、AGMM, R575, 406-1, 11-XII-24／R577, 406-6, □-□-24／R644, 457-10, 12-II-25, 29-XI-25／R742, 5-1, 30-I-24; PENNELL (1986a), 87, 98, 178, 182-183, 198. その他については、AGMM, R576, 406-3, 16-III-24, 2-4-XII-24／R743, 5-3, 16-X-24, 12-XI-24, 21-XII-24; ROGER-MATHIEU, 163; SALAFRANCA ORTEGA (2004), 79-81; SASSE, 169-174.

6　TR, 3-VIII-22, 5-XII-24（同紙での同様の主張は22年5月3日にもある）; AGMM, R534, 373-1, 1-I-24／R742, 4-1, 12-IV-23, 5-3, 11-IX-24. アンワールの戦闘以前の食糧戦略については、BERENGUER (1923), Apéndice 12; MADARIAGA (1999), 456も参照。

7　PENNELL (1986a), 83, 151, 182-183; AYACHE (1996), 220-221; DAOUD, 184-187; Cabecillas rebeldes en el Rif, 25; AGMM, R470, 317-3, 11-X-22／R534, 373-1, 16-IX-23／R535, 373-10, 28-XII-23／R575, 406-2, 16-I-24／R576, 406-3, 9-I-24, 13-I-24, 21-VII-24, 2-4-XII-24／R577, 406-6, □-□-24／R644, 457-10, 12-II-25／R738, 1-8, 2-IX-21, 3-IX-21／R742, 4-11, 23-VII-23, 5-1, 11-I-24, 2-I-24, 16-II-24, 20-II-24, 24-II-24, 30-III-24, 5-3, 16-IX-24／R743, 5-3, 19-X-24, 12-XI-24, 21-XII-24.

8　PENNELL (1986a), 132-133; GODED, 83, 91-92, 116; SALAFRANCA ORTEGA (2004), 75-79; Cabecillas rebeldes en el Rif, 25-26; AYACHE (1996), 221. 史料についてはさらに、AGMM, R534, 373-1, 16-II-24／R742, 5-1, 16-II-24, 18-II-24, 19-II-24. 資産税がどのような基準・形態で徴収されたのかはほとんどわからない。著者が閲覧した陸軍文書では資産税に関する記述は次の1点のみである――「反乱の首領[アブドゥルカリーム]は土地と農地の所有者にヘクタールあたり5ペセータの税を払わせている」（RGC, 13-IV-24, R576, 406-3）。『回想記』にあるリーフ政府の財政についての数字は信用するに値しないものだが、アブドゥルカリームは「我々はこのようなやり方で戦争をしていたので、リーフの財政は全くの均衡を保っていた」と語ったという（ROGER-MATHIEU, 165-166, また87）。

9　AGMM, R534, 373-6, 16-II-23／R535, 373-6, 8-III-23, 373-13, 16-VII-23／R575, 406-1, 28-X-24／R742, 5-1, 23-III-24; MADARIAGA (1999), 479; GODED, 92-93; PENNELL (1986a), 133; SALAFRANCA ORTEGA (2004), 79.

10　HART (1976), 389; SALAFRANCA ORTEGA (2004), 74; TAHTAH, Appendice 2, Doc.

19.

11　Youssoufi, 94; Woolman, 23-24; Pennell (1986a), 26, 48, 50, 66-67, 74, 83, 146-147, Appendix 6; Pennell (1981a), 33-39; Hart (1976), 38, 43-45, 293-303, 322-325, 382-390; Hart, 'De «Ripublik» à «République»: les institutions socio-politiques rifaines et les réformes d'Abd el-Krim', *Abd el-Krim et la République*, 36-38, 42-43; Ayache (1996), 215; Salafranca Ortega (2004), 70; Madariaga (2005), 115-116; AGMM, R431, 279-1, 30-I-21, 30-IV-21／R470, 317-3, 12-VIII-22, 9-IX-22／R738, 1-9, 1-XII-22／Caja, 3-3-3-2-14, 25-IV-21。リーフではリーフ政府の統治期間中に起きた「血の決済」による抗争は1件 (25年9月、14人死亡) だけのようだ (アンワールの戦闘後の21年 (月不詳) にバヌワリャガールで「血の決済」による殺人事件が起きたとの記述がFurneaux, 82にあるが、その確証はない)。ジェバーラではリーフ政府の統治が及んでいなかった24年1〜2月に「血の決済」による報復が少なくとも2件起きている (Pennell (1981a), 38; AGMM, R742, 5-1, 31-I-24, 13-II-24)。リーフ諸部族・諸支族内での様々な制裁の取り決めについては、*Emilio Blanco Izaga*, 216-223, 234-239も参照。

12　Salafranca Ortega (2004), 66-72, 85-92; Pennell (1986a), 146-150; Pennell (1987), 112-116; Hart (1976), 125-126, 390; Youssoufi, 94-97; Woolman, 30; Goded, 100; Roger-Mathieu, 146; Kenbib, 444-448; Franco, 172; AGMM, R431, 279-3, 23-XII-21／R469, 317-2, 28-II-22／R576, 406-3, 21-VIII-24 (AGMMの文書はすべてユダヤ系住民の協力に関するもの)。「姦通」は厳しく罰せられたようだが、実際に (女性だけに？) どのように適用されたのかは不詳 (Salafranca Ortega (2004), 69)。教育省が設立されたとの記述もあるが (Youssoufi, 95)、その確証はない。

〈第Ⅲ章 第2節 第3小節〉

1　Roger-Mathieu, 86, 130; Pennell (1986a), 99, 236, Appendix 7; Tahtah, 54, 116, 157-158; Youssoufi, 87-88; Madariaga (1999), 511; 関佳奈子「アブドゥルカリームの書簡とインタビュー史料－スペイン領モロッコにおけるリーフ戦争に関連して－」、SIAS *Working Paper Series*, 10 (2011)、史料4。ハートも、アブドゥルカリームらがリーフ諸部族の統一を成し遂げたことを認めている (Hart (1976), 368, 443)。ルーツカヤは、「いくつかの部族の一種の〈統一戦線〉の形成」というとらえ方をしている (N. S. Loutskaia, 'A propos de la structure intérieure de la République du Rif, *Recherches africaines*, 4 (1960), 16)。

2　Pennell (1986a), 230, Appendix 7; Tahtah, 119, 157 (以上の2文献では『マナー

ル』からのそれぞれ英語とフランス語への翻訳において少なくない相異がある。本書では後者のフランス語訳に主に拠っている。上掲の関、史料4も参照した).

3 TAHTAH, 118-119, 135; AYACHE (1996), 179-180; MADARIAGA (2009), 412; DAOUD, 126-129, 169-170; *La Libertad*, 4-VI-22; AGMM, R535, 373-8, 2-III-23; GABRIELLI, 7-12; *AF*, VI-22, 301-302, 350. ブールマンセ・セイについては、SASSE, 160-162, 241-264も参照。『自由』編集長のアブドゥルカリーム会見記がスペイン政治・社会に与えた衝撃は、この会見記をもじった著者不明のパロディ調風刺小説『フェリシアーノ氏、リーフ共和国に行く』*El Señor Feliciano en la República del Rif*(Melilla, 1922)がただちに現われたことにも窺える。

4 HART (1976), 358, 377, 444; HART (*Abd el-Krim et la République*); MADARIAGA (1999), 218-227, 469, 504-512; MADARIAGA (2009), 415-417; PENNELL (1986a), 134; AYACHE (1981), 114-116; *AF*, I-24, S, 24, VI-26, 302-305; TAHTAH, 117-120, 157-159, Appendice 1, Docs. 4, 5; *Abd el-Krim et la République*, 59, 71 ('discussion'); WOOLMAN, 157; DAOUD, 170-171. 奇妙なことに、ハートの「共和国」理解はリーフ戦争中の『リーフ通信』編集長(元スペイン軍人)の理解とほぼ同じである(第Ⅰ章2.3. 参照)。ルイス・アルベニスの「共和国」理解もそれらとほぼ同じだった——「共和国repúblicaの状態とは、誰も命令する者なく力の法以外の法がないので、各[部族]が好きなように行動する状態である」(RUIZ ALBÉNIZ (2007/ 1ed., 1921), 6, 282, 300)。アブドゥルカリームは、25年1月にリーフを訪れたアメリカ合州国のジャーナリストのシーンに対して次のように語った——「「リーフ共和国」という名称はふさわしくない名前のつけ方のひどい例です」、「我々は西欧的な意味での共和国を持ったことはありませんし、それを考えたこともありません」(Vincent SHEEAN, *An American Among the Riffi* (New York/ London, 1926), 178-179)。他方でアブドゥルカリームは1962年(死去の前年)に1フランス人ジャーナリスト・著述家に対して、「リーフ共和国」という名称はリーフ政府を支持してくれたヨーロッパの諸政党に好感を与えるものだったとも語った(Jean WOLF, *Les secrets du Maroc Espagnol. L'épopée d'Abd-el-Khaleq Torres* (Paris/Casablanca, 1994), 119)。

5 PENNELL (1986a), 82-84, 89, 97, Appendix 2; HERNÁNDEZ MIR, *Ante las hordas del Rif*, 52-53; CASADO, 57-58; LA PORTE (2001), Docs. 1, 2; MADARIAGA (1999), 413-414; *AF*, IX-21, 274-275. 21年秋のジェバーラ制圧のための計画(本章2.1. 注3参照)にも「聖戦」、「聖戦の兵士」の用語が現われる。アジュディールに設立された学校の長が書いたアブドゥルカリーム称賛の詩(23年)にも「唯一の神に祝福あれ」、「聖戦」の言い回しがある(TAHTAH, Appendice 2, Doc. 15)。

6　GODED, 123-125; PENNELL (1986a), 189-190, 204-205; TAHTAH, 154-155, Appendice 1, Docs. 3, 4, Appendice 2, Doc. 26; AGMM, R644, 457-16, 15-IX-25; 関、史料3. アブドゥルカリームの印章には「アッラーがともにあらんことを」の語が刻まれていたという (*AF*, II-26, 101)。また25年8月のアブドゥルカリーム名の「アルジェリアとチュニジアの人民へ」の宣言 (第Ⅱ章第3節注10で既引用) にも「ムスリムの勝利のために」、「アッラーのお力によって」の語が見られる (*AF*, I-26, 15-17; 関、史料2)。

7　バイアの全文訳はPENNELL (1986a), Appendix 3 (英文) とTAHTAH, Appendice 2, Doc. 14 (フランス語文) に、その部分訳はMADARIAGA (1999), 499-501にある (ROGER-MATHIEU, 106-109にもその一部が紹介されている)。本書での引用は、アラビア語原文と対照されており、それ故に最も正確とみなされうるTAHTAHのものに基づいている (*Cf.* TAHTAH, 31)。

8　TAHTAH, 139-140, 160, Appendice 1, Doc. 4, Appendice 2, Doc. 14; PENNELL (1986a), 114-115; MADARIAGA (1999), 502-503; ROGER-MATHIEU, 106-107; AGMM, R534, 373-6, 16-II-23／R535, 373-6, 5-II-23, 373-13, 29-V-23／R576, 406-3, 22-X-24; HERNÁNDEZ MIR, *Del desastre a la victoria (1921-1926). Alianza contra el Rif* (Madrid, 1926), 11-12; GARCÍA FIGUERAS (1953), 117-118.

9　TAHTAH, 141-142, 160-162; PENNELL (1986a), 115-116, 123-124; MADARIAGA (1999), 504; MADARIAGA (2009), 405-406; HART (*Abd el-Krim et la République*), 44.

10　MADARIAGA (1999), 497; MADARIAGA (2009), 404; LA PORTE (2001), 119, 153-155; DAOUD, 281; RUIZ ALBÉNIZ (1927), 23. 既に21年8月上旬の首相への報告でフランス領統監リヨテは次のように述べた——スルターンは「この[リーフの]運動がまさに民族的性格を持ち、またリーフの人々がスルターンを擁立することをとりわけ心配している」(LA PORTE (2001), 137. この報告は第Ⅰ章1.3.でも引用した)。

11　MADARIAGA (1999), 224-227, 497-498. *Cf.* LA PORTE (2001), 91-92. スルターン支配地域 (bilād al makhzan) とスルターン非支配地域 (＝無秩序地域) の区分がヨーロッパ諸国の侵入にとって都合のよかった植民地主義的認識を色濃く帯びたものであることについては、以下を参照。MADARIAGA (1999), 224; MADARIAGA (2005), 91-92; PENNELL (1986a), 26-27, 29; AYACHE (1981), 28, 104; LA PORTE (2001), 90; MATEO DIESTE (2003), 140-148; David SEDDON, *Moroccan Peasants. A century of change in the eastern Rif 1870-1970* (Folkestone, 1981), 29-30, 44-45; HART, *Estructuras tribales precoloniales en Marruecos bereber, 1860-1933:Una reconstrucción etnográfica en perspectiva histórica* (Granada, 1997), 15-16, 21-22; 斎藤剛「〈先住民〉

としてのベルベル人？－モロッコ、西サハラ、モーリタニアのベルベル人とベルベル文化運動の展開」、『講座 世界の先住民族』04『中東』(明石書店、2006)、76-77。
12　AGMM, R738, 1-11, 8-VI-24; SHEEAN (1926), 179-180; AF, II-25, 100-101; TAHTAH, 161-162, Appendice 1, Docs. 3, 5; MADARIAGA (1999), 497, 502-504; MADARIAGA (2009), 406-408; AYACHE (1981), 116; FONTAINE (1958), 56; 関、史料3。後のモロッコ民族運動指導者アッラール・ファースィーは次のように説明する(1948年)――リーフ政府はスルターン君主制に反対ではなかった、「リーフの指導者たちは暫定的な政体[リーフ政府]を設立して折衷的な解決を見出したのだ。この間に[リーフの]人々は自治のやり方を習うことになるのだった。マグリブ全体の完全な解放がなされたなら、リーフ共和国は正当な主権者の権威[スルターン君主制]のもとに復帰することになるのだった」('Alāl AL-FĀSI, *The Independence Movements in Arab North Africa* (Washington, D. C., 1954), 103-104)。この解釈はスルターン君主制を不動の前提とする見方からなされており、それ故に本文で見た「モロッコの全ムスリムへの呼びかけ」にあるような説得力(スルターンが外国侵入者と闘わないからリーフ政府を設立してこれと闘う)を欠いている。タフタフがこれを「明かなアナクロニズム」とするのは正鵠を射ている(TAHTAH, 61-64)。
13　HART (1976), 393-394; AGMM, Caja, 3-3-3-2-14, 25-IV-21／R431, 279-1, 30-IV-21, 279-3, 26-IV-21／R742, 5-1, 26-III-24; TAHTAH, 54-55, 159, 163-164, Appendice 2, Doc. 19; GODED, 86, 248; PENNELL (1986a), Appendix 7; DAOUD, 360; MATEO DIESTE (2003), 350-353; 関、史料4; Abdallah LAROUI, 'Abd el Krim et le nationalisme marocain jusqu'en 1947', *Abd el-Krim et la République*, 483-486.
14　LA PORTE (2001), 127-128, 132-134; PENNELL (1986a), 124-125, 234, Appendix 7; GABRIELLI, 85; TAHTAH, 153-155, 158, 170; HART (*Abd el-Krim et la République*), 44; MADARIAGA (2005), 387-388; 関、史料4。次の文献も、部族の住民は「リーフ共和国」や民族独立のために闘ったのではなかった、部族の住民は聖戦の中にあると思っていたと見ている。Robert MONTAGNE, 'La politique africaine de l'Espagne', *Politique étrangère*, 3-4 (VIII-1938), 430 (この論稿には次のスペイン語版がある。'La política africana de España' (1939, BN-SA))。23年9月にアジュディールのアブドゥルカリームの「司令部」を訪れた『タイムズ』特派員は次のように書いた――「リーフ共和国などは存在していなかったし、現在でも最も原初的な政府の形態さえつくられようともされていない」(*The Times*, 15-IX-23; AF, X-23, 563)。このような印象はヨーロッパ人の一般的見方からすれば当然だったと見てよい。

〈第Ⅲ章 第3節 第1小節〉
1　AGMM, R738, 1-5, 13-VIII-21, 1-8の諸文書 (VII 〜 IX-21), 1-9, 17-X-22.
2　AGMM, R468, 315-15, 12-IX-22, 25-IX-22／R738, 1-5, □-□-25, □-□-25, 16-III-25, 26-III-25. *RGC*, 3-XI-23 にアブドゥルカリームがアジュディールで襲われたという記述があるが、その真偽は不詳である (AGMM, R535, 373-9)。
3　AGMM, R431, 279-5, 10-VIII-21, 15-IX-21／R469, 316-7, 19-VII-22, 316-14, 4-VII-22／R470, 317-3, 26-IX-23／R577, 406-6, □-□-24／R738, 1-4, 25-V-24. 同種のことを記述したAGMMの文書は多い (R431, 279-7, 15-X-21／R534, 373-1, 1-I-24, 373-6, 20-II-23 etc.)。
4　AGMM, R602, 424-5, 9-XI-25; *RTC*, VI-25, [3]-[4]; GODED, 155, 301; ROGER-MATHIEU, 75, 77-78. 本文記述のことは第Ⅰ章3. 1. 2., 3. 3. でも述べた。
5　TESSAINER Y TOMASICH, 266; TAHTAH, 140; HERNÁNDEZ MIR, *La dictadura en Marruecos*, 54-55; Abdelaziz KHALLOUK TEMSAMANI, *País Yebala:Majzen, España y Ahmed Raisúni* (Granada, 1999), 136-144. リーフ戦争中のライスーニーの行動については、TESSAINER Y TOMASICH, 205ff. に詳しい。
6　MADARIAGA (1999), 352-353, 363, 369-370; LA PORTE (2001), 60; TAHTAH, Appendice 2, Docs. 8, 10, 11; PENNELL (1986a), 98, 159-160; WOOLMAN, 114-115; BALFOUR (2002), 193; MARTÍNEZ RODA, 68-78; *Comisión de Responsabilidades*, 80-84; RUIZ ALBÉNIZ (1927), 25-26; AGMM, R431, 279-1, 30-IV-21／R469, 316-7, 28-VII-22, □-□-22, 5-6-VIII-22, 16-VIII-22, 17-VIII-22, 316-11, 10-X-22／R470, 317-3, 18-VII-22, 16-XI-22, 5-XII-22／R471, 318-5, 11-X-22, 8-III-23, 16-III-23, 2-IV-23／R534, 373-6, 26-XI-22／R535, 373-6, 5-III-23／R574, 405-1の諸文書 (VI, VIII-24)／R576, 406-3, 23-VI-24, 11-VII-24／R577, 406-6, □-□-24／R738, 1-9, 21-X-22, 31-XII-22／R742, 4-1, 26-X-23, 4-23, 24-II-23.
7　*Comisión de Responsabilidades*, 80, 241. ハミドゥとビルキッシュに関するAGMM文書は非常に多いので、本文に引用した以下の文書のみを注記する。AGMM, R469, 316-7, □-[VIII]-[24]／R471, 318-5, 16-III-23／R534, 373-1, 16 II 24／R742, 4-23, 24-II-23. また、PENNELL (1986a), 108-110, 113, 159-160, 162-164, 202-203; COURCELLE-LABROUSSE/MARMIÉ, 295-297.
8　*Comisión de Responsabilidades*, 263-264; AGMM, R575, 406-2, 22-V-24／R576, 406-3, 23-VI-24, 29-VI-24, 22-VII-24／R738, 1-4, 24-V-24, 1-11, 14-VI-24／R742, 4-1, 13-III-23; PENNELL (1986a), 159-160, 162-166, 186; MATEO DIESTE (2003), 350-351. 本文に記したリーフ勢力反対派のほかにも、23年5月に設立されたスペイン

軍の傀儡機関「リーフ自治首長国」(第Ⅰ章1.2.1.で既述)の首長に任命されたリフィーなどの友好モーロ人の活動もあったが、それらはリーフ勢力にとって大きな脅威とはならなかったので本書では取り上げなかった。リフィーについては、AGMM, R738, 1-9, 16-XII-22, 18-XII-22; PITA, *El Amalato del Rif* (Melilla, 1925)参照。

〈第Ⅲ章 第3節 第2小節〉

1 AGMM, R738, 1-5, 13-VIII-21; *AF,* XII-21, 419; AYACHE (1996), 223-227; LA PORTE (2001), 110; PENNELL (1986), 113-114.「バヌワリャガールの独立」についても本章1.2.注2を参照。

2 HERNÁNDEZ MIR, *Del Rif a Yebala*, 112-132; MADARIAGA (1999), 461-467; MADARIAGA (2009), 285-292.

3 アザルカンの書簡は、TAHTAH の書の付録資料集にあるアラビア語原文と対照されたフランス語文に基づいている。TAHTAH, Appendice 2, Docs. 16, 17; MADARIAGA (1999), 467-472, 487-489; MADARIAGA (2009), 292-299; HERNÁNDEZ MIR, *Del Rif a Yebala*, 139-161; WOOLMAN, 115-118. 交渉経過については、第Ⅰ章1.2.1. も参照。

4 AGMM, R535, 373-9, 21-IX-23. 別のスペイン軍情報では、アブドゥルカリームはスペインでは「まもなく内戦が起こるだろう」とも住民に言ったという (AGMM, R724, 19-1, 1-X-23)。プリモ・デ・リベーラ体制期について言えば、これは過大な期待となった。

5 AGMM, R576, 406-3, 22-X-24, 406-4, 25-IV-24／R682, 500-2, 17-VII-25／R743, 5-3, 17-XII-24; MADARIAGA (1999), 482-483; GODED, 122-123; MARÍN ARCE (1995), 284; DAOUD, 281, 302.

6 AYACHE (1996), 177-187, 245-246, 250; LA PORTE (2001), 150; Xavier HUBERT-JACQUES, *L'Aventure Riffaine et ses dessous politiques* (Paris, 1927), 15-18; MADARIAGA (2009), 241-242, 247, 382-383. ハドゥとその実際の役割については、MADARIAGA (2005), 384-385; MADARIAGA (2009), 425-444; GABRIELLI, 5-7; FONTAINE (1958), 59-62; SASSE, 164-169参照。ハドゥがフランス当局の諜報員として働いていたとの断言 (FONTAINE (1958), 59-62) は、ウジュダ会談直前のハドゥの (アルジェリア) ワフラーン (オラン) 県原住民部長への次の手紙によっても裏付けられる──私は「フランスの被保護民」たる資格を失っていない、私のアブドゥルカリームとの接触はフランスの利益のために役立ったと思う、もしあなたが望まないのなら私は「仲介者としての私の役割」をやめるつもりである (AGMM, R738, 1-6, 〈11-IV-26〉)。一部のリーフ政府接収文書を複製したAGMM文書はハドゥがリー

フ政府・軍の物資購入のために多様な活動をしたことを明らかにしている (R738, 1-6,〈19-I-25〉,〈5-II-25〉,〈5-II-25〉,〈18-III-25〉,〈2-V-25〉etc.)。

7　AGMM, R576, 406-3, 29-VI-24, 1-VII-24, 3-VII-24, 9-VII-24, 11-VII-24, 22-VII-24, 21-VIII-24, 1-IX-24／R738, 1-6,〈12-IV-24〉, 1-11, 14-VI-24／R742, 4-1, 14-III-23; Roger-Mathieu, 121-122, 128-137 (同書223-227に掲載されている本文紹介の24年4月のハドゥの手紙は原文通りではない); Ruiz Albéniz (1927), 39; Furneaux, 147-155, 162-166; Hubert-Jacques, 21-86 (この書はフランス当局側の立場と見解を表している); Gabrielli, 53-59; Fontaine (1958), 113-130; Boutbouqalt, 14-19; Courcelle-Labrousse/Marmié, 110-111; Madariaga (2009), 250-267, 405-406. 25年1月にアブドゥルカリームは前出のシーンに対して、フランス軍との衝突はリーフ政府地域とフランス領の境界を定めることによってのみ避けられると述べた (Sheean (1926), 181-182)。

8　Roger-Mathieu, 128-140; Pennell (1986a), 185-190; Woolman, Chaps. 11, 12; Furneaux, 167-184; Courcelle-Labrousse/Marmié, 229-230; Madariaga (2009), 268-277. フランス植民地当局は25年6月中旬にスルターンのフェス訪問を挙行した。これはリーフ勢力を牽制するための「政治的訪問」だった。また、その後スルターンの名でフェス周辺の各部族にハルカ組織命令が出された。ハルカ人員の手当はスルターン政府が支払うとされた (López Rienda, 94-100, 174-175)。フランス当局・軍から見たリーフ勢力とフランス軍との戦闘の記述はHubert-Jacques, 91ff. に詳しい。フランス当局・軍の戦略やそのリーフ勢力についての見方については、前掲のRivet報告も参考となる。

9　Gabrielli, 60-99, 169-178; Hubert-Jacques, 229-238; Artigas, 201-206; Pennell (1986a), 196-197, 210-211; Sémard, 135-137; AF, IX-25, 457-458; Tahtah, Appendice 1, Doc. 5; Roger-Mathieu, 193-194, 238-239; Furneaux, 215-220; Courcelle-Labrousse/Marmié, 303-309; Madariaga (2009), 461-468; Kharchich (1991), 298-303, 306-307. マドリードでの西仏会談が始まった頃にアブドゥルカリームが西仏協力の実現を恐れたことは、この頃にアブドゥルカリームが諸部族に送ったとされる手紙からも窺い知れる。そこには、フランス人とスペイン人の「良き仲間たち」によれば「スペインとフランスの軍がともに闘うことはけっしてないでしょう」とあった (López Rienda, 117-119)。1955年にアブドゥルカリームは1フランス人ジャーナリスト・著述家 (本章2. 3. 注4にも引用) に、フランス領進攻 (のやり方) は「生涯の過ち」だったと語ったという (Wolf, 126)。

10　Gabrielli, 178; Pennell (1986a), 211-215; Daoud, 321, 335; Sheean (1926), 182-183; Roger-Mathieu, 202-221; AF, V-26, 267; Madariaga (1999), 512;

FONTAINE (1958), 117; COURCELLE-LABROUSSE/ MARMIÉ, 324.
11　AYACHE (1996), 185-187; LA PORTE (2001), 150-152; MADARIAGA (1999), 476-478; MADARIAGA (2009), 432-433, 449-450, 455; TAHTAH, 135-138; *AF*, VII-22, 350; ROGER-MATHIEU, 113-117; COURCELLE-LABROUSSE/MARMIÉ, 87-89. 23年12月にリーフの代表団(5人)がタンジャに向かって出発したが(表3-1参照)、その目的や実際にタンジャに着いたのかどうかは不詳である (AGMM, R535, 373-10, *RGC*, 14-XII-23)。
12　TAHTAH, 137-138, Appendice 2, Doc. 12; MADARIAGA (1999), 179, 473-482; MADARIAGA (2009), 350-355, 445-469; ROGER-MATHIEU, 161, 173-175, 178-182, 184, 231-235; AYACHE (1996), 221-223, 246-248; FONTAINE (1958), 73-87; *AF*, VI-22, 301-302; BOUTBOUQALT, 33-35; *La Libertad*, 4-VI-22; AGMM, R742, 5-1, 15-II-24, 22-II-24, 5-3, 25-IX-24／R743, 5-3, 16-X-24; SHEEAN, *Personal History* (New York, 1935), 275, 381, 387／福島正光訳『東方への私の旅　リフの山々から中国へ』(東洋文庫、1964/ 第2版、2003), 266; SUEIRO SEOANE (1995), 264-265; COURCELLE-LABROUSSE/MARMIÉ, 300-309; George JOFFÉ, 'Walter Harris and the Imperial Vision of Morocco', *The Journal of North African Studies*,1-3(1996), 260-262; SASSE, 178-187, 264-305, 316-354. ハリスについては第Ⅰ章3.1.注14も参照。23年7月に、スペイン軍に毒ガス(物質)を供給していたかのシュトルツェンベルク社のマドリード事務所にいた元ドイツ軍人がスペインとの交渉の仲介をリーフ側にもちかけたこともあった (AGMM, R742, 4-16, 2-VII-23; KUNZ/MÜLLER, 75-76)。25年9月の西仏軍の共同侵攻の開始以降、『フランス領アフリカ』は「リーフ側の仲間たち」として本文に挙げた外国人のほかにコミンテルンやソ連政府を批難するキャンペーンを張った。これを受けてスペインのいくつかの新聞も同様のキャンペーンをおこなった(このキャンペーンはリーフ政府の崩壊まで続いた)。これはフランス特務機関が流した偽情報に基づくものだった。26年1月上旬にタス通信は「ソ連政府とその組織はリーフ人一般とくにアブドゥルカリームと直接的にも間接的にも接触を持ったことはないし、今も持っていない」とのコミュニケを載せた。同月下旬にアブドゥルカリームは、「我々の敵」が批難しているようなリーフ政府とソ連さらにはドイツとの関係あるいは他の外国人のリーフにおける存在は「すべて空想」だとした反論をハリスに送った。しかし『タイムズ』がこのアブドゥルカリーム論稿を載せたのは同年3月中旬だった (この論稿は、*Survey of International Affairs* 1925, I, *The Islamic world since the Peace Settlement* (London, 1927), 581-582に載せられている)。ソ連やコミンテルンのリーフへの具体的援助の証拠は今のところない (*AF*, XI-25, 548-549, 603-605, XII-25, 652-658, I-26, 15-17, 38-

45, I-26, S-bis, 41-53, II-26, 68-69, III-26, 111-113, IV-26, 176-179, 194-195, V-26, 302-309; *EE*, 28-XII-25; KHARCHICH (1994), 228; TAHTAH, Appendice 2, Doc. 28; HERNÁNDEZ MIR, *El Rif por España*, 38-41; MADARIAGA (2005), 392; BOUTBOUQALT, 56-57, 165-166; SUEIRO SEOANE (1995), 268-269; COURCELLE-LABROUSSE/MARMIÉ, 290-291. 第Ⅰ章2.4.1., 3.2., 3.3., 3.4. も参照)。リーフ戦争中に『フランス領アフリカ』の編集協力者だった人物の手になる次の書はフランス植民地主義者の認識を鮮明に表したもの(アブドゥルカリームを一貫して「ならず者」と呼んでいる)だが、またリーフの運動がコミンテルンに支援されたことを強調している。Jacques LADREIT DE LACHARRIÈRE, *Le Rêve d'Abd El Kerim* (Paris, 1925). Pierre DUMAS, *Abd-El-Krim* (Toulouse, 1927) も前掲書とほぼ同様の立場を表している。

13　TAHTAH, 136-138; LA PORTE (2001), 153, Docs. 3, 4, 5, 6; MADARIAGA (1999), 473, 481-482, 517-519, 520-522; MADARIAGA (2009), 412-414; AGMM, R738, 1-11, 14-VI-24; ROGER-MATHIEU, 178-182, 236-237.

14　TAHTAH, 159. 著者が閲覧した陸軍文書で、リーフ政府が国際連盟に関することをリーフの中で語った事例は本章2.2.(1)の本文で引用した1件(「貨幣製造」権など)のみである。

15　*AF*, I-26, 15-17; HERNÁNDEZ MIR, *El Rif por España*, 9-11; BOUTBOUQALT, 31; 関、史料2。最初の文書は第Ⅱ章第3節の注10と本章2.3.の注6でも引用した。これらの文書がリーフ勢力によって作成されたのかどうかはわからない。リーフ勢力の作成になるとすると、リーフ政府・リーフ勢力は石版印刷を使用していたことになる(本章2.1.注22参照)。

16　外国人ジャーナリストのリーフ訪問においては、やはりかのハドゥ(とその子)がしばしば導き役を果たした。TAHTAH, Appendice 2, Docs. 28, 29; FURNEAUX, 97-111, 137-146, 220-221; SHEEAN (1926); SHEEAN (1935)／『東方への私の旅』; Paul Scott MOWRER, *The House of Europe* (Boston, 1945), Part 6 ('Moroccan Interlude') (以上の3著はアメリカ合州国のジャーナリストのリーフ訪問記); SASSE, 305-316; BOUTBOUQALT, 127-130, 135-136; GABRIELLI, 15-41; DAOUD, 153-154; SALAFRANCA ORTEGA (2004), 119; COURCELLE-LABROUSSE/MARMIÉ, 275; *Cabecillas rebeldes en el Rif*, 20; AYACHE (1996), 237; *Abd el-Krim et la République*, 67-69 ('discussion'); YOUSSOUFI, 86; *AF*, VIII-25, 362-363, X-25, 532; MADARIAGA (2009), 481-486; MARTÍN, 88; *L'Illustration*, 7-III-25. 25年10月にアジュディールのアブドゥルカリームの本拠を占拠したとき、スペイン軍はスペイン語・フランス語・英語で書かれた新聞の多数の切抜きを見つけた(*Juan Luque...*, 219-220)。25年以

降、(アブドゥルカリームが称賛した)新生トルコ共和国が武器・資金・人員をリーフ政府に提供しているとの宣伝が(やはり主にフランス特務機関によって)なされた。同年にトルコ政府はこれを否定した。トルコのリーフへの具体的援助の証拠は今のところない (*AF,* VIII-25, 409, X-25, 532-533; SUEIRO SEOANE (1995), 268-269; Guadalupe MONTORO OBRERO, 'Tráfico de armas en la guerra de Marruecos (1907-1927)', *Actas del II Congreso Internacional «El Estrecho de Gibraltar»,* V, 258; MADARIAGA (2009), 476-480; KHARCHICH (1994), 228; PENNELL (1986a), 203. *Cf.* HERNÁNDEZ MIR, *Alianza contra el Rif,* 104-105; LÓPEZ RIENDA, 323-328)。新生トルコ共和国内での親リーフの論調については次を参照。Abderrahmane EL-MOUDDEN, 'Résistance anticoloniale et émergence d'une structure politique étatique moderne:Bin 'Abd al-Karim et Mustafa Kemal', Odile MOREAU (dir.), *Réforme de l'État et réformismes au Maghreb (XIXe–XXe siècles)* (Paris, 2009).

〈第Ⅲ章 小括〉

1 明言するかどうかの違いはあるにせよ、この点についてはこれまでの主要な研究はほぼ一致していると見てよい。明言している例は、PENNELL (1986a), 237.
2 この論は当事者だったスペイン軍人たちが主に主張した。その典型として次を参照──フランス領を攻撃して「アブドゥルカリームは我々の政治的術策の手中に落ちた」(GÓMEZ-JORDANA, 72)。ペヌルはリーフ勢力のフランス領進攻をアブドゥルカリームの「大失策」とする (PENNELL (1986a), 182)。リーフ勢力のフランス領進攻の理由と条件を検討したものとして、FLEMING, 236-240も参照。
3 この点では次の指摘は正鵠を射ている──「[各部族の]現地での権力のあり方は以前と変わらなかった」、リーフ政府は各部族では「非常に弱い基盤」に依拠していた (LOUTSKAIA, 18-20)。YOUSSOUFI, 99; PENNELL (1986a), 231-233も参照。
4 ROGER-MATHIEU, 191-192. この頃からリーフ軍兵士の逃亡も目立った (その事例は24年4月頃から見られる。AGMM, R742, 5-1, 22-IV-24, 5-2, 7-VII-24)。
5 「リーフの運動の失敗の諸要因」を検討したKHARCHICH (1994) も、やはり「対外的諸要因」を決定的と見ているようだ。
6 Pessah SHINAR, "Abd al-Qādir and 'Abd al-Krīm. Religious influences on their thought and action', *Asian and African Studies:Annual of the Israel Oriental Society,* I (1965), 166; HART (1976), 373; HART (*Abd el-Krim et la République*), 45; HART, 'Dos resistentes bereberes al colonialismo franco-español en Marruecos, y sus legados islámicos:Bin 'Abd Al-Krim y 'Assu U-Baslam', *Fundamentos de Antropología,* 4 y 5 (1996), 51; AYACHE (1981), 339; PENNELL (1986a), 227-228/(2001), 295-296, 302 (本文引用部分は元の

英語版にはなし。ペヌルはまた次のようにも言う —— アブドゥルカリームは「原初的抵抗を大きく越えた」が、彼の支持者たちは「原初的抵抗」をおこなった (PENNELL, 'La guerra del Rif:¿ enlace o punto final ? Resistencia en la montaña y nacionalismo en las ciudades', *Fundamentos de Antropología*, 4 y 5(1996), 47; PENNELL, 'The Rif War:Link or Cul-de-sac? Nationalism in the Cities and Resistance in the Mountains', *The Journal of North African Studies*, 1-3(1996))); TAHTAH, 20-22, 80, 171; MADARIAGA (1999), 495-522; MADARIAGA (2005), 13; SHEEAN, 'Abd-el-Krim and the war in Africa', *Atlantic monthly*, CXXXVI (1925); *AF,* II-26, S-bis, 89-99 (25年1月にリヨテもある手紙 (受取人不詳) で「リーフの長[アブドゥルカリーム]が指導者たる資格を有していること、組織された近代的軍隊をもつくり始めたことは間違いない」と述べた (EL-MOUDDEN, 139)); LAROUI, *L'histoire du Maghreb. Un essai de synthèse* (Paris, 1970), 325/ *Historia del Magreb. Desde los orígenes hasta el despertar magrebí. Un ensayo interpretativo* (Madrid, 1994), 336 (スペイン語版のこの部分は微妙に異なっている。*Cf.* LAROUI, *Marruecos:Islam y nacionalismo. Ensayos* (Madrid, 1994), 135-136, 144. しかし、その後ラルイーは「断絶」について慎重な見解も示すようになった (LAROUI *(Abd el-Krim et la République)*, 479. *Cf. Abd el-Krim et la République*, 518 ('discussion'))); Mohamed ZNIBER, 'Le rôle d'Abd el-Krim dans la lutte pour la libération nationale dans le Maghreb', *Abd el-Krim et la République*, 496; LA PORTE (2001), 123-125. 43年のフランス人による1著作は (も)「アブドゥルカリームは近代的な戦争指導者の質と[民族運動の]内部を組織する才能とを兼ね備えていた」と述べていた (FONTAINE, *L'étrange aventure riffaine. Pétrole-Intelligence service* (Paris, 1943), 10)。かってホルステッドは次の評価をしたことがある ——「[リーフの運動などの]部族ナショナリズムは……近代世界では創造的な未来を持たなかった」(「ベルベル部族民の狭隘な地方主義 parochialism」との言い方もされた)、「しかしそれ自身はナショナリズムの表明ではなかったとしても、リーフ戦争は後にモロッコのナショナリストとなった若い知識人たちの政治意識を目覚めさせた」(John P. HALSTEAD, *Rebirth of a Nation:The Origins and Rise of Moroccan Nationalism, 1912-1944* (Cambridge, Mass., 1967), 6, 33, 262, *Cf.* 174-175)。本章での検討からすれば、このような見方はリーフの運動が「部族主義」を克服しようとしたことを過少評価している (た) と言わざるをえない。

7 TAHTAH, 165; PENNELL (1986a), Appendix 7; 関、史料4.

〈第Ⅳ章 はじめに〉
1 原住民兵に関する今までの研究ではイギリス軍とくにインドでのその兵力を対

象としたものが多い。原住民兵に注目した全般的な著作としては以下がある。J. A. DE MOOR/H. L. WESSELING (eds.), *Imperialism and War. Essays on Colonial Wars in Asia and Africa* (Leiden, 1989); WESSELING, *Imperialism and Colonialism. Essays on the History of European Expansion* (Westport, 1997); Victor Gordon KIERNAN, *Colonial Empires and Armies 1815-1960* (Guernsey, 1998/1ed., Leicester, 1982). *Guerres mondiales et conflits contemporains,* 230 (2008)は関係4論文を載せている。

2　Joaquín de SOTTO MONTES, 'Notas para la historia de las fuerzas indígenas del antiguo protectorado de España en Marruecos', *Revista de Historia Militar,* 35 (1973); 'Las Fuerzas Regulares Indígenas', Fernando CANO VELASCO (coord.), *Historia de las fuerzas armadas,* IV (Zaragoza, 1984); Delfín SALAS, *Tropas Regulares Indígenas* (Madrid, 1989); Antonio CARRASCO/José Luis DE MESA, 'Las tropas de África en las campañas de Marruecos', *Especial Serga,* 1 (Madrid, 2000); José MONTES RAMOS, *Los Regulares* (Madrid, 2003); José María CAMPOS MARTÍNEZ, 'Luces y sombras de los regulares en Marruecos (Historia y visicitudes de las fuerzas regulares indígenas durante el protectorado)', *Ceuta en los siglos XIX y XX. IV Jornadas de Historia de Ceuta* (Ceuta, 2004); José María JIMÉNEZ DOMÍNGUEZ et al., *Fuerzas Regulares Indígenas. De Melilla a Tetuán. 1911-1914. Tiempos de ilusión y de gloria* (Madrid, 2006); José María GIL/Carlos del CAMPO, *Regulares de Melilla. 100 años de historia* ([Valladolid],2012).

3　MADARIAGA (2002); BALFOUR (2002); NERÍN.

〈第Ⅳ章　第1節〉

1　*Expediente Picasso,* 25, 59, 61-63, 65, 297-298, 308, 311, 312, 405-406, 418-420, 448, 451, 509-510, 587.

2　NERÍN, 26; Narciso GIBERT, *España y África* (Madrid, 1912), 3-5, 8, 9.

3　Manuel del NIDO Y TORRES, *Misión política y táctica de las fuerzas indígenas en nuestra zona de penetración al Norte de Marruecos. Cooperación y articulación táctica de las tropas europeas con las antedichas, en un Ejército colonial probable* (Ceuta, 1921), 139-140, 144-145; Javier RAMOS WHINTHUYSSEN, *Tropas Indígenas y Ejército Colonial* (Sevilla, 1921), 35-36, 75, 90, 136 (両書とも20年の陸軍省著作コンクール入賞作); Capitán BERENGUER, *El ejército de Marruecos* (Tetuán, 1922), 6-7, 121 (この書は21年の陸軍省著作コンクール入賞作). ロマノーネスも20年に公刊した『軍隊と政治』で、在アフリカ軍は可能なかぎり志願兵で賄い、原住民兵も増やすべきだと主張していた (ROMANONES, *El ejército y la política. Apuntes sobre la organización militar y el presupuesto de la guerra* (Madrid, 1920), 196, 263)。同書については、第Ⅴ章第1節で再論。

4   *EE*, 10-XI-21, 29-V, 28-XII-22, 13-I, 27-II, 20-III-23; *CM*, 30-IX, 7, 9, 23-X-22, 10-IX-23; *EA*, 9-II, 20-VIII-[19]21, 17-II-22, 5, 19, 20, 22-I-23.

5   RUIZ ALBÉNIZ, *Estado actual del problema de España en Marruecos y medios prácticos para resolverlo. Conferencias dadas en el Ateneo de Madrid los días 29 y 31 de mayo de 1922* (Madrid, 1922), 42-51. ルイス・アルベニスは「破局」直後に言っていた —— スペインは「アフリカにおける我らの兵士の血を可能なかぎり節約すべしとのスペイン世論の最も強い切望を何としてでもあらんかぎり満たそうとして」原住民兵を使用してきた、「スペインがフランスのようにその大多数が有色人の部隊、アフリカ兵から成る植民地軍を持てば」さらなるモロッコでの軍事行動が可能となるだろう (RUIZ ALBÉNIZ (2007/1ed., 1921), 267, 300)。

6   *DSC-C,* 16-III, 3, 5-V-22; *DSC-S,* 25-IV-22.

7   *TR,* 19-VIII-22, 2-I, 3, 5, 11, 14-VII-23.

8   *RTC,* I-24, 20-21, 26, V-24, [3], VIII-24, [6], IX-24, [8]-[9].

9   RAMOS, 59.

10 Cándido LOBERA GIRELA, *Memoria sobre la organización y funcionamiento de las Oficinas de Asuntos Árabes de Argelia y proyectos de bases para la creación de organismos análogos en las plazas del Norte de Africa* (Melilla, 1905), 43; BERENGUER, *La Guerra en Marruecos (Ensayo de una adaptación táctica)* (Madrid, 1918). ほかに、Enrique ARQUÉS/GIBERT, *Los Mogataces. Los primitivos soldados moros de España en Africa* (Málaga-Ceuta, 1992/1ed., Ceuta-Tetuán, 1928), 165-170. NERÍN, 19も参照。

11 1例として、Anatolio de FUENTES, *Para el Oficial de Policía Indígena* (Tetuán, 1920).

12 NIDO (1921), 118-119; RAMOS, 87; BERENGUER (1922), 81; CAPAZ, *Modalidades de la guerra de montaña en Marruecos. Asuntos indígenas* (Ceuta, 1931), 22; *Expediente Picasso*, 80, 412, 572.

13 GIBERT, 8; *Historial de la Harka Melilla. Campañas. Años 1924-1926* ([Melilla], s. f.), 9-10.

14 NIDO (1921), 53; NIDO, *El libro de la Mehal'la Jalifiana* (Toledo, 1923), 61; RAMOS, 82, 128; CAPAZ, 20.

15 GIBERT, 7; RAMOS, 82, 86-87, 126-129, 131-136; BERENGUER (1922), 90.

16 *RTC,* VIII-24, [6], VIII-25, [2] (FRANCO, 197); NIDO (1921), 154; *TR,* 2-I-23. Cf. BALFOUR (2002), 57, 81. ルイス・アルベニスの次の言も参照 —— 我々はPIやFRIを「彼らの村落に対して、彼らの家族に対して、血縁関係によってあるいは同胞として彼らと繋がっている者に対して」戦闘で動員した、かくして我々は「今回のあらゆる部族の全面的な反乱」などいくつかの逃亡や反乱を経験することに

なった (RUIZ ALBÉNIZ (2007/1ed., 1921), 269)。

17 本文で紹介した少なからぬ軍人たちが、植民地軍のもう1つの柱とされたスペイン人志願兵をモロッコへの農業移民で賄うことを提起したことも注記しておく。このようにすると、「[原住民兵とともに]アフリカにおける我が軍はほかならぬアフリカで完全に賄われよう」(RAMOS, 99-101. ほぼ同様の主張は GIBERT, 6; NIDO (1921), 68-81 にもある)。また、このことはそのうちに「スペインの国庫にとっての大なる節約」となる (NIDO, *Marruecos. Apuntes para el oficial de Intervención y de Tropas Coloniales* (Tetuán, 1925), 301-305)。しかし、この提起(もちろんモロッコ人の土地を奪うことでもある)は「アンワールの破局」の以前にも以後にもほとんど実現しなかった。

〈第IV章 第2節〉

1 *Ensayo de Historial del 3.er Grupo de Fuerzas Regulares Indígenas* (Madrid, 1927), 28, 31-35; ARQUÉS/GIBERT, 92-149, 196-197; SOTTO MONTES, 121-122; MONTORO OBRERO, 'La Milicia Voluntaria de Ceuta (1886-1914)', *Actas del Congreso Internacional «El Estrecho de Gibraltar»*, III; JIMÉNEZ DOMÍNGUEZ et al., 28, 36-37, 41, Anexos VIII, IX; 深澤 (2002), 1. 3., 4. 1.

2 NIDO (1921), 47-49; RAMOS, 51-54; JIMÉNEZ DOMÍNGUEZ et al., 49-53, 69-70, 73, 78, Anexo III; CANO VELASCO (coord.), 173-174; MONTES RAMOS, 41. メトロポリでの09年前後のモロッコ戦争反対運動については、さしあたり、深澤 (2002), 4. 2., 4. 3. 参照。

3 NIDO (1921), 49-52; JIMÉNEZ DOMÍNGUEZ et al., 241-242, Anexo IV.

4 *Ensayo de Historial...*, 35; ARQUÉS/GIBERT, 151-152; JIMÉNEZ DOMÍNGUEZ et al., 28, 241-243, Anexo IV; CANO VELASCO (coord.), 178, 194; Antonio GARCÍA PÉREZ, *Historial del Grupo de F. R. I. de Infantería Alhucemas núm. 5* (Córdoba, 1944), 9.

5 AGMM, R13, 47, 48の諸文書／R14, 50／R320, 171-6, 31-VIII-16; *Reseña del Historial del Grupo de Fuerzas Regulares Indígenas, Melilla No.2* (Melilla, s. f.); NIDO (1921), 45, 114, 141; BERENGUER (1922), 141-142; JIMÉNEZ DOMÍNGUEZ et al., 58, 69, 70, 84-85, 128, 212-214; MONTES RAMOS, 32; GARCÍA PÉREZ, 9-10; CANO VELASCO (coord.), 197; BALFOUR (2002), 176; *Los Ejércitos Coloniales. Conferencia desarrollada por el Coronel de E. M. Don JOSÉ ASENSIO TRADO, en la Escuela Superior de Estudios Militares el día 18 de abril de 1931* (Ceuta, 1931). 各年の *AME* と *AEE* には FRI の予算上の定員が掲載されているが、それは実員数とは異なるようだ。

6 *RTC*, VI-24, [3]; MADARIAGA (2002), 76; MONTES RAMOS, 28; JIMÉNEZ

DOMÍNGUEZ et al., 55, 58, 62. 初期のFRIには (さらに後述のPIにも) 黒人の解放奴隷も多かったという。奴隷身分から解放されても経済的手段を欠いた彼らは、しばしばスペイン軍かフランス軍の傭兵となる道を選ばざるをえなかった (MONTES RAMOS, 30, 32; GARCÍA FIGUERAS, *Recuerdos de la Campaña (Del vivir del soldado)* (Jerez, 1925), 172)。

7 MADARIAGA (2002), 76-79; BALFOUR (2002), 57; MONTES RAMOS, 28; JIMÉNEZ DOMÍNGUEZ et al., 55, 76.

8 JIMÉNEZ DOMÍNGUEZ et al., 50; AGMM, R13, 48／R359, 216-1, 20-I-17, 11-II-17, 11-II-17／R366, 223-27, 4-VI-18, 18-VIII-18／R575, 405-8, 26-V-24, 27-V-24, 14-VI-24, 3-VII-24, 7-VII-24, 8-VII-24／R675, 491-7, 28-VI-26／R738, 1-9, 17-X-22; RAMOS, 129; NIDO (1921), 112-113; MADARIAGA (2002), 77-79; *RTC*, I-24, 20. ほかにも以下の文書が徴募活動の状況を示している。AGMM, R359, 216-1, 3-II-17／R366, 223-27, 6-VIII-18／R388, 245-11, 7-I-19／R655, 465-5, 25-IX-25 etc. 本章はAGMM, Sección de Áfricaの文書のうちCGMの文書に主に拠っているので、CGM内の事例が多く引用・紹介されることを注記しておく。

9 JIMÉNEZ DOMÍNGUEZ et al., 55-57, 92; RAMOS, 128-129; BERENGUER (1922), 84; *RTC*, I-24, 21; GIBERT, 7.

10 AGMM, R320, 171-5, 4-X-18／R387, 244-4, 4-V-19／R456, 302-10, 17-XII-22; MADARIAGA (2002), 79; MADARIAGA (2005), 294.

11 MADARIAGA (2002), 76-77; BALFOUR (2002), 57; CANO VELASCO (coord.), 186; SALAS, 20.

12 AGMM, R13, 48; MONTES RAMOS, 30; MATEO DIESTE (2003), 74; MADARIAGA (2002), 79.

13 入隊動機における経済的理由の重視については、AZIZA, 127, 142も参照。

14 JIMÉNEZ DOMÍNGUEZ et al., 66; AGMM, R13, 48／R69, 9-19の諸文書 (VI-25); 各年の*AME*; GARCÍA PÉREZ, 48, 106; Juan Ignacio SALAFRANCA ÁLVAREZ, 'Los oficiales moros', *Revista de Historia Militar*, LVI (2012), núm. extraordinario II ('Centenario del protectorado de Marruecos').

15 AGMM, R13, 48／R14, 51／R320, 171-5, 3-XI-18／R387, 244-4, 4-V-19; *Expediente Picasso*, 448; JIMÉNEZ DOMÍNGUEZ et. al., 57; RAMOS, 71; BERENGUER (1922), 98; BALFOUR (2002), 57; AZIZA, 142; *RTC*, I-24, 21.

16 JIMÉNEZ DOMÍNGUEZ et al., 55-58; BERENGUER (1922), 99-101; MONTES RAMOS, 41; AGMM, R320, 171-5, 15-XII-16, 2-VIII-18, 4-X-18.

17 JIMÉNEZ DOMÍNGUEZ et al., 49, 59; NIDO (1921), 122; BERENGUER (1922), 83,

101-102; *BOZPEM*, 1918, 19 (10-X); *Expediente Picasso*, 66; *Reseña del Historial...*, 4; *RHA*, I-23, 24-26; AGMM, R534, 373-5, 8-XI-23; *IR*, 5-IX-[19]25.

18 MONTES RAMOS, 27, 46-47; JIMÉNEZ DOMÍNGUEZ et al., 97; AGMM, R387, 244-4, 4-V-19; BERENGUER (1922), 98.

19 BERENGUER (1923), 18; AGMM, R575, 405-8, 16-II-24, 16-V-24, 20-VI-24／R742, 5-1, 22-I-24, 5-3, 11-IX-24; CANO VELASCO (coord.), 186.

20 *Código Militar de las Fuerzas Regulares Indígenas*（著者が参照したのは、AGMM図書室所蔵のニードの作成になる軍規案）; MATEO DIESTE (2003), 241; José M.ª CORDERO TORRES, *Organización del Protectorado Español en Marruecos*, II (Madrid, 1943), 61. 本軍規はPIにも適用された。

21 直接の証拠はないが、次に見るPIの事例からして、「無許可外出」と武器・弾薬の持ち出しの場合には罰金で済ますことが多かったと推測される。このことは本文で既引用の本軍規前文（原住民兵が「最も嫌がるのは金銭を奪われること」）の意図にも合致する。*Cf. Expediente Picasso*, 437.

22 JIMÉNEZ DOMÍNGUEZ et al., 110-111. *Cf.* MATEO DIESTE (2003), 105-106. 原住民兵が死傷した場合の補償規則は徐々に定められたようだ。22年8月に高等弁務官は同月の戦闘での犠牲者に対して「政治的性格の予備資金」から次のように支払うことを命じた。「友好ハルカ」の死者の遺族に千ペセタ、同負傷者に100ペセタ、FRIとPIのヨーロッパ将兵の負傷者に25ペセタ、FRIの原住民兵の負傷者に50ペセタ（AGMM, R765, 20-28, 30-IX-22）。23年4月にPIがハリーファ軍に編入されたとき（本文後述）の規定では、ハリーファ軍兵士の死者の遺族には死者の年給1年分が支払われるとされた。しばしば引用してきた『植民地軍雑誌』の1論者は、FRIの原住民兵の死者の遺族には、死者が勤続5年以内の場合にはその年給1年分、同5〜10年以内では年給2年分、同10年以上では年給3年分を、不具者にはスペイン兵の場合と同様の年金を支払うべきだと主張した（*RTC*, I-24, 21）。リーフ戦争終了後の27年10月、戦争中に死亡した原住民兵の遺族に対して当該原住民兵の年給1年分を支払うとのハリーファ令が出された（*BOZPEM*, 1928, 13 (25-VI)）。

23 VILLANOVA (2006), 30-32, 34-35; JIMÉNEZ DOMÍNGUEZ et al., 397-399; GIBERT, 9; Comandancia General de Melilla, Estado Mayor, Oficina Central de Tropas y Asuntos Indígenas, *Resumen de la gestión desarrollada por este Centro bajo la inmediata dirección del Excelentísimo Señor Comandante General, desde su creación en enero de mil novecientos doce* (Melilla, 1915), 40-43; BERENGUER (1922), 43-80; BERENGUER (1923), 2, 232; RAMOS, 40-51; NIDO (1921), 45, 47-48, 52, 59, 63-64, 141; AGMM, R320, 171-6,

15-VII-16／R365, 223-25, 9-XI-12 (12年11月の通達), 8-IX-18 (同通達の改訂)／R764, 19-33, 16-III-21, □-□-21; Pedro MAESTRE MACIAS, *Para las oficinas destacadas de Policía Indígena* (Sevilla, 1917). 各年の*AME*と*AEE*にはPIの予算上の定員が掲載されているが、それはやはり実員数とは異なるようだ。

24　JIMÉNEZ DOMÍNGUEZ et al., 46, 54-55; NIDO (1921), 60, 66; RAMOS, 69-70; BERENGUER (1922), 48; *Resumen de la gestión...,* 18, 20, 29, 30; MONTES RAMOS, 24; VILLANOVA (2006), 30-31; AGMM, R469, 316-14, 4-VII-22; *Expediente Picasso,* 308; AZPEITUA, 59; MATEO DIESTE (2003), 200.

25　AGMM, R469, 316-8, 22-XII-22; *Expediente Picasso,* 437; BERENGUER (1922), 49, 58-62; JIMÉNEZ DOMÍNGUEZ et al., 397-398, 400; 各年の*AME*.

26　*Comisión de Responsabilidades,* 339; AGMM, R534, 373-6, 20-II-23, □-II-23; PITA (1925), 60, 76; FUENTES, 45-46. 前掲MAESTRE MACIASの著はPIスペイン人士官のためのマニュアルである。

27　前節で見たように05年にアルジェリアでの原住民統治政策とその機関を調査してきたロベーラはまずセウタとメリーリャでの「アラブ局」'Oficina Árabe' の創設を提案した。スペイン軍はロベーラの提案の多くを取り入れた。08年、後に原住民局となる機関がメリーリャに暫定的に設置された (LOBERA; VILLANOVA (2006), 28-29; 深澤 (2002), 4. 1.)。

28　VILLANOVA (2006), 29-31, 33, 38, 40-44, 63, 65, 71-74; *Resumen de la gestión...,* 1-2, 15-40, 42, 45-46; NIDO (1921), 34, 54, 56, 61-63, 78-79, 106-110; MATEO DIESTE (2003), 69; MAESTRE MACIAS. 本書では詳述できないが、原住民局も身体的特徴の記載も含めた原住民個票の作成に努めた。個票には当人と「血の決済」の関係にある原住民名、当人保有の戦闘手段の項もあった (Alberto CASTRO GIRONA, *Instrucciones sobre la organización y funcionamiento de las Oficinas de Intervención Militar* (Tetuán, 1923, BN-SA))。

29　RUIZ ALBÉNIZ (1922), 45-48; *Comisión de Responsabilidades,* 337; *CM,* 4-V-23; VILLANOVA (2006), 37; JIMÉNEZ DOMÍNGUEZ et al., 399, 403; *RTC,* I-24, 26, III-24, 50. 22年5月にやはりマドリード学芸協会で講演した軍医も、PIがモロッコでの失敗の1要因であり、PIは戦闘兵力ではなく調査と監視の組織とすべきであると主張した (*La Libertad,* 10-V-22)。前年の21年8月に『自由』が設けたモロッコ戦争に関する意見聴取欄では3名 (すべて戦争継続の意見)がPIの解散を求めていた (第Ⅰ章1. 1. 2. 参照)。

30　JIMÉNEZ DOMÍNGUEZ et al., 195-196, 401-403; NIDO (1923), 14-23, 91, 101-103, 190; NERÍN, 29-31; SOTTO MONTES, 125-127; MADARIAGA (2002), 104-106;

VILLANOVA (2006), 37; GODED, 252; 'La Mehal'la jalifiana', CANO VELASCO (coord.); AGMM, R15, 53／R69, 9-8 (I-24), 9-19 (VI-25).「ハリーファ当局の全軍事力の経費は保護国家の一般会計……によって賄われる」(25年5月20日の政令 (*BOZPEM*, 1925, 11 (10-VI)))。

31　NIDO (1921), 151; NIDO (1923), 32-33, 56, 58-59, 85, 105-109; RUIZ ALBÉNIZ (1922), 49-50; BERENGUER (1922), 112-114; AGMM, R15, 53. カパスは言う——ハリーファ軍は、前進の際には前衛か側面での「防壁」となる、反撃の際には作戦行動部隊となる、退却の際には応戦のための梯形編成部隊となる、非占領地の偵察活動にも有用である (CAPAZ, 39-40)。

32　AGMM, R15, 53／R576, 406-4, 2-XII-24; NIDO (1923), 24, 28-29, 55; SOTTO MONTES, 125-127; MADARIAGA (2002), 105-107.

33　注30で前掲の25年5月20日の政令; CASTRO GIRONA, *Instrucciones*...(BN-SA); MADARIAGA (2002), 106-107. カパスは言う——「部族の村落から徴募された少数のハリーファ警察隊員は兵隊であると同時に諜報員でもある。彼らはこれらの村落に親類を持っているので、村落内でお尋ね者や不満者によってなされる策略をよく知っている」、各行政監察官の事務所には少数のその部族出身と多数の他部族(とくにフランス領)出身のハリーファ警察隊員がいる、後者は前者と一緒に勤務しているが「部族や支族が全体として反乱を起こす時には」前者に同調しないし、さらには「部族の策略を監視している」(CAPAZ, 16-17)。23年4月の指示にも「[ハリーファ警察隊員の]主要部分は勤務先の地域の出身者ではない」のがよいとあった (CASTRO GIRONA, *Instrucciones*...(BN-SA))。

34　リーフ戦争後の27年12月にハルカなどの「補助的原住民諸兵力」は解散となった。NIDO (1921), 51, 144-145; *Resumen de la gestión...*, 43-44; RAMOS, 55-56, 78; *Historial de la Harka Melilla*; NIDO (1925), 297-299; 24年10月31日の政令 (*BOZPEM*, 1924, 21 (10-XI)); 前掲25年5月20日の政令; VILLANOVA (2004), 166-168; VILLANOVA (2006), 43-46; *Ensayo de Historial...*, 99-101; BALFOUR (2002), 193; *RTC*, VI-25, [3]-[4]; PITA (1925), 86-87; AGMM, R469, 316-14, 4-VII-22／R534, 373-5, 21-XI-23／R589, 414-7, 8-XII-24, 18-XII-24／R738, 1-9, 29-IX-22, 17-X-22／R742, 4-14, 28-V-23, 29-V-23; *IR*, 5-IX-25; SOTTO MONTES, 153-154.

35　24年12月の高等弁務官庁の指示やメリーリャ・ハルカの記録には、一般ハルカ兵員の死亡に際しては200ペセータの補償金が遺族に支払われるとある。これは本節注22で引用した額(千ペセータ)と大きく異なる。その理由は不詳である。*Historial de la Harka Melilla*, 16, 23, 27-31, 37-43; AGMM, R469, 316-8, 22-XII-22, 316-14, 4-VII-22／R589, 414-7, 6-XII-24, 8-XII-24, 8-I-25; *RTC*, IX-25, [7]-[8]; *IR*,

5-IX-25; García Figueras (1925), 237-239.

〈第IV章 第3節〉

1 *RTC,* V-24, [21]-[22].

2 Jiménez Domínguez et al., 65, 93-97, 150-164, 174-179, 186-192, 196-198, 214-236, 242-257; *Reseña del Historial ...* ; *Ensayo de Historial...*; AGMM, R13, 47／R14, 50／R456, 302-10, 17-XII-22; Cano Velasco (coord), 174, 186; Balfour (2002), 86-87; Berenguer (1923), 35, 76-77; *Expediente Picasso,* 454, 551; Andrés Sánchez Pérez, *La Acción decisiva contra Abd-el-Krim. Operaciones en el Rif central en colaboración con el Ejército francés* (Toledo, s. f.), 21; Azpeitua, 111.

3 Jiménez Domínguez et al., 36-37, 65; *Resumen de la gestión...,* 24; AGMM, R13, 47; *Expediente Picasso,* 66-67, 78, 227, 404; Ruiz Albéniz (2007/1ed., 1921), 268-269; *DSC-C,* 2-XI-21.

4 Nido (1923), 32-33, 56-59, 105-109, 162-163, 171-178.

5 Jiménez Domínguez et al., 36-37, 46; *Resumen de la gestión...,* 24; *Comisión de Responsabilidades,* 273; *Historial de la Harka Melilla,* 57ff. 以上の本文で見た原住民兵の戦闘への動員については、ほかにも以下に非常に多数の記述がある。Berenguer (1923); Goded; *Historia de las campañas de Marruecos,* II (Madrid, 1951), III, IV.

6 AGMM, R15, 53; *Historial de la Harka Melilla,* 20, 25, 26, 120; Jiménez Domínguez et al., 402; Mateo Dieste (2003), 423-424. ベレンゲールは述べていた――高地や谷での野営、溝を切り開き石の胸壁を築いて塹壕に身を隠すこと、夜間の任務、「これらの任務には恒常的に使える原住民兵が最適であろう」(Berenguer (1918), 191)。

7 *Reseña del Historial... ,* 6; *Expediente Picasso,* 81, 440, 448, 529, 555, 599; Berenguer (1923), Apéndice 4; *Ensayo de Historial...,* 21-22; Nido (1923), 178; *Historial de la Harka Melilla,* 154-155; AGMM, R15, 53／R469, 316-11, 29-X-22; Sánchez Pérez (s.f.), 143; «El soldado desconocido» y Arturo Osuna Servent, *Frente a Abd-el-Krim* (Madrid, 1922), 24. 高等弁務官ベレンゲールはシルベストレからダール・ウバランの戦闘について次のように知らされた――「いなくなったヨーロッパ兵は8人、いなくなった[原住民]警察隊とレグラーレスの原住民兵は約100人と少しです。しかし原住民兵は死んだのか、捕虜になったのか、それとも逃亡したのかわかりません」。またアンワールの戦闘の直前のイゲリーベンの戦闘については、約700人の犠牲者の多数がFRI兵だったと知らされた (Berenguer (1923), 39, 72, *Cf.* Apéndice 3)。アフリカ派軍人ガルシーア・フィゲーラスの次の証言も参照――

「原住民兵諸部隊はどの兵力よりも高い率の犠牲者を出した」(GARCÍA FIGUERAS (1925), 171)。創立からスペイン内戦終了まで (つまり11～39年) のFRI第1、第2、第3、第5の各部隊の全死傷者数を載せた文書がAGMM, R13, 47にある (1967年作成)。それによると、上記4部隊の兵卒の全死者数は12,281、全負傷者数は63,530、全行方不明者数は1,222である (これらの大多数は原住民兵と見てよい)。以上の多くはリーフ戦争中とスペイン内戦中に生じたと考えられる。しかし、この資料から本書対象期間の死傷者を推定するのはきわめて難しい。

8　NIDO, *La Guerra Santa. Conferencia dada en el "Casino Español", el día 28 de Agosto, por el Auditor de Brigada Don Manuel del Nido y Torres* (Ceuta, 1922), 12-13. ニードは、原住民兵による乱捕を排除してはならない、それは反乱者への科料であり、また「原住民兵の忠実さへのご褒美」だから、とも言っていた (NIDO (1921), 120-122)。

9　CAPAZ, 37-38; AGMM, R431, 279-3, 13-IX-21／R469, 316-3, 21-X-22. 乱捕についての記述は以下にもある。AGMM, R13, 47／R15, 53; *Ensayo de Historial...*, 34, 41; *Historial de la Harka Melilla*, 50, 99; BERENGUER (1922), 78-79; NIDO (1923), 157; NIDO (1925), 277-278; JIMÉNEZ DOMÍNGUEZ et al., 36-37, 65, 156-162, 175; MADARIAGA (2002), 107-108; NERÍN, 279-283. 次の指摘も参照──「原住民兵の方が残虐行為をいつも喜んでやったと言われることがあったが、それは本当であろう。しかし、原住民兵はときにはその雇い主によって残虐行為に耽るようにさせられたのである」(KIERNAN, 161)。同じモロッコ人への襲撃に躊躇した原住民兵がいたかどうかはわからない。駐屯中のFRI兵による役畜・農産物などの窃盗も記録されている。「アスカリ」＝原住民兵によると明示されている場合もあるが (AGMM, R575, 406-1, 27-VII-24)、そうでない場合もあるので (AGMM, R742, 4-1, 13-VIII-22, 16-VIII-22, 5-1, 26-I-24)、すべてが原住民兵によるものかどうかはわからない。原住民兵が (スペイン人士官の容認の中で)「敵」の首などを切断する行為をしたこともある (*Mundo Gráfico*, 19-IV-22(281ページの図版参照); *DSC-C*, 27-X-21, 4-V-22 (PRIETO, II, 26-27); NERÍN, 259, 264-265; BALFOUR (2002), 41-42; Eloy MARTÍN CORRALES, *La imagen del magrebí en España. Una perspectiva histórica, siglos XVI-XX* (Barcelona, 2002), 139-140)。「敵」の首の写真が一般雑誌に掲載されると、政府はこの雑誌の回収命令を出した。その理由はこの行為そのものの禁止のためではなく、それが外国に知れ渡ると「我が国の威信」を傷つけることになるからだった。これを受けて高等弁務官ベレンゲールは同種の写真をとらないように、ネガを出版関係者に渡さないように命じた (AGMM, R469, 316-11, 23-VI-22)。

10　CANO VELASCO (coord.), 174, 176, 187; SALAS, 23; JIMÉNEZ DOMÍNGUEZ et al.,

72-73, 124, 230; AGMM, R320, 171-5, 2-VIII-18, 4-X-18, 3-XI-18; *BOZPEM*, 1919, 1 (10-I, 'Noticias de la zona española de Protectorado en Marruecos, durante los meses de Septiembre, Octubre y Noviembre de 1918'); *Historia de las campañas*, III, 55-58. 逃亡兵があまり見られなかったハリーファ軍では初陣の7か月後の14年7月に5人の逃亡があった (NIDO (1923), 83)。武器・弾薬ときには馬を持っての逃亡も目立った (JIMÉNEZ DOMÍNGUEZ et al., 119, 124, 230; MADARIAGA (2005), 295)。本章第2節で既述の罰も参照。

11 *DSC-C*, 2-XI-21; *Reseña del Historial...*, 7-8; RAMOS, 78; BERENGUER (1923), 39, 66, Apéndice 5; *Expediente Picasso*, 16, 22-23, 549, 551; *Historia de las campañas*, III, 407-409. ダール・ウバランの戦闘直後の21年6月上旬、メリーリャ中央原住民局は「敵のハルカが[原住民]警察隊とレグラーレスの制服を着用して奇襲を準備している」とのアンワールからの情報を伝えた (AGMM, R431, 279-5, 8-VI-21)。この制服は逃亡兵のものであろう。

12 CANO VELASCO (coord.), 192-193. 原住民兵の逃亡についてのピカソ調書の証言・記述は非常に多いので、本節では以下それらをすべて注記することはしない。本文紹介の事例は *Expediente Picasso*, 278-279, 499, 504, 527にある。もちろん、「破局」の際に逃亡したのではなくリーフ側の捕虜となったFRI兵も少なくなかった (AGMM, R479, 326-5, 4-II-22)。

13 ハルカについての2事例は、*Expediente Picasso*, 88, 129, 350, 532. アンワールの戦闘での原住民兵の反抗と逃亡については、本文に挙げたもののほか、BERENGUER (1923), 78-86, 90, 116, 119; *Historia de las campañas*, III, 435-476などに多数の記述・事例を見出せる。アンワールでの戦闘にはハリーファ軍は動員されなかった。

14 RAMOS, 67; *Expediente Picasso*, 524; AGMM, R469, 317-1, 23-VIII-22; BERENGUER (1923), Apéndice 5; RUIZ ALBÉNIZ (2007/1ed.,1921), 295; *Historia de las campañas*, III, 638; VILLANOVA (2006), 37.

15 *Expediente Picasso*, 69-70, 462, 486; *DSC-C*, 2-XI-21; AZPEITUA, 60-61, 64; VILLANOVA (2006), 36-37; MATEO DIESTE (2003), 73; NERÍN, 286. 陸海軍最高会議の見解発表 (第Ⅰ章1.1.3. および本章第1節) でもPI士官の配属の仕方は「その目的に適っていなかった」と指摘された (*Expediente Picasso*, 307)。

16 *Expediente Picasso*, 599; AZPEITUA, 180-181.

17 *Expediente Picasso*, 29, 66, 89, 111, 308-321; AGMM, R431, 279-5, 3-IX-21／R738, 1-5, 13-VIII-21; *AF*, X-21, 316; *Comisión de Responsabilidades*, 144; CANO VELASCO (coord.), 191; HERNÁNDEZ MIR, *Ante las hordas del Rif*, 52-53; VIVERO, 155-156; *Historia de las campañas*, III, 642.

18 陸軍文書にはリーフ戦争中の原住民兵の逃亡について多くの記述があるので、それらをすべて注記することはしない。AGMM, R431, 279-5, 30-VIII-21 (リーフ勢力のハルカの大部分が元PI隊員の例)／R742, 5-2, 7-VII-24, 27-VIII-24 (部隊指揮官の例)／R470, 317-2, 13-V-22 (大砲要員の例)／R724, 19-I, 8-III-26 (諜報員の名を明かす)／R742, 5-1, 14-I-24 (休暇中の逃亡例)／R742, 5-2, 11-IX-24 (休暇が承認されず逃亡した例)／R576, 406-3, 18-III-24 (逃亡者の連れ戻しの例)／R534, 373-5, 17-VII-24 (本文引用の書簡)。撤退作戦中にスペイン人士官たちが原住民兵の反抗・逃亡を危惧したことはハリーファ軍第4部隊司令官となったモラの手記にも見られる (Emilio MOLA, 'Dar Akobba', *Obras Completas* (Valladolid, 1940), 148, 161, 175)。

19 AGMM, R471, 318-3, 14-XI-22／R535, 373-8, 1-I-23／R645, 457-17の諸文書 (1925)／R724, 19-I, 8-III-26／R738, 1-4, 17-IX-25, 19-IX-25／R742, 4-1, 19-III-23／R743, 5-3, 3-X-24, 8-X-24; *Historial de la Harka Melilla*, 105. 当初リーフ勢力との衝突を避けようとしたフランス当局はフランス領出身のスペイン軍原住民兵をフランス領に帰すように働きかけた (AGMM, R468, 315-15, 12-VII-22／R469, 317-1, 23-VIII-22／R471, 318-3, 8-VI-22)。フランス軍の原住民兵がリーフ勢力に対してどのように反応したのかが問題とされるべきである。しかし著者が閲覧した陸軍文書には関連記述を見出せなかった。リーフ勢力の範囲がフランス領にも及ぶようになると、その地の出身で遠隔地に勤務していたフランス軍原住民兵は家族との分断を恐れたとの諜報員報告がある (AGMM, R644, 457-16, 15-VII-25)。この頃フランス軍は自らの原住民兵がリーフ勢力の呼びかけに応えるかもしれぬことを恐れて、彼らを監視していた。実際に25年6月には3名のアルジェリア兵がリーフ勢力側に走った。他方でフランス軍はどの地域出身の自らの原住民兵をリーフ勢力と闘わせるのがよいかも考慮した。具体的には、リーフ勢力がセネガル兵を弱いと見たので、セネガル兵の動員が多くなることを避けようとした (COURCELLE-LABROUSSE／MARMIÉ, 158, 198, 212, 221)。

20 SÁNCHEZ PÉREZ (s.f.), 148; GODED, 330-356, 423-427; *Historial de la Harka Melilla*, 32, 63-117; *Cabecillas rebeldes*, 50-51; *Cabecillas rebeldes en el Rif*, 27-36; *Estudio sobre los principales cabecillas rebeldes de Yebala*, 25-31; Inspección General de Intervención y Fuerzas Jalifianas, *Manual para el Servicio del Oficial de Intervención en Marruecos* (Madrid, 1928), 7 (逃亡者の「帰還」)。フランコの言は第Ⅰ章3.4.で既に引用した (この言の元はリヨテにある)。平定作戦および平定完了期 (26～31年)における元リーフ勢力指導者の帰順や逃亡者の「帰還」については深澤 (2012), 1. 2. 参照。

21 深澤 (2002), 3. 1.; ARQUÉS/GIBERT, 108-109, 115; *Ensayo de Historial...*, 31; JIMÉNEZ DOMÍNGUEZ et al., 120-122, 129-136, 290; RAMOS, 124, 130; AGMM, R14, 50; *AF*, VI-23, 275-276.

〈第Ⅳ章 小括〉

1 *RHA*, XII-27, 4-6 (ガルシーア・フィゲーラスは既に25年に言っていた ──「原住民兵部隊はモロッコでの難事業においてスペインの息子たちの多くの血を節約してきた」(GARCÍA FIGUERAS (1925), 171, *Cf.* 100)); ARQUÉS/GIBERT, 159-160.

〈第Ⅳ章 補説〉

1 'La Legión'には「外国人部隊」の訳語が適当と思われるが、本書でもほぼ定訳となっている「外人部隊」とした。
2 ÁLVAREZ, 16, 46, 49, 59, 83, 101, 166-168, 179, 181, Appendix A; Miguel BALLENILLA Y GARCÍA DE GAMARRA, *La Legión 1920-1927* (Lorca, 2010), 46-47, 65, 100, 102, 104-110, 362, 390-397.
3 ÁLVAREZ, 7, 32, 49, 60-61, 70-71, 88, 174, 206, 220, Appendix B; BALLENILLA, 113-114. リーフ戦争中の各戦闘での外人部隊の役割はアルバレスの書に詳しい (同書はリーフ戦争中の外人部隊の事実上の戦史である)。既に21年に次の批判がなされていた ── モーロ人の首を銃剣にかざす外人部隊の野蛮な行為は「我々の精神的水準が野蛮人のそれより高い程度に至っていないしるしではないか」(AZPEITUA, 135. *Cf.* BALFOUR (2002), Illustration 1; ROGER-MATHIEU, 80の次ページの写真)。ほかに以下も参照。Francisco CANÓS FENOLLOSA et al., *La Legión española (Cincuenta años de historia)*, 1 (Leganés, 1975), Primera Parte; Carlos de ARCE, *Historia de la Legión española* (Barcelona, 1984), 89-192; Luis E. TOGORES, *Millán Astray. Legionario* (Madrid, 2003), Caps. 7, 8; José Luis RODRÍGUEZ JIMÉNEZ, *A mí la Legión* (Barcelona, 2005), Cap. 3.
4 ÁLVAREZ, 49, 52, 69-70, 142, 166; BALLENILLA, 67-79, 86-88, 364-365, 445-447, 450-452, 457-458, 461-463; PANDO (1999), 275-276, 292; BALFOUR (2002), 208, *TR*, 23-X-21; *AF*, X-21, 325, V-23, 238; WOOLMAN, 129. ロシア旧白軍兵士のスペイン外人部隊への志願は22年初頭からあった (*EA*, 17-II-22)。以上、MADARIAGA (2005), 295-299も参照。PANDO, *Hombres de América que lucharon en África* (Madrid, 2000)は、旧スペイン植民地から来た外人部隊兵についての簡単な講演記録である。

〈第V章 はじめに〉
1　Nuria SALES DE BOHIGAS, 'Some Opinions on Exemption from Military Service in Nineteenth-Century Europe', *Comparative Studies in Society and History*, X, 3 (1968).
2　José F. GARCÍA MORENO, *Servicio militar en España (1913-1935)* (Madrid, 1988). 12年兵役法のもとでの兵役について概括的に述べた文献として次がある。Mariano ESTEBAN DE VEGA, 'El servicio militar en la España de la Restauración, 1875-1931', Jean-Claude RABATÉ (coord.), *L'armée dans la société espagnole 1808-1939* (Nantes, 2003). 19～20世紀のスペインの兵役制度の変遷を概観したものとしては次がある。ESTEBAN DE VEGA, 'Consolidación y crisis del servicio militar obligatorio en España', Antonio MORALES MOYA (coord.), *Las claves de la España del siglo XX*, I, *El Estado y los ciudadanos* (Madrid, 2001).
3　SALES, *Sobre esclavos, reclutas y mercaderes de quintos* (Barcelona, 1974), Cap. 4 (原論文は、'Servei militar i societat a l'Espanya del segle XIX', *Recerques*, I (1970)).
4　Teresa ABELLÓ, 'El refús al servei militar', UCELAY DA CAL(dir.), *La joventut a Catalunya al segle XX*, I(Barcelona,1987); José M. CASTELLANO GIL, *Quintas, prófugos y emigración:La Laguna (1886-1935)* (Santa Cruz de Tenerife, 1990); Fidel MOLINA, *El servei militar a Lleida.Història i sociologia de les quintes (1878-1960)* (Lleida, 1997); Beatriz FRIEYRO DE LARA, *El reclutamiento militar en la crisis de la Restauración:el caso riojano (1896-1923)* (Arnedo, 2000); GIL ANDRÉS (Cap. 4, 'De Cuba a Marruecos:El ejército y las quintas'); Enrique CERRO AGUILAR, *Camino de Annual:Albacete y el Desastre de 1921* (Albacete, 2007).

〈第V章 第1節〉
1　ROMANONES (1920), 8, 10, 29-31, 38, 49-51, 53, 138-144, 153-155. 同書での主張は20年12月国会(下院)選挙に向けた自由党諸派のマニフェストの意味も持っていた (ROMANONES (1920), 53-54)。
2　12年法以前には入営者は下層階級と同一視されていた (GARCÍA MORENO, 32-33)。12年法以前の兵役制度と兵役の実情、また12年法の制定過程については以下を参照。GARCÍA MORENO, 27-33; FRIEYRO, 43-63; Fernando PUELL DE LA VILLA, *El soldado desconocido. De la leva a la "mili" (1700-1912)* (Madrid, 1996). 12年法本文は *CLE* 1912に、同法適用規則は *CLE* 1914にそれぞれ掲載されている。Juan Bautista CATALÁ Y GAVILA, *Servicio militar obligatorio* (Madrid, 1912)も同法と関連諸法規・規則を載せている。

3   *DSC-C*, 21, Apéndice 4, 22, Apéndices 3, 5, 6-VI-21; *EA*, 19-II, 28-IV, 16-V, 5-VII-21; *La Libertad*, 15-V-21.

4   CERRO, 101.

5   *DSC-C*, 16-III-22. 兵役法改訂法案は22年3月に取り下げとなった (*DSC-C*, 21-III-22.)。

6   HERNÁNDEZ MIR, *La tragedia del cuota (Una escuela de ciudadanos)* (Madrid, 1923). 引用部分は、89-91, 181. この作品には実際に第一線で闘うのは主に原住民兵や外人部隊であること (それをスペイン兵も知っている) も描かれている (104, 109-119)。納付金兵士のモロッコ行きを画期的と見たマエスツ (第Ⅰ章1.1.の注6の引用参照) にあってもその階級的視点は鮮明だった――「階級の不平等」を意識させることになってしまうので「貧者」の兵士と「富者」の兵士がともに軍隊にいることを恐れる人々もいるが、私はそうは思わない、納付金兵士たちも「愛国主義」を持つようになるだろうからだ、また納付金兵士の入隊とともに「批判精神」が軍内に入ってくることを恐れる人々もいるが、兵士が受動的ではなく能動的となるのはよいことなのだ (上掲の注での引用の続き。*El Sol*, 13-X-21)。

7   Ernesto GIMÉNEZ CABALLERO, *Notas marruecas de un soldado* (Barcelona, 1983/1ed., Madrid, 1923). 引用部分は、174, 186-187; *La Libertad*, 8-III-23; *El Socialista*, 15, 24-III-23; Enrique SELVA, *Ernesto Giménez Caballero. Entre la vanguardia y el fascismo* (Valencia, 2000), 38-51; Dionisio VISCARRI, *Nacionalismo autoritario y orientalismo. La narrativa prefascista de la guerra de Marruecos (1921-1927)* (Bologna, 2004), Cap. 3.

8   Gonzalo CEDRÚN DE LA PEDRAJA, *Los soldados de cuota y el ejército de operaciones en Marruecos* (Madrid, 1914). 引用部分は、7, 29, 32-36, 39.

9   Manuel GONZÁLEZ DE LARA/José CASADO, *El soldado de cuota* (Madrid, 1915); Pablo PARELLADA, *Los de cuota* (Madrid, 1919).

10 *CM*, 29-V-23 (現役兵役期間短縮の主張は、18-V, 3-VII-23にもある); *EE*, 13-IX-22, *Cf.* 20-III-23; *EA*, 16-V-21, 14-VII-23, *Cf.* 25-VII-22, 19-III, 3-IV-23.

11 *RHA*, V-23, 152, X-25, 22, *Cf.* VI-23, 185; *TR*, 7-X-22, 31-III, 14-IX-23. 既に19年10～11月にセウタ軍管区司令官は高等弁務官に以下の提議をしていた――モロッコへの新兵の配属を廃止する、新兵の1年目はイベリア半島に配属し、抽選で決められた者を2年目から1年半モロッコに行かせる、かくしてモロッコでは訓練された兵士をただちに戦闘に配置できる、現在のように新兵が「ずっと負担の軽い」半島にいて2年で除隊できるのに抽選で決められた者 (本章第2節(5)で後述) が3年間もモロッコにいるのは「あまりに不公平」だからである、この提議を陸相にも伝えられたい (AGMM, R388, 245-11, 31-X, 1, 3-XI-19)。この提議は実現

12 *La Libertad*, 9-I, 10-V, 18〜25-VIII-21, 16-II, 10-V-22. しかし、エルナンデス・ミールは新聞でのこの論評を同年刊の自らの著に所収した際には納付金兵士の不満を擁護する論を付け加えた——特権に対する「当然の批判」が起こるのを恐れて政府は納付金兵士の権利を認めていない、「ここまで平等化の行き過ぎが起きてしまったのだ」、納付金兵士の兵役期間が短縮されないなら納付金を返還するべきだ (HERNÁNDEZ MIR, *Del desastre al fracaso. Un mando funesto* (Madrid, 1922), 133-139)。

13 *El Socialista*, 11-VI, 15-XI-21, 28-I, 20-III, 22-IV, 27-V, 23-IX-22. 当時のPSOEは軍隊を「国民 nación の手段、できれば帝国主義的で金権政治の少数派にはけっして奉仕しない武装した市民の手段」としたいとの考え方を持っており、「人民 pueblo の全般的武装」を要求していた (*El Socialista*, 26, 29, 30-IV-21, 28-I-22 etc.)。しかし本書ではPSOEの軍隊論にはこれ以上立ち入らない。

14 *La Esfera*, 18-III-22.

15 *DSC-C*, 16-III, 2, 30-VI-22; *DSC-S*, 25-IV-22.

16 *La Vanguardia*, 27-IV, 19-V-23; *EA*, 27-IV-23.

17 *La Libertad*, 25, 27-IX, 7-X-23; *EE*, 27-IX-23. 24年兵役法とその適用規則は、*CLE* 1924, 1925にそれぞれ掲載されている。*Manual del reclutamiento y reemplazo del ejército y de la marinería de la armada* (Madrid, 1925) もそれらを載せている。

〈第V章 第2節〉

1 この数字はガルシーア・モレーノによる算定とほぼ同じである (GARCÍA MORENO, 66, 198)。*Cf.* LOZÓN URUEÑA, 9.

2 22年3月、陸相は下院で「現在[約]2万の納付金兵士が戦闘に出ており、国内にはほかに[約]2万の納付金兵士がおります」と答弁した (*DSC-C*, 16-III-22. 前節本文でも一部引用)。この時期に動員されたか入営した納付金兵士は21年までの新兵である。21年の納付金兵士は20年 (19, 808人) より少し増加したと推測される。*Cf.* LOZÓN URUEÑA, 8.

3 これらの指摘は以下の徴兵統計集や文献でもなされている。*Estadística... 1912-1914*, 59-60; *Estadística...1915-1917*, xxxiii-xxxv; *Estadística... 1918-1920*, xxxii; SALES (1974), 220-224; GARCÍA MORENO, 99-100, 260.

4 各県の中でも富裕層が多い地域に納付金兵士が集中していたことはカナリア県とログローニョ県についての研究でも明らかとなっている (CASTELLANO, 54; FRIEYRO, 135-136)。*Cf.* LOZÓN URUEÑA, 9.

5 Gabriel CARDONA, *El poder militar en la España contemporánea hasta la guerra civil* (Madrid, 1983), 8-9; FRIEYRO, 141-143.
6 *Estadística... 1912-1914*, 132-133; *Estadística... 1915-1917*, 68-69; *Estadística... 1918-1920*, 61-63; SALES (1974), 224-226, 268-269. 以上のことはログローニョ県とアルバセーテ県についても明らかである (FRIEYRO, 135-137; CERRO, 106-108, 144)。
7 この結論はサーレスおよびガルシーア・モレーノの各先行研究のそれとほぼ同じである (SALES (1974), 221-226; GARCÍA MORENO, 100-101)。アルバセーテ県についての研究も同一のことを言っている (CERRO, 105)。
8 SALES (1974), 218-219; GARCÍA MORENO, 63-64; *Estadística... 1912-1914*, 61, 137; *Estadística... 1915-1917*, 72; *Estadística... 1918-1920*, 67. 23年1月に自由派連合新政府は、学業継続のために必要であれば学生の納付金兵士は所属部隊をあらためて選択できるとの措置を採った。学生優遇政策の一つである (*EA*, 11, 13-I-23)。
9 *La Vanguardia*, 29-III-22, 9-II-23; *DSC-C*, 16-III-22; *La Libertad*, 16-II-22; GARCÍA MORENO, 97; BOSQUE COMA, 'En Marruecos tras el desastre de Annual', *Historia y Vida*, 332 (XI-1995), 47; HERNÁNDEZ MIR, *La tragedia ...* , 88; GONZÁLEZ DE LARA/CASADO, 21. バレーアの自伝『ある反逆者の形成』には、資金がなくて納付金兵士になれなかった (またそれ故に代人も得られなかった) 音楽家志望の青年が登場する (Arturo BAREA, *La forja de un rebelde* (México, D. F., 1959), 388)。*Cf.* SALES (1968), 285-286; SALES (1974), 214.
10 GARCÍA MORENO, 97-98; *EA*, 11-I-23. アルバセーテ県の例では、「破局」後の21年9月に納付金兵士の召集が早まることになった時、納付金兵士の兵種選択 (すぐ後述) を有利にするために軍事学校が再開された (CERRO, 109)。納付金兵士になれるための理論的知識や技能について解説したマニュアル本は多い。以下の2例を挙げる。Miguel PEIRE CABALEIRO, *Instrucción Militar teórica para Reclutas de cuota* (Zaragoza, 1919); PEIRE CABALEIRO, *Instrucción militar para Reclutas de cuota* (Zaragoza, 1924).
11 *Estadística... 1912-1914*, 60-61, 134-135; *Estadística... 1915-1917*, xxxvi-xxxvii, 70-71; *Estadística... 1918-1920*, 64-66; DOMG (『陸軍省官報』), 8-IX-22; GARCÍA MORENO, 95-96; ROMANONES (1920), 143; *EA*, 16-X-22.
12 納付金の支払い期限延長を認めるとの陸軍省通達はリーフ戦争中の21〜26年に少なくとも15回『陸軍省官報』に現れる。GARCÍA MORENO, 96-97, 119; *La Libertad*, 5-XI-22; *EA*, 22-XI-21; *El Socialista*, 30-VIII-23; CERRO, 110, 147, 182; CASTELLANO, 35.
13 これらの要求は『陸軍省官報』に頻出する。また、CASTELLANO, 110.

14　*DOMG*, 20-VII, 17-VIII-19, 27-VIII-20, 31-V-21, 12-VIII-23; *EA*, 5-XI-23.

15　HERNÁNDEZ MIR, *La tragedia* ... , 25, 31, 45-47, 60-61; GIMÉNEZ CABALLERO, 31; GONZÁLEZ DE LARA/CASADO, 15-16, 32, 37; BAREA, 401; SENDER, 14-15, 22. 前節で見た喜劇「納付金兵士たち」は、逆に、納付金兵士たちが兵舎生活に親しむようになり一般徴募兵とも交流するにようになると、部隊司令官が義務兵役制（納付金兵士制度）も良いと見るようになることで終わる。

16　第1については、*DOMG*, 25-VIII-21 (3件), 21-I（数名とある）, 25-VIII, 10-IX-22 (2件). 第2については、*DOMG*, 24-VIII (2件), 10, 24-IX-21 (66件), 14-II-22. 第2のうち第1の要求も含むものは、*DOMG*, 27-X-21, 19-I, 7-III, 21-V-22. 第3については、*DOMG*, 29-X-22, 2-III-23 (第1の要求を含む). 第4については*DOMG*に頻出するので (21件)、その日付を注記しない (以上、件数明示なしは1件). 逆に2千ペセータ兵士から千ペセータ兵士に変更したいとの要請も4件ある (すべて却下。*DOMG*, 30-IX, 12, 18-XI-22). これは納付金支払いに窮したことによると推測される。

17　*DOMG*, 5-VIII, 29-IX-25, 8-XII-26; GARCÍA MORENO, 97, 101-102; NAVAJAS (1991), 157-160. 次の著も、納付金兵士は「経済よりも文化」の水準に適応させたものだと解している。SECO SERRANO, *Militarismo y civilismo en la España contemporánea* (Madrid, 1984), 253.

18　GARCÍA MORENO, 73, 93, 96; FRIEYRO, 25, 134; CERRO, 103.

19　12年法以前とくに19世紀には、住民が市町村に資金を積み立てておき、住民が代人を望めば市町村が代人を斡旋する制度が機能していた。12年法以後もナバーラではこの制度が存続した。この制度は次第に代人斡旋業者にとって代わられ、それによって代人料も上昇した。SALES (1974), 216-218, 222-224, 228; GARCÍA MORENO, 31-32; FRIEYRO, 25, 127, 134; CERRO, 100, 103-104, 160-161, 232. 次の文献に代人を得ようとした体験者の証言がある。Manuel LEGUINECHE, *Annual, el desastre de España en el Rif, 1921* (Madrid, 1996), 198-199, 300.

20　AGMM, R440, 288-1, □-VIII-21; CERRO, 147.

21　22年1月〜23年7月の『陸軍省官報』には31件 (78人) の要請が載っている。うち承認されたのは8件 (44人) である。プリモ・デ・リベーラ政府期の24年以降には、代人に関する要請を含めて、兵士やその父母からの様々な要請と陸軍省の回答は『陸軍省官報』にほとんど掲載されなくなった。

22　*DOMG*, 22-I, 11-VI-22; FRIEYRO, 128.『陸軍省官報』に現れた代人の逃亡の事例は、*DOMG*, 19-I, 7-V, 9-VI (11件), 20-VII, 24-X (2件), 30-XI-22, 25-III-23 (2件). 代人が兵役不適格者だった事例は、*DOMG*, 9-VI-22 (2件). 代人の代人の事例は、

DOMG, 7-III, 7-V-22, 25-III-23 (2件) (以上、件数明示なしは1件)。CGMではリーフ戦争前の21年2月の2日間だけで少なくとも28人の代人が入隊しなかった (AGMM, R440, 288-1, 25-I-21, 20-II-21, 21-II-21, 21-II-21)。リーフ戦争中には代人がかなり増えたはずなので、『陸軍省官報』に現れた事例は代人についての実際をごくわずかしか反映していないと見てよい。

23 *Estadística... 1912-1914*, 16, 19-20; *Estadística... 1915-1917*, xv, xvii; *Estadística... 1918-1920*, xv; FRIEYRO, 88-89; GIL ANDRÉS, 296-297; CERRO, 135; ROMANONES (1920), 149.

24 ログローニョ県についての研究では、身体上の理由による免除申請の圧倒的多数は身長を理由としていた。FRIEYRO, 169-170; GARCÍA MORENO, 52-53, 60-62.

25 *Estadística... 1912-1914*, 20-24, 53-54; *Estadística... 1918-1920*, xxix. *Cf.* CASTELLANO, 165. 兵役・兵隊に関する当時のジョーク集には、徴兵検査で聴力障害を偽る青年が登場する (*Cuentos de soldados. Recopilados por un soldado de cuota, para aleccionamiento y regocijo de sus compañeros de chopo* (Madrid, s. f.), 3-4)。徴兵検査を前にした自傷行為には抜歯、指の切断などもあった (FRIEYRO, 171)。

26 *Estadística... 1912-1914*, 33-36, 86; *Estadística... 1915-1917*, xxiii-xxvi, 13-14; *Estadística... 1918-1920*, xxiii-xxv, xxix-xxx, 13-14; *AEE,* 1919, 1928; GARCÍA MORENO, 62, 84; FRIEYRO, 86-87; CERRO, 133-135.

27 *Estadística... 1915-1917*, xiv; *Estadística... 1918-1920*, xi-xii; FRIEYRO, 165-167; CERRO, 117-118, 136.

28 GARCÍA MORENO, 60-61, 218-219. ロマノーネスは身体上の理由での兵役免除者が多いことを問題視して、これらの者を「補助業務」者とすることを提起していた (ROMANONES (1920), 156-157)。

29 *Estadística... 1912-1914*, 39; *Estadística... 1915-1917*, xvii; *Estadística 1918-1920*, xvi-xvii; *AEE,* 1919〜1928; GARCÍA MORENO, 64-66, 227-228; CERRO, 136-139.

30 *Estadística... 1912-1914*, 25-26, 96-101; *Estadística... 1915-1917*, xvii; *Estadística... 1918-1920*, xvi-xvii; FRIEYRO, 159, 169; CERRO, 137-139; CASTELLANO, 60. 兄が除隊するとただちに結婚して世帯を離れ、弟が引き続き父 (あるいは母) を扶養するということで免除申請をすることもおこなわれた (BOSQUE COMA (1995), 51)。ロマノーネスは、兵役の平等のために生計上の理由による免除を廃止する、息子の兵役期間中に「貧しい父」や「貧しい母」は国ないし市町村から補助金を受け取れるようにするのがよいと主張していた (ROMANONES (1920), 152)。

31 *Cf.* SALES (1974), 275; BACHOUD, 146-149.

32 GARCÍA MORENO, 67-68; CASTELLANO, 80-81, 84, 105-106; MADARIAGA (2005),

273-275. とくに24年法適用後に身体上・生計上の理由による免除の規定とその審査が厳しくなると、最後の血税回避手段としての徴兵忌避の性格がより強まった (GIL ANDRÉS, 318). 表5-1で25年、26年に徴兵忌避率が高くなったのはこのことを反映していよう。ログローニョ県では徴兵忌避の一つの方法はバスク地方を経由してフランスに行くことだった (FRIEYRO, 178).

33　*Estadística... 1912-1914*, 16, 27-30, 40; *Estadística... 1915-1917*, xviii-xix; *Estadística... 1918-1920*, xviii, xxvi; CASTELLANO, 96-97, 100-103, 121, 125-128, 147; *CLE*, 1925, 1926, 1927; Juan AMER PUJADAS, *Apéndice al Reglamento de Reclutamiento* (Madrid, 1926); AMER PUJADAS, *Segundo Apéndice al Reglamento de Reclutamiento* (Madrid, 1928); *EA*, 25-III-26; GARCÍA MORENO, 36. 21年10月に、徴兵忌避者をフランスに出国させていたサンセバスティアンの代理業者が暴かれた。周旋料は400ペセタだった (*El Socialista*, 14-X-21).

34　これらに関する『陸軍省官報』の記事は多いので、それらは注記しない。

35　*La Libertad*, 25-VII-23. 12〜14年の徴兵統計集では徴兵忌避者の赦免が多いので徴兵忌避が減らないのだと指摘されていた (*Estadística... 1912-1914*, 28).

36　徴兵忌避者を密告したことによる便宜付与要請はリーフ戦争中の『陸軍省官報』には22年5月〜23年12月に現れる。著者が見出した全23件のうち承認されたのは3件である。密告制に関する通達は、*DOMG*, 7-VIII-20, 14-III, 1-IV, 14-XI, 16-XII-23, 17-IV-24にある。「破局」直後の21年8月には徴兵忌避密告者もモロッコに動員するとの措置が採られた。*DSC-C*, 12-VII-23; GARCÍA MORENO, 69-70; CASTELLANO, 100-101, 124, 144-145; FRIEYRO, 59; CERRO, 146; *EA*, 14-VIII-22; MADARIAGA (2005), 275-276. プリモ・デ・リベーラ政府は他方で24年4月、徴兵忌避者に対して赦免するから出頭せよと呼びかけた。兵役不満者の体制取り込み政策の一環である (*EA*, 14-IV-24).

37　徴兵関係行事は以下による。12年法：各年の『陸軍省官報』; *Manual práctico de quintas* (Salamanca, 1921); CASTELLANO, 38-50; CERRO, 145-147. 召集令状の1例がAGMM, R388, 245-11にある。各県の徴兵局の所在 (たとえばマドリード県には4つ) は各年の*AME*にある。前節で見たように、24年兵役法によって25年以降、入営者を決めるための市町村役場での抽選は廃止された。

38　CASTELLANO, 55-56, 103-104, 115-116, 146; FRIEYRO, 171; CERRO, 117, 131; *AEE* 1928, 436 (自殺統計); LEGUINECHE, 108. 抽選でのアフリカ行き決定が自殺の理由だった場合もある (*La Libertad*, 22-VIII-22). 本節注25も参照。兵役・兵隊に関するジョーク集 (本節注25) も兵役嫌悪の1表現である。

39　*Estadística... 1912-1914*, 15; *Estadística... 1915-1917*, ix; *Estadística... 1918-1920*, ix;

AEE 1919, 293; *AEE* 1928, 437; 21年8月～23年8月の『陸軍省官報』。

40 *Estadística... 1912-1914*, 23; *Estadística... 1915-1917*, xiii; *Estadística... 1918-1920*, xiii; GARCÍA MORENO, 156-162; CERRO, 152, 155-156. 各部隊の宣誓式では、「最後の血の一滴を失うまで」部隊を死守すると神と国王に誓わされた (GARCÍA MORENO, 137)。

41 CERRO, 173-174; *DSC-C*, 18-IV, 3-V-22; *DSC-S*, 25-IV-22; 21年10月～23年9月の『陸軍省官報』; BERENGUER (1923), 232-234.

42 ROMANONES (1920), 144; *DSC-C*, 25-V, 30-VI, 4-VII-22, 17, 24-VII-23. ロマノーネスは不当な影響力が行使されているとして、CMRの「根本的再編」を求めていた (ROMANONES (1920), 152-153)。

43 *DSC-C*, 15-XII-21, 12, 17-VII-23; *La Libertad*, 10, 13-VI, 8, 14-VII-23; *DOMG*, 14-III-23, 12-IX-25.

44 CERRO, 103-104, 147; *DOMG*, 1-IX-21, 4-II, 8-XI-22; *EA*, 19-III-23; FRIEYRO, 175-177. *Cf.* SALES (1974), 237-238.

45 これらの事例は以下に見られる (無注記のものは各1件でいずれも不承認)。*DOMG*, 23-X-20, 4-VI (2件、うち1件承認), 1-VIII-22, 24-VI, 29-VII (2件、うち1件承認), 4-IX-23; CERRO, 119-120.

46 *La Libertad*, 13-VI-23.

47 ①については、Juan SÁNCHEZ RODRÍGO, *Diario de un soldado en la Campaña de Marruecos 1921-1922* (Serradilla, s. f.). ②については、*DSC-C*, 9-V, 16-VII-22; *DSC-S*, 20-VI-22; *DOMG*, 12-XII-23; *La Vanguardia*, 4-I-22; BALFOUR (2002), 229. ③については、*DSC-C*, 11-V-22 (教員の例); HERNÁNDEZ MIR, *La tragedia...*, 88. ④については、*DSC-S*, 14-III, 7-IV-22; *DSC-C*, 6, 12-XII-21, 16-VII-23; CERRO, 155-156; BALFOUR (2002), 225-228; MADARIAGA (2005), 267-272. ⑤については、BALFOUR (2002), 218; LEGUINECHE, 59-61, 131. ⑥については、*DSC-C*, 22-XI-22 (PRIETO, II, 108); AGMM, R742, 5-1, 10-II-24 (12人の逃亡兵。全員拘束); *TR*, 31-VII-21. その他については、ALMUIÑA FERNÁNDEZ (1986), 231-236; ALMUIÑA FERNÁNDEZ (1988), 211-219, 222-225; ALMUIÑA FERNÁNDEZ, 'El impacto de Annual (1921) y la información gráfica', Alejandro R. DÍEZ TORRE (ed.), *Ciencia y Memoria de África* ([Alcalá de Henares]/[Madrid], 2002). 公式統計によると、21～26年に入隊した兵士の各年の識字率 (読み書きともできる兵士)は68.1～70.9%の間を推移している。しかしこの統計は自分の名前の読み書きを基準としているため、実際の識字者の率は上掲数字よりかなり低かったと推測されうる。識字(率)が問題となるのは、それが兵士の知的資質を表しているだけでなく、非識字者は納付金兵士となる資

格を持たなかったばかりか、入隊後に教育を受けて識字者と認定されるまで一時休暇の権利も持たなかったからである。他方で軍は入営中の識字教育の成果を強調した (*Estadística... 1912-1914*, 47-49, 66-68; *Estadística... 1915-1917*, xxix-xxx; *Estadística... 1918-1920*, xxvii; 各年の *AEE*; GARCÍA MORENO, 89-90, 125-132, 257; María Gloria QUIROGA VALLE, *El papel alfabetizador del ejército de tierra español (1893-1954)*(Madrid, 1999))。

〈第Ⅴ章 第3節〉

1 納付金兵士母の会、納付金兵士父母および保護者の会、納付金兵士父母および家族の会を名乗る組織もあったが、煩雑を避けるために本書では納付金兵士父母の会の名称で統一する。*DSC-C*, 25-XI-21, 1-III-22; *El Socialista*, 15-XI, 12-XII-21, 10-II-22; *La Vanguardia*, 29-XII-21, 5-I, 10-II, 7, 8, 9, 11-III, 25-IV, 2-V-22; *La Libertad*, 22-II, 2-V-22; CERRO, 111-112. 22年2月に陸軍省は、納付金兵士の兵役についての規定を変えるようにとの多くの要請が来ているが、それを認めないとの通達を出した (*DOMG*, 8-II-22)。

2 *DSC-C*, 16-III, 3-V-22; *DSC-S*, 18-IV-22.

3 *DSC-C*, 25-IV, 31-V, 2-VI, 20-VII-22; *DSC-S*, 12-VII-22; CEDRÚN DE LA PEDRAJA, 20-22, 28, 41; *La Libertad*, 16-II-22; *La Vanguardia*, 9-II-23.

4 *DSC-C*, 31-V, 2, 7-VI, 4, 18-VII-22; *DSC-S*, 12-VII-22; *La Libertad*, 9-V-22; CERRO, 112.

5 *Acción*, 515-516; *La Vanguardia*, 25-IV (本文の声明にある3要求と同内容の首相への要請), 2-V-22; *La Libertad*, 2-V-22; *DSC-C*, 30-VI (保守党議員 (ジローナ)), 4-VII (自由党議員 (マドリード)), 20-VII-22 (リーガ議員 (バルセローナ)); *DSC-S*, 12-VII-22 (カルロス派議員 (バルセローナ)).

6 *La Vanguardia*, 14, 15-VII-22; *La Libertad*, 5-XI-22. サラマンカ県での父母の会の活動またそれをめぐる新聞論調については、GAJATE, 398-401参照。

7 *La Vanguardia*, 11, 12-I, 4, 9-II, 27-III, 8, 10, 15, 17, 24-IV, 1, 3, 15, 29-V-23; *La Libertad*, 10, 24-IV-23.

8 *La Vanguardia*, 1, 7, 30-VI, 3, 12, 31-VII, 8, 14, 19, 21, 25, 28-VIII-23; *La Libertad*, 25-VIII-23; *El Socialista*, 30-VIII-23; *DSC-C*, 28-VI, Apéndice 3, 11, Apéndice 3, 12, 19, 20, 21, 22, 23-VII-23; *DSC-S*, 4-VII-23; *EA*, 14-VII-23. プリモ・デ・リベーラ政府の下で納付金兵士帰還要求が消えたのではない。24年10月のカナリア諸島での事例がCASTELLANO, 158-159にある。

9 *La Vanguardia*, 4-VII-22, 1-II, 23-IV-23. アルバセーテでも22年1月に納付金兵士の

帰還要求運動を始めたのは商業会議所だった (CERRO, 111)。22年2月にサラゴーサ市議会は納付金兵士の帰還要求をめぐって一時中断した (*La Libertad*, 16-II-22)。
10 *La Vanguardia*, 27-III, 10, 24-IV, 29-V-23.
11 *La Libertad*, 16-II, 5-XI-22, 21-I-23. 第1節で見たように軍内3紙はいずれも納付金兵士制度に否定的だったが、23年3月に『スペイン軍』は納付金兵士を帰還させないのは兵役法違反だとの論説を載せた。ただこの論説は父母の会の活動には触れていない (*EE*, 20-III-23)。
12 *El Socialista*, 15-XI, 12-XII-21, 10-II, 22-IV, 27-V-22, 23-IV, 30-VIII-23 (他の関連論説は、20-III, 23-IX-22, 4, 15-VIII-23); *DSC-C*, 19, 22-VII-23.
13 ところで、子息が徴兵年齢に達する数年前から (とくに十分な自己資金を持たなかった) 父母たちは納付金支払いや動員に備えるために金融機関や保険会社に保険料を支払った。それ故、保険会社は保険金支払いが膨らむので納付金兵士が長期に動員されることを嫌った。納付金兵士動員解除要求の背後に保険会社の利害が推測される所以である。12年兵役法はそれ以前の免除金支払いのために広汎に存在したこのような保険業務を禁止した。しかしこのような保険は非公然に存在した。また12年法以前までは一般徴募兵として入営・入隊することになる (なってしまった) 場合の保険も公然と存在していた。リーフ戦争中の一般徴募兵についてもこのような保険は非公然に存在したと考えられる。いくつかの文献に若干の示唆はあるものの、今のところ以上のスペインの徴兵保険についての研究はないようだ。本書の著者もそれをこころみたが、難しかった (*Cf.* SALES (1974), 159-161, 174, 176; GARCÍA MORENO, 28, 94; GIL ANDRÉS, 270, 283, 292, 304; Joan Connelly ULLMAN, *La Semana Trágica. Estudio sobre las causas socioeconómicas del anticlericalismo en España (1898-1912)* (Barcelona, 1972), 282-283; 深澤 (2002), IV-3, 注5)。

〈第V章 小括〉
1 GARCÍA MORENO, 33-34, 117.

〈結〉
1 以上については以下を参照。深澤(2012); 深澤安博「スペイン第2共和政と植民地モロッコ」上・下、『人文コミュニケーション学科論集』16, 17 (2014)。
2 以上のことについては以下を参照。深澤安博「スペイン内戦とモロッコ」上・中・下、『人文学科論集』33, 34, 35(2000-2001); NERÍN.

史料と参考文献
Documentación y Bibliografía

I 未公刊史料　Centros de documentación
Archivo General Militar de Madrid (AGMM, Madrid).
　　Sección de África
　　Sección de Historiales del Ejército
Biblioteca de AGMM.
Biblioteca Nacional de España, Sección de África (BN-SA, Madrid).

II 刊行史料　Publicaciones oficiales
Anuario Estadístico de España: AEE.
Anuario Militar de España: AME.
Boletín oficial de la zona de Protectorado Español en Marruecos: BOZPEM (1913～18年は、*Boletín oficial de la zona de influencia española en Marruecos*).
Colección Legislativa del Ejército: CLE.
De Annual a la República. La Comisión de Responsabilidades. Documentos relacionados con la información instruida por la "llamada comisión de responsabilidades" acerca del desastre de Annual (Madrid, 1931): *Comisión de Responsabilidades*.
De Annual a la República. El Expediente Picasso. Las responsabilidades de la actuación española en Marruecos. Julio, 1921 (Madrid, 1931): *Expediente Picasso*.
Diario de las Sesiones de Cortes, Congreso: DSC-C.
Diario de las Sesiones de Cortes, Senado: DSC-S.
Diario Oficial del Ministerio de la Guerra: DOMG.
Estadística del Reclutamiento y Reemplazo del Ejército, trienio 1912-1914 (Madrid, 1915).
Estadística del Reclutamiento y Reemplazo del Ejército, trienio 1915-1917 (Madrid, 1918).
Estadística del Reclutamiento y Reemplazo del Ejército, trienio 1918-1920 (Madrid, 1923).
Vademécum, Año 1931 (Ceuta, 1932).

Ⅲ　新聞・雑誌　Publicaciones periódicas

a. 同時代の新聞・雑誌　Publicaciones de esa época

Africa y América.
L'Afrique Française: AF.
La Correspondencia Militar: CM.
El Ejército Español: EE.
Ejército y Armada: EA.
La Esfera.
España.
El Financiero.
Heraldo de Madrid.
The Illustrated London News.
L'Illustration.
La Ilustración del Rif: IR.
La Libertad.
Mundo Gráfico.
El Protectorado español: PE.
La Publicitat.
Revista de Economía y Hacienda: REH.
Revista de Tropas Coloniales: RTC.
Revista Hispano-Africana: RHA.
El Socialista.
El Sol.
El Telegrama del Rif: TR.
The Times.
La Vanguardia.

b. 最近の新聞・雑誌　Publicaciones actuales

El Independiente.
Jeune Afrique.
El Mundo.
El País.

Ⅳ 同時代文献・資料（あるいは当事者の後の文献・資料）　**Libros y artículos de esa época**
以下、ⅣとⅤについて：①本書の論述のために必要とされたものを除いて、物語性を強く持つ著作やたんなる戦闘史あるいはそれに近いものは載せていない。②参照したがとくに注記しなかった文献も載せている。

ALBA, Santiago, *Para la historia de España* (Madrid, 1930).

ALCALÁ-ZAMORA, Niceto, *Memorias (Segundo texto de mis Memorias)* (Barcelona, 1977).

AMER PUJADAS, Juan, *Apéndice al Reglamento de Reclutamiento* (Madrid, 1926).

―――, *Segundo Apéndice al Reglamento de Reclutamiento* (Madrid, 1928).

ARMIÑÁN, José Manuel/ARMIÑÁN, Luis de, *Francia, el dictador y el moro* (Madrid, 1930).

ARQUÉS, Enrique/GIBERT, Narciso, *Los Mogataces. Los primitivos soldados moros de España en Africa* (Málaga-Ceuta, 1992/1ed., Ceuta-Tetuán, 1928).

ARTIGAS, Benito, *La epopeya de Alhucemas* (Madrid, 1925).

AYENSA, Emilio, *Del desastre de Annual a la presidencia del consejo* (Madrid, 1930).

AZAÑA, Manuel, *Obras Completas*, I (México, 1966).

AZPEITUA, Antonio[BUENO, Javier], *Marruecos. La mala semilla:ensayo de análisis objetivo de cómo fue semblada la guerra de África* (Madrid, 1921).

BAREA, Arturo, *La forja de un rebelde* (México, D. F., 1959).

BASALLO, Francisco, *Memorias del cautiverio (julio 1921 a enero 1923)* (Madrid, [1924]).

BASTOS ANSART, Francisco, *El desastre de Annual. Melilla en julio de 1921* (Barcelona, 1922).

BELLOD GÓMEZ, Alfredo, *Soldado en tres guerras. Campañas de África. Guerra Civil. La División Azul en Rusia* (Madrid, 2004).

BEN-CHO-SHEY[RAMÓN E FERNÁNDEZ OXEA, Xosé], *Crónicas de Marruecos. Tras la rota de Annual* (Barcelona, 1985).

BERENGUER, General (Dámaso), *La Guerra en Marruecos (Ensayo de una adaptación táctica)* (Madrid, 1918).

―――, *Campañas en el Rif y Yebala, 1921-1922. Notas y documentos de mi diario de operaciones* (Madrid, 1923).

BERENGUER, Capitán (Federico), *El ejército de Marruecos* (Tetuán, 1922).

BERENGUER, Juan, *El ejército es el pueblo. Nuestras glorias por los campos de África* (Melilla, 1925).

BLANCO IZAGA, Emilio, *El Rif* (Ceuta, 1939)/*Emilio Blanco Izaga: Coronel en el Rif* (Estudios introductorios y notas de David Montgomery HART)(Melilla, 1995).

CABANILLAS, Alfredo, *La epopeya del soldado. Desde el desastre de Annual hasta la reconquista de Monte Arruit* (Córdoba, 2009/1ed., Madrid, 1922).
CALDERÓN RINALDI, José, *Extremadura en la Campaña de Marruecos. Episodios* (s.l., 1923).
CAMPO ECHEVERRIA, Antonio del, *España en Marruecos (Datos y consideraciones)* (Santander, 1926).
CAPAZ MONTES, Fernando O., *Modalidades de la guerra de montaña en Marruecos. Asuntos indígenas* (Ceuta, 1931).
CASADO Y ESCUDERO, Luis, *Igueriben* (Madrid, 2007/1ed., Madrid, 1923).
CATALÁ Y GAVILA, Juan Bautista, *Servicio militar obligatorio* (Madrid, 1912).
El Caudillo del Rif. El Emir (Príncipe) AbdelKrim (s. f., BN-SA). ABŪ AL-NAṢR, ʿUmar, *Baṭal al-Rīf al-Amīr ʿAbd al-Karīm* (Bayrūt, 1934) の抄訳版。
CEDRÚN DE LA PEDRAJA, Gonzalo, *Los soldados de cuota y el ejército de operaciones en Marruecos* (Madrid, 1914).
CHAPAPRIETA, Joaquín, *La paz fue posible* (Madrid, 1971).
CIERVA Y PEÑAFIEL, Juan de la, *Notas de mi vida* (Madrid, 1955).
Comandancia General de Melilla, Estado Mayor, Oficina Central de Tropas y Asuntos Indígenas, *Resumen de la gestión desarrollada por este Centro bajo la inmediata dirección del Excelentísimo Señor Comandante General, desde su creación en enero de mil novecientos doce* (Melilla, 1915).
Conferencia del Excmo. Sr. Conde de Romanones, sobre el problema de Marruecos pronunciada en el Teatro de San Fernando de Sevilla el 26 de abril de 1922 (Sevilla, 1922).
CORDERO TORRES, José M.ª, *Organización del Protectorado Español en Marruecos*, II(Madrid, 1943).
CORDÓN, Antonio, *Trayectoria. Memorias de un militar republicano* (Barcelona, 1977/1ed., París, 1971).
Cuentos de soldados. Recopilados por un soldado de cuota, para aleccionamiento y regocijo de sus compañeros de chopo (Madrid, s. f.).
DÍAZ DE VILLEGAS, José, *Lecciones de la experiencia(Enseñanzas de las campañas de Marruecos)* (Toledo, s. f.).
Documentos parlamentarios. El desastre de Melilla. Dictamen de la Minoría Socialista. Discurso de Indalecio Prieto pronunciado en el Congreso de los Diputados los días 21 y 22 de noviembre de 1922, al examinarse el expediente instruido por el general Picasso

sobre los sucesos acaecidos en el territorio de Melilla durante los meses de julio y agosto de 1921 (Madrid, 1922).

DOUHET, Giulio, *The Command of the Air* (London, 1943).

DUMAS, Pierre, *Abd-El-Krim* (Toulouse, 1927).

Los Ejércitos Coloniales. Conferencia desarrollada por el Coronel de E. M. Don JOSÉ ASENSIO TRADO, en la Escuela Superior de Estudios Militares el día 18 de abril de 1931 (Ceuta, 1931).

Ensayo de Historial del 3.er Grupo de Fuerzas Regulares Indígenas (Madrid, 1927/1ed., Ceuta, 1926).

ESCORIAZA, Teresa de, *Del dolor de la guerra (Crónicas de la campaña de Marruecos)* (Madrid, 1921).

ESPAÑA, Juan de[RUIZ ALBÉNIZ, Víctor], *La actuación de España en Marruecos* (Madrid, 1926).

El Expediente Picasso: Las acusaciones oficiales contra los autores del derrumbamiento de la Comandancia de Melilla y el desastre de Annual (Barcelona, 1922).

El Expediente Picasso. Discursos de Don Niceto Alcalá-Zamora pronunciados en el Congreso de los Diputados los días 24 y 28 de noviembre de 1922 (Madrid, 1923).

EZA, Vizconde de, *Mi responsabilidad en el desastre de Melilla como Ministro de la Guerra* (Madrid, 1923).

———, *El desastre de Melilla. Conferencia dada en el Ateneo de Madrid por el Vizconde de Eza* (Madrid, 1923).

FORBES, Rosita, *El Raisuni. The Sultan of the mountains* (London, 1924).

FRANCO BAHMONDE, Francisco, *Papeles de la Guerra de Marruecos* (Madrid, 1986) (*Marruecos. Diario de una bandera* (Madrid, 1922)を所収).

FRANCO SALGADO-ARAUJO, Francisco, *Mi vida junto a Franco* (Barcelona, 1977).

FUENTES, Anatolio de, *Para el Oficial de Policía Indígena* (Tetuán, 1920).

GABRIELLI, Léon, *Abd-el-Krim et les événements du Rif (1924-1926)* (Casablanca, 1953).

GARCÍA FIGUERAS, Tomás, *Recuerdos de la Campaña (Del vivir del soldado)* (Jerez, 1925).

———, *Marruecos (La acción de España en el norte de África)* (Madrid, 1941).

———, *Miscelánea de estudios varios sobre Marruecos* (Tetuán, 1953).

GARCÍA PÉREZ, Antonio, *Historial del Grupo de F. R. I. de Infantería Alhucemas núm. 5* (Córdoba, 1944).

———, *Mehal-la jalifiana de Gomara núm. 4* (Ceuta, 1944).

Las gestiones de paz y la decadencia de Abd el Krim (El momento político de nuestro protectorado en Marruecos). Conferencia de Don TOMÁS GARCÍA FIGUERAS la tarde de 31 de Enero de 1926 (s. l., 1926).

GIBERT, Narciso, *España y África* (Madrid, 1912).

GIMÉNEZ CABALLERO, Ernesto, *Notas marruecas de un soldado* (Barcelona, 1983/1ed., Madrid, 1923).

GODED, General(Manuel), *Marruecos. Las etapas de la pacificación* (Madrid, 1932).

GÓMEZ HIDALGO, Francisco, *Marruecos. La tragedia prevista* (Madrid, 1921).

GÓMEZ-JORDANA SOUZA, Francisco, *La tramoya de nuestra actuación en Marruecos* (Madrid, 1976/2ed., Málaga, 2005).

GONZÁLEZ DE LARA, Manuel/CASADO, José, *El soldado de cuota* (Madrid, 1915).

La guerra en el Riff (Historia de la acción civilizadora de España en Marruecos)(Barcelona, [1922]).

HARRIS, Walter B., *France, Spain and the Rif* (London, 1927).

HERNÁNDEZ DE HERRERA, Carlos/GARCÍA FIGUERAS, Tomás, *Acción de España en Marruecos* (Madrid, 1929): *Acción.*

———, *Acción de España en Marruecos. Documentos* (Madrid, 1930): *Acción. Documentos.*

HERNÁNDEZ MIR, Francisco, *Del desastre al fracaso. Un mando funesto* (Madrid, 1922).

———, *La tragedia del cuota (Una escuela de ciudadanos)* (Madrid, 1923).

———, *Del desastre a la victoria (1921-1926). Del Rif a Yebala* (Madrid, 1926).

———, *Del desastre a la victoria (1921-1926). Ante las hordas del Rif* (Madrid, 1926).

———, *Del desastre a la victoria(1921-1926). Alianza contra el Rif* (Madrid, 1926).

———, *Del desastre a la victoria (1921-1926). El Rif por España* (Madrid, 1927).

———, *La dictadura en Marruecos. Al margen de una farsa* (Madrid, 1930).

HIDALGO DE CISNEROS, Ignacio, *Cambio de rumbo* (Barcelona, 1977/1ed., Bucarest, 1964), 2 vols.

Historial de la Harka Melilla. Campañas. Años 1924-1926 ([Melilla], s. f.).

HUBERT-JACQUES, Xavier, *L'Aventure Riffaine et ses dessous politiques*(Paris, 1927).

Inspección General de Intervención y Fuerzas Jalifianas, *Manual para el Servicio del Oficial de Intervención en Marruecos* (Madrid, 1928).

Juan Luque. Corresponsal de Diario de Barcelona en Melilla. Selección de crónicas (1921-1927)(Melilla, 2004).

LADREIT DE LACHARRIÈRE, Jacques, *Le Rêve d'Abd El Kerim* (Paris, 1925).

LAURE, Lieut[t]-Colonel (Auguste Marie Emile), *La victoire franco-espagnole dans le Rif* (Paris, 1927).

LOBERA GIRELA, Cándido, *Memoria sobre la organización y funcionamiento de las Oficinas de Asuntos Árabes de Argelia y proyectos de bases para la creación de organismos análogos en las plazas del Norte de Africa* (Melilla, 1905).

LÓPEZ RIENDA, Rafael, *Abd-el-Krim contra Francia (Impresiones de un cronista de guerra)* (Madrid, 1925).

MAESTRE MACIAS, Pedro, *Para las oficinas destacadas de Policía Indígena* (Sevilla, 1917).

―――, *Divulgación y orientación del problema de Marruecos* (Granada, 1923).

Manual del reclutamiento y reemplazo del ejército y de la marinería de la armada (Madrid, 1925).

Manual práctico de quintas (Salamanca, 1921).

MATURANA VARGAS, Carlos, *La trágica realidad. Marruecos (1921)* (Barcelona, 1921).

MAURA GAMAZO, Gabriel, *Bosquejo histórico de la dictadura* (Madrid, 1930).

―――/FERNÁNDEZ ALMAGRO, Melchor, *Por qué cayó Alfonso XIII. Evolución y disolución de los partidos históricos durante su reinado* (Madrid, 1999/1ed., Madrid, 1948).

MOLA, Emilio, *Obras Completas* (Valladolid, 1940)('Dar Akobba').

MONTAGNE, Robert, 'La politique africaine de l'Espagne', *Politique étrangère*, 3-4(VIII-1938)/ 'La política africana de España'(1939, BN-SA).

―――, 'Abd el Krim', *Politique étrangère*, 12-4 (VII-1947).

―――, *Révolution au Maroc* (Paris, 1953).

MOWRER, Paul Scott, *The House of Europe* (Boston, 1945)(Part 6, 'Moroccan Interlude').

NIDO Y TORRES, Manuel del, *Historial de la Mehal-la Xeriffiana*(Melilla-Tetuán, 1916).

―――, *Misión política y táctica de las fuerzas indígenas en nuestra zona de penetración al Norte de Marruecos. Cooperación y articulación táctica de las tropas europeas con las antedichas, en un Ejército colonial probable* (Ceuta, 1921).

―――, *La Guerra Santa. Conferencia dada en el "Casino Español", el día 28 de Agosto, por el Auditor de Brigada Don Manuel del Nido y Torres* (Ceuta, 1922).

―――, *El libro de la Mehal'la Jalifiana* (Toledo, 1923).

―――, *Marruecos. Apuntes para el oficial de Intervención y de Tropas Coloniales* (Tetuán, 1925).

NÚÑEZ DE PRADO, Emilio Bueno, *Historia de la acción de España en Marruecos. Desde 1904 a 1927* (Madrid, 1929).

ORTEGA Y GASSET, Eduardo, *Annual* (Madrid, 1922).

OTEYZA, Luis de, *Abd-el-Krim y los prisioneros* (Melilla, 2000/1ed., Madrid, 1922).

PARELLADA, Pablo, *Los de cuota* (Madrid, 1919).
El Partido Socialista ante el problema de Marruecos:discursos pronunciados por el diputado Julián Besteiro en las sesiones del Parlamento (Madrid, 1921).
PEIRE CABALEIRO, Miguel, *Instrucción Militar teórica para Reclutas de cuota* (Zaragoza, 1919).
———, *Instrucción militar para Reclutas de cuota* (Zaragoza, 1924).
PEMARTÍN, José, *Los valores históricos en la dictadura española* (Madrid, 1929).
PÉREZ ORTIZ, Eduardo, *18 meses de cautiverio. De Annual a Monte-Arruit* ([Manzanares el Real], [2010]/1ed., [Melilla], [1923]).
PITA, Federico, *Marruecos. Lo que hemos hecho y lo que debimos hacer en el Protectorado Español* (Melilla, 1922).
———, *El Amalato del Rif* (Melilla, 1925).
PRIETO, Indalecio, *Con el Rey o contra el Rey. Guerra de Marruecos* (Barcelona, 1990), 2 vols.
RAMOS WHINTHUYSSEN, Javier, *Tropas Indígenas y Ejército Colonial* (Sevilla, 1921).
REBELLÓN DOMÍNGUEZ, Gabriel, *Seis meses en Yebala. Impresiones de la rebeldía del año 1924* (Madrid, 1925)
Reseña del Historial del Grupo de Fuerzas Regulares Indígenas, Melilla No.2 (Melilla, s. f.).
Las responsabilidades:Discurso pronunciado por D. Alejandro Lerroux en la Lonja de Valencia el 17 de diciembre de 1922(s. l., 1922).
RODRÍGUEZ PASCUAL, Ramón, *El testamento de Isabel la católica y el problema de Marruecos* (Madrid, 1922).
ROGER-MATHIEU, J. (ed.), *Mémoires d'Abd-el-Krim* (Paris, 1927).
ROMANONES, Conde de, *El ejército y la política. Apuntes sobre la organización militar y el presupuesto de la guerra* (Madrid, 1920).
———, *Notas de una vida*(Madrid, 1999/1ed., Madrid, 1947).
RUBIO, Ramón/ORBANEJA, José de, *El indispensable del recluta para los soldados de cuota y de haber* (Valladolid, 1925).
RUIZ ALBÉNIZ, Víctor, *España en el Rif* (Melilla, 2007/1ed., Madrid, 1921).
———, *ECCE HOMO. Las responsabilidades del desastre. Prueba documental y aportes inéditos sobre las causas del derrumbamiento y consecuencias de él* (Madrid, [1922]): *ECCE HOMO*.
———, *Estado actual del problema de España en Marruecos y medios prácticos para resolverlo. Conferencias dadas en el Ateneo de Madrid los días 29 y 31 de mayo de*

1922 (Madrid, 1922).

———, *Tánger y la colaboración franco-española en Marruecos* (Madrid, 1927).

———, *Colonización española en Marruecos* (Madrid, 1930).

SABIN, Mony, *La paix au Maroc* (Paris, 1933).

SÁNCHEZ PÉREZ, Capitán (Andrés), *La Acción decisiva contra Abd-el-Krim. Operaciones en el Rif central en colaboración con el Ejército francés* (Toledo, s. f.).

———, 'Abd-el-Krim', *Selección de conferencias y trabajos realizados por la Academia de Interventores durante el curso 1949-50* (Tetuán, 1950).

———, 'AbdelKrim', *Revista de Historia Militar*, 34(1973).

SÁNCHEZ RODRÍGO, Juan, *Diario de un soldado en la Campaña de Marruecos 1921-1922* (Serradilla, s. f.).

SÉMARD, Pierre, *La guerre du Rif* (Paris, 1926).

SENDER, Ramón J., *Imán* (Huesca, 1992/1ed., Madrid, 1930).

———, *Cabrerizas Altas* (Melilla, 1990/1ed., Barcelona, 1965-1966).

El Señor Feliciano en la República del Rif (Melilla, 1922).

SHEEAN, Vincent, 'Abd-el-Krim and the war in Africa', *Atlantic monthly*, CXXXVI (1925).

———, *An American Among the Riffi* (New York/ London, 1926).

———, *Personal History* (New York, 1935) ／福島正光訳『東方への私の旅　リフの山々から中国へ』(東洋文庫, 1964/第2版、2003)

«El soldado desconocido»/OSUNA SERVENT, Arturo, *Frente a Abd-el-Krim* (Madrid, 1922).

Survey of International Affairs 1925, I, *The Islamic world since the Peace Settlement* (London, 1927).

TARRASA DE ENTRAMBASAGUAS, Antonio, *El problema de Marruecos* (Valencia, 1926).

Transcendental discurso pronunciado por D. Antonio Maura en el Congreso de los Diputados, el día 10 de Noviembre de 1921, exponiendo con clarísima precisión el pensamiento del Gobierno en el importantísimo problema de Marruecos (Madrid, 1921).

VALDÉS PANDO, Carlos, 'Fuerzas jalifianas', *Selección de conferencias y trabajos realizados por la Academia de Interventores durante el curso 1947* (s. l., [1947?]).

VIAL DE MORLA [GARCÍA FIGUERAS, Tomás], *La labor del Directorio Militar en el problema nacional de Marruecos (Génesis-Ejecución del plan-Doctorina)* (Jerez de Frontera, s.f.).

VIVERO, Augusto, *El derrumbamiento. La verdad sobre el desastre del Rif* (Madrid, 1922).

ZADIC, *Apuntes para una orientación en la política de España en Marruecos* (Tánger,

1923).

V 研究文献 **Monografías y estudios**

Abd el-Krim et la République du Rif. Actes du colloque international d'études historiques et sociologiques, 18-20 janvier 1973 (Paris, 1976).

ABELLÓ, Teresa, 'El refús al servei militar', UCELAY DA CAL, Enric(dir.), *La joventut a Catalunya al segle XX*, I (Barcelona, 1987).

Actas del Congreso Internacional «El Estrecho de Gibraltar», Ceuta, 1987, III (Ceuta, 1988).

Actas del II Congreso Internacional «El Estrecho de Gibraltar», Ceuta, 1990, V (Madrid, 1995).

AKMIR CHAIB, Youssef, 'Reflexiones sobre una revista colonialista militar "Tropas Coloniales, África (1924-1936)"', *Estudios Africanos*, XII, 22-23 (1998).

ALMUIÑA FERNÁNDEZ, Celso, 'La Jurisdicción militar y el control de los medios de comunicación. Annual y la censura de material de gráfico (1921)', *Investigaciones Históricas*, 6 (1986).

———, 'El desastre de Annual (1921) y su proyección sobre la opinión pública española', *Investigaciones Históricas*, 8 (1988).

———, 'El impacto de Annual(1921) y la información gráfica', DÍEZ TORRE, Alejandro R. (ed.), *Ciencia y Memoria de África* ([Alcalá de Henares]/[Madrid], 2002).

ÁLVAREZ, José E., *The Betrothed of Death. The Spanish Foreign Legion During the Rif Rebellion, 1909-1927* (Westport/London, 2001).

ARCE, Carlos de, *Historia de la Legión española* (Barcelona, 1984).

AYACHE, Germain, *Les origines de la guerre du Rif* (Paris/Rabat, 1981).

———, *Etudes d'histoire marocaine* (Rabat, 1983).

———, 'Les relations franco-espagnoles pendent la guerre du Rif', Consejo Superior de Investigaciones Científicas, *Españoles y franceses en la primera mitad del siglo XX* (Madrid, 1986).

———, *La guerre du Rif* (Paris, 1996).

AZIZA, Mimoun, *La sociedad rifeña frente al Protectorado español de Marruecos [1912-1956]* (Barcelona, 2003).

AZZOU, El-Mostafa, 'L'escadrille Lafayette:Des aviateurs américains dans la guerre du Rif(1921-1926)', *Guerres mondiales et conflits contemporains*, 209 (2003).

AZZUZ HAKIM, Ibn, *El socialismo español y el nacionalismo marroquí (De 1900 a 1939)* (Málaga, 1978).

BACHOUD, Andrée, *Los españoles ante las campañas de Marruecos* (Madrid, 1988).

BALFOUR, Sebastian, *Deadly Embrace. Morocco and the Road to the Spanish Civil War* (Oxford, 2002)/*Abrazo mortal. De la guerra colonial a la Guerra Civil en España y Marruecos (1909-1939)* (Barcelona, 2002).

―――, 'El ejército colonial español. Eje del poder en España en la primera mitad del siglo veinte', RABATÉ, Jean-Claude (coord.), *L'armée dans la société espagnole 1808-1939*(Nantes, 2003).

―――, 'Colonial War and Civil War:The Spanish Army of Africa', BAUMEISTER, Martin/SCHÜLER-SPRINGORUM, Stefanie(eds.), *"If You Tolerate This …". The Spanish Civil War in the age of Total War*(Frankfurt/Main, 2008).

―――/LA PORTE, Pablo, 'Spanish Military Cultures and the Moroccan Wars, 1909-36', *European History Quartely*, 30, 3(2000).

BALLENILLA Y GARCÍA DE GAMARRA, Miguel, *La Legión 1920-1927* (Lorca, 2010).

BARBOUR, Nevill(ed.), *A survey of North West Africa (The Maghrib)*(London, 1962).

BENJELLOUN, Abdelmajid, *Approches du colonialisme espagnole et du mouvement nationaliste marocain dans l'ex-Maroc khalifien* (Rabat, 1990/1ed., Rabat, 1988).

―――, 'La gauche et l'extrême gauche espagnoles et le Maroc de 1912 à 1936', *Diálogo y Convivencia. Actas del Encuentro España-Marruecos* (Tetuán, 1999).

BERMAN, Nathaniel, ' 'The Appeals of the Orient': Colonized Desire and the War of the Riff', KNOP, Karen(ed.), *Gender and Human Rights* (Oxford,2004).

BEROHO, Ahmed, *Abdelkrim. Le lion du Rif* (Tanger, 2003).

BOSQUE COMA, Alfredo, 'Prisioneros de Abd el-Krim', *Historia 16*, 206 (I-1993).

―――, 'En Marruecos tras el desastre de Annual', *Historia y Vida*, 332 (XI-1995).

BOUFRA, Mohamed, *Marruecos y España. El eterno problema* (Málaga, 2002).

BOUISSEF REKAB, Mohamed, *El dédalo de Abdelkrim* (Granada, 2002).

BOUTBOUCALT, Tayeb, *La guerre du Rif et la réaction de l'opinion internationale 1921-1926* (Casablanca, 1992).

BOUZALMATE, Hussein, 'Memoria histórica del Rif (Marruecos): La Guerra del Rif en las fuentes orales', *AWRAQ*, XVI (1995).

BOYD, Carolyn, *Praetorian Politics in Liberal Spain* (Chapel Hill, 1979).

CAMPOS MARTÍNEZ, José María, *Abd el Krim y el Protectorado* (Málaga, 2000).

―――, 'Luces y sombras de los regulares en Marruecos (Historia y visicitudes de las fuerzas regulares indígenas durante el protectorado)', *Ceuta en los siglos XIX y XX. IV Jornadas de Historia de Ceuta* (Ceuta, 2004).

CANO VELASCO, Fernando(coord.), *Historia de las fuerzas armadas*, IV (Zaragoza, 1984).

CANÓS FENOLLOSA, Francisco et al., *La Legión española (Cincuenta años de historia)*, 1 (Leganés, 1975).

CARDONA, Gabriel, *El poder militar en la España contemporánea hasta la guerra civil* (Madrid, 1983).

CARRASCO, Antonio (coord.), *Las Campañas de Marruecos (1909-1927)*(Madrid, 2001).

———/MESA, José Luis de, 'Las tropas de África en las campañas de Marruecos', *Especial Serga,* 1(Madrid, 2000).

CASASSAS YMBERT, Jordi, *La dictadura de Primo de Rivera (1923-1930). Textos* (Barcelona, 1983).

CASTELLANO GIL, José M., *Quintas, prófugos y emigración: La Laguna (1886-1935)* (Santa Cruz de Tenerife, 1990).

CATROUX, Général (Georges), *Lyautey. Le Marocain* (Paris, 1952).

CERRO AGUILAR, Enrique, *Camino de Annual:Albacete y el Desastre de 1921* (Albacete, 2007).

Ceuta en los siglos XIX y XX. IV Jornadas de Historia de Ceuta(Ceuta, 2004).

CHANDLER, James A., 'Spain and her Moroccan Protectorate 1898-1927', *Journal of Contemporary History*, 10-2(1975).

———, 'The responsibilities for Annual', *Iberian Studies*, VI, 2 (1977).

CHARQI, Mimoun, *My. Mohamed Abdelkrim EL KHATTABI. L'Emir guerillero*(Salé, 2003).

COLOMAR CERRADA, Vicente Pedro, *La forja de una tragedia(El Rif, 1.920-1.921)* (Madrid, 2008).

———, *El infierno de Axdir. Prisioneros españoles en el Rif 1.921-1.923* ([Madrid], 2010).

———, *Primo de Rivera contra Abd el Krim. La pacificación de las cabilas 1923-1927* (Alcobendas, 2013).

COMALADA, Ángel, *España: El ocaso de un parlamento. 1921-1923* (Barcelona, 1985).

COURCELLE-LABROUSSE, Vincent/MARMIÉ, Nicolas, *La guerre du Rif. Maroc 1921-1926* (Paris, 2008).

DAOUD, Zakya, *Abdelkrim. Une épopée d'or et de sang* (Paris, 1999).

DEL BOCA, Angelo, *I gas di Mussolini:Il fascismo e la guerra d'Etiopia* (Roma, 1996) ／高橋武智監修『ムッソリーニの毒ガス』(大月書店, 2000)

———(a cura di), *Le guerre coloniali del fascismo* (Roma/Bari, 1991).

DESVOIS, Jean-Michel, 'La prensa frente al desastre de Marruecos, de Annual a Monte

Arruit. 23 de julio a 13 de agosto de 1921', Varios autores, *Metodología de la historia de la prensa española* (Madrid, 1982).

Díaz Morlán, Pablo, *Horacio Echevarrieta. 1870-1963. El capitalista republicano* (Madrid, 1999).

江里口光照「リーフ共和国成立の指標」、『社会科研究』(大阪府高等学校社会科研究会) 26 (1983)

―――「アブド・アル・カリームとリーフ共和国における「新しい型のインテリゲンチャの指導」について」、『府立学校教員等研究論文集』(大阪府教育委員会) (1983)

«España en Africa. Un siglo de fracaso colonial», *Historia 16*, Extra IX (IV-1979).

Esteban De Vega, Mariano, 'Consolidación y crisis del servicio militar obligatorio en España', Morales Moya, Antonio (coord.), *Las claves de la España del siglo XX*, I, *El Estado y los ciudadanos* (Madrid, 2001).

―――, 'El servicio militar en la España de la Restauración, 1875-1931', Rabaté, Jean-Claude (coord.), *L'armée dans la société espagnole 1808-1939* (Nantes, 2003).

Al-Fāsi, 'Alāl, *The Independence Movements in Arab North Africa* (Washington, D. C., 1954).

Fernández Clemente, Eloy, 'La dictadura de Primo de Rivera y la prensa', Varios autores, *Metodología de la historia de la prensa española* (Madrid, 1982).

Fleming, Shannon E., *Primo de Rivera and Abd-el-Krim. The Struggle in Spanish Morocco, 1923-1927* (New York/London, 1991).

Flores Alonso, Angel/Cicuéndez Ortega, Juan Manuel, *Guerra aérea sobre el Marruecos español (1913-1927)* (Madrid, 1990).

Fontaine, Pierre, *L'étrange aventure riffaine. Pétrole-Intelligence service* (Paris, 1943).

―――, *Abd-el-Krim. Origine de la rébellion nord-africaine* (Paris, 1958).

Frieyro De Lara, Beatriz, *El reclutamiento militar en la crisis de la Restauración: el caso riojano (1896-1923)* (Arnedo, 2000).

深澤安博「スペイン内戦とモロッコ」上・中・下、『人文学科論集』(茨城大学)33, 34, 35(2000-2001)

―――「20世紀初頭のスペインのアフリカニスモ―1898年の「破局」から帝国の復活へ―」上・下、『人文学科論集』37, 38(2002)

―――「20世紀におけるスペイン人とモロッコ人の新たな遭遇―「友好モーロ人」か「恐ろしいモーロ人」か」、『史資料ハブ　地域文化研究』(東京外国語大学)8(2006)

———(FUKASAWA, Yasuhiro), 'El nuevo encuentro hispano-marroquí en el siglo XX: ¿'Moros amigos' y/o 'Moros malos' ?', Grupo de Materiales Impresos/TATEISHI, Hirotaka(eds.), *Percepciones y representaciones del Otro:España-Magreb-Asia en los siglos XIX y XX*(Tokio, 2006).

———「リーフ戦争からスペイン内戦へ—生存破壊のための空爆とその衝撃・記憶・謝罪—」、東京大空襲・戦災資料センター戦争災害研究室『シンポジウム報告書「無差別爆撃の源流—ゲルニカ・中国都市爆撃を検証する—」』(2008)

———「スペイン領モロッコ植民地の「平定」(1926～1931年)—「原住民」統治／軍事基地／軍アフリカ派—」、『人文コミュニケーション学科論集』(茨城大学)13(2012)

———(FUKASAWA), 'Moroccan and Pan-Arab Nationalists during the Spanish Civil War, 1936-1939', *The Izura Bulletin*(Ibaraki University), 19(2012).

———「20世紀前半のスペイン政治・社会と植民地モロッコ—モロッコ「平定」期を中心に—」、『スペイン語世界のことばと文化』(京都外国語大学)2012年度版(2013)

———「スペイン内戦における空爆—植民地戦争から内戦へ／総力戦の様相と毒ガス戦の準備／爆撃の証言—」、『戦争責任研究』82(2014)(2014a)

———「スペイン第2共和政と植民地モロッコ」上・下、『人文コミュニケーション学科論集』16, 17(2014)

———(FUKASAWA), 'El Marruecos español y el 'pacifismo' de la Segunda República española', BANDO, Shoji/INSÚA, Mariela(eds.), *Actas del II Congreso Ibero-Asiático de Hispanistas* (Publicación digital, Universidad de Navarra, Pamplona,2014).

FURNEAUX, Rupert, *Abdel Krim. Emir of the Rif* (London, 1967).

GAJATE BAJO, María, *Las campañas de Marruecos y la opinión pública. El ejemplo de Salamanca y su prensa (1906-1927)*(Madrid, 2012).

GARCÍA DE LA RASILLA ORTEGA, M.ª del Carmen, 'Repercusión del problema Marroquí en la vida Vallisoletana (1909-27)', *Investigaciones Históricas*, 6 (1986).

GARCÍA FRANCO, Vicente, 'El norte de Africa y la política exterior de España (1900-1927)', *Proserpina*, 1 (1984).

GARCÍA MORENO, José F., *Servicio militar en España (1913-1935)*(Madrid, 1988).

GARCÍA-NIETO, María Carmen et al., *Bases documentales de la España contemporánea*, 5 (Madrid, 1972).

GIL, José María/CAMPO, Carlos del, *Regulares de Melilla. 100 años de historia*

([Valladolid], 2012).

GIL ANDRÉS, Carlos, *Echarse a la calle. Amotinados, huelguistas y revolucionarios (La Rioja, 1890-1936)*(Zaragoza, 2000)(Cap.4, 'De Cuba a Marruecos:El ejército y las quintas').

GÓMEZ MARTÍNEZ, Juan Antonio, 'Abd el-Krim. Rebeldía en el Islam', (1), (2), *Revista Española de Historia Militar*, XI, XII-2001.

GÓMEZ-NAVARRO, José Luis, *El Régimen de Primo de Rivera. Reyes, dictaduras y dictadores* (Madrid, 1991).

GONZÁLEZ, Fernando, 'Carpetazo al escándalo del millón de Larache', *Historia Internacional*, IV-1975.

―――, 'La imposible victoria de Abd-El-Krim', *Historia Internacional*, V-1975.

GONZÁLEZ CALBET, María Teresa, *La Dictadura de Primo de Rivera. El Directorio Militar* (Madrid, 1987).

GOYTISOLO, Juan, *El problema del Sáhara* (Barcelona, 1979).

HABER, L. F., *The Poisonous Cloud:Chemical Warfare in the First World War* (Oxford, 1986)／佐藤正弥訳『魔性の煙霧　第一次世界大戦の毒ガス攻防戦史』(原書房, 2001)

HALSTEAD, John P., *Rebirth of a Nation: The Origins and Rise of Moroccan Nationalism, 1912-1944* (Cambridge, Mass., 1967).

HARRIS, Robert/PAXMAN, Jeremy, *A Higher Form of Killing. The Secret Story of Chemical and Biological Warfare* (New York, 1982)／大島紘二訳『化学兵器　その恐怖と悲劇』(近代文芸社、1996)

HART, David Montgomery, *The Aith Waryaghar of the Moroccan Rif. An Ethnography and History* (Tucson, 1976).

―――, 'Dos resistentes bereberes al colonialismo franco-español en Marruecos, y sus legados islámicos:Bin 'Abd Al-Krim y 'Assu U-Baslam', *Fundamentos de Antropología*, 4 y 5 (1996).

―――, *Estructuras tribales precoloniales en Marruecos bereber, 1860-1933: Una reconstrucción etnográfica en perspectiva histórica* (Granada, 1997).

―――, *Tribe and Society in Rural Morocco* (London, 2000).

―――/RAHA AHMED, Rachid, *La sociedad bereber del Rif marroquí. Sobre la teoría de la segmentariedad en el Magreb* (Granada, 1999).

Historia de España (fundada por MENÉNDEZ PIDAL, Ramón), XXXVIII, I (Madrid, 1995), II (Madrid, 1997).

HUETZ DE LEMPS, Xavier, 'La collaboration franco-espagnole pendant la guerre du Rif (1925-27). Un mariage d'amour ou raison?', *Hesperis Tamuda*, 29, 1(1991).
飯島みどり「イスパノアフリカ史試論―20世紀スペインの植民地問題を手がかりに―」、『岐阜大学教養部研究報告』29(1994)
JAMOUS, Raymond, *Honneur et baraka. Les structures sociales traditionnelles dans le Rif* (Cambridge, 1981).
JIMÉNEZ DOMÍNGUEZ, José María et al., *Fuerzas Regulares Indígenas. De Melilla a Tetuán. 1911-1914. Tiempos de ilusión y de gloria* (Madrid, 2006).
JOFFÉ, George, 'Walter Harris and the Imperial Vision of Morocco', *The Journal of North African Studies*, 1-3 (1996).
KADDUR, Mohamed, *Antología de textos sobre la Guerra del Rif* (Málaga, 2005).
KENBIB, Mohammed, *Juifs et Musulmans au Maroc 1859-1948* (Rabat, 1994).
KHALLOUK TEMSAMANI, Abdelaziz, *País Yebala:Majzen, España y Ahmed Raisúni* (Granada, 1999).
KHARCHICH, Mohamed, 'Les negotiations franco-rifaines 1924-1926. Un processus lent et illusoire', *Revue d'Histoire Maghrébine*, 63-64 (1991).
―――, 'Observations sur les causes de l'echec du mouvement rifain', *Revue d'Histoire Maghrébine*, 75-76 (1994).
―――, 'La alianza franco-española contra el movimiento rifeño', *Fundamentos de Antropología*, 4 y 5 (1996).
KIERNAN, Victor Gordon, *Colonial Empires and Armies 1815-1960* (Guernsey, 1998/1ed., Leicester, 1982).
KŒRNER, Francis, 'La guerre du Rif espagnole vue par la Direction des Affaires indigènes française', *Revue historique*, 287 (1992).
KUNZ, Rudibert/MÜLLER, Rolf-Dieter, *Giftgas gegen Abd el Krim. Deutschland, Spanien und der Gaskrieg in Spanisch-Marokko 1922-1927* (Freiburg, 1990).
楠貞義／タマメス、ラモン／戸門一衛／深澤安博『スペイン現代史　模索と挑戦の120年』(大修館書店、1999年)
LA PORTE, Pablo, 'La respuesta urbana ante la crisis de Annual (1921-1923)', *Estudios Africanos*, 18-19 (1996).
―――, *La atracción del imán. El desastre de Annual y sus repercusiones en la política europea (1921-1923)* (Madrid, 2001).
―――, 'La sombra de la percepción: las autoridades coloniales británicas y francesas y el protectorado español en Marruecos(1912-1936)', *Hispania*, LXXIV/2, 247(2014).

LAROUI, Abdallah, *L'histoire du Maghreb. Un essai de synthèse* (Paris, 1970)/*Historia del Magreb. Desde los orígenes hasta el despertar magrebí. Un ensayo interpretativo* (Madrid, 1994).

―――, *Marruecos:Islam y nacionalismo. Ensayos* (Madrid, 1994).

LÁZARO ÁVILA, Carlos, 'La forja de la Aeronáutica Militar: Marruecos(1909-1927)', CARRASCO, Antonio(coord.), *Las Campañas de Marruecos (1909-1927)*(Madrid, 2001).

LEGUINECHE, Manuel, *Annual, el desastre de España en el Rif, 1921* (Madrid, 1996).

LÓPEZ GARCÍA, Bernabé, *Marruecos y España. Una historia contra toda lógica* (Sevilla, 2007).

LOUTSKAIA, N. S., 'A propos de la structure intérieure de la République du Rif', *Recherches africaines*, 4 (1960).

LOZÓN URUEÑA, Ignacio M., 'Las repercusiones de la acción de España en Marruecos', *Tiempo de Historia,* II-1981.

MADARIAGA, María Rosa de, 'Le nationalisme basque et le nationalisme catalan face au problème colonial au Maroc', *Pluriel*, 13(1978).

―――, 'Nacionalismos vasco y catalán frente a la revolución de Abd-el-Krim', *Historia 16*, 268 (VIII-1998).

―――, *España y el Rif. Crónica de una historia casi olvidada* (Melilla, 1999/3ed., Melilla, 2008).

―――, *Los moros que trajo Franco... La intervención de tropas coloniales en la guerra civil española* (Barcelona, 2002).

―――, *En el Barranco del Lobo...Las guerras de Marruecos* (Madrid, 2005).

―――, *Abd el-Krim El Jatabi. La lucha por la independencia* (Madrid, 2009).

―――, *Marruecos, ese gran desconocido. Breve historia del protectorado español* (Madrid, 2013).

―――/LÁZARO ÁVILA, Carlos, 'Guerra química en el Rif (1921-1927)', *Historia 16*, 324 (IV-2003).

MANRIQUE GARCÍA, José María/MOLINA FRANCO, Lucas, *Antes que Sadam ... Las armas de destrucción masiva y la protección civil en España 1924-2000* (Valladolid, 2003).

MARÍN ARCE, José María, 'El gobierno de la concentración liberal:el rescate de prisioneros en el poder de Abd-el-Krim', *Espacio, Tiempo y Forma*, 1 (1987).

―――, *Santiago Alba y la crisis de la Restauración. 1913-1930* (Madrid, 1990).

MARTÍN, Miguel[LÓPEZ AGUDÍN, Fernando], *El colonialismo español en Marruecos (1860-1956)* (París, 1973).

MARTÍN CORRALES, Eloy, *La imagen del magrebí en España. Una perspectiva histórica, siglos XVI-XX* (Barcelona, 2002).

MARTIN-MÁRQUEZ, Susan, *Disorientations. Spanish Colonialism in Africa and the Performance of Identity* (New Haven/London, 2008).

MARTÍNEZ CUADRADO, Miguel, *Elecciones y partidos políticos de España (1868-1931)*, II (Madrid, 1969).

MARTÍNEZ DE CAMPOS, Carlos, *España bélica. El siglo XX. Marruecos* (Madrid, 1972).

MARTÍNEZ RODA, Federico, *Varela. El general antifascista de Franco* (Madrid, 2012).

MAS CHAO, Andrés, *La formación de la conciencia africanista en el ejército español (1909-1926)* (Madrid, 1988).

MATEO DIESTE, Josep Lluís, *El "Moro" entre los primitivos* (Barcelona, 1997).

———, *La «hermandad» hispano-marroquí. Política y religión bajo el Protectorado español en Marruecos [1912-1956]* (Barcelona, 2003).

MEAKER, Gerald H., *The Revolutionary Left in Spain, 1914-1923* (Stanford, 1974).

MIEGE, J. L., 'L'arrière plan diplomatique de la guerre du Rif', *Revue de l'Occident Musulman et de la Méditerranée*, 15-16 (1973).

MILLER, Susan Gilson, *A History of Modern Moroccco* (Cambridge, 2013).

MOGA ROMERO, Vicente, *El soldado occidental. Ramón J. Sender en África (1923-1924)* (Melilla, 2004).

———, *La cuestión marroquí en la escritura africanista* (Barcelona, 2008).

———, *Un siglo de hierro en las minas del Rif. Crónica social y económica (1907-1985)* (Melilla, 2010).

MOLINA, Fidel, *El servei militar a Lleida. Història i sociologia de les quintes (1878-1960)* (Lleida, 1997).

MONTES RAMOS, José, *Los Regulares* (Madrid, 2003).

MOOR, J. A. de /WESSELING, H. L. (eds.), *Imperialism and War. Essays on Colonial Wars in Asia and Africa* (Leiden, 1989).

MORALES LEZCANO, Víctor, *El colonialismo hispano-francés en Marruecos (1898-1927)* (Madrid, 1976/2ed., Granada, 2002).

———, *España y el Norte de África. El protectorado en Marruecos (1912-56)* (Madrid, 1986).

———, *Historia de Marruecos. De los orígenes tribales y las poblaciones nómadas a la independencia y la monarquía actual* (Madrid, 2006).

MORENO JUSTE, Antonio, '«El Socialista» y el desastre de Annual: opinión y actitud socialista ante la derrota', *Cuadernos de Historia Contemporánea*, 12 (1990).

EL-MOUDDEN, Abderrahmane, 'Résistance anticoloniale et émergence d'une structure politique étatique moderne:Bin 'Abd al-Karim et Mustafa Kemal', MOREAU, Odile (dir.), *Réforme de l'État et réformismes au Maghreb (XIXe–XXe siècles)*(Paris, 2009).

NAVAJAS ZUBELDIA, Carlos, *Ejército, Estado y Sociedad en España (1923-1930)*(Logroño, 1991).

―――, 'La primera época de la *Revista de Tropas Coloniales* : un estudio ideológico', separata de *Revista de Extremadura*, 19 (1996).

NERÍN, Gustau, *La guerra que vino de África* (Barcelona, 2005).

NOGUÉ, Joan/VILLANOVA, José Luis (eds.), *España en Marruecos (1912-1956). Discursos geográficos e intervención territorial* (Lleida, 1999).

OMISSI, David E., *Air Power and Colonial Control. The Royal Air Force 1919-1939* (Manchester, 1990).

PANDO, Juan, *Historia secreta de Annual* (Madrid, 1999).

―――, 'Alhucemas, última pesadilla en el Rif', *La Aventura de la Historia*, IX-2000.

―――, *Hombres de América que lucharon en África* (Madrid, 2000).

PAYNE, Stanley G., *Politics and the Military in Modern Spain* (Stanford/London, 1967).

PENNELL, C. R., 'Law, order and the formation of an 'Islamic' resistance to European colonialism: The Rif 1921-1926', *Revue d'Histoire Maghrébine*, 21-22 (1981) (1981a).

―――, "I wish to live peacefully in my house' – A Moroccan caid and his reaction to colonialism', *Maghreb Review*, 6 (1981)(1981b).

―――, 'Ideology and practical politics:A case study of the Rif war in Morocco, 1921-1926', *International Journal of Middle East Studies*, 14 (1982).

―――, *A Country with a Government and a Flag. The Rif War in Morocco, 1921-1926* (Cambridgeshire, 1986)(1986a)/*La guerra del Rif. Abdelkrim el-Jattabi y su Estado rifeño* (Melilla, 2001).

―――, 'Exito y fracaso de Abd El-Krim', *Historia 16*, 126 (X-1986).

―――, 'Women and resistance to colonialism in Morocco:The Rif 1916-1926', *Journal of African History*, 28 (1987).

―――, 'La guerra del Rif: ¿enlace o punto final? Resistencia en la montaña y nacionalismo en las ciudades', *Fundamentos de Antropología*, 4 y 5 (1996).

―――, 'The Rif War: Link or Cul-de-sac? Nationalism in the Cities and Resistance in

the Mountains', *The Journal of North African Studies*, 1-3 (1996).
PEREIRA CASTAÑARES, Juan Carlos, 'El contencioso de Tánger en las relaciones hispano-francesas (1923-1924)' , Consejo Superior de Investigaciones Científicas, *Españoles y franceses en la primera mitad del siglo XX* (Madrid,1986).
PUELL DE LA VILLA, Fernando, *El soldado desconocido. De la leva a la "mili"(1700-1912)* (Madrid, 1996).
QUEVEDO Y QUEIPO DE LLANO, Ana, *Queipo de Llano. Gloria e infortunio de un general* (Barcelona, 2001).
QUIROGA, Alejandro, *Making Spaniards. Primo de Rivera and the Nationalization of the Masses, 1923-30* (Basingstoke, 2007).
QUIROGA VALLE, María Gloria, *El papel alfabetizador del ejército de tierra español (1893-1954)*(Madrid, 1999).
RAMÍREZ, Ángeles/LÓPEZ GARCÍA, Bernabé (eds.), *Antropología y antropólogos en Marruecos. Homenaje a David M. Hart* (Barcelona, 2002).
RAMIRO DE LA MATA, Javier, *Origen y dinámica del colonialismo español en Marruecos* (Ceuta, 2001).
REY, Fernando del, 'Actitudes políticas y económicas de la patronal catalana (1917-1923)', *Estudios de Historia Social*, 24-25 (1983).
ROCHAT, Giorgio, *Guerre italiane in Libia e in Etiopia. Studi militari 1921-1939* (Treviso, 1991).
RODRÍGUEZ JIMÉNEZ, José Luis, *A mí la Legión* (Barcelona, 2005).
RODRÍGUEZ MEDIANO, Fernando/FELIPE, Helena de (eds.), *El Protectorado español en Marruecos. Gestión colonial e identidades* (Madrid, 2002).
ROMERO SALVADÓ, Francisco J., *The Foundations of Civil War. Revolution, Social Conflict and Reaction in Liberal Spain, 1916-1923* (New York, 2008).
ROSAL, Amaro del, *Historia de la U. G. T. de España. 1901-1939*, I (Barcelona, 1977).
斎藤剛「〈先住民〉としてのベルベル人？－モロッコ、西サハラ、モーリタニアのベルベル人とベルベル文化運動の展開」、『講座　世界の先住民族』04『中東』(明石書店、2006)
SALAFRANCA ÁLVAREZ, Juan Ignacio, 'Los oficiales moros', *Revista de Historia Militar*, LVI (2012), núm. extraordinario II ('Centenario del protectorado de Marruecos').
SALAFRANCA ORTEGA, Jesús F., *El sistema colonial español en África* (Málaga, 2001).
———, *La República del Rif* (Málaga, 2004).
SALAFRANCA Y VÁZQUEZ, Alejandro, 'La conciencia africanista en el ejército español',

　　　　Actas del III Congreso Internacional de Hispanistas (Málaga-Ceuta, 1998).
SALAS, Delfín, *Tropas Regulares Indígenas* (Madrid, 1989).
SALAS LARRAZÁBAL, Ramón, *El Protectorado de España en Marruecos* (Madrid, 1992).
SALES DE BOHIGAS, Nuria, 'Some Opinions on Exemption from Military Service in Nineteenth-Century Europe', *Comparative Studies in Society and History*, X, 3 (1968).
―――, *Sobre esclavos, reclutas y mercaderes de quintos* (Barcelona, 1974)(Cap. 4. 原論文は、'Servei militar i societat a l'Espanya del segle XIX', *Recerques*, I (1970)).
SARRIONANDIA, Joseba, *¿Somos como moros en la niebla?* (Pamplona, 2012).
SASSE, Dirk, *Franzosen,Briten und Deutsche im Rifkrieg 1921-1926. Spekulanten und Sympathisanten, Deserteure und Hasardeure im Dienste Abdelkrims* (München, 2006).
SAZ, Ismael, 'Foreign policy under the dictatorship of Primo de Rivera', BALFOUR, Sebastian/PRESTON, Paul (eds.), *Spain and the Great Powers in the Twentieth Century* (London, 1999).
SCHULZE SCHNEIDER, Ingrid, *La prensa político-militar en el reinado de Alfonso XIII* (Madrid, 2003).
SECO SERRANO, Carlos, *Militarismo y civilismo en la España contemporánea* (Madrid, 1984).
―――, *Alfonso XIII y la crisis de la Restauración* (Madrid, 1992).
―――, 'Abd El-Krim en unas cartas', Real Academia de la Historia, *Homenaje académico a D. Emilio GARCÍA GÓMEZ* (Madrid, 1993).
SEDDON, David, *Moroccan Peasants. A century of change in the eastern Rif 1870-1970* (Folkestone, 1981).
関佳奈子「アブドゥルカリームの書簡とインタビュー史料――スペイン領モロッコにおけるリーフ戦争に関連して――」、SIAS *Working Paper Series*, 10 (2011).
SELVA, Enrique, *Ernesto Giménez Caballero. Entre la vanguardia y el fascismo* (Valencia, 2000).
Seminario de estudios históricos aeronáuticos, *Grandes vuelos de la aviación española* (Madrid, 1983).
Servicio Histórico Militar, *Historia de las campañas de Marruecos*, II (Madrid, 1951), III, IV (Madrid, 1981).
SHINAR, Pessah, "Abd al-Qādir and 'Abd al-Krīm. Religious influences on their thought and action', *Asian and African Studies:Annual of the Israel Oriental Society*, I (1965).

SOTTO MONTES, Joaquín de, 'Notas para la historia de las fuerzas indígenas del antiguo protectorado de España en Marruecos', *Revista de Historia Militar,* 35 (1973).

SUEIRO SEOANE, Susana, *España en el Mediterráneo. Primo de Rivera y la "cuestión marroquí", 1923-1930* (Madrid, 1993).

——, 'El mito del estratega. Primo de Rivera y la resolución del problema de Marruecos', *Cuadernos de Historia Contemporánea,* 16 (1994).

——, 'Spanish Colonialism during Primo de Rivera's Dictatorship', REIN, Raanan(ed.), *Spain and the Mediterranean since 1898* (London, 1999).

——, 'La política exterior de España en los años 20:Una política mediterránea con proyección africana', TUSELL, Javier/AVILÉS, Juan/PARDO, Rosa(eds.), *La política exterior de España en el siglo XX*(Madrid, 2000).

TAHTAH, M., *Entre pragmatisme, réformisme et modernisme:Le rôle politico-religieux des Khattabi dans le Rif (Maroc) jusqu'à 1926* (Leuven, 2000).

Taller de Estudios Internacionales Mediterráneos, *Historia y memoria de las relaciones hispano-marroquíes. Un balance en el cincuentenario de la independencia de Marruecos* (Madrid, 2007).

TESSAINER Y TOMASICH, Carlos Federico, *El Raisuni. Aliado y enemigo de España* (Málaga, 1998).

TOGORES, Luis Eugenio, *Millán Astray. Legionario* (Madrid, 2003).

——, *Muñoz Grandes. Héroe de Marruecos, general de la División Azul* (Madrid, 2007).

TUÑÓN DE LARA, Manuel (dir.), *Historia de España,* IX, *La crisis del Estado:Dictadura, República, Guerra (1923-1939)*(Barcelona, 1981).

TUSELL, Javier, *Radiografía de un golpe de Estado:El ascenso al poder del General Primo de Rivera* (Madrid, 1987).

——/GARCÍA QUEIPO DE LLANO, Genoveva, *El dictador y el mediador. España-Gran Bretaña 1923-1930* (Madrid, 1986).

U LAMARA, Aumer, *Muḥend Abdelkrim. 'Di Dewla n Ripublik'* (Paris, 2012).

UCELAY DA CAL, Enric, 'Les simpaties del nacionalisme català pels «Moros»: 1900 1936', *L'Avenç,* VI-1980.

ULLMAN, Joan Connelly, *La Semana Trágica. Estudio sobre las causas socioeconómicas del anticlericalismo en España (1898-1912)*(Barcelona, 1972).

VILLALOBOS, Federico, *El sueño colonial. Las guerras de España en Marruecos* (Barcelona, 2004).

VILLANOVA, José Luis, *El Protectorado de España en Marruecos. Organización política y territorial* (Barcelona, 2004).

―――, 'La pugna entre militares y civiles por el control de la actividad interventora en el protectorado español en Marruecos (1912-1956)', *Hispania*, LXV/2, 200 (2005).

―――, *Los interventores. La piedra angular del Protectorado español en Marruecos* (Barcelona, 2006).

VIÑAS, Ángel, *Franco, Hitler y el estallido de la Guerra Civil. Antecedentes y consecuencias* (Madrid, 2001).

VISCARRI, Dionisio, *Nacionalismo autoritario y orientalismo. La narrativa prefascista de la guerra de Marruecos (1921-1927)* (Bologna, 2004).

WARLETA CARRILLO, José, 'Los comienzos bélicos de la aviación española', *Revue Internationale d'Histoire Militaire*, 56 (1984).

WESSELING, H. L., *Imperialism and Colonialism. Essays on the History of European Expansion* (Westport, 1997).

WOLF, Jean, *Les secrets du Maroc Espagnol. L'épopée d'Abd-el-Khaleq Torres* (Paris/Casablanca, 1994).

WOOLMAN, David S., *Rebels in the Rif. Abd el Krim and the Rif Rebellion* (Stanford, 1968).

ZNIBER, Mohamed, 'La guerre du Rif: Mohamed Ben Abdelkrim', ESSAKALI, Larbi (dir.), *Le Mémorial du Maroc, 5, 1906-1934: Morcellement et résistance* (Rabat, 1983).

あとがき

　本書執筆の際の著者の問題意識は植民地主義・帝国主義という世界の現代史の基本的事象が、ジブラルタル海峡の両岸の地では、とくにスペインの現代史ではどのようにあらわれたのか、というところにある。もちろん1930年代後半のスペインの内戦という悲劇的事態が常に意識されていた。

　歴史の研究書なので、引用が多いのはしかたがないところである。それにしても、（　）などの補足的説明も多用して論を進めたので、一気には読みにくい箇所が多くなってしまったかもしれない。

　本書のほぼ3分の1を占める第Ⅰ章では、もっと論点を絞った叙述方法もあったかもしれない。しかし、本書の理解のためにはある程度の説明がこの章で必要とされたので、いくつかの節はやや長くなってしまった。

　第Ⅱ章〜第Ⅴ章の各章では、新たなことを少なからず解明でき、またそれによって世界での今までの研究にいくつかの論点を投げかけることができたのではないかと考えている。

　ただ、主にイベリア半島の事象の研究から始めた著者にとって、とくに資史料の調査とその読解において、さらには現地に滞在することにおいてすら、ジブラルタル海峡を越えるのは簡単ではなかったというのが実感である。

　本書の各章のもとになった論文は以下である。

「アブド・アルカリームの恐怖 ── リーフ戦争とスペイン政治・社会の動揺（1921-1926年）── 」上・中・下、『人文学科論集』（茨城大学）41, 43, 44（2004-2005）

「リーフ戦争におけるスペイン軍の空爆と毒ガス戦 ── 「空からの化学戦」によ

る生存破壊戦略の初の展開か——」、『人文コミュニケーション学科論集』
　　　（茨城大学）1（2006）

　　「「リーフ共和国」——抵抗と新政治・社会への挑戦——」上・下、『人文コミュ
　　　ニケーション学科論集』3,4（2007-2008）

　　「スペイン領モロッコにおける「原住民」兵の徴募と動員」、『人文コミュニケー
　　　ション学科論集』7（2009）

　　「20世紀スペインの植民地戦争と徴兵制——貧者には血税、富者には金の税
　　　——」、『人文コミュニケーション学科論集』10（2011）

　本書を上梓するにあたって、著者はマドリード陸軍文書館での文書閲覧の日々を思い出している。著者は2004年にこの文書館で集中的に仕事を始め、結局2013年までほぼ毎年この文書館に通うことになった。アーカイバルワークではかならずしも目当ての史料に出遭えるとはかぎらない。しかし、文書カタログには記されていない多くの毒ガス戦関係文書ややはり多くのリーフ戦争中の北部モロッコの部族住民関係史料に出遭ったときには胸が高鳴った。10年にもわたって著者のために文書箱やマイクロフィルムの出し入れ、また様々な相談に応じてくれた文書館員のルイスさんに感謝したい。2004年に著者を客員研究員として受け入れてくれたやはりマドリードの科学研究高等評議会（CSIC）文献学研究所アラブ部門の図書室でも多くの文献を閲覧した。この文献学研究所アラブ部門でのスペイン人研究者またモロッコ人研究者との交流の日々も今、思い出している。

　本書ではリーフ戦争期に焦点を当てた。著者は上記マドリード陸軍文書館の文書などに基づいて、リーフ戦争期以外のスペインのモロッコ植民地支配・統治についてもいくつかの研究論稿を公にしている。これらに準備中の関連論文も加えて、次の機会には20世紀初頭から1956年のモロッコ独立に至る間のジブラルタル海峡の両岸の地の「動揺」や「挑戦」（20世紀前半のスペイン政治・社会と植民地モロッコ）についても一著にできればと念じている。

本書にはスペイン語文のレジュメと目次を末尾に付した。これは、ユーラシア大陸の東端のそのまた東の「極東」の列島の地に住んでいる1研究者の拙い研究のその概要だけでもスペイン語常用者・理解者の目に触れてほしいとの願いからである。

　本書が成るにあたって、著者は多くの方々から力添えを受けている。残念ながらそのすべての名をここに記すことはできない。もとの諸論文を一著にまとめるための原稿整理作業をしてくれた娘の深澤南土実。より多くの研究時間を私に与えるために様々な家事をこなしてくれた妻の深澤美行。長年の間、教育と研究を分有・共有してくれた茨城大学人文学部の歴史学関係教員とくに世界史関係教員。スペイン語文のレジュメと目次をチェックしてくれたフロレンティーノ・ロダオ。様々なかたちで本書の出版のために協力してくれた若尾祐司、楠貞義、坂東省次、早坂真理の各氏。最後に、やや大部の歴史研究専門書の出版を引き受けてくれた論創社編集部とくに松永裕衣子さん。以上の方々に謝意を表したい。

　2015年2月

著者

人名索引

＊以下の2人名は本書に頻出するので本索引には挙げていない。
　アブドゥルカリーム　'Abd al-Karīm al-Khaṭṭābī, Muḥammad ibn
　プリモ・デ・リベーラ　Primo de Rivera y Orbaneja, Miguel
＊フルネームを確定できなかった人名も載せている。

【ア行】

アイスプール Aizpuru Mondéjar, Luis　44, 47, 50, 84, 143, 148, 149, 367

アギレーラ Aguilera Egea, Francisco　17, 32, 45, 46, 366

アサーニャ Azaña Díaz, Manuel　81, 130, 372

アザルカン Azarqan, Muḥammad　182, 224, 236, 239, 244, 392, 410

アジェンデサラサール Allende-Salazar, Manuel　8, 11, 14-16, 22, 36, 37, 50, 356, 363

アブドゥッサラーム・ハッタービー 'Abd al-Salām al-Khaṭṭābī　182

アブドゥッラフマーン 'Abd al-Raḥmān al-Darqāwī　193, 233, 234, 241

アブドゥルアズィーズ 'Abd al-'Azīz, Mawlāya　230

アブドゥルカーディル 'Abd al-Qādir al-Ḥājj Ṭayyib　12, 60

アブドゥルカーディル（アルジェリアの）'Abd al-Qādir al-Jazā'irī　230

アブドゥルカリーム（父）'Abd al-Karīm al-Khaṭṭābī　60, 174, 175, 189, 224, 229, 230, 393

アブドゥルカリーム（弟）'Abd al-Karīm al-Khaṭṭābī, M'hammad　34, 122, 159, 162-164, 180, 182, 191, 192, 206, 217, 219, 228, 244-246, 249, 250, 252, 392, 393

アブドゥルハフィーズ 'Abd al-Ḥafiẓ, Mawlāya　35

アブドゥルマリク 'Abd al-Malik ibn Muḥyī al-Dīn　230-232, 239-241, 284, 285

アブー・ヒマーラ（ブー・フマラ）Abū Ḥimāra (Bū Ḥimāra)　269

アラキスタイン Araquistáin, Luis　33

アルカラ・サモーラ Alcalá-Zamora y Castillo, Niceto　36-39, 44, 304, 311, 319, 363

アルナル Arnall, John　218, 245, 246, 248

アルバ Alba y Bonifaz, Santiago　30, 38, 40, 44, 48, 53, 55, 64, 66, 143, 146, 359

アルバレス Álvarez, Melquiades　16, 18, 357

アルフォンソ13世（国王）Alfonso XIII　56, 94, 106, 136, 138, 153, 169, 368, 376, 381, 382

イダルゴ・デ・シスネーロス Hidalgo de Cisneros, Ignacio　167, 385, 387

イドリース・ベン・サイード Idrīs ben Sa'īd, Muḥammad　13, 43, 44, 179-181, 189, 215, 228, 234, 235

ウェイレル Weyler y Nicolau, Valeriano　47, 48, 84, 89, 146, 360

ウナムーノ Unamuno y Jugo, Miguel de　33, 42, 372

ヴラーンゲリ Wrangel, Pyotr Nikolaevich　299

エサ Eza, Vizconde de (Luis de Marichalar y Monreal)　8, 11, 13-15, 19, 37, 42, 333, 356

エチェバリエータ Echevarrieta, Horacio

40, 43, 91, 92, 236, 239, 364

エルナンデス・ミール Hernández Mir, Francisco 138, 147, 155, 236, 305, 306, 309, 310, 318, 344, 430

オテイサ Oteyza, Luis de 34, 331, 335, 359

オルガス Orgaz, Luis 62, 295

オルテガ、マヌエル Ortega, Manuel 59, 60

オルテガ・イ・ガセー、エドゥアルド Ortega y Gasset, Eduardo 42, 358

【カ行】

カストロ・ヒローナ Castro Girona, Alberto 144, 295

ガーディナー Gardiner, Charles Alfred Percy 213, 214, 245-249

カナーリス Canaris, Wilhelm 152

カパス Capaz Montes, Osvaldo 265, 290, 422

カバネーリャス Cabanellas Ferrer, Miguel 20, 295

カバルカンティ Cavalcanti de Albuquerque y Padierna, José 13, 20, 21, 45, 49, 89

ガラン Galán Rodríguez, Fermín 62, 127, 263, 266, 369

ガルシーア・フィゲーラス García Figueras, Tomás 100, 103, 296, 423, 427

ガルシーア・プリエート García Prieto, Manuel 30, 31, 38, 48

カンボ Cambó, Francesc 14, 25, 26, 31, 35, 37, 59, 67, 70, 98, 99, 112, 119, 128, 138, 364, 377, 382

キャニング Canning, Gordon 225, 244, 246, 247

クンパニース Companys i Jover, Lluís 16, 36, 45

ケイポ・デ・リャーノ Queipo de Llano y Sierra, Gonzalo 90, 123, 124, 126, 127

ゴイコエチェーア Goicoechea y Cosculluela, Antonio 17, 57, 89, 111, 114, 123, 124, 378

ゴデー Goded Llopis, Manuel 188, 189, 398

コロンブス（クリストーバル・コロン）Colón, Cristóbal 1

ゴンサーレス・オントリア González Hontoria, Manuel 14, 15, 25, 26, 51

【サ行】

サルメロン Salmerón García, Nicolás 42

サンチェス・ゲーラ Sánchez Guerra, José 10, 26-30, 36-38, 42, 50, 55, 58, 71, 72, 138, 261, 311, 337, 338, 340, 355, 364, 366, 367

サンチェス・デ・トカ Sánchez de Toca, Joaquín 366

サンフルホ Sanjurjo y Sacanell, José 1, 12, 21, 24, 40, 100, 101, 295, 377

シエルバ Cierva y Peñafiel, Juan de la 10, 18, 20, 22, 23, 25, 26, 31, 138

シーヘス・アパリシオ Ciges Aparicio, Manuel 33

シュトルツェンベルク Stoltzenberg, Hugo 138, 141, 142, 148, 154, 156, 163, 383, 412

シルベストレ Silvestre, Manuel Fernández 8, 27, 31, 32, 37, 43, 68, 78, 174, 176-178, 289, 292, 293, 358, 362, 423

シルベーラ Silvela y Casado, Luis 39, 41, 43, 49, 61, 71, 141, 143, 145, 146, 188, 262, 279, 367

シーン Sheean, Vincent 225, 252, 406, 411

スティーグ Steeg, Théodore 98, 101, 102, 243

スライマーン・ハッターピー Sulaymān al-Khaṭṭābī 98, 122, 176, 229, 230, 284, 288

セギ Seguí, Salvador 78

セドゥルン・デ・ラ・ペドラーハ Cedrún de la Pedraja, Gonzalo 307, 339

センデル Sender, Ramón J. 142, 322, 397

【タ行】

チャパプリエータ Chapaprieta, Joaquín 367
ティジャーニー Tijānī, Mawlāya Muḥammad ben Mawlāya Muḥammad Ṣalāḥ 91
ドゥーエ Douhet, Giulio 390
ドミンゴ Domingo, Marcelino 13, 360

【ナ行】

ナバーロ Navarro y Ceballos Escalera, Felipe 11, 21, 32, 34, 36, 40, 68-70, 89, 240
ナポレオン Bonaparte, Napoléon 130
ニード Nido y Torres, Manuel del 258, 264-266, 270, 277, 282-284, 289, 290, 420, 424

【ハ行】

ハサン Ḥasan, Mawlāya 377
バジェ・インクラン Valle-Inclán, Ramón María del 33
ハックランダー Hackländer, Karl Hermann 247, 249
ハドゥ Ḥaddu ibn Ḥammu al-Baqqīwī 239-241, 245, 392, 410, 411, 413
ハーバー Haber, Fritz 138, 383
ハミドゥ Ben Ḥamidu, Amar 195, 205, 231-233, 240, 241, 409
ハリス Harris, Walter Burton 156, 247, 376, 412
ハリールー al-Kharīrū, Aḥmad ibn Muḥammad 195, 198, 223, 399
バレーア Barea, Arturo 322, 431
バレーラ Varela Iglesias, José Enrique 295
パンルヴェ Painlevé, Paul 101, 245
ピカソ Picasso González, Juan 13, 18, 27-29, 31, 33, 36-38, 51, 69, 76, 257, 262, 265, 273, 274, 279, 286-289, 292, 293, 361, 363, 367, 383, 425
ヒベール Gibert, Narciso 258, 265, 271, 296
ヒメネス・カバリェーロ Giménez Caballero, Ernesto 306
ヒメネス・デ・アスーア Jiménez de Asúa, Luis 42
ビリャヌエバ Villanueva Gómez, Miguel 31, 38, 39, 48, 66, 365
ビルキッシュ Bil-Qish, Muḥammad 205, 223, 231-233, 241, 409
ファースィー、アッラール Al-Fāsi, 'Alāl 408
ブドゥラ Boudra, Aḥmad 182, 188, 191, 244
フランコ Franco Bahamonde, Francisco 29, 88, 90, 121, 123, 124, 126-129, 263, 266, 286, 289, 295, 298, 381, 385, 426
ブリアン Briand, Aristide 101
プリエート Prieto Tuero, Indalecio 16, 19, 21, 29-31, 36, 38, 42, 44, 48, 75, 76, 80, 261, 306, 311, 318, 319, 336, 338, 344, 364, 368, 371
ブルゲーテ Burguete y Lana, Ricardo 33-35, 39, 40, 49, 71, 140, 231, 232, 362, 364, 368
ブールマンセ・セイ Bourmancé-Say, Daniel 218, 244, 245, 247, 392, 406
ベステイロ Besteiro Fernández, Julián 16, 45, 75, 76
ペタン Pétain, Philippe 96-98, 100, 103, 376
ベルガミン Bergamín, Francisco 42
ベレンゲール Berenguer Fusté, Dámaso 11-14, 16, 17, 20-22, 25-27, 29-33, 35-38, 42, 43, 45, 49, 69, 89, 121, 127, 136, 137, 140, 174, 176, 264, 267, 277, 286-288, 291, 333, 356, 358-363, 366, 368, 371, 382, 423, 424
ベレンゲール（弟）Berenguer, Federico 259, 264, 266, 278, 283
ボネーリ Bonelli, Emilio 57, 111
ホルダーナ Jordana, Conde de (Gómez Jordana y Sousa, Francisco) 89, 91, 92, 94-97, 102, 103, 368, 374, 377

【マ行】

マウラ Maura y Montaner, Antonio　10, 14-17, 19, 22, 24-26, 29, 31, 36, 37, 46, 50, 55, 57, 89, 111, 136, 138, 357, 361, 364, 366
マウリン Maurín, Joaquín　78
マエスツ Maeztu y Withney, Ramiro de　42, 356, 381, 429
マリーナ Marina Vega, José　17
マルティネス・アニード Martínez Anido, Severiano　44, 47, 141, 143-146, 366
ミリャン・アストライ Millán-Astray y Terreros, José　12, 29, 36, 62, 126, 295, 298, 381
ムッソリーニ Mussolini, Benito　56, 106, 386
モラ Mola Vidal, Emilio　124, 263, 295, 426
モンテーロ Montero, Manuel　144

【ヤ行】

ヤングアス・メシーア Yangüas Messía, José de　58, 63
ユースフ Yūsuf, Mawlāya　224, 225

【ラ行】

ライスーニー Raisūnī, Mawlāya Aḥmad　25, 27, 33, 35, 44, 45, 60, 62, 80, 84, 85, 112, 152, 161, 163, 175, 180, 186, 192-196, 200, 203, 211, 230, 288, 294, 409
ラーモス Ramos Winthuyssen, Javier　258, 263-265, 293
ラモネーダ Lamoneda Fernández, Ramón　42
リウ Riu, Daniel　64, 370
リケルメ Riquelme y López Bago, José　24, 49, 360
リフィー Rifi, Idrīs　285, 410
リヨテ Lyautey, Louis Hubert　53, 54, 94, 98, 239, 240, 243, 387, 389, 407, 415, 426
ルイス・アルベニス（テビブ・アルミ）Ruiz Albéniz, Víctor (Tebib Arrumi)　32, 42, 56, 88, 108, 113, 123-127, 260, 261, 280, 283, 288, 361, 377, 406, 417
ルケ Luque y Coca, Agustín　13, 19, 45
ルムラービト Lmrabet, Alí　170
レルー Lerroux, Alejandro　16, 363
ロベーラ Lobera Girela, Cándido　68-70, 72, 73, 104, 120, 122, 123, 128, 262, 264, 380, 421
ロマノーネス Romanones, Conde de (Figueroa y Torres, Álvaro de)　24, 26, 30, 31, 36, 38, 46, 55, 59, 88, 89, 95, 99, 100, 130, 303, 304, 308, 321, 323, 368, 416, 433, 435

事項索引

【欧字】

CCHM（スペイン・モロッコ交易センター）　57, 58, 369
CGM（在モロッコ軍メリーリャ軍管区）　8, 11, 13, 20, 24, 27, 30-32, 36, 40, 44, 45, 47, 50, 88, 139-142, 144, 146, 148-151, 157, 158, 160, 172, 174, 175, 181, 206, 209, 211, 213, 229, 232, 234, 269, 272, 274, 275, 283, 285, 289, 291-294, 324, 365, 419, 433
CNT（全国労働連合）　10, 11, 22, 23, 74, 78

468　索引

FRI（レグラーレス、正規原住民兵部隊）
18, 19, 28, 29, 61, 90, 92, 124, 127, 178, 186, 187, 209, 210, 220, 257, 258, 260-279, 282-296, 298, 333, 362, 398, 417-420, 423-425
PCE（スペイン共産党）　10, 11, 22, 23, 38, 42, 47, 74-80
PI（原住民警察隊）　18, 28, 49, 178, 185, 186, 209, 220, 257, 258, 260-262, 264-269, 277-280, 282-285, 287-295, 362, 398, 417, 419-421, 425, 426
PNV（バスク民族主義党）　79-81, 118
PSOE（スペイン社会労働党）　10, 13, 15, 16, 19-21, 23, 28, 29, 31, 36, 38, 42, 44, 45, 47, 49, 50, 74-80, 261, 306, 310, 311, 318, 334, 336, 338, 339, 343, 344, 357, 364, 368, 371, 430
RGC（「諜報員報告概要」）　140, 160-163, 189, 191, 197-199, 201, 223, 238, 239, 241, 388, 404, 409, 412
UGT（労働者総同盟）　22, 38, 50, 75-78

【あ行】

アジュディール　34, 91, 161, 162, 174, 177, 179, 182, 188, 190, 205, 207, 212, 214, 218, 221, 223, 224, 228, 249, 406, 408, 409, 413
アバラン（→ダール・ウバラン）
アフリカニスモ（アフリカニスタ）　2, 58, 62, 64, 65, 351, 369, 379
アフリカ派軍人　21, 24, 29, 34, 39, 40, 42, 44, 45, 47, 52, 61, 62, 69, 86, 88-91, 100-103, 118, 120, 121, 123, 128, 129, 131, 146, 147, 256, 260, 261, 263, 282, 295, 296, 298, 309, 346, 348, 349, 351, 353, 358, 361, 382, 423
アフリカ連盟（スペイン・アフリカ連盟）　17, 31, 54, 57, 58, 61, 64, 67-70, 73, 86, 88, 89, 91, 106, 108-114, 118, 121, 123, 130, 261, 308, 369, 370

アラウィッツ　10-12, 14, 32, 43, 49, 69, 179, 190, 337, 338
アルジェリア　53, 96, 103, 106, 182, 189, 204, 207, 210, 218, 230, 239, 244, 249, 250, 264, 269, 271, 388, 407, 410, 421
――への出稼ぎ（リーフでの）　53, 70, 210, 211, 362
アルジェリア兵（フランス軍原住民兵部隊の）　103, 426
アルヘシーラス議定書　107, 235, 267
アルホセイマ　25, 26, 35, 40, 43, 47, 61, 70, 91, 104, 108, 110, 124, 134, 143, 160, 162, 182, 185, 212, 215, 235, 268, 270, 274, 275, 295, 362, 365
――上陸作戦　25-27, 95-98, 112, 118, 122, 128, 145, 146, 154, 159, 166, 230, 287-289, 376, 385, 399
――島　9, 70, 176, 178, 181, 193, 212
――湾　9, 21, 22, 25, 92, 94, 118
イスラーム法（シャリーア sharī'a）　184, 214, 221
イペリット　138, 142, 143, 148-151, 154, 156-159, 168, 383, 385, 389, 391
ウジュダ会談　102, 104, 205, 244, 410
エティオピア戦争　157, 168
『エル・ソシァリスタ』　13, 23, 75, 76, 306, 310, 344

【か行】

改革党 Partido Reformista　15, 16, 18, 20, 29, 30, 36-39, 42, 45, 339, 342, 343, 357, 365
外人部隊　12, 14, 18, 19, 25, 29, 36, 41, 61, 84, 88, 90, 92, 127, 259-261, 263, 286, 295, 297-299, 346, 427, 429
カーイド　44, 60, 62, 98, 141, 159, 161, 162, 174, 175, 182-184, 186, 187, 193, 195-200, 202, 203, 205, 206, 209, 220, 232, 241, 272, 277, 279, 285, 369, 392, 400

469

学芸協会 Ateneo　38, 40, 42, 81, 260, 421
カタルーニャ行動党 Acció Catalana　42, 49, 50, 80, 81, 343
カタルーニャ国家 Estat Català　50, 81
科料（リーフでの）　161, 175, 176, 178, 188, 194, 198, 201, 202, 207, 210, 213-215, 223, 233, 234, 277, 293, 330, 356, 388, 398, 401, 404, 424
カルロス派 Carlistas　38, 42, 334, 338, 339, 342, 343, 357, 436
帰還（兵士の）　14, 23, 25, 27, 29-31, 33-35, 41, 59, 70, 74, 83-85, 92, 100, 104, 118, 144, 233, 261, 295, 305, 308, 309, 312, 333, 336-344, 347, 426, 436, 437
急進党 Partido Republicano Radical　16, 363
教団（リーフの）　192, 202, 214, 219, 220, 226, 227, 230, 233, 234, 251, 379
共和主義派　13, 16, 21, 36, 38, 40, 42, 44, 45, 49, 50, 74, 81, 219, 358, 360, 367, 372
軍アフリカ派（→アフリカ派軍人）
軍事費（軍事支出）　14, 29-31, 48, 65-67, 83, 104, 105, 118
『軍通信』　45, 88, 136, 137, 259, 260, 307, 356, 386
『経済・財政雑誌』　99, 114, 116-119, 125, 370, 379
血税　4, 302, 303, 310, 312, 313, 318, 319, 321-328, 334-336, 338, 344-346, 349, 434
ゲルニカ（爆撃）　168, 390
言語（リーフでの）　206, 284
原住民局　24, 34, 176, 211, 215, 272, 278-280, 284, 291, 294, 360, 401, 421, 425
「原住民」兵
　――の徴募　268-274, 276-278, 283-285, 296
　――の動員　18, 19, 231, 257, 286-289, 295, 417, 423
　――の死傷者（犠牲者）　129, 289, 290, 382, 420, 423, 424
　――の逃亡　259, 273, 291-294, 296, 425, 426

　――の反抗　18, 259, 273, 292-294, 296
　――の帰順、帰還　295, 347
抗議運動（抗議集会、派兵への）　10, 11, 23, 47, 50, 75, 80, 355, 367
航空機（リーフの）　135-137, 139, 140, 142-146, 148, 158, 159, 163, 165-168, 199, 200, 213, 239, 245, 389
国債（償還）　66, 67, 105, 114, 117
国際連盟　55, 77, 108, 165, 183, 213, 245-249, 347, 386, 395, 413
国内再建　2, 4, 23, 65, 116, 119, 348, 357, 360, 370, 379

【さ行】

財政（赤字、逼迫、困難、スペイン政府の）　2, 14, 15, 27, 28, 30, 31, 38, 41, 48, 52, 58, 64-67, 75, 81, 91, 99, 104, 105, 114-119, 125, 127, 263, 342, 370, 379
財政（リーフ政府の）　213, 226, 233, 404
「再征服」（プラン、作戦）　12-15, 19, 21, 22, 69, 137, 191, 287, 298, 337, 357
裁判（裁判官、裁判制度、リーフの）　103, 184, 201, 202, 214, 215
志願兵　14, 30, 33, 39, 41, 48, 112, 127, 258-263, 266, 268, 269, 295, 297, 304, 305, 307-309, 311, 325, 335, 340, 341, 345, 346, 416, 418
市場 sūq　73, 135, 139, 143, 149, 152, 159, 160, 173, 175, 178, 181, 185-187, 190, 194, 197, 203, 206, 209, 210, 215, 220, 223, 269, 270, 277, 387, 390, 397, 402
自治（リーフの）　22, 34, 43, 44, 91, 94, 96, 101, 177, 200-203, 208, 243, 279, 408
ジブラルタル　17, 55, 185
　――海峡　2, 4, 9, 52, 56, 349, 461, 462
『自由』　23, 34, 41, 59, 72, 218, 304, 306, 309, 318, 321, 330, 331, 334, 335, 344, 359, 360, 406, 421
収穫（豊作、凶作、リーフでの）　70, 96,

143, 149, 150, 160, 161, 177, 178, 209-211, 269, 362, 365, 366, 403, 404
十字軍　71, 113, 227, 376
自由党 Partido Liberal　14-17, 20, 24, 26, 28, 30, 31, 34, 36-38, 40, 42, 44, 49, 52, 57, 88, 261, 304, 311, 331, 333, 336, 338, 339, 342, 343, 357, 359, 363, 367, 428, 436
18年戦争（1909年〜1927年）　1, 347, 348
「受給モーロ人」　173, 174
ジュネーブ議定書　166, 169
焼夷弾　47, 140, 143, 146, 149, 150, 155, 157, 160, 385, 386, 390
商業会議所最高評議会　116, 125
商業・工業・海運会議所連合最高評議会　115
植民地軍　20, 25, 88, 90, 94, 95, 99, 104, 116, 121, 123, 125, 127, 128, 131, 256-261, 263-266, 270, 273, 274, 276, 277, 280, 285, 286, 295, 296, 298, 307-309, 335, 380, 381, 385, 417, 418, 420
『植民地軍雑誌』　88, 94, 95, 99, 104, 116, 121, 123, 125, 127, 128, 263, 265, 266, 270, 273, 274, 280, 285, 286, 295, 309, 380, 381, 385, 420
植民地派（植民地主義者、スペインの）　4, 52, 67, 236-238, 256, 264, 378, 379
——（フランスの）　53, 63, 413
植民地防衛隊　73, 262
食糧（移入、困難、スペイン軍による封鎖、リーフでの）　137, 160, 161, 164, 173, 177, 178, 191, 198, 199, 203, 211, 212, 216, 251, 269, 297, 333, 404
『スペイン・アフリカ雑誌』　88, 94, 95, 99, 109-114, 116, 117, 125, 261, 274, 296, 369, 371, 377-381
『スペイン軍』　36, 259, 308, 356, 368, 437
スペイン植民地主義　79, 250, 378
スペイン帝国主義　79, 80
スペイン派（リーフの）　161, 173-176, 190, 192, 200-202, 209-211, 215, 216, 223, 279, 401, 402
スルターン sulṭān　2, 35, 53-55, 63, 85, 87, 95, 101, 105, 106, 110, 170, 174, 208, 218, 219, 223-226, 230, 235, 236, 240-243, 269, 274, 407, 408, 411
税関（リーフでの）　212, 239
正規軍（リーフの）　63, 184-188, 197-199, 210, 211, 395, 396
政治的行動（政治的手段、スペイン軍の）　15, 19, 26, 27, 30, 34, 39, 44, 48, 60, 91, 98, 99, 104, 118, 124, 130, 145, 146, 173, 181, 191, 192, 200, 202, 214, 233, 265, 279, 288, 393
税制（改革、法）　11, 28, 62, 67
聖戦　176, 180, 194, 198, 217, 219-228, 230, 242, 395, 406, 408
聖戦の兵士の首長　222, 223, 226, 230
聖戦の兵士の長　176, 219
西仏会談
——1925年6月〜7月の（マドリードでの）　77, 92-96, 107, 128, 153, 243, 375, 376, 411
——1926年6月〜7月の（パリでの）　103, 377
西仏条約（1912年の）　54, 57, 395
セウタ志願兵部隊　266, 268, 295
赤十字国際委員会　165
赤道ギニア（スペイン植民地）　266
責任（「アンワールの破局」の）　13-18, 20, 27, 29, 31-33, 36-38, 40-46, 48, 49, 51, 61, 69, 70, 75, 76, 79, 83, 84, 89, 102, 113, 121, 127, 130, 169, 237, 258, 280, 362-364, 368, 382
——問題についての議会内委員会　33, 36, 363
——問題についての議会調査委員会　45, 48, 61, 109, 279, 367, 393
セネガル兵（フランス軍原住民兵部隊の）

103, 426
戦功（による昇進）　14, 20, 29, 70, 199, 297, 358, 367, 368
全国労働振興会　67
『祖国』（PNV『祖国』派機関紙）　79-81, 118, 372
ソビエト（主義）　299, 379, 380, 381
ソ連　138, 156, 412

【た行】

第1次世界大戦　3, 54, 55, 67, 82, 98, 99, 135, 136, 138, 153, 167, 168, 230, 238, 258, 286, 313, 319
対空砲火（リーフの）　165
代人　11, 302-304, 311, 313, 323-325, 335, 345, 431-433
代理業者（兵役関連業務をおこなう）　330, 331, 334, 335, 434
ダール・ウバラン　8, 15, 27, 43, 68, 69, 75, 177, 178, 181, 185, 205, 287, 292, 355, 423, 425
タンジャ（タンヘル）　2, 14, 45, 54-56, 58, 63, 64, 68, 93, 94, 105-108, 110, 113-115, 124, 155, 164, 165, 185, 194, 205, 211, 212, 230, 246, 249, 250, 347, 370, 375, 379, 412
地中海国家　30
「血の決済」　184, 214-216, 274, 405, 421
中産階級　310, 313, 318
チュニジア　91, 249, 250, 388, 407
徴税（リーフでの）　43, 184, 196, 199-202, 224, 277
懲罰（アブドゥルカリームの、「反乱者」の、「モーロ人」の、「原住民」の）　13, 15, 17, 18, 27, 31, 40, 54, 57-59, 61, 62, 69, 70, 80, 87, 97, 98, 104, 110, 113, 124, 129, 145, 149, 155, 176, 215, 261, 271, 290, 291, 298, 358, 376
徴兵忌避　309, 312, 314, 315, 328-333, 335, 345, 434

―と移民　118, 328-330, 335
―に対する密告　330, 331, 334, 335, 434
徴兵検査　311, 325, 327, 328, 331, 332, 334, 433
徴兵検査点検委員会　327, 334
徴兵審査混成委員会（CMR）　326-328, 330-334, 435
徴兵保険　437
徴募兵　11, 14, 33, 41, 90, 92, 258, 269, 297, 304-312, 319-323, 325, 326, 333, 338, 339, 341, 343-346, 432, 437
通貨発行（リーフでの）　214
通信手段（リーフの）　208
帝国の復活　1, 4
撤退政策（スペイン軍の）　118, 212, 294
電話（電話線、電話網、電話センター、リーフでの）　50, 146, 150, 188, 193, 207, 402, 403
ドイツ軍　138, 142, 152, 153, 168
同属集団の長たちの会合（リーフでの）　200, 202
毒ガス犠牲者協会　134
毒ガス弾（X爆弾、C型爆弾）　136, 137, 140-152, 154, 156-159, 162, 164-168, 385, 389, 390, 399
毒ガス物質　138, 139, 142, 149, 165
独立（リーフの）　3, 22, 34, 43, 44, 65, 73, 76, 77, 80, 81, 87, 91, 96, 172, 179, 212-214, 216, 217, 221, 227, 228, 234-238, 242-244, 246-250, 253, 375, 395, 408, 410
トルコ（共和国）　219, 227, 414

【な行】

「半ば放棄」政策　83, 86, 87, 89, 93, 107, 110, 111, 121, 148, 150, 193, 312
農業生産（リーフの、スペイン軍による農業生産の破壊）　160, 209-211
納付金兵士（納付金）　11, 14, 29, 30, 33, 41, 59, 75, 297, 303-326, 332, 337-344,

356, 429-432, 435-437
納付金兵士父母の会（父母の会） 318, 320, 322, 337-344, 436

【は行】

バイア 221-224, 226, 407
バーシャー（パシャ） 183, 194, 233, 392
播種（リーフでの） 150, 160, 161, 209, 210, 404
バヌワリャガール 3, 22, 25-27, 39, 44, 48, 59, 62, 70, 92, 96, 98, 110, 122, 124, 125, 146, 149, 153, 162, 164, 173-179, 181, 182, 186, 188, 190, 192, 195, 196, 199, 202, 205, 208-210, 212, 214, 215, 218, 220, 222, 223, 226, 229-232, 235, 247, 251, 351, 360, 364, 387, 392, 395, 403, 405, 410
ハブー（ワクフ）ḥabs 43, 44, 110, 208, 213, 226, 233
ハリーファ khalīfa 2, 33-35, 41, 43, 44, 54-56, 62, 85, 87, 91, 101, 109, 170, 208, 226, 236, 260, 262, 276, 280, 282, 283, 288, 374, 375, 377, 378, 392, 399, 420, 422
ハリーファ軍 209, 259-262, 265, 267, 275, 280, 282-286, 288-290, 294, 295, 420, 422, 425, 426
ハリーファ警察隊 209, 275, 284, 285, 294, 295, 422
ハルカ
── リーフなどの 53, 68, 149, 150, 159, 163, 173-180, 184-188, 190-195, 197-203, 205, 206, 208-211, 214, 220, 226, 230-233, 240, 241, 276, 291-295, 388, 394, 396, 397, 400, 425, 426
── スペイン軍の下の 28, 98, 127, 230-232, 258, 260, 263-265, 267, 270, 282-286, 288-291, 293, 295, 422, 425, 426
──（スペイン軍にとっての）友好ハルカ 278, 285, 292-294, 420
── フランス植民地当局の下の 411

ピカソ調書 27, 28, 31, 33, 36, 37, 38, 51, 69, 76, 257, 262, 265, 273, 274, 279, 286-289, 292, 293, 363, 367, 383, 425
貧者（貧しい人たち） 4, 11, 22, 302, 308, 309, 323, 324, 326-328, 335, 336, 338, 340, 345, 346, 356, 429
フキー fqīh 272, 274
部族自治 200-203, 208
部族主義 184, 214, 415
部族代表会議 181, 204, 205, 208, 232, 235, 252
富裕階級（富裕層、富者） 4, 11, 22, 302-304, 307-310, 313, 316, 318, 319, 321, 323, 335, 336, 338-340, 342, 344-346
フランス軍「原住民」兵（部隊） 269, 426
『フランス領アフリカ』 53, 54, 58, 63, 88, 93, 148, 155, 252, 356, 381, 384, 412, 413
プロヌンシアミエント（プリモ・デ・リベーラによる） 14, 16, 38, 41, 45, 46, 48-51, 64, 75-77, 79, 81, 83, 84, 123, 238, 312, 347, 367, 368, 370
文民・経済政府（文民政府） 97
文民統治（「文民化」、モロッコ保護領での） 14, 34, 39, 41, 44, 51, 52, 59, 61, 85
兵役期間 11, 302-305, 307-312, 321, 322, 330, 337, 339, 341, 345, 346, 429, 430, 433
兵役法
── 1912年の 302-304, 307, 311, 321, 338, 339, 341, 428, 429, 437
── 1924年の 312, 322, 331, 430, 434
兵役免除 302-304, 312, 315, 320, 332-335
── 身体上の理由による 312-315, 325-327, 345, 433
── 生計上の理由による 312, 314, 315, 327, 328, 334, 345, 433
ベン・ティエブ事件 89, 90, 121, 373
防衛評議会 Juntas Militares de Defensa 14, 19, 20, 23, 24, 29, 33, 35, 36, 46, 49, 51, 58, 70, 83, 259, 358, 367, 368

法官（リーフの）　174, 224, 277, 358
『報知』　80
保護国（保護国体制）　44, 62, 82, 87, 96, 101, 110, 125, 153, 167, 178, 179, 225, 234-236, 243, 244, 282, 375, 422
保護国家　62, 87, 96, 101, 110, 125, 225, 234, 243, 244, 282, 375, 422
保守党 Partido Conservador　8, 10, 11, 14, 15, 17, 19, 20, 24, 26, 28, 30, 31, 36, 37, 42, 45, 46, 49, 52, 57, 65, 111, 117, 136, 137, 261, 288, 292, 293, 304, 311, 321, 334, 336, 339, 340, 342, 343, 355, 357, 362, 366, 436
捕虜（スペイン人の）　21, 23, 33, 34, 38, 61, 75, 94, 141, 159, 166, 180, 186, 190, 201, 205, 207, 240, 292, 359, 364, 386, 389
――解放　13, 14, 21, 23, 34, 35, 39, 40, 43, 45, 61, 69-71, 75, 92, 101, 102, 139, 141, 235, 359, 361, 362, 364, 382
――解放の身代金　21, 40, 45, 98, 213, 229, 359, 395
ボルシェヴィズム　128, 381

【ま行】

マエストランサ工場（メリーリャの毒ガス製造工場）　142, 148-150, 156-158, 165
『マナール』al-Manār　217, 219, 227, 253, 405
マラガでの兵士反乱　47, 75, 80, 342, 367, 372
マンクムーター（カタルーニャ4県連合）Mancomunitat de Catalunya　49, 343
マンドゥーブ（タンジャでのスルターン代表）mandūb　106
民族会議　181-183, 204, 208, 395
民族主義（派、スペインの）　23, 42, 74, 79, 81, 355, 357, 367
――カタルーニャの（地域主義）　16, 25, 42, 74, 80, 81, 367

――バスクの　47, 74, 79, 80
名士（リーフの）　173, 175, 182, 183, 190, 191, 195-200, 202, 203, 205, 206, 208, 209, 214, 215, 220-222, 224, 226, 229, 249, 251, 285, 393, 394, 401, 402
免除金（兵役の）　11, 303, 307, 310, 437
「モーロ人下士官」　270
「モーロ人士官」　272
モロッコ警察隊　267, 277
モロッコの放棄　31, 79, 125, 340-343
モンテ・アルイッツ（→アラウィッツ）

【や行】

「友好モーロ人」　12, 13, 43, 98, 136, 161-163, 173, 174, 186, 200, 229, 270, 271, 284, 400, 410
ユダヤ系住民（反ユダヤ主義）　216, 397, 405
「4人組」（将軍）　45, 49, 50, 89
「ヨーロッパ人」（「ヨーロッパ兵」、「ヨーロッパの人員」）　16, 19, 31, 74, 357

【ら行】

『ラ・エスフェーラ』　310
『ラ・バングアルディア』　309, 343
ラ・マラニョーサ工場（国立アルフォンソ13世化学生産工場。アランフェスの毒ガス工場）　141, 142, 158, 386
乱捕　286, 290, 291, 424
リーガ Lliga Regionalista　13, 14, 25, 26, 28, 31, 35-37, 42, 46, 50, 81, 339, 342, 436
『陸海軍』　260, 308, 335, 356
陸海軍最高会議　13, 17, 28, 31, 32, 35, 45, 49, 69, 89, 257, 262, 366, 425
「立志」グループ　45
リーフ委員会　246
「リーフ共和国」（リーフ共和国）　3, 34, 52, 73, 82, 93, 122, 154, 161, 172, 217-219, 224, 238, 244, 245, 249-251, 253, 352, 406,

473

474　索引

408
リーフ自治首長国　43, 279, 410
リーフ自由王国　44, 219, 235
リーフ政府　92, 101, 103, 165, 173, 182-187, 189, 190, 192, 193, 195-204, 206-216, 218, 219, 221, 223-228, 233, 235-252, 376, 392, 395, 397, 399, 400, 402, 404-406, 408, 410-414
リーフ政府とスペイン政府・軍との交渉　22, 34, 39, 43, 44, 85, 91-94, 96, 101, 102, 113, 122, 144, 178, 206, 223, 225, 234-239, 244, 248, 359, 365, 376
リーフ政府とフランス植民地当局・軍との交渉　94, 96, 98, 101, 102, 113, 122, 206, 227, 239-245, 251, 376
リーフ勢力　18, 184, 185, 191-196, 198-203, 205-207, 210, 212, 213, 215, 216, 219, 221, 223, 226-234, 238-242, 244, 249, 251, 268, 280, 284, 287, 288, 294, 295, 397, 399, 402, 403, 409-411, 413, 414, 426
リーフ勢力のフランス領への進攻　164, 212, 234, 242, 251, 411, 414
リーフ勢力反対派　199, 202, 203, 215, 216, 223, 228-230, 232, 241, 242, 402, 409
『リーフ通信』　46, 68-71, 73, 74, 85, 94, 95, 97, 104, 120-123, 127, 128, 155, 210-212, 262-264, 266, 298, 309, 336, 366, 380, 381, 393, 406
リーフとの友好、連帯、共感（リーフと平和に暮らす、「モーロ人」との友好）　4, 76, 78-82, 118, 119, 237, 348

研究者名索引

アヤーシュ　172, 177, 218, 252, 394
アルバレス　427
オミッシ　390
ガルシーア・モレーノ　430, 431
クンツ／ミュラー　138, 142, 150, 156, 163, 164, 167, 168, 390, 391
ケンビブ　168
ゴンサーレス・カルベー　51, 367, 382
サーレス　431
シャイナー　252
スエイロ・セオアーネ　53, 82, 378
ズニーベル　253
セコ・セラーノ　51
タフタフ　183, 252, 408
ツッセイ　368
デル・ボカ　158
ネリン　349
バショー　64, 67
ハート　218, 252, 405, 406
バルフォア　143, 150, 156, 157, 165, 169, 170, 386, 390
パンド　130, 169, 357, 358, 382
ビーニャス　164, 169, 391
フレミング　90, 96, 150, 374, 376
ペイン　368
ペヌル　183, 252, 391, 414, 415
ボイヅ　51, 52, 367
ホルステッド　415
マダリアーガ　142, 169, 218, 252, 390, 391
ミーカー　78
モラーレス・レスカーノ　67
ユースフ　395
ラ・ポルテ　395, 403
ラルイー　252, 253, 415
ルーツカヤ　405

El horror de Abd el-Krim.
La Guerra del Rif y la reacción político-social en España

Yasuhiro FUKASAWA

RESUMEN

Ante la gran aventura colonial española en África, el autor se esfuerza por aclarar dos cuestiones decisivas ante la resistencia inesperada de los norteafricanos que quedó patente con el *Desastre de Annual* (julio de 1921) o la fundación de *la República del Rif* que aún permanecen insuficientemente aclaradas en la historiografía. En primer lugar, la sorpresa que supuso para la política metropolitana y la reacción consecuente ante la constatación de la importancia de las aspiraciones de independencia rifeña. En segundo lugar, la reacción de la sociedad metropolitana, en sus diversos ambientes, al *Horror de Abd el-Krim*.

El autor señala nueve aspectos decisivos para entender ese impacto de la resistencia rifeña en la política metropolitana. 1. Nuevas opciones a tomar en Marruecos en el aspecto político militar, tales como iniciar una nueva fase con mayor implicación militar o en caso contrario, el abandono (total o parcial) de Marruecos, incluyendo el retorno de los soldados reclutados y el Protectorado civil. 2. El incremento de los gastos militares. 3. Búsqueda de la 'responsabilidad del desastre'. 4. Centrarse en el rescate de los prisioneros. 5. Un aumento significativo de las disputas internas en el ejército, básicamente entre los 'Africanistas' y 'Junteros'. 6. Intensificación de los debates sobre el tipo de tropas que debían ser destinadas a la lucha en Marruecos, a saber: soldados reclutados, de 'cuota', voluntarios, indígenas o legionarios. 7. Ampliación en la metrópoli de las voces favorables a la instauración de un régimen autoritario de carácter militar. 8. Agravamiento o mejoramiento de la imagen de «Moros». 9. Mayor búsqueda del gobierno de Madrid de un trato favorable internacional, en especial en relación al status de Tánger. Ciertamente, fue grande, ya que esa resistencia rifeña contribuyó a derribar cuatro gobiernos consecutivos en la metrópoli y constituyó el factor principal del pronunciamiento militar de Primo de Rivera.

Las reacciones de la sociedad metropolitana fueron diversas. La Liga Africanista Española reclamó el «castigo» a Abd el-Krim. A los círculos financieros y económicos, por su parte, les inquietaron los gastos militares, y en general se oponían a ampliar las campañas militares. Por su parte, los españoles residentes en Africa (principalmente en Melilla) estaban muy descontentos con los vaivenes políticos de la metrópoli ('Las principales batallas se libran en Madrid, no en Marruecos'). Y por último, entre la oposición política al régimen (socialistas, comunistas, anarquistas, nacionalistas vascos o catalanes y una parte de los republicanos), la oposición a la guerra en Marruecos fue patente, aunque sus protestas apenas pudieron hacerse públicas bajo el régimen de Primo de Rivera.

En este contexto, la política inicial del régimen de Primo de Rivera tendió hacia un 'semi-abandono', motivado tanto por el incremento de los gastos militares como la importancia de la resistencia rifeña. Después, sólo gracias a la colaboración con Francia (el otro Estado colonizador en Marruecos), España pudo centrarse en la lucha y vencer definitivamente a la resistencia rifeña.

Las disputas en la metrópoli, en definitiva, se dirigieron hacia 'la responsabilidad' del *Desastre* más que con respecto a ámbitos más amplios como la guerra colonial o la dominación colonial. Mientras tanto, apenas hubo jóvenes españoles que lucharon voluntariamente o con entusiasmo contra los «Moros».

La importancia económica de Marruecos como colonia fue escasa, incluso en los momentos de 'paz' al acabar los movimientos de resistencia. El impacto principal fue en relación con el ejército, porque los militares africanistas tuvieron la oportunidad, gracias a la aventura marroquí, de disponer a su antojo de una colonia entera, de sus bases militares y de sus tropas, incluidas las tropas de «Moros».

Después del *Desastre de Annual,* las fuerzas militares españolas intensificaron el bombardeo aéreo y la guerra química en el Rif. Al principio los materiales de la guerra de gas fueron suministrados al gobierno y al ejército español por el ejército francés y después por militares alemanes. Su uso a gran escala, además, tuvo una importante relación con la crisis gubernamental de agosto-septiembre de 1923.

El régimen de Primo de Rivera arrojó en el Rif bombas cargadas de gases (principalmente, de iperita) que fueron fabricadas a partir de materiales importados de Alemania. Su cantidad fue importante y se puede estimar que el total de gases tóxicos empleados es semejante a la cantidad utilizada por Italia en la Guerra de Etiopía.

El bombardeo aéreo y la guerra de gas afectaron a poblaciones enteras, al intercambio comercial y a la producción agrícola y ganadera del Rif que fue destruida en buena parte. Con ello, los militares españoles intentaron horrorizar a los 'indígenas' y conseguir su sometimiento definitivo a la autoridad colonial.

A la pregunta de si la Guerra del Rif fue el primer caso de una estrategia del desgaste total de la subsistencia por la 'guerra aeroquímica', la respuesta lleva a preguntarse el porqué del ocultamiento por otros gobiernos e incluso medios de comunicación extranjeros, que tuvieron conocimiento de ello, pero no lo denunciaron. La razón de ello es que las víctimas de bombardeos tóxicos eran 'indígenas' colonizados, mientras que, por otra parte, los gobiernos alemán, francés y británico colaboraron con el gobierno y el ejército español con diferentes grados de intensidad.

Después de 'la victoria' de Annual, se formaron poco a poco la entidad política rifeña (es decir, el Gobierno del Rif) y su organización militar. Examinando las relaciones entre este Gobierno y las tribus de la región (Rif, Gomara y Yebala), así como con sus poblaciones, el autor hace resaltar los siguientes: el proceso de expansión territorial del Gobierno rifeño presentaba en ciertos aspectos 'la dominación por los rifeños'; 'la asamblea representativa' (majlis al-umma) del Rif existía de hecho y estaba constituida por representantes de las tribus; y la autonomía de las tribus era admitida con restricciones, pero solo los notables (shaykh/pl. shuyūkh) tomaban las iniciativas en cada tribu.

El Gobierno del Rif tomó las medidas para la situación económica, y emprendió unas reformas económicas y sociales. Aunque se denominaba *la República del Rif* en algunas esferas exteriores, analizadas in situ las conciencias generales de las poblaciones tribales, en realidad no existía esa especie de *República* en el interior de las tribus, puesto que muchos pueblos tribales creyeron hacer 'jihād' contra españoles y franceses, y consideraron a Muḥammad ibn 'Abd al-Karīm al-Khaṭṭābī como 'amīr al-mujāhidīn' y no como el presidente de *la República del Rif.*

El Gobierno del Rif y sus fuerzas militares hubieron de luchar contra un buen número de oponentes. Por otra parte el Gobierno negociaba desesperadamente con los militares españoles y franceses por su independencia. Al mismo tiempo en el exterior trabajaba enérgicamente por ganar su reconocimiento, y en esa esfera destacó la denominación de *la República del Rif*.

En conclusión: la resistencia rifeña y el Gobierno del Rif procuraban conseguir la unidad de los rifeños y en ese proceso lucharon enérgicamente contra la política de los invasores extranjeros de 'divide y vencerás'; resistiendo no solamente la presión colonialista sino además esforzándose por avanzar hacia una sociedad modernizada(y hacia ¿una nación?), no a un retorno a la situación precolonial; por este motivo, el Gobierno trató de introducir en el Rif unas instituciones y tecnologías europeas; y en estos esfuerzos rifeños de la década de 1920 ya aparecieron varios problemas con los que los movimientos nacionalistas ulteriores tendrían que enfrentarse, no solamente en Marruecos sino también en los (ex)países colonizados en general.

Los países colonizadores por lo común tenían sus tropas coloniales y entre ellos soldados 'indígenas'. En el Marruecos español también. En el Marruecos español el ejército español tenía las Fuerzas Regulares Indígenas, las Policías Indígenas, maḥalla, makhazni y ḥarka como fuerzas 'indígenas'. Las razones de este reclutamiento y movilización de norteafricanos por parte del Estado español, su ejército y su partido colonial fueron para aliviar de alguna forma la carga de la guerra colonial y la colonización, tanto en sangre como en dinero. Para los propios 'indígenas', también, el alistamiento en esas fuerzas estuvo basado en motivaciones económicas, debido a la situación menesterosa de algunos de ellos. El resultado de ello en las campañas de Marruecos(1909-1927) fue que estas tropas 'indígenas' fueron utilizadas como tropas de asalto, esto es, evitando mayores mortandades de soldados españoles y por tanto un coste más asumible para la metrópoli. En consecuencia, los militares africanistas ganaron la guerra colonial y también una cierta preponderancia dentro del ejército español gracias a 'la sabia utilización' de estos soldados 'indígenas'.

'Impuesto de sangre para los pobres, impuesto en dinero para los ricos'. Esta frase expresa el rechazo al reclutamiento de soldados en la guerra colonial de la España de las segunda y tercera décadas del siglo XX. Ciertamente, la masiva movilización de soldados españoles en la guerra del Rif suscitó polémicas sobre 'Quién luchará con los Moros' reflejadas en el apoyo a la idea de que fueran enviados al frente de combate sólo los soldados voluntarios para evitar el 'impuesto de sangre', del que intentaron eximirse muchos jóvenes. Entre las clases pobres, se hizo alegando razones físicas o familiares, o bien evadiéndose del servicio militar y convirtiéndose en prófugos. Entre las clases más pudientes, los esfuerzos por escaparse de ese 'impuesto de sangre' fueron a través del dinero, ya que pagando unas ciertas cantidades podían ser soldados privilegiados (soldado de cuota) y también podían ser sustituidos por otros soldados. Estos soldados privilegiados fueron movilizados y enviados al campo de batalla en Marruecos, lo que motivó protestas.

La 'reconstrucción' de España después del 'desastre de 1898', en definitiva, fue la guerra colonial de la España del siglo XX ('La Guerra de 18 años') y centrarse en buscar una 'victoria' que aspiraba el 'restablecimiento del Imperio' en el noroeste de África, en lugar de las reformas sociales, políticas y económicas interiores(es decir, la reconstrucción interior). Los militares africanistas, nacidos y crecidos en la guerra colonial, con la intensa conciencia de hostilidad y acostumbrados a la violencia durante la guerra colonial, pasaron no sólo a dominar Marruecos, sino también la metrópoli, y lo consiguieron tras la cruel Guerra Civil de 1936 a 1939.

ÍNDICE

Introducción

I. El horror de Abd el-Krim: la Guerra del Rif y la reacción político-social en España (1921-1926)
   1. El *Desastre de Annual*: el impacto político en España
      1.1. La política española: agitada e inestable
      1.2. El gobierno de la concentración liberal y el pronunciamiento
      1.3. La 'impotencia' de España en Marruecos
   2. El horror de Abd el-Krim: las reacciones en la sociedad española
      2.1. ¡Castigo a Abd el-Krim!
      2.2. La guerra no rinde beneficios
      2.3. El horror en los residentes españoles
      2.4. Las reacciones de los partidos obreros, regionalistas y republicanos
   3. La política marroquí del régimen de Primo de Rivera
      3.1. Del repliegue inicial a la 'victoria' final
      3.2. Los inquietos:colonialistas y círculos financieros y económicos
      3.3. La acogida en los residentes españoles
      3.4. Militares africanistas

II. El bombardeo aéreo y la guerra de gas en el Rif: ¿el primer caso de la estrategia del desgaste total de la subsistencia por la guerra 'aeroquímica'?
   1. La guerra de gas y crisis gubernamental
   2. Una 'victoria' por el bombardeo aéreo y la guerra de gas
   3. La estrategia del desgaste total de la subsistencia

III. *La República del Rif*: entre la resistencia y la búsqueda de una nueva política y sociedad
   1. El Gobierno del Rif:la formación de una nueva entidad política
      1.1. La formación de ḥarka

1.2. La nueva entidad política
　　1.3. Las organizaciones militares
　2. El Gobierno del Rif y la sociedad rifeña
　　2.1. El Gobierno del Rif y las tribus/la población
　　2.2. La situación económica y la reforma social
　　2.3. ¿*La República del Rif* o el Estado para jihād?
　3. Los oponentes y las negociaciones por la independencia
　　3.1. La lucha con los oponentes
　　3.2. Por el reconocimiento internacional

IV. Reclutamiento y movilización de soldados 'indígenas' en el Marruecos español
　1. Las tropas coloniales y los soldados 'indígenas':ahorro de sangre y dinero español
　2. Los soldados 'indígenas' se incorporan al ejército español
　3. Movilización, huida y reincorporación de soldados rifeños

V. La guerra colonial de la España del siglo XX y el reclutamiento de soldados: 'impuesto de sangre para los pobres, impuesto en dinero para los ricos'
　1. ¿Quién luchará con los Moros?
　2. Exención del impuesto de sangre:ricos y pobres
　3. Repatriación y privilegios:los padres de los soldados de cuota

Conclusión

Notas

Documentación y Bibliografía

深澤安博（ふかさわ・やすひろ）
1949年　山梨県増穂町（現富士川町）生
1979年　東京都立大学大学院人文科学研究科史学専攻博士課程単位修得退学
1979年～1991年　琉球大学教育学部助手・講師・助教授
1991年～2015年　茨城大学人文学部助教授・教授
2015年　茨城大学名誉教授
主要著書　『スペイン内戦の研究』（共著、中央公論社、1979年）
　　　　　『スペイン内戦と国際政治』（共著、彩流社、1990年）
　　　　　『ドキュメント　真珠湾の日』（共編著、大月書店、1991年）
　　　　　『スペイン現代史　模索と挑戦の120年』（共著、大修館書店、1999年）
　　　　　フロレンティーノ・ロダオ著『フランコと大日本帝国』（訳者代表、晶文社、2012年）

アブドゥルカリームの恐怖
リーフ戦争とスペイン政治・社会の動揺

2015年10月 1 日　初版第 1 刷印刷
2015年10月10日　初版第 1 刷発行

著　者　深澤安博
発行者　森下紀夫
発行所　論　創　社
　　　　〒101-0051 東京都千代田区神田神保町 2-23　北井ビル
　　　　tel. 03 (3264) 5254　fax. 03 (3264) 5232
　　　　振替口座 00160-1-155266　web. http://www.ronso.co.jp
装　幀　中野浩輝
印刷・製本／中央精版印刷
ISBN978-4-8460-1387-5　©2015 Printed in Japan
落丁・乱丁本はお取り替えいたします。